［行政法］

髙木　光

有斐閣

はしがき

　本書は，平成25年11月に学内教材として出版した『行政法講義案』を基にして，加筆修正を加えたものである。当初は，扱いきれていなかった多くの論点について補充し，概説書の形にするつもりであった。しかし，既存の概説書を読み比べる過程で，説明の微妙な違いの裏に厄介な問題が潜んでいることも多いことに気づき，次々に悩みが深まることとなった。他方で，公私の諸事情から作業に充てられる時間にも限りがある。そこで，市販に耐える内容とすることを最優先し，以下のように方針を改めた。

　第1に，初学者でも自然に読み進めることができるように，前半部分の本文では，基本的な事項について説明するにとどめ，難解な論点についての説明やドイツ法に関する記述はできる限り脚注あるいは後半に回した。なお，脚注は，読者が本文の記述を無批判に信じることを防ぐために，他の論者の考え方や筆者自身の不勉強や迷いを知る手がかりとして付しているものであり，網羅的なものではない。

　第2に，全体の構成をいわゆる三本柱に従ったものにしたものの，「行政組織法」および「行政作用法」に関する記述を，「行政救済法」を理解するうえで必要と思われる事項にしぼった。これは，ある意味では「視野の限定」であり，行政法理論の多様な発展にとって必ずしも「最適」なものではない。しかし，筆者自身の研究者としての関心の重点が「行政に対する裁判統制の充実」にあったことから，このようなある意味では「古典的な」方法論を維持することにした。

　以上のような方針でまとめられた本書は，独特の性格を有するものとなっていると思われる。多くの優れた概説書に加えて敢えて本書を出版するに至ったのは，筆者が京都大学に移籍して以来，常に緊張感を感じつつ，迷いながら学部講義を担当してきたことによる。その意味で本書は，「分からない」を連発する講義に辛抱強く付き合ってくれ，また，終了後には講義では触れなかった権威ある概説書の記述についても鋭い質問を発してくれた聴講者との共同作業の成果であるともいえる。また，そのような貴重な機会を得たことにつき，筆者を同僚として迎えるという英断を下された芝池義一教授に改めて感謝申し上げたい。ちなみに，芝池教科書の「方法論的な謙抑性」と「ドイツ的な体系的美しさ」は，筆者のめざす概説書のモデルでもある。

本書の上程に際して，恩師である塩野宏先生にも，心から感謝申し上げたい。先生は，学生時代から今日に至るまで，不肖の弟子を常に広い心で見守り，折に触れて新たな学びの機会を与えて下さった。また，自らの教科書の絶え間ない良心的な改訂作業によって，研究者のあり方の模範を示して下さっている。つたない書物ではあるが，本書を中間報告として塩野先生に献呈させていただきたい。もとより完成度の低いものであることは自覚しており，今後の改訂によって改善してゆく所存である。

　なお，平成26年度後期の大学院の演習においては，参加者である須田守，鈴木崇弘，久保田仁詩，高橋圭の4氏から，本文と脚注のバランス等について貴重な助言を得ることができた。ここに記して謝意を表したい。また，本書にもなお，他の概説書と同様に，思わぬ誤りや思考の混乱が含まれている可能性があるので，読者からの指摘を歓迎することを付記したい。hikaru@law.kyoto-u.ac.jp

　本書の刊行にあたっては，有斐閣京都支店の一村大輔さんに大変お世話になった。最後になったが，他の仕事のために2か月以上も初校を止めてしまったことを改めてお詫びするとともに，綿密なチェックをはじめとする職人的なサポートに対し，厚く御礼申し上げる。

　　平成27年9月18日

　　　　　　　　　　　　　　　　　　　　　　　　　　　髙木　光

目　次

第1部 　序論・組織法

- UNIT 1　行政法的思考　*2*
- UNIT 2　総論と各論──本書の位置づけ　*11*
- UNIT 3　国の行政組織　*24*
- UNIT 4　地方の行政組織　*36*
- UNIT 5　公　務　員　*48*

第2部 　作用法の基本原理

- UNIT 6　作用法の基礎概念　*56*
- UNIT 7　法律の留保　*69*
- UNIT 8　行政裁量（1）──行政処分における裁量　*78*
- UNIT 9　適正手続（1）──行政処分の事前手続　*86*
- UNIT 10　行政立法　*97*

第3部 　基本的行為類型

- UNIT 11　行政処分（1）──概念・種別　*110*
- UNIT 12　行政処分（2）──公定力・無効　*124*
- UNIT 13　行政処分（3）──職権取消・撤回および附款　*136*
- UNIT 14　行政指導（1）──概念・種別　*147*
- UNIT 15　行政指導（2）──理念と現実　*156*

第4部 　多様な行政過程

- UNIT 16　行政強制　*166*
- UNIT 17　行政制裁　*181*
- UNIT 18　行政契約　*191*
- UNIT 19　行政計画　*203*
- UNIT 20　行政情報　*212*

第5部	作用法と救済法の連関

 UNIT 21 公法と私法 *224*
 UNIT 22 行政救済の4つの領域 *232*
 UNIT 23 行政訴訟の類型 *239*
 UNIT 24 取消訴訟の基本構造 *246*
 UNIT 25 公権力責任（1）――国家賠償法1条の基本構造 *253*

第6部	取消訴訟

 UNIT 26 処分性（1）――判例の定式・概念要素 *264*
 UNIT 27 処分性（2）――処分性拡大論 *274*
 UNIT 28 原告適格 *283*
 UNIT 29 訴えの利益 *297*
 UNIT 30 取消訴訟の審理・判決 *305*

第7部	その他の抗告訴訟・当事者訴訟

 UNIT 31 無効等確認訴訟・争点訴訟 *316*
 UNIT 32 不作為の違法確認訴訟・義務付け訴訟 *326*
 UNIT 33 差止訴訟 *336*
 UNIT 34 仮の救済 *344*
 UNIT 35 当事者訴訟 *352*

第8部	国家補償

 UNIT 36 公権力責任（2）――職務義務違反説 *360*
 UNIT 37 営造物責任 *371*
 UNIT 38 費用負担者・民法との関係 *378*
 UNIT 39 損失補償 *386*
 UNIT 40 結果責任 *399*

第9部	行政不服審査・客観訴訟

 UNIT 41 行政不服審査 *412*
 UNIT 42 機関訴訟 *427*
 UNIT 43 住民訴訟（1）――位置づけ・対象・種別 *435*
 UNIT 44 住民訴訟（2）――違法性・監査請求前置 *443*

UNIT 45　権利保護と行政統制　*450*

第10部　行政法理論の課題

UNIT 46　行政の概念　*466*
UNIT 47　行政裁量（2）――純粋法学の視点　*475*
UNIT 48　行政裁量（3）――判断過程の統制　*483*
UNIT 49　適正手続（2）――参加と協働　*496*
UNIT 50　法執行システム　*505*

判例索引　*515*
事項索引　*523*

細 目 次

第1部 序論・組織法

UNIT 1 行政法的思考 ―――― 2
- ① 講義科目としての「行政法」 ―――― 2
    1 実定法科目としての「行政法」 *2*
    2 「公共政策学」の一分野としての「行政法学」 *3*
- ② 教科書設例 ―――― 4
- ③ 行政法的思考 ―――― 6
- ④ 4つの行政 ―――― 8

UNIT 2 総論と各論――本書の位置づけ ―――― 11
- ① 行政法総論の骨格 ―――― 11
- ② 本書の内容 ―――― 15
    1 個別行政法規 *15*
    2 行政法各論 *18*
- ③ 法学的方法 ―――― 19
    1 ドイツ行政法学の父 *19*
    2 民法学の方法論の「転用」 *20*
    3 行政法学と行政学 *21*

UNIT 3 国の行政組織 ―――― 24
- ① 序 説 ―――― 24
    1 組織法の3つの基礎概念 *24*
    2 行政主体 *24*
    3 行政機関 *25*
    4 行政庁 *26*
    5 補助機関等 *27*
- ② 設例の分析（その1） ―――― 28
    1 食品衛生法の所管 *28*
    2 基本的な単位としての「省」 *29*
    3 厚生労働省設置法 *30*
- ③ 指揮監督権 ―――― 31
- ④ 国の行政機関の情報公開 ―――― 32
    1 情報公開制度 *32*
    2 「省」およびその外局たる「委員会」「庁」 *32*
    3 「内閣府」およびその外局たる「委員会」「庁」 *33*
    4 特別の機関たる「警察庁」「検察庁」 *34*

5　「内閣官房」「内閣法制局」「人事院」「会計検査院」　35

UNIT 4　地方の行政組織―――――――――――――――36
①　首長主義―――――――――――――――36
　　1　団体自治と住民自治　36
　　2　法人としての地方公共団体　36
　　3　首長主義　37
　　4　議会と長の関係　38
②　地方分権改革―――――――――――――38
　　1　機関委任事務の廃止　38
　　2　自治事務と法定受託事務　39
　　3　国の関与　40
③　設例の分析（その2）―――――――――――41
　　1　保健所長への権限の委任　41
　　2　民法の委任との違い　42
　　3　読替規定　42
　　4　専　決　等　42
④　執行機関の多元主義―――――――――――43
　　1　「行政庁」としての委員会　43
　　2　情報公開条例における「実施機関」　44
　　3　地方公営企業　45
　　4　警察の情報公開　47

UNIT 5　公　務　員―――――――――――――――48
①　公務員法の基本構造―――――――――――48
　　1　「行政手段論」　48
　　2　公務員の概念・種別　49
　　3　公務員の勤務関係の法的性質　50
②　公務員の権利義務――――――――――――50
　　1　権利義務のカタログ　50
　　2　公務員の「職務の遂行」　51
　　3　職務命令の法的性質　51
　　4　分限処分と懲戒処分　52
　　5　公務員の弁償責任　52
③　特別権力関係――――――――――――――53
　　1　概　　念　53
　　2　機能の変化　53
　　3　克　　服　54

第2部　作用法の基本原理

UNIT 6　作用法の基礎概念 ——56
1　序　説 ……56
1　作用法の3つの基本原理　56
2　3つの基礎概念——法律の留保・行政裁量・公定力　57
3　「行為形式論」　58
2　法治国原理 ……60
1　戦後のドイツ公法の発展　60
2　行政法の暫定的な定義　61
3　成文法の存在形式 ……62
1　憲法・法律・命令　62
2　条例・規則　63
3　「法　令」　64
4　不　文　法 ……65
1　不文法源のカタログ　65
2　主要な一般原則　65
3　信頼保護原則　66
4　比例原則　66
5　法規範の多様性 ……67
1　「外部法」と「内部法」　67
2　組織規範・規制規範・根拠規範　67

UNIT 7　法律の留保 ——69
1　侵害留保説 ……69
1　古典的行政法理論　69
2　委任立法　69
2　設例の分析（その3） ……70
1　許可が必要とされる営業　70
2　「営業の自由」　71
3　法律の「自由主義的」機能　72
4　政令の留保？　72
3　法律の留保に関する様々な説 ……74
1　ドイツ理論の展開　74
2　オーストリア理論の展開　75
3　日本における多彩な学説　75

UNIT 8　行政裁量（1）——行政処分における裁量 ——78
1　序　説 ……78
1　行政裁量の概念　78
2　行政処分における裁量　78

② 行政処分の根拠条文の構造 …………………………………………79
1 要件と効果　79
2 案件処理の過程　80
3 要件裁量と効果裁量　80
4 司法権の「優越」　81
5 裁量の逸脱濫用　82
③ 設例の分析（その4） ……………………………………………………82
1 効果裁量　82
2 裁量統制　83
3 処分基準　85

UNIT 9　適正手続（1）──行政処分の事前手続────86
① 権利利益の保護 ……………………………………………………………86
1 事前手続の重要性　86
2 「結果」と「プロセス」　86
3 行政手続法の目的　87
4 不利益処分の事前手続　87
② 設例の分析（その5） ……………………………………………………88
③ 「もう1つの行政手続法」 …………………………………………89
1 一般法と特別法　89
2 「整備法」　89
④ 申請に対する処分の事前手続 ………………………………92
1 行政手続法第2章の基本思想　92
2 「審査基準」の機能　92
⑤ 理由の提示 …………………………………………………………………93
1 理由提示義務の一般化　93
2 理由提示の位置づけ　93
3 理由提示の機能　94
4 理由提示の程度　95

UNIT 10　行政立法────97
① 法規命令と行政規則 ……………………………………………………97
1 「法規命令」　97
2 「行政規則」　99
② 法規命令の種別 …………………………………………………………99
1 政令・省令・規則・告示　99
2 長の規則・委員会規則　100
3 委任命令と執行命令　100
③ 法規命令の法的統制 …………………………………………………101
1 「委任立法」の許容・正当化根拠　101
2 「法規命令」の統制　102
3 白紙委任の禁止　102

4　委任の範囲の逸脱　*102*
④　**行政規則の性質・種別** ……………………………………………………*103*
　　1　「行政規則」の法規範性　*103*
　　2　「行政規則」の種別　*103*
　　3　解釈基準と裁量基準　*104*
　　4　給付基準　*105*
⑤　**条例制定権の範囲と限界** …………………………………………………*105*
　　1　法律に準じるものとしての条例　*105*
　　2　法律事項・法律先占論　*106*
　　3　個別の法律の趣旨・目的　*108*

第3部　基本的行為類型

UNIT 11　行政処分（1）――概念・種別―― *110*
①　**序　説** ………………………………………………………………………*110*
　　1　行政処分の定義　*110*
　　2　申請に対する処分と不利益処分　*111*
　　3　裁量処分と覊束処分　*111*
　　4　「契約の自由」との対比　*112*
②　**設例の分析（その6）** ………………………………………………………*113*
　　1　飲食店等の営業許可の基準　*113*
　　2　風俗営業の許可の基準　*114*
　　3　自由主義的国家観　*114*
　　4　不適格者の排除　*115*
③　**行政処分の理論的分類** ……………………………………………………*116*
　　1　行政処分の伝統的分類　*116*
　　2　「処分性」を有しない「法行為」　*117*
　　3　新たな理論的分類　*118*
④　**「侵害」概念の多義性** ……………………………………………………*119*
　　1　「侵害留保説」と最狭義の「侵害」　*119*
　　2　「侵害処分」と「申請に対する拒否処分」　*120*
　　3　形式的な「侵害」概念　*122*

UNIT 12　行政処分（2）――公定力・無効―― *124*
①　**序　説** ………………………………………………………………………*124*
　　1　行政処分の「諸効力」　*124*
　　2　公　定　力　*124*
②　**公定力と「取消訴訟の排他的管轄」** ……………………………………*125*
　　1　公定力概念の純化？　*125*
　　2　「取消訴訟の排他的管轄」　*127*
　　3　「規律力」と「権力性」　*128*

4　公定力の限界　130
　③　行政処分の無効 ………………………………………………… 131
　　　1　公定力との関係　131
　　　2　無効事由　131
　④　ドイツにおける「分解的構成」 ……………………………… 133
　　　1　行政手続法による「実定化」　133
　　　2　存　続　力　134
　　　3　「構成要件的効果」　135

UNIT 13　行政処分（3）――職権取消・撤回および附款――――136
　①　職権取消および撤回の概念・制度趣旨 ……………………… 136
　　　1　職権取消および撤回の概念　136
　　　2　職権取消および撤回の制度趣旨　138
　②　法的根拠および権限の所在 …………………………………… 138
　　　1　職権取消の法的根拠　138
　　　2　撤回の法的根拠　139
　　　3　職権取消を行う権限の所在　140
　　　4　撤回を行う権限の所在　141
　③　職権取消および撤回の法的統制 ……………………………… 141
　　　1　職権取消および撤回の実体法的統制　141
　　　2　職権取消の法的効果およびその制限　142
　　　3　撤回の法的効果およびその制限　142
　　　4　職権取消および撤回の手続法的統制　143
　④　附　　　款 ……………………………………………………… 143
　　　1　附款の概念・種別　143
　　　2　附款の許容性　144
　　　3　附款の限界　145
　　　4　違法な附款の統制　145

UNIT 14　行政指導（1）――概念・種別――――――――――――147
　①　序　　　説 ……………………………………………………… 147
　　　1　行政指導の概念　147
　　　2　行政指導の種別　148
　②　行政指導の法的統制 …………………………………………… 150
　　　1　法律の根拠　150
　　　2　明確性の原則　151
　　　3　任意性の原則　151
　　　4　申請に関連する行政指導　152
　　　5　武蔵野市マンション事件　153
　③　法定行政指導と行政手続法改正 ……………………………… 154
　　　1　法律・条例の定め　154
　　　2　行政手続法 2014 年改正　155

UNIT 15　行政指導（2）——理念と現実 ―――― 156
① 行政手続法制定の経緯・意義 ―――― 156
- 1　一般法による標準的ルール　156
- 2　改革立法としての側面　157
- 3　地方公共団体の機関が行う行政指導　159

② 事前協議 ―――― 160
- 1　理念と現実　160
- 2　医療法勧告事件のその後　160

③ 行政手続法 7 条の趣旨と射程 ―――― 161
- 1　「申請前」と「申請後」　161
- 2　行政手続法 7 条の射程　161
- 3　「淡々とした申請処理」のモデル　162
- 4　「紛争回避文化」　163

第 4 部　多様な行政過程

UNIT 16　行政強制 ―――― 166
① 行政過程と行為形式の多様化 ―――― 166
- 1　三段階構造モデル　166
- 2　行政過程の多様性　166
- 3　違法性の承継　169

② 行政上の強制執行 ―――― 170
- 1　定　義　170
- 2　法律による授権　170
- 3　4 つの基本類型　171

③ 代　執　行 ―――― 172
- 1　典型例としての改善命令　172
- 2　代執行という仕組み　172

④ 行政強制の概念 ―――― 173
- 1　「即時強制」の概念　173
- 2　「強制」概念の多義性　174
- 3　強制執行の「例外」としての「即時強制」　175
- 4　「間接強制」の概念　176

⑤ 事実行為 ―――― 178
- 1　「行政行為」の影としての「事実行為」　178
- 2　「実力行使」　178
- 3　「公権力の行使に当たる事実行為」　180

UNIT 17　行政制裁 ―――― 181
① 序　説 ―――― 181
- 1　行政制裁の概念　181

2　執行罰との異同　181
　2　行　政　罰 …………………………………………………………… 182
　　1　「行政罰」　182
　　2　行政刑罰と行政上の秩序罰　182
　3　設例の分析（その7） ………………………………………………… 182
　　1　行政刑罰の多用　182
　　2　公定力と刑事罰　184
　　3　行政刑罰の実効性　185
　4　その他の制裁 ………………………………………………………… 185
　　1　加　算　税　185
　　2　通告処分・反則金・放置違反金　186
　　3　課　徴　金　187
　　4　公　　　表　187
　5　強制執行法定主義 …………………………………………………… 188
　　1　行政代執行法の立法趣旨　188
　　2　即時強制と条例の根拠　189

UNIT 18　行政契約 ─────────────────────── 191
　1　序　　　説 …………………………………………………………… 191
　　1　行政処分と行政契約の相違　191
　　2　行政契約の概念　192
　　3　「公法私法二元論」　192
　2　行政契約と「4つの行政」 …………………………………………… 193
　　1　行政契約の種別　193
　　2　行政契約の法的統制　193
　3　給付行政における行政契約 ………………………………………… 195
　　1　水道法における供給義務　195
　　2　平等取扱いの義務　196
　　3　「給付行政」概念の曖昧さ　197
　4　給付行政における「法的仕組み」 …………………………………… 198
　　1　「行為形式」と「法的仕組み」の関係　198
　　2　行為形式としての給水契約　199
　　3　「公の施設」　200
　　4　水道利用関係は私法関係か？　201

UNIT 19　行政計画 ─────────────────────── 203
　1　行政計画の概念 ……………………………………………………… 203
　　1　定　　　義　203
　　2　種　　　別　203
　　3　具　体　例　204
　　4　計画裁量　204
　　5　計画の変更　205

2　都市計画法の基本構造 ··· 205
　　　1　国土の利用に関する諸計画　205
　　　2　都市計画の手法　206
　　　3　区域の指定　206
　　　4　開発許可　207
　　3　計画に基づく事業 ··· 208
　　　1　都市計画事業　208
　　　2　都市計画事業の認可　208
　　　3　「完結型計画」と「非完結型計画」の区別　209
　　4　行政計画の法的統制 ··· 209
　　　1　実体法的統制　209
　　　2　手続法的統制　210
　　　3　裁判的統制　210

UNIT 20　行政情報 ―――――――――――――― 212
　　1　行政調査 ·· 212
　　　1　行政調査の概念　212
　　　2　行政調査の種別　212
　　　3　税務調査・情報法　213
　　　4　任意調査の限界　213
　　　5　間接強制調査の限界　213
　　2　行政処分の準備活動としての行政調査 ························ 213
　　　1　不利益処分の事前手続　213
　　　2　食品衛生法の規定　214
　　3　行政調査の法的統制 ··· 216
　　　1　法律の根拠　216
　　　2　実体法的統制　216
　　　3　手続的統制　216
　　　4　裁判的統制　216
　　4　情報公開 ·· 216
　　　1　情報公開制度　216
　　　2　情報公開制度の整備　217
　　　3　開示請求の仕組み　217
　　5　個人情報保護 ··· 219
　　　1　個人情報保護法制の整備　219
　　　2　行政機関個人情報保護法の基本構造　219
　　　3　個人情報保護条例　220
　　　4　マイナンバー法　221

第5部 作用法と救済法の連関

UNIT 21　公法と私法 —————————————————— 224
① 「近代行政」と「現代行政」 ……………………………………… 224
  1　「自由主義的法治国」から「社会的法治国」へ？　*224*
  2　自由権・社会権・参政権　*225*
② 国家と社会の二元論 ……………………………………………… 226
  1　「行政主体」と「私人」　*226*
  2　公法と私法　*226*
③ 公法と私法の区別の基準 ………………………………………… 228
  1　旧主体説　*228*
  2　Maurer による整理　*228*
  3　「行政私法」の理論と新主体説　*230*
  4　「行為形式論」との関係　*231*

UNIT 22　行政救済の4つの領域 ————————————— 232
① 行政救済法の位置づけ …………………………………………… 232
  1　私人の不服の解消　*232*
  2　行政救済の4つの領域　*232*
② 行政救済法の憲法的基礎 ………………………………………… 235
  1　行政権と司法権の関係　*235*
  2　行政裁判制度　*235*
  3　裁判を受ける権利・法律上の争訟　*237*

UNIT 23　行政訴訟の類型 ————————————————— 239
① 行政事件訴訟法の基本構造 ……………………………………… 239
  1　民事訴訟の一種としての行政訴訟　*239*
  2　行政事件訴訟の4類型　*239*
  3　取消訴訟の特徴　*240*
  4　「法律上の争訟」　*241*
  5　「抗告訴訟中心主義」ないし「取消訴訟中心主義」　*241*
② 行政訴訟制度改革 ………………………………………………… 242
  1　「救済の拡充」　*242*
  2　原告適格　*242*
  3　義務付け訴訟・差止訴訟の法定　*243*
③ 裁判所への期待 …………………………………………………… 243
  1　確認訴訟の活用　*243*
  2　仮の救済　*244*
  3　裁判所の変化　*245*

UNIT 24　取消訴訟の基本構造 ―― 246
①　序　　説 ―― 246
1　処分の取消訴訟の訴訟要件　246
2　処　分　性　247
3　出訴期間　248
②　設例の分析（その8） ―― 249
1　営業許可の取消しに対する救済　249
2　不許可に対する救済　250
3　営業自粛勧告に対する救済　251

UNIT 25　公権力責任（1）――国家賠償法1条の基本構造 ―― 253
①　代位責任・広義説 ―― 253
1　「公権力責任」と「営造物責任」　253
2　代位責任　253
3　広　義　説　255
②　違　法　性 ―― 256
1　職務義務違反説　256
2　不作為についての責任　256
③　損害賠償の態様・範囲 ―― 257
1　国家賠償法4条の意味　257
2　損害賠償の態様・範囲および消滅時効　257
④　設例の分析（その9） ―― 258
1　行政主体としての県　258
2　違　法　性　259
3　営業利益　260
4　学校と教諭の責任　260

第6部　取消訴訟

UNIT 26　処分性（1）――判例の定式・概念要素 ―― 264
①　判例の定式 ―― 264
1　「行政処分」の概念　264
2　行政行為論への依拠　264
②　行政処分の概念要素 ―― 266
1　私法上の行為と公法上の行為の区別　266
2　事実行為と法行為の区別　267
3　一般的抽象的効果と個別的具体的効果の区別　268
4　外部効果と内部効果の区別　270
5　合意に基づく行為か一方的行為かの区別　272

UNIT 27　処分性（2）——処分性拡大論 ——————274
1　事実行為の種別 ……………………………………………274
1　「公権力の行使に当たる事実行為」　274
2　事実行為の分類　276
2　行政処分か事実行為かの二者択一思考 ……………277
1　精神作用の分類　277
2　医療法勧告事件最高裁判決　279
3　「形式的行政処分論」の採用？　280
4　「仕組み解釈」　281

UNIT 28　原告適格 ——————————————283
1　序　　説 ……………………………………………………283
1　行政事件訴訟法9条1項　283
2　取消訴訟の3つのパターン　283
3　第三者の原告適格　284
2　法律上保護された利益説 ………………………………285
1　判例の立場　285
2　原告適格拡大論　285
3　行政事件訴訟法9条2項　286
3　設例の分析（その10）………………………………286
1　PTAの原告適格　286
2　「根拠となる法令の規定」　287
3　食品衛生法の目的　287
4　行政事件訴訟法9条2項の限界 ………………………288
1　「事実的侵害」と「規律的侵害」の区別　288
2　「線引き」に関する従来の「判例理論」　289
3　競願者・競業者などの原告適格　292
5　原告適格論における侵害概念 …………………………293
1　主観訴訟としての取消訴訟　293
2　戦前の「権利毀損」　293
3　「侵害」概念の拡大　294

UNIT 29　訴えの利益 ———————————————297
1　取消訴訟における訴えの利益 …………………………297
1　狭義の訴えの利益　297
2　営業停止に対する救済　297
3　付随的な法的効果の残存　298
4　処分後の事情の変化　299
5　処分による「不利益」　301
2　確認の利益 …………………………………………………302
1　原田尚彦の「三位一体」説　302
2　「紛争の成熟性」　303

UNIT 30　取消訴訟の審理・判決 — 305
① 取消訴訟の訴訟物 — 305
　1　取消訴訟の性質　305
　2　権利利益の侵害と違法性　306
　3　違法判断の基準時　306
② 取消事由と処分の違法性 — 307
　1　自己の法律上の利益に関係のない違法　307
　2　原処分主義　307
　3　手続的違法　307
　4　理由の差替え　308
　5　軽微な瑕疵・瑕疵の治癒　309
③ 取消訴訟の判決 — 309
　1　判決の種別　309
　2　判決の諸効力　310
　3　判決の「第三者効」　311
　4　拘束力の内容　313

第7部　その他の抗告訴訟・当事者訴訟

UNIT 31　無効等確認訴訟・争点訴訟 — 316
① 行政処分の無効 — 316
　1　「行政処分の公定力」の例外　316
　2　「取消訴訟の排他的管轄」の例外　317
　3　無効事由　318
② 処分の無効確認訴訟 — 318
　1　抗告訴訟としての「無効確認訴訟」　318
　2　無効確認訴訟の「補充性」　319
　3　二　元　説　321
　4　文理解釈と目的論的解釈　321
③ 争点訴訟 — 323
　1　「現在の法律関係に関する訴訟」　323
　2　争点訴訟の具体例　324

UNIT 32　不作為の違法確認訴訟・義務付け訴訟 — 326
① 不作為の違法確認訴訟 — 326
　1　定義と種別　326
　2　対象たる「行政処分」　326
　3　申　請　権　327
　4　違法確認の利益　327
　5　本案勝訴要件　328
② 義務付け訴訟の定義・種別 — 328

  1　定義と種別　*328*
  2　「処分の義務付けの訴え」の必要性　*329*
  3　裁決の義務付け訴訟　*330*
 ③　申請型と非申請型の区別 ·· *331*
  1　「申請型義務付け訴訟」の訴訟要件および本案勝訴要件　*331*
  2　「非申請型義務付け訴訟」の訴訟要件および本案勝訴要件　*333*
  3　義務付け訴訟の審理・判決　*334*

UNIT 33　差止訴訟 ——————————————————————— *336*
 ①　差止訴訟 ·· *336*
  1　差止訴訟の法定　*336*
  2　定義と種別　*337*
  3　差止訴訟の訴訟要件および本案勝訴要件　*337*
  4　差止訴訟の審理・判決　*339*
 ②　確認訴訟との機能分担 ·· *340*
  1　確認訴訟の補充性　*340*
  2　抗告訴訟中心主義の温存　*340*
 ③　義務付け訴訟・差止訴訟の性質論 ·· *341*
  1　給付訴訟説の背景　*341*
  2　原田尚彦の新しい公権論　*341*

UNIT 34　仮の救済 ——————————————————————— *344*
 ①　本案訴訟と保全訴訟 ·· *344*
  1　「仮の救済」の必要性　*344*
  2　仮処分の排除　*345*
 ②　執行停止 ·· *346*
  1　執行不停止原則　*346*
  2　「執行停止」の定義・要件　*347*
  3　執行停止決定の効果・限界　*349*
  4　内閣総理大臣の異議　*349*
 ③　仮の義務付け・仮の差止め ·· *349*
  1　改正法による立法的解決　*349*
  2　仮の義務付けの内容・要件・効果　*350*
  3　決定に従ってなされる処分の性質　*350*
  4　仮の差止めの内容・要件・効果　*351*

UNIT 35　当事者訴訟 —————————————————————— *352*
 ①　当事者訴訟の種別 ·· *352*
  1　「形式的当事者訴訟」と「実質的当事者訴訟」　*352*
  2　4条前段の訴訟　*352*
 ②　4条後段の訴訟 ·· *354*
  1　公法上の法律関係に関する訴訟　*354*

2　4条後段の訴訟の類型　355
          3　確認訴訟の「活用」　356
      ③　公共事業の差止め ……………………………………………………357
          1　大阪空港訴訟　357
          2　事業損失　358

第8部　国家補償

UNIT 36　公権力責任（2）——職務義務違反説　360
①　広義説の理論的意味 ……………………………………………………360
    1　国家賠償法上の「公務員」概念　360
    2　「広義説」と「公法私法二元論」　360
    3　責任を負う主体　364
②　民法の不法行為理論との関係 ……………………………………………365
    1　職務義務違反説　365
    2　違法性一元論的傾向　368
    3　不作為の違法性　369

UNIT 37　営造物責任　371
①　国家賠償法2条の位置づけ ……………………………………………371
    1　無過失責任　371
    2　公の営造物と公物　371
    3　徳島遊動円棒事件　373
②　設置管理の瑕疵 …………………………………………………………374
    1　通常有すべき安全性を欠くこと　374
    2　損失補償的要素　376
    3　河川の特殊性　376

UNIT 38　費用負担者・民法との関係　378
①　費用負担者 ………………………………………………………………378
    1　序　説　378
    2　公務員の選任・監督者　378
    3　1条の責任に関する「費用負担者」　379
    4　公の営造物の設置・管理者　379
    5　2条の責任に関する「費用負担者」　380
②　国家賠償法3条の適用例 ………………………………………………380
    1　機関委任事務の場合　380
    2　現在の適用例　381
    3　本来の責任主体・求償　382
③　国家賠償法4条・5条 …………………………………………………382
    1　民法との関係　382

2　特　　則　384

UNIT 39　損失補償 —————————————————386
1　憲法29条 ……………………………………………………386
　　1　損失補償法の存在形式　386
　　2　財産権とその制約　386
　　3　制約の根拠　387
2　内在的制約と特別の犠牲 ……………………………………388
　　1　「公共のために用ひる」の意味　388
　　2　特別の犠牲　388
　　3　「正当な補償」　392
3　土地収用法の基本構造 ………………………………………393
　　1　序　　説　393
　　2　収用適格事業・起業者　394
　　3　事業認定・収用の裁決　395
　　4　損失補償　396
4　国家賠償との関係 ……………………………………………397

UNIT 40　結果責任 —————————————————399
1　国家賠償と損失補償の谷間？ ………………………………399
　　1　統一的補償理論　399
　　2　消 防 法　399
　　3　刑事補償　401
2　判例による法創造 ……………………………………………402
　　1　予防接種禍　402
　　2　ドイツの犠牲補償請求権　404
　　3　パトカー追跡　406
3　問題発見的概念 ………………………………………………406
　　1　国家補償の概念　406
　　2　法治国的国家責任論　407
　　3　ドイツから学ぶべきこと　408

第9部　行政不服審査・客観訴訟

UNIT 41　行政不服審査 ————————————————412
1　行政不服審査法の基本構造 …………………………………412
　　1　目　　的　412
　　2　不服申立ての種類　413
　　3　不服申立ての対象　414
　　4　「一般概括主義」と適用除外　414
2　審査請求への一元化 …………………………………………415

1　新審査請求　*415*
　　2　再調査の請求　*415*
　　3　再審査請求法定主義　*416*
　　4　裁決・決定の種類　*416*
　③　**不服審査における手続保障**……………………………………*418*
　　1　審査庁の第三者性　*418*
　　2　「最上級行政庁」「審理員」　*418*
　　3　書面審理の原則　*419*
　　4　行政不服審査会等への諮問　*420*
　④　**特別の不服審査制度**……………………………………………*420*
　　1　行政不服審査法の適用範囲　*420*
　　2　国税不服審判所・固定資産評価審査委員会　*421*
　　3　社会保険審査会・労働保険審査会・国民健康保険審査会　*421*
　　4　人事院・人事委員会・公平委員会　*422*
　　5　建築審査会・開発審査会　*422*
　⑤　**行政審判**………………………………………………………*422*
　　1　行政審判の概念　*422*
　　2　行政審判の類型　*423*
　　3　特別の不服審査制度としての行政審判　*423*
　⑥　**行政訴訟との関係**……………………………………………*423*
　　1　審査請求前置主義　*423*
　　2　裁決の取消訴訟　*424*
　　3　原処分主義　*424*
　　4　裁決主義　*425*
　　5　審級の省略　*425*

UNIT 42　機関訴訟────────────────*427*
　①　**機関訴訟の概念**………………………………………………*427*
　　1　行政事件訴訟法6条の定義　*427*
　　2　広義の機関訴訟　*428*
　②　**機関訴訟の典型例**……………………………………………*429*
　　1　現行法上の「機関訴訟」の典型例　*429*
　　2　過去に存在した「機関訴訟」の典型例　*430*
　③　**地方公共団体に対する関与に関する訴訟**……………………*430*
　　1　関与の法定主義　*430*
　　2　関与行為の法的性質　*430*
　　3　関与の実効性確保のための訴訟　*432*
　④　**判例上の機関訴訟？**…………………………………………*432*
　　1　行政権の主体としての国・地方公共団体　*432*
　　2　行政手続法4条　*433*
　　3　行政不服審査法7条2項　*433*

UNIT 43　住民訴訟（1）——位置づけ・対象・種別 —— 435
①　住民訴訟の位置づけ ………………………………………………… 435
1　客観訴訟　435
2　「住民」という「資格」　435
3　住民訴訟の性質　436
②　住民訴訟の対象・種別 ………………………………………………… 437
1　財務会計事項　437
2　住民訴訟の4類型　438
③　4号請求の問題点 ……………………………………………………… 439
1　長の地方公共団体に対する賠償責任の根拠　439
2　4号請求に関する地方自治法の改正　440
3　監督責任　440
4　先行行為との関係　442

UNIT 44　住民訴訟（2）——違法性・監査請求前置 —— 443
①　非財務事項の間接統制 ………………………………………………… 443
1　住民訴訟における違法性　443
2　一日校長事件平成4年判決　445
3　財務会計上の「職務義務違反」　445
②　住民監査請求の前置 …………………………………………………… 446
1　住民監査請求の意義　446
2　期間制限と徒過の「正当な理由」　447
③　主観訴訟的民衆訴訟・機関訴訟 ……………………………………… 448

UNIT 45　権利保護と行政統制 —— 450
①　「包括的な権利保護」 …………………………………………………… 450
1　行政訴訟制度改革の理念　450
2　ボン基本法19条4項　450
3　行政裁判所法40条1項　451
②　抗告訴訟における概括主義 …………………………………………… 452
1　「行政処分なければ救済なし」？　452
2　「概括的列記主義」　452
3　戦後改革の限界？　454
4　処分性拡大論の意義——取消訴訟中心主義　455
5　当事者訴訟との関係　456
③　行政争訟と行政統制 …………………………………………………… 457
1　行政争訟の概念　457
2　「拘束力ある決定による紛争の裁断」　459
④　事前手続と事後手続 …………………………………………………… 459
1　「行政争訟」と「行政手続」　459
2　「準司法手続」の概念　461
3　「形式的行政争訟」　462

  4 体系的美しさ　*463*

第10部　行政法理論の課題

UNIT 46　行政の概念―――――――――――――――――――*466*
1　行政概念の多義性……………………………………………………*466*
  1 「組織」としての行政と「作用」としての行政　*466*
  2 「行政に固有の法」　*467*
2　警察の概念……………………………………………………………*468*
  1 「司法警察」と「行政警察」　*468*
  2 「司法権」と「行政権」　*469*
  3 「作用としての警察」と「組織としての警察」　*470*
  4 明治憲法時代の三権分立　*471*
3　「控除説」の問題点…………………………………………………*472*
  1 「司法」の観念の変化　*472*
  2 循環論法？　*473*

UNIT 47　行政裁量（2）――純粋法学の視点――――――――*475*
1　序　説…………………………………………………………………*475*
2　法律の規律密度………………………………………………………*475*
  1 2つの行政裁量？　*475*
  2 用語法のズレ　*477*
3　裁判所の審査密度……………………………………………………*478*
  1 様々な審査密度　*478*
  2 不確定概念の使用　*479*
4　行政権内部における行政裁量の配分………………………………*480*
  1 基準設定の機能　*480*
  2 法規命令による裁量拘束　*480*
  3 行政規則による裁量拘束　*482*

UNIT 48　行政裁量（3）――判断過程の統制――――――――*483*
1　「手続的統制」と「実体的統制」…………………………………*483*
  1 実体重視思考　*483*
  2 行政行為の「形式」および「手続」　*484*
  3 手続の瑕疵の効果の制限　*484*
  4 理由の差替え　*485*
  5 裁量の逸脱濫用の3類型　*486*
2　ドイツの計画裁量論の背景…………………………………………*487*
  1 ドイツ裁量論の特徴　*487*
  2 戦後のドイツ裁量論の推移　*488*
  3 「計画法」の特殊性？　*488*

- ③ 計画裁量の裁判統制 ………………………………………… 489
  - 1 市町村の都市計画決定　489
  - 2 「衡量要請」の法理　490
  - 3 計画確定手続　491
  - 4 計画確定決定の裁判統制　492
  - 5 手続の瑕疵と「取消制限法理」　492
- ④ 判断過程の統制の位置づけ ………………………………… 493
  - 1 「衡量過程の統制」と「判断過程の統制」　493
  - 2 「判断結果の統制」　494

UNIT 49　適正手続（2）——参加と協働 ———————— 496

- ① 命令等制定手続の追加 ……………………………………… 496
  - 1 2005年行政手続法改正　496
  - 2 「適正手続の原理」と「説明責任原則」　496
  - 3 一般原則　497
- ② 意見公募手続 ………………………………………………… 497
  - 1 意見公募手続の趣旨　497
  - 2 意見公募手続の適用範囲　498
  - 3 「行政機関」の範囲の拡張　499
  - 4 提出意見の考慮と結果の公示　499
  - 5 地方公共団体の適用除外　501
- ③ 計画策定手続における参加 ………………………………… 501
  - 1 計画策定手続の法制化　501
  - 2 参加権　502
- ④ 国家と社会の融合 …………………………………………… 502
  - 1 認可法人・指定法人　502
  - 2 公共組合　503
  - 3 社会福祉法人　504

UNIT 50　法執行システム ———————————————— 505

- ① 序　説 ………………………………………………………… 505
- ② 宝塚市パチンコ店規制条例事件 …………………………… 505
  - 1 行政強制論から義務履行確保論へ　505
  - 2 「司法的執行」　507
  - 3 法の「機能的」考察　508
- ③ 課徴金 ………………………………………………………… 508
  - 1 課徴金制度の導入と強化　508
  - 2 二重処罰の禁止論　509
  - 3 行政制裁の概念　510
  - 4 「性格づけ」と「機能」の区別　511
  - 5 「サンクション」　512

判例索引　*515*
事項索引　*523*

本書のコピー，スキャン，デジタル化等の無断複製は著作権法上での例外を除き禁じられています。本書を代行業者等の第三者に依頼してスキャンやデジタル化することは，たとえ個人や家庭内での利用でも著作権法違反です。

主要参考文献と略称

田中上	田中二郎『新版行政法上（全訂第2版）』（弘文堂・1974年）	
田中中	田中二郎『新版行政法中（全訂第2版）』（弘文堂・1976年）	
田中下	田中二郎（塩野宏補訂）『新版行政法下（全訂第2版）』（弘文堂・1983年）	
塩野Ⅰ	塩野宏『行政法Ⅰ行政法総論（第6版）』（有斐閣・2015年）	
塩野Ⅱ	塩野宏『行政法Ⅱ行政救済法（第5版補訂版）』（有斐閣・2013年）	
塩野Ⅲ	塩野宏『行政法Ⅲ行政組織法（第4版）』（有斐閣・2012年）	
芝池総論	芝池義一『行政法総論講義（第4版補訂版）』（有斐閣・2006年）	
芝池救済法	芝池義一『行政救済法講義（第3版）』（有斐閣・2006年）	
芝池読本	芝池義一『行政法読本（第3版）』（有斐閣・2013年）	
原田要論	原田尚彦『行政法要論（全訂第7版補訂2版）』（学陽書房・2012年）	
藤田Ⅰ	藤田宙靖『行政法Ⅰ（総論）（第4版改訂版）』（青林書院・2005年）	
藤田総論	藤田宙靖『行政法総論』（青林書院・2013年）	
兼子総論	兼子仁『行政法総論』（筑摩書房・1983年）	
兼子行政法	兼子仁『行政法学』（岩波書店・1997年）	
阿部Ⅰ	阿部泰隆『行政法解釈学Ⅰ』（有斐閣・2008年）	
阿部Ⅱ	阿部泰隆『行政法解釈学Ⅱ』（有斐閣・2009年）	
今村＝畠山・入門	今村成和（畠山武道補訂）『行政法入門（第9版）』（有斐閣・2012年）	
小早川上	小早川光郎『行政法上』（弘文堂・1999年）	
小早川下Ⅰ	小早川光郎『行政法講義下Ⅰ』（弘文堂・2002年）	
小早川下Ⅱ	小早川光郎『行政法講義下Ⅱ』（弘文堂・2005年）	
小早川下Ⅲ	小早川光郎『行政法講義下Ⅲ』（弘文堂・2007年）	
櫻井＝橋本	櫻井敬子＝橋本博之『行政法（第4版）』（弘文堂・2013年）	
宇賀Ⅰ	宇賀克也『行政法概説Ⅰ行政法総論（第5版）』（有斐閣・2013年）	
宇賀Ⅱ	宇賀克也『行政法概説Ⅱ行政救済法（第5版）』（有斐閣・2015年）	
宇賀Ⅲ	宇賀克也『行政法概説Ⅲ行政組織法（第3版）』（有斐閣・2012年）	
宇賀自治法	宇賀克也『地方自治法概説（第6版）』（有斐閣・2015年）	
稲葉他	稲葉馨＝人見剛＝村上裕章＝前田雅子『行政法（第3版）』（有斐閣・2015年）	
高田法治主義	高田敏編著『新版行政法――法治主義具体化法としての』（有斐閣・2009年）	
北村他・基本	北村和生＝佐伯彰洋＝佐藤英世＝高橋明男『行政法の基本（第5版）』（法律文化社・2014年）	
大橋Ⅰ	大橋洋一『行政法Ⅰ現代行政過程論（第2版）』（有斐閣・2013年）	
大橋Ⅱ	大橋洋一『行政法Ⅱ現代行政救済論（第2版）』（有斐閣・2015年）	
中原基本	中原茂樹『基本行政法（第2版）』（日本評論社・2015年）	
橋本他・新行審	橋本博之＝青木丈＝植山克郎『新しい行政不服審査制度』（弘文堂・2014年）	
原田例解	原田大樹『例解行政法』（東京大学出版会・2013年）	
高木訴訟論	高木光『行政訴訟論』（有斐閣・2005年）	
条解（第3版補正版）	南博方＝高橋滋編『条解行政事件訴訟法（第3版補正版）』（弘文

堂・2009年）

条解（第4版）　南博方原編著・高橋滋＝市村陽典＝山本隆司編『条解行政事件訴訟法（第4版）』（弘文堂・2014年）

コンメⅠ　室井力＝芝池義一＝浜川清編『コンメンタール行政法Ⅰ　行政手続法・行政不服審査法（第2版）』（日本評論社・2008年）

コンメⅡ　室井力＝芝池義一＝浜川清編『コンメンタール行政法Ⅱ　行政事件訴訟法・国家賠償法（第2版）』（日本評論社・2006年）

百選　宇賀克也＝交告尚史＝山本隆司編『行政判例百選（第6版）ⅠⅡ』（有斐閣・2012年）

自治百選　磯部力＝小幡順子＝斎藤誠編『地方自治判例百選（第4版）』（有斐閣・2013年）

憲法百選　長谷部恭男＝石川健治＝宍戸常寿『憲法判例百選（第6版）ⅠⅡ』（有斐閣・2013年）

山本探究　山本隆司『判例から探究する行政法』（有斐閣・2012年）

争点　髙木光＝宇賀克也編『行政法の争点』（有斐閣・2014年）

新構想Ⅰ　磯部力＝小早川光郎＝芝池義一編『行政法の新構想Ⅰ――行政法の基礎理論』（有斐閣・2011年）

新構想Ⅱ　磯部力＝小早川光郎＝芝池義一編『行政法の新構想Ⅱ――行政作用・行政手続・行政情報法』（有斐閣・2008年）

新構想Ⅲ　磯部力＝小早川光郎＝芝池義一編『行政法の新構想Ⅲ――行政救済法』（有斐閣・2008年）

Maurer　Hartmut Maurer, Allgemeines Verwaltungsrecht, 18. Aufl.（C. H. Beck 2011）

Ehlers　Hans-Uwe Erichsen, Dirk Ehlers（Hrsg.）, Allgemeines Verwaltungsrecht, 14. Aufl.（De Gruyter 2010）

野中他・憲法Ⅰ　野中俊彦＝中村睦男＝高橋和之＝高見勝利『憲法（第5版）Ⅰ』（有斐閣・2012年）

野中他・憲法Ⅱ　野中俊彦＝中村睦男＝高橋和之＝高見勝利『憲法（第5版）Ⅱ』（有斐閣・2012年）

毛利他憲法Ⅰ　毛利透＝小泉良幸＝浅野博宣＝松本哲治『憲法Ⅰ統治』（有斐閣・2011年）

毛利他憲法Ⅱ　毛利透＝小泉良幸＝浅野博宣＝松本哲治『憲法Ⅱ人権』（有斐閣・2013年）

[第1部]

序論・組織法

UNIT 1　行政法的思考

1　講義科目としての「行政法」

1　実定法科目としての「行政法」

　本書は，学部段階で「行政法」という科目において重点的に学ぶべき事柄と，それらの理解を助けるための資料の所在を示すものである。叙述の順序としては，まずは，筆者の考えるところの「行政法的思考」を示すことによって「わかりやすさ」を追求し，最終段階では筆者が親しんできたドイツ理論を参照することによって，より「深い」考察の手がかりを与えようとするものである。

　本書が重視するのは，「行政に対する法的統制（とりわけ裁判所による統制）をどのようにして充実させるかという問題関心」からの「行政をめぐる法現象」の認識と評価である。

　「行政法」という科目は，学部のカリキュラム上は，「実定法科目」の1つとして位置づけられている。「実定法科目」というのは，「現在の日本で妥当している法規範」について，それを主として「どのように解釈適用すべきか」（解釈論）という関心から扱い，さらに必要に応じて，「どのように制度的に改善すべきか」（立法論）という関心から扱うものである。この点では，いわゆる「六法科目」（「憲法」「民法」「刑法」「商法」「民事訴訟法」「刑事訴訟法」）と同様である。

　そして，法科大学院時代になって，司法試験の必修科目（＝カリキュラム上の「法律基本科目」）が，「六法」＋「行政法」とされたことから，「基本七法」という呼び方も生じている。これは，「現在の日本の国内で妥当している法規範」の基本的な部分は，この7科目によってカバーされるという考え方である。そして，司法試験の選択科目は，「倒産法」「租税法」「経済法」「知的財産法」「労働法」「環境法」「国際関係法（公法系）」「国際関係法（私法系）」の8科目であるが，これらは，「応用科目」と捉えられていることになろう。なお，この8科目のなかで，「租税法」と「環境法」は「行政法」の応用という部分が比較的多いと思われる。

　以上のような状況から，講義科目としての「行政法」を暫定的に定義するとす

れば，憲法を具体化する国内法のうち，民事法にも刑事法にも属さないもの[1]が適切であるということができよう。

〈基本七法のイメージ〉

憲法			
民事訴訟法	刑事訴訟法		行政法
民法	商法	刑法	

なお，民事法（民法＋商法＋民事訴訟法）および刑事法（刑法＋刑事訴訟法）においては，「実体法」と「訴訟法（手続法）」の区別が比較的はっきりしている。これに対して，行政法においては，「実体法的な要素」と「訴訟法（手続法）的要素」を併せ持つ法理が随所にみられることに留意が必要である。

〈実体法と訴訟法（手続法）〉

	民事法	刑事法	行政法
訴訟法（手続法）	民事訴訟法	刑事訴訟法	★両要素を含む
実体法	私法（民法＋商法）	刑法	

また，法学入門などで説明される「公法と私法の区別」は多義的である。基本七法のうち，「民事訴訟法」「刑事訴訟法」「刑法」は，広義の「公法」に分類されるので，「憲法」と「行政法」を合わせて「公法」と呼ぶ用法は，狭義の「公法」概念ということになる。

〈公法と私法〉

「私法」＝民法＋商法＝民事実体法
「公法」（広義）＝憲法＋行政法＋民事訴訟法＋刑事訴訟法＋刑法
「公法」（狭義）＝憲法＋行政法

2　「公共政策学」の一分野としての「行政法学」

上記の問題関心は，実は，「行政法」とは何かという問いそのものに答えるも

---

[1] 憲法のもとに，民事法，刑事法，行政法という3つの法世界が広がっている，と説明するものとして，稲葉他2頁（稲葉馨）。行政法は民刑事法で達成できない公共性を実現するものである，と説明するものとして，阿部13頁参照。

のではない。しかし，これまでの「行政法学」という学問分野に携わってきた者，すなわち，いわゆる「行政法学者」の多数派の主観的関心あるいは「建前」とそれほど異なるものではないと思われる。

ただ，近年の「行政法学者」の問題関心は多様化しており，また，「行政法」を学ぶ側の目的も様々である。たとえば，「公共政策学」の一分野としての「行政法学」[2]においては，効率的な政策実現という観点が重視されると思われる。

筆者はこのような観点を軽視するものではないが，本書は，より「古典的な」行政法的思考にしぼって解説する道を選んでいる。何事においても「基本から応用へ」というステップが大切であると考えるからである。ある程度勉強の進んだ読者には，適宜紹介されている参考文献を手がかりに，本書の記述を批判的に読み直すとともに，他の教科書にも挑むことを期待したい。

2 教科書設例

「行政法的思考」においては，複雑多岐にわたる「行政をめぐる法現象」をある程度パターン化して捉えるために，抽象的な「理論」，すなわち法概念や原理・原則の複合体が用いられている。このような「体系的」な思考を「美しい」形で表現したものがいわゆる「行政法（学）の体系」である。その「体系」のあり方は，「美しさ」を競うものという側面もあるため，極論すれば学者の趣味の問題である。

しかし，現時点のわが国においては，最大公約数的なものとして，「行政組織法」「行政作用法」「行政救済法」といういわゆる三本柱があり，本書もこれに従う[3]。

なお，筆者は，実際の講義では，冒頭の数回を使って，この三本柱全体について，いわゆる「教科書設例」を素材にした入門的な説明を行うことにしている。これは，全体の見取り図を明らかにする一助とすることを狙ったものである。

---

[2] 大橋11-2頁は，「法律科目としての行政法」と並んで「制度設計学（ないし立法学）としての行政法」という性格を指摘し，後者の側面においては，行政法は「行政学」「公共経済学」「財政学」「社会学」等とともに（広義の）「公共政策学」の一環をなす，と説明している。

[3] 入門的な講義では「個別行政法規から一般理論へ」という手法を組み合わせる必要があると思われる。警察庁所管の風営適正化法や道路交通法を素材としたものとして，高木光「もうひとつの行政法入門（1）～（24）」法学教室211号～234号（1998～2000年）参照。

本書では紙幅の関係で詳細は省略するが，拙著『プレップ行政法（第2版）』（弘文堂・2012年）PART Ⅱを参照すれば，行政活動をめぐる具体的な紛争において，「行政に対する法的統制（とりわけ裁判所による統制）」はどのような観点から意識されることになるかが確認できるであろう。すなわち，設例に答える際には，以下の3点が行政法上の主たる論点となる。

① 登場人物のなかで誰の「行為」が「行政」と評価されるのか
② それがどのような「法規範」（予め定められた「行為規範」）に服しているのか
③ そのような「法規範」に反する事態が生じた場合に，どのように後始末が付けられるのか，とりわけ，裁判所がどのような「裁判規範」を適用することになるのか

そして，この3段階の考察に見通しを与えるのが，「行政組織法」「行政作用法」「行政救済法」という3本柱で構成された「行政法（学）の体系」ということになるのである。

設例および問題は次のとおりである（それぞれ UNIT ○◇参照）。

【設例】
　R県の県庁所在地から約40キロメートル離れた人口約8万人のQ市には，市立中学が7つあるが，そのうち旧市街に位置する「土蔵町中学」は進学校として有名であった。
　2010年2月上旬，Xは「土蔵町中学」の正門の真向かいにあった和菓子屋の土地建物を購入した。Xは，新学期をめどにテイクアウトのクレープを主力商品とし，テラスのテーブル席で紅茶とスコーンのセットを提供する「Mカフェ」を開業しようと計画し，地元の工務店に建物の改装工事を依頼した。
　ところが，この工務店の社長Aの旧友である「土蔵町中学」のPTA副会長Bはこの計画を聞いて，旧市街の雰囲気を乱し，教育上も良くないとの反対意見を持ち，これが2月下旬には，PTA全体の意向になるに至った。また，一部のメンバーCから，Xの営業には，食品衛生法に基づく許可が必要であるから，Xに対する許可を与えないように保健所に陳情すべきであるとの意見が出された。また，メンバーDは，今の保健所長Yは「土蔵町中学」の同級生であるから個人的に頼んでもよいとの意向を表明した。
　同年5月上旬，YはXに許可を与えた。その後，7月中旬に，クラブ活動中に抜け出してクレープを食べた生徒たちが，グラウンド10周のランニングを顧問のE教諭に命じられ，帰宅後発熱し，何人かは腹痛を訴えるという事件が起きた。Yは原因を十分調べることなく，食中毒を理由に，Xに対する許可を取り消した。

〈設問〉

- **Q1** 食品衛生法に基づく許可はどのような営業について必要なのか。(UNIT 3②・UNIT 7②)
- **Q2** 許可が必要な営業を無許可で行うとどうなるか。(UNIT 17③)
- **Q3** 許可を与えるかどうかの判断は誰がするのか。(UNIT 4③)
- **Q4** 許可を与えるかどうかは自由に決定できるのか。(UNIT 11②)
- **Q5** どのような場合に不許可にできるのか。(UNIT 11②)
- **Q6** AがXからの改装工事の依頼を断るのは自由か。(UNIT 11②)
- **Q7** PTAの猛反対にもかかわらず許可が与えられた場合，PTAはあきらめるしかないのか。行政が対応を改めるように裁判所に訴えることはできないのか。(UNIT 28③)
- **Q8** 許可の取消しをするかどうかは自由に決定できるのか。もう少し穏やかな対応をすべきではないか。(UNIT 8③・UNIT 16③)
- **Q9** Yは許可の取消しをする前にXの言い分を聞かなくてもよいのか。(UNIT 9②)
- **Q10** 許可の取消しに不満を持つXはそのまま営業を続けることができるか。(UNIT 12①・UNIT 14①・UNIT 17③)
- **Q11** 許可の取消しに不満を持つXが，安心して営業できるようになるには，どのような手順を踏まなければならないか。(UNIT 14①・UNIT 24②)
- **Q12** 安心して営業できるようになるまで1年間かかった場合，その間の営業利益を誰かに償わせることはできるか。(UNIT 25④)

③ 行政法的思考

「行政法的思考」が重視するのは，三権の1つである行政権の行使を公正妥当なものにするための「法規範」である。この点は，「憲法的思考」と共通するので，両者を合わせて「公法的思考」と呼ぶことが許されると思われる（「狭義の公法」＝憲法＋行政法）。「行政法は憲法を具体化する法である」ともいわれる。

行政法の基本である「法治行政の原理」[4] という考え方は，「行政は法規範に従わなければならない」というもので，決して「国民は法規範に従わなければならない」ということではない。

「行政法的思考」は，行政組織の外部にいる者（＝「私人」と呼ばれることが多

---

[4] 広義のそれであり，「実質的法治主義」あるいは「法治国原理」とも呼ばれる。「法治行政の原理」や「法治国原理」はドイツ由来の概念であるが，現在のように拡大された広義のそれは，内容的にみて，英米由来の「法の支配」と異ならないとも考えられる。髙田法治主義21頁。北村他・基本19頁（髙橋明男）。したがって，その理解のためには，それらの原理の出発点に遡って，当初は何に主たる関心があり，それがその後どのように展開してきたかを確認することが有益である。UNIT 5②参照。

い）の自由や権利を尊重し，官僚や公務員の横暴や責任逃れを許さないという視点を重視する。その意味で，「自由主義的国家観」（「消極国家観」とも呼ばれる。）がその出発点となっている。

19世紀の終わりごろにドイツで成立した「古典的」な行政法理論は，「強い行政」と「弱い私人」の対立という図式をとり，「行政権の過大な行使」によって私人の「自由と財産権」が「侵害」されることをどのように防ぐかを最大の関心事としていた。これがいわゆる「防御型の行政法理論」のモデルである。

このモデルにおいて重視されたのは，「法律」という道具を用いるということであった。すなわち，出発点における「法治行政の原理」は，「行政は法律に従わなければならない」というものであり，これが狭義の「法治行政の原理」ということになる。また，その際，法律の内容の当否は問題とされなかったため，「形式的法治主義」とも呼ばれる。

現在では，教科書設例から示唆されるように，「防御型の行政法理論」の限界も意識しなければならない。

多くの個々の行政法規は，公益を害する私人の活動を規制するために行政に権限を与えるという形式5)をとっている。たとえば，風営適正化法は頻繁に改正されてきたが，それは法の抜け穴を探す悪質業者とそれを押さえ込もうとする警察官僚の知恵比べの歴史だともいわれている。公正な市場を創出するためにも政府による規制が必要であるとすると，「古典的」な行政法的思考の「行政性悪説」はあまりにもナイーブであり，「公共政策学」は「市民性悪説」を基本哲学とすべきであるかもしれない。

また，何のためのルールかを考えると「正直者が馬鹿を見ない」という視点も浮かび上がる。私人のなかには善人も悪人もいる。あるいは，ひとりひとりの私人のなかに善悪両面が潜んでいるというべきかもしれない。その両者・両面にとって「公正妥当な」行政権の行使の仕組みをどのようにデザインすべきか。ここでは，悪い私人に対して毅然とした行政を確保すべきであるという点が強調されるだろう。

さらに，行政自体についてもよりきめ細かな分析が要請される。行政とひとくちにいっても，実際にそれに携わる個々の公務員のレベルまで分解してみれば，権限の濫用のおそれは様々である。また，個々人の職務遂行と組織としての活動

---

5)「根拠規範」として機能する。**UNIT 7**（法律の留保論）参照。

は分けて評価されるべきであろう。

以上のように考えてくると,「行政法的思考」の今後の課題は,行政活動に関係するすべての人間に潜む「醜さ」「弱さ」を見据えて,それにスマートに対応する仕組みを工夫することにあるということになりそうである。以下の記述においては,「基本から応用へ」というコンセプトに従い,「行政法的思考」の出発点である「防御型の行政法理論」のモデルに重点を置いて解説するが,その限界についても適宜指摘することにしたい。

4 4つの行政

本書で提示する「抽象的」な行政法理論は,「行政組織法」「行政作用法」「行政救済法」の3つの柱から形成されている。

「行政組織法」のテーマは,「行政は誰が行うか」[6]であり,「行政作用法」のテーマは「行政はどのように行われる(べき)か」であり,「行政救済法」のテーマは,「行政はどのように後始末をつけるか」である。

なお,入門的説明で用いられる「喫茶店対PTA」設例は,複雑多岐にわたる行政活動のなかの1つに過ぎない。したがって,そのような食品衛生法に基づく喫茶店の許可をめぐる紛争という設例に即して学ぶことのできる「行政法的思考」は「防御型の行政法理論」という基本的な思考にとどまる。

食品衛生法によって行政機関に与えられている権限の最も重要な部分は,理論的にみると後述する「4つの行政」のうちの2番目の「規制行政」のための権限である。したがって,その統制に関する思考は,当然のことながら,現代行政の諸問題に対応すべき「行政法的思考」の一部にとどまることになる。

その他の思考の重要性は,別の分野の設例[7]において意識されることになる。そこで,現代行政における様々な問題の所在を簡単に示すために「4つの行政」という区分を示しておく。

現代社会の主役は企業であるが,行政もそれと並んで「ゆりかごから墓場まで」「ごみ集めから高速増殖炉まで」実に様々な活動をしており,政治経済に深く係わるとともに,市民の日常生活に強い影響を与えている。全国を見渡すと公務員の身分を持つ者だけでも300万人を超え,その日々の活動の大半は「行政」

---

6) この表現は,今村=畠山・入門に依拠したものである。
7) たとえば,給付行政の分野について,高木他・事例演習27頁以下(高木光)参照。

とイメージされるのであるから当然である。

　そこで，行政法理論は「およそ行政はかくあるべし」という抽象論だけではなく，行政をその性質によっていくつかの類型に分類し，それぞれの類型ごとに「法によってどのような統制がなされることが重要か」を考えてきた。初学者が念頭におくべき類型は，「租税行政」「規制行政」「給付行政」「私経済的行政」の4つである。

　第1の「租税行政」は，国や地方公共団体の活動の財源を確保するための活動で「奪う行政」ともイメージできる。

　第2の「規制行政」は，国や地方公共団体が民間の自由な活動に制約を加える仕事で，「しつける行政」ともイメージできる。

　第3の「給付行政」は，国や地方公共団体が民間に対して金銭や役務を配分し，あるいは施設を提供する活動で「与える行政」ともイメージできる。

　第4の「私経済的行政」は，国や地方公共団体が民間と取引をする活動で，「支払う行政」ともイメージできる。

　「法によってどのような統制がなされることが重要か」は，以上の4つの類型ごとに異なる。「法」の理念は「正義」「公平」「安定」などであり，このような抽象的な理念は，どのような社会事象にもあてはまる。そこで，「行政は正義にかなったものでなければならない」「行政は公平なものでなければならない」「行政は安定したものでなければならない」ということが，上記の4つの類型の「行政」すべてにあてはまることは誰も反対できない。しかし，もう少し具体的に考えると，以下のような重点の違いがあると考えられる。

　第1の「租税行政」と第2の「規制行政」においては，「奪い過ぎないように」「しつけが厳し過ぎないように」統制することが最も重要である。「行政権の過大な行使の抑制」という表現が用いられる。もっとも，近時は，第2の「規制行政」において，「行政権の過小な行使の是正」がそれと並んで重要であるということが意識されている。

　第3の「給付行政」においては，「不公平にならないように」統制することが最も重要である。「給付における平等」という表現が用いられる。

　第4の「私経済的行政」においては，「無駄がないように」統制することが最も重要である。地方行政においては，住民訴訟による統制が重要な機能を果たしている（**UNIT 43**・**UNIT 44**参照）。また，取引をする相手に対して「不公平にならないように」統制することも重要であろう（**UNIT 18**参照）。

これらの類型のうち第2の「規制行政」の問題点を具体的事例に即してじっくり考えることが「行政法的思考」を身につけるための「正攻法」であると筆者は考えているが，それは，「規制行政」という類型が，行政の原点ともいわれる「警察行政」(Polizeiverwaltung)の進化した形態であるからである。「警察」(Polizei)の概念については，「行政」の概念とともに UNIT 46 でコメントする。
　次の UNIT 2 の内容は，主として，本書の位置づけに関する補足的説明である。スキップして，UNIT 25 の後に読んでいただいても差支えない。

UNIT 2 　総論と各論——本書の位置づけ

1　行政法総論の骨格

　本書が読者として想定しているのは，いわゆる六法科目を既にある程度履修し，抽象的な概念の操作にも耐える訓練ができている法学部生である。そのような読者は，直ちに，UNIT 3 に進んでも問題はないと思われる。以下は，本書が説明しようとしている内容が，行政法理論の全体のなかでどのように位置づけられるかについての補足的な説明である。

　本書の前半部分は，「行政救済法」[1]を理解するために必要な限りでの「行政組織法」および「行政作用法」の基本的な事項（第1部から第4部）と，「行政作用法と行政救済法の連関」（第5部）の説明に充てられる。本書の後半部分（第6部から第9部）は，「行政救済法」についてのやや技術的な説明に充てられる（最終部は筆者の試論を含む理論的にやや高度な分析である）。

　本書のこのような構成は，行政と市民の紛争が裁判所に持ち込まれたケースから「逆算」して行政と法の関係について考えるという「視野の限定」を意味する。しかし，現在の行政法理論はより多彩で豊かな発想を取り入れようとしている。そこで，本書の後半部分は，法科大学院に進学しようとする学部生にとっては，

---

1) 「行政救済法」には「行政不服審査」「行政訴訟」「国家賠償」「損失補償」の4つの領域が含まれる。
　「行政救済」は，まず「行政争訟」と「国家補償」に大別される。この分類は，どのような態様の「救済」が国民・住民に与えられるかによるもので，「行政争訟」は行政活動の「行為自体の是正」という態様，「国家補償」は「金銭等の給付」という態様による救済をいう。
　「行政争訟」は是正を行う機関が行政機関か裁判所かによって「行政不服審査」と「行政訴訟」に分類される。「国家補償」は，原因となった行為が違法であるか適法であるかによって「国家賠償」と「損失補償」に分類される。
　これらのなかで中核的なものは，違法な「行政処分」を裁判所が取り消すという態様で是正する「取消訴訟」と，公務員の違法行為の結果生じた損害につき国または公共団体が金銭給付を行う国家賠償法1条の責任（「公権力責任」ともいう。）である。

苦労して学んでも「損のない」部分であろうが，公務員をめざす学部生には，別の勉強法が推奨されるかもしれないことを予め指摘しておきたい。

さて，第1部から第4部の骨格部分を「要旨」(Thesen) のような形で予めまとめて示すと，以下のとおりである[2]。

〈1〉 行政法的思考の根本は「行政権の行使を法によって統制すること」である。すなわち，「行政は法という規範に従わなければならない」という思考であり，これを「法治行政の原理」と呼ぶ。

「行政法」とは「憲法を具体化する国内法のうち，行政の組織及び作用の統制[3]に関するもので，民事法にも刑事法にも属さないもの」をいう。「憲法的思考」と「行政法的思考」を合わせて「公法的思考」と呼ぶ。

〈2〉 行政法理論は「行政組織法」「行政作用法」「行政救済法」の3つの柱からできている。「行政組織法」のテーマは，「行政は誰が行うか」であり，「行政作用法」のテーマは「行政はどのように行われる（べき）か」であり，「行政救済法」のテーマは「行政はどのように後始末をつけるか」である。

「法治行政の原理」という思考を3つの柱に即して分解すると以下のようになる。「行政組織においては，事務配分および権限配分は，法によって予め定められた規範に従ってなされなければならない。」「行政作用は，法によって予め定められた規範に従って行われなければならない。」「行政作用の結果として生じる不利益について，私人には法に従った救済が与えられなければならない。」

〈3〉「行政組織法」の3つの基礎概念とは，「行政主体」「行政機関」「行政庁」である。

「行政主体」とは「行政を行う法人」である。「行政は公務員が行うのではなく，国，県，市などの法人が行う。」「行政」は，国や県や市などの「公的色彩を帯びた法人」が私人に働きかけるものとイメージされる。

「行政機関」には「事務配分の単位」と「権限配分の単位」の2つの意味がある。

「事務配分の単位」としての「行政機関」とは，省や庁などの組織である。

「権限配分の単位」としての「行政機関」とは，国や地方公共団体などの組織

---

2) 高木光「行政法入門（1～12）」自治実務セミナー44巻4号（2005年）～45巻3号（2006年）連載参照。

3) ここでいう「統制」は広義であり，「授権」「制約（羈束）」「是正」を包括する。UNIT 6 [2]・UNIT 6 [5]参照。

をばらばらにしたパーツをいう。この意味での「行政機関」には，「行政庁」「補助機関」「諮問機関」などが含まれる。

「行政庁」とは，「行政主体の意思を決定し，それを外部に表示する権限を有する行政機関」をいう。国においては大臣，県においては知事，市においては市長が「行政庁」の典型である。

〈4〉「行政作用法」の3つの基本原理とは，「法律による行政の原理」「適正手続の原理」「人権尊重の原理」である。

「行政法的思考」は行政活動を法という規範によって統制することによって私人の権利利益を守ることに関心がある。

「法律による行政の原理」とは，「行政活動は法律に従って行われなければならない」というものであり，「法律の優位」と「法律の留保」という2つの要素を含んでいる[4]。

「法律の優位」とは，「法律が存在する場合に行政活動はそれに従わなければならず，法律に反した行政活動は違法と評価される」という原則である。

「法律の留保」とは，「一定の行政活動には法律の根拠が必要であり，法律が存在しない場合，行政活動をすること自体が許されない（＝違法と評価される）」という原則である。

法律の根拠が必要とされる範囲は「自由と財産権」に対する「侵害」であるという考え方を「侵害留保説」と呼ぶ。「侵害留保説」は19世紀の終わりごろにドイツで成立した「古典的」行政法理論（＝「防御型の行政法理論」）に由来するものである。日本では現在でも「侵害留保説」が基本的には通用している。

「適正手続の原理」とは「行政活動は適正なプロセスを経てなされなければならない」というものである。

「人権尊重の原理」とは「行政活動は私人の人権を最大限尊重して行わなければならない」というものである。

上記の3つの基本原理は憲法上の原則でもあり，その内容のほとんどは「憲法的思考」からは当然のものである。

行政権の行使を法によって統制する際に，重点の置き方は2つに大別される。1つは，行政権の行使の結果が「内容的に正しい」ことに重点を置くもので，も

---

[4] 伝統的にはもう1つ「法律の法規創造力」というものが含まれるが，現在では独自に取り上げる意味はないと思われる。UNIT 7 [2]・UNIT 10 [2]参照。

う1つは，行政権の行使の「プロセスが適正である」ことに重点を置くものである。前者は「実体的統制」，後者は「手続的統制」とも呼ばれる。

「古典的」行政法理論においては，「法律による行政の原理」によって，前者が重視され，戦前の日本の行政法理論もこのような考え方を基本として成立した。後者の「適正手続の原理」は，英米法系で重視されてきたものであり，戦後の日本では「実体的統制」を補うものとして位置づけられている。

〈5〉「行政作用法」の中核は「行為形式論」である。

「行政はどのように行われるか」というのは，法の世界では「行政上の権利義務はどのように発生し，変更し，消滅するか」ということを意味する。

「行政上の法律関係」は，その「発生・変更・消滅」が「行政庁」の行為によってもたらされることが多いので，「行政」がどのような類型の行為によって行われるかという「行為」の性質による分類が「行政作用法」の中核となる。

この分類においては，その行為によって直接に「権利義務」の「発生・変更・消滅」が生じるかどうか，その「権利義務」が「一般的抽象的」なものか「個別的具体的」なものかなどの基準が重要となる。

たとえば，「行政立法」と「行政処分」はどちらも権利義務への直接的なかかわりを有するが，同じく「権利義務」といっても，前者は「一般的抽象的」であり，後者は「個別的具体的」であるという違いがある。これに対して「行政指導」は権利義務との直接的かかわりを持たない点が特徴である。

法的効果あり	一般的抽象的	行政庁が一方的に規律	行政立法
	個別的具体的		行政処分
		私人の合意が必要	行政契約
法的効果なし		私人の協力が必要	行政指導

〈6〉「行政作用法」の3つの基礎概念とは「法律の留保」「行政裁量」「公定力」である。

「法律の留保」は，先にみたように立法権によって行政権を統制するという側面に関するものである。

「行政裁量」とは「法の枠内において行政権が有する判断・行動の余地」をいう。「行政裁量」の問題は，立法権との関係で行政権に自由を認めるという側面

と，その延長として司法権との関係で行政権に自由を認めるという側面を含む。また，「行政権」にどのような法的統制が及んでいるかを裏面からみたものともいえる。「行政裁量」は行政の様々な「行為形式」で問題となるが，最も議論されてきたのは「行政処分」についてである。

「行政処分」は裁量の有無によって「裁量処分」と「覊束処分」に分類される。「裁量処分」については，裁判所は行政庁の判断・行動を法によって認められた枠内に収まっているかどうかだけを限定的に見直す。行政事件訴訟法30条は，裁量処分は「裁量権の範囲をこえ又はその濫用があった場合に限り」違法となるとしている。

「行政処分」は，判例によって「公権力の主体たる国または公共団体の行う行為のうちで，その行為により直接国民の権利義務を形成しまたはその範囲を確定することが法律上認められているもの」と定式化されている。「行政処分」を行う権限を有する機関は「行政庁」である。

「公定力」とは，「仮に違法なものであっても，正当な権限を有する機関によって取り消されるまでは，有効として取り扱われる」ことをいう。行政処分には，他の「行為形式」にはないこのような特殊な取扱いが認められている。これに対応して，行政事件訴訟法は「処分の取消訴訟」という特有の訴訟類型を定めている。

〈7〉 以上のように，行政法総論の骨格は，「法治行政――行政処分――取消訴訟」という連関である。そして，このような骨格を有するようになっているのは，わが国の行政法理論が，ドイツのそれを参考に形成されたからである（UNIT 8 [1]参照）。

[2] 本書の内容

1 個別行政法規

以下では，本書でこれから学ぶことが，多様な行政法理論の総体のなかでどのような位置を占めているかを理解する一助として，いわゆる「総論と各論」の関係について触れることにしたい。本書の内容は，「総論と各論」という区別によれば，「総論」に属する。そして，この広い意味での「総論」[5]を学ぶという作業

---

5) 藤田総論の表題は，この意味である（ただし，別著『行政組織法』（有斐閣・2005年）があるためか，行政組織法は含まれていない）。この広い意味での「行政法総論」から，「行政救済法」を除外したものを「行政法総論」と呼ぶことも多い。両者を区

においては，抽象的な概念の操作に耐えることが必須となるので，時に苦痛を伴うのである。行政法の学び方が難しいのは定評のあるところであるが，何らかの理由で行政法を学ぶ必要がある読者が，その難しさの理由を予め理解することによって，多少とも苦痛が軽減されることを祈るほかない。そして，具体的な問題に即して考えることを好む読者や，将来公務員をめざすなど，政策的な側面にも関心を有する読者には，「各論」志向のテキストである，原田大樹『例解行政法』（東京大学出版会・2013年）を推奨しておきたい。

　さて，「六法」と「行政法」の最も特徴的な違いは，「六法」には，それぞれ「憲法」「民法」「刑法」「商法」「民事訴訟法」「刑事訴訟法」という名称の「法典」があるのに対して，「行政法」という名称の「法典」は存在しないことである。そこで，「行政法」はないが，"行政法"はある，というような謎かけがなされることになる6)。

　また，「条文から学ぶ」という手法が採用しにくいということが指摘できる。「行政法」という科目において学ぶべき「原理・原則」は，条文の形で表現されているものだけではなく，専ら「理論」によって導き出されるものが多いからである。

　かくして，「行政法」を学ぶにあたっては，一方で抽象的な「理論」を理解し，他方で，個々の具体的な事案に適用される細かな法的規範を，その「抽象論」を具体化したものとして解釈適用する，という作業7)が要求されるのである。

　たとえば，「喫茶店対PTA」という【設例】においては，「食品衛生法」という名称の法律の解釈適用が問題となるが，その際に，「法律の留保論」「適正手続論」「裁量論」「行為形式論」「義務履行確保論」などに照らした議論がなされることになっていた。

　「個別行政法規」とは，「食品衛生法」などの「個別行政分野」（ここでは「食品衛生」という分野）における行政活動の「法的統制」のために制定されている「成文法」をいう。そのなかでは「法律」の形式をとっているものが最も重要である。

　たとえば，食品衛生法は，喫茶店営業について，許可制度によって監督する権限を行政機関に与える（=「授権」）とともに，不許可事由を限定することにより，

　　　別するためには，狭義の「行政法総論」を「行政過程論」と呼ぶことが考えられる。原田例解3頁参照。
　6)　石川敏行他『はじめての行政法（第3版）』（有斐閣・2013年）2頁（石川敏行）。
　7)　大橋 I 18頁参照。原田例解 XV は「視線を往復させる」と表現している。

その権限行使の仕方に制約を加えている。この「授権」と「制約」を合わせて（広義の）「統制」と呼ぶとすれば，食品衛生法は，食品衛生の分野における行政機関の監督権限に対する議会による「法的統制」の表現ということになる。

現在の日本で妥当している法規範のうち，「法律」の形式をとっているものは，約 1900 本である[8]。このうちで，行政の組織および作用ならびにその統制に関するものは，軽く 1000 を超えるといわれている[9][10]。

そこで，本来は，これらすべての「個別行政法規」を逐一分析して，そこから「帰納的」に「理論」を導き出すという作業が要請されるのかもしれない。しかし，通常は，これら「個別行政法規」は，先に「存在する」「行政法一般理論」に沿うように制定されている（はずである）という前提[11]のもとで，分析され，解釈適用されている。

このような前提が許されれば，行政法とは六法全書の重みに耐える科目であるという表現は，冗談として受け流すことができる。それぞれの科目の「理論」ないし「原理・原則」を学ぶ際に，「六法科目」の場合は，「法典」に条文の形で表現されているものを手掛かりにすることが多いのに対して，「行政法」の場合は，条文の形で表現されるに至っていないものを手掛かりにしなければならないことが多い，という違いがあるに過ぎないことになる。

「行政法総論」＝行政法の「一般理論」の対象は，すべての行政について妥当

---

[8] 現状を知るには，総務省が管理している「法令データ検索システム」が便利である。

[9] 石川他前掲注6) 3 頁。また，稲葉他 1 頁（稲葉馨）には「現行の約 1900 法律の大半」という表現がみられる。

[10] 石川他前掲注6) 3 頁は，行政法が法典化されておらず，数多くの「個別行政法規」が存在するという現象をもたらした原因として，①法典をつくると条文数が膨大となること，②縦割行政，③法律の留保論の3つを指摘している。いわゆる霞が関の役所で，国民を相手に仕事をしている基本的な単位は「課」であり，その数は数百に及ぶ。「個別行政法規」はそれぞれ「所管」の「課」が責任を持って「執行」するものと意識されている。

2000 年の中央省庁等改革においては，官房・局の数，課・室の数が削減された。中央省庁等改革基本法における目標は，それぞれ 90 に近い数，1000 程度であった。宇賀 III 176 頁参照。

[11] この前提が正しいかどうかも，重要な問題である。仮に正しくないとすれば，「行政法理論」の存在は，実は幻想に過ぎず，実際に存在する可能性が高いのは，むしろ，兼子仁のいう「特殊法」の理論であるということになる。

する「原理・原則」であると「定義」すると，それに対して，それぞれの「行政分野」ごと，あるいは「個別行政法規」が規律する特定の行政活動についてのみ妥当する「原理・原則」は，「行政法各論」の対象ということになる。

学部の標準的なカリキュラムにおいて「行政法第一部」という講義で学ぶのは，「組織法」の基本的部分と「作用法」の総論部分であり，「行政法第二部」という講義で学ぶのは，「救済法」の総論部分である[12]。救済法は，幸いなことに，「救済三法」とも呼ばれる「国家賠償法」「行政事件訴訟法」「行政不服審査法」という3つの法律が存在する。したがって，「条文から学ぶ」という手法がある程度機能するのである。

	組織法	作用法	救済法
総論＝一般理論	※国家行政組織法 ※地方自治法 行政主体論 行政機関論	法律の留保論 適正手続論 ※行政手続法 裁量論 行為形式論 義務履行確保論	※国家賠償法 ※行政事件訴訟法 ※行政不服審査法
各論	※各省設置法 ※警察法 ※地教行法	※食品衛生法 ※廃棄物処理法 ※道路交通法 ※児童扶養手当法 ※建築基準法 ※都市計画法	〈膨大な判例〉 ＝それぞれ具体的な紛争に関する判断

2 行政法各論

伝統的な行政法学において「行政法各論」と呼ばれたのは，ある程度のまとまりを持った「行政分野」について妥当する「原理・原則」，あるいは，ある共通の性格を持った行政活動について，それに妥当する「原理・原則」を説明するものであった。たとえば，田中二郎の下巻は，「警察法」「規制法」「公企業法──給付行政法」「公用負担法」「財政法」という区分をしていた。

---

[12] 現在の多くの概説書にいう「総論」は狭義のそれで，本文の「総論」から「救済法」を除外したものに相当する。京都大学のように学部の講義が全体で8単位にとどまるとすれば，狭義の総論4単位，救済法4単位ということになり，各論を扱う余裕はなくなる。

これはある程度の「類型化」＝「抽象化」をめざしているということから「各論の総論」と呼ばれることがある[13]。「行政法各論」と呼ばれるものは，多くは「作用法」の「各論」に相当する。

「公物法」や「営造物法」をどう理解するかは，今後の課題である。田中二郎は，公物法は組織法を扱う中巻で説明し，営造物法は各論を扱う下巻で「公企業法」という言葉を用いて説明していたが，各論を否定する立場[14]の塩野宏は，前者のみを組織法で扱っている。

「食品衛生法」は「個別行政法規」であり，それ自体を扱うのは，「各論の各論」であるが，かつては，「警察法」という「各論」のなかで扱われていた。

「廃棄物の処理及び清掃に関する法律」は，「個別行政法規」であり，それ自体を扱うのは，「各論の各論」であるが，現在では「環境行政法」という形の「各論」の一部とイメージすることもできる。

「建築基準法」や「都市計画法」は，「個別行政法規」であるが，それらを含めた「都市計画法」ないし「都市法」という「各論」がイメージされることもある。

近時は，ドイツ理論の影響を受けて，「参照領域理論」という整理がなされている[15]。

③ 法学的方法

1 ドイツ行政法学の父

「古典的」な行政理論の特徴を理解するためには，その成立の歴史を瞥見することが有効であろう。日本の行政法理論は，明治憲法時代に，ドイツの行政法理論を輸入する形で成立した。当時は，憲法理論がドイツ憲法理論の圧倒的な影響下にあったので，自然な流れということができよう。行政法理論の「母国」は「先進国」であったフランスなのであるが，日本の当時の学者は，フランス理論を参考にしつつ作られたドイツの理論をモデルとしたのである。

ドイツ行政法学の理論体系を樹立し，「ドイツ行政法学の父」と呼ばれているのは，1895年に『ドイツ行政法第1巻』を公刊したシュトラスブルク大学教授のオットー・マイヤー（1846-1924）である。そして，「日本行政法学の父」と呼ばれるのは美濃部達吉（1873-1948）という東京帝国大学の教授で，1903年に留

---

13) 藤田宙靖「警察行政法学の課題」警察政策1巻1号（1999年）17頁参照。
14) 塩野III 2頁注1参照。
15) 大橋I 17頁，原田例解第2部参照。

学の成果としてオットー・マイヤーの教科書の翻訳を出版し，1919 年に『日本行政法』という教科書を出版した[16]。ただ，美濃部博士は，1935 年の「天皇機関説事件」で広く知られる学者で，本人の意識としても，本職は憲法で，行政法は余技であったのかもしれない[17]。いずれにしても，オットー・マイヤーの教科書が画期的なものとされたのは，従来の「国家学的方法」ではなく，「法学的方法」を採用したからであった。

2　民法学の方法論の「転用」

「法学的方法」の特徴は，「行政」という社会的事象を純粋に法的な側面から捉え，その他の「非法的」側面からの分析を排除しようとしたことにあるとされる。この「法学的方法」は，「先進的」な「私法学」とりわけ「民法学」の方法論を公法の分野に転用したものである。そして，公法の分野でも，まず憲法について，「国家学的方法」に対抗する「法学的方法」が提唱されたのであった[18]。その代表者の 1 人が，1872 年にシュトラスブルク大学に教授として着任したパウル・ラーバント（1838-1918）で，1876 年に『ドイツ帝国国法』を公刊し，国法学（現在の憲法学）に政治的，倫理的，哲学的あるいは歴史的な観点を混入させてはならないという立場を明確に示したのであった。大学就職以前に弁護士生活を送り，フランス私法，国際私法の講座を担当していたオットー・マイヤーが 1881 年に行政法講座に抜擢されたのは，マイヤーがラーバントの陣営に属すると判断されたからだと思われる[19]。

「法学的方法」はその後，ドイツで支配的なものとなり，日本に輸入されたときは当然の前提として理解されたようである。そこで，現在の日本の行政法理論の骨格も，この「法学的方法」に親和的な「基礎概念」によって組み立てられているのである。たとえば，次に UNIT 3 [1]で説明するように，行政組織法の基礎概念は，「行政主体」「行政機関」「行政庁」の 3 つであるが，「行政主体」という概念は，「法学的方法」に基づく憲法理論における「国家法人説」の行政法理論

---

[16]　須貝脩一＝園部逸夫『日本の行政法』（ぎょうせい・1999 年）34 頁以下（須貝脩一）は，若干の皮肉を込めて，この間の事情を描写している。

[17]　高木光『プレップ行政法（第 2 版）』（弘文堂・2012 年）40 頁参照。

[18]　海老原明夫「ドイツ国法学の『国家学的』方法について」国家学会百年記念・国家と市民第 1 巻（有斐閣・1987 年）359 頁参照。

[19]　塩野宏『オットー・マイヤー行政法学の構造』（有斐閣・1962 年）2 頁注 1 参照。

への投影[20]だと思われる。

3 行政法学と行政学

　法学部に入学した多くの学生が抱く疑問は「行政法」という科目と「行政学」という科目の違いについてであろう。どちらも「専門科目」として位置づけられている場合が多いので，特にわかりにくいのかもしれない。

　法学部の「専門科目」には大別して「法学系科目」と「政治学系科目」の2つがあり，「行政法」は「法学系科目」，「行政学」は「政治学系科目」に属するというのが1つの説明である。また，「行政学」は，将来の進路として公務員を考えている場合には履修することが望ましいが，法曹を考えている場合にはそうでもない，「行政法」はどちらの場合も履修した方がよいというのが1つのアドバイスである。

　以上のような説明ないしアドバイスは必ずしも明快とはいえない。日本の法学部の沿革や司法試験および公務員試験の制度の変遷という背景を理解しないと納得できないと思われる。そこで，筆者は，まずは，現在の司法試験および法科大学院のカリキュラムにおいては「行政法」が必須科目であり，他方，公務員試験においては「行政法」と「行政学」の両方が出題されるということだけを指摘することにしている。そして，さらに詳しい説明が求められたときに，はじめて以下のような理論的な話をするのである。

　「行政法学」は，法学の一分野として，法令の解釈，法システムの解明を主要な任務とする。そこで，理論的にみると，行政法学の特色は，法令を基礎に「……すべきである」といった提言を行う規範学としての性格を持つ点にあることになる。これに対して，現在の行政学は，政治学の一分野として，とりわけ官僚制の分析を中心に発展してきたものが主流で，行政活動の実態把握が重視され，規範的要請を追究することは関心の外であったといわれる[21]。

　このように行政法学と行政学は「行政」という同じ対象に係るものであるようにみえるものの，全く関心の置きどころが違うのであるが，歴史を遡ると，ドイツでは両者が統合されていた時期もあるのである[22]。

---

20) 争点172頁（木藤茂）参照。
21) 大橋洋一『行政法（第2版）』（有斐閣・2004年）17頁，同『行政法学の構造的変革』（有斐閣・1996年）275頁参照。
22) 石川敏行「いわゆる『法学的方法』について──ドイツ行政法法学史からみた」

石川敏行の研究によれば,「法学的方法」の創始者は,オットー・マイヤーではなく,ビュルテンベルク王国の実務官僚で,1862年に『行政法綱要』を公刊したフリードリッヒ・フランツ・フォン・マイヤー (1816-1870) である。このもう1人のマイヤーは,1834年から6学期にわたってチュービンゲン大学の「国家経営学部」で学んだのであるが,この学部は1817年にドイツで最初に設置されたもので,司法官僚とは別に行政官僚を養成するためのものであった。そこでは,法学と並んで,「警察学」,政治学,財政学,経済学等が講義されていた。これらは「国家学」と総称されたのであるが,現在の言葉では「社会科学」に相当する。憲法・行政法の講義をした教授は,ローベルト・フォン・モール (1799-1875) であるが,モールは「国家学的方法」を採用しており,その「行政法」の編成は省庁ごとの「縦割り方式」であった。なお,「警察学」は18世紀半ばに「官房学」から分岐したものとされるが,この「官房学」は,ドイツ・オーストリアにおける絶対主義国家体制の展開と関係が深いもので,統治のための総合的な知識を提供するものだったようである。1842年にチュービンゲン大学の国家経営学部にドイツで最初の行政法講座が開設されたのであるが,初代教授は,モールの弟子のホフマン (1807-1881) であった。なお,「法学的方法」の先駆者であるもう1人のマイヤーの業績があまり注目されないで終わった理由としては,「国家学的方法」の支配力がまだ強かったこと (時代に先んじ過ぎたこと),彼が大学教授でなかったこと (権威主義) などが考えられる[23]。

　以上のような歴史からみると,日本に輸入された「古典的」な行政法理論は,規範学に純化した「法学的方法」によるものであったこと,行政マンにはより総合的な知識が必要とされることが裏づけられるだろう。そして,興味深いのは,近時のドイツおよび日本の「行政法学方法論議」においては,「法学的方法」の限界が指摘され,学際的な方向が示されていることである[24]。このような現象は,行政活動の実態分析という戦後のアメリカで発達した研究から刺激を受けたものだと思われるが,より視野を広げれば「国家学的方法のルネッサンス」と呼べるかもしれないのである。なお,先にみた「総論と各論」という対比に関して

　　成田頼明ほか編 (雄川一郎先生献呈論集)『行政法の諸問題上』(有斐閣・1990年) 89頁以下参照。
[23) 詳しくは,石川・前掲注22)で引用されている石川教授自身のドイツ語による (!) 博士論文参照。
[24) 大橋I1-3頁。

は，「法学的方法」は「総論志向」，「国家学的方法」は「各論志向」であるということができる。

UNIT 3 国の行政組織

1 序　説

1　組織法の3つの基礎概念

　行政組織法のテーマは「行政は誰が行うか」である。これは，様々な自然人の活動のうち，どのような活動が法的な意味で「行政作用」[1]と性格づけられるかという問題である。

　この問題を解決するために，行政組織法が用いている基礎概念[2]は，「行政主体」「行政機関」「行政庁」の3つである。

2　行政主体

　第1の「行政主体」とは，「行政を行う法人」である。つまり，「行政は誰が行うか」というテーマについての最初の答えは，行政は公務員が行うのではなく，国，県，市などの法人が行う，ということになる。

　「法人」は，「権利義務の帰属主体であって，自然人でないもの」と定義される。「自然人」というのは生身の人間である。

　法の世界では，すべての社会的事象が，基本的には，「権利義務」の「発生・変動・消滅」として捉えられる。社会的事象は人間相互の関係であるから，生身の人間が「権利義務の帰属主体」となるのは当然であるが，それ以外に，ある一定の性質を持った「組織」（人間の集合あるいは物，さらには人と物が有機的一体となっているとイメージされるもの）についてもそれを「擬人化」して，「自然人」に準じた形で扱うことがある。これが「法人」もまた「権利義務の帰属主体」であるということの意味である。

　行政法理論においては，行政は国，県，市などの「公的色彩を帯びた法人」が民間の個人や企業を相手方として行うものとイメージしている。そして相手方は

---

[1]　「行政の行為」ともいう。また，通常は「行政活動」という表現が用いられる。
[2]　原田要論第2章Iの表題は「行政組織の基礎概念」である。

「私人」や「行政客体」と呼ばれることになる（以下，本書では，原則として「私人」という）。

　国，県，市などと「私人」が両当事者となり，一方が権利を有し，他方が義務を負うことを「行政上の法律関係」と表現する。「奪う行政」の典型である「租税行政」を例にとろう。所得税，法人税などの国税の場合は，私人が納税義務を負い，国が租税債権（税金を受け取る権利）を有するので，国という法人が「行政主体」ということになる。これに対して，事業税，固定資産税などの地方税の場合は，私人が納税義務を負い，県や市などが租税債権を有するので，県という法人，市という法人などが「行政主体」ということになる。

3　行政機関

　「法人」というものは観念的な存在であるから，自らが現実に活動をすることはできない。この点は企業も行政も同様で，現実には生身の人間が活動するのであるが，法の世界では「法人」が活動したとイメージするのである。

　国や県や市などの「行政主体」においては，多くの公務員の日々の仕事は，組織としての活動とみなされる。そして，個々の公務員の仕事は，一方では，「行政事務」全体が何らかの方針によって割り振られたものとみられる。また，他方では，個々の公務員は，私人との関係では，その有する「権限」に応じて異なる役割を果たすものと評価されるのである。

　そこで，行政法理論においては，2つの意味で「行政機関」という概念が使われることとなっている。

　第1は，「事務配分」の単位としての「行政機関」である[3]。「国家行政組織法」や「行政手続法」という名称の法律は，このような意味で使っている。

　たとえば，所得税，法人税など国税についての事務は，「財務省」に割り振られる。そして，これらの賦課徴収の事務は，次に「財務省」の「外局」である「国税庁」に割り振られ，さらに地域ごとに11の「国税局」，約500の「税務署」に割り振られてゆくのである。そして，それぞれのレベルで「組織」（人間の集合）が存在するのであるが，これらの「組織」は「法人」ではないことに注意が必要である。「税務署」という組織で処理された「行政」はあくまでも国という「法人」に帰属するのである。

---

[3]　「事務配分的（行政）機関概念」と呼ばれる。塩野Ⅲ23頁，櫻井＝橋本43頁。

第2は,「権限配分」の単位としての「行政機関」である[4]。これは「古典的」な「防御型の行政法理論」の問題関心に従って,「行政主体」の私人に対する働きかけを法的に統制することを主眼として行政組織を分析するものである。国や地方公共団体という組織をばらばらにしたパーツを「機関」として捉え,その機関のなかで重要性に応じた区別をしている。この意味での「行政機関」には,「行政庁」「補助機関」「諮問機関」などが含まれる。

4　行政庁

　「行政庁」とは,「行政主体の意思を決定し,それを外部に表示する権限を有する行政機関」と定義される[5][6]。私人が受け取る公文書にその人の官職氏名が書かれ公印が押してあるというイメージである。国の行政機関の場合は,特に「行政官庁」と呼ぶことがある。

　「行政庁」は,第2の意味の「行政機関」の1つで,最も重要なものである。法の世界では,すべての社会的事象を「権利義務の発生・変動・消滅」に着目して分析するのであるが,行政法理論はとりわけ,私人の「自由と財産権」が「行政権の過大な行使」によって「侵害」されることをいかに(事前に)防止するか,また「侵害」された場合に(事後的に)どのような救済が与えられるべきかに関心を持ってきたからである。

　さて,具体的にどのような「行政機関」が「行政庁」にあたるかであるが,国の行政においては大臣,県の行政においては知事,市の行政においては市長がその典型である。このように,現在の日本の「個別行政法規」においては,「行政庁」としての「権限」が大きな組織のトップに与えられているのが通例である。

　これは,対外的な責任の所在を明らかにするという観点からは意味のあること

---

4)　「作用法的(行政)機関概念」と呼ばれる。塩野III 20頁,櫻井=橋本43頁。
5)　櫻井=橋本42頁。
6)　「意思」という表現が現時点でも適切かは多少気になるところである。芝池総論92頁は,「意思または判断」としている。稲葉他15頁(稲葉馨)も同様。稲葉馨『行政組織の法理論』(弘文堂・1994年)210頁によれば,これらは柳瀬良幹の定義に従うものである。なお,通常想定されているのは,行政処分を行う権限であるとみられるが,櫻井=橋本43頁は「法行為」を行うことに着目していると説明し,契約をも視野に入れているようである。原田要論49頁は,契約の締結について言及している。また,阿部I 453頁は,行政処分は自己の名でし,その他は行政主体の代表者としてすると説明している。

である。しかし，事務処理の実態や国民の常識的な感覚とはややかけ離れていることは否定できない。そこで，事務処理の実態にある程度対応した形で規定を置いている「個別行政法規」もあり，たとえば，国税の賦課についての「国税通則法」は，多くの課税処分について，「税務署長」を「行政庁」としており，建築規制についての「建築基準法」は，建築確認について，「建築主事」を「行政庁」としている。

5 補助機関等

「権限配分の単位」としての「行政機関」としては，「行政庁」のほかに，「補助機関」「諮問機関」「執行機関」があるとされ，また，さらに「参与機関」「監査機関」というものがあるとされることがある。

「補助機関」とは，「行政庁」の職務の遂行の補助をする任務を負う行政機関である。中央省庁や県庁，市役所で働く職員の多くはこれにあたることになる。

「諮問機関」とは，審議会や調査会などの名称で呼ばれる合議制の機関で，行政庁の「諮問」に応じて審議・調査を行い，「答申」や「報告」という名称で意見を述べるものである。「諮問機関」の意見は「行政庁」を拘束しない。行政庁を法的な意味で拘束する場合は，「参与機関」と呼ばれる。

「執行機関」とは，実力行使などによって義務の履行確保[7]あるいは行政上必要な状態の実現を行う機関である。警察官，収税官，自衛官などがこれに該当する。

なお，地方自治法は「執行機関」と「議決機関」という区別をしているが，そこでの「執行機関」は，対外的な権限行使を（も）する機関を意味し，「行政庁」にほぼ相当する[8]。他方，「議決機関」は，地方議会の権限が対内的なものであることに着目した用語である。

「監査機関」は，他の行政機関の事務処理について監査を行う機関である。会計検査院や地方公共団体の監査委員がこれにあたるとされる[9]。

---

[7] したがって，ここでいう「執行」はドイツ語の Vollstreckung に該当する狭義の概念である。

[8] したがって，ここでの「執行」は広義の概念ということになる。

[9] 芝池総論 93 頁。

2 設例の分析（その1）

1 食品衛生法の所管

ここまでの説明を前提に，冒頭の「喫茶店対PTA」という設例を「行政組織法」の観点から分析してみよう。

行政法の学習が大変だと感じられる1つの原因は，数多くの個別分野に関する法律（＝「個別行政法規」）の知識が必要になることであろう。食品衛生法は，法学部の学生が普段使っている有斐閣の『ポケット六法』や三省堂の『デイリー六法』には収録されていない[10]。「食品衛生法」の1条，51条，52条1項は以下のとおりである。

食品衛生法1条
　この法律は，食品の安全性の確保のために公衆衛生の見地から必要な規制その他の措置を講ずることにより，飲食に起因する衛生上の危害の発生を防止し，もつて国民の健康の保護を図ることを目的とする。
51条
　都道府県は，飲食店営業その他公衆衛生に与える影響が著しい営業で（……）あつて，政令で定めるものの施設につき，条例で，業種別に，公衆衛生の見地から必要な基準を定めなければならない。
52条1項
　前条に規定する営業を営もうとする者は，厚生労働省令で定めるところにより，都道府県知事の許可を受けなければならない。

条文の意味はすぐ理解できたであろうか。日本語ではあるが，それほど簡単ではない。

予備知識がなくてもわかるのは，第1に，この法律は主として「規制」をすることによって目的を達成しようとしていること，第2に「飲食店営業」は「許可」制度という「規制」の対象となっていることである。

そこで問題となるのは，**Q1「喫茶店営業」に食品衛生法に基づく許可は必要なのか**である。法律の条文からわかるのは「飲食店営業」には許可が必要だということ，そしてそのほかにも許可を必要とする営業があり，それは政令で定められるという2点に限られる。「公衆衛生に与える影響が著しい営業」をリストア

---

[10] どのようにして問題となる条文を見つけ出すかについてのノウハウを獲得するには，別途学習が必要である。高木他・事例演習5頁（高木光）参照。

ップするという仕事は，内閣に委任されているのである。

　そこで，「喫茶店営業」に許可が必要かどうかは，食品衛生法という法律だけをみてもわからないということになる。これもまた，初学者が行政法を嫌いになる原因の1つであるが，慣れれば大したハードルではない。詳しくはUNIT 7（法律の留保）・UNIT 10（行政立法）で取り上げることにして，「個別行政法規」の「所管」の問題を考察しよう。

　食品衛生法の所管は，厚生労働省である。この答えに到達するためのヒントは，食品衛生法52条1項の「厚生労働省令で定めるところにより」という部分にある。

　食品衛生法という名称の法律を制定したのは国会であるが，許可を与えるかどうかを判断したり，食中毒を出した店について立入検査をし，営業停止を命じるかどうかを判断したりする仕事は，国会がするわけではない。「法律の執行」という仕事は「行政」であると考えられ，そのような仕事をする組織を日常用語では「役所」と呼んでいる。

2　基本的な単位としての「省」

　憲法の統治機構に関する部分（憲法41条以下）は，「三権分立」と「地方自治」の2つの基本原理を定めているので，「行政組織法」もその具体化として理解する必要がある。

　憲法は，内閣が「法律の執行」を行うものとしているが，実際には，「主任の大臣」をトップとする「省」が基本的な単位となる。

憲法65条
行政権は，内閣に属する。
73条
内閣は，他の一般行政事務の外，左の事務を行ふ。
　1号　法律を誠実に執行し，国務を総理すること。
　6号本文　この憲法及び法律の規定を実施するために，政令を制定すること。
74条
法律及び政令には，すべて主任の国務大臣が署名し，内閣総理大臣が連署することを必要とする。
内閣法3条1項
各大臣は，別に法律の定めるところにより，主任の大臣として，行政事務を分担管理する。

「省」の数には歴史的な変遷がみられる。近代国家の成立した当初は5ないし6という国が多かったとされる[11]が，その後，事務量の増加・複雑化とともに専門分化によって増加する傾向がみられ[12]，他方で組織の統合も試みられる。日本では，中央省庁改革前は12であったが，2001年1月6日から10となり，その後「防衛庁」の省への昇格により，11となっている。

3　厚生労働省設置法

食品衛生法が厚生労働省の所管であるということはどこで決まっているのであろうか。これは，「事務配分」に関するルールの問題である。そこで，「事務配分」の単位としての「行政機関」について定める「国家行政組織法」という名称の法律にヒントを求める必要がある。

国家行政組織法2条1項
　国家行政組織は，内閣の統轄の下に，内閣府の組織とともに，任務及びこれを達成するため必要となる明確な範囲の所掌事務を有する行政機関の全体によつて，系統的に構成されなければならない。
3条1項
　国の行政機関の組織は，この法律でこれを定めるものとする。
　2項　行政組織のため置かれる国の行政機関は，省，委員会及び庁とし，その設置及び廃止は，別に法律の定めるところによる。
4条
　前条の国の行政機関の任務及びこれを達成するため必要となる所掌事務の範囲は，別に法律でこれを定める。

以上のように，どのような「省」を設置するか，その「任務」および「所掌事務」の範囲をどうするかという意思決定は国会が行うという一般的なルールが定められている。

そして，具体的には「別の法律」である「厚生労働省設置法」という名称の法律が，4条38号で飲食に起因する衛生上の危害の防止に関することを厚生労働

---

11)　軍事，外務，内務，財務，法務を「基本5省」ともいう。遠藤博也『行政法Ⅱ（各論）』（青林書院新社・1977年）23頁。原田要論56頁によれば，わが国では9つの省からスタートしている。

12)　「内務省の分解過程」ともいう。遠藤・前掲注11) 24頁。原田要論56頁によれば，委員会や庁も多数存在し，増殖傾向は否定しがたい。

省の「所掌事務」の1つにリストアップしているのである。

以上の分析では，冒頭の設例を分析するには不十分である。喫茶店の許可という事務は「国の事務」ではないからである。そこで，UNIT 4（地方の行政組織）の説明が必要となる。

③ 指揮監督権

伝統的な行政組織では，上下の指揮監督関係が重視され，上級機関が下級機関の活動を審査し，取り消すことなどが承認された。これらは，行政官庁法理論として確立し，不文の原則として通用した[13]。現在では，次のように実定化されているが，「確認的」規定であると理解される。

国家行政組織法10条
　各省大臣，各委員会の委員長及び各庁の長官は，その機関の事務を統括し，職員の服務について，これを統督する。
14条2項
　各省大臣，各委員会及び各庁の長官は，その機関の所掌事務について，命令又は示達をするため，所管の諸機関及び職員に対し，訓令又は通達を発することができる。

指揮監督権には，①監視権，②許認可権，③訓令権，④取消・停止権，⑤代執行権，⑥権限争議裁定権，があると説明されている[14]。

②の「許認可」は，行政機関相互間の行為という性質を有するので，通常の「行政処分」の一種である「許認可」とは異なる。

どちらにあたるかは解釈問題である。成田新幹線事件についての，最判昭和53年12月8日民集32巻9号1617頁〔百選2〕は，日本鉄道建設公団という当時存在した「特殊法人」が策定した工事実施計画について運輸大臣が与えた「認可」について，行政組織相互間における監督手段である，とした（UNIT 42参照）。

④の取消・停止権については，それを一般的に認める「積極説」に対して，法律の根拠がなければ認められないとする「消極説」がある[15]。「行政処分」をなす権限は，一般に「職権取消」や「撤回」の権限を含むと解される。

---

13) 大橋 I 399頁。
14) 大橋 I 399-401頁。櫻井＝橋本43頁は，⑤を除く5つを挙げ，②を同意・承認権と呼んでいる。
15) 大橋 I 400頁は，消極説を支持している。

⑤の「代執行権」については，法律の根拠がなければ認められない，と一般に解されている。

4 国の行政機関の情報公開

1 情報公開制度

後に，UNIT 20で説明するように，わが国における情報公開制度は，「整備」の段階を過ぎ，「運用」の段階にある。

国の「行政機関」の概要を把握するには，情報公開の実施がどのような単位で行われているかをみるのが便宜である。また，不開示決定や一部開示決定に対して，不服申立てがなされた場合，地方公共団体のレベルにおいても，国のレベルにおいても「情報公開・個人情報保護審査会」への諮問という仕組みがある。この審査会は，「諮問機関」の一種とされているが，制度設計の際の議論は，行政機関の分類について学ぶ格好の素材といえる。

2 「省」およびその外局たる「委員会」「庁」

行政機関情報公開法[16]は，2条に「行政機関」の定義を置いている。この定義は，開示請求処理の単位という観点からのものである。これを手掛かりに「事務配分の単位」としての国の行政組織を概観することができる。

行政機関の保有する情報の公開に関する法律2条1項
　この法律において「行政機関」とは，次に掲げる機関をいう。
　1号　法律の規定に基づき内閣に置かれる機関（内閣府を除く。）及び内閣の所轄の下に置かれる機関
　2号　内閣府，宮内庁並びに内閣府設置法……第49条第1項及び第2項に規定する機関（これらの機関のうち第4号の政令で定める機関が置かれる機関にあっては，当該政令で定める機関を除く。）
　3号　国家行政組織法（……）第3条第2項に規定する機関（第5号の政令で定める機関が置かれる機関にあっては，当該政令で定める機関を除く。）
　4号　内閣府設置法第39条及び第55条並びに宮内庁法（……）第16条第2項の機関並びに内閣府設置法第40条及び第56条（宮内庁法第18条第1項において準用する場合を含む。）の特別の機関で，政令で定めるもの）
　5号　国家行政組織法第8条の2の施設等機関及び同法第8条の3の特別の機関で，政令で定めるもの
　6号　会計検査院

---

16) 正式名称は，「行政機関の保有する情報の公開に関する法律」である。

国の行政において「事務配分」の基本的な単位は「省」である。そこで，開示請求処理の基本的単位も「省」となっている。
　まず，3号にいう「国家行政組織法第3条第2項に規定する機関」とは，国家行政組織法別表第1に掲げられている「省」「委員会」「庁」であり，「3条機関」とも呼ばれる。その数は，2015年7月1日現在で，11，5，12である。
　これらの「委員会」および「庁」は「省」の「外局」として置かれている（国家行政組織法3条3項）。そこで，「委員会」および「庁」は，本体たる「省」とは独立した単位として開示請求処理を行うこととされているのである。
　他方，「国家行政組織法第3条第2項に規定する機関」には，「審議会等」（同8条），「施設等機関」（同8条の2），「特別の機関」（同8条の3），「地方支分部局」（同9条）が置かれることがある。これらは「8条機関」とも呼ばれる。これらの機関は原則として独立した単位とはならない。たとえば，国税局は国税庁の地方支分部局であるが，国税局の保有する行政文書は，国税庁の保有する行政文書として扱われる。そして，このような原則に対する例外を定めるのが，3号かっこ書および5号である。

3　「内閣府」およびその外局たる「委員会」「庁」

　内閣府は，内閣に置かれ（内閣府設置法2条），内閣の重要施策に関する内閣の事務を助けることを任務としている（同法3条1項）。内閣府の長は内閣総理大臣である（同6条1項）。内閣府は，内閣の統轄下の行政機関であると同時に，内閣に置かれた内閣補助部局であるという二重の性格を持っていると説明されている[17]。ここでは，「省」と並んで一定の事務を配分されているという側面と，内閣総理大臣のリーダーシップの強化という中央省庁改革のねらいを果たすため「省」よりは格上の存在とされているという側面があると理解しておこう。このような性格の反映として内閣府の組織は複雑なものとなっている。
　行政機関情報公開法2条1項2号は，「内閣府」「宮内庁」「内閣府設置法第49条第1項及び第2項に規定する機関」の3種類を独立した開示請求処理の単位としている。この原則の例外は，2号かっこ書および4号で定められる。
　宮内庁は内閣府に置かれる機関であるが（内閣府設置法48条1項），特殊な任務を有しているとみなされているようである。また，「内閣府設置法第49条第1項

17）　櫻井＝橋本48頁。

及び第2項に規定する機関」とは，内閣府に置かれる「委員会」または「庁」である。そして，具体的にどのようなものがあるかについては，64条をみる必要がある。

> **内閣府設置法49条1項**
> 　内閣府には，その外局として，委員会及び庁を置くことができる。
> 　2項　法律で国務大臣をもってその長に充てることと定められている前項の委員会には，特に必要がある場合においては，委員会又は庁を置くことができる。
> 　3項　前2項の委員会及び庁……の設置及び廃止は，法律で定める。
> **64条**
> 　別に法律の定めるところにより内閣府に置かれる委員会及び庁は，次の表の上欄に掲げるものとし，この法律に定めるもののほか，それぞれ同表の下欄の法律（これに基づく命令を含む。）の定めるところによる。（表省略）

　2015年7月1日現在で，内閣府に置かれているのは，公正取引委員会，国家公安委員会，特定個人情報保護委員会の3「委員会」と，金融庁，消費者庁の2「庁」である。公正取引委員会は，平成15年に内閣府に移行する前は総務省に置かれていた。また，特定個人情報保護委員会は，改組され，2016年1月に個人情報保護委員会となる予定である。

　内閣府設置法49条2項にいう「法律で国務大臣をもってその長に充てることと定められている」「委員会」に該当するものは，国家公安委員会（警察法6条1項）である。なお防衛省に昇格する前の防衛庁に防衛施設庁が置かれていた。また国家公安委員会と防衛庁の2つは「省」に準じるものと考えられ，2001年の省庁再編がなされた当時は，内閣府，10の省と合わせて「1府12省庁」と呼ばれた。

4　特別の機関たる「警察庁」「検察庁」

　行政機関情報公開法2条1項4号および5号は，2号および3号の例外を定めている。すなわち，政令で定めることにより，本体とは独立して開示請求処理の単位とすることができるものとしているのである。

　2015年7月1日現在で，4号の政令で定められているのは，内閣府設置法56条に基づき，国家公安委員会に設置されている「特別の機関」である警察庁だけである（行政機関情報公開法施行令1条1項）。また，5号の政令で定められている

のは，国家行政組織法8条の3の「特別の機関」として法務省に置かれている検察庁だけである（施行令1条2項）。国立大学は，国家行政組織法8条の2の「施設等機関」として文部科学省に置かれ，政令でも指定されていたのであるが，2004年4月1日から法人化されたため，「独立行政法人等の保有する情報の公開に関する法律」によって規律されるようになった。

5　「内閣官房」「内閣法制局」「人事院」「会計検査院」

以上の説明で，開示請求処理の単位として列挙された「行政機関」の位置づけがおおよそ理解できたであろうか。残りのやや特殊なものについて簡単にコメントしておく。

「内閣官房」「内閣法制局」は，情報公開法2条1項1号の「法律の規定に基づき内閣に置かれる機関（内閣府を除く。）」にあたるものである。

「人事院」は，同じく1号の「内閣の所轄の下に置かれる機関」にあたるものである。人事院は，国家公務員法（3条）に基づいて設置されている機関で，人事官3名で構成される合議体である（4条）。人事官の身分保障，職権行使の独立性，規則制定権，不服申立ての審査権などから実質的にみれば委員会であるといえると思われる[18]。

「会計検査院」は，広い意味では「行政機関」であるが，憲法90条に根拠を有し，内閣から独立した立場にある点でやや特殊なものである。

---

[18]　塩野III 277頁。

UNIT 4 　地方の行政組織

1　首長主義

1　団体自治と住民自治

　憲法は，第4章から第7章で国の三権の関係について定めるとともに，第8章で地方自治について定めている。そして，92条は「地方公共団体の組織及び運営に関する事項は，地方自治の本旨に基いて，法律でこれを定める。」としているが，これを受けて地方公共団体の区分や地方公共団体の組織および運営に関する事項の大枠を定め，国と地方公共団体との間の基本的関係を確立することをめざしているのが「地方自治法」という名称の法律である（同法1条参照）。

　地方自治制度をどのように定めるかは，相当部分において国会が自由に決めてよいのであるが，憲法上の原則としていくつかの譲れないポイントがあると考えられている。すなわち，憲法92条にいう「地方自治の本旨」に含まれている2つの要素である「団体自治」と「住民自治」である。そこで，この2つの要素のうちどちらかを欠く制度が法律で定められたと仮定すると，その法律は憲法違反で無効ということになる。

　「団体自治」というのは，法的な意味での自治であるとされ，「国から独立した団体を設け，その団体が自己の事務を自己の機関により自己の責任において処理する」ということを意味する。これに対して，「住民自治」というのは，政治的意味での自治とされ，団体自治を前提として，その事務処理が住民の意思に従って住民の責任においてなされることを意味する。そして，憲法94条は「団体自治」を，93条は「住民自治」を具体化するものといえるのである。

2　法人としての地方公共団体

　地方自治法は，2条1項で地方公共団体を法人とし，それが事務処理にあたるものとしている。また，1条の3では「地方公共団体」を「普通地方公共団体」と「特別地方公共団体」を含むものとしているが，判例によると，憲法が「地方自治」を保障しているのは，「普通地方公共団体」に分類される都道府県と市町

村に限られる。
　県や市は，法人として様々な活動を行うが，その活動が「行政」であると捉えられる場合には，国の「行政」ではなく，それぞれ県の「行政」，市の「行政」ということになる。国から独立した団体を設けるという「団体自治」の要素が，ここでは法人格を与えるという形で実現されているのである。

3　首長主義

　住民自治を具体化する憲法93条は次のように定めている。

> 憲法93条1項
> 　地方公共団体には，法律の定めるところにより，その議事機関として議会を設置する。
> 　2項　地方公共団体の長，その議会の議員及び法律の定めるその他の吏員は，その地方公共団体の住民が，直接これを選挙する。

　これによって，都道府県および市町村については，議会を設けること，長および議会の議員を住民が直接選挙で選ぶことの2つが憲法上の要請となる。地方自治法はこれを受けて，第6章で議会について，第7章第2節で長について定めている。
　2014年4月5日現在のわが国には，47の都道府県と1718の市町村（790市，745町，183村）があり[1]，これらがそれぞれ法人として活動することになる。
　地方公共団体の組織の特徴の第1として指摘されるのは「首長主義」と呼ばれる二元的代表制である。
　国においては，議会（国会）の議員は国民の直接選挙によって選ばれるが，行政府の長である内閣総理大臣は国会の議決によって指名されることになっている。このように「議院内閣制」においては，国民と内閣総理大臣との結びつきは議会を経由した間接的なものとなっている。
　これに対して，県や市においては，議会の議員と同様に，知事や市長もまた住民の直接選挙によって選ばれる。このような「首長主義」においては，県や市の行政組織の長である知事・市長と住民の結びつきが直接的なものであることに注意が必要である。

---

　1)　総務省WEBページ「広域行政・市町村合併」参照。

4　議会と長の関係

　二元的代表制を反映して，県や市における議会と長の関係は，国会と内閣の関係とはかなり異なるものとなっている。というのは，議会と長はいずれも住民と直接結びついていることから原則として対等並立の関係にあるからである。そこで，長による付再議（地方自治法176条，177条）や議会による不信任決議と長による議会の解散（同178条）など，相互抑制と均衡のためのいくつかの仕組みが用意されている。

　地方自治法は，議会を「議決機関」として位置づけ，それと長を含む複数の「執行機関」とを対置している。「議決機関」と「執行機関」の区別は，内部的な意思決定を行う（にとどまる）機関と対外的な活動を（も）行う機関という区別である。そこで「古典的」な「防御型の行政法理論」においては，住民の「自由と財産権」に影響を及ぼす活動を行う長その他の「執行機関」の法的統制に関心を集中することになる。用語面では，地方自治法にいう「執行機関」は，UNIT 3 ①でみた「行政機関」の分類における「行政庁」に相当し，実力行使等を行う「執行機関」とは異なるので注意が必要である。

　なお，国のレベルでの三権分立においては，「国会」「内閣」「裁判所」というそれぞれの機関の主要な役割として「立法」「行政」「司法」という機能が予定されている。そして，「裁判所」はすべて国の機関である。そこで，「司法」機能は国が独占していると考えると，地方公共団体が有するのは「立法」機能と「行政」機能ということになるが，その場合にも，議会が「立法」機能で長が「行政」機能という役割分担にはなっていない点に注意が必要である。以下では，知事や市長が「執行機関」ないし「行政庁」として現れることによって県や市の「行政」が行われる場面を想定して説明することにする。

② 地方分権改革

1　機関委任事務の廃止

　1999年7月に成立した地方分権一括法によって地方自治法が改正され，従来，地方自治の観点から問題であると批判されてきた「機関委任事務」制度が廃止された。

　機関委任事務制度というのは，たとえば，R県知事がR県の事務を処理する他に，国の機関として国の事務を処理するというものであった。つまり，知事という本来は県の「執行機関」，しかもトップを，国の機関とするのである。そし

て，このように国の機関として事務を処理する際には，知事はその事務を所管する「省」の長である大臣の指揮監督に服することとされていた。これが先に説明した「団体自治」という要素に反することは否定できない。

機関委任事務が存在した時期の地方公共団体の事務は以下のように分類されていた[2]。

第1は，「公共事務」（「固有事務」）と呼ばれるもので，地方公共団体本来の目的である住民へのサービスなど非権力的な事務およびそのような事業を行うために前提となる団体の組織・財政に関する事務をいう。

第2は，「団体委任事務」と呼ばれるもので，本来は国または他の地方公共団体の事務であるが，法令の定めにより，当該地方公共団体が処理すべきものとされたものをいう。

第3は，「行政事務」と呼ばれるもので，住民の権利自由を制約するなどの権力的な事務をいう。「行政事務」を処理するには，「条例」の定めが必要であるとされていた。

そして，以上の3つの地方公共団体の事務全体が「団体事務」（ないし「自治事務」[3]）と呼ばれ，「機関委任事務」と対比された。また，自主立法としての条例は「団体事務」についてのみ制定でき，国の機関委任事務に関しては，そもそも条例制定権の範囲外であるとされていた。

2　自治事務と法定受託事務

2000年4月1日からは，R県の知事はR県の事務を，Q市の市長はQ市の事務を処理するというわかりやすい制度になっている。

> **地方自治法147条**
> 普通地方公共団体の長は，当該普通地方公共団体を統轄し，これを代表する。
> **148条**
> 普通地方公共団体の長は，当該普通地方公共団体の事務を管理し及びこれを執行する。

他方，普通地方公共団体の事務は，性質の異なる「自治事務」と「法定受託事

---

2)　宇賀自治法116-119頁参照。
3)　地方分権改革前の「自治事務」と改革後の「自治事務」は意味が異なるので注意が必要である。

務」の二種類に分類されている。「法定受託事務」は、さらに、「第1号法定受託事務」と「第2号法定受託事務」に分けられる。このうち「第1号法定受託事務」は、地方公共団体の事務ではあるが、一定の「国の関与」が認められるもので、従来批判されてきた国の「機関委任事務」と似ている面がある。

> 地方自治法2条2項
> 　普通地方公共団体は、地域における事務及びその他の事務で法律又はこれに基づく政令により処理することとされるものを処理する。
> 　8項　この法律において「自治事務」とは、地方公共団体が処理する事務のうち、法定受託事務以外のものをいう。
> 　9項　この法律において「法定受託務」とは、次に掲げる事務をいう。
> 　　1号　法律又はこれに基づく政令により都道府県、市町村又は特別区が処理することとされる事務のうち、国が本来果たすべき役割に係るものであつて、国においてその適正な処理を特に確保する必要があるものとして法律又はこれに基づく政令に特に定めるもの（以下「第1号法定受託事務」という。）

　地方分権改革による国の「機関委任事務」の廃止は、事務自体を廃止するか、「国の直接執行事務」とするか、自治事務とするか、法定受託事務とするという4つの選択肢でなされた。たとえば、食品衛生法に基づく飲食店等の営業許可という事務は、従来は国の事務とされ、知事などが国の機関として処理していたが、地方分権を推進する観点から、自治事務とされたのである。

　なお、事務の割振り自体は、国会が「法律」という形で行っている点に注意が必要であろう。そして、法律の執行はすべて内閣の責任となるわけではなく、食品衛生法に基づく飲食店の許可のように、県や市の責任とされることもあるのである。

3　国の関与

　地方公共団体に対する国の関与について、現行法は、法律またはこれに基づく政令でその根拠を定めることを要請している（地方自治法245条の2）。これは、「関与の法定主義」と呼ばれ、通達や省令による国の関与を排除する趣旨である。また、省令による関与が排除されているのは、各省単位の縦割り行政システムへの反省によるといわれている[4]。

4）　大橋 I 438頁。

国と地方公共団体の関係を，理念としては「対等協力」の関係とし，行政手続法の理念を参考にした「公正・透明な」「関与の手続ルール」を定めるという方針が，どの程度の実際上の変革をもたらすかは，中長期的に評価する必要があろう（UNIT 42 参照）。

③ 設例の分析（その２）

1 保健所長への権限の委任

それでは，ここまで学んだことを前提に，「喫茶店対PTA」の設例において**営業許可を与えるかどうかの判断は誰がするのか（Q3）**を考察しよう。

UNIT 3 ②で読んだ食品衛生法52条1項によれば，「許可」をする権限は知事が持っているはずである。しかし，設例では「保健所」に陳情するとか，「保健所長」に個人的に頼むという話が出てくる。これはどういうことなのだろうか。

「食品衛生法」など私人に対してどのような「規制」を行うかを定めた法律においては，「権限」を行使するのは大臣や知事や市長と定めるのが通例である。ここでは，責任の最終的な所在を明らかにするという点が重視されている。しかし，これはいわば建前の話で，現実に，組織のトップにいる人が細かい仕事をするわけではないことは明らかである。

そこで，国や県や市の仕事が多くの職員の組織的な活動によってこなされているという現実を多少は踏まえて，「権限の委任」がなされることがある。すなわち，「食品衛生法」に基づく喫茶店の許可は，建前としても「知事」が自ら行うのではなく，県の設置した「保健所」のトップである「保健所長」が行うものとすることができるのである。

地域保健法5条1項
　保健所は，都道府県，地方自治法（……）第252条の19第1項の指定都市，同法第252条の22第1項の中核市その他の政令で定める市又は特別区が，これを設置する。
9条
　第5条第1項に規定する地方公共団体の長は，その職権に属する第6条各号に掲げる事項に関する事務を保健所長に委任することができる。

設例では，R県が保健所を設置しており，知事が県の職員である保健所長に喫茶店営業についての「規制権限」を委任しているケースだということになる。

2 民法の委任との違い

ここで「委任」という言葉の意味を確認しておこう。民法における委任は、契約の一種で、当事者の一方（委任者）が、他方（受任者）に事務の処理を委託するものである。そこで、受任者は委任者のために土地建物の売買をしたりする。また、委任契約の内容として代理権を与えることも多いので、受任者は、自分の為に行為するのではなく、また、受任者がした行為の結果生じる「権利義務」は委任者に帰属すると考えられる。

これに対して、行政法理論における委任は、一定の権限が「委譲」されるものであり、民法上の委任とは性格が異なる。食品衛生法に基づく許可権限について委任を受けた保健所長Yは、自己の権限として行使するのであって、知事の為に権限を行使するとか、知事に代わって権限を行使するとは考えないのである。

3 読替規定

ところで、飲食店等の営業許可は、どこでも都道府県の事務なのであろうか。実はそうではない。食品衛生法を注意深くみると、次のような条文が置かれている。

> **食品衛生法 66 条本文**
> 第48条、第52条から第56条まで及び第63条の規定中「都道府県知事」とあるのは、保健所を設置する市又は特別区にあっては、「市長」又は「区長」と読み替えるものとする。

そこで、「保健所を設置する市」の区域においては、飲食店等の営業許可はその市の事務とされていることになる。この場合は、その市が「行政主体」、市長あるいは委任を受けた保健所長が「行政庁」となる。なお、東京都の23区は「特別地方公共団体」の1つであるが、現在では、市に準じた扱いを受けている。

4 専決等

権限の委任は、権限を完全に委譲するものであるが、行政庁に権限を残したまま、補助機関が事務を処理する手法として、「代理」「専決」「代決」がある。

「代理」とは、補助機関が行政庁に代わって意思決定を行うが、そのことを明らかにしつつ、行政庁の名において外部に表示するものである。「代理」には、「法定代理」と「授権代理」の2種類がある。

「専決・代決」とは，内部的には補助機関が意思決定を行うが，外部には行政庁の名において権限を行使するものである。「専決」は恒常的に行われるものであり，「代決」とは，急を要する案件等について行われるものである[5]。

④ 執行機関の多元主義

1 「行政庁」としての委員会

UNIT 3 ④では，行政機関情報公開法を手がかりに，国の「行政機関」を概観した。以下では，大阪府の情報公開条例[6]を手がかりに，地方公共団体の「行政機関」を概観する。なお，情報公開条例においては，開示請求処理の単位を「実施機関」と呼ぶのが通例である。

地方公共団体の組織の特徴の第1として指摘されるのは，「首長主義」と呼ばれる二元的代表制であった。これと並んで，第2の特徴とされるのが「執行機関の多元主義」である。すなわち，地方自治法は，「執行機関」には長だけではなく，複数の委員会等が含まれるものとしている。そこで，地方行政においては，知事や市長のほかに，委員会が「行政庁」として現れることがある点に留意が必要となる。

地方自治法138条の3第1項
　普通地方公共団体の執行機関の組織は，普通地方公共団体の長の所轄の下に，それぞれ明確な範囲の所掌事務と権限を有する執行機関によつて，系統的にこれを構成しなければならない。
138条の4第1項
　普通地方公共団体にその執行機関として普通地方公共団体の長の外，法律の定めるところにより，委員会又は委員を置く。
180条の5第1項
　執行機関として法律の定めるところにより普通地方公共団体に置かなければならない委員会及び委員は，左の通りである。
　　1号　教育委員会
　　2号　選挙管理委員会
　　3号　人事委員会又は人事委員会を置かない普通地方公共団体にあっては公平委員会
　　4号　監査委員
第2項
　前項に掲げるもののほか，執行機関として法律の定めるところにより都道府県に置かなければならない委員会は，次のとおりである。

---

[5]　櫻井＝橋本45頁。
[6]　正式名称は「大阪府情報公開条例」である。1984年に制定された「大阪府公文書公開等条例」を1999年に全面改正したものである。

>   1号　公安委員会
>   2号　労働委員会
>   3号　収用委員会
>   4号　海区漁業調整委員会
>   5号　内水面漁場管理委員会
> 第3項
> 　第1項に掲げるものの外，執行機関として法律の定めるところにより市町村に置かなければならない委員会は，左の通りである．
>   1号　農業委員会
>   2号　固定資産評価審査委員会

　なお，「監査委員」は，地方自治法180条の5第1項4号においては「執行機関」の一種とされているが，その職務の性質は，長や各種の委員会のそれとは異なるものとなっている（地方自治法199条，75条，242条参照）．そこで，理論上は，「行政庁」ではなく「監査機関」に分類されるべきであろう[7]．

2　情報公開条例における「実施機関」

　情報公開条例における開示請求処理の単位は「実施機関」と呼ばれるが，これは地方自治法にいう「執行機関」にほぼ対応するものとなっている．以下では，大阪府についてこれを確認しよう．

> 大阪府情報公開条例2条2項
> 　この条例において「実施機関」とは，知事，教育委員会，選挙管理委員会，人事委員会，監査委員，公安委員会，労働委員会，収用委員会，海区漁業調整委員会，内水面漁場管理委員会及び警察本部長をいう．

　ここで列挙されている「実施機関」のうち，知事から内水面漁場管理委員会までが，地方自治法にいう「執行機関」にあたるものである．警察本部長については，後で説明する．

　平成23年度における実施機関別・担当部局別の請求件数は以下のとおりである[8]．総数1,822件のうち，知事が実施機関になっている案件が1,590で，約87

[7)]　芝池総論93頁．
[8)]　大阪府WEBページ「府政情報・情報公開制度の運用状況」参照．平成24年度以降は，WEBページでは実施機関別の数値は公表されていない．

44

%を占めている。このうち，知事部局のなかで最も件数が多いのは，都市整備部に対する687件である。その他で件数が多いのは，警察本部長に対する124件と教育委員会に対する86件となっている。

　注意が必要なのは，都道府県の「執行機関」のうちで，委員会は特定の領域に属する「行政事務」だけを処理するものとされているのに対して，知事はそうではないことである。地方公共団体においては，長への権力の集中がみられるのであって，国家行政組織におけるいわゆる縦割り現象との大きな差異があるとの指摘がある9)。ただ，事務処理の実態をみるときには，都道府県の「事務配分」の基本的な単位は「部」（東京都の場合は「局」）であるともいえそうである。

3　地方公営企業

地方公共団体の活動のうち，特殊なものとして「地方公営企業」がある。

地方公営企業法2条1項
この法律は，地方公共団体の経営する企業のうち，次に掲げる企業（……）に適用する。
1号　水道事業（簡易水道事業を除く。）
2号　工業用水道事業
3号　軌道事業
4号　自動車運送事業
5号　鉄道事業
6号　電気事業
7号　ガス事業

　地方公営企業法は，地方公営企業の経営に関して，地方自治法，地方財政法，地方公務員法の特例を定めるものとされている（地方公営企業法6条）。特例の第1は「組織」に関するもので，トップに「地方公営企業管理者」を置いて，長から独立して業務を執行する権限を与えている。

地方公営企業法7条
　地方公営企業を経営する地方公共団体に，地方公営企業の業務を執行させるため，第2条第1項の事業ごとに管理者を置く。ただし，条例で定めるところにより，政令で定める地方公営企業について管理者を置かず，又は二以上の事業を通じて管理者一人を置くことができる。なお，水道事業（簡易水道事業を除く。）及び工業用水道事業を併せて経営する場合又は軌道事

---

9)　塩野 III 201頁。

> 業，自動車運送事業及び鉄道事業のうち二以上の事業を併せて経営する場合においては，それぞれ当該併せて経営する事業を通じて管理者一人を置くことを常例とするものとする。
> 8条第1項
> 　管理者は，次に掲げる事項を除くほか，地方公営企業の業務を執行し，当該業務の執行に関し当該地方公共団体を代表する。

　このように，地方公営企業の管理者は，地方公営企業の業務の執行に関しては，普通地方公共団体における長と同視すべき地位にあるともいえる。

　大阪府の場合は，水道事業と工業用水道事業を併せて経営するために「大阪府水道企業」を設置し，その業務を執行させるために「管理者」を置き，管理者の権限に属する事務を処理させるために「水道部」という組織を設けていた。水道部長は管理者を補佐する職，水道部次長は管理者および部長を補佐する職と位置づけられる。

　なお，特例の第2は「財務」に関するもので，地方公営企業の経理は「特別会計」を設けて行うものとされている（法17条）。特例の第3は「職員の身分取扱」に関するものである（法36条以下）。

　さて，情報公開条例に関する訴訟は1990年代から急速に増加し，数百にのぼる裁判例が集積した。また，最高裁判所もいくつかの判決によって一定の指針を示してきた。そのなかで初期の重要判例は1994年の3つの判決で，そのうちの1つが大阪府水道部の会議接待費に関するものであった[10]（情報公開制度については，UNIT 20参照）。さらに，それに先立つ1991年の住民訴訟についての重要な最高裁判決[11]も大阪府水道部の会議接待費に関するものであった。判決文を読むと，会議接待費の支出に関する日常業務は「専決」によって，支出金額の多寡に応じて部長・次長や総務課長に委ねられていたことがわかる（「専決」が住民訴訟において持つ意味については，UNIT 43参照）。

　なお，大阪府が行っていた水道事業は，大阪府下の市町村に水道水を供給する「水の卸売」（水道法上の「水道用水供給事業」）であり（平成23年4月からは大阪広域水道企業団が事業を引き継いでいる），一般の家庭に水道水を供給し，水道料金を徴収する「水の小売」（水道法上の「水道事業」）ではない。水道事業は，「給付行政」の例とされるのが通例である[12]が，「給付行政」とは何か，いかなる意味で「行

　　10）　最判平成6年2月8日民集48巻2号255頁。
　　11）　最判平成3年12月20日民集45巻9号1455頁（大阪府水道部事件①）〔百選26①〕〔自治百選77〕。

政」なのかは，実はなかなかの難問である（UNIT 18 ①参照）。

4　警察の情報公開

　大阪府における情報公開制度は，1984年から順次整備されてきたが，実施機関に「公安委員会」と「警察本部長」が加えられたのは，2001年11月からである。この時期のこのような条例改正は全国的な現象である。

　警察の保有する情報には，個人のプライバシーに係る情報や犯罪の予防・捜査に関する情報など，無限定に公開されると個人の権利を侵害し，または捜査等の警察業務に支障が生じるものが多いといわれる。そこで，情報公開の制度設計においては，特別扱いをどの程度認めるかが争点となる。制度化が先行した都道府県レベルでは，警察については対象に含めないとの割り切りがなされた。ところが，1999年に制定された国の「行政機関情報公開法」においては，「国家公安委員会」および「警察庁」を対象となる「行政機関」としつつ，不開示事由の規定の仕方で警察の保有する情報の特殊性に配慮するという立場がとられ，そして，地方公共団体においてもそのような観点からの制度の見直しが必要であるとされたのである。

行政機関情報公開法25条
　地方公共団体は，この法律の趣旨にのっとり，その保有する情報の公開に関し必要な施策を策定し，及びこれを実施するよう努めなければならない。

---

12)　原田要論10頁。

UNIT 5 公務員

1 公務員法の基本構造

1 「行政手段論」

　「行政主体」は観念的な存在であり，国の行政，県の行政，市の行政といっても，「行政作用」の終局的な「帰属点」を示すに過ぎない。国も県も市も，実際には膨大で複雑な組織を有し，その組織の構成単位である「行政機関」を通して行動する。

　これを，国の「租税行政」についてみると，たとえば，所得税の賦課徴収にかかわる「事務配分の単位としての行政機関」は，財務省，国税庁，国税局，税務署などであり，それにかかわる「権限配分の単位としての行政機関」は，国税庁長官，国税局長，税務署長などである。県の「規制行政」についてみると，自動車のスピード違反の取締りや運転免許の取消・停止などの道路交通行政に係る「事務配分の単位としての行政機関」は，県警，県警本部，交通課，警察署などであり，「権限配分の単位としての行政機関」は，県公安委員会，県警本部長，警察署長などである。市の「給付行政」についてみると，たとえば児童扶養手当の支給にかかわる「事務配分の単位としての行政機関」は，健康福祉部，こども支援課（例示），福祉事務所などであり，「権限配分の単位としての行政機関」は，市長，福祉事務所長などである。

　そして，これらの「行政機関」もまた，なお観念的な存在であって，その行動を現実の事象として認識するときには，多数の具体的な人＝「自然人」の「行為」（身体の動静）の集積であるともいえる。この意味での，「人的手段」が「公務員」である。なお，さらに「行政作用」を実感として捉えるためには，行政側に属する自然人である「公務員」の行為のみならず，行政側にコントロールされている「物的手段」（道路や河川などの公共施設）の作用を合わせてみるのが便宜であるともいえる。そこで，そのような「行政観」（アンシュタルト的国家観？）を背景にしていると思われるのが，塩野宏の「行政手段論」という整理である[1]。

　しかし，以下では，国および普通地方公共団体に勤務する公務員についての，

実定法制度の概略のみを説明することにする。

2　公務員の概念・種別

　公務員の概念は，固有の公務員法上のそれのほか，憲法上，刑法上，国家賠償法上のそれがあり，多義的である。以下では，まず「公務員という身分」を規律し，その勤務にかかわる権利義務を定める法規範を説明する。このような「固有の公務員法」の基本的ルールは，現行法では「国家公務員法」および「地方公務員法」という名称の法律に定められている。

　「国家公務員法」は，国家に勤務するものを「国家公務員」とし，「地方公務員法」は，地方公共団体に勤務する者を「地方公務員」としている。したがって，「国家公務員」と「地方公務員」という身分の違いは，勤務主体によって決まるのが，原則である。

　この原則に対する例外として，「地方警務官」がある。警察の組織は，「都道府県警察の原則」によっているが，都道府県警察に勤務する者のうち，警視正以上の階級にある警察官（いわゆる幹部）は，国家公務員としての身分を有するものとされている（警察法55条3項，56条1項参照）。

　公務員の種別として，次に重要なのは，「一般職」と「特別職」の区別である。「国家公務員法」も「地方公務員法」もこの区別を採用し，これらの法律が適用

---

1)　塩野宏の「広義の行政組織法」＝「狭義の行政組織法」＋公務員法＋公物法という体系化は苦心の整理である。というのは，「組織法＝内部法」「作用法＝外部法」という2区分をとり，公務員法を「組織法」に含めるのは無理があり，他方，「公務員」を「私人」と全く同様に扱うことにも無理があるからである。また，「公物法」「営造物法」ないし「公企業法」の位置づけも難問であり，筆者の考えるところでは，「公法私法相対的二元論」を認めたうえで整理がなされるべきものであろう。

	塩野教科書の表示	内容	
行政過程論 塩野Ⅰ	〈行政法総論〉	行政法序論＋行政作用法総論	
行政救済論 塩野Ⅱ	〈行政救済法〉	行政救済法	
行政手段論 塩野Ⅲ	〈行政組織法〉（広義）	行政組織法（狭義）	行政主体の組織のあり方
		公務員法	人的手段
		公物法	物的手段

されるのは，一般職の公務員に限られる，としている（国公法2条4項・5項，地公法4条）。特別職の公務員の勤務関係については，検察官については検察庁法，裁判官および裁判所職員については裁判所法，自衛官については自衛隊法など，それぞれ特別職ごとに個別の法律で定められていることが多い。

3 公務員の勤務関係の法的性質

現行法のもとにおいては，公務員の勤務関係には，広範に法律・条例による規律が置かれている。国家公務員法は「勤務条件法定主義」（国家公務員法28条）を，地方公務員法は「勤務条件条例主義」（地公法24条6項）を採用しているともいわれる。

判例は，国家公務員の勤務関係を「基本的には，公法的規律に服する公法上の関係である」と説明している[2]。これは，戦前のような「特別権力関係」という発想をとらず，他方，民間の労働者との同質性を強調する「労働契約説」は採用しない，という立場と理解できる。

公務員の勤務関係において特徴的であるのは，公務員たる身分の「発生・変更・消滅」という「法的効果」が「行政処分」という行為形式によって生じる点にある。これは，民間の労働者たる身分の「発生・変更・消滅」という「法的効果」が，「契約」によって生じるのと対照的である。また，「一般職の公務員」は，「政治と行政の分離」という政策の反映として，「成績主義」による採用と「身分保障」を特徴とする。個性を殺し，淡々と「公益の実現」を図るというのが，あるべき「法治国原理」に従った「公務の遂行」のモデルである。

② 公務員の権利義務

1 権利義務のカタログ

行政主体と公務員の間の法律関係は，権利義務の束であるが，権利義務をどのように分類するか，定説はない。

塩野宏は，公務員の権利を「実体的権利」と「手続的権利（保障請求権）」に大別し，「実体的権利」を「職務遂行権」「財産的権利」「基本的人権」に分類する一方で，公務員の義務として「服務の宣誓」「職務専念義務」「法令及び上司の命令に従う義務」「争議行為等の禁止」「政治的行為の制約」「政・官接触規制」「秘

---

[2] 最判昭和49年7月19日民集28巻5号897頁〔百選7〕。

密保持義務」「信用失墜行為の禁止」「私企業からの隔離・退職管理」「公務員倫理の保持」を挙げている3)。また，それに続いて，「公務員の責任」として「懲戒責任」「弁償責任」「刑事責任」を挙げている。

2　公務員の「職務の遂行」

国家公務員法は，96条1項で「すべて職員は，国民全体の奉仕者として，公共の利益のために勤務し，且つ，職務の遂行に当つては，全力を挙げてこれに専念しなければならない。」とし，98条1項で「職員は，その職務を遂行するについて，法令に従い，且つ，上司の職務上の命令に忠実に従わなければならない。」と定めている（地公法30条も同様。32条は「法令，条例，地方公共団体の規則及び地方公共団体の機関の定める規程に従い」と定めている）。

「職務の遂行」が「法令に従う」ものでなければならないことは，「法治行政の原理」ないし「法治国原理」から最も重要である。また，「上司の職務上の命令」に従うべきことは，効率を重んじる民間においてもみられるところであるが，「行政組織法」の基本原理である「階層性」によっても基礎づけられる。

3　職務命令の法的性質

「職務命令」のなかには，訓令的なもの，すなわち行政組織における指揮監督権としてなされるものと，専ら公務員自身に対するものの2つがあるとされる4)。

前者については，より正確にいうと，訓令の名あて人は，直接には行政機関であり，実際にこれに従って行動するのが，その職を占める公務員ということになる。

後者は，職員の勤務条件やさらには基本的人権に関係するものであるから，それに不服を有する場合の取扱いが問題となる。

国旗国歌訴訟に関する最判平成24年2月9日民集66巻2号183頁（国歌斉唱義務不存在確認訴訟）〔百選214〕は，職務命令は抗告訴訟の対象となる行政処分には該当しないとしている。したがって，ここでの職務命令は，当該公務員に「義務」を課すものではあるが，そのような法的効果は「外部的」なものではなく，「内部的」なものにとどまるものと性格づけられている。

---

3)　塩野 III 297頁以下。
4)　今村成和が提唱した説で，多くの学説が従っている。今村＝畠山・入門43頁（今村成和），塩野 III 315頁以下参照。

他方，職務命令に違反したことを理由に，当該公務員に「懲戒処分」がなされた場合は，その「懲戒処分」は，抗告訴訟の対象になる行政処分に該当する[5]。

職務命令に対する服従義務は，その職務命令が違法である場合にもあるのかという問題がある。かつては，「違法の抗弁」を全面的に否定し，そのことを「職務命令の公定力」と表現するものもみられた。しかし，現在では，上記の2分説に依拠して，訓令的性質を有するものについては肯定するが，後者については「違法の抗弁」を認めるものが多い[6]。

4 分限処分と懲戒処分

公務員の「職務遂行権」とは，その官職をみだりに奪われない権利である。公務員法制の理念である「成績主義」に基礎を置くものである。

この身分保障の例外として位置づけられるのが，「分限処分」である。すなわち，職員は，法定の事由によらなければ，その意に反して，降任，休職，免職をされない（国家公務員法74・75条，地方公務員法27条・28条）。また，「懲戒処分」は，義務違反に対する制裁という性質を有するため，「公務員の責任」の一種として説明されるが，「懲戒処分」のうちの，「免職」「停職」は身分保障の例外，「減給」は「財産的権利」の例外とも位置づけられよう。

「分限処分」および「懲戒処分」は，抗告訴訟の対象となる行政処分にあたると考えられている。そこで，「行政処分の公定力」の教科書的な説明の素材とされることがある[7]。また，処分を行うかどうか，どのような処分内容を選択するかについて，任命権者の判断の余地が広いものであると考えられているため，「裁量処分」の典型として教科書的説明で多く用いられている。

5 公務員の弁償責任

公務員の「弁償責任」とは，公務員が，職務の遂行に際して，国または地方公共団体に損害を加えた場合の賠償責任をいう。

[5) 行政主体との関係で問題となる公務員の「権利」を重視する局面では，その「保護・救済」については，行政作用法＋行政救済法の「一般理論」によって処理される傾向が認められる。行政組織の一員として，私人との関係で問題となる公務員の義務を重視する局面では，行政組織法の「一般理論」との接合が必要とされる。

6) 塩野III 315頁。

7) 原田要論139頁。

地方公務員については，地方自治法上の住民訴訟という制度があるため，4号請求と呼ばれるものにおいて，当該公務員が地方公共団体に対して不法行為責任を負うかどうかがしばしば問題となる。
　ほかに，国家賠償法1条1項は，公務員が職務の遂行に際して私人に損害を与えた場合の国または地方公共団体の賠償責任について定めている。この賠償責任が生じるかどうかは，当該公務員に被害者との関係で「職務上の義務違反」があったかどうかにより決まる。また，公務員に故意または重過失があった場合には，1条2項によって，国または地方公共団体から求償権を行使されることがある。

③　特別権力関係

1　概　　念

　伝統的な理論においては，公務員の勤務関係は「特別権力関係」の一種であるとされた。
　「特別権力関係」とは「特別の法律上の原因に基づき，公法上の特定の目的を達成するために必要な限度において，一方が他方を包括的に支配する権能を取得し，他方がこれに服従すべき義務を負うことを内容とする関係」[8]と説明される。公務員の勤務関係のほか，国公立学校の在学関係，在監者の関係などがその例であるとされる。
　「特別権力関係」に対する概念は「一般権力関係」であって，これは，私人が通常の国民あるいは住民として国や地方公共団体の統治権に服する関係である。

2　機能の変化

　「特別権力関係」の概念はドイツ由来のものであって，「一般権力関係」における原則が働かないという結論を引き出すための説明であった。藤田宙靖は，「法律による行政の原理」の例外として，第1に「特別権力関係」を挙げている[9]。
　すなわち，「特別権力関係」においては，人権の制約が強く認められ，また制約を加えるにあたって厳密な法律の根拠は不要とされ，さらに，裁判的な救済も限定されるということになる[10]。
　「特別権力関係」の理論は，戦後は強い批判の対象となった。そこで，概念を

---

[8]　田中上89-90頁。
[9]　藤田I63頁。第2が「侵害留保理論」，第3が「自由裁量論」である。
[10]　塩野I39頁。

維持する場合にも，法治主義の原則を全く排除するものではないものと理解されるようになった。とりわけ，公務員法制においては，法律・条例が整備されたこともあり，概念を立てる実益は薄れたといえる。

在学関係については，最判昭和52年3月15日民集31巻2号234頁（富山大学事件）〔百選153〕によって，「一般市民社会とは異なる特殊な部分社会」という表現で，単位の不授与は原則として司法審査の対象とならない，という結論が導かれた。そこでは，大学を国公立と私立[11]で区別することなく判断がなされており，遅くともこの時点で，最高裁判所が特別権力関係論をとらないことが明らかになったと理解されている。

そこで，問題は，このような「部分社会」のなかの紛争のどの部分が司法審査の対象になるのか，その場合，どのような訴訟形態となるのか，また，裁判所の「審査密度」がどの程度なのか，（裏からみると，裁量がどの程度広く認められるのか）という技術的な点に存することとなる。

3 克　服

近時は，憲法上の権利の尊重を背景として，裁量処分について，裁判所が従来よりも踏み込んだ審査をする傾向があることが指摘される。注目すべきものとして，たとえば，公立学校の生徒の退学処分に関する，最判平成8年3月8日民集50巻3号469頁（剣道実技拒否事件）〔百選84〕や地方公務員の懲戒処分に関する，最判平成24年1月16日判時2147号127頁（東京都教職員国旗国歌訴訟）〔自治百選78〕がある。

---

[11] 最判昭和49年7月19日民集28巻5号790頁（昭和女子大事件）は，私立大学の学生の退学に関するものである。

[第2部]

作用法の基本原理

UNIT 6 作用法の基礎概念

1 序　説

1　作用法の3つの基本原理

「行政作用法」のテーマは「行政はどのように行われる（べき）か」である。そして，「法治行政の原理」という思考を行政作用法について適用すると，「行政作用は，法によって予め定められた規範に従ってなされなければならない」ということになる。

「行政」は，「行政主体」，すなわち国や県や市などの「公的色彩を帯びた法人」が，私人に働きかけるものとイメージされる。「行政法的思考」は，行政活動を法的規範で統制することによって，私人の権利利益を保護することに主たる関心がある。

そこで，「行政作用法」の基本原理として，まず理解すべきものは「法律による行政の原理」「適正手続の原理」「人権尊重の原理」の3つとなる。順に，ごく簡単に説明する。

第1の「法律による行政の原理」とは「行政活動は法律に従って行われなければならない」というものである。ドイツから継受した原理であり，立法権によって行政権を統制するという側面に係わるものといえる。「法律」は国会が制定する法的規範であるから，「行政権」は他の国家機関が定めた法的規範に従って活動しなければならないということになる[1]。

「法律による行政の原理」は「法律の優位」と「法律の留保」の2つの要素を含んでいる[2]。「法律の優位」というのは，「法律が存在する場合に行政活動はそれに従わなければならず，法律に反した行政活動は違法と評価される」という原則である。他方，「法律の留保」というのは，「一定の行政活動には法律の根拠が

---

[1]　権力分立の観点から「統制」を分類するときは，裁判所による統制とともに「外部的統制」に属するものである。

[2]　「法律の法規創造力」は，今日では独自の意義を有しない，と明言するものとして，大橋 I 26 頁。詳しくは UNIT 7 で扱う。

必要であり，法律が存在しない場合，行政活動をすること自体が許されない（＝違法と評価される）」という原則である。

第2の「適正手続の原理」というのは「行政活動は適正なプロセスを経てなされなければならない」というものである。アメリカから継受した原理ともみることができるが，わが国のそれはドイツ経由で変容を遂げたものとみるべきであろう。詳しくは UNIT 9 および UNIT 49 で扱う[3]。

第3の「人権尊重の原理」というのは，「行政活動は私人の人権を最大限尊重して行われなければならない」というものである。憲法13条の表現によれば「人権最大限尊重の原理」ということになろう。内容的には「行政法は憲法を具体化する法」であるという考え方を強調したものにほかならない[4][5]。

2　3つの基礎概念——法律の留保・行政裁量・公定力

上記の3つの基本原理は憲法上の原則であるともいえるもので，その内容のほとんどは「憲法的思考」からは当然のものであると思われる。そこで，行政法で特に学ぶべき「行政作用法」の基礎概念は「法律の留保」「行政裁量」「公定力」の3つということになる。そして，これらも，三権の相互関係と係わるものといえる。

第1の「法律の留保」は，先にみたように立法権によって行政権を統制するという側面に関するものである。**UNIT 7** でこれを説明する。

第2の「行政裁量」は，立法権との関係で行政権に自由を認めるという側面，

---

[3]　手続の履践は，さしあたりは，行政権の行使の仕方を自ら律するものであるので，「内部的統制」に属する。

[4]　先駆的なものとして，兼子総論17頁，73頁があった。また，近時は，「権利尊重原則」という用語で，「信頼保護原則」との連続性を示唆するものとして，芝池読本61頁がある。

[5]　第2の「適正手続の原理」も理論上は「人権尊重原則」に含まれるといえるが，ここでは，「実体法的」な原理として，「比例原則」「平等原則」「信義則」ないし「信頼保護原則」を想定している。さらには，「参政権」との関連が深い「説明責任原則」「参加原則」なども視野に入ってくる。

なお，人権保障は，最終的には裁判所に期待されることになるから，「作用法の基本原理」としての「人権尊重原理」を裏打ちするものとして「救済法の基本原理」としての「裁判所による包括的かつ実効的な権利救済の原理」が位置づけられることになろう。ドイツでいう「憲法の優位」（Vorrang der Verfassung）は，英米法にいう「司法権の優越」に相当するのではないかと思われるからである。

そしてその延長として司法権との関係で行政権に自由を認めるという側面に関するものである。これを UNIT 8，UNIT 47 および UNIT 48 で扱う[6]。

第3の「公定力」は，行政権にある程度「司法権」と類似の権威を認めるという側面に関するものである。詳しくは UNIT 12 で扱う。

3　「行為形式論」

「行政作用法」の中核は「行為形式論」である。

「行政はどのように行われるか」というのは，法の世界では，主として，「行政上の権利義務はどのように発生し，変更し，消滅するか」ということを意味する。「行政」活動は「行政主体」，すなわち，国や県や市という「法人」が私人を相手方として行うものとイメージされている。そして，その際に特徴的なのは，「行政主体」の「機関」である「行政庁」が，場合によっては相手方である私人の意思にかかわらず，その権利を制限したり，義務を課したりすることができるということである。

「行政庁」がこのような「権限」を有することから，「行政上の法律関係」は，「公法上の法律関係」であり，民法の世界で繰り広げられる「私法上の法律関係」とは性質が異なるものであると考えられている。このような「権限」の行使は「公権力の行使」と呼ばれる（行政事件訴訟法3条）のであるが，法律関係の一方当事者が他の当事者と比較して有利な立場にあることに着目して「権力関係」や「支配服従の関係」という表現がなされることもある[7]。

なお，「公法」という言葉を用いることが適切かは考え方が分かれるところであった。現在の行政法学界で指導的な学者[8]の多くは適切でないという立場であるが，筆者を含め，「公法の復権」をめざす学者[9]も増えつつある。

いずれにしても，「行政上の法律関係」は，その「発生・変更・消滅」が「行政庁」の行為によってもたらされることが多いので，「行政」がどのような類型

---

[6]　法律の定める要件・効果などの法規命令による具体化，裁量基準の設定なども「内部的統制」に分類される。

[7]　田中二郎の「三分説」は，「権力説」をベースにし，「利益説」を加味したものであった。**UNIT 21，UNIT 25** 参照。

[8]　塩野，芝池，原田など。

[9]　櫻井＝橋本，大橋など。高橋滋『『実体公法の復権』論によせて――公法私法論争史研究への覚書き』兼子仁編『行政法学の現状分析（高柳古稀）』（勁草書房・1991年）55頁，70頁。

の「行為」によって行われるかという「行為」の性質による分類が「行政作用法」の中核となる。これが「行為形式論」と呼ばれるものである。

この分類においては，その行為によって直接に「権利義務」の「発生・変更・消滅」が生じるかどうか，その「権利義務」が「一般的抽象的」なものか「個別的具体的」なものかなどの基準が重要となる。

たとえば，「行政立法」と「行政処分」はどちらも権利義務への直接的な係わりを有するのであるが，同じく権利義務といっても，前者は「一般的抽象的」であり，後者は「個別的具体的」であるという違いがある。これに対して，「行政指導」は権利義務との直接的な係わりを持たない点が特徴である。また，「行政強制」という概念は，物理的な事実状態の変動をもたらす行為のうち，私人に「受忍義務」が課せられているものを中核とするものである。

主要な「行為形式」のうち，「行政立法」「行政処分」「行政強制」の3つは「権力的行為形式」としてまとめられることがあり，他方，「行政指導」「行政契約」「行政計画」は「非権力的行為形式」としてまとめられることがある。このような整理には理論的には多少問題がある[10]が，「防御型の行政法理論」を理解するためには，藤田宙靖[11]のいう「三段階構造モデル」[12]に関連の深いこれら3つの行政手段をまず学ぶという方法も有効であろう。

本書は，行政手続法が規律の対象としている「行政立法」「行政処分」「行政指導」の3つ[13]を先に取り上げ，(UNIT 10 から UNIT 15[14])，そのあとで，「実効

---

[10]　藤田総論23頁注2参照。「行為形式」という概念を狭義に用いる場合は，別に「活動形式」「行為類型」「行政手法」「行政手段」「制度」などという概念を用いて説明することになる。

[11]　藤田総論21頁。

[12]　法律⇒行政行為⇒強制行為という具体化・現実化を行政過程の典型とみるもの。UNIT 16 ①参照。

[13]　中原基本87頁参照。

[14]　UNIT 10 の行政立法を第2部に配置したのは，主として，原則として1部を5レッスンとするという方針のための便宜的なものである。ただ，法規命令・行政規則の問題は，「法源論」ともかかわるものである。そして，行政権には，憲法によって，ある程度立法権と類似の権威が与えられているとも考えることができるから，行政立法の諸問題は，理論上，法律の留保，行政裁量，適正手続と並んで行政法の基本原理に属するといえなくもない。ちなみに，Maurer の教科書では，法規命令は行為形式の1つとされているが，行政規則についての詳しい説明は行政組織法のなかで行われている。また，原田要論は，行政規則を法源論のなかでまとめて説明している。

性確保」ないし「現代行政の特徴」を指摘しつつ，残りの3つを含めた様々なものを取り上げる（UNIT 16 から UNIT 20）ことにする。なお，「行政契約」はある意味では，「古典的・伝統的な行為形式」であるといえる[15]。

法的効果の発生を予定	一般的抽象的	一方的に規律	権力的	行政立法
	個別的具体的			行政処分
		私人の合意が必要	非権力的	行政契約
△	△	△	△	行政計画
事実状態の変動	個別的具体的	私人の協力が必要	非権力的	行政指導
		一方的に実現	権力的	行政強制

2　法治国原理

1　戦後のドイツ公法の発展

これまでに紹介した「行政法は憲法を具体化する法である」という考え方は，第二次大戦後のドイツの憲法・行政法的思考を規定している「法治国原理」（Rechtsstaatsprinzip）に立脚している。そして，本書も多くの概説書（原田，藤田，塩野，芝池）と同様に，そのような基本的思考を肯定して「行政法（学）の体系」を提示するものである。

すなわち，「行政法的思考」の根本は「行政権の行使を法によって統制する」ことである。「法的統制」は，政治学ないし行政学でいう「行政統制」の諸類型[16]のうちで，法的な制度によってなされるものであり，「政治的統制」と対比される。

「法治国家」（Rechtsstaat）という考え方は「国家をはじめとする公的色彩を有する法人は，法という規範に従わなければならない」ということを意味し，日常用語の意味するような「私人は国家等が定めた規範に従わなければならない」ということではない。そして，「法治国原理」を行政権の行使に関して適用したのが，多くの教科書で述べられている「法治行政の原理」である。

この「法治行政の原理」は，したがって，広義では，「行政は法という規範に従わなければならない」ということを意味し，そこでいう「法」には「法律」だ

---

15)　稲葉他50頁（人見剛）。

けではなく，憲法，命令その他様々なものが含まれる。そこで，その内容を検討することが重要な課題となる。

「法治行政の原理」を，狭義に，「法律による行政の原理」と同じ意味で用いる入門書や教科書もあるが，「法治行政の原理」をこのような広い意味で捉える場合は，「法治行政の原理」は，「法律による行政の原理」の発展形態として位置づけられる。そして，「法治行政の原理」には，「法律の優位」のみならず，「憲法の優位」も「適正手続の原理」も含まれることになるのである。

2　行政法の暫定的な定義

UNIT 2 [1]で触れたように，「行政法」の暫定的な定義は以下のとおりであった。

「行政法」とは，憲法を具体化する国内法のうち，行政の組織および作用の統制に関するもので，民事法にも刑事法にも属さないものをいう。

また，「行政法の体系」に即して「法治行政の原理」を分解すると以下のようになる。

第1に，「行政組織法」では，「行政組織においては，事務配分および権限配分は，法によって予め定められた規範に従ってなされなければならない」ということがポイントである。

第2に，「行政作用法」では，先に指摘したように「行政作用は，法によって予め定められた規範に従って行われなければならない」ということがポイントである。

第3に，「行政救済法」では，「行政作用の結果として生じる不利益について，私人には法に従った救済が与えられなければならない」ということがポイントで

---

16)　真渕勝『行政学』（有斐閣，2009年）258-284頁参照。

〈行政統制の諸類型〉

		私人		国民投票など	世論
外部的統制	議会	法律		予算，議決など	
	裁判所	訴訟			
内部的統制	行政機関	行政不服審査		階層性（指揮監督）	
		事前行政手続			
		法的統制		政治的統制	

ある。

3 成文法の存在形式

1 憲法・法律・命令

それでは「法治行政の原理」における「法」というものはどのような形で存在しているのであろうか。あるいは，どのようにして見つけることができるのであろうか。これは「行政作用法」においては，行政が従うべき「予め定められた法規範」はどのような形で存在しているか，という問題である。また，「行政救済法」においては，私人に一定の条件のもとで一定の救済を与えることを定める法規範はどのような形で存在しているか，という問題である。

そして，法の存在形態に関する議論は，行政法に限らず，法学のすべての分野の基礎となるもので，「法源論」と呼ばれるものである。

まず，「法」というルールは条文の形で書かれているものと，そうではないものの両方がある。これを「成文法」と「不文法」と呼ぶ。行政法の分野では「成文法」の占める比重が大きい。本書では，さしあたりこちらに重点を置いて説明するが，理論的には「不文法」とりわけ，「法の一般原則」と呼ばれるものの位置づけが今後の重要な課題である。

「成文法」は日本国憲法を頂点としたピラミッド型になっている。日本国憲法の条文は103であるが，ここで定められている規範が，その他すべての法規範の内容を支配するのである。理論上は，その他の法規範はすべて憲法の具体化であり，憲法に反する法規範は原則として無効とされる。

しかし，日本国憲法の内容はかなり抽象的であるので，実際上は，もう一ランク下の規範が最も重要となる。これが国会の定める「法律」である。

現時点で生きている法律は約1900本であるが，このうち1000本以上が行政法の分野に属するとされる。その相当部分は，行政の組織に関する法律や個別行政分野に関する法律（＝「個別行政法規」）であり，冒頭の設例の「食品衛生法」はこのうちの1本ということになる。

次に重要なのは，さらに一ランク下のルールである。これが，国の行政権が定める「法」である「命令」である。平岡久の計算[17]によると，「命令」の本数は法律の本数の約2.8倍であり，また，法律の制定・改正は1年間で約100本にと

---

17) 平岡久『行政立法と行政基準』（有斐閣・1995年）16頁。

どまるのに対して、「命令」の制定・改正は平均してその10倍を超える。

「命令」の分類、名称は様々である（詳しくは、UNIT 10で扱う）。まず、憲法的思考で重視されるのは、個別的授権（委任）が必要な「委任命令」と、概括的授権で足りる「執行命令」の区別である。次に、「行政組織法」との関連では、内閣が定める「政令」、各省の大臣が定める「省令」など、制定する権限の所在による区別が重要である。

なお、「食品衛生法」などの個別行政法規については、「法律」の内容を具体化し、あるいは法律を円滑に執行するために、「食品衛生法施行令」という名称の「政令」と「食品衛生法施行規則」という名称の「省令」が付属しているというパターンがよくみられる。

2　条例・規則

行政主体と私人との間の権利義務関係に直接的な係わりを有する法規範として、見落としてはならないものが、地方公共団体レベルで定められる「条例」と「規則」である。

憲法94条
　地方公共団体は、その財産を管理し、事務を処理し、及び行政を執行する権能を有し、法律の範囲内で条例を制定することができる。
地方自治法14条1項
　普通地方公共団体は、法令に違反しない限りにおいて第2条第2項の事務に関し、条例を制定することができる。
　2項　普通地方公共団体は、義務を課し、又は権利を制限するには、法令に特別の定めがある場合を除くほか、条例によらなければならない。
　（3項略）
15条1項
　普通地方公共団体の長は、法令に違反しない限りにおいて、その権限に属する事務に関し、規則を制定することができる。
　（2項略）

UNIT 4で説明したように、日本国憲法は「地方自治」を保障し、地方公共団体も「立法」機能を有することとしている。一般には、憲法94条にいう「条例」は広い意味であり、地方自治法にいう「条例」と「規則」の両方を含むと解されている。

これに対して、地方自治法は「条例」と「規則」を区別し、（狭い意味の）「条

例」については，地方公共団体が議会の議決に基づいて定めるものとし，「規則」については長などが定めるものとしている。地方自治法14条2項は，「侵害留保説」（UNIT 7 で後述する）を想起させるもので，「条例」の「自由主義的」機能を示している。

　憲法94条が予定する「条例」は，概括的授権に基づくもので，その制定には個別的な法律の委任は不要である。そこで，これらは「委任立法」ではなく，「自主法」であると説明されることになる（条例制定権の限界については，UNIT 10 5参照）。

　もっとも，（狭義の）条例には，「自主法」としての性質を持つもののほかに，法律の個別的委任により法律を補充するために制定されるものもある。食品衛生法51条に基づく「食品衛生法施行条例」などがその典型である。また，「規則」のなかにも，法律の個別の委任により法律を補充するために制定されるもの[18]や，「条例」の委任を受けて定めを置いているものがある。

3 「法　令」

　「法令」という言葉にも，狭い意味と広い意味の2つがある[19]。

　狭い意味での「法令」は，「法律」と「命令」の総称である。「法律」と「命令」はどちらも国レベルの規範で，行政主体と私人との間の権利義務に直接的な係わりを有するものである。地方自治法14条および15条にいう「法令」はこちらの意味である。

　広い意味での「法令」には，「法律」と「命令」の他に，「条例」と「規則」が含まれる。「行政手続法」では，以下のように，こちらの意味で用いられている。

行政手続法2条
　この法律において，次の各号に掲げる用語の意義は，当該各号に定めるところによる。
　1号　法令　法律，法律に基づく命令（告示を含む。），条例及び地方公共団体の執行機関の規則（規程を含む。……）をいう。

---

[18] 漁業法65条および水産資源保護法4条は，主務大臣の省令と知事の規則に「漁業取締りその他漁業調整のため」「水産動植物の採捕又は処理に関する制限又は禁止」などについての定めを置くことを委任している。熊本県漁業調整規則に基づく知事の権限の不行使の国家賠償法上の違法性が問題となった例として，最判平成16年10月15日民集58巻7号1802頁（関西水俣病訴訟）〔百選232〕がある。

[19] 「法令」に条例のみを含める例もある。京都市個人情報保護条例6条2項1号参照。

広い意味での「法令」は，国レベルと地方公共団体のレベルを問わず，行政主体と私人との間の権利義務関係に直接的な係わりを有する法規範をすべて含む。そこで，行政作用の適法性・違法性を判断する際の「法」，すなわち「法源」は，多くの場合，この広い意味での「法令」という形で存在するということができる。

4 不文法

1 不文法源のカタログ

不文法源のカタログは，概説書によって微妙な差がある。

たとえば，塩野宏[20]は，「慣習法」「判例法」「行政上の法の一般原則」に分けて説明している。これに対して，芝池義一[21]は，「慣習法」と「条理（法）」を挙げている。

「条理（法）」という用語は，「自然法的」な発想を示すものであると筆者は考えている。したがって，人為的に定められたものだけが「実定法」として妥当すると考える「法実証主義」的な発想に立つ筆者は，「原理・原則」は，「自然法的な」思考を基礎に置くものであり，それ自体では「法源」とはならないが，条文化されるか，確立した判例によって採用されたときに「実定化」される[22]，と整理したいと思う。

2 主要な一般原則

行政法的思考において，最も重要な「原理・原則」は，「法律による行政の原理」と「適正手続の原理」であると思われるが，これらのほかに，信義則ないし信頼保護原則，権限濫用禁止原則ないし権利濫用禁止原則，比例原則，平等原則，説明責任原則，参加原則などが挙げられるのが通例である[23]。ただ，そのカタログもまた概説書によって微妙な差がある。以下では，信頼保護原則および比例原則について簡単に触れるにとどめる。

---

[20] 塩野Ⅰ69頁以下参照。
[21] 芝池総論11頁参照。
[22] 高木光「比例原則の実定化――『警察法』と憲法の関係についての覚書」樋口陽一・高橋和之編『現代立憲主義の展開（下）（芦部古稀）』（有斐閣・1993年）209頁。
[23] 大橋Ⅰ46頁以下は，他に「透明性原則」「基準準拠原則」「補完性原則」「効率性原則」を挙げている。

3　信頼保護原則

　信頼保護原則とは，行政活動に対する私人の信頼は一定の要件のもとで保護されなければならないという原則をいう。法律による行政の原理の形式的な適用に修正を加える機能を有する[24]。

　信頼保護原則は，たとえば，社会保障給付決定がなされて一定期間給付がなされた後，当初の決定の違法性が明らかになったときに，職権取消について制限が生じるのではないかという形で問題となる[25]。また，最判昭和56年1月27日民集35巻1号35頁〔百選29〕〔自治百選47〕は，企業誘致政策の変更の是非が問題とされた例である。

4　比例原則

　比例原則とは，行政活動のための手段は，その目的との関係で過大なものであってはならないという原則をいう。広義の比例原則は，①適合性＝手段が目的を達成するために適合的なものか，②必要性＝手段が目的を達成するために必要（不可欠）なものか，③比例性＝課される不利益が目的達成によって得られる利益との均衡を（著しく）失していないかという3つのテストを含む。

　「比例原則」は，ドイツの伝統的な「警察権の限界論」の1つであったもので，当初は「不文法」であり，これがわが国の学説に継受された。他方，第二次大戦後のドイツでは，憲法裁判所が法律の合憲性審査の道具としても多用するようになった[26]。

　現在のわが国では，「比例原則」は，憲法13条によって「実定化」されている，と筆者は考えるので，その意味では，「成文法」である。立法裁量の限界として機能する場合に「憲法上の比例原則」，行政権の統制原理として機能する場合に「行政法上の比例原則」と呼ぶことが考えられる[27]。

---

[24]　芝池総論59頁参照。

[25]　青色申告としての扱いに関するものとして，最判昭和62年10月30日判時1262号91頁〔百選28〕。

[26]　須藤陽子「行政法における比例原則」争点24頁参照。

[27]　高木光「課徴金の制度設計と比例原則――JVCケンウッド事件を素材とした一考察」伊藤眞他編『経済社会と法の役割（石川古稀）』（商事法務・2013年）164頁。

5 法規範の多様性

1 「外部法」と「内部法」

「行政主体」と私人との間の法律関係に関する法規範を「外部法」と呼び、それ以外の行政機関相互の関係などについての法規範を「内部法」と呼ぶことがある。また、「外部法」に属する法規範には「外部効果」(Aussenwirkung) があると表現する。「内部法」は、法規範 (Rechtsnormen) であるという点では、「外部法」と共通点を持つものの、「外部効果」がない点で、「外部法」とは性質の異なるものであると考えられている。

組織法＝「内部法」、作用法＋救済法＝「外部法」という説明がなされることがある[28]が、「組織規範」が常に「内部効果」しかもたない、というわけではないことに注意が必要である。たとえば、塩野宏[29]は、行政規則の分類として示した「組織に関する規則」に関連して、「所掌事務の範囲を超えたり、土地管轄外において行動したりすることは外部との関係でも法効果を有しないといった意味で、もともと外部効果を持つことがある」と指摘している。

2 組織規範・規制規範・根拠規範

法律と行政の関係を説明するにあたって、「組織規範」「根拠規範」「規制規範」という3区分が用いられるのが通例である。塩野宏[30]の説明は以下のとおりである。

「組織規範」とは「ある自然人の行為の効果を行政主体に帰属させる規範」である。

「規制規範」とは、「ある行政活動をある行政機関がなしうることを前提として、その適正を図るために規律をなす規範」である。

「根拠規範」とは、「ある行政活動を行うのに組織規範が存在するとして、さらにこれに加えて、その行為をするに際して特別に根拠となるような規範」である。

UNIT 7 で扱う「法律の留保論」は、上記の3つのうち、「根拠規範」に関するものである。

しかしながら、上記の3分類は、理論上は、必ずしも「法律」の分類としての

---

28) 宇賀 I 29-30 頁、稲葉他 20 頁（稲葉馨）。
29) 塩野 I 112-113 頁。
30) 塩野 I 81 頁以下。

み成り立つわけではない。塩野宏は，「根拠規範」として，「法律」のほか「条例」についても問題になることを明言している。さらに，「規制規範」という言葉が，「比例原則」「平等原則」などの「不文の法の一般原則」を含むものとして用いられることもある[31]。

「組織規範」については，どこまでが「法律事項」か，どの範囲が「政令事項」か，などが問題とされる[32]。

以上の考察によれば，「組織法」「作用法」「救済法」という3本柱で「行政法の体系」をイメージする場合には，「組織規範」「規制規範」「根拠規範」は，「法規範」の性質による分類[33]とし，存在形態としては，「成文法」としては，「法律」のほか「憲法典」「法規命令」「行政規則」「条例」「規則」があり，さらに「不文の法の一般原則」がありうる，と整理するほうがよいと思われる[34]。

---

31) 塩野Ⅱ 322頁，宇賀克也『国家補償法』（有斐閣・1997年）152頁。

32) 塩野Ⅲ 7頁参照。地方の行政組織については，「行政組織の条例主義」の問題として考察される。地方自治法158条参照。

33) 法規範の分類は様々な観点から可能であるが，「公法的思考」＝憲法的思考＋行政法的思考においては，「権限を与える」＝「授権する」という性質を有する規範と，「権限行使を制約する」という性質を有する規範の区別が重要である。高田法治主義30頁は，「法律の授権と羈束」と表現している。

　また，「権限を与える」規範については，さらに「誰に」与えるかに関する規範と，「どのような権限」を与えるかに関する規範の区別が，「権限行使を制約する」規範については，さらに，「内容的」ないし「実体的」な規範と，「手続的」ないし「形式的」な規範の区別が可能であろう。

34) 「組織規範」についても，「授権」と「制約」という機能を観念することができる。田中二郎の「行政の組織及び作用並びにその統制に関する国内公法」という行政法の定義は，「組織」についても，「作用」についても，「授権」と「制約」という法規範の機能を考察すべきことを示していたのであろう。「機関訴訟」は，狭い意味の「救済」には含まれないが，「組織」の「統制」に関するものであることは確かである。UNIT 42参照。

UNIT 7　法律の留保

1　侵害留保説

1　古典的行政法理論

19世紀の終わりごろにドイツで成立した「古典的」行政法理論が最も重視したのは，議会による行政権の統制であり，とりわけ「法律」という道具を用いた統制であった。

「法律の留保」とは，「一定の行政活動には法律の根拠が要求される」というものである。これは，議会が法律という形で意思決定をしていない場合，行政権が独自の判断で活動することを許さないということを意味する。法律が成立するためには，国民の代表の多数派の合意が必要である。そこで，法律の制定を阻止することによって，行政権の行使をそもそもできないようにするという形の「統制」が可能になる。

それではどのような行政活動について「法律の根拠」が必要とされるのであろうか。「防御型の行政法理論」においては，その範囲は「自由と財産権」（Freiheit und Eigentum）に対する「侵害」（Eingriff）についてであると考えられた。そして，この「侵害留保説」という考え方は，戦前の日本に受け継がれ，現在でも，基本的には維持されている。

2　委任立法

以上のような「立法権」による行政権の統制の例外として位置づけられるのが，「委任立法」である。これは，国会が本来行使すべき「立法権」の一部を行政権に委ねるものといえる。また，法律の定めを前提にその技術的細目を定める権限を行政権に与えることは，当然のこととされている。そして，行政機関がこれらの権限を行使することを，行為形式論では「行政立法」と呼ぶ。また，その結果定められたルールは「命令」あるいは「法規命令」（Rechtsverordnung）と呼ばれ，「委任命令」と「執行命令」に区別される。

「委任立法」を許容するということは，行政活動が従うべき法規範を行政権自

らが定めることを認めることを意味するので,「行政権の行使を統制する」という「行政法的思考」のねらいがやや損なわれることは否定できない。しかし, ルールが予め「一般的抽象的」な形で定められているという点は十分意味がある。「行政処分」などの形式でなされる行政の「個別的具体的」な判断・行動は, この法規範に従う必要があり, その限りで権限の行使の誤りや権限の濫用が防止されるからである。(UNIT 8, UNIT 9, UNIT 47 参照)

2 設例の分析（その3）

1 許可が必要とされる営業

ここまで学んだことを前提に,「喫茶店対PTA」という設例のQ1「喫茶店営業」に食品衛生法に基づく許可は必要なのかを再度分析してみよう。

食品衛生法1条
　この法律は, 食品の安全性の確保のために公衆衛生の見地から必要な規制その他の措置を講ずることにより, 飲食に起因する衛生上の危害の発生を防止し, もつて国民の健康の保護を図ることを目的とする。
51条
　都道府県は, 飲食店営業その他公衆衛生に与える影響が著しい営業（……）であつて, 政令で定めるものの施設につき, 条例で, 業種別に, 公衆衛生の見地から必要な基準を定めなければならない。
52条1項
　前条に規定する営業を営もうとする者は, 厚生労働省令で定めるところにより, 都道府県知事の許可を受けなければならない。

UNIT 3 ②でみたように,「喫茶店営業」に食品衛生法に基づく許可が必要かどうかは, 法律をみただけではわからない仕組みとなっている。国会が「公衆衛生に与える影響が著しい営業」をリストアップするという仕事を内閣に委任したからである。許可が必要とされる営業のリストは,「食品衛生法施行令」の35条にある。そこでは34種類の営業がリストアップされている。

食品衛生法施行令（営業の指定）35条
　法第51条の規定により都道府県が施設についての基準を定めるべき営業は, 次のとおりとする。
　1号　飲食店営業（一般食堂, 料理店, すし屋, そば屋, 旅館, 仕出し屋, 弁当屋, レストラン, カフエー, バー, キヤバレーその他食品を調理し, 又は設備を設けて客に飲食させる営

業をいい，次号に該当する営業を除く。）
　2号　喫茶店営業（喫茶店，サロンその他設備を設けて酒類以外の飲物又は茶菓を客に飲食させる営業をいう。）
　3号　菓子製造業（パン製造業を含む。）（以下，略）

　以上のように，食品衛生法と食品衛生法施行令を合わせて読むと，「飲食店営業」も「喫茶店営業」も食中毒を防止するという観点から，同様に「規制」をする必要があると考えられており，そのための手段として，まずは，「許可」を得ない限り営業してはならないという法規範が適用されていることがわかる。

2　「営業の自由」

　行政法は「憲法を具体化する法である」ともいわれるように，三権の1つである行政権の行使を公正妥当なものにするための法規範を扱う科目である。そこで，設例についても，憲法の精神に立ち返って，「人権尊重の原理」，とりわけ「比例原則」に照らして，食品衛生法の許可制度の趣旨を考える必要がある。

> **憲法13条**
> 　すべて国民は，個人として尊重される。生命，自由及び幸福追求に対する国民の権利については，公共の福祉に反しない限り，立法その他の国政の上で，最大の尊重を必要とする。
> **憲法22条1項**
> 　何人も，公共の福祉に反しない限り，居住，移転及び職業選択の自由を有する。

　憲法22条にいう「職業選択の自由」には「営業の自由」が含まれる。
　食品衛生法に基づく許可を保健所長Yから受けなければ「Mカフェ」を営業してはならないという法規範は，Xの「営業の自由」の制約という意味を持つ。そのような制約はなぜ認められるのであろうか。理由としては，全くの自由にすると多くの人が困るという実質的なものと，国会が法律という形で規制をしてよいと定めたからという形式的なものの両方が挙げられる。
　この前者の実質的な理由は憲法学において「公共の福祉」と呼ばれているものである。ここでいう「公共」とは「一般公衆」ないし「不特定多数の国民」という意味である。
　「喫茶店営業」の場合は，不特定多数の人が客となるわけであるから，仮にクレープに有毒物質が含まれていたとすれば，多くの他人の生命身体に危険が及ぶ

可能性がある。そのような弊害を予防すること自体が「良い」ことであることは誰にも否定できない。

ただ，「危険防止」が普遍的な大義名分であるとしても，Xの自由が制約されることは事実である。そこで，自由の制約は認めるとしても，なるべく少なくすべきだという考えが自然にでてくる。これが「比例原則」である[1]。

3　法律の「自由主義的」機能

次に，形式的な理由として挙げた国会が法律を定めたという点であるが，これは当たり前のようで，「行政法的思考」においては極めて重視されている。

仮に「食品衛生法」という法律がなかったとしたらどうなるのであろうか。Xの開業前に，保健所の職員がやってきて設備をチェックし，このような非衛生な設備では必ず食中毒が起きると判断した。保健所長YはXの開業を阻止することができるのだろうか。答えはノーである。行政は，法律で認められた以上の規制はできない，逆にいうと，国民は法律で禁止されていない以上，自由を有するからである。

このように，「自由主義的国家観」は，国民の自由の制約は，国民の代表である議会が「法律」という形で「同意」しない限り認められないというロジックを重視している。このロジックから，自然に導き出されるのが，「法律の留保論」における「侵害留保説」ということになる。

「侵害留保説」というのは，市民の「自由と財産権」に「侵害」を加えるような行政活動は，行政権独自の判断で行ってはならず，それを行うかどうかの判断は，議会に「留保」されているという考え方である。標語的に表現すると，「法律なければ侵害なし」ということになるのであるから，「法律なければ犯罪なし，法律なければ刑罰なし」という「罪刑法定主義」や「法律なければ租税なし」という「租税法律主義」をさらに拡張したものとみることができる[2]。

4　政令の留保？

設例のQ1の分析を続けよう。

「食品衛生法」に基づく許可はどのような営業について必要なのか。「法律の留

---

1) UNIT 6 ④参照。法律の憲法適合性の判断という局面では「必要最小限度の基準」とも呼ばれる。野中他・憲法 II 309-310 頁（野中俊彦）。
2) 大橋 I 26 頁，30 頁参照。

保」に関する「侵害留保説」からすれば，それは「法律」をみればわかるはずと考えるのが素直である。しかし，そうはなっていなかった。「飲食店」の営業に許可が必要であるということは「食品衛生法」で決まっているのであるが，「喫茶店」の営業に許可が必要であるということは「食品衛生法施行令」で決まっていた。

それでは，仮に，「食品衛生法」という法律はあるが，「食品衛生法施行令」35条のリストに「喫茶店」がなかったらどうなるのであろうか。この場合は「喫茶店」は許可なしに営業できることになる。

これは「法律の留保」から導かれる結論といえるのだろうか。どうもおかしい，Xが「Mカフェ」を営業するために許可が必要なのは，国会が法律を制定したからではなく，内閣が政令で「喫茶店営業」を定めたからではないか，政令で定めない限り「自由」だということなら「政令の留保」と呼ぶべきではないか，という疑問が生じる。

この点は，「法律の留保論」が「行政権を法的に統制する」ための理論としてどの程度有効なのかを評価する際の重要な視点である。すなわち，国民の自由の制約は「法律」でなければできないという原則には，「委任命令」という重大な例外があったのである[3]。

---

[3] この問題は，実は，理論上は「法律の留保」の問題ではなく，「法律の法規創造力」の問題であるとの説明も可能である。すなわち，藤田総論82頁注1は，ドイツ理論の展開に即して分析すると，伝統的な「侵害留保説」は，個別行為による「侵害」を想定したものであったと指摘している。UNIT 10 ③，UNIT 11 ④参照。

憲法41条が「国会は国の唯一の立法機関である」としている意味が，「法規」を定める権限を国会が独占すること，逆に行政機関には，そのような権限がないことであるとすれば，同条は「法律の法規創造力」の原則を「実定化」したものということになり，委任立法は「法律の法規創造力」の例外と位置づけることができる。ただ，その際，「法規」を「国民の権利を制限し，義務を課す一般的抽象的な法規範」というように狭義とするのか，「国民の権利義務に直接的に関わる一般的抽象的な法規範」というように広義とするのか，さらに「一般的抽象的な法規範」というように最広義とするのか，という選択が必要である。このうち，最広義を提唱するかにもみえる憲法学説（芦部）もあったが，そうすると通達のようなものも含まれることになってしまい，いかに「法律」の民主主義的側面を重視するといっても，そのような意図にふさわしい立論とは思われない。芦部信喜（高橋和之補訂）『憲法（第6版）』（岩波書店・2015年）296頁，野中他・憲法II 79-80頁（高見勝利），宇賀III 10頁参照。

> **憲法73条**
> 内閣は，他の一般行政事務の外，左の事務を行ふ。
> 　1号　法律を誠実に執行し，国務を総理すること。
> 　6号　この憲法及び法律の規定を実施するために，政令を制定すること。但し，政令には，特にその法律の委任がある場合を除いては，罰則を設けることができない。
> **内閣法11条**
> 　政令には，法律の委任がなければ，義務を課し，又は権利を制限する規定を設けることができない。

　国会は，飲食店営業については公衆衛生の観点からの規制を行うものとして許可制度を採用するという基本的な政策決定を行った。これが食品衛生法である。そして，51条でその他の営業のリストアップという作業を内閣に委任したのである。

　そこで，この条文は，内閣法11条にいう「法律の委任」にあたるので，政令である「食品衛生法施行令」には，「義務を課し，又は権利を制限する規定」を設けることができることになる。また，この「委任」は，「公衆衛生に与える影響が著しい営業」のなかから具体的な業態を選ぶという形で「委任の目的と基準」がはっきりしているので，憲法が禁止する「白紙委任」には該当しない。したがって，「食品衛生法施行令」でリストアップされた営業は許可なしには営業できず，リストアップされていない営業は許可なしで営業できるという違いがあってもやむを得ないとされるのである。

　以上のように，「委任立法」を許容する限りで，行政権の行使に対する「外部的統制」という「法律の留保論」の機能は一部失われることになる。そこで「外部的統制」という機能を維持するためには，ある事柄については議会そのものが決定をしなければならないという「議会留保論」[4]が必要となるのである。

③　法律の留保に関する様々な説

1　ドイツ理論の展開

　ドイツでは，ドイツ帝国時代およびワイマール憲法時代の「侵害留保説」が，第二次大戦後になって，「立憲君主制の遺物」ではないか，と批判された。法律の「自由主義的側面」ではなく，「民主主義的側面」に着目した対抗理論が「全部留保説」であった。

---

[4]　Maurer, §6 Rn9

これに対して，折衷的な見解が憲法裁判所によって採用され，定着した。これが「本質性理論」（＝「重要事項留保説」）である。

2　オーストリア理論の展開

オーストリアにおいて，ドイツにおける「法律の留保」に対応する議論は，連邦憲法の18条の定める「法定主義」（Legaltätsprinzip）の妥当範囲をめぐるものである。そして，第二次大戦後に諸説が対立したが，高田敏の研究によれば，当初は，「法律の根拠」を広く要求する学説が優勢であったが，1970年代に変化がみられ，1980年代以降は，「公行政留保説」が優勢となっている。「私経済行政」＝「私法形式による行政」は，伝統的な考え方のとおり，「法定主義」に服さない，と解されていることになる。また，オーストリアにおける「公行政留保説」は，わが国における「権力（行政）留保説」に近いと筆者には感じられる[5]。

3　日本における多彩な学説

表現は様々であるが，ドイツにおける論争を参考に，侵害行政についてのみ法律の根拠が必要であるとする「侵害留保説」と行政活動のすべてについて法律の根拠が必要であるとする「全部留保説」を両極に配置し，中間的な説を提示する，というのが多くの学説のスタンスである[6]。

「侵害留保説」は，「租税行政」と「規制行政」を念頭に置いたもの[7]といえる。そこで，学説においては「侵害留保説」に代えて「侵害行政留保説」[8]のほか，「規制行政留保説」[9]という言葉が用いられている。なお，「侵害留保説」を理解

---

[5]　高木光「法律の執行――行政概念の一断面」高木光他編『行政法学の未来に向けて（阿部古稀）』（有斐閣・2012年）35頁。

[6]　櫻井＝橋本17頁以下参照。同書の「権力留保説」という用語が一般的であり，本書も以下これに従う。

[7]　「侵害留保説」の考え方によれば，「給付行政」に属する「公物」の管理には「法律の根拠」は不要である。したがって，「道路の占用の許可」も理論上は，道路法32条があってはじめて行うことができる，というものではないことになる。UNIT 11 ④参照。

[8]　稲葉他26頁（稲葉馨）は「私人の権利・自由を「規制」する権力行政には法律の根拠が必須」と表現している。なお，同29頁は，権力行政留保説を基軸とするとしている。

[9]　兼子総論67頁は「国民の自由・財産権を制限する権力行政（規制行政）には法律

するにあたって注意が必要なのは，そこにいう「侵害」の概念には，本来は，かなりの限定がついていることである。すなわち，「侵害留保説」にいう「侵害」は，ドイツ語の Eingriff（アイングリフ）に相当するもので，「直接的」な「法的効果」によって「意図的」にもたらされた「本来の地位の毀損」だけを想定している。したがって，これらの限定を緩和して「侵害」概念を拡大し，それに該当する場合は「法律の留保」が及ぶとする説は「修正侵害留保説」とでも呼ぶべきことになる。たとえば，「規制的行政指導」のうち，相手方が事実上従わなければならないようなもの，「事実上の強制」にあたるものには法律の根拠が必要である，という説はここでいう「修正侵害留保説」に属する[10]。

中間的な説のなかで有力なものは，「権力留保説」であり，行為形式を基準とし，権力的行為形式[11]を用いるには法律の根拠が必要とする（原田尚彦，藤田，稲葉他）。また，「重要事項留保説」ないし「本質性理論」はドイツの現在の判例通説に従うもの[12]である。

芝池義一[13]は，どの説においても，行政主体が私法上の契約という形式を用いて活動すること自体を否定するものではないことに留意が必要であると指摘し，「全部留保説」に代えて「公行政留保説」と表現している。「公行政留保説」（＝「授権原則説」）は，「非権力的公行政」にも原則として作用法上の根拠が必要とするので，「権力留保説」よりも法律の根拠を必要とする範囲は広い。なお，明示はされていないが，オーストリアにおける論争，あるいは Kelsen に代表される「純粋法学」の発想もまた参考にされていると思われる。

「権力留保説」は，「侵害」か「給付」かという内容による区別をしない点に特徴があるが，それだけに，他の説からは，問題をすり替えているとの批判がある。なお，戦後の論争の初期に唱えられた「社会留保説」は「給付行政」にも法律の根拠が必要とするもので，「給付行政」の重要性を意識し，また，日本国憲法の「社会権」条項を意識している。

の根拠が要る」と表現している。
  [10] 塩野Ｉ229頁は，「事実上規制的に作用することが，客観的に予測しうるような場合，いいかえれば，相手方の任意性が客観的にみて期待できないような場合」と表現している。
  [11] 原田例解14頁は，専ら行政行為という形式に焦点を合わせて説明している。
  [12] 大橋Ｉ35頁。
  [13] 芝池読本55頁。

筆者は，理論的には「権力留保説」に親近感を有している。しかし，行政実務や最高裁判所の判例は，伝統的な「侵害留保説」によっているので，現状を変えるためには，「法律の留保論」というような「大上段の議論」に依拠するのはあまり生産的でない。そこで，裁判所による統制を強化すること，とりわけ，「比例原則」などの「原理・原則」を充実させることによって，議会による行政統制の不備を補完するほかない，と考えている。

UNIT 8　行政裁量（1）——行政処分における裁量

1　序　説

1　行政裁量の概念

　行政裁量の概念は多義的である。行政概念が多義的であるとともに，裁量概念も多義的であるからである。

　行政裁量を，暫定的に定義すると，行政権が外部法の枠内で有する判断・行動の余地となる。

　すなわち，「行政裁量」というときの「行政」は，組織としての行政を意味し，その活動は「形式的意義の行政」を意味する。したがって，行政立法，行政処分，行政契約，行政指導，行政計画，行政調査など様々な活動形態について「行政裁量」が存在することになる。

　「行政法的思考」は，行政活動を法規範によって統制することによって私人の権利利益を保護することに主たる関心がある。「法」によってどの程度拘束されているかは，裏からみると，どの程度の自由が認められているかを意味する[1]。

2　行政処分における裁量

　「行政裁量」は行政の様々な行為形式で問題となるが，最も議論されてきたのは，「行政処分」についてであり，以下では，まず，行政処分における裁量を説明する。

　行政処分における裁量に関心が集中した理由は，歴史的にみると，ドイツ，オーストリアやわが国では，行政作用の行政裁判所による統制の中核が，「行政処分」を対象とする「取消訴訟」であったことに求められる。これは実践的な側面である。

　他方，理論的には，「法律」⇒「行政行為」⇒「強制行為」を行政過程の典型

---

[1]　なお，筆者の考えるところ，「裁量」は行政権の活動の「病理現象」ではなく「生理現象」である。今日では，「裁量権」を積極的な意義を有するものと捉える視点が重要であると思われる。

とみる「三段階構造モデル」と関係があると思われる。**UNIT 7** でみたように，伝統的な行政法理論は，法律によって行政権を拘束することを重視していた。そこで，行政庁が行政処分という形式で活動する場面を想定して，どの程度拘束されているか，どの程度判断・行動の自由が認められているかに関心を集中したのである。

これをまとめると，伝統的な行政法理論においては，「法律による行政の原理⇒行政処分⇒取消訴訟」という連関が骨格を形成していたのである。

現在でも，多くの行政法の教科書では，ドイツのそれを含め，「裁量」について専ら「法律」との関係を念頭に置いた説明がなされていることが多い[2]。これは，「法律による行政の原理」が専ら妥当した時代の裁量論が現在に至るまで引き継がれていることによると推測される。

2　行政処分の根拠条文の構造

1　要件と効果

行政処分は，特定の案件について「個別的具体的規律」をなすものであるが，これは，法律による「一般的抽象的規律」を特定の案件について「具体化」する

---

[2]　たとえば，藤田Ⅰ95頁は，「法律による行政の原理の例外」として，「特別権力関係論」「侵害留保理論」「自由裁量論」の3つを挙げ，「自由裁量論」においては「法律が行政機関（行政庁）に，（自由）裁量権を与えている」場合と，「法律が行政機関（行政庁）を羈束している」場合の区別であるとしている。

塩野Ⅰ136-137頁は，法律による行政の原理の妥当は，「行政は単に法律の執行にとどまるとか，字義どおりの法の執行であるということまでも意味するものではない」とし，「行政は法律を執行するのであるけれども，その過程で執行者に自己決定の余地を与えることが必要である場合は残る」と説明している。125頁では「行政行為における裁量とは，法律が行政権の判断に専属するものとして委ねた領域の存否ないしはその範囲の問題である」と説明している。

原田要論148頁は「法律の規定が不明瞭なため行政庁が独自の判断を加味して行う行政行為を，羈束行為と対比して『裁量行為』という」と説明している。

櫻井＝橋本109頁は，「行政裁量とは，法律が，行政機関に独自の判断余地を与え，一定の活動の自由を認めている場合のことをいう」と説明している。

さらに，大橋Ⅰ204頁は，ドイツの「規範的授権理論」に依拠することを明言している。

現在のドイツで標準的とされる教科書で，Maurerは，「法律による行政の原理」§6 Der Grundsatz der Gesetzmässigkeit der Verwaltung に続けて，「裁量と不確定法概念」§7 Ermessen und unbestimmter Rechtsbegriff という講を配置している。

もの，あるいは「適用」するものであると考えられてきた。

その場合の「法律」は，「○○の場合は」(A)，「△△という行政処分を」(B)，「しなければならない」「してはならない」「することができる」「しないことができる」(C) というような形式で，予め，行政庁に案件の処理の仕方について「制約」を加えている。このような法律の規定を，以下「行政処分の根拠条文」[3]と呼ぶ。

「行政処分の根拠条文」は，「要件」(Tatbestand) と「法効果」(Rechtsfolgen) に分解することができる。Aの「○○の場合」という部分が「要件」であり，BCの部分が「法効果」である。「法効果」は，さらに，なされる処分の内容に関する部分 (B) と，処分をするかしないかに関する部分 (C) に分けることができる。

2 案件処理の過程

行政処分における案件処理の過程は，以下のように分解される。
① 事実の認定
② 根拠条文の要件部分の解釈
③ 認定した事実の要件への当てはめ
④ なしうる処分の内容の選択
⑤ 処分をするかどうかの決定

そして，それぞれの過程において，どのような手続で行うか (⑥)，いつ行うか[4] (⑦) という問題がある。

3 要件裁量と効果裁量

上記のような案件処理の過程のなかのどの部分で，行政庁に，どの程度の自由が認められているのかが裁量問題である。その「自由」は根拠条文による「拘束」が及ばないことの反面であるともいえるが，根拠条文が一定の枠をはめてい

---

3) 法律の留保に属する部分については，「授権」するという機能を有するので，その限りでは，「根拠規範」ということになる。「することができる」「しないことができる」という条文のなかには，「侵害」を「授権」するにとどまり，裁量を認める趣旨ではないものもあるので注意が必要である。UNIT 11 [2]参照。

4) 「時の裁量」と呼ばれる。塩野Ⅰ145頁。櫻井＝橋本119頁。最判昭和57年4月23日民集36巻4号727頁（中野区特殊車両通行認定事件）〔百選131〕。

るとイメージすると,「一定の枠内の余地」という表現になる。

このような裁量の所在の問題は,既に指摘したように,裁判所が行政庁の案件処理をどのような場合に違法であるということができるのか,という実践的な関心から熱心に論じられてきた。そこで,裁判所による法的統制を強化すべきである,という実践的意図を持った論者は,なるべく「裁量」を認めない方向での提言を行い,他方,そのような統制を行政権による「公益の実現」を妨げるものと考え,統制を控えるべきであるという実践的意図を持った論者は「裁量」を広く認める方向での提言を行うのである。

現在のわが国の裁判所は,比較的広い範囲で「裁量」を認める立場をとっている。そして,「効果裁量」と呼ばれる④⑤の部分についての裁量のみを認める現在のドイツ理論と比較して特徴的であるのは,「要件裁量」と呼ばれる③の部分についての裁量をも認めることである5)。わが国の裁量論は,ドイツ理論に大幅に依拠しているが,上記のような基本的な相違があることに留意が必要である(判断余地説および計画裁量との関連について,UNIT 48 ③参照)。

なお,「効果裁量」は,行政処分の内容の選択に関する「選択裁量」(Auswahlermessen) と,行政処分をするかどうかに関する「決定裁量」(Entschliessungsermessen) に分けられる6)。

4　司法権の「優越」

一般的な考え方によると,①事実認定と,②法律の解釈については,最終的な決定権限は裁判所にある。司法権の優越とは,裁判所は,行政庁のした事実認定を「誤りである」とし,また,行政庁のした法律の解釈を「誤りである」とすることができることを意味する。裁判所は,独自の事実認定をし,「正しく」解釈した根拠規定に照らして,行政庁のした行政処分の適法性を審査するのである。したがって,その反面として,事実認定7)と法律の解釈については,行政裁量が認められる余地はないと筆者は考えている8)。

---

5) 最判昭和53年10月4日民集32巻7号1223頁(マクリーン事件)〔百選80〕。
6) 最判昭和52年12月20日民集31巻7号1101頁(神戸税関事件)〔百選83〕。
7) ただし,塩野Ⅰ143-144頁は,「安全性という事実問題それ自体について裁量を認めるのが判例である」と述べている。櫻井=橋本119頁は,これを事実認定に裁量を認める立場と理解しているようである。
8) いわゆる「専門技術的裁量」に関して,最判平成4年10月29日民集46巻7号

5 裁量の逸脱濫用

「裁量処分」は，その出発点においては，法律から自由な行為であり，裁判所による統制に服さないと考えられた。これを「裁量不審理の原則」という。しかし，その後，「裁量処分」であっても，全くの自由というわけではなく，極端な場合は「違法」とすることができる，という考え方がとられるようになった。権限濫用禁止原則は，法の一般原則の1つでもあるが（UNIT 6 ④），裁量に関しては，「裁量権の逸脱濫用論」として現れる。

現在のわが国では，行政事件訴訟法30条にこれが「実定化」されている。そこでいう「裁量処分」とは，理論上の「自由裁量行為」を意味する。他方，かつて学説が「羈束裁量行為」であるから，裁判所の審査が全面的に及ぶと主張していたような行政処分についても戦後の判例は一定の裁量を認めていたので，学説史との関係では，「羈束裁量と自由裁量の相対化現象」に含めて説明されることがある。

どのような場合に裁量の逸脱濫用が認められるかについての理論的な整理は今後の課題である。一般に示されている「類型」としては，①事実誤認，②目的違反・動機違反，③信義則違反，④平等原則違反，⑤比例原則違反などがある[9]。

③ 設例の分析（その4）

1 効果裁量

それでは，UNIT 1 ②の「喫茶店対PTA」設例のQ8を検討しよう。営業許可の取消しをするかどうかはYが自由に決められるのか，もう少し穏やかな対応が適切ではないのか。どのような場合にそのような厳しい処分が許容されるのか，どのような場合に「行政権の過大な行使」といえるのかを，まずは条文に即して検討する必要がある。

食品衛生法55条1項
都道府県知事は，営業者が第6条……の規定に違反した場合，第7条第1項から第3項まで……の規定による禁止に違反した場合，第52条第2項第1号若しくは第3号に該当するに至

1174頁（伊方原発訴訟）〔百選81〕参照。

9) 塩野Ⅰ147-149頁，櫻井＝橋本121-123頁参照。なお，最判昭和53年5月26日民集32巻3号689頁（個室付浴場事件）〔百選33〕は，②の例とされることがあるが，「行政権の濫用」とされたもので，「裁量権の濫用」の例ではないと思われる。

> つた場合又は同条第3項の条件に違反した場合においては，同条第1項の許可を取り消し，又は営業の全部若しくは一部を禁止し，若しくは期間を定めて停止することができる。
> **6条**
> 　次に掲げる食品……は，これを販売し……てはならない。
> 　1号　腐敗し，若しくは変敗したもの又は未熟であるもの。ただし，一般に人の健康を損なうおそれがなく飲食に適すると認められているものは，この限りでない。
> 　2号　有毒な，若しくは有害な物質が含まれ，若しくは付着し，又はこれらの疑いがあるもの。ただし，人の健康を損なうおそれがない場合として厚生労働大臣が定める場合においては，この限りでない。(以下略)
> **56条**
> 　都道府県知事は，営業者がその営業の施設につき第51条の規定による基準に違反した場合においては，その施設の整備改善を命じ，又は第52条第1項の許可を取り消し，若しくはその営業の全部若しくは一部を禁止し，若しくは期間を定めて停止することができる。

　食品衛生法55条，56条は，「○○の場合においては△△することができる」という形で都道府県知事に「権限」を与えている。設例では，この権限が保健所長Yに委任されていた。

　このような構造を持った条文の「○○の場合」という部分を「要件」，「△△する」という部分を「法効果」（または，単に「効果」）と呼ぶ。そして，「要件」は「法効果」のところで示されている結論を出すための条件を意味するので，その条件が満たされていない限り，権限の行使は許されない。法律で「要件」を詳しく定めるということは，権限の行使を予めルールによって強く統制することを意味する。

　「要件」が満たされているかどうかの判断について行政庁に自由が認められるかどうかも問題となる。認められる場合は，その自由を「要件裁量」と呼ぶことになるが，食品衛生法55条，56条の場合は認められないと解される。

　他方，「法効果」の方は，条文上も「許可の取消し」の他に「営業禁止」「営業停止」などが選択できる形になっている。そして，行政庁は違反の程度や態様などを考慮して，ある程度自由に選択ができるほか，これらの不利益処分を見送ることもできると考えられている。つまり，これらの条文でいう「できる」は文字通り，することもしないことも原則として自由であり，また措置もある程度自由に選択できるという意味で，「効果裁量」を認めるものと解されるのである。

2　裁量統制

　「行政裁量」の問題は，立法権との関係で行政権に自由を認めるという側面と，

その延長として司法権との関係で行政権に自由を認めるという側面を含むものである。

　後者の側面からみれば，ある行政処分の根拠条文の解釈として「裁量」が認められる場合，それは当該処分が行政事件訴訟法30条にいう「裁量処分」に該当することを意味することになる。その結果，裁判所が事後的に当該処分を「違法」といえるのは，裁量権の逸脱濫用があった場合に限られることになる。

　設例についてみると，営業許可の取消しという「裁量処分」がなされた後に，取消訴訟が提起されたと仮定し，裁判所はどのような場合に「営業許可取消し」という「不利益処分」を違法として取り消すことができるか，という形で問題が設定される。

　そこで，解答としては，違法となるのは，第1に，「許可の取消し」という結論が誤っていると裁判所がいえる場合，第2に，そのような結論に至るプロセスが誤っている場合ということになる。

　前者の「実体的違法」は，「効果裁量」が認められる場合には簡単には認められない。条文を文字通り解する限りでは，「営業停止」を選ぶか，「許可の取消し」を選ぶかは，行政庁Ｙの自由で，どちらを選んでも「適法」となりそうである。しかし，そのような広い裁量を認める考え方は「人権尊重の原理」に反する。「営業の自由」を尊重するためには，営業許可の取消しや営業停止は，規制目的を達成するために必要な限度でのみなしうるという限界（「不文法」としての，あるいは憲法13条に「実定化」されている「比例原則」）があり，その意味で行政庁の有する「効果裁量」は狭いものであると解すべきであろう。

　また，実際には，はじめての違反に対して条文どおりの厳しい処分に至ることはまずないという問題もある。そして，違反の程度や態様に応じて「相場」のようなものがあるとすると，それに反する扱いは「不公平」「不公正」と感じられることになる（「不文法」としての，あるいは憲法14条に「実定化」されている「平等原則」）。保健所も数多くあるのであるから，ある県だけ，あるいはある保健所の管内だけで厳しい運用をしても営業者の理解は得られない。そこで，法律論の方を常識に合わせて修正する必要がでてくる。そのために用いられるのが，「適正手続原則」に含まれる「基準策定」，あるいは，それと関連する「行政規則の外部効果」（Aussenwirkung der Verwaltungsvorschriften）という理論（**UNIT 10 4**参照）である。

3　処分基準

「適正手続原則」の具体化として，「内部基準」の整備を促進しようとしているのが，行政手続法の「処分基準」に関する規定である。

> **12条1項**
> 　行政庁は，処分基準を定め，かつ，これを公にしておくよう努めなければならない。
> 　**2項**　行政庁は，処分基準を定めるに当たっては，不利益処分の性質に照らしてできる限り具体的なものとしなければならない。
> **2条**
> 　この法律において，次の各号に掲げる用語の意義は，当該各号に定めるところによる。
> 　**8号**　命令等　内閣又は行政機関が定める次に掲げるものをいう。
> 　　ハ　処分基準（不利益処分をするかどうか又はどのような不利益処分とするかについてその法令の定めに従って判断するために必要とされる基準をいう。……）

「処分基準」は，後に UNIT 10 で説明するように，理論上は「行政規則」の一種である。すなわち，「法規命令」とは異なり「外部効果」を有するものではないはずである。

しかし，「内部効果」を有することから，「裁量処分」に対する法的統制にとって重要な意味を持つ。すなわち，行政庁が不利益処分を行う際に有する裁量権は，個別事案ごとに行使されるよりも，予め「類型化」ないし「定型化」されている方が，私人の側からみた場合に望ましいと考えられているのである。

行政の実務においては「内部基準」が統一的取扱いを確保するために重要な機能を果たしており，特段の理由がない限りそれに従って判断するのが裁量権の合理的行使であると考えられる。そこで，特段の理由なく「内部基準」に反する処分を行うことは，結論に至るプロセスが誤っているという意味で「裁量権の濫用」になるとする理論構成が考えられるのである。

このように，「処分基準」は「法令」とは法的性格が異なるが，行政活動を予め定められたルールによって統制するという機能面では共通する。この意味で，行政手続法は，「行政規則の外部効果」を肯定的に評価する立場をとっているとみることができる。

UNIT 9　適正手続（1）——行政処分の事前手続

1　権利利益の保護

1　事前手続の重要性

「行政作用法」のテーマは「行政はどのように行われる（べき）か」で，そこでの基本原理としてまず理解すべきものは，「法律による行政の原理」「適正手続の原理」「人権尊重の原理」の3つである。

「適正手続の原理」というのは，「行政活動は適正なプロセスを経てなされなければならない」というものである。行政活動は様々な行為形式で行われるので，どのような手続が適正かも行為形式ごとに区別して論じる必要がある。そのなかで最も「古典的」なものが，行政処分を行う際の事前手続，とりわけ「不利益処分」の事前手続である。

2　「結果」と「プロセス」

行政法的思考の根本は「行政権の行使を法によって統制すること」であるが，重点の置き方は2つに大別できる。1つは，行政権の行使の結果が「内容的に正しい」ことに重点を置くもので，もう1つは，行政権の行使の「プロセスが適正である」ことに重点を置くものである。前者は「実体的統制」，後者は「手続的統制」とも呼ばれる[1]。

19世紀の終わりごろにドイツで成立した「古典的」行政法理論においては，前者の「実体的統制」が重視された。「法律による行政の原理」は，「法律」という道具を用いた議会による行政権の統制を出発点とするものである。そして，「自由と財産権」に対する「侵害」を必要最小限に食い止めるために，どの程度の「侵害」が許容されるべきかを予め法律で定めることとし，その限度を超える「侵害」は「違法」なものとして，裁判所が「事後的」に是正することが予定さ

---

[1]　裁量統制の手法として，「実体的審査」「手続的審査」のほかに，「判断過程審査」があるとされるのが通例である。塩野Ⅰ149-152頁，芝池総論84-86頁，櫻井＝橋本124-128頁。

れた。日本の行政法理論もこのような考え方を基本として成立したので、行政権の行使の結果が「内容的に正しい」ことを重視している。

「適正手続」の考え方は、英米法系で重視されてきたもので、元来は「実体的統制」を重視しないものとも理解できる。しかし、現在の日本の行政法理論においては、ドイツにおけると同様に、「行政処分の事前手続」は「実体的統制」を補うものとして位置づけられている（UNIT 30 ②および UNIT 48 ①参照）。つまり、行政処分が「内容的に正しい」ことが大切であり、そのような結果をめざすために行政処分を行うプロセスを適正なものにすることが重要であると考えているのである。

3　行政手続法の目的

行政処分の分類は様々な観点から行うことができるが、「事前手続」との関係で最も重要なのは、「許認可等」「不利益処分」「その他の行政処分」の3区分である。それは、一般法である「行政手続法」がこの3区分を採用しており、また、同法第3章が定める不利益処分の事前手続が、「権利利益の保護」という理念に沿ったものとなっているからである。

> **行政手続法 1 条 1 項**
> この法律は、処分、行政指導及び届出に関する手続並びに命令等を定める手続に関し、共通する事項を定めることによって、行政運営における公正の確保と透明性（行政上の意思決定について、その内容及び過程が国民にとって明らかであることをいう。第46条において同じ。）の向上を図り、もって国民の権利利益の保護に資することを目的とする。

行政手続法は1993年に制定され、2005年に「命令等制定手続」を加える一部改正がなされたが、第1条において、その主たる目的が「国民の権利利益の保護に資する」ことであることを示している。

4　不利益処分の事前手続

「不利益処分」についての事前手続の中核は「意見陳述のための手続」である。

> **行政手続法 13 条 1 項**
> 行政庁は、不利益処分をしようとする場合には、次の各号の区分に従い、この章の定めるところにより、当該不利益処分の名あて人となるべき者について、当該各号に定める意見陳述の

ための手続を執らなければならない。
　１号　次のいずれかに該当するとき　聴聞
　　イ　許認可等を取り消す不利益処分をしようとするとき（以下略）
　２号　前号イからニのいずれにも該当しないとき　弁明の機会の付与

　以上のように，「意見陳述のための手続」は「聴聞」と「弁明の機会の付与」の２種類に分かれている。
　「聴聞」は，裁判所での公判をモデルにしたもので，期日が設定され，口頭での審理がなされる（行政手続法20条）。「弁明の機会の付与」は略式の手続で，「名あて人となるべき者」が書面を提出するにとどまる（同29条）。
　許可の取消しなど名あて人に対する打撃の大きな不利益処分については「聴聞」が必要とされるが，営業停止などそれほどではない不利益処分については「弁明の機会の付与」で足りるものとされている。このように，行政手続法は「弁明の機会の付与」を原則，「聴聞」を例外としている。また，「聴聞」も，審理は非公開が原則（同20条6項）であるので，憲法上の要請としての「適正手続の原理」がこれで十分満たされているのかについては議論が残るところである。

２　設例の分析（その５）

　ここで，「喫茶店対 PTA」設例のQ9を検討しよう。Yは許可の取消しをする前にXの言い分を聞かなくてもよいのだろうか。
　実は，UNIT 1 ②の設例は学習用のもので，実際に起こるとは考えにくいものである。後にUNIT 11でみるように，いったん「行政処分」がなされると，「公定力」という特殊な法的取扱いが認められているために，私人の「権利利益の保護」が十分には果たされないことがある。そこで，「適正手続の原理」による「事前」の権利利益の保護が重要となるのである。
　そして，設例におけるYの行為は，行政手続法に明らかに反している。Mカフェを営業しているXは「名あて人となるべき者」にあたる。そこで，行政庁であるYは，原則として，Xに意見を述べる機会を「聴聞」によって与えた後でなければ，営業許可の取消しという「不利益処分」をすることはできない。また，行政庁は「相当な期間」をおいて書面で予告をしなければならないとされている（行政手続法15条）から，いきなり「不意打ち」的に不利益処分がなされることはありえない。

そこで，設例の営業許可の取消しは，行政手続法に反する違法な不利益処分であるということになる。ただ，取消訴訟で争われたときに，裁判所がどのように扱うべきか，手続的な違法があったという理由だけで取り消すべきかには議論が存するところである（UNIT 30 ②参照）。

③ 「もう1つの行政手続法」

1 一般法と特別法

一般法としての「行政手続法」の適用範囲は，見かけよりは狭いものとなっている。冒頭の設例では，食品衛生法を取り上げたが，食品衛生法に基づく営業許可には，「申請に対する処分」についての行政手続法第2章がそのまま適用され，営業許可の取消しや営業停止命令には，「不利益処分」についての行政手続法第3章がそのまま適用される。しかし，道路交通法に基づく運転免許，運転免許の取消し，免許の効力の停止については，必ずしもそうではない。

「特別法は一般法を破る」という法の一般原則は，行政手続に関する法規範についても妥当する。そこで，「個別行政法規」である道路交通法に，行政手続に関する特別のルールが定められている場合には，「行政手続法」という法律に定められているルールは適用されないのである。

2 「整備法」

行政手続法が制定された際に，同時にいわゆる「整備法」[2]が制定された。これが「もう1つの行政手続法」と呼ばれるものである。個別行政法規については，それぞれ所管の省庁（担当の課）では，従来認められていた特別扱いを維持したいと考える傾向があったと推測される。総務庁の側は，「一般法」である行政手続法がそのまま適用される局面を広く維持したいとするスタンスで各省庁との「調整」に臨んだ。これは，ある意味では政治的な争いであり，(旧)大蔵省や(旧)厚生省は，かなり広く「適用除外」を「勝ち取った」と評価できよう。

「整備法」に至る「調整」の際の基本方針は，行政手続法の定める「標準的」な手続保障のレベルと従来の個別法で定められていたものを比較し，後者が前者より低かった場合には，合理的な説明がつかない限り，標準的なレベルに引き上

---

[2] 正式名称は「行政手続法の施行に伴う関係法律の整備に関する法律」である。多数の個別法律の改正をまとめて行うもので，改正条項はそれぞれの個別法律に吸収されて一体化するため，整備法自体は施行と同時にその役割を終えることになる。

げる，すなわち「適用除外」を認めないこととし，逆に，後者が前者より高かった場合には，標準的なレベルに引き下げることはしない，というものであったとされる[3]。

たとえば[4]，道路交通法は，113条の2（行政手続法の適用除外[5]）で，「103条第1項又は第4項の規定による免許の取消し及び効力の停止（同条第1項第5号に係るものに限る。）」や「第104条の2の2第2項又は第4項の規定による免許の取消し」については，「行政手続法第3章（第12条及び第14条を除く）の規定は，適用しない。」と定めるとともに，第104条（意見の聴取）および第104条の2（聴聞の特例）という定めを置いている。

このように，道路交通法は，免許の取消しおよび効力の停止について，様々な要件・効果ごとに，「事前に意見を聴取する機会」をどのように与えるかについて異なる取扱いをするものとしているが，これは，1つには，道路交通法が，行政手続法が制定される前から，そのような事前手続に関する定めを置いている「個別行政法規」であったことによる。道路交通法は，公開による聴聞の規定が置かれていたことから，第二次大戦後のアメリカ占領軍の影響を受けたものに属すると思われる。

さて，「整備法」においては，用語の整理がなされ，同じように口頭で意見を陳述する機会を保障するものであっても，そのうち一般法である行政手続法が示

---

3) 仲正『行政手続法のすべて』（良書普及会・1995年）26頁。
4) 高木他・事例演習20頁以下（高木光）参照。
5) 「適用除外」には，その規定が置かれたことによって，本来適用されるべきであった規定を「適用しない」ことになるという意味を有する「創設的適用除外」と，その規定が置かれなくても，実は（理論上）その規定は適用されないのであるが，解釈上の疑義を除くため，「適用しない」ことを念のため定めているという意味での「確認的適用除外」がある。前者が通常の規定の仕方であり，道路交通法113条の2で問題となる「免許の取消し」「免許の効力の停止」は，行政手続法にいう「不利益処分」の典型例であるから，同条のような「特別の規定」がなければ，行政手続法第3章の規定が適用される。

　行政手続法の定める諸原則のなかには，個別行政分野ごと，あるいは当該不利益処分の性質ごとに異なる扱いをすることが合理的なものと，そうではなく，一般的に妥当すべきものがあると考えられている。不利益処分については，処分基準と理由提示は，一般に後者に属するとされ，道路交通法に基づく運転免許の取消し，効力の停止についても，そのような原則を打ち破るだけの事情はないと考えられたので，行政手続法12条（処分基準）および14条（理由提示）を適用除外していない。

している標準的なものおよびそれに若干の修正が加えられたものを「聴聞」と呼ぶこととし，それ以外のものは，「意見の聴取」という別の呼び方をすることにした6)。

「整備法」の基本方針は，従来のレベルを行政手続法の「標準」に合わせて切り下げることはしない，というものであるから，「聴聞」については，行政手続法によれば，「公開しない」でよいことになるから，従来どおり「公開」するために「特別の定め」が必要になるのである。また，行政手続法13条の区分によれば，免許の効力の停止は，書面で意見を述べる機会を与える「弁明の機会の付与」で足りることになってしまうので，従来どおり「口頭」で意見を述べる機会を与えるための「特別の定め」が必要になる。

「聴聞の特例」というのは，①行政手続法13条によれば，「弁明の機会の付与」で足りるものについて，「特例」として，「聴聞」を行うこと，②行政手続法13条によって行うべきものとされた「聴聞」について，標準的な手続に若干の修正を加えるもの，③①によって行うこととなった「聴聞」について，標準的な手続に若干の修正を加えるものの3種類がある。道路交通法104条の2は，第1項で①を，第2項で②③を定めている。

このように，従来の道路交通法で「聴聞」と呼ばれていたものが，「特例聴聞」と「意見の聴取」に整理されているのである。

道路交通法第103条第1項第5号，すなわち「点数制」に基づく場合は，行政手続法第3章が12条と14条を除いてすべて適用除外されるので，行政手続法13条の振り分けによる「聴聞」または「弁明の機会の付与」のいずれもなされないことになる。そして，この原則の例外に位置づけられるのが，道路交通法104条である。すなわち，90日未満の効力の停止については，点数制による場合は，事前に意見を述べる機会を与える必要はないものとし，90日以上の効力の停止と取消しについては，かつての「公開の聴聞」にあたる手続として「意見の聴取」を置いているのである。

これに対して，道路交通法第103条第1項の第1号から第4号，第6号から第

---

6) 行政手続法における「聴聞」の1つの大きな特徴は，第20条第6項に定めるように「聴聞の期日における審理は，……，公開しない」というところにある。裁判所における「審理」は，憲法82条が定めているように，「公開」が原則であり，道路交通法などに従来置かれていた「公開の聴聞」は，行政手続を裁判手続類似のものとみる発想によるものであった。

8号の場合は，行政手続法が「一般法」として適用されるので，まずは，行政手続法13条による振分けの原則が妥当することになる。これによれば，「免許の取消し」については「聴聞」，「免許の効力の停止」については，「弁明の機会の付与」となる。そして，この振分けの原則についての特例を定める同法104条の2第1項によれば，90日以上の停止であれば，原則である「弁明の機会の付与」に代えて「聴聞」を行う必要がある。しかし，30日の停止であれば，原則どおり「弁明の機会の付与」ということになる。

4 申請に対する処分の事前手続

1 行政手続法第2章の基本思想

行政手続法第2章の定めは，「淡々とした申請処理のモデル」を想定しており，同じ「行政処分の事前手続」といっても，不利益処分についてのそれとは趣を異にする。

すなわち，第2章の内容のうち，一般的な定めは，順に「審査基準の設定・公にすること」（行政手続法5条），「標準処理期間の設定・公にすること」（同6条），「遅滞なき審査の開始」（同7条），「理由の提示」（同8条），「情報の提供」（同9条）であるが，これらは，不利益処分についての「聴聞」や「弁明の機会の付与」のような，個別事案について，私人と行政庁の間での正式な情報のやりとりという意味を持つ典型的な「事前手続」ではない。これらに対応するものは10条で定められている「公聴会の開催等」であるが，その適用範囲は，「申請者以外の者の利害を考慮すべきことが当該法令において許認可等の要件とされているもの」に限定されている。

他方で，行政手続法は第4章で「行政指導」を抑制することを意図し，弊害が多いと意識されてきた「申請に関連する行政指導」について特に条文を置いている（同33条）。「淡々とした申請処理のモデル」は，個別事案について，いったん申請がなされた後は，私人と行政庁の間での追加的な情報のやりとりを極力抑制することによって，迅速な申請の処理をめざすものといえる。

2 「審査基準」の機能

かくして，行政規則の一種である「審査基準」の機能は，当該処分について法令によって認められている裁量を予め拘束するということになる。

このような機能を有する「審査基準の設定・公にすること」を，広い意味での

「事前手続」と説明すること[7]は誤りではない。しかし，「法律⇒行政処分」という具体化のプロセスを想定すると，その中間段階に介在する行政の行為類型は，法規命令，行政規則，行政計画など様々であり，それらをすべて「行政処分の事前手続」として説明するのは「行政処分中心主義」であるという批判を免れないと思われる。

5 理由の提示

1 理由提示義務の一般化

行政手続法は，「申請に対する処分」に関する第2章と，「不利益処分」に関する第3章に，それぞれ「理由の提示」についての定めを置いている（行政手続法8条，14条）。

以上のように，行政手続法は，申請拒否処分と不利益処分について，個別の法律に規定がなくても，原則として理由の提示が必要であるとしている。行政手続法制定前は，個別の法律において理由の提示を義務づけた規定も一部存在したが，そのような規定がないものが多くみられた。そして，判例は，そのような場合に憲法上の原則である「適正手続の原理」からそのような義務を導き出すことには消極的であった。したがって，学説の大勢に従って，行政手続法が「個別法準拠主義」を打破したことの意義は大きいと思われる。ただ，行政手続法はあくまでも「一般法」であるので，個別の法律によって適用除外を定めるという可能性は残されている。

2 理由提示の位置づけ

行政手続法は「理由の提示」という言葉を用いているが，従来は「理由付記」と呼ばれていた。それは，行政処分を書面で行う場合を想定し，その書面に理由を「記載」する必要があるのかどうかという形で問題を理解していたからであろう。行政手続法は，行政処分を口頭で行う場合を含めてルールを定めることにしたので，「付記」に代えて「提示」という用語が選択された。その意味で，この区別は技術的なものである。ただ，理由というものが，書面の記載という単なる「形式的要件」にとどまらないことを示す，という積極的な意味があるとも考えられる。

---

[7] 櫻井 = 橋本 209 頁。

また，理由提示も，広い意味での「事前手続」に属するが，「弁明の機会の付与」や「聴聞」とは趣を異にする。すなわち，理由は，行政処分が発布される時点ではじめて提示されるのであり，行政過程の段階に即してみると，「事前」と「事後」の連結点に位置するといえるからである。また，後にみるように，理由提示は「手続」と「実体」の結節点に位置するともいうべきものである。

3　理由提示の機能

　なぜ，理由の提示を義務づけるのであろうか。理由提示の趣旨目的は，理由を提示することが，行政庁や処分の相手方の行動にどのような影響を与えるかという観点から説明されている。この「理由提示の機能」については多くの判例が集積している。

　まず，青色申告に係る更正処分について理由付記義務を課していた所得税法45条2項（当時）に関する最判昭和38年5月31日民集17巻4号617頁〔百選127〕は，一般論として，法が行政処分に理由提示を要求している趣旨・目的について「恣意抑制機能ないし慎重配慮確保機能」と「不服申立便宜機能」を指摘しており，同様の判示はその後の最高裁判所の判決でも踏襲されている。たとえば，旅券の発給拒否処分について理由付記義務を課していた旅券法14条（当時）に関する最判昭和60年1月22日民集39巻1号1頁〔百選129〕がある。昭和38年判決は不利益処分の，昭和60年判決は申請拒否処分のケースであるが，このように趣旨目的は共通であるとされているのである。

　また，これらの判決は，理由提示を義務づけることが行政庁や処分の相手方の行動にどのような影響を与えることになるかという「実質的」な観点を重視している。そこで，「理由付記」を単なる行政処分の「形式的要件」とみるのではなく，「適正手続の原理」の一環として位置づけたものと理解することができると思われる。

　塩野宏は，「行政手続における適正手続の内容については，それぞれの国の事情を背景としつつも，かなり共通の原則が判例，さらに制定法により具体化されている。その中でも，告知・聴聞，文書閲覧，理由付記，処分基準の設定・公表がいわば適正手続四原則とでもいうべきものとして普遍化していることが注目される」と整理し，理由提示の機能には，判例が指摘する上記の2つのほかに，「相手方に対する説得機能」と「決定過程公開機能」の2つがあるとしている[8]。

4　理由提示の程度

　次に問題となるのは，どの程度詳しい理由を提示する必要があるのかである。

　この点について，行政手続法8条および14条は特に定めていないので，まずは，これまでの判例の考え方が基準となる。

　前掲昭和38年判決は，一般論として，「どの程度の記載をなすべきかは，処分の性質と理由附記を命じた各法律の趣旨・目的に照らしてこれを決定すべき」であるとしていた。そして，青色申告に係る更正処分については，理由付記の程度についてかなり厳しい態度を示したと評価されている9)。

　また，前掲昭和60年判決は，「いかなる事実関係に基づきいかなる法規を適用して一般旅券の発給が拒否されたかを，申請者においてその記載自体から了知しうるものでなければならず，単に発給拒否の根拠規定を示すだけでは，それによって当該規定の適用の基礎となつた事実関係をも当然知りうるような場合を別として，旅券法の要求する理由付記として十分でない」としている。

　さらに，最判平成4年12月10日判時1453号116頁は，東京都知事が警視庁から入手した文書の公開請求に関する事案に関して，次のように述べている。

　「公文書の非開示決定通知書に付記すべき理由としては，開示請求者において，本条例9条各号所定の非開示事由のどれに該当するかをその根拠とともに了知し得るものでなければならず，単に非開示の根拠規定を示すだけでは，当該公文書の種類，性質等とあいまって開示請求者がそれらを当然知り得るような場合は別として，本条例7条4項の要求する理由付記としては十分ではない」。

　以上のような一連の最高裁判決によって示されている一般論は，「申請拒否処分」と「不利益処分」を区別していないが，行政手続法における「理由の提示」の位置づけは，多少異なるようにも思われる。

　というのは，行政手続法において，8条の定める申請拒否処分の理由の提示は，5条の「審査基準」を設定し公にする義務と関連づけて理解する必要があり，14条の不利益処分の理由の提示は，12条の「処分基準」を設定し公にする義務と13条以下の「聴聞」ないし「弁明の機会の付与」の内容と関連づけて理解する必要があるからである。

　そこで，申請拒否処分においては，「いかなる事実関係についていかなる審査

---

8)　塩野 I 296頁。
9)　下川環・百選〔127〕解説参照。

基準を適用して当該処分を行ったかを，申請者においてその記載自体から了知しうる程度に記載することを要する」とする裁判例[10]が注目されてきた。

　他方，不利益処分においては，15条の「聴聞の通知」においても，30条の「弁明の機会の付与の通知」においても，「予定される不利益処分の内容及び根拠となる法令の条項」や「不利益処分の原因となる事実」が明らかにされることが予定されている。そこで，最終的な不利益処分の理由の提示の際には，「不利益処分の原因となる事実」についての当事者の反論の扱いなどを含めた説明がなされることが望ましいと思われる。近時の興味深い例として，建築士免許取消事件に関する，最判平成23年6月7日民集65巻4号2081頁〔百選128〕がある。

　最後に，理由提示義務に違反して行政処分がなされた場合，その処分はそれだけを理由に「違法な処分」として取り消されるべきであるかが問題となる。これについては，後にその他の「手続的違法」とあわせて説明する（**UNIT 30** 2 参照）。

---

[10]　東京高判平成13年6月14日判時1757号51頁（医師国家試験受験資格事件）。

UNIT 10 行政立法

1 法規命令と行政規則

1 「法規命令」

行政の「行為形式」の1つとして「行政立法」があるとされる。「行政立法」には、広い意味と狭い意味の2種類がある。

広い意味の「行政立法」は「行政機関が定める一般的抽象的な法規範」と定義される[1]。そして、それが「外部効果」の有無によって、「法規命令」と「行政規則」に分類される[2]。

すなわち、「法規命令」とは、「行政機関が定める一般的抽象的な法規範で、外部効果を有するもの」と定義される。「行政立法」のうち「法規」という内容を含むものと言い換えることもできよう。

「行政規則」とは、「行政機関が定める一般的抽象的な法規範であるが、外部効果を有しないもの」と定義される。「通達」と呼ばれるものがその典型である。

> **国家行政組織法 14 条 2 項**
> 各省大臣、各委員会及び各庁の長官は、その機関の所掌事務について、命令又は示達をするため、所管の諸機関及び職員に対し、訓令又は通達を発することができる。

狭い意味の「行政立法」は、「法規命令」だけをいう[3]。本書では、こちらの意味で用い、「行政規則」を適宜「内部基準」と呼ぶことにしたい。憲法で「立

---

1) 田中上 158 頁は、「法条の形式をもって一般抽象的・仮言的定めをすること」と表現する。
2) 田中二郎『要説行政法（新版）』（有斐閣・1972 年）184 頁は、「行政権が、法条の形式をもって、一般抽象的な法を定立する行為を行政立法又は行政権による立法という。これらの行政立法の中に、直接、一般人民の権利義務に関する定めである『法規』の性質を有するものと、一般人民の権利義務には直接関係のない定めとが含まれる。」と説明していた。
3) 原田要論 113 頁。

法の委任」を論じる際の「立法」は、「法規」[4]という内容を持つ法規範を定めることを意味している。したがって、「憲法の具体化としての行政法」をめざす以上は、こちらの用語が適切だと思われるからである。

広義の「行政立法」に代えてどのような言葉を用いるかについては様々な提案がなされている[5]。そのなかで「行政準則」ないし「行政基準」という用語法が増えている[6]とされる[7]。

なお、「法規命令」(Rechtsverordnung) は、本来は、国の行政機関が定立するもののみを意味する用語であったと思われる[8]。しかし、現在では、（外部効果を

---

[4] なお、「法規」の概念自体も、明治憲法下の学説におけるそれは、上記のそれよりも狭い意味で用いられていた。そして、現在でも、憲法学では、そのような狭義の「法規」概念に依拠して、憲法41条の説明を行うものが多いようである。たとえば、毛利他・憲法 I 167頁（淺野博宣）は、「国民の権利を制限しあるいは義務を課す法規範」という定義を紹介し、これは明治憲法5条の「立法」に関して立憲学派が行った解釈であると指摘している。

[5] 芝池総論112頁は、「行政による規範定立」を章の表題とし、「行政機関による規範定立」の概念を説明している。「規範定立」を行為ないし過程とみると、結果ないし成果物は「行政機関により定立された法規範」ということになろう。芝池読本83頁は「行政規範」という概念を用いている。

[6] 櫻井＝橋本61頁。同書は「行政立法・行政準則」と併記する。宇賀 I 269頁は、「行政基準」を用いる。

[7] 稲葉他53頁（人見剛）も、第3版から「行政基準」を用いるようになった。また、大橋 I 131頁は、「行政準則」を「行政基準」と「行政計画」の上位概念としている。

他方、兼子行政法82頁は行政計画も「行政基準」に含める。また、「行政規則」に代えて「行政基準」という言葉を狭義で用いるものがある。平岡久『行政立法と行政基準』（有斐閣・1995年）198頁、畠山武道＝下井康史編『はじめての行政法（第2版）』（三省堂・2012年）32頁。

法律施行条例				
（広義の）行政立法（田中二郎）	法規命令（原田尚彦）	（狭義の）行政立法（原田尚彦）	（広義の）行政基準（宇賀、大橋）ないし行政準則（櫻井橋本）行政規範（芝池）	（最広義の）行政基準（兼子）ないし行政準則（大橋）
	行政規則	（狭義の）行政基準（平岡、畠山他）内部基準		
行政計画				

[8] Steffen Detterbeck, Allgemeines Verwaltngsrecht mit Verwaltungsprezessrecht,

有する）狭義の「行政立法」と同義で用いられることが多いようである。本書も，以下，これに従う。

2 「行政規則」

「行政立法」という言葉を狭い意味で用いる場合は，「行政規則」は「行政立法」ではないことになる。しかし，「内部法」として法規範（Rechtsnormen）であることは確かであり[9]，また，「外部法」に全く影響を及ぼさないわけではない。既に触れたように，「行政規則の外部効果」という理論がドイツにあり，わが国にも紹介されている。

行政手続法によって行政庁が定めるものとされている「審査基準」や「処分基準」は，「裁量処分」に対する法的統制にとって重要な意味を持つものである。

なお，「行政規則」の概念は，ドイツ由来のものであるが，多様なものを含み，必ずしも「法規命令」と同様に「一般的抽象的規範」とはいえないとの指摘がある[10]。すなわち，ドイツにおいては，Verwaltungsvorschriften という概念があり，これが，「内部効果」を有するにとどまるものの総称として用いられることがある。この場合，「法規命令」と対になるものは，そのうちの，一般的なもの，allgemeine Verwaltungsvorschriften ということになる。訓令や通達についても，一般的なものと個別的なものがある。そこで，本書では，一般的なものを適宜「内部基準」と呼ぶことにしたい。

② 法規命令の種別

1 政令・省令・規則・告示

国の行政機関が定める「法規命令」は，行政手続法2条1号では「法律に基づく命令（告示を含む。）」と表現されている。そして，そこでいう「命令」は，一般には，政令，省令，行政委員会の規則をさす。また，かっこ書は，法律の委任に基づく命令が「告示」という形式で定められることがあることを前提としている。

---

　11. Aufl. (C. H. Beck 2013), Rn824 は，連邦またはラントの行政機関が「国家の事務」に関して定めるものと説明している。

[9] ただし，芝池総論 100 頁は，通達は「法規範ではなく，法的拘束力を持たない」と説明している。

[10] 塩野 I 102 頁。

生活保護基準は，生活保護法によって大臣が定めるものとされ，告示の形式[11]をとっているが，一般に法規命令の性質を有すると考えられている[12]。その改訂の是非が後続する生活保護変更決定の取消訴訟で争われたものとして，最判平成24年2月28日民集66巻3号1240頁（老齢加算廃止東京訴訟）および最判平成24年4月2日民集66巻6号2367頁（老齢加算廃止福岡訴訟）がある。また，診療報酬点数表を定める告示[13]を取消訴訟・執行停止の申立てにより争った事例として，東京地決昭和40年4月22日行集16巻4号708頁がある。

2　長の規則・委員会規則

地方公共団体の執行機関が定める「法規命令」は，行政手続法2条1号では「地方公共団体の執行機関の規則（規程を含む。）」と表現されている。

「規則」には，長が定める規則と各種の行政委員会が定める規則がある。

3　委任命令と執行命令

法律の委任を受けて制定される「委任命令」と，法律を「実施」するための，申請書の書式などの細目を定めるにとどまる「執行命令」が区別されることがある。「執行命令」を定める権限は行政権に当然備わっているという考え方が背景にあると思われる。通常は，「委任命令」には個別的ないし具体的委任規定が法律に置かれる必要があるのに対して，「執行命令」については，包括的な授権規定で足りる[14]と説明されている。委任命令の性質を有する定めは，政令である「○○法施行令」に置かれ，執行命令の性質を有する定めは「○○法施行規則」に置かれることが多い。

---

11)　告示は，公示を必要とするものについて用いられる形式であるから，その内容は様々である。芝池総論14-15頁。国家行政組織法14条1項参照。知事が告示という形式で定めた二項道路の一括指定は，最判平成14年1月17日民集56巻1号1頁（二項道路事件）〔百選161〕によれば，行政処分の性質を有する。環境基準は，環境基本法に基づき告示の形式で定められるが，直接国民の権利義務を確定するものではないと考えられている。原田例解355頁。

12)　少なくとも省令事項とすべきとするものとして，大橋I 140頁。

13)　健康保険法76条2項，原田例解310頁参照。

14)　たとえば，今村＝畠山・入門59頁（畠山武道）は，内閣府設置法7条，国家行政組織法12条によって執行命令の制定が「一般的に授権されている」と説明している。芝池総論115頁も同旨とみられる。

3　法規命令の法的統制

1　「委任立法」の許容・正当化根拠

　現行憲法においては，国会が「国の唯一の立法機関」であるとされている。ここでいう「立法」とは，実質的意義の「法律」すなわち「法規という内容を有する法規範」の定立を意味する。

　このように，「法規」を定立する権限が議会の専権に属するという原則は，「法律による行政の原理」の内容として当初説かれた3つの要素のうち，「法律の法規創造力」にほかならない。行政権が固有の権限として，外部効果を有する規範を設定することを認めるかどうかは，憲法の統治構造上の問題であり，時代により国により異なる。明治憲法は，これを肯定し，「独立命令」の余地を認めていた。日本国憲法はこれを否定する建前をとっている。

　他方，日本国憲法は，「委任立法」を許容していると解されている。すなわち，一定の条件のもとで，行政機関が「法規を定立」すること，行政機関が定めた法規範が「法規という内容」を有することが，条文に明示されているわけではないが，暗黙のうちに（いわば当然のこととして）認められているのである[15]。

　それでは，なぜ，「委任立法」は許容されるのであろうか。これは，結局のところ，必要だから，ということに求めるほかないようである。議会の法案処理能力には限界があり，法律で定めなければならない事項は「重要事項」に限定せざるを得ないからである。

　「行政国家」現象のもとで，行政の「専門技術性」などが根拠として指摘される。「迅速な対応」という利点が挙げられることもある[16]。

---

[15]　この「委任立法」の許容をどのように説明するかは，「法律の留保」についてどのような考え方をとるかとも関連する。「法律による行政の原理」を「法律の優位」と「法律の留保」の2つの要素で説明するとともに，「権力留保説」の立場をとる場合には，「委任立法」の許容は，「法律の留保」の原則に対する例外として位置づけられる。「侵害留保説」の立場をとる場合には，「委任立法」は，「法律の法規創造力」の原則に対する例外として位置づける必要があり，逆に，「法律による行政の原理」を3つの要素を含むものとして説明すべきことになろう。UNIT 7 [1]および UNIT 11 [4]参照。なお，中川丈久「議会と行政——法の支配と民主制：権力の抑制から質の確保へ」新構想Ⅰ128頁は，「法律の法規創造力」を重視する立場から，これが「委任命令」のほか，「行政処分」の根拠となると説明している。

[16]　制定権者が適時適切な対応をしなかったこと（不作為）が，国家賠償法1条にお

2 「法規命令」の統制

かくして、焦点は、「法規命令」に対してどのように法的統制を加えるか、に移ることになる。そこで、第1に、「委任」をする際に法律でどのような規律をするか、すなわち、根拠法律の「規律密度」が大切である。この「規律密度」の裏返しが、「法規命令」の内容をどのように定めるかについての、命令制定権者の「裁量」ということになる。そして、第2に、この「裁量」を統制するための重要な手段として「手続的統制」、すなわち、「命令制定手続」の規律が重要な論点となる。第3に、最後は、「法規命令」についての裁判所による統制が決め手となる。裁判所による統制においては、「法規命令」の違法性を直接争う訴訟が成り立つのか、当該「法規命令」に基づいてなされた行政処分等の違法性を争う訴訟、あるいは国家賠償訴訟において間接的に行うしかないのか、などの検討課題がある。

3 白紙委任の禁止

第1の根拠法律の「規律密度」に関しては、「白紙委任の禁止」という原則があるとされる。しかし、判例をみる限り、禁止される政治的行為の内容を人事院規則に委任する国家公務員法102条1項に関する、最判昭和33年5月1日刑集12巻7号1272頁〔憲法百選212〕や、学習指導要領に関する、最判平成2年1月18日民集44巻1号1頁〔百選54〕、教科書検定に関する、最判平成5年3月16日民集47巻5号3483頁〔百選82①〕〔憲法百選93〕など、要求されている「規律密度」はそれほど高いものではない。

4 委任の範囲の逸脱

委任命令の内容は、委任の範囲を超えてはならないとされる。この原理を用いて、裁判所による統制が加えられたものには、次のような例がある。

第1に、最判昭和46年1月20日民集25巻1号1頁〔百選51〕は、強制買収された農地の売払いに関する農地法施行令の規定を、農地法80条に反するものとした。

第2に、サーベル登録拒否事件に関する、最判平成2年2月1日民集44巻2号369頁は、美術品として価値のある刀剣類を日本刀に限定している銃砲刀剣類

ける違法性をもたらすとされることがある（UNIT 36 ②参照）。

登録規則は，銃刀法の趣旨に反しない，としたが，2名の反対意見がついている。

　第3に，幼児接見不許可事件に関する，最判平成3年7月9日民集45巻6号1049頁〔百選52〕は，旧監獄法施行規則を旧監獄法50条に反するものとした。

　第4に，児童扶養手当打切事件に関する，最判平成14年1月31日民集56巻1号246頁〔憲法百選213〕は，父から認知された児童について受給資格を否定する児童扶養手当法施行令の規定は，児童扶養手当法4条1項に反するものとした。

　近時の興味深いものとして，最判平成25年1月11日民集67巻1号1頁（医薬品ネット販売事件）がある。

４　行政規則の性質・種別

1　「行政規則」の法規範性

　「行政規則」も「法規命令」と同様に，「法規範」（Rechtsnormen）の一種である。「法規命令」との違いは，その「拘束力」（Verbindlichkeit）が，「内部的」なものにとどまることにある。「法規命令」は「外部効果」を有するのに対して，「行政規則」は「内部効果」を有するにとどまる，とも説明される。

　行政機関が「行政規則」という規範を定立する権限を有することは，憲法上予定されている。そのような権限は，「法規命令」の場合は，法律による「委任」すなわち「授権」に依存している。これに対して，「行政規則」の場合は，法律による授権は不要であり，憲法自体が「行政権」全体に対して行った「授権」の内容に含まれていることになる。

　そのような「行政規則」定立権限を授権する目的としては，「行政の統一性の確保」あるいは「階層性原理の担保」を挙げることができる。また，「行政の効率性」を挙げることもできようし，あるいは，私人の側からみた場合の「平等原則」「比例原則」「信頼保護原則」の確保など，「法治国原理」の補完機能を指摘できるかもしれない。1993年に制定された行政手続法には，「標準化」志向が認められるが，「内部基準」の多用は，その内容が合理的である限りでは，積極的に評価できる面を含んでいるのである。

2　「行政規則」の種別

　「行政規則」の概念は，「法規命令」ではないもの，という形で消極的に定義されている面がある。したがって，そのなかには，様々な性質のものが含まれるの

で，類型化して考察し，場合によっては，法的な取扱いを局面によって異なるものとする必要がある。

「行政規則」の類型としては，①組織に関する定め，②特別の関係を持つ者に関する定め，③各行政機関を名あて人とする，各行政機関の行動の基準に関する定め，④補助金を交付する際の定め，⑤行政指導の基準，がある[17]。以下，③④について説明する[18]。

3 解釈基準と裁量基準

行政機関の行動の基準に関する定めのなかで「解釈基準」と「裁量基準」の区別が重要である。ある行政庁が根拠法令を適用して行政処分を行うにあたって，上級行政機関が，指揮監督権の一環として基準を定めていることがある。また，根拠法令の執行にあたる行政庁自身が，多数の案件の処理の基準を予め定めていることもある。このような場合に，そのような基準が，裁判所の審査密度との関係でどのような意味を持つのかが問題となる。

「解釈基準」とは，法令をどのように解釈すべきかについての基準である。上級行政機関が定めた場合には，下級行政機関および職員はこれに拘束される。しかし，裁判所はこれに拘束されない。法令の解釈は裁判所の専権であり，行政機関が採用した解釈が裁判所の解釈と異なる場合は，誤ったもの，すなわち違法とされる。他方，行政機関が採用した解釈が裁判所の解釈と一致する場合は，正しいもの，すなわち適法とされる。最判昭和33年3月28日民集12巻4号624頁（パチンコ通達課税事件）〔百選56〕では，ぱちんこ遊技機が旧物品税法の「遊戯機」に該当するという局長通達は正しい解釈であるから，通達を機縁として10年来の非課税の扱いを変更してなされた課税処分であっても，適法であるとした。ただ，信頼保護原則の観点から問題があるのではないか，という疑問は残る[19]。

「裁量基準」とは，裁量権をどのように行使すべきかについての基準である。行政手続法は，行政処分について，行政庁自身が，多数の案件の処理の基準を予め定めるべきことを定めている。申請に対する処分についての「審査基準」および不利益処分についての「処分基準」がそうであり，行政手続法5条は「審査基準」を策定し公にすることを原則的な義務とし，同12条は「処分基準」を策定

---

17) 塩野 I 111-112頁。
18) 行政手続法は，⑤を「行政指導指針」と呼んでいる。
19) 芝池総論63頁，櫻井＝橋本73頁。

し公にすることを努力義務としている。行政処分における裁量は、わが国においては、「要件裁量」と「効果裁量」を含むので、「裁量基準」も両者について存在しうる。「要件裁量」に関するものと、「解釈基準」の関係の解明は今後の課題である。

　「裁量基準」は、それ自体としては内部効果を有するにとどまる。しかし、合理的理由なく裁量基準に反して行われた行政処分は、裁量権の逸脱濫用により違法となると解される。そこで、「裁量基準」は「行政規則」ではあるが、「外部効果」を有するといわれることがある。これが、UNIT 8 ③で紹介した「行政規則の外部効果」の理論である。

4　給付基準

　給付行政においては、補助金の交付や融資などが法律（や条例）の根拠なく行われることが多い。実務上「侵害留保説」がとられているからである。

　このような場合に、内部規則や要綱という形で交付や融資のための基準が定められることがある。これらを「給付基準」と呼ぶ。

　「給付基準」に従って行われた補助金の申請が拒否された場合、どのような訴訟類型で争えるか、また、そこで実体法的な拘束をどのように考えるかが問題となる。

　「給付基準」は内部的効果を有する行政規則であるという理論を貫くと、交付の申請は、「法令に基づく申請」には該当せず、拒否決定も「拒否処分」に該当しないことになる。そこで、不作為の違法確認訴訟・義務付け訴訟を利用することはできない。そこで、端的に給付を求める公法上の当事者訴訟（行政事件訴訟法4条後段）が検討されるべきものとなる。

　実体法上の拘束としては、平等原則ないし信頼保護原則（「自己拘束」）などが問題となる[20]。

⑤　条例制定権の範囲と限界

1　法律に準じるものとしての条例

　憲法94条は、地方公共団体が法律の範囲内で条例を制定することを定めている。一般には、ここにいう「条例」には、地方自治法にいう「条例」と「規則」

---

20)　櫻井＝橋本75頁。

の両方が含まれると解されている。

地方自治法14条1項は、普通地方公共団体が「地域における事務」等について「法令に違反しない限り」において条例を制定できると定めている。そして、2項は「義務を課し、又は権利を制限するには、法令に特別の定めがある場合を除くほか、条例によらなければならない」としている。

地方自治法14条の条例は、委任立法ではないので、個別の法律による授権は不要である[21]。他方で「法令に反する」ことができないことから、法律との抵触関係がときに深刻な問題となる。

2　法律事項・法律先占論

条例制定権の範囲と限界に関する議論は、自主条例としてどのような定めが許容されるかに関するものであり、「大上段の議論」から「細かい議論」までいくつかのレベルがある。

第1に、条例の対象は「当該地方公共団体の事務」に限られるので、「国の事務」や「他の地方公共団体の事務」についてはそもそも定めることはできない、という原則がある。既にUNIT 4 ②で紹介したように、地方分権改革までは、都道府県や市町村において処理される事務のなかには、国の事務である「機関委任事務」が多く含まれていた。そして、その際、機関委任事務については自主条例を定めることはそもそもできないと解されていたのである。これに対して、地方分権改革後は、「自治事務」も「法定受託事務」もいずれも地方公共団体の事務であるから、「法定受託事務」について自主条例で定めを置くこと自体は排斥されない。ただ、「法定受託事務」については、「自治事務」と比較して国の関与が強く認められるため、自主条例によって独自の定めを置く余地があまりないということは確かである。

第2は、そもそも法律でしか定めることができない事項があるかどうかという議論であり、これが肯定されれば、条例での定めは許容されないという結論になる。かつては、このような「法律事項」として、刑罰や租税や財産権の規制が候補となった。

---

21) UNIT 6 ③で既に触れたように、個別の法律が、一定の事項についての定めを条例に委任していることも多い。このような委任条例の例として、風営適正化法4条2項2号に基づく、都道府県の風営適正化法施行条例、建築基準法43条2項に基づく建築安全条例などがある。

しかし，最判昭和37年5月30刑集16巻5号577頁（大阪市売春防止条例事件）〔百選116〕〔自治百選28〕や最判昭和38年6月26日刑集17巻5号521頁（奈良県ため池条例事件）〔百選259〕〔自治百選27〕など判例は早くから，結論として条例による罰則や財産権の制限を許容した。また，地方税法も，地方公共団体固有の課税権を前提に，枠をはめるものという理解が一般的である。

第3は，ある事項について国が法律で定めを置いているときには，その法律が条例で定めを置くことを認めていない限り，法律によって「先占」されているとみるべきで，条例で定めを置くことは許されない[22]というものである。これを「法律先占論」という。この考え方は比較的長く支持されていたが，これによると地方公共団体が地域の実情にあった規律をする余地が狭くなってしまうという批判があった。

法律先占論を克服するための議論[23]としては，法律と条例の目的・対象に着目するものが広く知られている。すなわち，第1に，先占されているのは，同一対象について同一の目的である規制に限ると主張された。これによれば，たとえば，同一対象について規制していても，異なる目的のためのものであれば，条例による規制は可能であり（狂犬病予防法と飼い犬条例），法律が規制の対象としていない小規模の施設について，同一目的で規制をする条例（「裾切り条例」ないし「落穂拾い条例」）も許容される。第2に，同一対象について同一目的でより強い規制をする条例も，法律の趣旨によっては許容されると主張された。これは，法律の趣旨がそれ以上の強い規制を認めない「最高限度規制」であると解する場合は条例による規制は許されないが，地域の実情によって「上乗せ」を認める「最低限度規制」であると解する場合は許されるというものである[24]。1969年の東京都の公害防止条例は，このような試みであった。また，給付行政の領域では，法律で定めている以上の給付を条例で「上積み」するものもみられた[25]。

---

[22] 先に条例があり，後に法律が制定された場合にも，法律が優先する。そこで，言葉としては「先占」ではなく「専占」がより適切とも考えられる。阿部Ⅰ288頁。

[23] 宇賀自治法210-215頁参照。

[24] 同一目的で，法律が規制を加えていない項目について規制する条例を「横出し条例」と呼ぶ。宇賀自治法215頁。

[25] 「上乗せ」「横だし」「裾切り」を含め，ナショナル・ミニマムという言葉での正当化がなされたが，語感としてしっくりくるのは，このような類型に限られる。

3 個別の法律の趣旨・目的

最判昭和50年9月10日刑集29巻8号489頁（徳島公安条例事件）〔自治百選31〕は，法律先占論をとることなく，法令と条例の矛盾抵触は，「法令の趣旨・目的・内容・効果」を細かく検討して判断すべきであるとした。これ以降は，「細かい議論」が決め手となる。

最判昭和53年12月21日民集32巻9号1723頁（高知市普通河川管理条例事件）〔自治百選33〕は，条例の制定自体は許容されるとしたものの，河川法の適用される河川についての規制とのバランスを問題にした例である。

最判平成16年12月24日民集58巻9号2536頁（紀伊長島町水道水源条例事件）〔百選32〕〔自治百選36〕は，明示的ではないものの，市町村の条例で，廃棄物処理法15条に基づく知事の設置許可が得られた施設について，より厳しい規制をすること自体は許容されることを前提とした判断を示した例である。

最判平成25年3月21日民集67巻3号438頁（神奈川県臨時特例企業税事件）〔自治百選32〕は，地方税法4条3項に基づいて法定外普通税を設けた臨時特例企業税条例を違法無効とした例である。

[第 3 部]

基本的行為類型

UNIT 11 行政処分（1）——概念・種別

1 序説

1 行政処分の定義

　行政活動の「行為形式」のなかで最も重要なものが「行政処分」である。「行政処分」は「行政庁の処分」とも呼ばれ，あるいは，単に「処分」と呼ばれることもある。

　「行政処分」の定義は，判例[1]においては，「公権力の主体たる国または公共団体が行う行為のうち，その行為によって，直接国民の権利義務を形成またはその範囲を確定することが法律上認められているもの」と定式化されている。

　この定義は，内容的には，1970年代までの通説とされた田中二郎の「行政行為」の定義とほぼ同じである。「権利義務」という部分は，現時点で見直すと若干の修正が必要であると思われる。しかし，「権利義務」を「具体的法的地位」と広く解すればさしあたりはなお使用に耐えるものであると考え，本書の説明では，これに従う。

　ここでいう「公権力の主体たる国または公共団体」とは「行政主体」を想定している。「公共団体」の典型例は県や市である。また，判例[2]によれば，国や地方公共団体は，「行政権の主体」として活動する場合と「財産権の主体」として活動する場合があるとされるので，「公権力の主体」としての「国または公共団体」というのは，国や公共団体が「行政権の主体」として活動する場合を想定していることになる。なお，国や地方公共団体が「財産権の主体」として活動する場合には，その「行為」は原則として民法をはじめとする私法上の法規範に服することになる。

　また，行為を実際に行うのは「行政庁」である。「行政庁」の定義は「行政主

---

[1] 最判昭和39年10月29日民集18巻8号1809頁（大田区ごみ焼却場事件）〔百選156〕。

[2] 最判平成14年7月9日民集56巻6号1134頁（宝塚市パチンコ店規制条例事件）〔百選115〕〔自治百選46〕。

体の意思を決定し，それを外部に表示する権限を有する行政機関」であった（UNIT 3 参照）。

行政活動は「行政主体」が私人に働きかけるものとイメージされる。そして，法の世界では，主として，「行政主体」と私人との間にどのような権利義務関係があるのかが問題とされる。

「行政処分」は「その行為によって直接」「国民の権利義務」の「発生・変更・消滅」という結果をもたらすので，「古典的」な行政法理論はこれを法的にどのように統制するかに関心を集中した[3]。

2 申請に対する処分と不利益処分

行政処分の分類は様々であるが，「適正手続の原理」との関係で不可欠の分類が，行政手続法の採用する「申請に対する処分」（同法第2章）「不利益処分」（同法第3章）「その他の行政処分」の3区分である。

「申請に対する処分」は，「許認可等」とも呼ばれる。行政手続法は，2条3号で，「申請」を定義しているが，同時に「許認可等」を「行政庁の許可，認可，免許その他の自己に対して何らかの利益を付与する処分」と定義している。そこで，「不利益処分」と対比すると「利益処分」と呼ぶこともできよう。

「許認可等」と「不利益処分」は，特定の私人を「名あて人」としたものであることでは共通しているが，その私人の「権利利益」への「侵害」は，「許認可等」の場合はそれを「拒否」した場合，応答が遅延した場合に生じるのに対して，「不利益処分」の場合はそれをした場合に生じるという違いがある。「その他の行政処分」には様々なものが含まれる。

3 裁量処分と羈束処分

裁判所による統制，とりわけ事後的統制としての「取消訴訟」において重要な意味を持つ分類が，「裁量処分」と「羈束処分」の区別である。

UNIT 8で説明したように，「裁量」とは，「外部法の枠内における判断・行動の余地」を意味する。そして，行政権が有する「裁量」が広く「行政裁量」と呼ばれるので，「裁量」は行政の様々な「行為形式」で問題となる[4]が，最も議論

---

[3] 言葉としては「行政処分」ではなく「行政行為」が用いられていた。入門書や教科書でもそれに従うものが多いが，筆者は，同じ意味であれば，できるだけ条文や判例に出てくる言葉を用いるように心がけている。

されてきたのは「行政処分」についてである。

「裁量処分」という概念は、戦前からの多彩な裁量論を踏まえて、1962年に行政事件訴訟法に次のような形で採用されている。

> **行政事件訴訟法 30 条**
> 行政庁の裁量処分については、裁量権の範囲をこえ又はその濫用があつた場合に限り、裁判所は、その処分を取り消すことができる。

ここでは、「裁量処分」とは「司法権との関係で行政庁に一定の判断・行動の余地が認められる行政処分」として定義されている。そこで、これに対して、「羈束処分」とは、「司法権との関係で行政庁に判断・行動の余地が認められない行政処分」と定義することができる。

すなわち、ここでの「裁量」の有無は、裁判所が事後的に「取消訴訟」において、行政庁の判断・行動を「違法」とすることができるかという局面で問題とされている。「羈束処分」については「裁量」がないというのは、裁判所が「行政処分」の適否を法規範に照らして全面的に見直すことができることを意味する。このような審査方式を「実体的判断代置」と呼ぶ。

これに対して、「裁量処分」については、裁判所は「実体的判断代置」方式を採用することができず、「行政処分」が法によって認められた枠内に収まっているかどうかだけを限定的に見直すのである。そこで、その枠が広い場合は、違法とされる可能性は低く、枠が狭い場合は、違法とされる可能性が高まるということになる。

4 「契約の自由」との対比

「裁量」は「法の枠内」におけるものであるから、全くの自由とは異なる。また、行政活動を「法律の執行」とみる立場からは、行政庁には、事案の処理にあたり最も適切な選択肢をとるように合理的に判断・行動をすべき責務が課せられているというべきであろう。その意味で、「裁量」は、民法の原則である「契約の自由」とは性質が異なるといえる[5]。

---

4) これらの総合的な解明は今後の課題である。UNIT 47, 48 参照。
5) 本書が裁量の定義において「自由」という言葉を避け、「余地」としているのはこの点をも考慮したものである。

2 設例の分析（その6）

1 飲食店等の営業許可の基準

それでは、ここまで学んだことを前提に、「喫茶店対PTA」設例のQ4からQ6を検討しよう。

保健所長Yは、Xに許可を与えるかどうかを自由に決定できるか（Q4）。これは、ここまでの説明を理解した人には簡単であろう。答えはノーである。
食品衛生法は、許可が必要という意味で自由が制約された営業については、許可を与えるかどうかを行政が自由に決定できないようにすることによって、その自由の制約をできるだけ少なくしようとしているからである。

これに対して、**AがXからの改装工事の依頼を断るのは自由か（Q6）**の答えはイエスである。Aは民間人であるから、民法の原則である「契約自由の原則」が妥当し、これには「契約締結の自由」と「契約内容の自由」が含まれる。AはXとの契約を締結するかどうかを自由に決定してよいのであり、さらにその理由は不合理なものであってもよいのである。

どのような場合に不許可にできるのか（Q5）は、食品衛生法の条文に照らして考える必要がある。

> **食品衛生法52条2項本文**
> 前項の場合において、都道府県知事は、その営業の施設が前条の規定による基準に合うと認めるときは、許可をしなければならない。

この条文をみると、不許可にできるのは、原則として、施設が食品衛生法51条に基づいて定められた基準に適合しない場合であることがわかる。また、「許可をしなければならない」という表現は、「決定裁量」（「効果裁量」のうち、するかしないかについての裁量）を否定したもので、「営業の自由」の最大限の尊重という趣旨をストレートに表現したものといえる。

また、この条文のようにはっきり書いていない場合も、営業の自由の制約としての許可制度については、一般に、許可を与えるかどうかは、予め定められた客観的な基準に従って決定すべきであると考えられている。

2 風俗営業の許可の基準

たとえば，「風俗営業」の許可についての規定は以下のとおりである。

> **風俗営業等の規制及び業務の適正化等に関する法律2条1項**
> この法律において「風俗営業」とは，次の各号のいずれかに該当する営業をいう。
> 3号　ナイトクラブその他設備を設けて客にダンスをさせ，かつ，客に飲食をさせる営業（第1号に該当する営業を除く。）
>
> **3条1項**
> 風俗営業を営もうとする者は，風俗営業の種別……に応じて，営業所ごとに，当該営業所の所在地を管轄する都道府県公安委員会（以下「公安委員会」という。）の許可を受けなければならない。
>
> **4条2項**
> 公安委員会は，前条第1項の許可の申請に係る営業所につき次の各号のいずれかに該当する事由があるときは，許可をしてはならない。
> 1号　営業所の構造又は設備（……）が風俗営業の種別に応じて国家公安委員会規則で定める技術上の基準に適合しないとき。
> 2号　営業所が，良好な風俗環境を保全するため特にその設置を制限する必要があるものとして政令で定める基準に従い都道府県の条例で定める地域内にあるとき。

以上のように，風営適正化法は，ナイトクラブなどの「風俗営業」の許可の基準について，「○○のときは許可をしてはならない」と不許可事由を定めるにとどめている。そこで，○○という明示された不許可事由がないときに，許可を与えるかどうかを自由に決定できるのか，という疑問が当然出てくる。しかし，この問いに対する答えもノーである。

3 自由主義的国家観

なぜそうなるのか。それは，「許可権者は，明示的な不許可事由がない限り許可をしなければならない」という別の法規範があって，しかも，その法規範は風営適正化法という法律よりも上位にある（＝強い効力を有する）と考えられているからである。

そして，実は，このような発想が「行政法的思考」の出発点であった。「防御型の行政法理論」の最大の関心事は，「行政権の過大な行使」によって市民の「自由や財産権」が「侵害」されることを防ぐことであった。その背景である「自由主義的国家観」によると，「自由や財産権」に係わる「許認可等」は原則として「羈束処分」とされるべきものとなるのである。これがいわゆる「警察許

可」（Polizeierlaubnis）という概念の意義である。

4　不適格者の排除

　Q5を続けて考察する。どのような場合に不許可にできるのか。先にみた食品衛生法の条文は、施設が基準に適合しない場合を不許可事由としていたが、人的な問題はないのであろうか。条文をもう少し詳しくみる必要がある。

食品衛生法52条1項ただし書
　ただし、同条に規定する営業を営もうとする者が次の各号のいずれかに該当するときは、同項の許可を与えないことができる。
　1号　この法律又はこの法律に基づく処分に違反して刑に処せられ、その執行を終わり、又は執行を受けることがなくなつた日から起算して2年を経過しない者
　2号　第54条から第56条までの規定により許可を取り消され、その取消しの日から起算して2年を経過しない者
　3号　法人であつて、その業務を行う役員のうちに前2号のいずれかに該当する者があるもの

　このただし書は、過去に食品衛生に関するルールに違反した者は、将来もまた規制の実効性を阻害するような行動をとる可能性が高いとみなして、予め排除するという政策判断を示している。
　たとえば、Xが1年前に別の県で無許可のラーメン屋を開いて、罰金10万円に処せられ、完納したことがあったと仮定しよう。すると、Xは、食品衛生法違反で刑罰を科されたことがあり、1号の「この法律……に違反して刑に処せられ、その執行を終わ……つた日から2年を経過しない者」に該当する。そうすると、今回の「Mカフェ」の施設が何の問題もないものであっても、Xは許可をもらえないということになる。これに対して、Xが、「土蔵町中学」の生徒に因縁をつけて10万円を脅し取り、3か月前に恐喝罪で懲役1年、執行猶予2年の有罪判決を受けたことがあったと仮定しよう。この場合は、1号の「この法律……に違反して」刑に処せられたわけではないので、施設に問題がなければ許可は与えられることになる。この結論が一般の常識に反しないか、検討に値する。
　なお、上記の条文は「与えないことができる」と定めている。そこで、保健所長Yは許可を与えることもできるのではないか、との疑問が生じる。普通の日本語なら答えはイエスとなりそうであるが、そうはならない。法律の条文の読み

方は一味違う。ここで「できる」という表現が用いられているのは，YにXの営業の自由を制約する「権限」を与える趣旨であり，Yに許可するかどうかの「裁量権」を与えたものではないと「解釈」される（UNIT 8 2）。結局，欠格事由がある場合は「許可をしてはならない」ということになる。

3 行政処分の理論的分類

1 行政処分の伝統的分類

　行政処分は，理論的見地からも様々に分類することが可能である。そのような理論的分類については，実益があるのかどうかという吟味のほかに，その基礎となる「理論」が今日でも適切なものといえるのかという吟味が必要である。以下では，いくつかの理論的分類について簡単に触れる。

　第1に，いわゆる伝統的な行政行為論がある。戦後の通説とされた田中二郎の「体系的」分類は以下のとおりである[6]。

法律行為的行政行為	命令的行為	下命（および禁止）
		許可
		免除
	形成的行為	特許（および剥権）
		認可
		代理
準法律行為的行政行為		確認
		公証
		通知
		受理

　最初に「法律行為的行政行為」と「準法律行為的行政行為」の区別がなされる。これは，民法学の「法律行為論」を参考にしたものである。前者は，行政庁に効果意思があることにより法的効果が発生するものであり，後者は，効果意思は存在しないが，行政庁の判断・認識・観念等の精神作用に法律が特に法的効果を与えているものであるとされる。

---

[6]　田中二郎『行政法総論』（有斐閣・1957年）262頁，272頁，295頁。

次に,「法律行為的行政行為」が,私人が元来有している自由にかかわるかどうかという基準により,「命令的行為」と「形成的行為」に分類される。「命令的行為」には,「下命(および禁止)」「許可」「免除」があり,「形成的行為」には「特許(および剝権)」「認可」「代理」があるとされる。

他方,「準法律行為的行政行為」については,「確認」「公証」「通知」「受理」という4類型が示されるにとどまっている。

以上のような分類には,法律行為論への依拠,前国家的自由という考え方のいずれも,今日では適切ではないこと,また,複数の分類基準が便宜的に組み合わされており「体系的」とはいえないなどの理由から,多くの批判がある。また,実益という観点からも疑問が多い[7]。しかし,「伝統的理論」の影響力は根強い面もあり,無視はできない[8]。

2 「処分性」を有しない「法行為」

後に UNIT 27 [2]で詳しく紹介するように,「処分性」の有無をめぐる議論のなかで,「事実行為か行政行為かの二者択一」ともいうべき思考方法がみられる。

---

[7] たとえば,「処分性」に関する判例を分析してみると,上記の分類は「処分性」の有無の判定にとってあまり意味を持たないことに気づく。たとえば,家賃台帳作成・登載行為に関して,「公証行為」ではあるが,処分性を有しないとした最判昭和39年1月24日民集18巻1号113頁があるように,理論上の「行政行為」がすべて「処分性」を有するとされるわけではない。また,「通知」については,むしろ「処分性」なしとされる方が原則で,納税の告知に関する最判昭和45年12月24日民集24巻13号2243頁〔百選64〕,税関検査に関する最判昭和54年12月25日民集33巻7号753頁および最判昭和59年12月12日民集38巻12号1308頁〔百選166〕などを読むと,「処分性」ありとするにはかなり難解な理論を駆使する必要があることが確認できる。

実は,「通知」という概念それ自体は,「行為」を「外形的」にみたものであり,情報を伝達する行為という意味だけを有している。そして,田中理論においても,「通知行為」については,法律により一定の効果が付された場合には,「準法律行為的行政行為」にあたるが,別段の法的効果が生じない場合は,「単なる事実行為」にとどまるとされていた(前掲注[6]) 312頁。田中上 124-125頁)。そこで,「行為形式論」の関心事である「その行為からどのような法的効果が生じるか」や,その行為が「法的仕組み」のなかでどのような役割を果たしているかは,個別に検討しなければならないということになる。

[8] 高木光「認可=補充行為説の射程(1)(2・完)——公益法人制度改革における移行認可を素材として」自治研究90巻5号3頁,6号3頁(2014年)参照。

近時有力とされている「法的仕組み論」からすると，このような二者択一思考から脱却しなければならないことは明らかであろう。「法的仕組み」が「諸要素の有機的組合せ」であるとすると，そこには「行為」と「手続」という要素が必ず含まれる。そして，ある「法的仕組み」に含まれる複数の「行為」のなかには，「その行為によって直接国民の権利義務を形成しまたはその範囲を確定する」ものではないが，何らかの「法的効果」を持ったものがあると考えるのが自然だからである。たとえば，税金の督促や代執行の戒告は，次のステップへ進むための「手続的行為」の典型であるから，後行行為を適法なものとする「法的効果」があると端的に捉えるべきであろう。しかし，その「法的効果」は「手続的」なものに限定されているから，処分性の定式に該当するものとする必要はない[9]と思われる。この意味で，筆者には，税金の督促や代執行の戒告を「もはや『行政指導』ではなく，むしろ『行政行為』である」とする[10]のは「事実行為か行政行為かの二者択一」という思考様式に災いされていると感じられる[11]。

3 新たな理論的分類

塩野宏は，行政行為の機能に着目した分類として「命令行為」「形成行為」「確定行為」という分類を示している[12]。

「命令行為」とは，国民に対し作為または不作為を命じるもので，義務を課す行為を意味する。「形成行為」とは，国民の法的地位に係るものを意味する。それがなされた場合は，法的地位が形成されるが，拒否の場合は「消極的形成行為」とみることになる。また，継続的な法的地位が形成される場合が多く，その秩序維持のために用いられるのが，後述の「撤回」という制度である。「確定行為」とは，法律関係を確定させる行為である。

この分類は，機能的なものであり，田中におけるような「元来の自由」という考え方は克服すべきものとされている。

---

9) ただし，最判平成5年10月8日判時1512号20頁は，国税通則法37条による督促は，同法75条1項にいう「国税に関する法律に基づく処分」にあたるとしている。

10) 藤田総論341頁注5。なお，同200頁注12および270-271頁も参照。
ちなみに，芝池総論204頁は，戒告は事実行為であるが，代執行に対する有効な権利保護を与えるために，取消訴訟の対象とすることが認められていると説明している。

11) 最判平成16年4月26日民集58巻4号989頁（食品衛生法違反通知事件）における「届出済証」についても「公証行為」という理解が可能であろう。

12) 塩野Ⅰ133頁以下参照。

なお，Maurerの3区分[13]は，判決の「給付，形成，確認」という分類に類似していると思われる。塩野の3区分はMaurerの3区分をヒントにしたものとされているが，そうだとすれば，やや不徹底ではないかとも考えられる。たとえば，強制執行との関連という観点からは，「確定行為」のなかに含まれるとされる，更正処分と恩給権の裁定は分けて考察されるべきではないか，などの疑問が残る。現に，塩野は，建築確認は，「確定行為」ではなく「形成行為」であるとしているからである[14]（UNIT 26 ②5参照）。

④　「侵害」概念の多義性

1　「侵害留保説」と最狭義の「侵害」

「侵害」概念は，わが国の行政法理論において①「法律の留保論」，②「行政処分の分類学」，③「原告適格論」など様々な文脈で現れ，多義的なものとなっている[15]。これは，ドイツ語では異なる言葉に同じ「侵害」という訳語が充てられていることにもよるが，いずれにしても，注意深く扱う必要がある。以下では，①と②の相違点について説明を補足しておく[16]。

既にみたように，法律の留保論の重要な概念として，「侵害留保説」にいう「侵害」（Eingriff）があった。「侵害留保説」は，「強い行政」と「弱い市民」という図式をとり，行政権の過大な行使によって市民の自由や財産権が侵害されることをどのように防ぐかを最大の関心事とする「防御型の行政法理論」のモデルに適合的なものであった。そして，現在のわが国においても，UNIT 1 ④で示した「租税行政」「規制行政」「給付行政」「私経済的行政」の4つのうち，第1の「租税行政」と第2の「規制行政」においては，「行政権の過大な行使の抑制」が最も重要であると考えられている。「侵害留保説」は，「租税行政」と「規制行政」

---

13)　Maurer, S. 225は，様々な区分が可能であるとしつつ，実務上重要なものとして，第1に，befehlende, gestaltende, feststellendeの3区分を，第2に，授益的—負担的の区別を挙げている。

14)　橋本博之『行政法判例ノート（第3版）』（弘文堂・2013年）57頁は，塩野説によれば，最判平成7年11月7日民集49巻9号2829頁（本村年金訴訟）〔百選70〕で問題となった未支給年金についての社会保険庁長官の裁定のような給付決定は「確定行為」にあたるとしている。

15)　高木光「侵害（行政法入門37）」自治実務セミナー47巻8号（2008年）4頁参照。

16)　③については，UNIT 28 ④参照。

を念頭に置いたものといえる。

「侵害留保説」を理解するにあたって注意が必要なのは，そこにいう「侵害」の概念には，本来は，かなりの限定がついていることであった。すなわち，「侵害留保説」にいう「侵害」は，ドイツ語のEingriff（アイングリフ）に相当するもので，「直接的」な「法的効果」によって「意図的」にもたらされた「本来の地位の毀損」だけを想定している。

したがって，これらの限定を緩和して「侵害」概念を拡大し，それに該当する場合は「法律の留保」が及ぶとする説は「修正侵害留保説」とでも呼ぶべきことになる。たとえば，「規制的行政指導」のうち，相手方が事実上従わなければならないようなもの，「事実上の強制」にあたるものには法律の根拠が必要である，という説はここでいう「修正侵害留保説」に属する[17]。

2 「侵害処分」と「申請に対する拒否処分」

先に紹介したように，行政手続法は「許認可等」と「不利益処分」の区別を基本としている。

このうち，「不利益処分」は，2条4号で「行政庁が，法令に基づき，特定の者を名あて人として，直接に，これに義務を課し，又はその権利を制限する処分」と定義されている。ここにいう「制限」には，権利の範囲を限定するもの，その内容を不利益に変更するもののほか，当該権利を一切失わせるもの（剥奪）も含まれる。

「許認可等」は，「自己に対し何らかの利益を付与する処分」（行政手続法2条3号参照）であるから，「利益処分」と呼ぶこともできる。「不利益処分」の定義は，行政手続法の立案段階から引き継がれてきたものであるが，立案段階では「侵害処分」という名称が用いられていた。

わが国の行政処分の分類は，ドイツの行政行為の分類を参考にしており，「許認可等」「不利益処分」は，「授益的行政行為」「侵害的行政行為」にほぼ対応する。「侵害処分」から「不利益処分」に用語変更がなされたのは，日常用語として「処分」という表現自体が厳しいものであるうえに，「侵害」というさらに厳しい言葉が組み合わされることに対する行政実務サイドの心理的抵抗等があったという経緯による[18]。

---

17) 前掲 UNIT 7 ③参照。

さて，行政手続法の「不利益処分」の定義は，同法第3章の適用範囲，とりわけ13条の「意見陳述のための手続」（「聴聞」または「弁明の機会の付与」）を事前に行うべき範囲を画定するという目的のためになされている。そして，その際に参考にされたのは，ドイツの1976年の行政手続法の規定[19]であった。すなわち，ドイツにおいては，一般的なルールとしては，申請に対する拒否処分を行うに際しては，事前に申請者に意見陳述の機会を与える必要はない，という立法政策が採用されていた。ドイツにおいては，「申請を拒否する行政行為は関係人の権利を侵害する行政行為ではない」という整理がなされ[20]，それを参考に，わが国

---

[18] 高木光「侵害といわれるのは心外（もうひとつの行政法入門6）」法学教室216号（1998年）59頁参照。

[19]
> **ドイツ行政手続法28条1項**
> 　関係人の権利を侵害する行政行為においては，その発布に先立って，その者に，決定にとって重要な事実について意見を述べる機会を与えなければならない。
> 　2項　次に掲げるほか，個々の事案の状況によって，その必要がないときは，聴聞を省略することができる。
> 　　1号　遅滞のおそれがあるため又は公益上，即時の決定が必要であると認められるとき
> 　　2号　聴聞を行うことによって，決定につき定められた期間の遵守が困難になるとき
> 　　3号　関係人に不利益な形では，関係人が申請又は申述において表明した事実から離れて決定をしないとき
> 　　4号　行政庁が一般処分若しくは大量の同種の行政行為を発布し，又は自動機械を用いて行政行為を発布しようとするとき
> 　　5号　行政上の強制執行の措置をなすとき
> 　3項　重大な公益上の障害がある場合には，聴聞を行わない。

　ここでいう「聴聞」（Anhörung）は，単に「意見を述べる機会を与える」ということを意味し，書面でも足りるものとされている。そこで，日本の行政手続法13条の「意見陳述のための手続」のうちでは，「聴聞」ではなく，「弁明の機会の付与」に相当するものといえる。ドイツの行政手続法28条は，いわば最大公約数的なあるいは必要最小限の手続を定めたものとみるべきである。およそ「関係人の権利を侵害する行政行為」であれば，原則としてこのような手続的要請を満たさなければならないというレベルを定めるのが同条の意義で，より厳格な手続的統制が必要な分野については，同法63条以下の「正式行政手続」，72条以下の「計画確定手続」および個別の特別法による手続が予定されているからである。

[20] ただ，多くの学説はこれを原理的立場から批判し，あるいは解釈により一定の場合は「聴聞」が必要であるとしていた。高木光『技術基準と行政手続』（弘文堂・1995年）143頁参照。

では「申請に対する拒否処分は侵害処分ではない」という案が採用され，行政手続法における「申請に対する拒否処分」は「不利益処分」ではないという整理につながったのである．

3　形式的な「侵害」概念

さて，注意が必要なのは，事前手続をとるべきかどうかを画定する基準としての「侵害」は，法律の根拠が必要かどうかを画定する基準としての「侵害」とは一致しないことであろう．というのは，「侵害留保説」が問題にしている「本来の地位」は，いわば「前国家的」なものであったのに対して，行政手続法が問題にしている「既存の地位」は，個別の行政法規によって関係人に割り当てられたものだからである．この点を，喫茶店営業の許可と道路の占用許可について確認してみよう．

食品衛生法に基づく許可を受けるべき喫茶店営業においては，憲法上の「営業の自由」が出発点になるから，「許可制度」の採用自体が「法律の根拠」を必要とすることになる．そして，何人も知事の許可を受けなければ喫茶店の営業をしてはならないという「一般的禁止」は，食品衛生法施行令35条によって定められているのであるが，それ自体も，喫茶店営業をしたいと考えている私人にとって「侵害」を意味し，それが許容されるのは，食品衛生法という「法律」が，許可が必要な営業のリストアップを政令に「委任」しているからであった．内閣法11条の「政令には，法律の委任がなければ，義務を課し，又は権利を制限する規定を設けることができない．」という規定は，この意味で「侵害留保説」を前提としているといえる[21]．

喫茶店の営業許可の申請に対して，許可権者である知事は，予め定められた客観的な基準に従って決定すべきであり，明示された不許可事由がないときに，許可を与えるかどうかを自由に決定できるわけではないと考えられている．そこで，本来は許可すべき事案について不許可にした場合には，それは「違法」であり，申請者が有している「営業の自由」に対する「侵害」にあたるとも考えられる．

しかし，行政手続法の適用関係では，このような「実質的」な考慮はされず，不許可処分は，行政手続法2条4号にいう「特定の者を名あて人として，直接に，

---

[21]　実は，先にUNIT 7②，UNIT 10③で指摘したように，学説史的には，「法律の留保」は個別行為に関する議論であるから，このような問題は「法律の法規創造力」で説明されるべきである，という立場が正しいのではないか，という疑問がある．

これに義務を課し，又は権利を制限する処分」には該当しないとされるのである。行政手続法においては，これから申請をしようとする者にとっては，「法令による一般的禁止」がなされた状態がベースラインとなるので，不許可処分は，「既存の地位」からのマイナスをもたらすものではない。

　道路法32条に基づく道路の占用の許可は，私人に特権的な利益を付与する処分と考えられている。電力会社が道路に電柱を立て電線を張ったりするために申請するのがその例である。理論上は，「公共用物」の使用関係には，「自由使用（一般使用）」「許可使用」「特許使用」という区別があり，道路の占用の許可は，一般には認められない排他的使用を特定の者に認める「特許使用」に分類される。そして，使用の許否の決定は，「公物管理権」の内容に含まれるが，その根拠については見解が分かれている[22]。

　「侵害留保説」の考え方によれば，「給付行政」に属する「公物」の管理には「法律の根拠」は不要である。したがって，「道路の占用の許可」も理論上は，道路法32条があってはじめて行うことができる，というものではないことになる。そこで，占用の不許可を「実質的」に考慮して，「侵害」にあたると考えることはできず，また，71条に基づく「占用許可」の「取消し」についても同様であるということになりそうである。

　他方，行政手続法の適用関係では，「占用許可の取消し」は，「不利益処分」の定義に該当する。ここでは，占用許可を受けている状態が「既存の地位」なのである。そして，「取消し」は「権利の制限」のうち，名あて人に対する不利益の程度が大きい「剥奪」にあたるので，「聴聞」が必要とされる場合の典型例であるとされている（行政手続法13条1項1号イ「許認可等を取り消す不利益処分をしようとするとき」）。

　以上のように，「法律の留保論」における「侵害」の概念は，「実質的」なものであるのに対して，「不利益処分」の定義の背景にある「侵害」の概念は「形式的」なものであるということができる。

---

[22]　宇賀 III 505頁，520-521頁。

UNIT 12 行政処分（2）——公定力・無効

1 序 説

1 行政処分の「諸効力」

「行政処分」には他の「行為形式」にない特殊な取扱いがなされている。これを，伝統的な行政法学においては，「行政行為には○○力がある」という表現で説明してきた。すなわち，「公定力」「執行力」「不可争力」「不可変更力」「拘束力」などである。また。芝池義一[1]によれば，行政行為の「権力性」として「一方性」「公定力」「不可争力」「執行力」などが挙げられることがある。

これらのうち，最も重要なものが「公定力」であり，また，それは同時に最も理論的に難解なものである。

2 公定力

「公定力」とは，「仮に違法なものであっても，正当な権限を有する機関によって取り消されるまでは，有効として取り扱われる」と説明される。

これは，「行政庁」の判断を当面は尊重するという仕組みである。「有効」というのは，「名あて人」の具体的権利義務の「発生・変更・消滅」という「法的効果」が発生するということであり，ここで「取消し」というのはそれを遡ってなかったものとして扱うということを意味する。法の世界では，「取り消されてはじめて無効になる」という表現を用いる。

「公定力」がなぜ認められるのかは難しい問題である。従来の多くの行政法学者は哲学的なものを含め，様々な観点から議論を積み重ねてきた。しかし，「公定力」という概念で表現されている特殊な法的取扱いを全く否定することは，現在の日本の法制度の認識としては無理であると考える論者が大多数である。筆者も，そのような認識から，「公定力」の存在自体は肯定し，「行政に対する法的統制をどのようにして充実させるかという問題関心」から，「公定力」が認められ

---

[1] 芝池総論 125 頁。

ていることから生じる弊害をできる限り緩和するような解釈論・立法論を展開すべきであるという立場をとっている。

このような立場からすると,「公定力」が認められる根拠は,広い意味での「法的安定性」の確保であり,「公定力」とは,「行政主体」が円滑に活動を行うことができるように政策的に与えられた特権にほかならないということになる。なお,「行政処分」を行う「行政庁」の地位は,「判決」を下す裁判官に地位に似た面があるので,「公定力」の承認は,行政権にある程度「司法権」と類似の権威を認めるものともいえるであろう。

② 公定力と「取消訴訟の排他的管轄」

1 公定力概念の純化?

「行政処分」については,他の「行為形式」にはない特殊な取扱いがなされている。そして,「公定力」という概念は,わが国の行政法理論において,そのような現象を説明するものとして用いられてきた。ただ,その際に,様々な要素をまとめて表現するものとして用いるか(伝統的立場),ある特定の要素のみを表現するものとして用い,他の要素については別の概念を用意するかという立場(伝統的立場を批判するもの)の違いがみられることになった。

判例[2]においては,先にみたような行政処分の定義に続いて,「行政庁の右のような行為は仮りに違法なものであつても,それが正当な権限を有する機関により取り消されるまでは,一応適法性の推定を受け有効として取り扱われるものであることを認め,これによつて権利,利益を侵害された者の救済については,通常の民事訴訟の方法によることなく,特別の規定によるべきこととしたのである」と説明されている。ここでいう「正当な権限を有する機関」として最も重要なものは裁判所であり,「処分の取消訴訟」は,「公定力」に対応した特殊な訴訟形態であると理解されることになる。

この判例の立場は伝統的な行政法理論に依拠したものであるが,このような立場においては,「公定力」の概念には,権利義務の「発生・変更・消滅」という「実体法」的な側面と,誰がどのようにして判断・行動するかという「手続法」的な側面の両方が含まれているとみることができる。「無効の行政処分には公定

---

2) 最判昭和39年10月29日民集18巻8号1809頁(大田区ごみ焼却場事件)〔百選156〕。

力が認められない」のは、「行政庁」の判断を当面は尊重するという仕組みを原則とした場合の例外にあたるからである（UNIT 31 参照）。

「実体法」上の「無効と取消しの区別」を認める立場においては、「有効」というのは、「名あて人」の具体的権利義務の「発生・変更・消滅」という「法的効果」が発生するということであり、「取消し」というのはそれを遡ってなかったものとして扱うということを意味する。

他方で、近時の学説においては、「公定力」の概念を「できるだけ理論的に純化された形で用いるべきである」という立場から、「手続法」的な側面に限定する用語法が多くみられる[3]。また、そのなかで注目すべきは、「実体法」的な側面について、「公定力」とは別の「規律力」という概念を用いる塩野宏の次のような説明であろう[4]。

「行政作用にかかる立法が行政主体と私人の間の一般的規律（法規）の定立であるのに対して、行政主体の活動のうちの特定の部分、すなわち、行政庁の処分とは、具体的場合に直接法効果のある行為をさすということになる。」（中略）「民事関係において、双方の合意、つまり契約によって、具体的な法律関係が形成されていくことと対比するならば、一方当事者である私人の合意なくして具体的な法律関係を形成させることが可能なのは、一つの力であって、本書ではこれを規律力と表現するのである……。」「これに対して、一方的法関係の形成は民事関係においても存在する（契約の解除、所有権に基づく妨害排除請求）ことを前提として、規律の概念は権力性の要素からはずすべきであるという見解があり、これがむしろ現在の一般的理解であると思われる……。しかし、民事関係においては、これは法律行為の一般的属性ではないのに対して、行政行為はその行為の一般的属性としての規律力が語られているのであって、ここに、行政行為の権力性を認めることができるように思われる。」「このように解することによって、取消訴訟の対象と権力的行為の循環……を論理的には断ち切ることもできるのである……。」

以上のような立場によると、行政処分の「権力性」[5]は、「手続法（訴訟法）」的

---

3) 藤田総論 228 頁。原田要論 141 頁。小早川上 268-269 頁。
4) 塩野 I 155-156 頁。
5) 芝池総論 125-126 頁は、行政行為の権力性を「法効果の設定の局面での権力性」としての「一方性」と、「法効果の実現の局面での権力性」としての「公定力」「不可争力」「執行力」などを区別している。また、同 147-148 頁は、伝統的理論における「公定力」には、①服従強制（拘束力を有することの承認を強要する力）、②取消訴訟

な側面についての「公定力」「不可争力」のほか，「実体法」的な側面についての「規律力」についても語られることになる。

〈行政処分の諸効力〉

		内容・機能	伝統的理論 （田中二郎）		批判説 （藤田宙靖）	塩野説
実体法的側面		違法であっても一応有効	公定力		違法 ＝無効？	規律力
手続法（訴訟法）的側面	争訟手段という側面	行政不服審査ないし取消訴訟の「排他性」 ※違法性の承継	公定力	不可争力	公定力 不可争力	公定力 不可争力
	職権による変更の側面	職権取消	（職権取消の制限論） ※不可変更力			
		撤回	（撤回の制限論） ※不可変更力			
強制執行との関係		違法であっても執行可能	執行力		制度設計の問題として説明	
刑事罰との関係		違法の抗弁？	公定力		違法の抗弁を認める方向	
国家賠償との関係		排他性の潜脱？	制度目的を異にする		最判平22年6月3日民集64巻4号1010頁〔百選241〕（冷凍倉庫事件）	

2 「取消訴訟の排他的管轄」

さて，「取消訴訟」という訴訟類型が用意されている以上，それを利用しないで裁判所に行政処分の「予定された法的効果」の発生を否定することを求めることはできないという考え方は広く承認されている。このような「利用強制」を多くの学説は「取消訴訟の排他的管轄」と呼んでいるが，行政不服審査や職権取消を含め，「正当な権限を有する機関」による「取消し」という手続によってのみ法的効果の発生が否定されることをまとめて表現する場合には，「取消手続の排他性」[6]となる。

の排他的管轄，③後続行為（特に強制執行行為）の正当化が含まれていた，と分析している。

6) 小早川上279頁，292頁。

「公定力概念の純化」という立場をとる論者は，「公定力」の根拠づけとして「取消訴訟の排他的管轄」ないし「取消手続の排他性」を挙げているが，これは伝統的な理論の「行政処分には公定力があるから取消訴訟が必要になり，また同時に利用強制が生じる」という説明を嫌うものとみることができる。しかし，芝池義一が指摘するように，伝統的な理論のように「取消訴訟の排他的管轄」の根拠づけとして「公定力」を挙げる場合には，「取消訴訟の排他的管轄」は「公定力の機能」の１つということになるが，批判説のように「取消訴訟の排他的管轄があるから公定力が生じている」という説明をすると，「取消訴訟の排他的管轄」は「公定力」の根拠づけというよりは，「公定力の中身そのもの」ということになり，極論すれば，「もはや公定力というそれ自体としては意味不明の語を用いる必要はなくなるであろう」ともいえるのである[7]。

3 「規律力」と「権力性」

他方で，先にみた「規律力」という説明は，「行政庁」に「民事関係の当事者」とは異なる法的地位を一般的に認めるものである。これは，伝統的な「行政行為は裁判判決に類似のものか，法律行為に類似のものか」という問題設定において，どちらかといえば前者を支持するもので，「規律」の概念には「権力性」を含めない多くの学説がどちらかといえば後者を支持しているのと対照的である。

そして，「無効と取消しの区別」も「一方的法関係の形成」も，民事関係において存在するので，「規律力」を認める立場は，行政処分の法的効果の発生の仕方がそれらとは異なる要素を含んでいるという説明ということになる。

このような説明は適切なのであろうか。直感的には否である。これが，「相手方はもちろん，他の行政庁，裁判所，その他の第三者もその効力を承認しなければならない」という意味での「対世的」な「拘束力」[8]を承認するものであるとすれば，結局のところ，伝統的理論が参考としたオットー・マイヤーの「自己確

---

[7] 芝池総論 147 頁，153 頁。

[8] 田中上 133 頁は，「拘束力」と「公定力」を区別し，行政行為がその内容に応じて相手方および行政庁を拘束する効力が「拘束力」であり，行政行為が拘束力を有することの承認を強要する力が「公定力」であると説明している。筆者の理解によれば，「拘束力」は実体法的な側面に重点があり，「公定力」は手続法・訴訟法的な側面に重点があるものの明確には区別されていない。塩野の「規律力」は，田中の「拘束力」にほぼ対応するものであり，田中の「拘束力」+「公定力」=塩野の「規律力」+「取消訴訟の排他的管轄」という等式が成立する。

認説」という「権威主義的な」説明[9]に回帰しているのではないか[10]が気になるところである。

　ある行政決定が違法ないし無効であると考える国民・市民がいたとしても、その適法性および有効を前提として行政過程が進行することは事実としては否定できない。そして、それは政省令の場合も行政処分の場合も同様である。ただ、政省令の場合は、「無効と取消しの区別」はなく、したがって「公定力」は認められない。また、政省令は違法であれば「実体法」上も無効と考えられているので、「規律力」も認められないということになりそうである。そうすると、「行政処分」についてのみ、「違法であっても実体法上有効」であり、「対世的」に「尊重義務」が生じるという根拠をどこに求めるかがやはり難問となる。

　1つの根拠づけは、「取消訴訟は形成訴訟である」という性格づけからの「逆算」であろう。取消判決には「形成力」が認められるが、これを「対世的」なものと理解する場合は、それを必要とした「行政処分による法律関係の形成」もまた「対世的」なものであったと理解した方が一貫するというものであろう。しかし、「実体法」と「訴訟法」の論理的関係からすれば、結論先取りの嫌いは否めない。また、判決の効力についても「絶対効説」をとる必要は必ずしもない[11]。

　行政過程の進行については、「行政の統一性の原則」「権限分配の原則」「公務員の法令遵守義務」等によって統一的に説明することがあるいは可能かもしれないが、「外部効果」については、やはり統一的な説明は難しそうである。本来は、法律や政省令にも「公定力」ないし「規律力」があるという説明が可能となるような制度改正[12]を行うか、あるいは違法な行政処分の「尊重義務」を「対内的」

---

9)　原田要論142頁は、「戦前の君主国家体制下においては、公定力の根拠は国家ないし君主の権威に求められた。行政法学の父と呼ばれるドイツのオットー・マイヤー（1846-1924）は、行政行為は権限ある行政庁が公益のため自ら適法なものと確認して行う国家権力の発動であるから、裁判所の判決と同様それ自体権威を有し適法性が推定されるのだといっている（この見解を自己確認説という）。」と説明している。また、芝池総論148頁は、「服従強制」は、国家の権威を背景にするもので、今日では、法制度上の根拠を欠くとしている。

10)　「一巡して出走地点に戻ってきた」と断ずるものとして、仲野武志『公権力の行使概念の研究』（有斐閣・2007年）16頁参照。

11)　UNIT 30参照。筆者は、さしあたりは「相対効説」を支持するのが適切であると考えている。

12)　オーストリアの制度について、高木光「法規命令の公定力？（行政法入門46）」

なものに限定し,「違法な行政処分は実体法上無効」と割り切るように理論を組み替える必要があるのかもしれない。

4　公定力の限界

　行政処分の「諸効力」は,行政処分に関する特殊な法的取扱いを,その「行為」の属性として説明するものであるが,法的取扱いは,結局のところ,その行為が「制度」上どのように位置づけられているか,ということにより決まる[13]。そこで,近時では,かつては「行政行為の公定力」として説明されてきた事項を制度設計の問題として説明することによって,「公定力」の及ぶ範囲を限定し,「不都合な」結果を回避する解釈論的傾向が認められる。

　「公定力の限界」として指摘されるものには,以下のようなものがある。

　第1に,刑事罰との関係がある。最判昭和53年6月16日刑集32巻4号605頁(個室付浴場事件)〔百選72〕は,風俗営業取締法違反の刑事事件において,知事が町に対してした児童遊園の認可処分には,「行政権の濫用に相当する違法性があり,被告会社の……営業に対しこれを規制しうる効力を有しない」として,無罪とした。これが,認可処分が無効であることを前提とする[14]ものなのか,単に,違法な処分を刑事罰の根拠とすることはできないという趣旨[15]なのかは読み方が分かれる。

　第2に,国家賠償請求との関係がある。最判昭和36年4月21日民集15巻4号850頁〔百選240〕は,「行政処分が違法であることを理由として国家賠償の請求をするについては,あらかじめ右行政処分につき取消又は無効確認の判決を得なければならないものではない」と判示していた。最判平成22年6月3日民集64巻4号1010頁(冷凍倉庫事件)〔百選241〕は,固定資産課税台帳に登録された価格に誤りがあった事例について,納税者は,地方税法432条1項に基づく審査の申出および同法434条1項に基づく取消訴訟等の手続を経るまでもなく,国家賠償請求を行い得る,としている。

　　自治実務セミナー48巻10号(2009年)4頁参照。
- 13)　行政行為の「執行力」は,行政行為一般に当然に認められる「効力」ではないので,近時では,強制執行制度の問題として説明する傾向が顕著である。**UNIT 15**参照。
- 14)　櫻井＝橋本91頁。
- 15)　塩野Ⅰ169-170頁。

第3に，後続処分の取消訴訟において，先行処分の違法性を主張することが許される場合がある。これがいわゆる「違法性の承継」の問題[16]である（UNIT 16 ③参照）。

　違法性の承継が認められるとされてきたのは，自作農創設特別措置法に基づく農地買収計画と農地買収処分，土地収用法に基づく事業認定と収用裁決のように，「先行処分と後行処分が相結合して一つの効果の実現をめざし，これを完成するもの」である場合であり，認められないとされていたのは，課税処分と滞納処分のように，「先行処分と後行処分が相互に関連を有するとはいえ，それぞれ，別個の効果を目的とするもの」である場合である[17]。

　最判平成21年12月17日民集63巻10号2631頁（新宿タヌキの森事件[18]）〔百選87〕は，東京都建築安全条例4条3項に基づいて区長がした安全認定の違法性を，建築主事がした建築確認の取消訴訟において主張することを認めた例である。

　第4に，行政処分の効力は，名あて人と第三者の民事上の法律関係に影響を及ぼさないものが多い。そこで，たとえば，許可を受けて施設を設置・稼働している名あて人を被告として，近隣住民が民事訴訟によって差止めを求めることは妨げられない。これは，公定力の「内容的限界」ともいうべきものであろう。

　第5に，「無効の行政処分」が存在することもまた，公定力の限界と説明される[19]ことがある。

③ 行政処分の無効

1　公定力との関係

　「行政処分の無効」は，実体法的な側面と手続法的側面の両方から説明されている。「公定力」との関係では，「公定力」の様々な要素に応じて次元の異なる問題が無効概念によって扱われることになる。

2　無効事由

　行政処分は，違法であれば，原則として，取り消される。そこで行政処分の違

---

16) 塩野 I 164 頁。
17) 田中上 327-328 頁参照。
18) 詳細に扱うものとして，大橋 II 31 頁以下。
19) 塩野 I 168-169 頁。

法性を「取消事由」と呼ぶ。「取消原因」ともいう。行政処分は，違法であっても，原則として，有効である。無効になるためには，「無効事由」ないし「無効原因」が必要である。

「取消事由」と「無効事由」をどのように区別するかは，戦前から論じられてきた。戦前の議論は，行政裁判所と司法裁判所の二元的構成のもとで，司法裁判所がどのような場合に「無効」を前提とした判決を下すことができるかに関するものであった。戦後初期の判例では，農地関係の事件[20]や国籍関係の事件[21]で「無効事由」が問題とされたことが多いようである。

判例は，重大かつ明白な違法を要求する「重大明白説」[22]を採用し，基本的には維持している。最判昭和37年7月5日民集16巻7号1437頁は，さらに，明白性の意味を，「何人の判断によつても，ほぼ同一の判断に到達し得る程度に明らかであることをいう」としている。

このように「無効事由」を限定的に捉えると，実際上は無効となることはほとんどなくなってしまう。法律関係の安定は，第三者の保護を考慮して正当化されることもあるが，行政の円滑な遂行のみを重視することには疑問がある。

そこで，「明白性」について，判例のような「外観上一見明白説」ではなく，「調査義務違反説」によるべきであるとする考え方があったところである。近時の学説上は，「明白性」は常に要求されるのではなく，類型によって「重大性」に加えて要求されるにとどまるとする「明白性補充要件説」が有力である[23]。

最判昭和48年4月26日民集27巻3号629頁〔百選86〕は，租税事件において，例外的に明白性の要件を不要として注目された。その後，最判平成9年11月11日判時1624号74頁は，国民健康保険税の課税処分について例外的な事情を認めたが，最判平成16年7月13日判時1874号58頁（ネズミ講事件）は，法人税等の更正処分について，例外的な事情がないとして，無効の主張を認めなか

---

20) 最判昭和30年12月26日民集9巻14号2070頁〔百選71〕。最判昭和34年9月22日民集13巻11号1426頁〔百選85〕。

21) 最判昭和31年7月18日民集10巻7号890頁（ガントレット氏事件）。

22) 田中上140頁。

23) 塩野Ⅰ181-183頁。櫻井＝橋本99頁。芝池総論164-165頁参照。稲葉他101頁（人見剛）は，現在では，利益衡量による明白性補充要件説をさらに徹底させた「具体的価値衡量説」も唱えられていると指摘している。そこで想定されているのは芝池説であると思われるが，他方，藤田総論255頁以下は，遠藤説を「具体的価値衡量説」として紹介し，柳瀬説も実質的にはこれに属するものであったとしている。

った。

4 ドイツにおける「分解的構成」

1 行政手続法による「実定化」

現在のドイツの理論においては,行政行為の効力は,わが国の伝統的な公定力理論よりも分析的に捉えられている[24]。また,「行為形式論」のなかの「行政行為論」のかなりの部分は1976年の行政手続法によって,条文化されている[25]。

第1に,行政行為の概念と行政行為の効力についての規定は以下のとおりである。

> **ドイツ行政手続法 35 条（行政行為の概念）**
> 　行政行為とは,行政庁が公法の領域において個別事案を規律するために行い,かつ,外部に対して直接の法的効果を生ぜしめるすべての処分,決定その他の高権的措置をいう。一般処分とは,一般的な徴表により特定され,若しくは特定し得べき人的範囲を対象とした行政行為又は物の公法上の性質若しくは一般公衆による利用に係る行政行為をいう。
> 　**43 条（行政行為の効力）1 項**
> 　行政行為は,その名あて人又は利害関係人に対して,告知された時点から,効力を発生する。行政行為は,告知された内容においてその効力を発生する。
> 　**2 項**　行政行為は,それが取り消され,撤回され,若しくはその他の方法によって廃止され,又は期間の経過その他の理由で終了したもの（erledigt）とされるまで,その限りにおいて,効力を保持する。
> 　**3 項**　無効の行政行為は効力を有しない。
> 　**44 条（行政行為の無効）1 項**
> 　行政行為は,それが特に重大な瑕疵を有し,かつそのことが一切の事情を合理的に考慮した場合に明白である場合には,無効である。(第 2 項以下略)

以上のように,ドイツにおいては,行政行為の定義に「規律」（Regelung）という要素が含まれている。行政行為がなされることによって,「実体法」上の法的効果が発生することが予定されていること,「無効と取消しの区別」があることは,わが国と同様である。

そこで,注意すべきは,行政行為は,「個別事案」（Einzelfall）の「規律」であ

---

[24] 山本隆司「訴訟類型・行政行為・法関係」民商法雑誌130巻4＝5号（2004年）646頁以下参照。

[25] 全体像を鳥瞰するのに便宜なものとして,司法研修所編『ドイツにおける行政裁判制度の研究』（法曹会・2000年）21-52頁。

ることによって,「法規命令」等と区別され,「高権的」(hoheitlich) ないし「一方的」(einseitig) な「規律」であることによって「公法上の契約」と区別されていることであろう。その意味で,「規律」という概念自体には,「権力性」という要素は含まれていないとみる方が穏当であると考えられる[26]。

2 存続力

第2に,わが国の伝統的理論における「公定力」に含まれている「実体法」的な側面については,ドイツでは,「実質的存続力 (materielle Bestandskraft)」という概念で説明されている。

「実質的存続力」とは,行政庁および関係人が,行政行為によってなされた「規律」に拘束されることを意味する。「実質的存続力」の発生は,「形式的存続力」の発生を前提とし,「形式的存続力」は,「争うことができなくなった」時点,すなわち通常の「争訟手段」が尽きたときに発生する。また,「実質的存続力」は,行政行為によってなされた「規律」の取消し・変更を排除するものではなく,「職権取消」や「撤回」等の余地を残す[27]ものである。

なお,「形式的存続力」は「不可争力」と同義である。「争えなくなる」のは,取消訴訟の出訴期間ないし異議審査請求の不服申立期間を徒過したとき,取消訴訟の棄却判決が確定したときなどである。そして,1960年の行政裁判所法には,原則として異議審査請求の前置を義務づける規定 (68条1項),不服申立期間を1か月とする規定 (70条1項),出訴期間を1か月とする規定 (74条1項) が置かれている[28]。

ドイツにおいても「取消手続の排他性」は当然の前提とされている。しかし,それについては,特にそれを強調する説明はみられない。「実質的存続力」の条文化とみられる行政手続法43条では,わが国の伝統的な「公定力」理論とは異なり,「職権取消」と並んで「撤回」等が視野に含められている点が注目される。なお,ドイツにおいては,取消判決の効力は,「相対効」が基本とされている (行政裁判所法121条)。

---

26) 山本・前掲注 24) 649頁。
27) 逆にいうと,「職権取消」や「撤回」の要件,とりわけその制限論も「実質的存続力」という概念で合わせて捉えられているのである。
28) 司法研修所編・前掲注 25) 108頁, 111頁, 145頁。

3 「構成要件的効果」

　ドイツの行政行為の効力として，さらに「構成要件的効果」(Tatbestandswirkung) があるとされる。「構成要件的効果」とは，行政行為の規律・拘束する法関係とは別の行政上の法関係，私人間の民事法関係，そして刑事訴訟の局面において，利害関係のある私人，管轄する行政庁や裁判所が，行政行為の規律・拘束力を尊重しなければならないことをいう。山本隆司の説明によれば，たとえば，土地を収用されたものが起業者に対して当該土地の所有権確認等を請求することは，わが国の伝統的理論では，「公定力」によって排斥されるのであるが，ドイツでは「構成要件的効果」によって排斥される。また，恩給裁定で同順位の受給権者とされた者の一方が，他方に対して恩給全部の受給権を主張することは，わが国の裁判例では「公定力」に反しないとされたことがあるが，ドイツでは「構成要件的効果」に抵触することになる。他方，近隣住民が民事訴訟において原子炉の設置・稼動の差止めを請求することは，わが国においては，原子炉設置許可処分の「公定力」とは抵触しないとされ，ドイツでは行政行為一般の「構成要件的効果」には抵触しないものの，原子力法 7 条 6 項が「民事訴訟の排除」を特別に定めていることにより許されないということになる[29]。

　以上によって，ドイツにおいて「行政行為」について認められる特殊な法的取扱いは，わが国において「行政処分」について認められる特殊な法的取扱いとほぼ同様であるものの，説明の仕方が異なることが確認できたと思われる。また，当然のことながら，ドイツの学説も様々であり，「存続力」と「構成要件的効果」の関係をどう整理するか，「拘束力」という概念を「規律」と同義に理解するか，「構成要件的効果」を含めた概念として用いるかなどについての議論はそれほど明快に整理できないようである[30]。しかし，「取消訴訟の排他的管轄」論だけでは，行政処分が国民・市民に対してどのような法的効果をもたらすのかを正面から直接説明したことにはならない[31]ことは確かであり，その意味ではわが国の理論もドイツの近時の理論動向からなお学ぶ必要があるといえる。

---

　[29]　山本・前掲注 24) 649-650 頁参照。
　[30]　人見剛「行政行為の公定力の範囲——ドイツ法を素材とする一考察」高柳古稀『行政法学の現状分析』（勁草書房・1991 年）219 頁以下参照。
　[31]　山本・前掲注 24) 648 頁。

UNIT 13　行政処分（3）——職権取消・撤回および附款

1　職権取消および撤回の概念・制度趣旨

1　職権取消および撤回の概念

「職権取消」とは，有効な行政処分について，行政庁側が，行政処分の成立時に存在した違法（「原始的違法」）を理由に，反対方向の変更を加える行為をいう。「職権取消」もまた1つの行政処分である。

「反対方向の変更」とは，原則として，当初の行政処分の法的効果の全部を遡及的に消滅させる（＝「遡及的に無効にする」）ことを意味するが，例外的に，法的効果の一部を消滅させること，あるいは遡及効を制限することがある。

なお，輸入許可のように，輸入行為が行われるとその効果が完了してしまうと解されるような行政処分については，状況によって「職権取消」の余地がなくなるとされる[1]。建築確認や開発許可についても同様の問題がある。

「職権取消」の理由として，伝統的学説では，「原始的違法」のほかに「原始的不当」が挙げられており[2]，現在でもこれに従うものが多数[3]である。

「原始的違法」に限定する立場[4]は少数であるが，本書では，ドイツ理論の動向[5]との兼ね合い，利益衡量の明確化という観点から，これに従う。ただし，

---

1) 塩野 I 188 頁。
2) 田中上 151 頁。
3) 塩野 I 189 頁，芝池総論 166 頁，藤田総論 231 頁，原田要論 189 頁，櫻井＝橋本 103 頁，稲葉他 84 頁（人見剛）など。
4) 宇賀 I 358 頁，大橋 I 193 頁。
5) ドイツの行政手続法の職権取消および撤回に関する規定は以下のとおりである。

> **ドイツ行政手続法48条（違法な行政行為の職権取消）1項**
> 違法な行政行為は，これを争うことができなくなった後においても，全部又は一部を，将来に向かって又は過去に遡って，取り消すことができる。権利又は法的に重要な利益を形成し又は確認する行政行為（以下，授益的行政行為という。）は，第2項ないし第4項の定めるところによってのみ取り消すことができる。
>
> **2項**　違法な行政行為であって，一回的若しくは継続的金銭給付又は可分の現物給付を与えるもの及びこれらの条件となるものは，授益者が行政行為の存続について信頼し，そ

「瑕疵」とは，伝統的には「違法」と「不当」を含む概念であった[6]。

「撤回」とは，適法に成立し，法律関係を形成しあるいは積極的に確認した行政処分について，行政庁側が，行政処分の成立後に生じた事情を理由に，反対方向の変更を加える行為をいう。「撤回」もまた1つの行政処分である。

「反対方向の変更」とは，原則として，当初の行政処分の法的効果の全部を将来に向かって消滅させる（＝「将来的に無効にする」）ことを意味するが，例外的に，法的効果の一部を消滅させること，あるいは遡及効を持たせることがある。

なお，「撤回」は当初の行政処分によって法律関係が形成されあるいは積極的に確認されている場合に限り問題となるので，公務員の免職処分のように，勤務関係を消滅させるような行政処分については，「職権取消」はありうるが，「撤回」の余地はない[7]。拒否処分についても同様である[8]。

の信頼が職権取消をすべき公益上の必要性との比較衡量の結果，保護に値する場合には，取り消すことができない。(第2文以下略)
　3項　違法な行政行為であって第2項に該当しないものが取り消された場合には，行政庁は関係人の申請により，行政行為の存続について信頼したことによって生じた財産上の不利益を，その信頼が公益との比較衡量との結果，保護に値する限りにおいて，塡補しなければならない。
(第2文以下，第4項，第5項略)
　49条（適法な行政行為の撤回）1項
　適法な非授益的行政行為は，これを争うことができなくなった後においても，同一内容の行政行為を改めて発布しなければならないであろう場合又はその他の理由により撤回が許されない場合を除き，全部又は一部を，<u>将来に向かって</u>，撤回することができる。
　2項　適法な授益的行政行為は，これを争うことができなくなった後においても，以下の各号のいずれかに該当するときは，全部又は一部を，<u>将来に向かって</u>，撤回することができる。(各号省略)
　3項　適法な授益的行政行為のうち，特定の目的の達成のために一回的若しくは継続的金銭給付又は可分の物的給付を与え若しくはそれらの条件となるものは，これを争うことができなくなった後においても，次の各号のいずれかに該当するときは，全部又は一部を，<u>過去に遡っても</u>撤回することができる。(各号省略)

---

6) 宇賀Ⅰ330頁は，「通常は，違法であることを意味する」と説明しているが，認識としてはやや疑問である。
7) 塩野Ⅰ192頁。
8) たとえば，情報公開請求に対する不開示決定，一部開示決定の取消訴訟係属中に，職権取消が行われると，狭義の訴えの利益が失われる。なお，再更正処分は，理論的にみると，「職権取消」の一種かという疑問がある。監督処分の不利益変更はどうか，給付決定の増額変更はどうかなど，ドイツにならって「一部」を定義に含めると議論

また、「撤回」という捉え方は「行政行為中心主義」によるものであり、公務員の免職処分は任命行為の「撤回」とはいわないように、常にそのような説明がなされるわけではない[9]。UNIT 5 ②でみたように、公務員については、法律による身分保障があり、一定の要件が満たされた場合にのみ不利益変更ができる。これが、免職という独立した行政処分と法律構成している理由であろう。

なお、「撤回」を「後発的不当」を理由とするものであるというような説明がある[10]。「公益上の必要性」を「合目的性の回復」と理解するものであろうが、「撤回」のなかには、「後発的違法」の除去＝「法適合性の回復」にあたるものもあると考えられる。

2 職権取消および撤回の制度趣旨

職権取消および撤回という制度が認められるのは、「行政処分」が行政目的を達成するための手段として、「状況即応性」を有することが重要であると考えられていることによる。「判決」においては、「紛争の一回的解決」という理念から、「蒸し返しの禁止」という要請が働き、そのために「既判力」が認められる。伝統的な行政行為論において、「不可変更力」ないし「実質的確定力」が一般には認められないとされたのは、判決のような「強い法的安定性」は必要がない、ということによると考えられる。

② 法的根拠および権限の所在

1 職権取消の法的根拠

法律の留保論との関係で重要な論点として、職権取消や撤回に「法律の根拠」が必要かというものがある。

職権取消については、学説は一致して、特別の法律の根拠は不要としてきた。個別行政法規をみると、当初から違法な行政処分がなされることを想定した条文が用意されていることは少なく、他方で、明文の規定がない以上できない、という結論をとることはできないので、そのように「解する」必要がある。しかし、その理由づけは必ずしも簡単ではなく、様々な工夫がみられる。

が複雑になることは否定できない。授益的処分と侵害的処分の区別は行為自体の性格づけであるが、相手方の「不服」の態様はこれに必ずしも対応しないからである。

9) 塩野 I 191-192 頁。
10) 櫻井＝橋本 103 頁。

第1に，法治国原理の要請するところとする説[11]は，魅力的ではあるが，職権取消の概念を「原始的違法」を理由とするものに限定せず，「原始的不当」を理由とするものを含める限りで，疑問が残る[12]。
　確かに，「違法状態を取り除くべきことは法治国原理の1つの筋」ではある。しかし，「信頼保護原則」もまた，憲法上の原則であるという考え方があるように，必ずしも決め手とはならない[13]。
　第2に，当初の行政処分に法律の根拠があれば，それによって黙示的に職権取消の根拠が与えられているという考え方[14]がある。この説は，すべての行政処分に法律の根拠を要求する立場（「権力留保説」）をとる場合には，比較的まぎれが少ない結果を導ける。しかし，「侵害留保説」をとる場合には，法律の根拠のない行政処分が存在し，その職権取消についての説明に別の理屈が必要になる。
　第3に，当然の事理と解する説[15]や，不文の法理[16]とする説は，結論を述べているだけで説明になっていない，という嫌いがある。
　以上のように，どの立場を支持するか悩ましいが，本書では，先にUNIT 7 ③（法律の留保論）で指摘したように，いわゆる「大上段の議論」で結論が分かれるような立場を避けるのが「穏当」と考えるので，先に述べたように，「職権取消」の概念を予め「原始的違法」を理由にするものに限定し，第1説と第2説の理由づけを「合わせ技」とする，という立場をとることにしたい。そこで，問題は，「職権取消」の権限をどのように制約するか（行使主体の限定，実体法的制約，手続法的制約，金銭給付による利益調整などという「細かい議論」に移行することになる。

2　撤回の法的根拠

　個別行政法規には，理論上の「撤回」にあたるものとしての「取消し」の根拠条文を設けるものがかなりみられる。しかし，そのような明文の規定がない場合

- [11] 塩野 I 189 頁。
- [12] 芝池総論 167 頁参照。
- [13] Steffen Detterbeck, Allgemeines Verwaltungsrecht mit Verwaltungsprozessrechts, 11. Aufl. (C. H. Beck 2013), Rn247 は，信頼保護原則は法治国原理または基本権から導かれると説明している。わが国での信頼保護原則の位置づけについて，UNIT 6 ④ 3 参照。
- [14] 兼子行政法 139 頁。
- [15] 田中上 151 頁，原田要論 189 頁参照。
- [16] 遠藤博也『実定行政法』（有斐閣・1989 年）138 頁。

も多い。そのような場合にも、条文がない以上できない、という結論をとることは不都合であると考える立場が多かった。少数説として、いわゆる京都学派の「授益的行政行為の撤回は侵害である」というテーゼがあった[17]ことはよく知られている[18]。また、明文なき撤回を許容する説においても、ある類型についてのみ認めるというものが多い。職権取消と比較すると、授益的行政処分（「利益処分」）の相手方の信頼保護を重視する傾向が強いといえる。

判例は、法律の根拠がない撤回が存在することを認めている。優生保護法における保険医の指定に関する最判昭和63年6月17日判時1289号39頁（菊田医師事件）〔百選93〕、薬事法における製造承認に関する、最判平成7年6月23日民集49巻6号1600頁（クロロキン事件）〔百選230〕がある。

法律の根拠不要とする学説の理由づけは様々である。

第1に、公益上の必要性をあげるもの[19]は、結論を述べているだけで説明になっていないという嫌いがある。また、他方で、授益的行政処分については原則として撤回不可という立場をとるのでは一貫しないとの批判もできよう。

第2に、当初の行政処分に法律の根拠があれば、それによって黙示的に撤回の根拠が与えられているという考え方[20]がありうる。

第3に、類型化という手法を採用し、行政処分の基幹的な要件が消滅した場合については、明文の根拠不要とする理由を、法治国原理によって説明するものがある[21]。「事後的違法」の観念によるもので巧みな構成であると思われる。

3 職権取消を行う権限の所在

職権取消も1つの行政処分であるから、それを行う権限を誰が有するかは、基本的には、個別行政法規の定めによることになる。そこで、問題となるのは、明示の定めがないときにどのように考えるかである。

「職権取消」の権限を有するのは、第1に、当初の処分の権限を有する行政庁である。当初の処分の根拠法律によって黙示的に授権されていると解する立場からは当然といえよう。

---

17) 杉村敏正『全訂行政法講義総論上巻』（有斐閣・1969年）250頁。
18) 芝池総論178頁は、杉村説を多少修正し、「類型化」という立場をとっている。
19) 田中上155頁。
20) 兼子総論177頁、塩野 I 193頁。
21) 芝池総論180頁。

第2に，監督庁（「上級行政庁」）が権限を有するか，については肯定説と否定説22)がある。伝統的学説は肯定説であった23)。職権取消の根拠を「法治国原理」に求める場合には，肯定説に傾くとも考えられるが，監督庁は処分庁に職権取消を命じることができるので，否定説をとることと矛盾しない。

4　撤回を行う権限の所在

「撤回」の権限を有するのは，当初の処分の権限を有する行政庁である。監督庁にはそのような権限を認めないという点で学説は一致している。

ただし，先に指摘したように，個別行政法規によって例外を設けることは妨げられない。たとえば，道路交通法103条に基づく運転免許の取消しは，取消事由に該当することになった時におけるその者の住所地を管轄する公安委員会が行うものとされている。したがって，免許の取得ないし更新の後，異なる都道府県に転居した者については，次の更新までは，免許を与えた公安委員会とは異なる公安委員会が取消しを行う可能性がある。

〈職権取消と撤回の対比〉

	理由	法律の根拠	権限	遡及効	代償措置
職権取消	原始的違法 （＋不当）	不要	処分庁 （＋監督庁）	あり	損害賠償？
撤回	原始的適法 後発的事情	不要（？）	処分庁	なし（？）	損失補償

③　職権取消および撤回の法的統制

1　職権取消および撤回の実体法的統制

どのような場合に，どのような法的効果を有する「職権取消」「撤回」ができるかという問題が最も重要である。これは，「法治国原理」「公益上の必要性」「信頼の保護」「第三者の利益への配慮」など様々な利益衡量によって決定されるべき事項である。

そこで，個別行政法規に要件・効果について定めがあるときには，立法者によ

---

22)　芝池総論174頁注（1），原田要論189頁，大橋Ⅰ196頁。
23)　田中上151頁。

って一定の利益衡量の結果が示されているものとして，行政庁はそれに従うべきものと考えられる。その際の当該法令は，「根拠規範」としての側面を持つこともあるが，その大半は「規制規範」としての意味を持つことになろう。

わが国においては，個別行政法規に明文の定めがない場合が多く，また，ドイツの行政手続法のような利益衡量を類型化したような一般法もないため，判例理論ないし学説で補う必要が高い。しかし，実際に争われた例が少ないこともあって，議論には未熟なところが残っている。ただ，利益衡量の類型化にとって重要ということから，「授益的行政処分」と「侵害的行政処分」の区別を基本とする点では一致がみられる。

2　職権取消の法的効果およびその制限

侵害的行政処分については，原則として，職権取消は自由になしうる，と解されている。さらに，行政庁が職権取消を行う義務を負うかが問題となる。法治国原理の要請を重視すれば，二面関係においては，義務が肯定される[24]。そして，このようなケースでは，行政庁が職権取消を行わない場合には，義務付け訴訟の余地があろう。

授益的行政処分については，職権取消の「制限」を認める学説が多い。伝統的学説は，原則として，職権取消ができないものとしていたが，近時は，これを批判する説が多い[25]。

職権取消による私人への打撃の緩和措置として，第1に，遡及効の制限がある。また，第2に，補償という代償措置が考えられる。

3　撤回の法的効果およびその制限

「撤回」の効果については，その性質上，当然に将来に向かってのみ生じる，という説明がよくみられる[26]。しかし，遡及効の余地を認めて，定義においてもそれを含める方が，実定法制度の説明としても[27]，また，利益衡量の結果に即して様々な類型的処理を可能にすることから，理論的にも優れていると思われる。

---

24) 芝池総論172頁参照。
25) 芝池総論169頁。
26) 田中上156頁，塩野Ⅰ195頁，芝池総論175頁。
27) 宇賀Ⅰ362頁参照。青色申告承認の取消しについて，原田例解179頁。

侵害的行政処分については，原則として，撤回は自由になしうる，と解されている。しかし，場合を分けて考えるべきであり，要件が消滅したのか存続しているのか，行政庁に効果裁量が認められている処分であるのか，などの検討が必要であろう[28]。

授益的行政処分については，相手方の利益または信頼保護のため，撤回が制限される度合いが強い。撤回事由や撤回の目的によって，類型的に考察することが必要である。相手方の義務違反を理由とするもの，要件の事後的消滅を理由とするものは，許容され，かつ，打撃の緩和措置や代償措置も不要とされることが多い。また，場合によっては遡及効を認めることが適切となる。相手方に落ち度や原因となる事情がなく，単に公益上の理由からなされるものについては，撤回が許容されない場合や，補償を条件としてはじめて許容されるという場合がある。

4　職権取消および撤回の手続法的統制

授益的行政処分の「職権取消」「撤回」は，行政手続法13条第1項第1号イ「許認可等を取り消す不利益処分」に該当するものが多い。その場合は，適用除外とされない限りで，「聴聞」という形式での手続保障が要請されることになる。

４　附　款

1　附款の概念・種別

附款とは，行政処分の本来の法的効果に処分庁によって付加された規律をいう。そのような規律には，①期限，②条件，③負担，④撤回権の留保，⑤事後的負担の留保などがある[29]。

第1の「期限」とは，行政処分の効果の発生・消滅を，特定の時点の到来（＝発生確実な事実）に依存させるものをいう。民法上の期限と同義である。始期と終期に分けられる。また，確定期限と不確定期限という別の分類もある[30]。

第2の「条件」とは，行政処分の効果の発生・消滅を，発生不確実な事実の発生に依存させるものをいう。民法上の「条件」と同義である。停止条件と解除条件に分けられる。

---

[28]　芝池総論181頁。
[29]　芝池総論189頁は，①から④が挙げられるのが通例であるが，例示と考えるべきであるとする。
[30]　原田要論176頁。

第3の「負担」とは，当該行政処分の法的効果として法令で予定されているもの以外の義務を課すものをいう。義務には，作為義務，不作為義務，受忍義務がある。
　第4の「撤回権の留保」とは，撤回がなされることがあることを予め宣言するものをいう。
　第5の「事後的負担の留保」とは，負担が事後的に付されることがあることを予め宣言するものをいう。
　なお，法令用語としては，「条件」という概念が附款全体を示すものとして用いられていることが多い（＝最広義の「条件」）が，「期限」という概念も用いられている。

2　附款の許容性

　個別行政法規において，行政処分に「条件」を付すことができる旨の明文の定めが置かれている場合は，比較的問題は少ない。そこでは，附款の許容性は問題とならず，どのような内容の附款を付すことができるかという附款の限界が論点となる。
　これに対して，明文の規定がない場合の附款の許容性については，わが国においては，ドイツの行政手続法[31]のような一般法がないため，判例理論ないし学説で補う必要が高い。しかし，実際に争われた例が少ないこともあって，議論に

---

31)　ドイツの行政手続法は，附款について次のように定めている。

ドイツ行政手続法36条1項
　発布請求権が認められる行政行為においては，附款は，法令により許容されているとき又はそれによって行政行為の法律上の要件の充足が確保されるときに限り，付すことができる。
　2項　前項の場合を除くほか，行政行為は，義務にかなった裁量により，次の1号から3号までの附款を付して，又は4号又は5号の附款と結合して，発布することができる。
　　1号　利益又は不利益が一定の時点で開始し，終了し，又は一定の期間有効である旨の定め（期限）
　　2号　利益又は不利益の発生又は消滅が，将来の事実の不確実な発生に依存する旨の定め（条件）
　　3号　撤回の留保
　　4号　受益者に作為，受忍又は不作為を命じる旨の定め（負担）
　　5号　負担の事後的付加，変更又は補充の留保
　3項　付款は，行政行為の目的に反するものであってはならない。

は未熟なところが残っている。ただ，専ら「授益的行政処分」について論じていること，「裁量処分」と「羈束処分」の区別を基本としている点では一致がみられる。

　第1に，「法律行為的行政行為」には付すことができるが，「準法律行為的行政行為」には原則として付すことができない，という説がある[32]が，伝統的な学説[33]の理論的に疑問のある分類に従うもので，疑問である。

　第2に，「裁量処分」には，附款を付すことができる場合があるが，「羈束処分」には，明文がない限り，附款を付すことができない，という説が多数である[34]。

　しかし，「羈束処分」であっても，申請に対する許認可のように，条件付きであっても拒否処分よりも申請者にとって望ましいことが想定されることがある。したがって，附款の許容性を多数説のように割り切るのは疑問である。

3　附款の限界

　本体である行政処分の性質によっては，そもそも附款になじまないとされるものがある。国籍法に基づく帰化の許可がその例である。これについては，許容されない以上，限界を論じる必要はない。

　附款を付すことができる旨の明文の規定がある場合は，その附款の限界は，第1に，当該条項の趣旨目的の解釈によって決まってくる。また，第2に，比例原則が重要な限界となる。「不当な義務を課すものであってはならない」というような条文上の表現はこれを意味すると解される。

　裁量処分について，その裁量の範囲内で附款を付す場合には，裁量権の限界論によって，附款の限界が画されることになる。

　羈束処分については，授益的処分の要件の充足に役立つものに限られる，と解することが考えられる。

4　違法な附款の統制

　違法な附款が付されないように，また，違法な附款が付された場合に，どのよ

---

[32]　原田要論176頁。
[33]　田中上129頁。
[34]　塩野Ⅰ203頁，芝池総論190頁，櫻井＝橋本108頁，藤田Ⅰ205頁，稲葉他80頁（人見剛）など。

うに権利利益の保護・救済を図るべきかが課題である。

　行政手続法は，申請に対する処分について，「審査基準」と「拒否処分の理由の提示」という仕組みを用意している。しかし，立案者は，附款を想定していない，と説明している。

　行政訴訟としては，附款部分のみの取消訴訟，附款の付かない行政処分の義務付け訴訟が検討課題となる。

UNIT 14 行政指導（1）——概念・種別

1 序　説

1　行政指導の概念

　わが国においては，行政指導は行政処分と並ぶ基本的行為類型であるといえる。行政手続法が，行政処分に関する規定（第2章・第3章）と並んで行政指導に関する規定（第4章）を置いたのは，わが国の「行政スタイルの特徴」に対応するものである[1]。

　「行政指導」という言葉の使い方は必ずしも統一されていなかったが，1993年に制定された行政手続法は，以下のように定義している。

> 行政手続法2条
> 　この法律において，次の各号に掲げる用語の意義は，当該各号の定めるところによる。
> 　6号　行政指導　行政機関がその任務又は所掌事務の範囲内において一定の行政目的を実現するため特定の者に一定の作為又は不作為を求める指導，勧告，助言その他の行為であって処分に該当しないものをいう。

　この定義では，「行政指導」は，第1に，「行政処分」および「行政契約」と同様に「個別的具体的」な事案に関するものであること，第2に，「行政処分」および「行政契約」とは異なり，「法的効果」の発生を予定しないものであることが明確にされている。

　そして，第3に，「……であって処分に該当しないもの」としているところから逆に，「一定の行政目的を実現するため」「特定の者に一定の作為又は不作為を求める」という要素は「行政処分」と共通であることがわかる。

　したがって，「行政指導」の場合は，「求める」といっても，相手方に作為義務や不作為義務を課すものではないことがポイントとなる。というのは，相手方に作為義務や不作為義務を課すものであれば，「個別的具体的」な「法的効果」の

---

[1]　塩野Ⅰ390-392頁。

発生を予定していることになり，定義上「行政処分」にあてはまるからである。また，「行政処分」は「行政庁」が行うものとされるのに対して，「行政指導」は「行政機関」が行うものとされている。

2　行政指導の種別

行政指導の分類としては，機能別に「規制的行政指導」「助成的行政指導」「調整的行政指導」とするのが一般的である[2]。

それぞれ，相手方の活動を規制することを目的として行うもの，相手方に情報を提供し，その活動を助成することを目的として行うもの，たとえば，マンションの建築主と周辺住民など，国民・住民相互間の紛争の解決を目的として行うものをいう。

「調整的行政指導」は，それが行われる利益状況の特殊性によって1つの類型とされているが，紛争の一方当事者であるマンションの建築主に対しては「規制的行政指導」にあたる。したがって，「助成的」と「規制的」にまず大別し，「規制的行政指導」のなかに「調整的行政指導」があるとすべきであろう[3]。

助成的行政指導		二面関係
		三面関係
規制的行政指導		二面関係
	調整的行政指導	三面関係

法的な問題の現れ方を理解するためには，「不利益処分」に関連する場合，「申請」に関連する場合，その他の場合に分ける[4]のが便宜であると思われる。

第1の「不利益処分」に関連する類型は，「喫茶店対PTA」設例にあてはめると，次のようなものである。

「土蔵町中学」の正門前で「Mカフェ」を営業するXに対して，保健所長Y

---

2) 塩野Ⅰ221-222頁，芝池総論253-254頁など。
3) 原田要論200頁。
4) 中川丈久「行政指導の概念と法的統制」争点46頁は，①「不利益処分代替型」②「許認可事前相談型」③「法令代替型（無権限への対応）」④「法定行政指導」の4類型を示している。原田例解72頁は，最初に，法定行政指導と非法定行政指導を区別するのが適切であるとし，②を「応答保留型」と呼んでいる。

が食品衛生法55条1項に基づいて行う「許可の取消し」や「営業停止命令」は「行政処分」の一種である「不利益処分」である。

　Xには不為義務が課され，それに反して営業を継続した場合には，刑事罰が用意されている。Xは，生徒の腹痛の原因がクレープによる食中毒であるというYの判断が誤っていると考える場合でも，単に無視することはできず，リスクを回避するためには，取消訴訟によって「行政処分」の「公定力」を排除する必要がある（Q10およびQ11の解答）。

　他方で，Yが，「不利益処分」をする代わりに，Xに対して営業の自粛を「勧告」した場合はどうであろうか。営業自粛勧告は「営業停止命令」のように不作為義務を課すものではなく，「不作為を求める」にとどまるものであるから，「行政指導」ということになる。そこでXは，Yの判断が誤っていると考える場合には単に無視すればよく，そのことを理由に刑事罰を受けるおそれはない。

　ただ，その場合には，Yが改めて「営業停止命令」や「許可の取消し」の権限を発動する可能性がある。正式に「不利益処分」を受けるということ自体が大きなダメージだとすれば，それを避けるためには「行政指導」に従った方が利口かもしれないが，「不利益処分」が見送られる見込みがあるのであれば，強気に出た方が得とも考えられる。

　このように「行政指導」は，柔軟な対応を可能にする反面，国民・住民の地位を不安定なものにする面があるのである。

　第2の「申請」に関連する類型としては，次のようなものが想定できる。

　「Mカフェ」の営業にPTAが猛反対をしている場合でも，保健所長Yはそれを理由に，Xの申請に対して「不許可処分」をすることはできない。食品衛生法52条2項が不許可事由を限定しているからである。しかし，Xに対して，「自主的に」出店を思いとどまるように，あるいはPTAと話し合って営業形態を工夫するように勧告することはできるかもしれない。このような「申請に関連する行政指導」は多くの問題を引き起こしたため，後に紹介するように，行政手続法に特別の規定が置かれたのである。

　第3の「その他の類型」に属する最も重要なものは，「要綱行政」である。都市計画上の権限が十分に与えられていなかった市町村が，まちづくりのためにいわゆる「権限なき行政」に踏み切ったことから様々な新たな法的問題が生じた（UNIT 14 ②5 参照）。

2　行政指導の法的統制

1　法律の根拠

「行政法的思考」は，行政活動を法という規範で統制することによって，私人の権利利益を守ることに関心がある。「行政作用法」の3つの基本原理である「法律による行政の原理」「適正手続の原理」「人権尊重の原理」は，「租税行政」および「規制行政」において「行政処分」という行為形式が用いられる場合を想定したものであった。そこで，「行政指導」の法的統制を考える場合には，「行政処分」の代わりに「行政指導」が用いられることで，法的統制が弱くなることはないかという視点が重要となる。

第1の「法律の留保」については，行政指導には「法律の根拠」は不要とするのが判例の立場である。最判昭和59年2月24日刑集38巻4号1287頁（石油カルテル事件）〔百選101〕は刑事事件において，最判昭和60年7月16日民集39巻5号989頁（品川区マンション事件）〔百選132〕〔自治百選40〕は国家賠償請求事件において，そのような趣旨の判示がみられる例である。

行政指導の定義に現れているように，「任務又は所掌事務の範囲内」であればできるという考え方がとられているのである。「侵害留保説」にいう「侵害」とは，私人の意思に反して「権利を制限し，又は義務を課す」ものに限られるので，法的な意味で義務を課すものではない「行政指導」がなされたからといって「侵害」は生じないというわけである。

これは「行政指導」に対して「強気」に対応できる私人についてはあてはまる。しかし，無視した場合に生じる何らかの事態をおそれて，従わざるを得ないと考える「弱気」な私人については，「事実上の侵害」が生じているとも考えられる。そこで，「侵害留保説」の基本的発想を肯定するとしても，建築確認の留保という事実上の担保手段を備えつつ行われる行政指導のように，事実上規制的に作用することが，客観的に予測しうるような場合には，法律の根拠が必要であるという「修正侵害留保説」が唱えられるのである（UNIT 7 ③，UNIT 11 ④参照）。

第2の「適正手続」についてみると，「不利益処分」における「不意打ちの禁止」というような「手続的統制」は，相手方の協力を期待して行われる[5]行政指

---

5) 同じ精神作用としての事実行為であっても，不利益を受ける者の行動とは無関係に行政目的が実現される公表のようなものについては，事前手続による権利保護に意義が認められる。

導に関してはなじまない。そこで，別の観点から次のような規定が置かれるにとどまっている。

2 明確性の原則

> **行政手続法 35 条 1 項**
> 　行政指導に携わる者は，その相手方に対して，当該行政指導の趣旨及び内容並びに責任者を明確に示さなければならない。（第 2 項略）
> 　3 項　行政指導が口頭でなされた場合において，その相手方から前 2 項に規定する事項を記載した書面の交付を求められたときは，当該行政指導に携わる者は，行政上特別の支障がない限り，これを交付しなければならない。

第 1 項は行政指導の「明確性の原則」を定めたもの，第 3 項は「書面交付」請求権を定めたものである。これらは，行政指導の相手方が，行政機関と当初からビジネスライクに交渉し，訴訟等に発展した場合の証拠を用意することを想定している。

3 任意性の原則

第 3 の「人権尊重の原理」については，行政指導の「任意性の原則」が，以下のように明示されている。

> **行政手続法 32 条 1 項**
> 　行政指導にあっては，行政指導に携わる者は，いやしくも当該行政機関の任務又は所掌事務の範囲を逸脱してはならないこと及び行政指導の内容があくまでも相手方の任意の協力によってのみ実現されるものであることに留意しなければならない。
> 　2 項　行政指導に携わる者は，その相手方が行政指導に従わなかったことを理由として，不利益な取扱いをしてはならない。

この 32 条のルールは「行政指導の一般原則」である。「任意性の原則」は，法的な義務を課すものではないという「行政指導」の定義からは当然のことである。そこで，わざわざ第 1 項のような条文が置かれることは，「事実上の強制」にあたるような実務が背景にあることをうかがわせるのである。第 2 項は，武蔵野市マンション事件（後述）の「給水拒否」を想起させるものである。

4 申請に関連する行政指導

「申請に関連する行政指導」については、その弊害に鑑みて、さらに次のような特別の定めが置かれている。

> **行政手続法33条**
> 　申請の取下げ又は内容の変更を求める行政指導にあっては、行政指導に携わる者は、申請者が当該行政指導に従う意思がない旨を表明したにもかかわらず当該行政指導を継続すること等により当該申請者の権利の実現を妨げるようなことをしてはならない。
>
> **34条**
> 　許認可等をする権限又は許認可等に基づく処分をする権限を有する行政機関が、当該権限を行使することができない場合又は行使する意思がない場合においてする行政指導にあっては、行政指導に携わる者は、当該権限を行使し得る旨を殊更に示すことにより相手方に当該行政指導に従うことを余儀なくさせるようなことをしてはならない。

33条は、建築確認の申請に関連して「調整的行政指導」が行われた品川区マンション事件を想起させるものである。

周辺住民との紛争を解決するためには、マンション建設を断念して「申請の取下げ」を行う、設計変更をして「申請の内容の変更」を行うなどの選択肢があるので、行政指導が行われていることを理由に、行政庁が当初の申請に対する応答を遅らせることも、直ちに違法とはいえない。

しかし、建築主がもうこれ以上の譲歩はできない旨の意思を表明した場合には、行政庁は、建築基準法のルールに立ち戻って速やかに確認処分をしなければならないというのが、最高裁判所の立場である[6]。

「行政指導を継続すること等により」という部分はややわかりにくいので、とりあえず、申請に対する応答を遅らせることが、32条2項にいう「不利益な取扱い」にあたるという趣旨であると理解すべきであろう。

34条はわかりにくい条文であるが、「許認可等をする権限……を有する行政機関が、当該権限を行使することができない場合又は行使する意思がない場合」という部分は、申請に対する「拒否処分」について、拒否事由がない場合や行政庁が最終的には許認可をせざるを得ないとの見通しを持っている場合を意味する。「当該権限を行使し得る」というのは、行政指導に従わないと「拒否処分」をす

[6) 最判昭和60年7月16日民集39巻5号989頁（品川区マンション事件）〔百選132〕〔自治百選40〕。

るということを意味するが，応答を遅らせるよりさらに強い「不利益な取扱い」であるから，実例は多くないと推測される。

最後に，許認可等を受けて行政庁の監督下にある事業者等については，34条の残りの部分が，特別の定めということになる。

「許認可等に基づく処分」の具体例は，先に例示した「Mカフェ」に対する「営業停止命令」や「許可の取消し」である。このような「不利益処分」については，多くの場合，不利益処分をするかどうか，どのような不利益処分とするかについて，行政庁に一定の「裁量」が認められる。そこで，行政指導に従わなかった場合の行政側の対応の予測が難しい場合には，相手方の地位は不安定なものとなる。そこで，行政手続法12条は，それを緩和するため「処分基準」についての定めを置いている。

以上のように，行政手続法32条から34条のルールは，行政指導の「任意性の原則」を具体化したものである。これらはすべて，行政指導が行われた結果，相手方の権利利益が侵害されていないかに着目するものであるから，「実体的統制」とみることができると思われる。なお，2014年の改正で，35条に第2項が挿入され，34条のルールが「手続的統制」によって補強されている。

5 武蔵野市マンション事件

地方公共団体においては，宅地開発や建築等の分野で，「要綱」という形で指針を定めて行政指導を行うという実務が広くみられた。「要綱」は「一般的抽象的」なルールであるが，「外部効果」はないので，理論上は「行政規則」に分類されることになる。

このような「要綱行政」は「権限なき行政」とも呼ばれたように，地方公共団体が苦心して編み出した手法である。その背景には，国の法律である都市計画法や建築基準法によってなされる「規制行政」には，地方公共団体の「まちづくり」という観点からみて不十分なところがあり，しかし，それを独自の判断で補うことは，「条例制定権の限界」のために，当時は「財産権」ないし「建築の自由」に対する過大な規制と評価されざるを得なかったという事情がある。このような事情を知るための素材として，武蔵野市マンション事件がある。

武蔵野市は，1971年の要綱で，中高層建築物に関しては，地上高10メートル以上のものについて，設計に先立って日照の影響について市と協議するとともに付近住民の同意を得ること，建築計画が15戸以上の場合は市が定める基準によ

り教育施設負担金を市に寄付すること等を事業主に求め，この要綱に従わない事業主に対して市は上下水道等必要な協力を行わないことがある旨を規定した。多くの建築会社は要綱に従ったのであるが，ある建設会社が市のやり方は「事実上の義務強制」にあたるとして強く反発したため，建築の強行着工，給水契約の申込み，給水契約の締結拒否等に発展し，市の対応を指揮した市長が水道法違反の罪で起訴されるという前代未聞の事態になった。

　第1審で市長に罰金10万円が科され，控訴審でも最高裁でもその判断が維持された[7]。最高裁判所は，建設会社が指導要綱に基づく行政指導には従わない意思を明確に表明し，マンションの購入者も入居にあたり給水を現実に必要とする時期に至ったときは，「水道法上給水契約の締結を義務づけられている水道事業者としては，たとえ右の指導要綱を事業者に遵守させるため行政指導を継続する必要があったとしても，これを理由として事業主らとの給水契約の締結を留保することは許されない」と述べている。

3　法定行政指導と行政手続法改正

1　法律・条例の定め

　行政指導の分類として，「法定行政指導」と「法定外行政指導」というものがある[8]。「法定行政指導」とは，個別の法律（または条例）に定めのある行政指導である。条文上の用語としては「指導」のほか「勧告」「警告」「指示」[9]などがある。

　行政指導には法律（または条例）の根拠は不要であると考えるときには，これらの法律（または条例）は，「根拠規範」ではなく，「規制規範」の性質を有することになる。

---

[7]　最決平成元年11月8日判時1328号16頁（武蔵野市マンション事件）〔百選97〕。なお，違法建築に対する給水拒否の違法性を否定した例として，最判昭和56年7月16日民集35巻5号930頁（豊中市マンション事件）がある。

[8]　原田要論200頁参照。原田例解72頁は「法定行政指導」と「非法定行政指導」と呼ぶ。行政指導には法律の根拠が不要であり，「法定行政指導」は例外的であることから，こちらがより適切であろう。

[9]　不利益処分の性質を有するものもあり，どちらに属するかは根拠法令の解釈問題となる。

2　行政手続法 2014 年改正

　2014 年の行政不服審査法の全面改正と同時に，行政手続法が一部改正され，法定行政指導に関する 2 つの規定が追加された。

　第 1 は，36 条の 2（行政指導の中止等の求め）である。「法令に違反する行為の是正を求める行政指導」のうち，法律に定めがあるものが対象となる。ここでは，二面関係が想定されており，相手方は，「当該行政指導が当該法律に規定する要件に適合しないと思料するとき」に，その旨を申し出て，当該行政指導の中止その他必要な措置をとることを求めることができる。ただし，当該行政指導が，その相手方について弁明その他意見陳述のための手続を経てされたものであるときは，中止等の求めはできない。

　第 2 は，36 条の 3（処分等の求め）である。「法令に違反する事実がある場合において，その是正のためにされるべき処分又は行政指導」のうち，法律に定めのあるものが対象となる。ここでは，違法行為を是正するための不利益処分や行政指導が「されていないと思料するとき」に，「何人も」「当該処分をする権限を有する行政庁」または「当該行政指導をする権限を有する行政機関」に対して，「処分」または行政指導をするように「申出」をすることができるとされている。

　これらの規定は，2008 年法案と同様であるが，妥協の産物であるとみられ，理論的にすっきりしないことは否定しがたい[10]。

---

[10]　高木光「行政不服審査法案（2）（行政法入門 43）」自治実務セミナー 48 巻 4 号（2009 年）4 頁参照。

UNIT 15 行政指導（2）――理念と現実

1 行政手続法制定の経緯・意義

1 一般法による標準的ルール

　行政手続法が制定されたのは1993年であるが、事前手続についての一般法を制定すべきであるという指摘は、30年以上も前からなされていた。すなわち、第一次臨時行政調査会は、1964年に既に行政手続法草案を公表していた。その後、行政管理庁の行政手続法研究会（第一次研究会）が、1983年に行政手続法法律案要綱案を、総務庁の行政手続法研究会（第二次研究会）が、1989年に行政手続法要綱案を公表している[1]。

　日本国憲法のもとでは、行政権の不適正な行使に対して、国民の権利利益の実効的救済の手段を用意しなければならないのであるが、そのためには、行政不服審査や行政訴訟という「事後的救済手段」のみでは不十分である。そこで、「事前手続」の整備が必要となるが、個別法によってそれを図るだけでは、漏れが生じるので、一般法によって標準的な手続規定を整備することが重要である。

　戦前のわが国においては、事前手続の意義が十分に理解されておらず、その一因としてはわが国の行政法学がドイツのそれの強い影響下にあり、当時のドイツ行政法学も事前の行政手続の意義を軽視していたことが指摘されている（UNIT 9参照）。しかし、戦後の世界の先進国の動向をみると、古くから事前手続の重要性を認識してきたイギリスやアメリカのようなコモンロー系諸国は当然として、事後的救済を重視してきたドイツやフランスをはじめとするヨーロッパ大陸諸国においても事前手続の整備が進んでおり、事前手続の整備は先進国の「標準装備」ともいえるものと理解されている。そして、その内容についても、各国の伝統や社会状況に応じて重点の置きどころには相違がみられるものの、かなり共通の原則が具体化されている。たとえば、塩野宏によれば、普遍化しているものとして、「告知・聴聞」「文書閲覧」「理由付記」「処分基準の設定・公表」があり、

---

1) 宇賀克也『行政手続三法の解説（第1次改訂版）』（学陽書房・2015年）32-36頁。

これを「適正手続4原則」ということができるとされる[2]。

　以上のような経緯[3]に鑑みると，1993年の行政手続法の定めは，行政権の行使にあたって，特段の理由のない限り，当然遵守すべき標準的ルールであるということができると思われる。

2　改革立法としての側面

　次に注意すべき点は，行政手続法は，改革立法としての側面を有していることである。というのは，同法の制定は，1990年4月の第二次行革審最終答申を受けて，同年10月に発足した「臨時行政改革審議会」（第三次行革審）に設けられた「公正・透明な行政手続部会」において立案がなされたものであるからである。そして，そこでは，従来の行政実務には「不公正」な部分，「不透明」な部分が多かったという反省を前提に，そのような「行政スタイル」を変革することをめざして事前手続を整備するという側面が重視されたのである[4]。

　このような観点からみると，行政手続法のなかで特に重要なのは，第2章の「申請に対する処分」に関する規定と，第4章の「行政指導」に関する規定ということになる。というのは，わが国においては，一般的にいって，不利益処分はそれほど多用されず，それが可能なときでも，行政指導で対処することが少なくないのに対して，申請は，広範な行政分野で日常的に大量に行われ，かつ，それに対する国民の不満が大きいからである。

　たとえば，審査基準が公にされていない，申請者の意思に反して申請書の受領が拒否される，受領後，長期間にわたって申請書が放置される，拒否処分に際して理由が提示されない，などの例が多かったとされる。そして，第三次行革審においては，このような問題に対して特に大きな関心が示されたのである。そこで，行政手続法第2章はこのような事態の是正を企図したと理解すべきであり，その意味で極めて重要な意味を持っているとされる[5]。

　そして，特筆すべきは，従来，準法律行為的行政行為の一類型として説明されてきたいわゆる「受理」概念を排するという姿勢が立案過程で明確に打ち出されたことである。これは，受理概念が申請窓口における不透明な処理を支える拠り

---

[2]　塩野 I 295頁。
[3]　詳しくは，仲正『行政手続法のすべて』（良書普及会・1995年）131頁以下参照。
[4]　宇賀・前掲注1) 37頁，塩野 I 392頁。
[5]　宇賀・前掲注1) 87-88頁。

所として使われてきたことへの反省があったからであるとされる[6]。

わが国の行政指導は，申請との関連でなされることが多く，そして，そのような行政指導のなかには，申請権を侵害しているという批判がなされるものも存在した。とりわけ，地方公共団体の機関が，建築確認申請等との関連で行った行政指導については，その限界について訴訟に持ち込まれ，最高裁判所が地方公共団体の対応を違法と判断した例が広く知られている。

先に UNIT 14 ②で触れたように，行政手続法 33 条の定めは，品川区マンション事件に関する最判昭和 60 年 7 月 16 日民集 39 巻 5 号 989 頁〔百選 132〕〔自治百選 40〕を基礎としたものであった。また，同法 32 条 2 項の定めは，武蔵野市マンション事件に関する最決平成元年 11 月 8 日判時 1328 号 16 頁〔百選 97〕を基礎としたものである。

以上のように，行政手続法の定めのなかには，本来は当然遵守されるべき基本的なルールであるにもかかわらず，行政実務がそれに反していたという実態を想起させるものがある。そして，ここにいう「当然遵守されるべき基本的なルール」とは，行政法学における「法治行政の原理」とりわけ「法律による行政の原理」にほかならないのである。すなわち，広義の「法治行政の原理」とは，「法の支配の原理」とほぼ同義で，「行政活動は法に従って行わなければならない」という当然の普遍的な法理であり，その内容は，わが国においては，大きく「法律による行政の原理」「適正手続の原理」「人権尊重の原理」に分けて説明される（UNIT 6 ①参照）。

「法律による行政の原理」は「法律の優位」と「法律の留保」を含むが，そのうち，後者は，「国民の権利利益」に対する制限は，行政権独自の判断で正当化されるものではなく，国会が「法律」という形式で正当化しなければならないというものである。これが，民主主義と自由主義を基調とするわが国の現行法体系の大前提である。そして，日本型行政スタイルの典型とされる「行政指導の多用」や「通達行政」（UNIT 10 ③参照）といわれる現象は，常に「法治行政の原理」と緊張関係にあるものとされてきたのである。

以上のような文脈から，1993 年の行政手続法は，日本型行政スタイルからの脱却をめざすという意味での「改革立法」でもあったのであるが，「改革立法」の常として，そのような定めにもかかわらず，実態が十分には改善されないとい

---

6) 仲・前掲注 3) 181 頁。

うことも，残念ながら，少なからずあるのである。

3　地方公共団体の機関が行う行政指導

　ここで，条文の適用関係に関連して，地方公共団体の機関が行う行政指導について説明しておこう。地方公共団体の機関が行う行政指導については，行政手続法の第4章は直接には適用されない。これは，1993年の立法の際の，地方自治の尊重という配慮によって，第3条第2項（現在は，3項）に「適用除外」の定めを置き，それぞれの地方公共団体が「行政手続条例」によって，自主的に対処するものとされた（38条，現在は46条）という経緯による。そして，結果的にみると，多くの地方公共団体は，行政手続法第4章と同様の規定を「行政手続条例」に置いたので，同様の「公正性」「透明性」が要請されることになっている。

　他方，一部の地方公共団体は，行政手続法の定めが，上記の最高裁判所の判例よりも行政指導に関して「抑制的」であると理解し，それを緩和する意図をもって特有の定めを置いている[7]。しかし，行政手続法第4章の規定のうち，第32条，第33条，第34条は実体法的な規律であり，かつ判例法理を明文化したものと理解できるから，実質的には地方公共団体の機関の行う行政指導にも適用されることになる。そこで，これらの条例の規定は，裁判所によって限定解釈されることになると考えられるのである[8]。そして，注意すべきは，申請に関連する行政指導においては，最終的には申請の処理の在り方の当否が問題とされるので，その際，その申請が「法令に基づく」ものである限り，地方公共団体の行政庁が行うものであっても，行政手続法第2章の規定が直接適用されることである。し

〈行政手続法3条3項による適用除外〉

主体	根拠	申請に基づく処分	不利益処分	行政指導	届出	命令等
国	法律・政省令等	行手法第2章適用	行手法第3章適用	行手法第4章適用	行手法第5章適用	行手法第6章適用
地方公共団体	条例・規則等	適用除外	適用除外	適用除外	適用除外	適用除外

　7）　塩野宏＝高木光『条解行政手続法』（弘文堂・2000年）318-319頁，377頁。
　8）　前掲注7）375頁。

かし，この点は，その後の経緯をみる限り，行政実務において，必ずしも十分な理解がなかったと推測される。

2 事前協議

1 理念と現実

行政手続法の理念は，行政実務においては必ずしも浸透していないようにも思われる。「事前協議」という仕組みは，行政手続法の制定前から広くみられたが，制定後も変わりなく維持されている場合が多いと推測される。この点は，一連の医療法勧告事件においても確認できる。

2 医療法勧告事件のその後

医療法30条の7（平成9年改正前。現在は30条の11）による病院開設中止勧告ないし病床削減勧告については，それが「処分性」を有すること，すなわち，抗告訴訟の対象となることが平成17年の最高裁判所判決によって示された（**UNIT 27** [2]）。そこで，病院開設希望者が，どのような訴訟によって争うことができるかという点については，一応の交通整理がされたとみることができる。

しかし，勧告を含めた行政側の対応が違法であるかどうかという本来の争点についての決着は先送りされたのである。そして，最高裁判所によって差戻しがなされた後に下された2つの地裁判決[9]をみると，勧告の違法性についての判断は分かれている。他方，いずれにおいても，医療法7条に基づく病院の開設許可の手続が，「事前協議」という仕組みの存在によって，行政手続法の第2章が想定する「淡々とした申請処理」とは全く異なるものとなっていたことが示されている。

---

[9] 最判平成17年7月15日民集59巻6号1661頁（高岡南郷病院事件）〔百選167〕は，富山県知事が平成9年10月1日付でした病院開設中止勧告に関するものであるが，富山地判平成19年8月29日判タ1279号146頁は，中止勧告を違法であるとして取り消している。名古屋高金沢支判平成20年7月23日判タ1281号181頁も同様。最判平成17年10月25日判時1920号32頁（土浦徳洲会病院事件）は，茨城県知事が平成11年12月9日付でした，病床数を308床から60床に削減するようにとの勧告に関するものであったが，水戸地判平成19年10月24日（裁判所ウェブサイト）は，原告の請求を棄却している。高木光「事前協議（行政法入門34）」自治実務セミナー47巻5号（2008年）4頁，「事前協議（続）（行政法入門35）」同6号（2008年）4頁参照。

③ 行政手続法7条の趣旨と射程

1 「申請前」と「申請後」

　病院開設中止勧告を違法であるとした富山地裁判決と病床削減勧告を適法であるとした水戸地裁判決の対照的な判断は，前者が行政手続法の理念を理解しているのに対して，後者は残念ながらそうではないことによると思われる。ただ，両者には事案の違いもある。すなわち，高岡の事案では，「事前協議」という仕組みが医療法7条に基づく許可の申請の後にも作動していること，土浦の事案では「事前協議」の仕組みの作動が主として許可の申請前であったことといえそうである。

2 行政手続法7条の射程

　それでは，行政手続法7条は「申請後」のルールを定めるものであり，「申請前」の行政のあり方とは無関係といえるのだろうか。そうではない。水戸地裁判決も，「事前協議に基づく病床配分」を行ったことについて，「申請前」であるから行政手続法7条違反の問題は生じないという形式的な割切りはしていない。判示の前半では，許可申請に先立つ「事前協議」は，「その内容が，各種申請に関する行政庁による処理について透明性，迅速性及び公正性を確保しようとした行政手続法7条の趣旨に反するような不当・不合理なものでない限り，許される」もので，「指導要綱は……行政指導を行うことを規定したものに過ぎないのであるから，……指導要綱に基づく事前協議を行うこと自体が違法であると認めることはできない」としている。

　この部分は，「事前協議」はあくまでも行政指導として行われているという前提で論じているものとみることができる。そして，行政手続法が，行政指導を行うこと自体を禁止するものでないことは異論のないところであるから，「事前協議」という仕組み自体が行政手続法に違反するわけではないこともまた当然である。

　しかし，問題は「事前協議」という仕組みがどのような機能を果たしているかであり，その仕組みのなかで「行政指導」として行われるものについて，「行政指導の限界」を超えてはならないことはもちろん，単なる「行政指導」にとどまらない要素が含まれている場合には，それがそもそも許容されるのか等を別途検討する必要がある。筆者のみたところ，水戸地裁の判決は，後半部分では，知事

が「病床配分」の「権限」を有することを前提としてその合理性を判断するという矛盾を含んでいるが、そのような矛盾が生じた原因は、「事前協議」の仕組みには行政手続法の理念に反する要素が含まれがちであることを理解していないことではないかと推測される。

というのは、「事前協議」の内容として、いわゆる「事前協議の義務付け」がなされているものであって、事前協議を経ないと「申請を許さない」という運用がなされている場合には、病院開設希望者からみた場合、「申請後」に応答が留保されている場合以上に、「権利の行使」が妨げられていることになるからである。

3 「淡々とした申請処理」のモデル

一般法である行政手続法の第2章は「淡々とした申請処理」のモデルを採用している。そして、医療法は7条に基づく病院開設の許可について、特別の手続を用意していない。そこで、許可権限を有する知事は、行政手続法第2章の「申請に対する処分」における「行政庁」として、「申請後」のみならず「申請前」もこのモデルに従う必要があるはずである。

一般法である行政手続法の理念によれば、病院開設の許可を得ることを希望するものは、申請をするかしないか、どのような申請をどの時期にするかを自らの判断で決定できなければならない。どのような条件を満たせば許可を得られるかは、法令およびそれを具体化した「審査基準」によって客観的に決まっており（行政手続法5条）、申請に対する審査は、そのような客観的な基準に即して、速やかに行われなければならない（同7条）。また、どの程度の期間で結論が出るかも「標準処理期間」を目安として予測できるものでなければならない（同6条）。さらに、全部拒否処分にあたる「不許可」や一部拒否処分にあたる「条件付き許可」の場合は、理由が提示され（同8条）、申請者はそれをみて、納得するか争うかを合理的に判断できるものでなければならない。

これに対して、多数の申請を一括処理しなければならないとか、多数の者から少数の者を選択しなければならないような例外的な場合について、申請処理の手続についても例外を設けることは妨げられない。「特別法は一般法を破る」という法の原則は、行政手続法1条2項で確認されている。そこで、個別行政法規において行政手続法とは異なる定めを置くことは、その特別扱いに合理性と相当性が認められるのであれば問題はないということになる。

ただ，そのような例外を，法律の定めなしに認めることはできないことに注意が必要である。「法治行政の原理」とりわけ「法律の留保」の基本的な考え方は「目的は手段を正当化しない」というもので，行政機関は，「法律」によって権限を与えてもらうというプロセスを踏むことが常に要請されるからである。これは，実体的な規制権限についても，手続面についても同様であると考えられる。

　高岡や水戸の事案でなされた「事前協議」の運用が，「淡々とした申請処理のモデル」と程遠いことは明らかである。そこで，「事前協議」の仕組みによってめざされた政策目標は，本来は医療法ないし健康保険法に特別の定めを置いて対応すべき問題ではなかったかを検討しなければならないという示唆が得られそうである。

4 「紛争回避文化」

　わが国の裁判所は，行政指導に「理解」があるとも感じられる。この点を，ドイツとの比較で説明しようとする試みとして，藤田宙靖の「紛争文化」と「紛争回避文化」の対比[10]がある。なお，最判昭和57年4月23日民集36巻4号727頁（中野区特殊車両通行認定事件）〔百選131〕は，「調整的行政指導」の例とされるが，そこでの紛争は，建設業者と付近住民という「私人相互」の「民民紛争」と，行政機関と建設業者の間の紛争に分けて分析する必要があろう。

---

10) 藤田総論348頁参照。違法行為の是正のための措置命令の前段階の勧告や申請に先立つ協議というような実務はドイツでも広く存在するようであり，ドイツ行政法理論でも，1980年代以降は「インフォーマルな行政活動」という用語で，「警告」，業界団体との協力などと合わせて論じられている。Maurer, S. 429

［第4部］

多様な行政過程

UNIT 16 行政強制

1 行政過程と行為形式の多様化

1 三段階構造モデル

古典的な「防御型の行政法理論」においては，行政活動の基本的パターンは「法律⇒行政処分⇒強制執行」として捉えられた。これを「三段階構造モデル」と呼ぶ。

第1段階では，法律によって私人の義務が「一般的抽象的」に定められる。第2段階では，行政庁がある事案について法律を適用して「不利益処分」をすることによって，特定の私人に具体的義務が課される。この義務を名あて人が任意に履行すれば問題は生じない。

しかし，任意の履行がなされない場合は，行政目的が達成されないことになる。そこで，場合によっては，行政上必要な状態を実現するために，義務の履行を「強制」する必要がある。そのための手段が第3段階の「行政上の強制執行」である。

さて，このようなモデルの評価は，行政法理論の構造をわかりやすく説明することができるかという側面と，妥当な法的議論をするためには行政現象をどのように捉えるべきかという側面の2つがあると思われる。このうち，第1の側面については積極的な評価が定着しており，近時刊行された入門書でも言及されている[1]。

2 行政過程の多様性

上記の「三段階構造モデル」は，1つのモデルに過ぎず，実際の行政活動のあり方はより多様である[2]。行政作用を「法律の執行」と捉え，法律を出発点に，

---

[1] 石川敏行他『はじめての行政法（第3版）』（有斐閣・2013年）66頁参照。

[2] 「三段階構造モデル」に収まり切らないものがあることは，伝統的な行政法理論においても決して否定されていたわけではなく，「行政立法」「行政契約」「即時強制」などの行為類型の存在が注目され，それらをめぐる法的な問題が論じられてきたとこ

その内容の実現とみた場合でも，その実現のプロセスは，「三段階構造モデル」より複雑である。

　第1に，「法律⇒行政処分」というプロセスの中間に「行政立法」や「行政計画」というものが介在するのが通例である[3]。「一般的抽象的」な法律の具体化を一挙に行うのではなく，中間的な「基準設定」を経るという手法は，平等原則，比例原則，信頼保護原則などを含めた「合理性」の確保のために有効であると考えられる。また，ある「行政処分」の実現のために別の「行政処分」がなされることもある。

　第2に，「行政処分」に先行するものとしてある種の「行政調査」が位置づけられる。また，「行政処分」を行うための情報収集という観点からみれば，「届出制度」も視野に入ってくる。

　第3に，「行政処分」といわば並列的に，「行政指導」や「行政契約」などが用いられることがある。「行政処分」と「行政指導」の関係は，既にみたように様々であり，「行政処分」に代替する「行政指導」のほか，「行政処分」に先行するもの，「行政処分」に付随するものなどがある。

　第4に，「行政処分」によるほか，法律によって直接，私人に行政上の具体的義務が課せられる場合もある。その場合「法律⇒強制執行」という実現のプロセスが想定できる。

　第5に，私人に行政上の具体的義務を課して任意に履行する機会を与えることなく，行政上必要な状態を実力行使その他の強制的手段で実現するという場合もある。これを「即時強制」あるいは「即時執行」と呼ぶ。

　第6に，私人が行政上の具体的義務を任意に履行しない場合に，当該義務が履行された状態の実現をめざすほかに，あるいは実現をあきらめる代わりに，私人に制裁ないし不利益を与えるという手段がある。「行政罰」や「公表」や「課徴金」であり，許認可の取消しなどのある種の「行政処分」も見方によってはこれに含まれる。

　　ろである。そして，これらは，藤田教科書では，現代的な行為類型である「行政計画」「行政指導」とともに「三段階構造モデルの例外」として整理されてきた。藤田総論291頁以下。
 3) 原田要論は，第4章の表題を「行政による法律の補充作用」とし，「行政立法」と「行政計画」を説明している。ただし，行政計画の実現のために法律が制定されることもある。

以上のように，現実の行政過程を，多様な「行為類型」が使い分けられ，様々な「手続」によって連結されているもの[4]とイメージするのが，「行政過程論」[5]

---

4) 「行為」と「手続」が組み合わされて，一定の共通する性質を有するものとなっているものが「制度」ないし「法的仕組み」と呼ばれるものであると思われる。「法的仕組み論」について，稲葉他22頁（稲葉馨）は，次のように説明している。「行政上の「一般的制度」は，各行政分野で共通に利用可能な「法的仕組み」（諸要素の有機的組合せ）であり，そこでは，当該仕組みそのものの価値原理（意義）・特色・構成要素等が論じられる。行政作用法総論においては，伝統的に，「行政の行為形式論」が中心に置かれてきたが，近時は，個々の行政決定等を「行為」という視点に限定してとらえるだけでなく，たとえば，「許可」という行政行為について，『罰則による「自由」の一般的禁止→許可の申請→申請に対する手続的規律→許可による一般的禁止状態の解除→許可を受けた者に対する監督・指導・許可更新制度→違反者に対する許可の停止・取消し→それをめぐる行政の事前・事後手続』といったように，一定の行為を中心とするシステムないし法律関係の展開の仕組み（法的仕組み）として把握することが重視されるようになっている。」

　同書が「行政上の一般的制度」の例として挙げているのは，「行政調査・情報収集制度」「情報の管理・公開・保護制度」「義務履行確保制度」「即時強制」である。そこで，上記のコラムの説明は，「行為形式」として説明している「基準設定行為」「行政行為」「行政契約」「行政指導」「行政契約」についても，実は，「法的仕組み」のなかに位置づけて理解しなければならないということを指摘していることになる。

　そこで，許可という典型的な「申請に対する処分」の性質を理解するためには，「公的規制」の様々な「仕組み」のなかでの位置づけに目を配る必要があることになり，そのためには「届出制度」との比較が有益であると考えられる。「許可制度」と「届出制度」の比較が問題となったものとして，最判平成16年4月26日民集58巻4号989頁（食品衛生法違反通知事件）がある。

5) 1970年代に注目を集めた「行政過程論」には様々な側面がある。本文で触れた第2の側面については，現在でも評価が分かれる。その意味で，法学的方法の限界を批判するという色彩の強かった遠藤博也のそれを意識した藤田宙靖のコメントは現在においても示唆に富むものであろう。すなわち，藤田宙靖は，遠藤博也からの批判の意義を政治学，行政学，憲法学等の分野で指摘されてきた「議会制民主主義の形骸化」や「法治行政の限界」などの問題提起を行政法学の側で受け止めようとするものであったと評価したうえで，伝統的な「法学的方法」の限界を認めつつも，その積極的意義を重視する立場を表明していた。藤田総論138-139頁参照。

　近時のドイツおよび日本の「行政法学方法論議」においては「法学的方法」の限界が指摘され，学際的な方向が示されているのであるが，このような問題意識は必ずしも新しいものではないのである。そして，本書も，藤田と同様に「行政作用法」の中核は「行政の行為形式論」であるという立場をとっている。「行政行為中心主義」は克服される必要があるが，様々な「行為形式」の機能に着目することによってはじめ

という現在の行政法学の標準的なフォーメーションであるとされる。

3 違法性の承継

「行政救済法」における最も重要な論点は，行政の様々な行為が，どのような場合に「違法」となるのかである。そして，これは，基本的には「行政作用法」の問題である。したがって，「行政作用法」における「行政法的思考」は，まずは，行政過程を分解し，どのような「行為」がどのような「手続」で行われているものとされているかの分析にあてられる。

そして，とりわけ注意すべきは，「行為の連鎖」という視点，すなわち，それぞれの「行為」がどのような「行為」を前提としてなされることとされているか，という視点であろう。

2つの「行為」が連鎖しているとき，「先行行為」と「後続行為」と呼ぶことにしよう。「先行行為」が違法であるときに，「後続行為」が違法となる場合と，そうでない場合があることに注意が必要である。

このうち，「先行行為」と「後続行為」がともに「行政処分」であり，「先行行為」が違法であるときに，「後続行為」が違法になる場合が，狭義の「違法性の承継」である。これは，「行政処分」には「公定力」が認められる関係で，「先行行為」が違法であっても有効であり，有効な「先行行為」の存在を前提としてなされた「後続行為」は違法にはならないのが原則であると考えられてきたことによる（UNIT 12 ②参照）。

これに対して，「先行行為」が「行政処分」以外の行為である場合，たとえば，狭義の「行政立法」（＝「法規命令」）や「行政処分」としての性質を有しない「行政計画」については，それが違法である場合には，その存在を前提としてなされた「後続行為」は違法になると考えられてきた6)。そして，このことをわざ

て，行政活動を法というルールによって統制するという「行政法的思考」が貫徹できると考えるのである。

6) 最判平成18年9月4日判時1948号26頁（林試の森事件）および最判平成18年11月2日民集60巻9号3249頁（小田急高架訴訟）〔百選79〕では，都市計画決定の違法性が，都市計画事業の認可の取消訴訟で問題とされている。違法な法規命令が当然に無効であると考えられてきたことが確かであるが，違法な行政計画も同様に当然無効と考えられてきたのかははっきりしない。なお，住民訴訟においては先行する「非財務行為」の違法性と「財務行為」の違法性の関係が問題とされ，「違法性の承継」という言葉が用いられることがある。UNIT 44参照。

わざ「違法性の承継」とは呼ばないのが通例[7]である。

② 行政上の強制執行

1 定　義

　行政上の強制執行とは、「私人が行政上の具体的義務を任意に履行しない場合に、行政が裁判所の手を借りることなく、実力行使その他の強制的手段によって、当該義務が履行された状態を実現することまたは実現することをめざすこと」を意味する。行政上の強制執行には、様々な性質を有するものが含まれるため、その定義はやや曖昧なものとならざるを得ない。

2 法律による授権

　「行政上の強制執行」は、私人が義務を任意に履行しない場合に強制をするものであるが、その際に、行政機関が裁判所の力を借りなくてもできる点に特徴が認められる。

　民事法の世界では、原則として「自力執行」あるいは「自力救済」は禁止されている。したがって、私人相互の関係で、一方が権利を有し、他方が義務を負うということが判決などで確定したとしても、義務者が任意に履行しない場合には、権利者が自己の権利の実現するために実力を行使することは許されない。任意に義務を履行しない者に対して履行を強制するためには、もう一度裁判所の力を借りなければならないのである。

　このように「行政上の強制執行」は、行政機関に私人相互の関係では認められない特別扱いを認めるものである。そして、明治憲法下では、行政処分によって義務を課す権限は、その履行を強制する権限を（少なくとも義務をそのまま実現する場合には）含むと一般に考えられていた。そして、この考え方は、強制する権限を一般的に認める「行政執行法」という名称の法律が1890年に制定されたことによって、立法的な裏づけを得たのであった。

　しかし、第二次大戦後は、「行政執行法」は廃止され、「人権尊重の原理」から、義務を課す権限と強制権限は別のものであり、「強制」には別途、法律による授権が必要であるという考え方が一般的となっている。

---

[7]　ただし、芝池救済法72頁は、訴訟の対象となる行為の間では違法性の承継が問題になるとしている。

3　4つの基本類型

行政上の強制執行制度は、「強制徴収」「代執行」「執行罰（間接強制）」「直接強制」という4つの基本類型に整理される[8]。

第1の「強制徴収」とは、金銭納付義務の不履行に対する強制執行手段である。

第2の「代執行」とは、「代替的作為義務」の不履行に対する強制執行手段である。

第3の「執行罰」は、一定の期間内に義務を履行しない場合に、一定の金銭給付義務を課すもので、不作為義務や非代替的作為義務について用いることが考えられる。

第4の「直接強制」は、必要な限りで実力を行使して義務をそのまま履行させるものである。

以上の4つの類型は、明治憲法下では広く用いることができたが、戦後の改革によって限定がなされた。現在では「強制徴収」と「代執行」はある程度一般的な手段であるが、「執行罰」という仕組みは基本的には用いないものとされ、「直接強制」も個別の法律で特に認めたものに限られ、その例は多くない。

「強制徴収」について定める法律は、国税徴収法であり、第5章の表題として「滞納処分」という言葉が用いられている。「滞納処分」は、順次行われる財産の差押え、財産の換価、換価代金の配当等の行為の総称であり、それらに先立って、督促等を行うべきことは、国税通則法に定められている（37条、40条）。そして、この国税通則法・国税徴収法の定める強制徴収の制度は、個別の法律によって国が有する各種の金銭債権に準用されている。また、地方税については地方税法で国税とほぼ同様の強制徴収制度が採用され、地方自治法231条の3では、「分担金、加入金、過料又は法律で定める使用料」について準用する旨を定めている。このように「滞納処分」は、1つの行為ではなく[9]、複数の行為が連鎖する制度であり、次にみる「代執行」も同様である[10]。

---

8) 金銭給付義務に関するものと、それ以外の義務（作為義務、不作為義務、受忍義務、明渡し・引渡し義務）に関するものの大別を基本とする「二元的構成」は、ドイツから継受されたものである。

9) 滞納処分制度のなかの、差押えと公売処分について違法性の承継が認められる、という指摘においては、複数の「行政処分」の存在が意識されている。芝池救済法73頁、原田例解208頁参照。他方、違法性の承継論において「課税処分と滞納処分」が例示される際には、「滞納処分」は1つの「行政処分」であると意識されているようでもある。

3 代執行

1 典型例としての改善命令

代替的作為義務を課す「行政処分」の典型は、いわゆる「改善命令」である。

食品衛生法56条は、営業の施設が基準に違反している場合に、その施設の「整備改善」を命じる権限を行政庁に与えている。たとえば、Mカフェの冷蔵庫の性能が低下しており、そのためにクレープ生地に雑菌が繁殖して食中毒を起こしたとすると、保健所長Yは、Xに対して冷蔵庫の修理を命じることができる（Q8参照。許可の取消しより穏やかな対応）。

この「改善命令」という「不利益処分」によってXに課されるのは「○○する」義務で、かつ、X本人が行っても、他人が行ってもよい義務であるから「代替的作為義務」に該当する。そこで、Xが任意に履行しない場合は、Yは、食品衛生法自体に規定がなくても、一般法である「行政代執行法」を根拠として、裁判所の力を借りることなく「強制」できるのである。

2 代執行という仕組み

「代執行」という仕組みは、行政上必要な状態を実現するために、「代替的作為義務」の履行を「義務者」以外の者が行い、義務者には代わりに「金銭給付義務」を課し、強制徴収の手段を用いるというものである。

行政代執行法1条
　行政上の義務の履行確保に関しては、別に法律で定めるものを除いては、この法律の定めるところによる。
2条
　法律（法律の委任に基づく命令、規則及び条例を含む。以下同じ。）により直接に命ぜられ、又は法律に基き行政庁により命ぜられた行為（他人が代つてなすことのできる行為に限る。）について義務者がこれを履行しない場合、他の手段によってその履行を確保することが困難であり、且つその不履行を放置することが著しく公益に反すると認められるときは、当該行政庁は、自ら義務者のなすべき行為をなし、又は第三者をしてこれをなさしめ、その費用を義務者から徴収することができる。

冷蔵庫の修理をXが任意に行えば問題は解決するのであるが、Xが修理費用

10）　藤田総論270頁。

を惜しんで営業を続けている場合に，行政庁はどうすべきであろうか。本来は，代執行をすべきであると考えられる。

「実効性確保」の手段は「強制」のほかに，次にみる「制裁」がある。しかし，「強制」の方が，行政上必要な状態の実現という観点，すなわち，Xの営業がきちんとした設備で行われることを直接確保する点では「制裁」より優れている。Xを改善命令違反の罪で刑務所に送っても，それ自体は，「飲食に起因する衛生上の危害の発生を防止する」という食品衛生法の目的を達成するものではないからである。

ただ，「代執行」という手段は現実にはなかなか発動されない。「著しく公益に反する」というように要件がかなり厳格なうえ，手間がかかり，また費用の回収も困難なことが多いからである。

4 行政強制の概念

1 「即時強制」の概念

「行政上の強制執行」と「行政上の即時強制」を合わせて「行政強制」と呼ぶことがある。「行政強制」は，行政機関が（裁判所の手を借りることなく）実力行使などによって「行政上必要な状態を実現する」作用と定義される。

田中二郎は，「人民の身体又は財産に実力を加え」という言い回しを用いていた[11]。また，「行政上の強制執行」は「行政上の義務の不履行に対し，行政権が実力をもってその義務を履行させ又はその履行があったのと同一の状態を実現する作用」であり，「行政上の即時強制」は，「義務の履行を強制するためでなく，目前急迫の障害又は行政違反の状態を除く必要上，義務の履行を命ずる暇のない場合又はその性質上義務を命ずることによってはその目的を達しがたい場合に，直接に人民の身体又は財産に実力を加え，もって行政上必要な状態を実現する作用」と説明している。

以上のように，「強制執行」と「即時強制」の区別は，義務の不履行を前提とするかどうかによるが，「行政強制」というグルーピングは，両者に共通の「強制」という要素に着目していることになる。

他方，近時の多くの教科書で採用されている「義務履行確保」というグルーピングの場合は，「義務履行確保制度」のなかに「行政上の強制執行」と「行政罰」

---

11) 田中上168頁。

が位置づけられ，「即時強制」（ないし「即時執行」）は孤立するものが多くなっている[12]。

行政強制	行政上の即時強制	
	行政上の強制執行	行政上の義務履行確保制度
	行政罰	

2 「強制」概念の多義性

「行政強制」というグルーピングにおける「強制」の概念は多義的である。「行政強制」は，「行政上の強制執行」と「行政上の即時強制」の上位概念とされているが，それぞれの定義において，「強制」の概念が完全に一致しているかには疑問がある。

すなわち，「即時強制」の概念において第1に注意すべきは，そこでの「強制」が「有形力の行使」という最も狭い意味のそれであることであろう。この点を，櫻井＝橋本は，以下のように説明している[13]。

> 直接強制とは，義務者の身体または財産に対し直接有形力を行使して，義務の実現を図ることをいう。作為義務・不作為義務のいかんを問わないし，非代替的作為義務の場合はもとより，代替的作為義務の場合でも直接強制の対象とすることが可能である。
> 即時強制とは，義務の存在を前提とせず，行政上の目的を達するため，直接身体もしくは財産に対して有形力を行使することをいう。義務の存在を前提としないので，義務履行確保の手段とはいえないが，実際上の直接強制との違いは大きくない。たとえば，違法駐車された自動車のレッカー移動については，警察官が運転者に対して移動命令を出したうえで行う場合（道路交通法51条1項，2項）と，運転者が現場にいない場合に移動命令を発することなく車両を移動する場合（同条3項）の2通りがある。移動命令を前提とした移動は直接強制とみる余地があり，これを前提としない移動は即時強制である。両者は概念的には別異であるが，実際上の措置として質的に異なるというほどのものではない。

以上のように，「即時強制」における「強制」は「有形力の行使」という最も狭いもので，「直接強制」と共通点を有するものが想定されている。行為類型の

---

12) 「即時執行」という言葉を用いるものとして，塩野Ⅰ252頁，「即時強制」を規制行政における主要な法的仕組みの1つとして説明するものとして，宇賀Ⅰ104頁参照。
13) 櫻井＝橋本184頁，192頁。

観点からは，いわゆる「権力的事実行為」がその中核ということになる。

これに対して，「行政上の強制執行」には，「強制徴収」「代執行」「執行罰」「直接強制」という4つの類型が含まれ，それぞれにおける「強制」の意味は様々である。そこで，「強制執行」における「強制」の概念はより広いものになっているというべきであろう。

なお，レッカー移動の法的性格については，「移動する義務」を「代替的作為義務」と捉え，移動命令を実現するものは「代執行」にあたると説明した方がよいのではないかという気もする。しかし，道路交通法に根拠規定が置かれ，また費用負担についても定めがある以上，「直接強制」か「代執行」かは，理論上の興味にとどまるともいえる[14]。

3　強制執行の「例外」としての「即時強制」

第2に注意すべき点は，「即時強制」と「直接強制」ないし「代執行」との違いは，「行為類型」としての違いというよりは，「行政手続上の位置づけ」の違いではないかということである。すなわち，「法執行システム」というときも，それを広く捉える場合には，「法の実現のプロセス」ということになるので，「行為」と「手続」の組み合わせという観点からの整理が有効である[15]と考えられるからである。

そこで「即時強制」の理解において参考とされるべきは，この概念の淵源であるドイツにおける位置づけであろう。すなわち，ドイツにおいては，「即時強制」は，独自の行為類型ではなく，「行政強制」[16]の手段が「先行する行政行為なし

---

14) 高木光「大阪名物？　駐車違反（もうひとつの行政法入門8)」法学教室218号112-113頁（1998年）参照。

15) 藤田総論269頁は，「代執行」および「滞納処分」を「制度」ないし「仕組み」＝「複数の行為と手続の組合せ」として捉えるべきことを示唆し，また，同363頁では，さらに，「行為」もまた一種の「制度」であるともいえる，という指摘がなされている。

16) ドイツにおいては，「行政上の強制執行」を金銭給付義務の実現にかかるものとそれ以外の「作為，受忍または不作為義務」の実現にかかるものに分けて説明する「二元的構成」を採用し，「作為，受忍または不作為義務」の実現にかかるものについて「行政強制」（Verwaltungszwang）という概念を用いるのが通例である。また，「行政強制」は「行政行為」によって課された義務の「強制執行」（Verwaltungsvollstreckung）と捉えられ，「行政強制」の手段として，「代執行」「強制金」「直接強制」

に」用いられるものであると理解されている。また，行政行為によって課せられた義務を「戒告」（連邦行政執行法13条）および「強制手段の決定」（14条）という「手続」を踏んで実現する形態が原則であるという整理をするとともに，そのような「標準的な」形態の対極に「即時強制」が，そして両者の中間に，行政行為は先行するものの，「戒告」ないし「強制手段の決定」が省略される「略式手続」（Abgekürztes Verfahren）が位置づけられているのである[17]。

4 「間接強制」の概念

先に指摘したように，「強制」の概念は多義的である。とりわけ，義務の履行を間接的に強制するというように，「強制」という概念を機能的に捉える場合には，その範囲は曖昧にならざるを得ないという問題がある。たとえば，「広義の行政制裁」を過去の行政上の義務違反に対して課される刑罰以外の制裁で，その威嚇的効果により間接的に義務の履行を強制するものと捉える場合[18]には，「行政上の秩序罰」も「間接的」「強制」にあたることになりそうである。

しかしながら，現行法上の「行政上の秩序罰」は，比較的低額の「過料」を課すもので，「威嚇力により」「強制する」という機能を果たすことが予定されてい

という3つの類型が位置づけられている。

> **ドイツ連邦行政執行法9条1項**
> 強制手段は，代執行（10条），強制金（11条），直接強制（12条）とする。
> **2項** 強制手段は実現される目的と適正な関係にとどまるものでなければならない。強制手段は，関係人及び公衆に対する侵害の度合いが最小になるように定められなければならない。
> **6条2項**
> 行政強制は，刑罰若しくは過料の構成要件を実現する違法行為の阻止又は切迫する危険の回避のために即時執行が必要不可欠であり，かつ，行政庁がその法律上の権限内で行動する場合，先行する行政行為なしに用いることができる。

以上のように，ドイツにおいては，「即時強制」は，「行政強制」の手段が用いられる態様を表わすものであるが，注意すべきは，「即時強制」で用いられる手段は，「代執行」と「直接強制」の2つに限定されることである。これは「強制金」は性質上「手続の省略」になじまないことによるもので，連邦法ではそのように解釈するものとされるが，ラント法のなかには，条文のなかで明示しているものもある。

[17] 重本達哉「ドイツにおける行政執行の例外の諸相（1）（2・完）」法学論叢169巻1号（2011年）38頁，2号（2011年）52頁。
[18] 宇賀克也「行政制裁」ジュリスト1228号（2002年）50頁。

るかどうかには疑問が残る[19]。そこで,「制裁」と性格づけられるもののなかには,「強制的機能」を有するものとそうでないものがあり, 低額の「過料」は, もともと「制裁」という機能を有するにとどまるものとして制度設計がされていると整理をすべきであろう。これに対して,「行政刑罰」は通常の理解によれば「厳しい制裁」であり, 平均的市民に対しては,「強制的機能」を有するものとして制度設計がなされるはずであった。しかし, 違反の多くが見逃され, あるいは低額の罰金刑で終わることが通例となると,「行政刑罰の著しい機能不全」が語られることになる (**UNIT 17** 参照)。

他方で, 同じ「過料」という名称で,「行政上の強制執行」の一種としての「執行罰」というカテゴリーに分類されるものがある。これは, 戦前にドイツから継受された仕組みで, 現在のドイツでは「強制金」(Zwangsgeld) という名称になっている。この「執行罰」は, わが国では戦後改革によって整理され, 現行法上はほとんどみられないものとなっているが, ドイツでは一般法で認められており, かつ, 近時はその活用が図られているようである[20]。

この「執行罰」ないし「強制金」は, 理論上は「間接強制」とされ,「間接的に義務の履行を強制する」という機能を果たすことが予定されているというべきものである。そこで, わが国においても, 活用する方向での立法による改革が望ましいと思われる[21]。

この点からも参考となるのは, 民事執行の領域における「間接強制」の活用という動きである[22]。

なお, 民事法における「代替執行」と行政法における「代執行」とは同じ概念 (Ersatzvornahme) をルーツとするが,「直接強制」および「間接強制」との役割分担が異なる点に注意が必要である。すなわち, 民事執行にいう「代替執行」は,「代替的作為義務」についてのほか,「不作為義務」について, 債務者のした行為の結果を除去し, または将来のため適当な処分をすることを裁判所に請求すると

---

[19] 櫻井敬子「行政制裁」自治実務セミナー 46 巻 1 号 (2007 年) 16 頁参照。
[20] 西津政信『間接行政強制制度の研究』(信山社・2006 年) 32 頁以下参照。
[21] 阿部 I 594 頁参照。
[22] 中野貞一郎『民事執行法 (増補版新訂 5 版)』(青林書院・2006 年) 11 頁。たとえば,「代替的作為義務」については, 民法 414 条 2 項の定める「代替執行」が民事執行法 171 条に規定する強制執行にあたるのであるが, 改正によって新設された民事執行法 173 条によって, 債権者に「代替執行」によることなく「間接強制」によるという選択権が与えられたのである。

いう形態がある（民法414条3項）。また，民事執行では「直接強制」が一般的な強制手段とされ，行政法にいう「強制徴収」も含めた制度となっている[23]。

5 事実行為

1 「行政行為」の影としての「事実行為」

「事実行為」という概念は，従来の概説書では，ところどころに出てくるだけで，まとまった説明はなされていない。また，索引項目にないものもあるという状態である。しかし，「行為形式論」の意義を理解するためにはその分析が不可欠である。そこで，藤田宙靖の説明から「事実行為」を「帰納的」に考察してみよう。

2 「実力行使」

藤田教科書の索引で「事実行為」という概念が最初に拾われているのは，「侵害留保理論」に関する以下のような注記の部分である[24]。

> 但し，わが国の伝統的な通説の場合，行政権による一般的抽象的法規の定立，すなわち法規命令の場合には，先に見た，いわゆる「法律の専権的法規創造力の原則」でカヴァーされており，その場合には，必ずしも，この原則の妥当範囲は，不利益な法規命令には限られていない。従って，伝統的な侵害留保理論とは，専ら個別的・具体的な行為（行政行為である場合も，また，事実行為である場合もある）について，立てられて来たものであることに注意する必要がある。

「侵害留保理論」というのは，国民の「自由と財産権」を「侵害」するような行政活動には「法律の根拠」が必要であるという考え方であった。そして，この場合の「侵害」をもたらす「事実行為」としては，「実力行使」が念頭に置かれていたと思われる。

藤田教科書の「行政上の強制執行制度」に関する説明のうち，「事実行為」という概念が出てくる部分は以下のとおりである[25]。

---

23) 阿部Ⅰ554頁。
24) 藤田総論82頁。
25) 藤田総論269頁。先に滞納処分についてみたところからすると，「事実行為」として説明される強制執行は，「代執行」や「直接強制」をイメージしているということになろう。「権力的事実行為」として説明されることの多い「即時強制」については，同319頁以下を参照。また，曾和俊文『行政法総論を学ぶ』（有斐閣・2014年）

> わが国現行の法律により，比較的一般的な形で認められている強制執行手段としては，第一に行政代執行法等による代執行手続と，第二に国税徴収法等の定める滞納処分手続との二つがあるのみである。（中略）
> これらの制度は，強制執行手段といっても，単純な一個の実力行使行為に止まるわけではなく，それ自体更に，様々の行為（行政行為，事実行為）によって構成される，一連の手続・過程を成している，ということに留意しておく必要がある。いわゆる「三段階構造モデル」は，これらの点において既に，現行法上そのままに実現されているわけではないのである。

「行政上の強制執行」には「法律の根拠」が必要かという問題については，時代によって考え方に変遷がある。現在では，たとえ「行政行為」によって課せられた義務の不履行に対処するものであっても，執行行為自体についての法律の授権が必要であるとされている。しかし，かつては，「行政行為」には「自力執行力」が認められるから，「行政行為」についての授権さえあれば，その強制執行については不要であるという考え方や，強制執行の種類によって区別し，代執行のように「行政行為」に含まれていなかった「新たな義務」を課すものには必要だが，「行政行為」の内容をそのまま直線的に執行する直接強制には不要であるという考え方が支配的であった[26]。

さて，「三段階構造モデル」の例外として位置づけられるのが「即時強制」である。藤田教科書では「即時強制」自体の説明には「事実行為」の概念は現れないが，次のように「強制執行」との関連が指摘されている[27]。

> 即時強制とは，行政上の目的を達するために国民の身体または財産に対して加えられる行政主体による実力行使である点において，強制執行と共通点を有しているが（この点に着目して，従来，行政上の強制執行と即時強制とを合わせたより一般的な概念として「行政強制」という概念が用いられて来た），法技術的に見ると，先行する特定の義務の履行の強制のために行われるものではないこと，すなわち，行政行為等によってひとまず私人に義務を課しその自発的な履行を待つのでなく，いきなり行政主体の実力行使が行われるものであること，において，強制執行と区別されて来たのである。

そして，「即時強制」は，極めて制限された例外的な場合でなければ認められないものであり，法律の根拠が必要であることはいうまでもないものとされてい

---

64 頁表 5-1 参照。
[26] 藤田総論 267-268 頁。
[27] 藤田総論 319 頁。

る。藤田宙靖によれば，オットー・マイヤー流の「三段階構造モデル」に基づく法治国家論の主たる意味の1つは，まさに，法治国家においては，強制行為の前に「自発的履行を待つ」という手続的段階が必要であること，言い換えれば，強制行為は原則として即時強制ではなく強制執行行為としてのみ行われるべきであることを主張するところにあったのである[28]。

3 「公権力の行使に当たる事実行為」

　以上の分析から，伝統的な行政法理論において，「事実行為」のなかには，「行政行為」に準じるものとして法的な統制を及ぼすべきものがあると考えられてきたことがうかがえる。そして，実は，このような考え方が，日本においては法律に条文の形で「実定化」されていたのである。すなわち，旧行政不服審査法2条1項は，審査請求などの「行政上の不服申立て」の対象となる行為である「処分」には，理論上の「行政行為」と並んで「事実行為」の一部が含まれることを明示的に宣言していた。不服申立ての対象となることを「処分性」と呼ぶとすれば，これは一種の「処分性拡大論」が立法政策として採用されたことを意味する（UNIT 27 [1]参照）。

---

[28] 藤田総論322頁注1。

UNIT 17 行政制裁

1 序　説

1　行政制裁の概念

　行政制裁の概念は比較的新しいものである。伝統的な行政法の教科書では「行政罰」の概念が用いられてきており，現在の概説書でも章の表題としてこれを維持するもの[1]がある。本書は，「行政罰」を古典的な「行政制裁」と捉え，義務履行確保のための「新たな」手段，あるいは「その他の」手段として注目されるようになっている「公表」「給付拒否」「課徴金」「加算税」などを，機能的には同様のものと捉えて，それらを含む広い概念として「行政制裁」という用語を選択している[2]。したがって，ここでいう「行政制裁」とは，「行政上の義務の不履行に対し制裁として与えられる不利益」を意味するので，裁判所によって課せられる刑罰も含まれる。

2　執行罰との異同

　先にみたように，強制執行制度の活性化のためには，「執行罰」ないし「強制金」の活用が有力な選択肢と考えられる。こちらは，「行政上の義務の不履行に対し，履行を促すために与えられる不利益」を意味し，履行がなされるまで，繰り返し課すことができる点に，「行政制裁」との違いがある。両者は，「行政上の義務の不履行を理由として与えられる不利益」という点では共通の性質を有する

---

1) 櫻井＝橋本196頁。同書は，第14章「行政罰」では，行政刑罰と秩序罰のみを扱い，第13章「行政上の義務履行確保」のなかで，強制執行のほか，公表，給付拒否，課徴金，加算税，さらには即時強制も扱っている。
2) 芝池総論は，第10章「行政上の強制執行」第11章「行政上の即時強制」に続いて，第12章「行政上の制裁」を配置している。また，宇賀Ⅰは，第15章「行政上の義務履行強制」に続いて，第16章「行政上の義務違反に対する制裁」を配置している。これらに対して，塩野Ⅰ245-249頁は，「強制執行制度」「公表等の新たな制度」「行政制裁」の3つの本来の目的はそれぞれ異なるとし，「制裁」概念の拡大には批判的である。

ので，具体的な手段をどちらに分類すべきか，微妙なこともあると考えられる。

2 行 政 罰

1 「行政罰」

UNIT 16 でみたように，わが国の現在の仕組みは「穏やかな強制執行制度」と評価することができる。これは，「人権尊重の原理」からみると望ましいのであるが，他方で「悪い市民」に対して毅然とした行政を確保すべきであるという要請も忘れてはならない。そこで，「義務不履行に対する制裁」の仕組みを合わせてみる必要がでてくる。

行政法の一般理論では，行政上の義務の不履行に対する制裁は「行政罰」と呼ばれてきた。「行政罰」は過去の行為に対する措置である点で，先にみた「執行罰」と区別される。「執行罰」は将来に向けて義務を履行させるためのものであることから，履行があるまで繰り返し課すことができるのであるが，「行政罰」は過去の行為に対するものであるから，科される不利益は一回限りである。

2 行政刑罰と行政上の秩序罰

「行政罰」は，「行政刑罰」と「行政上の秩序罰」の2種類に区別される。「行政刑罰」は，行政法規違反に対して科される「刑罰」である。違反者は起訴されると刑事裁判の「被告人」となり，有罪の場合は「犯罪者」として，懲役刑や罰金刑を受ける。

「行政上の秩序罰」は，刑罰ではない「ペナルティー」で，金銭給付義務を課すものである。「過料」などと呼ばれ，非訟事件手続法に従って裁判所[3]が科す場合（法律違反に対する秩序罰）と，知事や市町村長が行政処分として科す場合（条例・規則違反に対する秩序罰[4]）がある。

3 設例の分析（その7）

1 行政刑罰の多用

以上学んだことを，「喫茶店対 PTA」設例で確認しよう。

先にみたように，「行政上の強制執行制度」と「行政罰」を合わせて「行政上

---

[3] 同法119条は地方裁判所を原則としている。特別の定めにより簡易裁判所としているものとして，住民基本台帳法54条，戸籍法138条など。
[4] 1999年の地方分権改革の際に新設された。地方自治法14条3項，255条の3。

の義務履行確保制度」と呼ぶことが多くなっている。現行法の特徴は，義務履行確保の制度のなかで，行政刑罰に頼る部分が多いことが特徴である。

ほとんどの個別行政法規の末尾には，罰則の規定が置かれている。食品衛生法の場合は，第11章の71条から79条であるが，設例Q2とQ8に関係するものは以下のとおりである。

食品衛生法71条1項
　次の各号のいずれかに該当する者は，これを3年以下の懲役又は300万円以下の罰金に処する。
　　1号　第6条……の規定に違反した者
　（2号略）
　　3号　第54条第1項（……）の規定による……知事の命令に従わない営業者（……）又は第55条（……）の規定による処分に違反して営業を行つた者
72条1項
　……又は第52条第1項（……）の規定に違反した者は，2年以下の懲役又は200万円以下の罰金に処する。
73条
　次の各号のいずれかに該当する者は，これを1年以下の懲役又は100万円以下の罰金に処する。
　（1号から4号略）
　　5号　第56条（……）の規定による都道府県知事（……）の命令に従わない営業者（……）又は第56条（……）の規定による命令に違反して営業を行つた者

以上のような罰則は，条文を素直に読むと，かなり厳しいものである。

まず，**許可が必要な営業を無許可で行うとどうなるか（Q2）**を検討しよう。Xが保健所に黙ってMカフェを開業し，土蔵町中学の生徒にクレープを1枚売ったら，理論上は，Xは刑務所に最長で2年間送られ，あるいは最大200万円の罰金をとられることになっている。

次に，**営業許可の取消しに不満を持つXはそのまま営業を続けることができるか（Q8）**であるが，Xは「55条の規定による処分に違反して営業を行った者」として3年以下の懲役，300万円以下の罰金を科せられる可能性がある。保健所長がPTAの反対を考慮して無理やり，処分が後に裁判所で違法とされるのを承知で「営業許可の取消し」を行った場合でもそうなるのであろうか。

2 公定力と刑事罰

既に，UNIT 12 で説明したように，行政処分には他の行為形式にはない特殊な取扱いがなされていた。「公定力」といわれるもので，「仮に違法なものであっても，正当な権限を有する機関によって取り消されるまでは，有効として取り扱われる」というものである。

これは行政庁の判断を当面は尊重すべきものとする仕組みである。「有効」というのは，「名あて人」の具体的権利義務の「発生・変更・消滅」という「法的効果」が発生するということであり，ここで「取消し」というのはそれを遡ってなかったものとして扱うということを意味する。また，正当な権限を有する機関の典型は裁判所であった。

食品衛生法が採用している営業許可制度は，「一般的禁止の個別的解除」と説明される。「一般的禁止」というのは，まず，法律によって私人全員に「営業をしてはならない」という「不作為義務」を課している状態を説明したものである。また，「個別的解除」というのは，Xの申請に基づいてYが許可を与えることにより，Xに課されていた不作為義務が消滅することを説明したものである。

食品衛生法55条に基づく「営業許可の取消し」は，「個別的解除」の反対方向の行為で，「一般的禁止」を復活させるものであるが，Xに対する当初の許可を遡ってなかったものとして扱うものではない。UNIT 13で説明したように，事後的な違反行為を理由として，将来に向かって「許可」の法的効果を消滅させるものであるから，理論上は「行政処分の撤回」に分類される[5]。

さて，Yが行った営業許可の取消しは「行政処分」の一種であるから，原則として「公定力」を有する。これを公式的に適用すると，仮に違法であったとしても，不作為義務の復活という「法的効果」の発生を認めなければならないということになる。

それでは，Q8の答えはノーで，Xは不満を持っても，とりあえずはYの判断に従わなければならず，そのまま営業すると刑事罰もやむを得ないということになるのであろうか。この結論は，明治憲法下では当然と考えられたようであるが，戦後の学説の多くは「公定力は刑事訴訟には及ばない」と解している。つまり，違法な処分に反した行動をとった国民に「犯罪者」の汚名をきせるのは「人権尊

---

[5] なお，仮に，当初の申請に偽りがあり，当初から許可が違法であった場合には，Yは遡って無効とするために「職権取消」を行う権限を有し，その権限は許可権限に黙示的に含まれていると解される。

重の原理」に反するという立場である。しかし、このような考え方が認められたとしても、不利益処分がいったんされた以上、Ｘがかなりのリスクを負わされていることには変わりがない。「権利利益の保護」は事後的なものでは不十分で、事前手続による「権利利益の保護」が重要であることが確認できるのである。

3　行政刑罰の実効性

なお、行政刑罰の実効性をどうみるかは難しい問題である。違反行為に対して懲役を含む刑事罰の規定が整備されていれば、多くの私人はそれに従うであろう。「公定力は刑事訴訟には及ばない」という立場をとったとしても、起訴されて刑事裁判にかけられること自体、一般国民にとって「不名誉」なことであるし、その前段階で逮捕や勾留がなされる場合には大変な負担である。そのようなリスクを避けるためには、多少不満があっても行政には逆らわない方がよいと考えるのが自然である。その意味では、「穏やかな行政上の強制執行制度」であっても、「行政刑罰」がそれを補って十分に実効性確保に寄与していると評価することになる。

他方、違反行為によって得られる利益が大きく、違反行為が頻発するような領域では、刑事罰による実効性確保には限界があるという指摘がある。また、それほどではなくても、実際上、刑事罰がほとんど発動されることがなく、罰則規定がいわば「張子の虎」になっている領域も多いと推測される。これらの事情を重視する場合には、行政刑罰に対する依存度を下げる方向では制度改革が必要であるということになると思われる。

④　その他の制裁

1　加算税

租税行政の領域で、私人の義務違反に対する「制裁」として、行政刑罰と並んで用いられているものとして、加算税がある。加算税は、第二次大戦後に導入されたもので、申告納税制度および徴収納付制度の定着と発展を図ることを目的としている。「税」という名称が用いられているが、本来の意味の租税ではなく、その実質は「制裁として与えられる不利益」である。最判昭和58年10月27日民集37巻8号1196頁〔百選145〕は、過少申告加算税と重加算税はともに申告納税方式について過少な申告を行った納税者に対する「行政上の制裁」である、としている。

加算税には、義務違反の態様に応じて、過少申告加算税、無申告加算税、不納付加算税および重加算税の4種類がある（国税通則法2条4号）。

加算税が課される場合に、同一の行為について、所得税法、法人税法などの個別の法律に定めのある刑罰が科されることがある。加算税の前身である追徴税に関して、最判昭和33年4月30日民集12巻6号938頁〔百選119〕は、憲法39条は刑罰である罰金と追徴税を併科することを禁止する趣旨ではないとしている。

2 通告処分・反則金・放置違反金

犯罪の非刑罰的処理（ダイバージョン）という手法を用いているものとして、国税犯則取締法に基づく「通告処分」と道路交通法に基づく「反則金」がある。

前者は、間接国税に関する犯則行為について、税務署長等の「通告処分」に応じて一定額を支払うと、刑事訴追を免れるというものである。この制度は、関税および一部の地方税の犯則事件でも採用されている。

後者は、道路交通法違反のうち、罰金刑が予定されるような比較的軽微な定型的な行為について、警察本部長等の「通告」（127条）に応じて反則金を支払うと、刑事訴追を免れるというものである。たとえば、駐車違反について、道路交通法119条の2は、15万円以下の罰金に処するとしているが、125条を受けた別表第2で定められている反則金の限度額は普通車の場合2万5千円である。

以上のような制度は、違反を認める者にとっては合理的なものであろうが、違反をしたという行政側の認定に不服を有する者にとっては、どのように争えるかという問題が残る。

最判昭和47年4月20日民集26巻3号507頁は、関税法138条に基づく通告処分につき、処分性を否定し、最判昭和57年7月15日民集36巻6号1169頁〔百選169〕は、道路交通法127条に基づく反則金の通告につき、処分性を否定している。

判例によれば、不服を有する者は、納付を拒んで、刑事訴訟において争えばよいということになる。交通反則金の納付があくまでも「任意」であるという説明が平均的市民にとって合理的かは見解が分かれるところであろう[6]。

なお、2004年の道路交通法改正により、駐車違反に対する反則金に加えて、

---

[6] 高木光「限りなく強制に近い任意（もうひとつの行政法入門9）」法学教室219号（1998年）85頁参照。

放置違反金が新設された（法51条の4）[7]。

3　課徴金

同じく金銭的な不利益を与える「行政上の措置」ではあるが，比較的新しいものとして，独占禁止法および金融商品取引法の定める課徴金がある。課徴金の法的性格については，憲法39条との関係を意識して複雑な議論がある（UNIT 50 ③参照）。

4　公　　表

ここでいう，公表とは，「一定の事実および私人の氏名や会社名等に関する情報を公にすること」を意味する。「一定の事実」には，「行政上の義務の不履行」のほか，「行政指導に従わないこと」が含まれる。公表には，法律や条例に定めのある「法定の公表」と，法律や条例の定めがないにもかかわらずなされる「法定外の公表」がある。

公表の目的・機能は様々であり，その法的性格もすべてが「制裁」というわけではない[8]。そこで，その許容性ないし法的統制のあり方についても類型ごとの考察が必要となる。以下では，一例として，条例に基づく命令に従わない場合の公表の問題点を指摘しておく。宝塚市パチンコ店規制条例は，2003（平成15）年に全面的に改正され，その実効性確保のための手段として，命令違反についての刑事罰と並んで，公表の規定が追加された（UNIT 50 ②参照）。これが，公表には「法律（又は条例）」の根拠が必要であるという考え方によるものであるかどうかが問題となる。

公表についての櫻井＝橋本の説明は以下のとおりである[9]。

義務を履行しない者の氏名（個人名ないし企業名）・住所等を公表することにより，義務の

---

[7] 原田例解82頁は，秩序罰の一種であると説明している。
[8] 法令データ検索システムで検索してみると，法令上の用語としての「公表」のうち，大部分は，「基本方針」ないし「計画」の公表を定めるものであり，ここでの関心の対象である，①勧告＋公表，②勧告＋命令，③勧告＋命令＋公表，をセットで定める法律は，数としてはそれほど多くないようである。なお，行政手続法は，「公にする」と「公表」を意図的に使い分けている。
[9] 櫻井＝橋本187-188頁。

履行を促すことが制度化されている場合がある。(中略) 公表は……情報提供の意味合いを持つと同時に，公表される者にとっては義務の履行を促す機能をあわせ持つ。
　公表は，義務履行確保の手段として高い効果が期待される半面，氏名を公表される当該個人ないし企業に深刻な不利益を与える可能性があり，また，いったん誤った情報が公にされると原状回復が事実上困難であるという点に特徴がある。そこで，義務履行確保のための公表制度を設けるには法律の根拠が必要というべきであり，公表に先立って直接の利害関係者に意見書提出を認める等の事前手続を整備するのが妥当である。(中略)
　条例で一定の行為を義務づけ，その義務履行確保の手段として氏名等の公表制度を設けることは，直接強制や執行罰とは異なり，可能と考えられている。公表は，行政代執行法制定時には想定されていなかった新たな義務履行確保の手段であり，強制執行を念頭に置く同法の規制の及ぶところではないからである（行政代執行法1条）。

　以上のような説明は，近時の概説書ではよくみられる。特に，公表に「法律の根拠」を要求する考え方は，あるいは「通説」といってもよいかもしれない。ただ，多くの学説は，「法律の根拠」を要求する理由として，公表の「制裁的機能」を挙げている。そして，そのような説明と，行政代執行法1条の解釈における説明が整合的なのかは多少気になるところである。

5　強制執行法定主義

1　行政代執行法の立法趣旨

　行政代執行法が1948年に「行政執行法」を廃止しつつ制定された際の考え方は，どのようなものであり，それは現時点でどの程度維持されていると考えるべきなのだろうか。

> **行政代執行法1条**
> 　行政上の義務の履行確保に関しては，別に法律で定めるものを除いては，この法律の定めるところによる。

　この1条で「別に法律」という場合の「法律」は，2条の「法律」にかっこ書がついていることとの対比で，「文理解釈」からは，国会の定める「法律」に限定されるということになる。
　先にみた櫻井＝橋本の発想は，義務履行確保の制度を設ける権限は，国だけではなく，地方公共団体にも認めるのが憲法の趣旨に合致するので，行政代執行法1条に「実定化」されている「法定主義」の及ぶ範囲を限定的に解釈すべきであ

るというものであるとみられる。このような発想は政策的には適切であると思われるが、そのような「目的論的解釈」の際のテクニックとしては、制定当時に念頭に置いていたものについてだけ「法定主義」が妥当するというもの（第1の考え方＝「伝統的義務履行確保手段法定主義説」）のほかに、同法にいう「義務履行確保」の概念を厳格に解して、理論上の「強制執行」についてだけ「法律主義」が及ぶとすることも考えられる。

　第2の考え方（「強制執行法定主義説」）によれば、行政代執行法は、「直接強制」と「執行罰」（と「強制徴収」）について個別の法律が認める場合だけに許容するということを定めたにとどまり、義務の不履行に対する「制裁」としての「行政罰」について規律するものではないことになる。そこで、条例で「行政刑罰」を定めることができるかどうかは、「罪刑法定主義」および地方自治法の解釈問題として、また、条例で「行政上の秩序罰」である「過料」を定めることができるかどうかはその応用問題として解決されるべきことになる。そして、さらに、新たな「制裁」としての公表の法的統制については、まずそれが「法律の留保」に服するのかを解明し、それが肯定された場合には、続いて、条例が根拠として許容されるのかを検討すべきことになると思われる。

2　即時強制と条例の根拠

　以上のように考えてくると、即時強制の許容性に関する議論も再考の余地がありそうである。現在の多くの教科書では、「直接強制」の根拠は法律に限定されるが、「即時強制」の根拠は条例でもよいという立場がとられている[10]。しかし、原田尚彦のように、「直接強制」とのバランスを重視する立場もあるところである[11]。

　そこで、上記の第2の考え方によって、条例を根拠とする即時強制が許容されるという解釈をとると、それは「即時強制」は「強制執行」ではないという形式論理に依拠しているという批判を受けることになりそうである。そのような批判を回避し、逆の結論を導くためには、行政代執行法1条にいう「義務履行確保」には、理論上の「強制執行」だけではなく、「即時強制」も含まれるという第3の考え方（「行政強制法定主義説」）をとるべきかもしれない。先に紹介したドイツ

---

[10]　塩野Ⅰ280頁。
[11]　原田要論243頁。

の発想からは「即時強制」は「行政強制の例外中の例外」であるから，こちらが「素直」な立場といえそうである。

　これらに対して，地方分権の時代に即して，行政代執行法1条を「文理に反して」限定解釈すべきであるという立場もみられる。そこでは，重大な人権侵害が生じない場合には，条例でも，「直接強制」や「略式代執行」を定めうるという結論をとることによってバランスを図ることが試みられているのである[12]。

---

12)　阿部 I 592 頁。

UNIT 18 行政契約

1 序　説

1　行政処分と行政契約の相違

「行為形式論」においては，その行為によって直接に「権利義務」の「発生・変更・消滅」が生じるかどうか，その「権利義務」が「一般的抽象的」なものか「個別的具体的」なものかなどの基準が重要であった。

法的効果あり「法行為」	一般的抽象的	行政庁が一方的に規律	行政立法
	個別的具体的		行政処分
		私人との合意が必要	行政契約
法的効果なし「事実行為」		私人の協力が必要	行政指導
		行政庁が一方的に実現	行政強制

　第1の基準は「法的効果の有無」とも言い換えられる。主要な行為形式のうち，「行政立法」「行政処分」「行政契約」は「法的効果」の発生を予定する行為であり，「行政指導」は「事実行為」であるともいわれるように，「法的効果」の発生を予定しない行為である。

　第2の基準は，「法的効果」の発生を予定する諸行為を，さらに「一般的抽象的」な法的効果の発生を予定する「行政立法」と，「個別的具体的」な法的効果の発生を予定する「行政処分」および「行政契約」に分けるものであった。

　そこで，「行政処分」と「行政契約」の違いは，このような分類では，私人との合意が必要かどうかという第3の基準によることになる。ただ，「公法私法二元論」からすれば，「公法上の行為」と「私法上の行為」の区別が最初になされることになるので，「行政契約」の相当部分は，最初から「行政行為」との共通点を有しないとされる。

2 行政契約の概念

「行政契約」とは，本書においては，「行政主体」が一方当事者である契約をいうこととする。そこで，「行政主体」が私人と締結するものと，「行政主体」が他の「行政主体」と締結するものとが含まれることになる[1)2)]。

「行政契約」は「契約」の一種であるから，「個別的・具体的」な「法的効果」の発生を予定していることと，それが両当事者の合意に基づいていることの2つが特徴となる。

「行政処分」は，「個別的・具体的」な「法的効果」の発生を予定している点では同じであるが，「行政庁」がその判断によって，相手側の意思にかかわらずに行える点で重大な違いがある。

それでは，「行政契約」は民法上の契約とどのような関係にあるのであろうか。この問題は，理論的に十分解明されているとはいえない。さしあたりは，「行政契約」の大部分は，基本的には民法上の契約であるが，一部，それとは性質の異なるものがあり「公法上の契約」という説明がふさわしいものがあると理解するほかない。

3 「公法私法二元論」

19世紀後半にヨーロッパ大陸で成立した「古典的」行政法理論においては，「公法私法二元論」が基本とされた。そして，「行政主体」と私人の間の法律関係は，「公法上の法律関係」になる場合と，「私法上の法律関係」になる場合があるのであるが，フランスにおいては，前者の場合が圧倒的に多くなるのに対して，ドイツにおいては後者の場合も多くみられるという違いがあった。

その理由は，公法と私法の区別の基準として，フランスでは「利益説」が，ドイツでは「権力説」が基本とされたことである（詳細については，UNIT 20参照）。すなわち，フランスでは行政主体が「公益目的」で活動する場合には，行為形式が「行政処分」であっても「契約」であっても，私人との関係は「公法上の法律関係」となると考えられた。そこで，行政主体と私人との間で締結される「契約」は，「私法上の契約」とは性質の異なる「行政契約」というカテゴリーに属するとされ，実体法上，民法の規範はそのままでは適用されず，また訴訟法上，

---

1) 私人相互間で締結する契約ないし協定について，大橋Ⅰ239頁，241頁参照。
2) 行政主体相互の契約の例として，事務の委託がある。診療報酬支払事務の委託について，最判昭和48年12月20日民集27巻11号1594頁〔百選3〕参照。

「行政契約」に関する紛争は，通常裁判所の民事部ではなく，行政裁判所の管轄に属するものとされたのである。

これに対してドイツでは，行政主体が「権力的」な行為形式を用いた場合に限り，私人との関係が「公法上の法律関係」となると考えられた。そこで，行政主体が締結する契約の多くは，「私法上の契約」であると理解され，実体法上，民法の規範が基本的には適用され，訴訟法上，それに関する紛争は通常の裁判所の管轄に属することとされたのである。そして，戦前の日本でもこのようなドイツ的な取扱いが支配的で，戦後になって，行政裁判所が廃止され，アメリカ式の「一元的裁判制度」が導入されたにもかかわらず，基本的な発想は維持されてきたのである。

2 行政契約と「4つの行政」

1 行政契約の種別

「行政主体」が私人との間で締結する「行政契約」には，次のようなものがあるとされる[3]。

第1は，たとえば，公営住宅，水道，保育所の利用など行政サービスの提供にかかわるもので「給付行政における契約」ともいわれる。

第2は，道路用地の買収や官公庁の建築工事の請負など行政の手段調達にかかわるものである。

第3は，国公有財産の売払いや貸付けなど財産管理にかかわるものである。

第4は，公害防止協定など「規制行政」の手段としてのものである。近時の興味深いものに，産業廃棄物処理施設に関する最判平成21年7月10日判時2058号53頁〔百選98〕〔自治百選42〕がある。

これら4つの類型のうち，第2と第3の類型は，従来から基本的には民法上の契約であると理解されてきた。「私経済的行政」ないし「準備行政」という呼び方はこのような理解を背景にしたものである。また，第1の類型についても，以下にみるように概ね同様の結論となっている。

2 行政契約の法的統制

「行政法的思考」は，行政活動を法という規範によって統制することによって

---

[3] 芝池総論240頁参照。

私人の権利利益を守ることに関心がある。そこで,「行政作用法」の基本原理として,まず理解すべきものは「法律による行政の原理」「適正手続の原理」「人権尊重の原理」の3つであった（UNIT 6 参照）。

　この3つの基本原理は,「防御型の行政法理論」の基本であり,「租税行政」や「規制行政」において「行政処分」という行為形式が用いられる場合を想定したものであるので,「給付行政」において「行政契約」という行為形式が用いられる場合にはしっくりこないということは否定できない。

　第1の「法律による行政の原理」には,「法律の優位」と「法律の留保」という2つの要素が含まれていた。そして,「防御型の行政法理論」は「法律の留保」については「侵害留保説」という考え方をとっていた。ここで,「許可」制度を導入し,あるいは,私人の意思に反して「不利益処分」をするためには,「法律の根拠」が必要であるということが意識されるのは自然である。

　これに対して,「行政契約」については,私人と「契約」を締結するために「法律の根拠」が必要かというよりは,どのような場面で,行政主体は「契約」という形式で活動できるかという形で問題が意識されてきた。つまり,「権力説」を基本とした「公法私法二元論」においては,国や地方公共団体は,「公権力の主体」として活動する場合と,「私人」と同様の資格で活動する場合があり,後者において「私法上の契約」という行為形式が用いられるという説明がなんとなく当然のように感じられる。

　この説明を受け入れると,「契約」の法的統制はそもそも「行政法理論」の関心外であるということにもなりかねない。このあたりは理論的には難解であるので,本書では,問題の指摘だけにとどめておく。いずれにしても,現在でも,「行政契約」は,たとえ,その内容が私人に義務を課し,あるいはその権利を制限するようなものであっても,当事者の意思の合致によって成立するので,法律の根拠を要しないと一般には考えられている[4]。

　なお,「法律の優位」は「行政契約」についても適用されると説明されるが,個別の法律に定められた規範に反した契約が常に「無効」とされるわけではない。また,UNIT 6 ③で説明したように,「法」という規範には条文の形で書かれている「成文法」のほかに,そうではない「不文法」がある。そして,「行政契約」の法的統制としては,「平等原則」などの憲法原則ないし「不文の法の一般原則」

---

4) 宇賀 I 368 頁。

が重要であるとの指摘がある[5]。

第2の「適正手続の原理」は,「行政処分」においては,相手方の権利利益の保護が主たる関心事であった(**UNIT 9**参照)。これに対して,「行政契約」においては,相手方に不当な利益を与えないためのチェックという観点がむしろ重視される。たとえば,売買,賃借,請負その他の契約については,一般競争入札を原則とし,相手方を自由に選択する「随意契約」は例外とする建前がとられており(会計法29条の3第4項,地方自治法234条2項),また,地方公共団体が締結する契約については,議会の議決が要求される場合がある(地方自治法96条1項5号以下)。このような「財務会計法規」違反が,住民訴訟では重要な争点となる(**UNIT 44**参照)。

第3の「人権尊重の原理」は,「租税行政」および「規制行政」においては「自由権」と「財産権」が主として問題となる。これに対して,「給付行政」においては「社会権」が主として問題となる。

③ 給付行政における行政契約

1 水道法における供給義務

「行政契約」には,基本的には民法の契約法理が適用されるのであるが,私人間で一般的に締結される売買契約や請負契約であっても,「契約自由の原則」がそのまま貫徹されるわけではないと説明される[6]。この点を,以下,水道事業について考察しよう。

水道法15条1項
水道事業者は,事業計画に定める給水区域内の需要者から給水契約の申込みを受けたときは,正当の理由がなければ,これを拒んではならない。

地方公共団体の経営する水道事業が「給付行政」とされるのは,生活必需のサービスを提供するからであろう。

そして,地方公共団体と住民との間の法律関係は「給水契約」によって成立するのであるが,「契約自由の原則」には「契約締結の自由」(契約を締結するかしないかの自由)が含まれる。しかし,地方公共団体にこの「契約締結の自由」を無

---

[5] 宇賀 I 373頁,芝池総論244頁。
[6] 宇賀 I 373頁。

条件で認めると，住民の「健康で文化的な最低限度の生活を営む権利」（憲法25条1項）が脅かされることになる。そこで，水道法は，水道事業者に「供給義務」（契約を締結する義務）を課しているのである。水道事業者がどのような場合に，「正当の理由」ありとして給水を拒否できるかについて判断が示されたものとして，最決平成元年11月8日判時1328号16頁（武蔵野市マンション事件）〔百選97〕および最判平成11年1月21日民集53巻1号13頁（志免町給水拒否事件）〔自治百選43〕がある[7]。

ただ，実は，このような供給義務を課す必要性は，生活必需のサービスを提供する主体が「行政主体」である場合に限られるものではなく，私企業の場合であっても独占的な提供者であるときは同様であると考えられる。そこで，そのような「公益事業」を規制する法律では供給義務を課しているのが通例である（電気事業法18条など）。

2　平等取扱いの義務

「契約自由の原則」には「契約内容の自由」も含まれるので，相手方によって条件を変えることも当然とされる。しかし，「給付行政」においてはこれもそのまま認めることはできない。

水道法14条1項
　水道事業者は，料金，給水装置工事の費用の負担区分その他の供給条件について，供給規程を定めなければならない。
　2項　前項の供給規程は，次の各号に掲げる要件に適合するものでなければならない。
　　1号　料金が，能率的な経営の下における適正な原価に照らし公正妥当なものであること。
　　2号　料金が，定率又は定額をもって明確に定められていること。
　　3号　水道事業者及び水道の需要者の責任に関する事項並びに給水装置工事の費用の負担区分及びその額の算出方法が，適正かつ明確に定められていること。
　　4号　特定の者に対して不当な差別的取扱いをするものでないこと。（以下略）

4号の「差別的取扱いの禁止」は，憲法上の「平等原則」を確認的に定めたものであると説明されることがある[8]。

---

[7] 他に，違法建築に関する給水申込書の返戻について，最判昭和56年7月16日民集35巻5号930頁（豊中市マンション事件）がある。UNIT 14 [2]参照。
[8] 芝池総論244頁。

ただ，水道事業の「供給規程」についてのルールは，「公益事業」を規制する法律には「供給約款」の認可の条件として，一般的にみられるものである（たとえば，電気事業法19条）。

3　「給付行政」概念の曖昧さ

UNIT 1 ④で「4つの行政」という整理を示した。古典的な「防御型の行政法理論」は，第1の「租税行政」および第2の「規制行政」を念頭に置いたものであった。第3の「給付行政」および第4の「私経済的行政」は，その定義にも不明確なところが残り，問題点の解明も不十分であることは否定できない。UNIT 6 ④で紹介した大阪府水道部の仕事は「給付行政」に分類されるのであろうか。

塩野教科書では，「規制行政」「給付行政」「私経済的行政」は次のように説明されている[9]。

> 「規制行政とは，私人の権利・自由を制限することを通じてその目的を達成する行政活動を指す。たとえば，交通規制とか建築規制とか経済規制とかがそうである。これらは，個人や企業の活動を規制することを通じて，秩序を維持したり，あるいは危険を予め防止しようとするのである。これに対して，給付行政というのは，道路，公園を設置・管理したり，社会福祉施設を設置・運営したり，生活保護を行ったりして，個人や公衆に便益を給付するものである。ここでは，かかる給付活動を行って，文化的にして健康な生活を確保することを目的とするのである。最後の私経済的行政というのは，直接公の目的の達成を図るのでなく，その準備的な活動ともいえるものであって，官公庁の建物の建設それ自体とか国有財産の財産的管理がこれに当たる（準備行政ということもできる）。」

この説明によれば，水道事業は「給付行政」に含まれそうである。ただ，「給付行政」のイメージがそのままあてはまるのは，一般の家庭に水道水を供給し，水道料金を徴収する「水の小売」であるが，大阪府が行っていたのは，大阪府下の市町村に水道水を供給する「水の卸売」であることに注意が必要である。

> **水道法1条**
> この法律は，水道の布設及び管理を適正かつ合理的ならしめるとともに，水道を計画的に整備し，及び水道事業を保護育成することによって，清浄にして豊富低廉な水の供給を図り，もって公衆衛生の向上と生活環境の改善とに寄与することを目的とする。
> **6条1項**
> 水道事業を経営しようとする者は，厚生労働大臣の認可を受けなければならない。

---

9) 塩野I 8頁。

> 2項　水道事業は，原則として市町村が経営するものとし，市町村以外の者は，給水しようとする区域をその区域に含む市町村の同意を得た場合に限り，水道事業を経営することができるものとする。
> 26条
> 水道用水供給事業を経営しようとする者は，厚生労働大臣の認可を受けなければならない。

　平成23年度地方公営企業年鑑10)によれば，「水の小売」を行う「末端給水事業」（＝水道法上の「水道事業」）は1,281事業で，そのうち1,211事業が市町村営であるのに対して，「水の卸売」を行う「用水供給事業」（＝水道法上の「水道用水供給事業」）は73事業で，そのうち22事業が府県営，50事業が企業団営となっている。「企業団」というのは，地方公営企業の経営に関する事務を共同処理する「一部事務組合」のことである（地方公営企業法39条の2第1項）。

4　給付行政における「法的仕組み」

1　「行為形式」と「法的仕組み」の関係

　近時の行政法の教科書のなかには，「行為形式論」を補うものとして「法的仕組み論」ともいうべきものがあることを指摘するものが多くなっている。たとえば，塩野教科書では次のように説明されている11)。

> 行政過程は，抽象的にいえば，複数の行為形式の結合ないし連鎖によって構成されている。しかし，いうまでもないことであるが，これらの行政過程は単に抽象的なものとして存在しているわけではない。それぞれは，原則として個別の制定法によって作られた法的仕組みの実現の過程として，特別の意味と内容をもつのである。たとえば，放送局の免許は，それ自体としては行政行為の一種にすぎないが，電波法，放送法によって構成されている放送局の免許制度という法的仕組みの一部をなしているのである。建築の確認も，建築基準法上の建築確認制度という仕組みの，重要ではあるが，その一部を構成している。このように，すべての行為形式はいずれかの法的仕組みの中の部分として現実上の意味をもつ。

　また，小早川教科書では次のように説明されている12)。

> 人民に対する行政の作用は，あらかじめ定められた仕組みに則った法律関係の展開という形

---

10)　総務省WEBページ（地方公営企業等＞地方公営企業決算）参照。
11)　塩野Ⅰ96-97頁。
12)　小早川上187-188頁。

> 式のもとで進行する。これを「行政作用の法的仕組み」と呼ぶことができる。一定の行政作用の法的仕組みを定めるということは、主としては、行政機関ないし関係者の、当該行政作用をめぐる法律関係の成立・変動・消滅をもたらすべき法行為またはその他の事実行為と、その手順を、あらかじめ定めておくことである。（中略）人民に対する行政の作用は、基本的には、前述のように人々の権利ないし利益に対する干渉か、人々に対する財貨・役務ないし便益の給付か、いずれかである。したがって、右にいう行政作用の法的仕組みは、基本的には、干渉の仕組みと給付の仕組みとのいずれかの類型に属せしめることができる。

　そして、これらを踏まえて、宇賀教科書は、「規制行政」における主要な「法的仕組み」として「許可制」「認可制」「届出制」「下命制・禁止制」「即時強制」などを、「給付行政」における主要な「法的仕組み」として「受給資格の確認」「給付決定」「公物使用」などを、「行政資源取得行政」における主要な「法的仕組み」として「租税」「負担金」「公営競技」「公用収用」「公用使用」「先買い」「公共減歩」「権利変換」などを、「誘導行政」における主要な法的仕組みとして「補助金」「課徴金」「公表」などを挙げている[13]。

　ただ、「法的仕組み」と呼ばれるものの性質はまだ十分に解明されたとはいえない状態である。最判平成18年7月14日民集60巻6号2369頁（高根町簡易水道事業給水条例事件）〔百選162〕〔自治百選16〕は、水道料金の差別的値上げが争われたものであるが、「給付行政」における「行為形式」と「法的仕組み」の関係を考察するための興味深い素材である。

2　行為形式としての給水契約

　別荘の水道料金が高いかどうかという紛争について、「行政法的思考」はどのような点に着目すべきであろうか。「行為形式論」に依拠する場合には、別荘所有者と町の間の「権利義務の発生・変更・消滅」をもたらすものとして、まずは「行政契約」の一種である「給水契約」に着目することになりそうである。しかし、常識的に考えれば、問題とされているのは、本件条例改正という町の行為の当否というべきである。

　しかしながら、最高裁判所は、条例の無効確認という直截的な救済を与えることには消極的な姿勢を示したようにもみえる。

　確かに、処分性拡大論を採用した控訴審判決には、やや無理がある。しかしながら、「水道事業者が地方公共団体である場合の水道料金は、個々の給水契約に

---

13)　宇賀Ⅰの第8章から第11章参照。

より定まるのではなく，供給規程たる給水条例により定まる」というXらの主張にも一理があると思われる。

というのは，Xらと町との間の具体的権利義務の直接の根拠が「給水契約」であることは確かなのであるが，事業者が一方的に定める「供給規程」によって契約の内容が左右されることもまた見逃せないからである。契約の自由のうち，「契約締結の自由」はXらに残されているのであるから，新料金に不満なら給水を受けなければよい，引き続き給水を受ける以上，Xらは新料金に合意しているのであるから，町が「一方的」にXらに新たな義務を課していることにはならない，というような理屈はさすがに問題であろう。

以上の分析からいえそうなことは，水道料金の決まり方の妥当性を問題とする際の「行政法的思考」は，行政過程を分解して，「給水契約」のみに着目するのでは不十分で，「条例」を含めた「法的仕組み」を視野に入れなければならないということであろう。

3 「公の施設」

さて，最高裁判決は，事案の解決にあたって，これまでにみられなかった興味深い判断を示している。

> 普通地方公共団体が経営する簡易水道事業の施設は地方自治法244条1項所定の公の施設に該当する。普通地方公共団体が設置する公の施設を利用する者の中には，当該普通地方公共団体の住民ではないが，その区域内に事務所，事業所，家屋敷，寮等を有し，その普通地方公共団体に対し住民税を納付する義務を負う者など住民に準ずる地位にある者が存在することは当然に想定されるところである。上記のような住民に準ずる地位にある者による公の施設の利用関係に地方自治法244条3項の規律が及ばないと解するのは相当でなく，これらの者が公の施設を利用することについて，当該公の施設の性質やこれらの者と当該普通地方公共団体との結び付きの程度等に照らし合理的な理由なく差別的取扱いをすることは，同項に違反するものというべきである。別荘給水契約者は，……，同町の住民に準ずる地位にある者ということができる。

地方自治法244条にいう「公の施設」の典型例とされるのは，道路，公園，文化会館，学校，病院等である[14]。そして，上下水道も同様にそれに含まれると考えられてきたようである。また，地方自治法は，利用の権利に関する処分につ

---

14) 塩野III 225頁参照。

いて特別の規定を置いているが (244条の4)，これは，利用関係の設定・廃止がすべて「行政処分」という行為形式によって行われることを前提とするものではないと理解されてきた。つまり，水道利用関係は水道法によって契約関係とされているので，水道が「公の施設」として提供されたからといって，水道の利用拒否が「行政処分」となるわけではないのである[15]。

　最高裁判所の上記判示は，以上のような理解に変更を加える趣旨ではなく，その主たるねらいは，「平等原則違反」を地方自治法244条3項によって基礎づけることによって，憲法14条による基礎づけや水道法14条による基礎づけを避けることにあるとみられる。しかし，「住民に準じる地位にある者」という概念はあいまいである。別荘所有者が，一般住民に近いのか，観光客に近いのかは見方によるであろう。また，固定資産税を負担していることが決めてとなると考えるのも疑問である。結局のところ，最高裁判所のロジックは，「結論先取り」のような印象をぬぐえない。

4　水道利用関係は私法関係か？

　1審判決は，原告の条例の無効確認請求を民事訴訟として適法であるとしていた。

　本件改正条例によってXらと町の間の紛争が成熟しているということ，それを前提に直截な救済として「条例の無効確認」を認めるべきであるとの判断は正当であると思われる。しかし，「給水契約」にまず着目し，条例は単なる形式でその実質は約款であるというロジックによって水道料金が決まるプロセス全体が「私法上の法律関係」であることを「論証」している点は，やや強引な印象を与える。古典的な「公法私法二元論」は，「公法が適用される社会的事象」と「私法が適用される社会的事象」は截然と区別されるものと考えていた。このような発想からは「民法が適用される行為には憲法は適用されない」「憲法が適用される行為には民法は適用されない」というような割り切った解釈論が出てくる。しかし実は，1審判決は，そのように割り切ってはおらず，結果的には条例が平等原則に反しないかを審査している。「技巧的」な理論構成というべきかもしれない。

　他方，控訴審判決は，本件紛争が条例改正によって成熟しているという実質的

---

[15]　塩野 III 226 頁。

な判断においては1審判決と同様であるが，別のロジックで条例が平等原則に反しないかを審査しようとした。

> 条例である本件別表は行政処分性を有するから，本件別表については国民に対し「法の下の平等」を保障する憲法14条1項の規定が直接適用されることになる。

このロジックも疑問である。「行政処分」という行為形式について様々な「公法的拘束」が及ぶことは確かであるが，それ以外の行為形式についても，程度の差はあれ「公法的拘束」が及ぶと考えるべきであろう。そして，「平等原則」は，国や地方公共団体の活動については，行為形式の如何にかかわらず適用されると考えるべき[16]ではないであろうか。

以上のように分析してくると，結局のところ，条例について平等原則が適用されることを基礎づけるためには，条例という「法形式」をとっていることから憲法14条が直接適用されると素直に認めるべきだったと思われる。条例は地方公共団体において最も重要な「法形式」であり，法律に準じるものであるから，その内容は正々堂々と批判に応えることのできるものでなければならないからである。

---

[16] 塩野 I 211頁。芝池総論244頁。ドイツの「行政私法」の理論について，UNIT21 ③ 3 参照。

UNIT 19　行政計画

1　行政計画の概念

1　定　義

　行政計画とは,「行政機関が一定の行政活動を行うために策定する計画」をいう。「計画」とは,「一定の目標を設定し, 相互に関連する手段の調整と総合化を通じて目標の実現をめざすもの」である。

　現代行政の特徴の1つは「計画行政」であるともいわれるが,「計画」という現象は古くから存在するとも考えられる。いずれにしても,「行政計画」の概念は曖昧であり, 何がそれに属するのか, どのように類型化できるのかについて定説はない。

　そして,「行為形式論」の見地からは,「行政計画」は, 行政立法, 行政処分, 行政契約, 行政指導などと並ぶものとは言い難い[1]点に留意が必要である。

2　種　別

　行政計画は様々な視点から分類されている[2]。

　第1に, 計画は, ある種の時間軸のもとに目標を設定するものであることから, 設定期間の長短により,「長期計画」「中期計画」「短期計画」に分類される。

　第2に, 行政計画は, 対象エリアの広狭によって,「全国計画」「地方計画」「地域計画」に分類される。

　第3に, 対象とする分野に即して, 土地利用計画, 財政計画, 経済計画, 福祉計画, 医療計画, 環境計画等々に分類される。行政組織は所掌事務に即して編成されるのが通例であり, それぞれの組織ごとに計画が細分化されることもある。

　第4に, 内容の具体性に即して, 目標計画, 基本計画, 整備計画, 実施計画などに分類される。

---

　1)　稲葉他133頁（稲葉馨）。塩野 I 235頁。
　2)　以下の6つは, 稲葉他133頁に依拠したものである。芝池総論225-226頁。

第5に，法律との関係で，法律に定めのある「法定計画」と，そうでない「事実上の計画」の区別がある。

第6に，私人に対する法的拘束力があるかどうか[3]によって，「拘束的計画」と「非拘束的計画」の区別がある。この最後の区別が，法的な観点からは最も重要なものと思われる。

3 具体例

たとえば，都市計画における市街化区域と市街化調整区域の区分は，いわゆる「線引き」と呼ばれ，所有者等の土地利用にとって重大な意味を持つが，都市計画法7条に基づく「法定計画」，そして規制的な効果を有する「拘束的計画」に分類される[4]。

最判昭和59年1月26日民集38巻2号53頁（大東水害訴訟）〔百選245〕で言及されている河川改修計画，最判平成11年1月21日民集53巻1号13頁（志免町給水拒否事件）〔自治百選43〕で言及されている上水道の供給計画，最判平成16年1月15日判時1849号30頁（松任市廃棄物処理業不許可事件）で言及されている一般廃棄物処理計画は「非拘束的計画」に分類される。「非拘束的計画」において，その内容の合理性が間接的にではあるが，それに基づく行政作用の適否に係るとの指摘[5]がある。

最判平成17年7月15日民集59巻6号1661頁（高岡南郷病院事件）〔百選167〕で言及されている地域医療計画（医療法30条の4）は，私立病院との関係では「非拘束的計画」とみるべきものであったが，統制計画として運用されたとの指摘[6]がある。

4 計画裁量

計画策定権者に広範な裁量が認められることが行政計画の大きな特徴であると

---

[3] ここでは「外部効果」に限定した用語法となっている。宇賀Ⅰ298頁も同様。他方，「内部効果」を含める用語法もある。塩野Ⅰ234頁，原田要論123頁。藤田総論331頁。大橋Ⅰ153頁。なお，櫻井＝橋本153頁，大橋Ⅰ153頁は，「拘束的計画」「誘導的計画」「指針的計画」の3区分を示している。

[4] 櫻井＝橋本153頁。

[5] 稲葉他133-134頁（稲葉馨）。

[6] 原田要論124頁。

される。法定計画においても，法律は目標を定め，あるいは計画を作成する際に考慮すべき要素を規定するにとどめ，具体的な内容の形成は計画策定権者に委ねるからである。これをドイツ理論に依拠して「計画裁量」と呼ぶことがある（UNIT 48 ②参照）。

「計画裁量」は，「行政裁量」のうちでは，「行政処分における裁量」よりは，「行政立法における裁量」に類似するものといえる。

5 計画の変更

計画の本質的要素として，状況に応じた変更を予定していることが指摘されることがある。変更・中止は計画の生理現象であるともいわれる[7]。

そこで，計画の変更によって私人に生じた不利益を損失補償類似の発想で償うことが考えられる。これは，計画の変更そのものは適法であると考える立場であるが，最判昭和56年1月27日民集35巻1号35頁〔百選29〕〔自治百選47〕は，信頼保護原則を基礎とした不法行為法的構成によっている[8]。

② 都市計画法の基本構造

1 国土の利用に関する諸計画

わが国の国土に関する計画は，比較的法整備が進んでおり，諸計画の体系のようなものが形成されている[9]。

すなわち，まず，総合的かつ基本的な計画として，国土形成計画法に基づく「国土形成計画」と，国土利用計画法に基づく「国土利用計画」が一体として作成されている。

「国土形成計画」には，全国を対象とする「全国計画」と首都圏・近畿圏・中部圏などの区域を対象とする「広域地方計画」が含まれるが，いずれも国土交通大臣が定めるものとされている（国土形成計画法2条2項，6条，9条）。

「国土利用計画」には，「全国計画」「都道府県計画」「市町村計画」が含まれるが，それぞれ，国，都道府県，市町村が定めるものとされている（国土利用計画法4条，5条，7条，8条）。また，「国土利用計画」とは別に，都道府県は「土地利用基本計画」を定める（同9条）。

---

[7] 塩野 I 241 頁。
[8] 塩野 I 241 頁。
[9] 櫻井 = 橋本 154 頁参照。

「土地利用基本計画」では,「都市地域」「農業地域」「森林地域」「自然公園地域」「自然保全地域」の5つの地域が定められるが,その際,「全国計画」と「都道府県計画」を基本とするものとされている(同9条2項・9項)。

そして,この5つの地域についてはそれぞれ個別法によって,より具体的な計画を定めるものとされているのである。すなわち,都市地域については都市計画法に基づく「都市計画」であり,農業地域については農業振興地域の整備に関する法律に基づく「農業振興地域整備計画」であり,森林地域については森林法に基づく「森林計画」であり,自然公園地域については自然公園法に基づく「公園計画」であり,自然環境保全地域については自然環境保全法に基づく「自然環境保全計画」である。

2 都市計画の手法

都市計画法は,「都市の健全な発展と秩序ある整備」を図ることを目的としている(1条)が,そのために様々な手段を総合的に用いる。都市計画法が用意している主な手法は,「規制」「誘導」「事業」の3つである。

第1の「規制」は,土地の利用が所有者の自由であることを出発点とするものである。私人に対する「規制」には法律の根拠が必要であるから,法規命令,条例,行政処分によるほか,行政計画による場合は,「法定計画」かつ「拘束的計画」ということになる。

第2の「誘導」は,第1の「規制」のように私人に直接的な義務づけをするものではないが,都市計画の目標を達成するために役立つ私人の活動には有利な取扱いを,目標の達成を阻害する活動には不利益な取扱いをするものである。「間接的規制」と性格づけることもできよう。

第3の「事業」は,国や地方公共団体が積極的に施設の整備や市街地開発を行うものである。これらは,広い意味では「給付行政」に含まれる作用といえる。

3 区域の指定

都市計画法は,上記の「規制」「誘導」のために,個々の土地の利用方法をその属する「地域」ごとに定めるという手法を多用している。その「地域」の範囲が広いものから狭いものの順にみると以下のとおりである。

第1に,都市計画法による規制を及ぼす範囲を画定するのが「都市計画区域」の指定である(都市計画法5条)。指定がなされている都市計画区域の総面積は,

国土全体の26％程度である。また，現行法においては，指定の主体は都道府県であるが，地方分権改革の一環としての都市計画法の2000年改正の前は，国の機関としての都道府県知事が行うものとされていた。

　第2に，都市計画区域は，都市的土地利用を促進すべき区域である「市街化区域」と，市街化を抑制すべき区域である「市街化調整区域」に2分される。これを「区域区分」という（同7条）が，実務上は「線引き」と呼ばれている。

　市街化調整区域においては，農地の宅地化などが厳しく制限され，地価が上昇しないなどの影響があるため，所有者によっては，線引きに不満を持つ場合がある。

　第3に，「市街化区域」は，さらにその利用形態に応じて細かく区分される。これが「地域地区」制度（同8条）であり，実務上はゾーニング（zoning）と呼ばれる。その中核は，「用途地域」であり，おおまかには住居系，商業系，工業系に分かれる。欧米から輸入された発想は，住工分離という言葉があるように，地域ごとに用途を「純化」することが快適な都市での生活につながるというものである。

　「用途地域」は，現在は12種類であり，用途地域ごとに，どのような建築物が建てられるか決まる。また，建ぺい率・容積率などが定められる（同8条3項）ので，これによって建てられる建築物の規模・形態についての「規制」がなされることになる。なお，都市計画法と連結されているものとして，建築基準法があり（建築基準法48条，52条，53条参照），土地利用としての具体的な建築は，事前に，同法6条の「建築確認」制度，事後には9条の「措置命令」制度による「規制」を受けることになる。建築確認は申請に対する処分，違法建築物に対する措置命令は不利益処分に該当する。

4　開発許可

　都市計画法は，主として建築物の建築等に供する目的で行う土地の区画形質の変更を「開発行為」と呼び（都市計画法4条12項），都市計画区域内においては，都道府県知事の許可を必要としている（同29条）。ただし，この許可制度による「規制」を受けるのは，政令で定める一定規模以上のものに限られる。地階を有するような大規模マンションにおいては，開発許可と建築確認の両方が必要となるので，建設に反対する周辺住民にとっては，それぞれの行政処分をどのような訴訟類型で，何を理由に攻撃するかという検討が必要となる。

開発許可の要件は，市街化区域内と市街化調整区域内では全く異なる。市街化区域においては，建築をすること自体が問題とは考えられていないため，開発許可も地盤沈下，がけ崩れ，出水等の災害などの弊害を予防するために定められた一定の技術的基準を満たせば許可をするというのが基本的な考え方となっている（都市計画法33条1項）。これに対して，市街化調整区域は，市街化を抑制すべき区域であるから，開発行為は原則として認められず，一定の条件を満たした場合に限り，特例として認めるというのが，基本的な考え方となっている（同34条）。

なお，開発行為を行おうとする者にとってのハードルの1つとして，公共施設管理者の同意という仕組みがある（同32条）。この同意を得られないと，開発許可を受けることもできない。道路，公園，下水道等の公共施設の管理者は，多くの場合，市町村などの地方公共団体である。最判平成7年3月23日民集49巻3号1006頁（盛岡市同意拒否事件）〔百選163〕は，公共施設管理者である市が，同意を拒否した事例である。

3 計画に基づく事業

1 都市計画事業

都市計画法は，国や地方公共団体が積極的に施設の整備や市街地開発を行うことを予定している。これが，「都市計画事業」であり，「都市計画施設の整備に関する事業」と「市街地開発事業」を含む（都市計画法4条15号）。

「都市計画施設」とは，道路，都市高速鉄道，公園，水道，河川，学校，病院，火葬場，などの「都市施設」であって，都市計画で定められたものをいう（同11条1項，4条5号，6号）。

「市街地開発事業」には，「土地区画整理事業」「市街地再開発事業」などが含まれ，それぞれ土地区画整理法，都市再開発法など個別法がある。

都市計画事業は，土地収用法3条にいう「公共の利益となる事業」に該当するものとみなされる（同69条）。これは，都市計画事業を施行するためには，私人の所有する土地等をその意思に反しても「収用し，又は使用する」必要があるからである。

2 都市計画事業の認可

都市計画事業を実施するのは，原則として，市町村である（都市計画法59条1項）が，この場合には，都道府県知事の認可を受けて施行するものとされている

（同59条1項）。都道府県が施行するときには，国土交通大臣の認可を受ける（同59条2項）。

都市計画事業の認可は，土地収用法の「事業認定」に代わるものと位置づけられている（同70条）。

最判平成17年12月7日民集59巻10号2645頁（小田急高架訴訟）〔百選177〕は，建設大臣（当時）が，東京都に対してした都市計画事業の認可の取消訴訟の原告適格に関するものである。最判平成18年11月2日民集60巻9号3249頁（同本案）〔百選79〕では，認可の前提となっている都市施設に関する都市計画決定・変更の適否が争点となった。

3 「完結型計画」と「非完結型計画」の区別

計画には，①土地利用に関する計画，②都市施設の整備に関する計画，③市街地開発事業に関する計画がある。これらのうち，①は計画のみが定められ，計画に基づく事業が予定されていない。これに対して，②と③は，事業の実施のための計画であること，したがって，計画が定められた後に計画に基づく事業が予定されている点で違いがある[10]。そこで，前者を「完結型」，後者を「非完結型」ないし「事業遂行型」と呼んで区別する立場[11]がある。

4 行政計画の法的統制

1 実体法的統制

「拘束的計画」に法律の根拠が必要であることは争いがない[12]。「非拘束的計画」であっても，国土利用計画のように，事実上大きなあるいは強い影響力を持つものについては，民主的統治構造の観点から法律の根拠を要すると解すべきとの有力な見解[13]がある。

法律の優位の原則は，行政計画についても妥当する。したがって，行政計画は，法定計画である場合には，当該根拠法律の趣旨目的に反してはならないのは当然として，法定計画であっても非法定計画であっても，関連する法律に反してはな

---

[10] 北村他・基本143頁（佐藤英世）。
[11] 金子正史『昭和57年度重要判例解説』54頁。最判昭和57年4月22日民集36巻4号705頁（盛岡広域都市用途地域指定事件）〔百選160〕。
[12] 稲葉他134頁（稲葉馨）は，一種のトートロジーであると指摘する。
[13] 塩野Ⅰ237頁。ドイツの「重要事項留保説」の影響が感じられる。

らない。

　さらに，行政計画は，その性質上，別の行政計画との整合性が要求されることがある。法令の場合は，「下位法」は「上位法」に反してはならないという形で優劣の関係が明確であるが，計画の場合は，広域的な計画と狭域的な計画の関係のように，優劣の関係がそれほど明確でないこともある[14]。そこで，「計画間調整」と呼ぶ[15]のが通例である。

　また，法律によって，計画において定めるべき事項や，計画を策定するにあたって考慮すべき事項が指示されることがある。たとえば，都市計画には都市計画区域，地域地区，都市施設などの事項を定めるべきものとされるほか，公害防止計画に適合することが求められ，また自然環境の整備・保全に配慮すべきものとされている（都市計画法5条，8条，11条，13条参照）。

　なお，平等原則，比例原則，信頼保護原則などの憲法原則ないし法の一般原則も広い意味での実体法的統制に含まれる。

2　手続法的統制

　「計画裁量」の法的統制は，実体法的統制にはあまり期待できないので，手続的統制が重視されるべきであるとされている。

　しかし，計画策定手続に関する一般法はいまだ存在しない。1993年に制定された行政手続法は，行政立法手続や計画策定手続を将来の課題として先送りし，前者のみが，2005年に「命令等制定手続」として追加されたにとどまるからである。

　行政計画はその性質がとりわけ多様であり，それぞれにとっての「適正手続」のあり方も様々である。そこで，個別法で認められている既存の手続規定や，ドイツの「計画確定手続」（UNIT 48 [2]参照）等を参考に，一定の類型化をした上で，立法的な整備を行うのが適切であると考えられている。

3　裁判的統制

　行政計画に対する裁判的統制については，まず，どのような訴訟類型が利用できるかが問題となる。すなわち，行政計画は様々な性質を有するため，そのなか

---

14)　宇賀 I 297頁は，「ボトムアップ型」と「トップダウン型」があると指摘している。
15)　櫻井＝橋本 153頁。詳細なものとして，大橋 I 163頁以下参照。

には，取消訴訟の対象となるものとそうでないものがある。後に（**UNIT 26** 2）紹介するように，判例は，久しく行政計画の処分性を否定するものが多かったが，近時は，「国民の権利利益のより実効的な救済」という観点から，やや柔軟な判断を示すようになっている。

　処分性を否定される行政計画については，第1に，その違法性を，当該計画を前提としてなされた「後続行為」の違法性をもたらすものとして主張するという方法がある。先にみたように，小田急高架訴訟で争われた「都市計画事業認可」はそのような「後続行為」の例であるが，処分性が肯定されているため，その取消訴訟において，間接的に「都市計画決定」の違法性が審査されることになる。

　第2に，そのような「後続行為」を待たずに，より早期に争うことを認めるべきかが検討されなければならない。解釈論によって処分性を肯定することができない場合にも，「紛争の成熟性」が認められる限りは，「法律上の争訟」が存在するといえるから，「公法上の当事者訴訟」がその受け皿となるはずである。

UNIT 20　行政情報

1　行政調査

1　行政調査の概念

　行政調査とは,「行政機関が, 行政目的を達成するために必要な情報を収集する活動」をいう。その態様は様々であり,「行為形式論」の見地からは,「行政立法」「行政処分」「行政指導」などと並ぶものではない。また, かつては,「即時強制」の枠内で論じられたことがあり, そこから分化する形で「行政調査」の概念が使われるようになったという経緯があるが,「即時強制」と「行政調査」が相互排他的というわけではなく,「調査」と「強制」という要素は次元の異なるものである。

　そこで,「行政調査」は,「行政計画」と同様に[1], 1つの行為形式に収まりきらないものであり, 様々なタイプがある[2]と整理すべきであろう。

2　行政調査の種別

　第1に, 具体的な案件にかかわるかどうかの区別として, 一般的調査と個別的調査がある[3]。合理的な計画の前提として, 的確な現状の全体的な把握が必須であると考えられる。また, 合理的な個別案件の処理の前提として, 事案の正確な把握が必須であると考えられる[4]。

　第2に, 私人に義務を課すか, 強制的実現が可能かどうかの区別として,「任意調査」と「強制調査」に大別される。「強制調査」は, さらに, 実力行使を伴

---

[1]　ただし, 塩野Ⅰ284頁は異なるとする。
[2]　北村他・基本153頁（高橋明男）は,「即時強制型」「行政行為型」「事実行為型」「行政指導型」に分類している。「行政行為型」と「事実行為型」の区別は, 芝池総論269頁にみられ, これに依拠するものとして, 深澤龍一郎「行政調査の分類と手続」争点56頁がある。
[3]　芝池総論268頁。国勢調査や防犯カメラの性質をどう考えるかは難しい。
[4]　大橋Ⅰ57頁は, 調査義務が「説明責任」から導かれると指摘している。

う（狭義の）「強制調査」と，実力行使は許されず，罰則を科すにとどまる「間接強制調査」に分けられるのが通例である。

3　税務調査・情報法

　行政法学における行政調査への注目は，租税法の領域における税務調査をめぐる議論の影響を受けたものであった。近時では，情報法の領域における個人情報保護の議論との関係も検討課題である[5]。

4　任意調査の限界

　任意調査は相手方の承諾を前提とする建前であるが，所持品検査[6]や自動車の一斉検問[7]など，任意とはいいがたい実態がある。判例上は適法とされることが多いが，実務上の必要性にもかかわらず，法律の整備が追い付いていないという評価も可能であろう。

5　間接強制調査の限界

　最判昭和47年11月22日刑集26巻9号554頁（川崎民商事件）〔百選109〕は，所得税法に定めのあった質問検査について，憲法35条1項の令状主義や，38条1項の供述拒否権は適用されないとした。また，最判昭和48年7月10日刑集27巻7号1205頁（荒川民商事件）〔百選110〕は，立入検査に先立って，事前通告などを行うことが憲法上要請されるものではない，とした。行政調査においても，事前手続の保障は重要な課題であるが，判例は立法政策に委ねられると考えているわけである。

②　行政処分の準備活動としての行政調査

1　不利益処分の事前手続

　既に UNIT 9 ②でみたように，不利益処分については，名あて人の権利利益の保護のために，事前手続がとりわけ重要な意味を持つ。行政手続法は13条で，標準的なものとして「意見陳述のための手続」として「弁明の機会の付与」と

---

[5]　反面調査の許容性は，個人情報の本人からの取得原則の例外の問題として位置づけられる。
[6]　最判昭和53年9月7日刑集32巻6号1672頁〔百選112〕。
[7]　最判昭和55年9月22日刑集34巻5号272頁〔百選113〕。

「聴聞」を定めている。そこで，「喫茶店対PTA」設例のQ8のように，保健所長が生徒たちの腹痛の原因を十分調べることなく，食中毒を理由に，クレープを提供した喫茶店の許可を取り消すというような事例は，実際には起きえないのである。

さて，行政手続法13条が定めているのは，不利益処分の「事前手続」ではあるが，行政過程という観点からみると，不利益処分に至る過程がかなり進行した段階である。すなわち，設例のように「許可の取消し」の場合，「聴聞」が必要となり，15条により「聴聞の通知」がなされるところからが行政手続法第3章の規律するところである。そして，「聴聞の通知」の内容には，「予定される不利益処分の内容及び根拠となる法令の条項」と「不利益処分の原因となる事実」が含まれる。これは，この段階では，既に，行政庁が「事実の認定」を終えていることを意味する。

それでは，行政庁は，どのようにして「事実の認定」をすべきなのであろうか。UNIT 8 ②で，行政処分における案件処理の過程について分解して考察すべきこと，「事実の認定」という過程においても，どのような手続で行うか，いつ行うかという問題があることを指摘したが，これらについては，行政手続法に規定が置かれていないのである。

2　食品衛生法の規定

許可制度を中核とした「規制行政」は，私人の活動について継続的な監督を行うことを予定しているが，有効な監督を行うためには，効率的に正確な情報を収集する必要がある。そこで，まずは，個別行政法規である食品衛生法が情報収集のためにどのような規定を置いているかをみてみよう。

第1に，食品衛生法は28条で，「報告」「臨検」「検査」「収去」について定めている。これら4つは，情報を収集する手段であるという共通点を有するが，行為形式ないし行為類型としては様々である。

食品衛生法28条1項
厚生労働大臣，内閣総理大臣又は都道府県知事等は，必要があると認めるときは，営業者その他の関係者から必要な報告を求め，当該職員に営業の場所，事務所，倉庫その他の場所に臨検し，販売の用に供し，若しくは営業上使用する食品，添加物，器具若しくは容器包装，営業の施設，帳簿書類その他の物件を検査させ，又は試験の用に供するのに必要な限度において，販売の用に供し，若しくは営業上使用する食品，添加物，器具若しくは容器包装を無償で収去

> させることができる。
> 　2項　前項の規定により当該職員に臨検検査又は収去をさせる場合においては，これにその身分を示す証票を携帯させ，かつ，関係者の請求があるときは，これを提示させなければならない。
> 　3項　第一項の規定による権限は，犯罪捜査のために認められたものと解釈してはならない。
> 　4項　厚生労働大臣，内閣総理大臣又は都道府県知事等は，第一項の規定により収去した食品，添加物，器具又は容器包装の試験に関する事務を登録検査機関に委託することができる。

　情報を収集する手段の分類は，様々な観点から可能であるが，最終的に「私人の行為」によるものと「行政機関の職員」によるものという基準によると，「報告」は「質問」とともに前者に，「臨検」「検査」「収去」は「立入り」とともに後者に属する。
　そして，「報告」については，私人に法的な義務を課すものである場合には，行政手続法3条1項14号にいう「報告……を命ずる処分」に該当し，任意にとどまる場合は「報告を求める行政指導」に該当する。「報告を命ずる処分」は，食品衛生法においては「報告の求め」とされているが，法令上は，ガス事業法などのように「報告の徴収」という用語が多い。
　「臨検」はやや古い用語であり，行政機関の職員が強制的に私人の支配領域において情報を収集するという態様を予定している。
　「検査」は，物件から情報を収集することに着目した概念である。検査を受ける法的義務を私人に課すものと，任意のものがある。食品衛生法は臨検検査の拒否について罰則の定めを置いているので，前者に属することは疑いない。さらに，相手方の抵抗を排除して物理的に強制できると解される場合は，直接強制ないし即時強制という性質を有することになる。
　「収去」も，物件に着目した概念であるが，最終的に情報を収集する際の職員の行為の場所を，それに先立って，私人の支配領域から行政機関の支配領域に移動することを目的とする。「収去」は，行政機関側の行為を表現したものであるが，私人の行為を表現すれば，行政手続法3条1項14号にいう「物件の提出」となる。
　第2に，食品衛生法は，監督のための情報収集を計画的に行うこととし（24条参照），また，専門的な職員として「食品衛生監視員」を置くものとしている（30条参照）。
　第3に，食品衛生法は，医師の協力を得て，食中毒等に関する情報を効率的に

収集することをめざしている。すなわち、58条によれば、医師は保健所長への届出義務を負い、得られた情報はさらに保健所長から知事、厚生労働大臣へと伝達されたものとされている。

③ 行政調査の法的統制

1 法律の根拠

　行政調査は、1つの行為形式にあてはまらないものであるため、法的統制も類型ごとに異なるものとならざるを得ない。侵害留保説や権力留保説によるときでも、実力行使を伴う強制調査は法律の根拠が必要となる。また、刑事罰の担保のある間接強制調査は、罪刑法定主義から法律の定めが必要となる。これに対して、任意調査は、原則として、法律の根拠がなくてもなしうることになる。

2 実体法的統制

　食品衛生法28条のように、「必要があると認めるとき」というような限定にとどめるのが適切と考えると、個別の法律、一般法、不文の法の一般原則による制約はいずれもそれほど厳格なものとはならない。

3 手続的統制

　そこで、手続的統制に期待が寄せられることになる。しかし、事項の性質上、標準的な不利益処分と同様の事前手続を要求することが難しいことが考慮され、行政手続法は、3条1項14号で適用除外を定めている。そこで、これまでの議論では、専ら令状主義が及ぶかが検討されてきた。

4 裁判的統制

　最後の手段は、裁判所による事後的な統制である。行政処分の取消訴訟において、前提となっている調査の違法を問題とするもののほか、国家賠償訴訟が考えられる。

④ 情報公開

1 情報公開制度

　情報公開の概念は多義的であるが、「情報公開法」や「情報公開条例」にいう情報公開とは、国民・市民の信託を受けて活動を行う行政機関が、国民・住民に

対する「説明責任」の観点から、行政機関の保有する情報を公開する、という趣旨である[8]。

このような情報公開制度は、国民・住民が「政府の意思決定」を監視し、また行政活動に「参加」するための有効な手段である。わが国で制度化された「情報公開制度」は、国民・住民の請求に基づいて、行政機関がその保有する情報を「開示」する制度である。そして、技術的には、国民・住民に「開示請求権」という「実体法上の権利」を付与する、という方式が選択されている。

他方、これらに加えて、請求をまたずに、行政機関が自らの判断で任意に情報を提供する「情報提供制度」や、法令によって情報の提供が義務づけられる「情報公表制度」もある。

2　情報公開制度の整備

わが国における情報公開制度は、「整備」の段階を過ぎ、「運用」の段階にある。そして、制度化については、地方公共団体レベルが先行し、国レベルが後に続いた点が特徴的である。

日本で最初に情報公開条例が制定されたのは1982年で、情報公開条例の運用の歴史は30年に及んでいる。情報公開条例はすべての都道府県、特別区で制定されており、2004年4月1日の時点で既に、市町村を合わせても93%以上が情報公開条例を有するに至っていた[9]。

国のレベルでは、「行政機関の保有する情報の公開に関する法律」（以下、「行政機関情報公開法」と呼ぶ。）が、1999年5月に制定され、2001年4月1日から施行されている。また、「独立行政法人等の保有する情報の公開に関する法律」が、2001年11月に制定され、2002年10月1日から施行されている。

3　開示請求の仕組み

行政機関情報公開法は、「申請に対する処分」を介在させるという仕組みを採用している。すなわち、3条および5条は、「行政文書の開示請求権」を何人にも付与するという原則を定めているが、実際に「行政文書の開示」が行われるためには、4条以下の「開示請求の手続」により、9条1項の「開示決定」がなさ

---

[8]　櫻井＝橋本229頁。
[9]　宇賀克也『情報公開の理論と実務』（有斐閣・2005年）第1章「情報公開制度の運用状況」。

れる必要があり，それに従って「開示の実施」がなされるのである。

「開示の実施」（行政機関情報公開法14条）自体は，情報を行政機関の内部から外部に流すことであり，「行為形式論」からみれば，「事実行為」の一種である。これに対して，「開示決定」は，法律によって抽象的に与えられている「開示請求権」が，当該事案で問題となっている「行政文書」について認められるのか，すなわち，5条各号に掲げられている「不開示事由」が存在するのか，についての「行政機関の長」の具体的判断である。また，請求者の個性や請求の目的は重視されないが，「請求者」という「特定の者」を名あて人とする行為という形式を有している。

「開示決定」は，定義上は，「全部開示決定」と「一部開示決定」を含む。これに対して，全面的に開示を「拒否」するものが，「不開示決定」と呼ばれる。「不開示決定」には，文書の存在を認めたうえでなすもののほか，文書の存否を明らかにしないでなすものがある（同8条）。

開示請求に対して，5条各号の不開示事由があるかどうかを検討	不開示情報が含まれないとき	全部開示決定	理由提示不要	申請を認容する処分
	不開示情報が存在するとき	一部開示決定	不開示事由で理由づけ	一部拒否処分
		不開示決定	不開示事由で理由づけ	全部拒否処分
		不開示決定	存否応答拒否	全部拒否処分

請求者に対する手続保障（理由の提示）や，請求者のとるべき争訟方法を検討するためには，拒否処分かどうかが決め手となるから，「一部開示決定」は，むしろ「一部不開示決定」と呼んで，「（全部）不開示決定」と合わせて考察すべきであろう。他方，第三者に対する手続保障や第三者のとるべき争訟方法という観点からは，全部開示決定と一部開示決定を合わせて考察することに意味が認められる。

不開示決定に対して不服を有する者には，行政上の不服申立てと行政訴訟という2つの手段が与えられている。行政訴訟を提起するにあたって，不服申立前置主義はとられていない。ただ，実際には，不服申立てが行政訴訟に先行するのが通例で，不服申立てのみで事案が終了する例も多いようである。不服申立てがな

された場合，地方公共団体のレベルにおいても，国のレベルにおいても「情報公開審査会」への諮問という仕組みがある。このような外部の学識経験者からなる中立な第三者機関が，情報開示請求者から一定の信頼を得ているということが指摘できると思われる。

5 個人情報保護

1 個人情報保護法制の整備

情報化社会の進展のなかで，個人のプライバシー権ないし自己情報コントロール権を保護するための法制度の重要性が増している。このような法制度の全体を個人情報保護法制と呼ぶ。個人情報保護法制の整備の必要性は，公的部門・民間部門に共通して認められる。

国レベルでは，このうち，まず，行政機関の保有する個人情報について，1988年に「行政機関の保有する電子計算機処理に係る個人情報の保護に関する法律」が成立し，1990年から全面施行された。その後，2003年に「個人情報の保護に関する法律」，「行政機関の保有する個人情報の保護に関する法律」「独立行政法人等の保有する個人情報の保護に関する法律」が制定された。このうち，「個人情報の保護に関する法律」は，公的部門と民間部門を通じた基本法制を定める部分と，民間部門についての一般的な法制を定める部分を含んでいる。そして，公的部門については，その保有主体に応じて，いくつかに分けて法制を定めることが予定されている。すなわち，国の行政機関について定めるのが，「行政機関の保有する個人情報の保護に関する法律」（以下，「行政機関個人情報保護法」と呼ぶ。）であり，独立行政法人や国立大学法人など，国とは別の法人格を有するが，「行政主体」としての性質を有すると考えられる組織について定めるのが，「独立行政法人等に保有する個人情報の保護に関する法律」である。他方，地方レベルについては，地方公共団体が，それぞれ条例によって制度を整備することが期待されている（個人情報保護法5条，11条）。

2 行政機関個人情報保護法の基本構造

行政機関個人情報保護法は，行政機関情報公開法よりも後に制定されたこともあり，その基本構造には共通点が多いが，相違点もいくつかある。

第1に，行政機関個人情報保護法も，「申請に対する処分」を介在させるという仕組みを採用している。すなわち，12条および14条は，「自己を本人とする

保有個人情報の開示請求権」を何人にも付与するという原則を定めているが，実際に「行政文書の開示」が行われるためには，13条以下の「開示請求の手続」により，18条1項の「開示決定」がなされる必要があり，それに従って「開示の実施」（行政機関個人情報保護法24条）がなされるのである。

「開示決定」が，定義上は，「全部開示決定」と「一部開示決定」を含むこと，全面的に開示を「拒否」するものが，「不開示決定」と呼ばれること，「不開示決定」には，文書の存在を認めたうえでなすもののほか，文書の存否を明らかにしないでなすものがある（同17条）こと，第三者に対する手続保障の規定が用意されている（同23条）ことなどは，行政機関情報公開法におけると同様である。

第2に，行政機関個人情報保護法は，行政機関における個人情報の取扱いについて，「保有の制限」（3条），「利用目的の明示」（4条），「利用及び提供の制限」（8条）などに関する規定に典型的にみられるように，行政機関の「自由を制約する」ことを主たる目的としている。行政機関情報公開法の理念が「政府の情報はみんなのもの」であり，その目的が「民主主義の進展」であるのに対して，行政機関個人情報保護法の理念は「個人の情報はその人のもの」であり，その目的は「自由主義の確保」である。

第3に，行政機関個人情報保護法は，「開示請求権」だけではなく，「訂正請求権」（27条）と「利用停止請求権」（36条）を認めている。

3 個人情報保護条例

個人情報保護に関しても，情報公開と同様に，一部の地方公共団体が国よりも先に制度化を行ってきた。すなわち，住民基本台帳事務のコンピュータ処理が始まった1975年前後から，コンピュータ処理に係る個人情報に限ってではあるが条例が制定されはじめた。また，国の1988年法が制定された後には，同法の不備を意識して，それ以上の水準の制度を定める条例も制定されるようになっていた[10]。ただ，全体としてみると，情報公開の分野ほどには制度化は進まなかった[11]。

2003年の法律制定により，個人情報保護条例を制定していない地方公共団体についてはその早急な制定が求められ，また条例を有するものの同法の水準に達

---

10) 北村他・基本204-205頁（佐伯彰洋）。
11) 最判平成13年12月18日民集55巻7号1603頁（レセプト開示請求事件）〔百選44〕は，兵庫県において個人情報保護条例が制定されていなかった時期の事案である。

していない場合には，その見直しが求められることになった。現在では，すべての都道府県，市区町村が条例を制定している[12]。

4 マイナンバー法

2013年に「行政手続における特定の個人を識別するための番号の利用等に関する法律」，いわゆるマイナンバー法が制定された。同法は，個人番号の利用により，税，社会保障，災害対策の分野の個人情報を効率的に共有することによって，行政事務を効率化し，市民の利便性を向上させること等を目的としている。同法の「特定個人情報」は，個人情報保護制度における「個人情報」にも該当する。「特定個人情報」は，漏えいした場合のリスクが大きいため厳格な保護措置が必要であり，利便性の向上との調整が難しい課題であると考えられている。そこで，国の個人情報保護法制度については，同法で行政機関個人情報保護法の特例を定め，また，地方公共団体には，同法に対応するための条例改正が求められている[13]。

---

[12] 北村他・基本205頁（佐伯彰洋）。
[13] 北村他・基本206頁。なお，第189回国会（2015年）に，個人情報保護法とマイナンバー法の一部を改正する法律案が提出され成立した。塩野I 379頁，388頁参照。

[第5部]

作用法と救済法の連関

UNIT 21 公法と私法

1 「近代行政」と「現代行政」

1 「自由主義的法治国」から「社会的法治国」へ？

　本書で説明の出発点に用いている「防御型の行政法理論」というのは，「自由主義的国家観」における「近代行政」をモデル化したものである。それは，ドイツ行政法理論にいう「自由主義的法治国」（ないし「形式的法治国」）における「行政作用法の基本原理」に相当する。また，伝統的な「行政法各論」において説明される「警察権の限界論」は，そのような「行政作用法の基本原理」の原型である。

　田中二郎の説明によれば，「近代行政」の基本原理は「法律による行政の原理」であるが，現代国家は，過去の「自由主義的法治国家」（「自由国家」「治安国家」）とは異なり「福祉国家」（welfare state）または「奉仕国家」「給付国家」（Leistungsstaat）としてその機能を果たすべきもので，そのための行政作用が複雑多様化し，これらを規律する行政作用法が複雑厖大化し，専門技術化するのみならず，これを支配する原理も大きな転換をとげることになる[1]。

　「行政」の内容は理念（あるべき行政）においても，現実においても，時代とともに変遷してきた。また，理念と現実は当然のことながら必ずしも一致しない。いわゆる19世紀的な「近代行政の原理」が，「消極国家」「小さな政府」を理念としていたとしても，現実の行政機能がそのようなものにとどまっていたわけではないことは，歴史を学べば気が付くところである。

　また，田中二郎の説明する「近代行政法」の成立は，ヨーロッパ大陸，とりわけ「行政法の母国」であるフランスと，明治期の日本がお手本としたドイツにおける法制度の変革の「物語」であることに留意が必要である。

　すなわち，「独立の法の体系又は法の分野としての行政法は，特定の政治的・経済的・社会的背景のもとに，特殊の沿革をもって生まれてきたもので，これが

---

1) 田中上 48-51 頁。

生まれるためには，特に二つの要件が必要であった。その一つは法治国家（Rechtsstaat）思想の発展であり，他の一つは行政制度（regime administratif）の観念の発達である」という[2]。

塩野宏は，この2つの条件を，行政という活動が法に服すること，その行政も服するところの法が民事法と異なったものであること，と説明している[3]。このように，「近代行政法」は，第1に「近代憲法」の成立を前提とし，第2に，「公法と私法の区別」を前提とする。また，第2の「公法と私法の区別」は，「司法裁判所」とは別の「行政裁判所」の形成と表裏の関係にある。フランスが「行政法の母国」であるとされるのは，フランスにおいて，行政裁判所の判例の積み重ねによって，私法の体系に対し，行政に特殊固有の法の体系としての行政法が発達したことによる。

2　自由権・社会権・参政権

「古典的」な行政法理論の体系に対しては，かねてからその有用性について阿部泰隆からの根本的な批判があった[4]。また，近時は，大橋洋一の「コミュニケーション過程としての行政」という言葉にみられるように，行政現象の法的把握そのものについて，一種のパラダイム転換への志向も示されている[5]。

このような最新の理論動向は，憲法における人権の分類に照らすと，次のような意義を有していると筆者は考えている。

憲法の人権の分類に「自由権」「社会権」「参政権」というものがある。このうち「自由権」は19世紀的な人権，「社会権」は20世紀的な人権といわれる。「4つの行政」のうち，第1の「租税行政」と第2の「規制行政」は主として「自由権」と，第3の「給付行政」は主として「社会権」と関連している。ただ，20世紀の後半には「規制行政」においても「行政権の過大な行使の抑制」と並んで「行政権の過小な行使の是正」が重要であることが意識されるようになってきた。「防御型の行政法理論」は「自由権」に焦点を合わせたものであるから，そのままというわけにいかないのは当然である。そして，21世紀においては，これまで以上に「参政権」を実質化するという観点が重要であると思われる（**UNIT 49**

---

[2]　田中上18頁。
[3]　塩野 I 13-14頁。
[4]　阿部泰隆『行政の法システム（上）（新版）』（有斐閣・1997年）21頁。
[5]　大橋洋一『対話型行政法学の創造』（弘文堂・1999年）。

参照)。大橋洋一が教科書で提唱している「現代型一般原則」のうち「市民参加原則」「説明責任原則」はこのような試みである[6]。

2 国家と社会の二元論

1 「行政主体」と「私人」

近代法における「公法と私法の区別」の背景には,「国家と社会の二元論」があるとされる。

藤田宙靖によれば,わが国の行政法学は,社会的に有用な業務を行う法主体を「行政主体」と「それ以外の法主体（私的法主体ないし私人）」との2種類に理論的に区分し,行政主体に属するとされた法主体が行う業務のみを「行政」と称してきた。そして,このような発想は,近代ヨーロッパ型法治主義思想の基本的な構造を反映したものである。すなわち,行政主体と私人の対立関係を前提とする考え方は,フランスやドイツにおける近代憲法における「国家と市民社会」の対立構造の表れにほかならない。そして,「法律による行政の原理」とは,国民の代表である議会が制定した法律で行政権を拘束・制限し,そのことによって,国民の権利利益を,行政権からの侵害に対して保護することを狙いとするものである[7]。

2 公法と私法

国家と社会の二元論は,国家機関に適用される法規範と,市民社会の構成員相互の関係について適用される法規範の区別に自然に結びつく。これが,公法と私法の区別である。市民社会の構成員の「私的自治」という理念を重視した「私法」のモデルは,フランスの1804年の民法典である。

さて,フランスとドイツで「公法私法二元論」が成立したといっても,その内容は同一ではない。公法と私法の区別をいかに行うか,どのような社会的事象にそれぞれを適用するかについては,様々な考え方がある。また,時代によって,国によって,その区別の持つ意味,「公法」の機能は異なる。わが国に継受された「公法私法二元論」も様々な要素を含んでおり,理論的にすっきりした（dogmatisch sauber）説明は困難である。しかし,実定法制度や判例の状況に鑑みれば,

---

6) 大橋 I 56-57 頁。
7) 藤田総論 17 頁。

現在のドイツと基本的には同様の考え方による説明を試みるのが穏当かつ有益である，と筆者は考えている。そして，その際，わが国で久しく「克服すべき」対象とされてきた田中二郎の「三分説」の「復権」が有力な選択肢であろう[8]。

　現在のドイツにおいては，「公法と私法の区別」については，いわゆる「相対的二元論」がとられている。すなわち，「公法」と「私法」の区別は，「法規範」についての区別であり，社会的事象に対して規範的な拘束を行うという性質を持つ点では本質的に異ならないと考えられている[9]。

　そして，「公法が適用される社会的事象には私法は適用されない」「私法が適用される社会的事象には公法は適用されない」というような考え方は，いわゆる「絶対的二元論」として却けられている[10]。

　「公法」と「私法」の区別は，したがって，ある社会的事象の特定の側面に着目し，その特徴的な要素にふさわしい「正義」「公平」「安定」などをもたらすための「規範」を「体系化」したものであり，その違いは，「典型的な事例」に関しては大きく現れるが，「非典型的な事例」に関してはそうでもない，という意味で「傾向的」なものとなる。

---

8) 田中二郎の「管理関係理論」はその曖昧さが批判されたが，法律学においては，「曖昧さに耐える知性」が要請されることもある。「給付行政」の概念も同様に，曖昧ではあるが，有用な概念であると思われる。

9) 藤田総論 29-33 頁は，「公法と私法の区別」と「公法の適用を受けるべき社会的事象と私法の適用を受けるべき社会的事象の区別」という２つの問題を分けるべきことを指摘したのち，以下のように「公法と私法との区別」についての諸説を説明している。「主体説」＝フランス革命直後のフランス。「権力説」＝フランスにおける「権力行為と管理行為の区別」，ドイツでは当初から「国庫理論」とセットで。「利益説」＝19 世紀の中頃以降のフランスの「公役務」およびその影響を受けたドイツのオットー・マイヤー説。

10) 大橋Ⅰ97 頁は，「『行政法と民事法は全く別個の法体系であり，民事法及び私法一般原則が行政法関係に適用されることはない』という古典的理解（「公法・私法二元論」）は今日では通用しない。」と説明している。しかし，このような「公法私法の絶対的二元論」は，美濃部・田中によって既に克服されていたのではなかろうか。たとえば，田中二郎『行政法総論』（有斐閣・1957 年）210 頁は，公法と私法の区別が，「個々の法規についての区別」であることを指摘している。

3 公法と私法の区別の基準

1 旧主体説

「公法と私法の区別の基準」としては、様々な説が提唱された。現在のドイツで標準的とされる Maurer の教科書では、そのなかで、「権力説」「利益説」「帰属説」「修正帰属説」の4つが有力であるが、どの説も決定的なものではないとされている[11]。

なお、過去の説として最初から排斥されているのは、私人間の関係だけが私法によって律せられ、法律関係の一方当事者が行政主体である場合はすべて公法によって律せられるとする「(旧) 主体説」(Subjektstheorie) である。「(旧) 主体説」が排斥されるのは、通常の議論が、行政主体が、私法上の行為形式、とりわけ契約を用いて活動できることを認めたうえでなされているからである。そこで、法律関係の一方当事者が行政主体である場合に、どのような局面が公法によって律せられ、どのような局面が私法によって律せられるか区別する基準が探究されることになる。

2 Maurer による整理

上記の4つのうち、ドイツの「防御型の行政法理論」において有力とされたのは、第1の「権力説」[12]であった。これは、行政主体が、「公権力の主体」として、私人に対して活動する場合には、公法によって律せられ、そうではなく、私人と「対等の立場」で活動する場合には、私法によって律せられるとするものである。ここでの「公法関係」は「支配服従の関係」であることに特徴がある。この説は、行政作用が「危険防除」(理論上の警察) ないし「侵害行政」に限定されていた19世紀の国家観には適合的である。しかし、私法のなかにも、支配従属の関係が存在すること、公法のなかでも契約的な関係、すなわち対等の立場が存在することや、給付行政について適切な説明ができないことなどの難点がある。

第2は「利益説」(Interessentheorie) である。公益の実現を目的とする規範が

---

[11] Maurer, §3 Rn10-17 この教科書は、初版が1980年であり、その後、標準的な概説書として定評のあるものである。塩野、芝池両教授ともに概説書を執筆するにあたって参考とされていることは疑いがない。

[12] Subordinationstheorie, Über-Unterordnungstheorie, Subjektionstheorie これらのドイツ語は「支配服従説」「上下関係説」とも訳せる。

公法，私益の実現を目的とする規範が私法とされる。この説は，重要な視点を提供するものではあるが，規範のなかには，同時に公益と私益の実現を目的とするものが存在するため，明確な区別が難しいという弱点がある[13]。

　第3は「帰属説」(Zuordnungshtheorie)である。「修正主体説」(modifizierte Subjektstheorie)ないし「特有法説」(Sonderrechtstheorie)とも呼ばれるこの説によれば，国家その他の公権力の主体にのみ「帰属」する規範，すなわち，国家その他の公権力の主体にのみ適用される規範を公法とする。これに対して，私人を含めたすべての法主体に適用される規範を私法とする。したがって，公法とは，国家その他の公権力の主体に「特有の法」である。これに対して，私法とは，すべての法主体に適用される法であるが，そこでのすべての法主体には，「(旧)主体説」とは異なり，国家その他の公権力の主体が含まれる。

　第4は「修正帰属説」である。「帰属説」における国家その他の公権力の主体にのみ適用されるという基準に代えて，国家その他の公権力の主体がその固有の資格において活動する際に適用されるという基準を用いるものである。

　Maurerによれば，第3の「帰属説」が支持者を増やしているが，第1の「権力説」もなお有力であり，第2の「利益説」は，補足的に用いられているにとどまるという。

　なお，「公法が適用される社会的事象には私法は適用されない」「私法が適用される社会的事象に公法は適用されない」という「絶対的二元論」をとらない以上，ある社会事象に適用される法規範の総体を全体的に捉えて「法律関係」と表現する場合には，それが常に，「純粋の私法上の法律関係」か「純粋の公法上の法律関係」に分けられるとはいえないことになる。すなわち，「私法上の法律関係」ではあるが，「公法規範」の適用があるものや，「公法上の法律関係」ではあるが，「私法規範」が適用ないし類推適用されるものの存在を認めることになりそうである。

---

[13] 藤田総論33-34頁は，美濃部・田中理論を「公法関係私法関係の相対化理論・混合関係理論」と呼び，田中二郎の「三分説」は，主体説的な考え方に対抗するために，権力説と利益説の要素をミックスして作られたものであると指摘している。また，塩野宏『公法と私法』(有斐閣・1989年)39頁(初出1970年)は，美濃部を「主体説」と説明しているが，Maurerの分類によれば「帰属説」＝「修正主体説」に相当すると思われる。また，82頁以下(初出1976年)では，田中の「管理関係理論」の2つの側面について指摘している。「管理関係理論」は，戦前(1934年)に提唱され，戦後も維持され，時に「通説」とも称されるに至ったとされる。

3 「行政私法」の理論と新主体説

　上記のようなドイツの「公法私法二元論」においては，フランスと比較して「公法」の守備範囲が狭くなる傾向が認められる。フランスにおいては19世紀の中ごろ以降「利益説」が有力となったのに対して，ドイツでは「権力説」が有力であったからである。

　そして，「私法」が適用されることになると，一方当事者である行政主体に対する法的拘束が弱くなってしまい，不都合であるという考え方が第二次大戦後のドイツで登場する。そのような状況で登場した「行政私法」（Verwaltungsprivatrecht）の理論は，行政主体が私法上の行為形式を用いて活動する場合であっても，平等原則などの「憲法規範」＝「公法規範」の適用があるという結論を導くことをねらいとしたものであったと思われる[14]。

　そこで，このような「私法上の法律関係」ではあるが，「公法規範」の適用のあるものを想定するという発想は，「（旧）主体説」のルネッサンスとも評価でき，「新主体説」とも呼ぶことができると思われる。

　ちなみに，大橋洋一は，行政法の規律対象を論じる際に，「行政は人為的な構成物＝装置である」という観点を強調し，「行政法では，一方当事者として人為的構成物である行政が登場する点が着眼点である（このような見方を主体説という）。そのため，行政が権力的な作用を行うのか，私法活動を行うのかにかかわらず，ともに行政法学の対象となる。」と説明している[15]。大橋のいう「主体説」は，「組織的意義の行政」を出発点として，「形式的意義の行政」を対象とした科目として行政法を把握するものである。これは，「組織としての行政」には常に「公法規範」による拘束が及ぶという視点を強調するものであり，「新主体説」と呼ぶべきものであろう[16]。

---

14)　塩野 I 45 頁参照。
15)　大橋 I 7-8 頁。
16)　なお，大橋洋一「制度的理解としての『公法と私法』」高木光他編『行政法学の未来に向けて（阿部古稀）』（有斐閣・2012年）1頁以下は，美濃部と田中の違いを指摘している。たとえば，美濃部は，水道の利用関係を公法関係とし，水道料金について行政上の強制執行を認めていた。他方，1963年の地方自治法の改正後，水道料金を私法上の債権とする扱いが裁判例において確立したという。

4 「行為形式論」との関係

　既に述べたように，「行政作用法」の中核は「行為形式論」である。この「行為形式論」もまた，「公法私法二元論」を前提としていることを見逃してはならないと筆者は考えている。

　「行政はどのように行われるか」というのは，法の世界では，主として，「行政上の権利義務はどのように発生し，変更し，消滅するか」ということを意味する。「行政」活動は「行政主体」，すなわち，国や県や市という「法人」が，私人を相手方として行うものとイメージされている。そして，その際に特徴的なのは，「行政主体」の「機関」である「行政庁」が，場合によっては相手方である私人の意思にかかわらず，その権利を制限したり，義務を課したりすることができることである。

　「行政庁」がこのような「権限」を有することから，「行政上の法律関係」は，「公法上の法律関係」であり，民法の世界で繰り広げられる「私法上の法律関係」とは性質が異なるものであると考えられてきた。このような「権限」の行使は「公権力の行使」と呼ばれる（行政事件訴訟法3条参照）のであるが，法律関係の一方当事者が他の当事者と比較して有利な立場にあることに着目して「権力関係」や「支配服従の関係」という表現がなされることがある。このような表現は，「公法私法二元論」における「権力説」の影響を受けたものということができる。

　説明が難しいのは，「行政契約」であった。先にみたように（**UNIT 18**）当事者の少なくとも一方が「行政主体」である契約を「行政契約」と呼ぶときには，そのなかには「私法上の契約」と「公法上の契約」が含まれることになる。そして，このような区別を認めるときには，「行政契約」がはたして1つの「行為形式」であるということができるのかという疑問が生じる。また，その区別の基準としては「権力説」は使えないからである。

UNIT 22 行政救済の4つの領域

1 行政救済法の位置づけ

1 私人の不服の解消

「行政救済法」のテーマは「行政はどのように後始末をつけるか」である。そこで，「行政救済法」の暫定的な定義は「行政作用に対する私人の不服の解消に関する（特有の）法規範」ということになる（詳細については，**UNIT 45**参照）。

「行政救済法」は様々な内容を含み，いくつかの分類が可能であるが，最も基本的な分類は「行政争訟」と「国家補償」の大別であるとされている。「行政争訟」は（主として）行政活動の「行為自体の是正」という態様，「国家補償」は「金銭等の給付」という態様による救済をいう。ここでの分類基準は，「救済方法」すなわち，どのような態様の「救済」が私人に与えられるかというものである。

なお，既に指摘したように，「行政救済法」は「行政作用法」と表裏の関係にある。行政法的思考の根本は，「行政権の行使を法によって統制する」ものであるが，「行政作用法」では，「行政作用は，法によって予め定められた規範に従って行われなければならない」という側面が強調され，「行政救済法」では「行政作用の結果として生じる不利益について，私人には法に従った救済が与えられるべきである」という側面が強調される。

その意味では，「行政作用法」は「行為規範」としての側面に重点があるのに対して，「行政救済法」は「裁判規範」としての側面に重点があるということもできる。しかし，「行政作用法」の規範に反した場合に「救済」が与えられ，また，「行政救済法」で示された規範は，将来の「行政作用法」として機能することから両者の関係は密接不可分である。

2 行政救済の4つの領域

「行政争訟」と「国家補償」はさらにそれぞれ2つに分けて説明されるのが通例である。すなわち，「行政争訟」は，是正（等の救済）を行う機関が，行政機関

か裁判所かという基準によって「行政不服審査」と「行政訴訟」に,「国家補償」は原因となった行為が,違法であるか適法であるかという基準によって「国家賠償」と「損失補償」に分類される。そこで,「行政救済法」はこれら4つの領域に関する法規範を含むことになる[1]。

行政救済	行政争訟	行政不服審査
		行政訴訟
	国家補償	国家賠償
		損失補償

　これら4つの領域に関する法規範は,様々な制度・法理の複合体であるが,そのなかで中核的地位を占めるのは,「行政訴訟」と「国家賠償」に関する制度・法理である。(広義の)「法治行政の原理」ないし「法治国原理」を重視する学説においては,両者の有機的関連が重視されるべきであるとされている。
　また,「行政訴訟」の中核を占めるのは「取消訴訟」であり,行政庁が行った「行政処分」という行為を,裁判所が事後的に審査し,それが違法であることを理由に,取り消すことによって「是正」する制度である。他方,「国家賠償」の典型は,国家賠償法1条の定めに従って,公務員の違法行為について行政主体が損害賠償責任を負う制度である。

　先の暫定的定義における「特有の法規範」というのは,一般の民事法を除外する趣旨である。すなわち,「行政作用に対する私人の不服の解消」に際して適用される訴訟法上の規範が「通常の民事事件」と同様に,民事訴訟法,民事執行法,民事保全法等であり,また,実体法上の規範が「通常の民事事件」と同様に,民法,商法,会社法等である場合は,「行政救済法」として考察する必要性は乏しいと考えられるからである。
　以上のように,「民事上の救済」を除外し,行政機関や裁判所により与えられ

---

　　1)　原田要論および藤田Ⅰは,例外的に,このような2×2＝4区分という「体系」を採用していない。その意味については,**UNIT 40** ③参照。また,兼子総論は,独特の構成をとっている。なお,藤田総論では,第4編の付章として「損失補償」の1章が加えられたため,結果的には,2×2＝4区分になっている。

る「特別の救済」2)に焦点を合わせる場合，特有度が最も際立つのは，「取消訴訟」ということになる。他方，「国家賠償」は，訴訟実務上，「通常の民事事件」として扱われていること，実体法上の規範としても，多くの論者によって，国家賠償法は，一般法としての「民法」の不法行為に関する定めの特則として理解されていることから，その特有度は比較的低いということができる。そこで，本書では，まとまった説明は，先に取消訴訟について行い（第6部），その後に国家賠償法について行う（第8部）ことにする。

なお，「国家賠償」と「損失補償」の区別の基準は，「行政不服審査」と「行政訴訟」の区別の基準とは次元を異にすることに注意が必要である。

すなわち，「損失補償」は，実体法的な要件の部分は「国家補償」の一部として説明されるが，その請求をなす手続は，「行政訴訟」の一種に属する「当事者訴訟」として説明される。上記の4区分は必ずしも論理的に割り切れるものとはなっていないのである3)。また，ドイツの標準的な教科書4)では，わが国におけるような「行政救済法」というまとめ方はみられない。「国家賠償」や「損失補償」は，「実体法的な請求権」にかかわるものであるためか，行政法総論で合わせて扱われ，行政訴訟が，その前置手続としての行政不服審査と合わせて，独立して扱われることが多い。

上記のような「行政救済法の体系」については，「違法行為を是正するための法治国原理担保手段という面から，行政訴訟制度と国家賠償制度を同一の機能を営むものとして捉えるべきである」という宇賀克也の指摘がある。この指摘は，「国家賠償」と「損失補償」を総合的に把握する「統一的補償理論」の長所を認めつつも，問題点もあるとするものである5)（UNIT 40 ③参照）。

「国家賠償」の要件としての「違法性」を重視し，「行政訴訟」と「国家賠償」の有機的関連を強調するこのような見解は，原田尚彦および藤田宙靖の立場と共通し，いずれもドイツ理論の影響を受けているとみられる。

---

2) 芝池読本273頁。
3) 高木光＝常岡孝好＝橋本博之＝櫻井敬子『行政救済法（第2版）』（弘文堂・2015年）2-3頁（高木光）参照。
4) Maurer, 7. Teil は国家補償を扱っている。
5) 宇賀 II 410-411頁。

2　行政救済法の憲法的基礎

1　行政権と司法権の関係

　筆者の考えるところの「行政法的思考」とは，「行政に対する法的統制（とりわけ裁判所による統制）をどのようにして充実させるかという問題関心」からの「行政をめぐる法現象」の認識と評価である（UNIT 1 ① 1 参照）。

　繰り返し指摘しているように，「行政救済法」は「行政作用法」と表裏の関係にある。行政権の外部的統制は，立法権によるものと司法権によるものに分けられるが，「行政救済法」においては，司法権による行政権の「統制」が主たる考察対象となる。行政作用法の基礎概念の1つとして「裁量」があるが，「裁量権の逸脱濫用論」は，裁判所の「審査密度」の問題である（UNIT 47 参照）。

　司法権による行政権の統制は，通常は「法律上の争訟」についての裁判という場で行われる。したがって，憲法学で学ぶ「裁判を受ける権利」や「司法権の観念」をまず確認する必要がある。

2　行政裁判制度

　行政訴訟制度は，行政権と司法権の憲法構造上の位置づけの違いにより，大陸型と英米型に大別されるのが通例である[6]。すなわち，フランスを典型とする大陸型は，行政活動の統制を行政権が自ら行うことを原則とするのに対して，英米型では行政活動の統制を司法権が担当するとされる[7]。

　そして，大陸型と英米型の相違は，実体法的側面と手続法（訴訟法）的側面の双方において現れる。標語的にいうと，大陸型は，「二つの法，二つの裁判」というモデルであり，実体法上の「公法私法二元論」と「行政裁判所と司法裁判所の二元的構成」が対応している。英米型は「一つの法，一つの裁判」というモデルであり，実体法上の「公法私法一元論」と「一元的司法裁判所制度」が対応している。なお，前者を「行政国家型」，後者を「司法国家型」と呼ぶことがある[8]。

　大陸型の特徴は，行政裁判所の存在である。そして，フランスが行政法の母国であるとされるのは，私法と区別される行政法が，行政裁判所の判例によってい

---

[6]　塩野 I 14 頁以下参照。
[7]　櫻井＝橋本 258 頁。
[8]　田中上 21-22 頁。

ち早く形成され，1870年ごろにはその「古典的形態」が完成していたともいわれる[9]からである。また1875年にオーストリアで，またそれに前後してドイツの各ラント（バーデン1863年，プロイセン1885年など）で行政裁判所が設置されたときのモデルは，フランスの行政裁判制度であった。

なお，フランスの行政裁判制度の頂点に位置するコンセイユ・デタ（Conseil d'Etat：1799年創設）は，行政部と訴訟部に分かれ，行政部は，わが国での内閣法制局的な機能を果たしている[10]。

わが国は，明治憲法のもとで，ドイツ・オーストリアの制度をモデルとした制度整備を行った。1890年に導入した行政裁判制度自体においては，オーストリアの影響を強く受けているとみられる[11]が，行政法理論の方は，ドイツの影響が強いものとなった。これは，日本行政法学の父と呼ばれる美濃部達吉が，ドイツのオットー・マイヤーの理論に心酔したことによる（UNIT 2 ③参照）。

さて，留意を有するのは，上記のような大陸型と英米型の対比は，19世紀末までの古典的時代については問題が少ないが，その後，事情はかなり変わっていることである。まず，英米には「行政法」は存在しないとか，英米では「公法と私法の区別」はない，という命題はその後，修正が必要となっている。また，ドイツにおける行政権と司法権の関係にも，第二次大戦後は根本的な変化が生じている。すなわち，1949年のボン基本法（連邦憲法）では，「行政裁判所」は，「行政権」の一部ではなく，「裁判権」に属するものとされている。「裁判国家」（Rechtsprechungsstaat）という表現があるように，現在のドイツでは，行政裁判所は，英米的な観念における「司法権」（judicial power）の一部となっていると考えるべきであろう。しかし，専門裁判所としての行政裁判所が存在する限りで，「二つの法，二つの裁判」というモデルが維持されているとみることもできる。オーストリアにおいても，現行憲法は1920年のそれと基本的性格を同じくしているが，そこでは，行政裁判所は，あくまでも裁判権の一種として位置づけられ

---

9) このようなフランス行政法の「先進性」は割り引いて信じるべきであり，とりわけ国家賠償制度については，イギリス国家賠償制度の「名誉回復」が必要とも考えられる。高木光「国家無答責の法理の克服」自治研究90巻7号（2014年）3頁参照。UNIT 25 ①，UNIT 36 ①参照。

10) 滝沢正『フランス法（第4版）』（三省堂・2010年）200頁，204頁参照。

11) 山田洋「プロイセン型行政裁判制度の継受？」高橋滋＝只野雅人編『東アジアにおける公法の過去，現在そして未来』（国際書院・2012年）99頁参照。

ている[12]。

わが国は，第二次大戦後に行政裁判所が存在しなくなったため，ドイツ以上に根本的な変革を受けているといえる。本書は「公法私法相対的二元論」を肯定する立場であるが，その場合には，「二つの法，一つの裁判」という折衷的なモデルを認めることになる。

3 裁判を受ける権利・法律上の争訟

日本国憲法はアメリカ型の「司法権」すなわち「一元的裁判制度」を採用している。そして，32条で保障されている「裁判を受ける権利」は，アメリカ型の「裁判」，すなわち，当事者間の具体的紛争の裁断についてのものである。このような「事件性」を裁判所の活動の前提条件と考えることが，行政権の法適合性の担保という機能との関係でどのような意味を持つのかが重要な視点である（UNIT 45　概括主義，UNIT 42　機関訴訟，UNIT 43・44　住民訴訟参照）。

裁判所法は3条1項で「裁判所は，日本国憲法に特別の定がある場合を除いて一切の法律上の争訟を裁判し，その他法律において特に定める権限を有する」と定めている。

そして，ここにいう「法律上の争訟」とは，判例によって，「当事者間の具体的な権利義務ないし法律関係の存否に関する紛争であつて，且つそれが法律の適用によつて終局的に解決し得べきもの」[13]，あるいは「法令を適用することによつて解決し得べき権利義務に関する当事者間の紛争」[14]などと表現されている。

「具体的紛争の裁断」という概念を用いる場合に，それが「終局的な紛争解決」かどうかという問題がある。「終局的解決」という要素が「法律上の争訟」という概念そのものには含まれていないと考えるときには，裁判所が果たすべき「終局的解決」という機能は，裁判所法3条1項にいう「裁判し」という部分でその

---

[12]　原田要論6頁は，オーストリアでは，行政と司法（＝裁判）の区別の標準として，上下関係にある機関が行う作用か，等格関係にある機関が行う作用かによるという「機関態様説」が有力であると指摘している。

[13]　最判昭和28年11月17日行集4巻11号2760頁。毛利他・憲法Ⅰ256頁（松本哲治）参照。

[14]　最判昭和29年2月11日民集8巻2号419頁。最判昭和41年2月8日民集20巻2号196頁（技術士国家試験事件）〔百選151〕。最判昭和56年4月7日民集35巻3号443頁（板まんだら事件）を引用する，最判平成14年7月9日民集56巻6号1134頁（宝塚市パチンコ店規制条例事件）〔百選115〕〔自治百選46〕参照。

趣旨を読みとることになる。他方で，裁判所法3条2項は，行政機関が「前審」として「審判」することを妨げないとしているので，ここでは，行政機関が「法律上の争訟」の解決を担当することが予定されているものの，「審判」は「裁判」とは異なり「終局的解決」という機能は有しないことが表現されていることになろう。

　なお，ここでの行政機関による「審判」が，いわゆる「準司法手続」による「行政審判」と呼ばれるものに限定されるのか，旧行政不服審査法に定める「審査請求」や「異議申立て」のようなものもこれに含まれるのかは，必ずしも明確ではなかった。組織としての「行政」が，作用としての「司法」を行うことがあるとされる場合の，具体例として，「行政過程における行政争訟」を挙げる論者[15]は，「審査請求」や「異議申立て」も含まれるという立場であったということになる。

　なお，「不服」の概念と「争訟」の概念の関係も微妙であるが，制度を表現する場合には，「行政上の不服申立て」よりも「行政不服審査」の方がよい[16]と考えられるので，本書はこれに従うことにする（**UNIT 41** 参照）。

---

15) 田中上13頁，224-225頁。
16) 芝池救済法173頁参照。

UNIT 23 行政訴訟の類型

1 行政事件訴訟法の基本構造

1 民事訴訟の一種としての行政訴訟

　アメリカ型の「司法権」をわが国が採用していると考えると，訴訟は，「民事訴訟」と「刑事訴訟」に二区分されることになる。そこで，「行政訴訟」は，「民事訴訟」の一種として性格づけられる。ここでいう「民事訴訟」は広義のそれということになる。

　1962年に制定された行政事件訴訟法は，様々な異なる理論的立場の妥協の産物である。7条は「行政事件訴訟に関し，この法律に定めがない事項については，民事訴訟の例による。」と定めている。ここでいう「民事訴訟」は狭義のそれということになる。

　狭義の「民事訴訟」は，固有の民事訴訟，すなわち，実体法としての私法が適用される事件を意味している。そして，「民事訴訟」の手続については，民事訴訟法，民事執行法，民事保全法にルールが定められている。

　そこで，行政事件訴訟法と民事訴訟法が，単なる「特別法」と「一般法」という関係にあるのは，はっきりしない。「例による」という表現は，民事訴訟法が，一般法として当然に補充的に「適用」されるわけではない，という趣旨とも解しうる。「行政訴訟」は「民事訴訟」とは異質のものである，という伝統的な観念がなお生き延びているのである。

2 行政事件訴訟の4類型

　行政事件訴訟法2条は，「行政事件訴訟」を「抗告訴訟」「当事者訴訟」「民衆訴訟」「機関訴訟」という4類型に整理している。通常の民事訴訟では，請求の種類に対応して，「給付訴訟」「確認訴訟」「形成訴訟」という分類がなされるが，行政事件訴訟法の分類は，独自の観点からなされている。

　すなわち，上記の4類型は，「行政事件訴訟」をまず「主観訴訟」と「客観訴訟」の2つに大別し，「主観訴訟」を「抗告訴訟」と「当事者訴訟」の2つに，

「客観訴訟」を「民衆訴訟」と「機関訴訟」の2つに分けることによってできあがっている（このような理解に問題があることについては，UNIT 42 ①，UNIT 44 ③参照）。

そして，「主観訴訟」と「客観訴訟」の区別の基準は，私人の権利利益の救済（保護）を目的とするものか，行政作用の適法性を担保（統制）することを目的とするものかである。

行政事件訴訟	主観訴訟	抗告訴訟	裁判所法3条1項「法律上の争訟」
		当事者訴訟	
	客観訴訟	民衆訴訟	行政事件訴訟法42条
		機関訴訟	

「抗告訴訟」と「当事者訴訟」の区別については，一般には，「公権力の行使」に関する不服を含むものが「抗告訴訟」，それ以外のものが「当事者訴訟」と考えられている（諸説については，UNIT 35参照）。「当事者訴訟」は，通常の民事訴訟に近いものと理解されてきたので，そのような理解によれば，「行政訴訟」の特徴は「抗告訴訟」において顕著に表れることになる。

3　取消訴訟の特徴

UNIT 26以下でまず取り上げる「取消訴訟」は，「抗告訴訟」の典型であり，違法な行政処分の取消しを裁判所に「請求」するものである。「行政処分」の権限は，法令によって「行政庁」に与えられたものであり，その権限行使は典型的な「公権力の行使」に該当する。「行政処分」という行為形式には，相手方の意思にかかわらず，その権利義務を形成またはその範囲を確定するという「法的効果」の発生が予定されており，また，仮に違法であっても取り消されるまでは有効と扱われるという「公定力」が認められるからである。

そこで，取消訴訟は，このような権限の行使が違法になされたときにそれを是正するものとみることができる。つまり，機能としては「行政処分」の適法性を担保するものともいえるのである。

しかし，行政事件訴訟法は，「取消訴訟」の目的はあくまでも私人の権利利益の救済と位置づけているため，ここから「原告適格」が限定されたり，「狭義の

「訴えの利益」が否定されたりすることが多くなるという問題が出てくる。これに対して，住民訴訟2号請求の場合は，同じように違法な行政処分の取消しを裁判所に「請求」するものであっても，当該地方公共団体の「住民」であれば原告になれる。住民訴訟は，「民衆訴訟」の一種であり，「自己の法律上の利益にかかわらない資格」で提起するものであることから「原告適格」はほとんど問題にならないのである。

4 「法律上の争訟」

「主観訴訟」は，裁判所法3条1項にいう「法律上の争訟」にあたり，憲法32条の保障する「裁判を受ける権利」を具体化するものであるから，裁判所は個別の法律に出訴を認める規定がなくても，「訴えの利益」（最広義）[1]がある限り，原告の訴えを取り上げる必要がある。

これに対して，「客観訴訟」は，「法律上の争訟」にあたらないものについて，個別の法律で裁判所が解決すべきものとしたものと理解されている。「客観訴訟」についての裁判所の権限は，憲法上の要請に基づくものではないので，具体的にどのような範囲とするかは，立法政策の問題であり，法律で自由に決められることになる。

行政事件訴訟法42条
民衆訴訟及び機関訴訟は，法律に定める場合において，法律に定める者に限り，提起することができる。

---

5 「抗告訴訟中心主義」ないし「取消訴訟中心主義」

違法な行政作用の是正を求める訴えが裁判所によって広く取り上げられるかどうか，という視点からみたとき，行政事件訴訟法の定める「訴訟類型」は次のような意味を持ってきた。

まず，「抗告訴訟」として成り立つかどうかが勝負であり，違法だと問題にされている行政作用が，「抗告訴訟の対象」としての「行政処分」にあたらない場合は，救済は難しいと考えられた。またさらに，「行政処分」を争うことが認められるのは，原則として行政処分を行う権限が発動された後であり，それ以外の

---
1) 原田尚彦『訴えの利益』（弘文堂・1973年）1頁（初出・1965年）。

場合は,「救済の必要性」が特に高いときに限られる,と考えられた.

　田中二郎は,抗告訴訟の訴訟物を「行政庁の第一次的判断を媒介として生じた違法状態の排除」であると説明し,行政庁の意思・判断が先行し,それを事後的覆審的に争うものが「抗告訴訟」であると理解していた[2]。これがいわゆる「行政庁の第一次的判断権」の理論であり,そこから,義務付け訴訟についての消極的見解が導かれていた。

　このような,事実上「行政処分なければ救済なし」という発想,さらには「事後審査の原則」を所与のものとする発想によると,私人の権利利益の救済という観点から「漏れ」が生じることが意識され,「抗告訴訟中心主義」ないし「取消訴訟中心主義」であるとして批判されていたのである。

2　行政訴訟制度改革

1　「救済の拡充」

　2004年に行政事件訴訟法の一部改正がなされた。改正の指導理念は「国民の権利利益のより実効的な救済」である。改正法の内容は,「救済範囲の拡大」「審理の充実・促進」「行政訴訟をより利用しやすく,わかりやすくするための仕組み」「本案判決前における仮の救済制度の整備」の4つに分類されるのが通例であるが,第1と第4をあわせて「救済の拡充」と整理することもできると思われる。そして,これは,従来の「行政訴訟の実態」が「救済を拒むもの」あるいは「不十分な救済にとどまるもの」であったと評価されていることを意味する[3]。主要な改正点について,この点を具体的にみると以下のとおりである。

2　原告適格

　まず,「取消訴訟」において,「国民の権利利益のより実効的な救済」という観点から問題とされていたのは,「第三者の原告適格」が狭い範囲しか認められていないという点であった。そこで,改正論議においては,「原告適格の拡大」のために,行政事件訴訟法9条の文言自体を変えるべきであるとの主張も有力であった。しかし,結局,その主張は採用されず,「法律上の利益」という第9条第1項の文言はそのままとするが,「原告適格を実質的に拡大するため」に,第2

---

[2]　田中上 293-294 頁。
[3]　高木訴訟論 75 頁以下。

項で裁判所の考慮事項を法定するという手法が採用された（**UNIT 28** 参照）。

3　義務付け訴訟・差止訴訟の法定

次に，「抗告訴訟」については，行政事件訴訟法3条に列挙されていない「法定外抗告訴訟」が，判例のとる基準によれば，事実上認められないか，極めて例外的な場合しか認められないという点が問題とされていた。改正法は，この問題について，「義務付け訴訟」と「差止訴訟」を法定し，それらが認められる条件を条文の形で示すことによって「使い勝手」をよくするという方針をとった[4]。

「義務付け訴訟」は，その定義が第3条第6項に新たに設けられ，「非申請型義務付け訴訟」（1号）と「申請型義務付け訴訟」（2号）に分けられている。そして，これらの訴訟要件と本案勝訴要件は，「非申請型義務付け訴訟」については第37条の2に，「申請型義務付け訴訟」については第37条の3に書かれている。

義務付け訴訟は従来から，解釈論上は許容されており，許容されるための要件も抽象的には定式化されていたが，現実に機能させるには困難があるためか，裁判例があまりなかった訴訟類型である（**UNIT 32** 参照）。

新設された第3条第7項は「差止めの訴え」を法定している。そして，その訴訟要件と本案勝訴要件は第37条の4に書かれている。

差止訴訟に関しては，従来の裁判例のなかでは差止めの要件をかなり厳格に絞って訴えを却下したものが目立ったということが指摘できる。そこで，第37条の4の定めは，要件を緩和したという側面が際立つものであると思われる。たとえば，長野勤評事件[5]および横川川事件[6]で示された判例上の基準は，改正法のもとでは，維持できない。はたして，国歌斉唱義務不存在確認訴訟に関する，最判平成24年2月9日民集66巻2号183頁〔百選214〕は，緩和された差止めの要件を示すに至っている（**UNIT 33** 参照）。

③　裁判所への期待

1　確認訴訟の活用

さらに，「国民の権利利益のより実効的な救済」を図るためには，「抗告訴訟の充実」のみでは不十分ではないかという指摘があった。それは，「抗告訴訟の対

---

[4] 橋本博之『要説行政訴訟』（弘文堂・2006年）107頁以下。
[5] 最判昭和47年11月30日民集26巻9号1746頁。
[6] 最判平成元年7月4日判時1336号86頁。

象」となるのは様々な行為形式のうちの「行政処分」に限られ，その「処分性」に関する判例の基準が厳格なものであったからである（UNIT 26 参照）。

そこで，改正論議のなかでは，訴訟類型について抜本的な見直しをすべきであるとの主張も有力であった。しかし，結局，その主張は採用されず，「抗告訴訟」を主とし，「当事者訴訟」を従とする基本的な構造（いわゆる「抗告訴訟中心主義」）は維持された。

しかし他方で，改正された第4条で，4条後段の訴訟（いわゆる「実質的当事者訴訟」）の1類型として「公法上の法律関係に関する確認の訴え」を明示するという手法が採用された。

「法律関係に関する訴訟」のなかに確認訴訟が含まれることは，理論上は自明のことであるから，2004年の改正は，「当事者訴訟の活用」を図ることが特に重要であり，その際に「確認訴訟」という形式をまず検討すべきであるという立法者の強いメッセージと理解すべきである。とりわけ，確認訴訟の明示という方針が改革論議の最終段階で決定されたことを重視する場合には，2004年の改正では採用されなかった「処分性拡大論」や「是正訴訟導入論」の実質的ねらいを実現するために確認訴訟を利用すべき責務が裁判所に課せられたものと理解できると思われる[7]。

2 仮の救済

改正された第25条では，第2項で執行停止の積極要件を「重大な損害を避けるため緊急の必要があるとき」とするとともに，第3項を新たに起こし，「重大な損害」の解釈について解釈指針を置くという手法が採用された。第3項の手法は，原告適格に関する第9条第2項と同様に，考慮要素を法定するもので，従来の裁判例のなかで散見された過度に厳格な解釈を戒めるという立法者のメッセージであると理解すべきであろう。

新設された第37条の5では，義務付けの訴えが提起された場合の「仮の義務付け」について，差止めの訴えが提起された場合の「仮の差止め」について，それぞれ積極要件と消極要件を法定するという手法が採用された。これら「仮の救済」は，執行停止とともに，「国民の権利利益の実効的救済」のためには不可欠なものである。そこで，これらが明示されたことは，仮の救済もまた「司法権」

---

[7] 高木訴訟論79頁，橋本・前掲注4) 133頁。UNIT 35 参照。

すなわち，国民の権利利益の救済を行うべき裁判所の固有の権限に属するという憲法解釈論を前提とし，そのバランスのよい運用を裁判所に期待するものと理解すべきであろう（UNIT 34 参照）。

3　裁判所の変化

改正法は，2005（平成17）年4月1日から施行されたが，施行後すぐに，いくつかの注目すべき裁判例がみられた。「行政訴訟制度改革」の効果として，従来の「閉塞状況」が打破されたことは確かで，行政訴訟を活性化する方向への裁判所の変化が期待される。以下では，「原告適格」と「確認訴訟」について簡単に触れておく。

まず，最大判平成17年12月7日民集59巻10号2645頁（小田急高架訴訟）〔百選177〕は，改正法の狙いに即して「原告適格の拡大」という方向を示した。また，評判の悪かった最判平成11年11月25日判時1698号66頁（環状6号事件）〔百選58〕を明示的に変更した点も高く評価できると思われる[8]。

また，最大判平成17年9月14日民集59巻7号2087頁（在外邦人選挙権訴訟）〔百選215〕〔憲法百選152〕は，「確認訴訟」を適法と認めることによって公職選挙法の違憲性の判断をした。この判決も，改正法のねらいである「国民の権利利益の実効的救済」をめざすものという点で高く評価されている[9]。

他方，積極的な「判例による法創造」は，その内容がどのようなものであってもよいというわけではない。行政法の領域における「法治行政」の理念は，単に，「司法による行政のチェック機能」のみによって実現されるのではなく，「法律による行政の原理」や「適正手続の原理」との適切な役割分担がなされてはじめて実現されるからである。この点から，医療法30条の7による勧告について「処分性」を肯定した平成17年の2つの最高裁判決[10]には疑問が残る[11]。

---

[8] 「特集・行政訴訟判例の展開」ジュリスト1310号（2006年）2-59頁参照。

[9] 「特集・在外邦人選挙権最高裁大法廷判決」ジュリスト1303号（2005年）2-47頁参照。

[10] 最判平成17年7月15日民集59巻6号1661頁（高岡南郷病院事件）〔百選167〕，最判平成17年10月25日判時1920号32頁（土浦徳洲会病院事件）。

[11] 橋本・前掲注4）35頁参照。

UNIT 24 取消訴訟の基本構造

1 序説

1 処分の取消訴訟の訴訟要件

取消訴訟には，処分の取消訴訟と裁決の取消訴訟の2つがある。以下では，まず，処分の取消訴訟について説明する。

> **行政事件訴訟法3条2項**
> この法律において「処分の取消しの訴え」とは，行政庁の処分その他公権力の行使に当たる行為（次項に規定する裁決，決定その他の行為を除く。以下単に「処分」という。）の取消しを求める訴訟をいう。

処分の取消訴訟において，裁判所は「行政庁の処分」が「外部法」に従って正しく行われたかどうか，すなわち行政処分が違法か適法かを判断する。このような，行政処分が違法か適法かという本来的な争点を「本案」と呼ぶ。

そして，一般国民にとってわかりにくいのは，この本案についての判断をするためには，一定の条件が備わっていなければならないという点である。この条件を「訴訟要件」と呼ぶが，裁判所は「処分性」「原告適格」「（狭義の）訴えの利益」「出訴期間」「不服申立前置」などの訴訟要件を要求し，これらのうち1つでも欠けていると，「本案」の判断をせずに，訴えを「却下」する[1]。

---

[1] 被告適格については，行政事件訴訟法15条の「被告を誤った訴えの救済」，管轄については，民事訴訟法16条1項の「移送」による処理の余地がある。なお，上記の7つの訴訟要件をどのような順序で説明するか，理論的にどのように位置づけるかは，論者によって微妙に異なる。

芝池救済法27頁以下は，①処分性，②原告適格，③訴えの客観的利益，④被告適格，⑤管轄，⑥出訴期間，⑦不服申立前置の順に説明している。

塩野Ⅱ95頁以下は，「取消訴訟の基本構造」のなかで，被告適格と管轄を説明し，「訴訟要件」のなかで，出訴期間，不服申立前置，処分性，原告適格，狭義の訴えの利益の順で説明している。

一般に「本案」の審理は複雑で時間と労力を要する。そこで「訴訟要件」というハードルを設けるという扱いは、被告ないし裁判所の負担を軽減するためのものとしてその必要性を否定することはできない。ただ、「法治行政の原理」ないし「法治国原理」という観点からは、違法な行政作用が裁判所によって是正される機会を奪うような「門前払い」はできるだけ避けるべきであるという立場がとられるべきことになる。2004年の行政訴訟制度改革はこのような理論的立場に一定の配慮をしたものとみることもできる。

2　処分性

　処分の取消訴訟の訴訟要件のうち、最も重要なものは「処分性」である。「処分性」というのは、違法であるとして原告によって攻撃対象とされている「行政主体」の行為が、そもそも「行政処分」という「性質」を持っているのか、ということを意味する。

　これは、原告が取消訴訟という制度を利用して「救済」を裁判所に求めることができるための、論理的にみて、第1の条件である。「取消訴訟の対象」となるのは、「行政処分」に限られると言い換えることもできよう。

　行政事件訴訟法3条第2項では、「行政庁の処分」という表現が用いられている。「行政庁の処分」「行政処分」「処分」は同じ意味である。

　「行政組織法」の基礎概念である「行政主体」「行政機関」「行政庁」や「行政作用法」の中核を占める「行為形式論」において説明したように、「行政主体」である国や県や市が、「行政庁」としての大臣や知事や市長の「権限行使」として、「行政処分」という行為形式を用いて私人に働きかけるというのが、典型的な「行政作用」であると考えられている。

　そして、伝統的には、「行政処分」には、「公定力」という他の行為形式には認

　宇賀 II 140頁以下は、管轄、出訴期間、不服申立前置、被告適格、処分性、原告適格、狭義の訴えの利益の順に説明するとともに、前の4つを「客観的訴訟要件」、後の3つを「主観的訴訟要件」とする分類を示している。140頁は、「訴訟要件のうち、一般的形式的に決められているものを客観的訴訟要件、本案である請求内容との関係で個別的具体的な判断に服するものを主観的訴訟要件ということがある。」としている。おそらく、遠藤博也『実定行政法』（有斐閣・1989年）355頁に依拠したものであろう。しかし、筆者の調べた限りでは、民事訴訟法学では「客観的」「主観的」をそのように用いる説明はみられない。また、ドイツ法に親しんだ者には違和感のある用語法である。UNIT 28 [2]参照。

められない法的特権が賦与されていると考えられてきた。そこで，この「公定力」を有する「行政処分」に特有の「救済方法」として「取消訴訟」という制度が用意されているということになるのである（UNIT 12参照）。

「行政処分」の定義は，最判昭和39年10月29日民集18巻8号1809頁（大田区ごみ焼却場事件）〔百選156〕によれば，「公権力の主体たる国または公共団体が行う行為のうちで，その行為により直接国民の権利義務を形成しまたはその範囲を確定することが法律上認められているもの」である。これを処分性についての「判例の定式」（ないし藤田宙靖のいう「従来の公式」）と呼ぶ。

行政処分は「（個別的）具体的」な権利義務の「発生・変更・消滅」を予定するものである。そして，違法なものであっても，そのような「法的効果」をさしあたりは「有効」なものと扱うのが「公定力」であり，そのような「法的効果」を本来の「無効」にする行為が「取消し」と理解されるのである。

これに対して「行政指導」はそもそも「法的効果」の発生を予定していないものであるから，「有効」か「無効」という問題ははじめからない。したがって，論理的には「公定力」や「取消し」を論じる必要もないということになる。

また，「行政立法」は「法的効果」の発生を予定してはいるが，違法な行政立法はすべてはじめから「無効」であるとされている。つまり「公定力」は認められないのであるから，「取り消す」必要はないと考えることになる。また，「行政立法」の「法的効果」は，「一般的抽象的」なものであるから，「行政立法」は定義上「行政処分」ではない。したがって，この観点からも取消訴訟の対象とならない，ということになる。

以上のように，「行政作用法」の中核を占める「行為形式論」に対応する形で「行政救済法」の中核を占める「処分性」の判定が行われるべきである，というのが本書の立場である。しかし，この2つを切り離して，「処分性」の判定は「柔軟に」あるいは「救済の便宜」からなされるべきであるという立場も有力である。近時の最高裁判所はこのような論者の主張に沿うような傾向を一部示している。

3 出訴期間

取消訴訟の訴訟要件として，出訴期間の遵守も，実務上は極めて重要である。「取消訴訟の排他的管轄」は出訴期間とセットになることによって，はじめて行政側にとって便宜な「法的安定性」をもたらすのであり，その反面として私人の

権利利益の救済にとっては重大な「障害」と意識される。

> 行政事件訴訟法 14 条第 1 項
> 取消訴訟は，処分……があったことを知った日から 6 箇月を経過したときは，提起することができない。ただし，正当な理由があるときは，この限りでない。

　出訴期間が過ぎてから提起された取消しの訴えは「却下」される。たとえ，処分が客観的には違法であったとしても，裁判所によって是正されることはなくなる。この状態になることを「行政処分の不可争力」と表現することがある。
　出訴期間は，行政処分によって形成された法律関係を早期に安定させることを目的としたものであり，行政目的の円滑な実現という政策に資するものではある。しかし，違法な状態が放置されるとすれば，「法治行政の原理」ないし「法治国原理」からは，疑問が残る。
　そこで，「行政処分」にはどのような場合であっても一律に「公定力」や「不可争力」が認められるわけではないと考えられてきた。「公定力」は行政庁に特権を与えるものであるから，重大（明白）な違法がある場合は，そのような特権を与える必要がないものとして，はじめから「取り消すまでもなく」無効であるとされるのである（UNIT 12 参照）。これが，「当然無効」という考え方である。
　そして，「無効」の行政処分については，出訴期間が問題になることはないから，「不可争力」も認められないことになる。このような「行政作用法」における考え方を前提として，行政事件訴訟法も「無効の行政行為」を契機として生じた紛争を解決するための「訴訟類型」に関し，いくつかの規定を置いているのである（3 条 4 項，36 条，45 条など。詳しくは UNIT 31 で説明する）。

2　設例の分析（その 8）

1　営業許可の取消しに対する救済

　それでは，ここまで学んだことを前提に，取消訴訟がどのように機能するかを「喫茶店対 PTA」設例に即して確認しておこう。
　既に UNIT 8 ③でみたように，食品衛生法 55 条，56 条に基づく「不利益処分」については「効果裁量」が認められると解されるものの，その裁量はそれほど広いものではない[2]。また，UNIT 9 ②でみたように，事前手続なしに，いきなり「許可の取消し」を行うことも許されない。そこで，設例における許可取消

しは，実体法的にも手続法的にも違法といわざるを得ない。しかし，行政処分には原則として，公定力と不可争力が認められるために，取消訴訟が必要となるのである。

そこで，「営業の自由」に対する違法な「侵害」を受けた X は，自己の権利利益を回復するために取消訴訟を提起し，裁判所に「処分の取消し」という態様での「救済」を求めることになる。

Y の行った「許可の取消し」は行政処分であるから，仮に違法なものであっても，さしあたり有効として扱われる。そこで，「許可」によって解除された「不作為義務」が「許可の取消し」によって復活するという「法的効果」が発生している。

裁判所が行う「処分の取消し」は，そのような「許可の取消し」の「法的効果」を遡って「無効」にするものである。このような「取消しの取消し」によって，「不作為義務の解除」という状態，すなわち X が許可を受けている状態が継続していたことになるのである。刑事罰の関係でも，取消訴訟で X が勝訴すれば，X を有罪とする根拠が失われることになると考えられる（UNIT 12 参照）。

このように「不利益処分」の場合は，取消判決がなされること自体で，原告の権利利益の救済が図られ，行政庁 Y にさらに何かをさせる必要はない。なお，判決自体が権利義務関係の変動をもたらすことを「取消判決の形成力」と呼ぶ（判決の効力について詳しくは，UNIT 30 参照）。

2 不許可に対する救済

また，UNIT 11 ②では，**許可を与えるかどうかは自由に決定できるのか（Q4），どのような場合に不許可にできるか（Q5）**を検討した。食品衛生法の定めによれば，保健所長 Y が，X の申請に対して，PTA の反対を理由に不許可にすることはできないことは明らかである。

ここでは，Y があえて不許可にしたと仮定してみよう。食品衛生法 52 条に基づく喫茶店の許可は，Y が自由に判断・決定する余地がない「羈束処分」であ

---

2) 食品衛生法に基づく営業の許可は，理論上の「消極規制」の典型である。すなわち，伝統的行政行為論において「警察許可」とされたものである。これは，本来は自由に認められる営業活動について，まず法律で「一般的禁止」をしたうえで，支障のない営業については許可をすることによって，法律で課された「不作為義務」を個別的に解除するもの，と性格づけられる。

ると解される。そこで、明示的な不許可事由が認められない限り、Ｙは許可をしなければならないのであって、「教育上良くない」という理由での不許可は「違法」ということになる。

　Ｘは本来許可をもらって営業を開始できるはずであるのに、違法な行政処分によってさしあたりは「不作為義務」を負ったままである。そこで、「営業の自由」を「侵害」されている状態を是正するために「取消訴訟」を提起することができる。

　裁判所は、Ｙの行った「行政処分」を違法であるとして取り消す。その結果、不許可という行為は、行為の当初に遡ってなかったことになる。そうすると、観念的には、Ｘの申請がなされて、まだ応答がなされていない状態に戻ることになる。このような場合、Ｙはどうすべきであろうか。

　Ｙは、再度同じ理由で不許可にすることができない。裁判所が判決で示した考え方に即して、改めて判断・決定をしなければならないというルール[3]が以下のように明示されているからである。

> 行政事件訴訟法33条2項
> 　申請を……棄却した処分が判決により取り消されたときは、その処分……をした行政庁は、判決の趣旨に従い、改めて申請に対する処分……をしなければならない。

　Ｙが判決の趣旨に従って、今度は「許可」という「申請に対する処分」をすると、Ｘはようやく安心して営業できるようになる。このようなシナリオが、2004年改正前の行政事件訴訟法が想定するものであった。

　このように、「不利益処分」の場合とは異なり、「申請に対する処分」の「拒否」の場合には、取消判決だけでは原告の権利利益の救済が図られるとは限らないのであり、これが義務付け訴訟を認めるべきとの学説の理由の1つであったことに注意が必要である（UNIT 32参照）。

3　営業自粛勧告に対する救済

　それでは、保健所長Ｙが「不利益処分」をする代わりに、Ｘに対して営業の自粛を勧告した場合はどうであろうか。営業自粛勧告は、「営業停止命令」のよ

---

[3] これを「判決の拘束力」と呼ぶ。その内容および既判力との関係については学説上争いがある。UNIT 30参照。

うに不作為義務を課すものではなく，理論上は「行政指導」の一種である。行政指導は「事実行為」であるともいわれるように，行政処分とは異なり，法的効果の発生を予定するものではない（UNIT 14 参照）。

そこで営業自粛勧告には「処分性」がないことから，それに対してXが不満を持ったとしても，取消訴訟という形での救済は認められない。ただ，実務上は，最初の違反に対しては勧告にとどめ，再度の違反には「営業停止」を行うという例もある。その場合，本当に違反をしたのかについての見解の相違を問題にする場を用意しなくてよいのか，という点は気になるところである。

UNIT 25 公権力責任（1）——国家賠償法 1 条の基本構造

1　代位責任・広義説

1　「公権力責任」と「営造物責任」

「国家補償」は「国家賠償」と「損失補償」に分類される。この分類においては，「違法行為に基づく損害賠償」と「適法行為に基づく損失補償」というように「損害」と「損失」，「賠償」と「補償」という言葉を使い分けている。

「国家補償」のなかの「補償」という言葉は他に適当なものがないため，やむなく広い意味で使っているが，「国家責任」（Staatshaftung）とすることも考えられる。

「国家賠償」についての一般的な規範は 1947 年に制定された「国家賠償法」という名称の法律に定められている。「国家賠償法」は，国や県や市が「違法行為に基づく損害賠償」責任を負う場合として 2 つのタイプを挙げている。同法 1 条と 2 条がそれで，それぞれ「公権力の行使」に関する責任，「営造物の設置管理」に関する責任，略して「公権力責任」と「営造物責任」と呼ばれる。「法治国的国家責任論」[1]の観点から重視されるのは，取消訴訟と公権力責任の有機的関連である。

2　代位責任

国家賠償法 1 条は，公務員の「個人責任」を国または公共団体が肩代わりするという構造を有していると理解されている。

> **憲法 17 条**
> 何人も，公務員の不法行為により，損害を受けたときは，法律の定めるところにより，国又は公共団体に，その賠償を求めることができる。
> **国家賠償法 1 条 1 項**
> 国又は公共団体の公権力の行使に当たる公務員が，その職務を行うについて，故意又は過失

---

1) 宇賀 II 411-412 頁。UNIT 40 ③参照。

によって違法に他人に損害を加えたときは，国又は公共団体が，これを賠償する責に任ずる。

　このような構造を「代位責任」と呼ぶのが通例である。しかし，「肩代わり」がなされる結果，公務員自身が被害者から直接「個人責任」を追及されなくなる[2]という点で，民法715条の「使用者責任」の説明に用いられる「代位責任」とは性質の異なるものである。民法715条の責任は，行為者個人が民法709条の責任を負うことを前提として発生するが，両者は並存するのであり，行為者個人の責任がなくなるわけではない。

　このような「肩代わり」という意味での特殊な「代位責任」という仕組みは，ドイツの仕組みをモデルとしたものである[3]。そして，判例[4][5]もそのような立法趣旨に従っている。ただ，判例[6]は，「その職務を行うについて」という要件に関しては，民法715条に関する「外形標準理論」にならって，公務員の主観的意図にはかかわらず，行為の外形において職務遂行と認められるものであれば足りるとしている。

　なお，立法論的には，国または公共団体が自らの違法行為につき責任を負うという「自己責任」の考え方が優れていると考えられる。また，解釈論としても，「自己責任説」的な方向をめざすことが試みられている。しかし，実務家を説得し，判例にとり入れられることをめざす場合に，どこまでを「解釈論」として主

---

2) 最判昭和30年4月19日民集9巻5号534頁〔百選242〕。
3) このような国家賠償法1条の特殊な構造は，明治憲法時代に妥当した「国家無答責の法理」ないし「公権力無答責の法理」を克服するための苦心のなごりであるとみることもできる。
4) 最判昭和53年10月20日民集32巻7号1367頁（芦別国家賠償事件）〔百選235〕は「公権力の行使に当たる国の公務員が，その職務を行うについて，故意又は過失によって違法に他人に損害を与えた場合には，国がその被害者に対して賠償の責に任ずるのであって，公務員個人はその責を負わないと解すべきことは，当裁判所の判例とするところである」と述べている。
5) 最判平成19年1月25日民集61巻1号1頁（積善会事件）〔百選239〕〔自治百選66〕は「国又は公共団体以外の者の被用者が第三者に損害を加えた場合であっても，当該被用者の行為が国又は公共団体の公権力の行使に当たるとして国又は公共団体が被害者に対して同項に基づく損害賠償責任を負う場合には，被用者個人が民法709条に基づく損害賠償責任を負わないのみならず，使用者も同法715条に基づく損害賠償責任を負わないと解するのが相当である」と述べている。
6) 最判昭和31年11月30日民集10巻11号1502頁（大森交番事件）〔百選236〕。

張し，どこからは「立法論」として主張すべきか悩ましいところである[7]。

判例においては「組織過失」を認定し[8]あるいは加害行為者・加害行為の特定を厳密に要求しない[9]など，「自己責任説」に親和的な扱いもみられるものの，「代位責任説」の考え方を基本に判断枠組みが設定されている。

たとえば，国家賠償法1条の「違法性」につき，判例の多くは「職務義務違反説」[10]を採用しており，その場合の「違法性」は抗告訴訟における「違法性」とは異なることになる（この「違法性相対説」の理論的意義については，UNIT 36 ②参照）。

3 広義説

国家賠償法1条に基づく損害賠償責任について検討すべき主な要件は，「公権力の行使」「違法性」「損害」の3つである。

第1の「公権力の行使」は，そもそも国家賠償法1条が適用されるかどうかを決定する要件である。行政作用は様々な態様で行われるが，違法な行政活動の結果，私人が損害を被った場合の後始末は，常に国家賠償法によるのではなく，民法による場合がある。

つまり，原因行為が「公権力の行使」にあたる場合は国家賠償法1条が適用されるが，あたらない場合は民法の不法行為などの条文・法理が適用される。

このような民法との役割分担は，明治憲法下では民法が適用ないし類推適用される範囲でしか救済がなされなかったという沿革によるものである。

国家賠償法1条の「公権力の行使」を，判例は，「公の職務の遂行」（＝「公行政の遂行」）というように広義に解している。行政事件訴訟法3条の「公権力の行使」は，原則として「行政処分」という行為形式のみを意味するとされているのと対照的である。

そこで，「行政指導」は「非権力的行為形式」であるとされ，原則として，行

---

7) 藤田総論 522-527 頁参照。藤田は，法解釈の変遷には「連続性」および「漸次的変化」という要素が不可欠であるとし，「代位責任説」を支持している。宇賀 II 418 頁の説明は若干曖昧である。

8) 東京高判平成4年12月18日判時1445号3頁（東京予防接種禍事件）UNIT 40 参照。

9) 最判昭和57年4月1日民集36巻4号519頁（税務署健康診断事件）〔百選237〕。

10) 藤田総論 541 頁の用語であり，一般には「職務行為基準説」と呼ばれている。

政事件訴訟法3条にいう「公権力の行使」には該当しないのであるが、国家賠償法1条にいう「公権力の行使」には該当するとされている[11]。また、区長の弁護士会への回答[12]や公立学校のクラブ活動における教諭の指導[13]も国家賠償法1条にいう「公権力の行使」に該当するとされている[14]。

2 違法性

1 職務義務違反説

判例の大勢は、第2の要件である「違法性」を「職務義務違反」と読み替え、その要件に独自の意味を認めている。

すなわち、最判昭和60年11月21日民集39巻7号1512頁（在宅投票事件）〔百選233〕は、立法行為に関する事案において、「国家賠償法1条1項は、国又は公共団体の公権力の行使に当たる公務員が個別の国民に対して負担する職務上の法的義務に違背して当該国民に損害を加えたときに、国又は公共団体がこれを賠償する責に任ずることを規定するものである。したがって、……同項の適用上違法となるかどうかは、……職務上の法的義務に違背したかどうかの問題であって……」と述べ、その後、これが一般論としての機能を果たしている。

そこで、大半の判例は、違法性＝「職務義務違反」の要件のもとで、民法709条の「過失」にあたる判断を合わせて行っているが、学校事故の類型のように「違法性」は問題にせず、「過失」の要件で判断するものがあるほか、「違法性」と「過失」の二段階に分けて判断しているかにみえるものもある（詳しくは、UNIT 36参照）。

2 不作為についての責任

通常の不法行為は「作為」について論じられるが、理論上は「行為」には「作為」のほか「不作為」も含まれる。国家賠償の領域では、1970年代から不作為についての責任を認めるべきではないかがしばしば問題にされてきた。薬害や公

---

11) 最判平成5年2月18日民集47巻2号574頁〔百選103〕〔自治百選39〕。
12) 最判昭和56年4月14日民集35巻3号620頁〔百選48〕。
13) 最判昭和58年2月18日民集37巻1号101頁。最判昭和62年2月6日判時1232号100頁〔百選223〕。
14) 他に、非嫡出子について住民票の続柄欄に「子」と記載する行為に関する、最判平成11年1月21日判時1675号48頁。

害などを想定しつつ、被害者救済を意識して「行政の危険防止責任」ないし「行政の危険管理責任」を論じる学説の動向は、次第に判例に影響を与えた。

すなわち、直接の加害者に対する規制権限の不行使が被害者との関係で違法となるかという問題について、結論においては否定するが理論上の成立の余地は認めるものが目立っていた[15]。そして、2004年以降は、結論においても肯定するものが現れて注目されている[16]。

なお、1980年代においても、警察官の職務行為に関しては責任を肯定する例がみられた[17]。また、不作為のなかには、上記の「三面関係」に関するものの他、申請に対する応答が遅れるという「二面関係」に関するものが含まれる[18]。

3 損害賠償の態様・範囲

1 国家賠償法4条の意味

「国家賠償法」は一般法であるが、国または公共団体の損害賠償責任に関する規範を完結的に定めているわけではない。全部で6条にとどまるのは、民法上の損害賠償責任に関する規範によって補完することを予定しているからである。

国家賠償法4条は、①原因行為の態様に応じた役割分担についての定めであるとともに、②国家賠償法が適用される場合の「補完」についての定めでもある。

2 損害賠償の態様・範囲および消滅時効

民法上の損害賠償責任に関する規範として重要なのは、709条以下の「不法行為」の条文と、415条以下の「債務不履行」の条文である。

民法722条1項
　第417条の規定は、不法行為による損害賠償について準用する。
2項　被害者に過失があったときは、裁判所は、これを考慮して、損害賠償の額を定めるこ

---

[15] 最判平成元年11月24日民集43巻10号1169頁（京都宅建業事件）〔百選229〕。最判平成7年6月23日民集49巻6号1600頁（クロロキン訴訟）〔百選230〕。
[16] 最判平成16年4月27日民集58巻4号1032頁（筑豊じん肺訴訟）〔百選231〕。最判平成16年10月15日民集58巻7号1802号（関西水俣病訴訟）〔百選232〕。最判平成26年10月9日民集68巻8号799頁（泉南アスベスト訴訟）。
[17] 最判昭和57年1月19日民集36巻1号19頁（ナイフ取り上げ事件）。最判昭和59年3月23日民集38巻5号475頁（新島漂着砲弾事件）。
[18] 最判平成3年4月26日民集45巻4号653頁（水俣病認定遅延訴訟）〔百選226〕。

とができる。
> **417条**
> 損害賠償の方法は，別段の意思表示がないときは，金銭をもってその額を定める。

　以上のような条文によって，国家賠償においても「金銭賠償の原則」が妥当することになる。

　それでは，どの範囲の「損害」が金銭支払いの対象となるのであろうか。これについては，民法には明示的な定めは見当たらない。しかし，判例によって，「債務不履行」についての416条の条文が「不法行為」についても「類推適用」されるものとされている[19]。したがって，国家賠償法4条により，国家賠償法1条の「損害」の範囲は民法416条によって決めることになる。

> **民法416条1項**
> 債務の不履行に対する損害賠償の請求は，これによって通常生ずべき損害の賠償をさせることをその目的とする。
> **2項** 特別の事情によって生じた損害であっても，当事者がその事情を予見し，又は予見することができたときは，債権者は，その賠償を請求することができる。

　ほかに，実務上重要なものとして「消滅時効」の規定がある。不法行為に基づく損害賠償請求は原則として3年以内にしなければならないという定めが民法724条にある。

4　設例の分析（その9）

1　行政主体としての県

　それでは，ここまで学んだことを前提に，「喫茶店対PTA」設例の**安心して営業できるようになるまで1年間かかった場合，その間の営業利益を誰かに償わせることはできるか**（Q12）を検討してみよう。

　保健所長Yが行った「許可の取消し」に不満を持ったXは，取消訴訟を提起し，1年後にようやく勝訴判決が確定して，再び安心して営業できるようになった。しかし，その間は営業を休止せざるを得なかった。「許可の取消し」は「行政処分」であるから，疑いなく「公権力の行使」に該当する。そこで，国家賠償

---

[19]　最判昭和48年6月7日民集27巻6号681頁。

法1条が適用されるので，責任を負うのは「国又は公共団体」ということになる。他方で，行為者である「公務員」は直接には責任を追及されなくなるというのが判例の立場であるから，保健所長Y個人が償うべきであるという見解は，心情としては理解できるが，法律論としては無理ということになる。

「国又は公共団体」というのは，「行政主体」を想定している。食品衛生法に基づく飲食店等の許可および監督の事務は「都道府県」または「保健所を設置する市」の事務とされているので，設問では，R県が「行政主体」として責任を負うことになる。

2 違法性

次に問題となるのは「違法性」の要件である。Yの行った「行政処分」が取消訴訟において違法とされたということから，国家賠償法1条においても「違法」を前提に議論してよいのであろうか。

答えはノーである。先にみたように，判例は「職務義務違反説」の立場であるから，YがXに対して負担する職務上の法的義務に違背してXに損害を加えたかどうかを別途判断しなければならないのである。このように取消訴訟における行政処分の違法性と，国家賠償法1条における違法性を別のものとする考え方を「違法性相対説」と呼ぶ。

設例は，クラブ活動中に抜け出してクレープを食べた生徒たちが，グラウンド10週のランニングを顧問のE教諭に命じられ，帰宅後発熱し，何人かは腹痛を訴えたという事件が起き，Yは原因を十分調べることなく，食中毒を理由にXに対する許可を取り消したというものであった。

「許可の取消し」はその相手方に大きなダメージを与えるものなので，行政手続法によって「聴聞」という形による「事前の権利利益の保護」が重要であるとされる典型である。行政手続法第3章の「不利益処分は慎重に」という基本的な発想からすると，設例のYの行動は，「資料を収集し，これに基づき……認定，判断するうえにおいて，職務上尽くすべき注意義務を尽くすことなく漫然と」[20]処分をしたものとして，国家賠償法1条の関係でも違法とされるであろう。

---

[20] 最判平成5年3月11日民集47巻4号2863頁（奈良過大更正事件）〔百選227〕参照。

3　営業利益

Xの「Mカフェ」が1年間休業を余儀なくされたとして、いくらの賠償がなされるべきであろうか。

民法の損害賠償に関する法理は「差額説」という考え方によっている。これは、違法行為がなかったならば現在こうなっているという状態を想定し、それと違法行為の結果である現在の状態を比較して、被害者に生じた経済的マイナスの額を算定するというものである。そこで、営業許可の取消しがなされる前に平均で月20万円の利益があった場合、その後も同様の状態が続いていたと想定し、240万円が「通常生ずべき損害」であるというように計算する。ただ、ほかに経済的マイナスは生じていないか、営業再開後も以前と同じように儲かるのかなど、実際には難しい問題がありそうである。

4　学校と教諭の責任

学校と教諭の責任を簡単に検討する。設例でコーチが命じた罰が厳しすぎて生徒に後遺症が残ったと仮定する。

「土蔵町中学」はQ市立である。判例の立場によれば、そこでの教諭の行為は、国家賠償法1条にいう「公権力の行使」に該当する。この場合、責任を負うのは「公共団体」であるQ市となる。E教諭は「公務員」であるので、被害者から直接責任を追及されることはない。「故意又は重過失」があった場合にだけ、Q市から「求償」されることがあるにとどまる。

> **国家賠償法1条2項**
> 前項の場合において、公務員に故意又は重大な過失があったときは、国又は公共団体は、その公務員に対して求償権を有する。

「土蔵町中学」が仮に、学校法人S学園の経営する私立中学だったらどうなるか。同様の事故が起きても、国家賠償法は適用されない。民法の不法行為の規定によると、E教諭が自分の違法行為について責任を追及されるのは当然となる。

> **民法709条**
> 故意又は過失によって他人の権利又は法律上保護される利益を侵害した者は、これによって生じた損害を賠償する責任を負う。

> **民法 715 条本文**
> ある事業のために他人を使用する者は,被用者がその事業の執行について第三者に加えた損害を賠償する責任を負う。

　民法は,以上のような「自己責任の原則」をまず定め,一定の場合に,直接の行為者でない者にも責任を負わせることとしている。学校法人S学園は,E教諭の「使用者」として損害賠償責任を負うことになるが,「被用者」の責任を「肩代わり」するわけではない。このように,同じ学校事故であっても,国公立の場合と私立の場合で扱いが異なることが合理的かに議論のあるところである。

[第6部]

取消訴訟

UNIT 26 処分性（1）——判例の定式・概念要素

1 判例の定式

1 「行政処分」の概念

　取消訴訟の対象についての判例の定式は，「行政庁の法令に基づく行為のすべてを意味するものではなく，公権力の主体たる国または公共団体が行う行為のうち，その行為によって，直接国民の権利義務を形成しまたはその範囲を確定することが法律上認められているもの」というものである。

　これは，最判昭和 39 年 10 月 29 日民集 18 巻 8 号 1809 頁（大田区ごみ焼却場事件）〔百選 156〕が示したものと説明されることが多いが，同判決は，最判昭和 30 年 2 月 24 日民集 9 巻 2 号 217 頁を先例として引用している。また，最判昭和 34 年 1 月 29 日民集 13 巻 1 号 32 頁（消防長の同意事件）〔百選 24〕は，上述の昭和 30 年判決とともに，最判昭和 27 年 1 月 25 日民集 6 巻 1 号 33 頁および最判昭和 27 年 3 月 6 日民集 6 巻 3 号 313 頁を先例として引用している。

　そして，これらの判決は，以下のような伝統的な「行政行為論」に依拠したものであるとみられる[1]。

2 行政行為論への依拠

　伝統的な行政行為論とは，「様々な『行政の行為』のなかに，『行政行為』という特殊なものがある。『行政行為』には，『公定力』および『不可争力』が認められる。そこで『行政行為』がなされたことによって私人に生じた権利利益の救済のために，『取消訴訟』という『特有の』『救済方法』が存在する。」という考え方である。昭和 39 年判決は，「行政庁の右のような行為は仮りに違法なものであっても，それが正当な権限を有する機関により取り消されるまでは，一応適法性

---

[1] 原田要論 384 頁は，「取消訴訟は，行政行為の公定力を排除するための，いわば上訴類似の特殊な（形成）訴訟手続であるから，取消訴訟の対象は公定力をもつ行政庁の行為でなければならない」という考え方を「通説・判例のとる伝統的な見方」と説明している。ここでいう「通説」とは，田中二郎を意味する。

の推定を受け有効として取り扱われる」と述べているが，これは，まさにドイツのオットー・マイヤーの行政行為論を継受した戦前の美濃部達吉の行政行為の「公定力」の説明に従うものである。そして，戦後の初期は，美濃部理論を継承した田中二郎の学説が標準的なものと理解されていたのであるから，行政行為の公定力が先に存在し，それに応じて「取消訴訟」が設けられている，という発想が判例を支配していたことが確実である。

　そして，本書は，このような伝統的な発想を基本的には維持し，攻撃の対象とされている行政の行為が「行政処分」という性質を有するかどうかの判定は，「行政の行為形式論」に即して行われるべきものと考えている[2]。

　しかしながら，わが国における「行為形式論」が，なお確立したものといえる状態には至っていないことも確かである。そこで，本書では，ドイツのそれを参考にしつつ，判例の分析のなかから得られた「行政処分」の概念要素[3]を整理し，行政作用の「体系的」分類のなかで位置づけるということを試みる[4]ことにしたい。筆者の分析によれば，判例は「行政処分」の複数の概念要素を適宜使い分けて，ある概念要素が欠けているから，当該行為は「行政処分」ではない，という

---

2) 櫻井＝橋本 278-279 頁は，判例の定式によれば，①公権力性，②国民の権利義務に対する直接具体的な法的規律，という観点から処分性の有無が判定されるとしつつ，さらに続けて，処分性の有無は，行政庁の行為に係る根拠法令の仕組みを解釈することによって判定され，根拠法令上，当該行為に係る行政不服申立てが法定されているなど，当該行為につき取消訴訟の対象性を前提とする趣旨の規定があれば，処分性は肯定される，と述べ，処分性の判定基準として，①公権力性，②個別・具体的な法的地位の変動，③取消訴訟の対象とする立法者意思の 3 つを挙げている。櫻井橋本の理論的立場は必ずしも明確ではないが，後半の説明は，判例の立場と異なる基準をとるべきであるとするものではなく，したがって，③は①②と次元を異にするものであると思われる。

3) 稲葉他 65-66 頁（人見剛）は，行政行為の概念要素として，①行政作用，②具体的事項，③法効果，④対外性，⑤権力性 の 5 つを挙げている。定義としては，「行政行為とは，行政作用のうち，具体的事項について対外的な法効果をもってなす権力的行為をいう。」となる。

4) Barbara Remmert, in: Ehlers, §17 Rn5 は，第 1 に「公法行為と私法行為」の区別，第 2 に「法行為と事実行為の区別」を行い，さらに「法行為」を「規律と非規律」に分け，その後，「規律をする法行為」を「外部効果と内部効果」に区分している。これを参考にしたのが，以下の表である。右の欄に挙げた「行為形式」ないし「行為類型」は主要なもので限定列挙ではない。また，◎は比較的明確に定義されるが，○や▲はそうでもない。

形の判断を示すものが多い[5]。したがって，必ずしも「体系的」な分類を前提とした判断をしているものとは思われない。そこで，以下の整理は，唯一絶対のものというわけではなく，筆者が一定の分類基準を選択して，それに従って「体系化」したものである。

2 行政処分の概念要素

1 私法上の行為と公法上の行為の区別

「私法上の行為」は，はじめから除外される[6]。「公権力の主体たる国又は公共団体が行う行為」という部分で，「財産権の主体たる国又は公共団体の行う行為」を除外しているとみることもできよう。

最判昭和35年7月12日民集14巻9号1744頁〔百選154〕は，国有財産法上の普通財産の売払いについて，最判昭和46年1月20日民集25巻1号1頁〔百選51〕は，農地法に基づく農地の売払いについて，処分性を否定している。

私法上の行為	事実行為				
	法行為	個別的具体的		〈私的自治〉	行政契約○ （私法上の契約）
公法上の行為	事実行為	個別的具体的		権力的	行政強制○
				非権力的	行政指導◎
		一般的抽象的			非拘束的行政計画▲
	法行為	外部効果	個別的具体的	非権力的	行政契約○ （公法契約）
				権力的	行政処分◎ 拘束的行政計画△
			一般的抽象的		行政立法（狭義）◎ 拘束的行政計画▲
		内部効果	個別的具体的	非権力的	同意 行政契約▲
				権力的	職務命令 上級庁の認可
			一般的抽象的		行政規則○

---

5) 1980年代半ばまでの判例の分析として，高木訴訟論241頁以下参照。
6) 兼子行政法9頁参照。

他方で，最判昭和 45 年 7 月 15 日民集 24 巻 7 号 771 頁〔百選 155〕は，供託金取戻請求に対する供託官の却下の処分性を肯定している。弁済供託が寄託契約の性質を有するとしつつも処分性が肯定されたのは，却下に対して審査請求が法定されていることが決め手であると思われる。また，最判平成 6 年 4 月 19 日判時 1513 号 94 頁は，国税還付金の国税への充当について，機能面では相殺と異なるところはないとしつつ，処分性を肯定している。
　近時の興味深いものとして，先に **UNIT 18** 4 で紹介した，最判平成 18 年 7 月 14 日民集 60 巻 6 号 2369 頁（高根町簡易水道事業給水条例事件）〔百選 162〕〔自治百選 16〕7) がある。最高裁判所は，条例の形式で定められた供給規定の処分性を肯定した原審の判断を是正し，紛争を民事訴訟によって処理している。これは，水道法における「給水契約」が私法上の契約であると考えられていることによると思われる8)。

2　事実行為と法行為の区別

　行政処分の定義のなかで「その行為によって，直接国民の権利義務を形成しまたはその範囲を確定する」という部分が最も重要である。この部分には「その行為によって，直接」という要素と，「国民の権利義務を形成しまたはその範囲を確定する」という要素の 2 つが含まれている。
　「国民の権利義務の形成・確定」という第 2 の要素に着目すると，事実行為と法行為の区別によって，「公法上の行為」のなかから，まず，その行為によって

---

7)　原告である X らは，以下のような請求をした。①本件改正条例の料金表部分の無効確認（主位的に民事訴訟，予備的に抗告訴訟），②本件内規の無効確認（同前），③未払分の基本料金差額の債務不存在確認，④支払済分の基本料金差額の返還または損害賠償請求，⑤給水停止の差止め。
　　第 1 審では X ら全面敗訴。甲府地判平成 13 年 11 月 27 日判時 1768 号 38 頁では，請求①を民事訴訟として適法であるとした。控訴審では逆に X らが勝訴。東京高判平成 14 年 10 月 22 日判時 1806 号 3 頁は，請求①を抗告訴訟として適法とした。最高裁判所は，請求①の本案前の争点に関する原審の判断を是正した。

8)　ただし，次のように，条例の一般性が処分性を否定する理由として表に出ている。「本件改正条例は，旧高根町が営む簡易水道事業の水道料金を一般的に改定するものであって，そもそも限られた特定の者に対してのみ適用されるものではなく，本件改正条例の制定行為をもって行政庁が法の執行として行う処分と実質的に同視することはできないから，本件改正条例の制定行為は，抗告訴訟の対象となる行政処分には当たらない」。

「法的効果」の「発生・変更・消滅」が生じることが予定されていないものが除外される。

行政指導は，定義上「法的効果」を有しないので，この点から既に処分性は否定されるはずである。ただし，近時は，判例における「処分性の拡大傾向」において，例外があることがクローズアップされるに至っている。

また，行政庁が法律的見解を表示するにとどまる行為（精神的表示行為）は，「通知」「通告」などと呼ばれるが，「義務を課すものではない」という理由で，単なる事実行為であるとされることが多い。最判昭和57年7月15日民集36巻6号1169頁〔百選169〕は，交通反則金の通告の処分性を否定している。

他方で，最判昭和54年12月25日民集33巻7号753頁および最判昭和59年12月12日民集38巻12号1308頁〔百選166〕は，関税定率法に基づく税関長の輸入禁制品該当通知の処分性を肯定した。

近時の興味深い例として，最判平成16年4月26日民集58巻4号989頁（食品衛生法違反通知事件）がある。食品衛生法に基づく食品の輸入届出に対して，検疫所長がした通知について，それによって税関長による輸入許可が受けられなくなるという法的効果を有するとして処分性を肯定したが，反対意見が付されている。

3　一般的抽象的効果と個別的具体的効果の区別

「その行為によって，直接」という第1の要素に着目すると，「具体的法効果」の基準によって，①規範定立行為，②段階的行為，③一般処分などの処分性が検討され，多くの場合に否定されることになる。

「法的効果」の発生が予定されているとしても，それが「一般的抽象的」なものであるときは，「行政立法」等に分類される。「一般的抽象的な外部効果」を有するものは「法規命令」，「一般的抽象的な内部効果」を有するにとどまるものは「行政規則」と性格づけられる。これらの処分性はいずれも否定される。

条例については，判例は，伝統的学説に依拠し，「行政処分と実質的に同視できるか」という基準で判断しているようにみえる。例外的に処分性が認められた近時の例として，最判平成21年11月26日民集63巻9号2124頁（横浜市保育所廃止条例事件）〔百選211〕〔自治百選37〕がある。

行政計画の法的性質は様々であり（UNIT 19参照），多くは処分性が否定されるが，処分性が肯定されるものもある。拘束的計画については，策定されることに

よって権利制限が生じるが，付随的効果に過ぎないとか，新たに法令が制定された場合と同様であるというような理由づけで処分性を否定することがある。土地区画整理事業計画についての，最判昭和41年2月23日民集20巻2号271頁（高円寺土地区画整理事業計画事件），用途地域の指定についての，最判昭和57年4月22日民集36巻4号705頁（盛岡広域都市用途地域指定事件）〔百選160〕がそうである。

　前者に対しては，特に批判が強かった。そこで，最高裁判所は，土地区画整理組合の設立の認可についての最判昭和60年12月17日民集39巻8号1821頁，市町村営土地改良事業の施行認可についての最判昭和61年2月13日民集40巻1号1頁，第二種市街地再開発事業の事業計画決定についての最判平成4年11月26日民集46巻8号2658頁などを経て，最判平成20年9月10日民集62巻8号2029頁（浜松市土地区画整理事業計画事件）〔百選159〕で，昭和41年判決を判例変更した9)。

　なお，行政計画は，その後，行政過程の進行のなかで，それに基づいて行政処分が出現するものが多いため，「中間段階」の行為あるいは「段階的行為」とみて，「争訟の成熟性」ないし「具体的事件性」という観点からその処分性が検討されていることが多い。しかし，その際に，「権利保護の利益」を総合的に判断したのち，それを否定するにあたって，処分性を欠くという判示をしているのではないか，すなわち，本来の処分性の判断とは異質の思考が混入しているのではないか10)という疑問が残る。

　説明が難しいものに，いわゆる「一般処分」ないし「対物処分」がある。「一般的─個別的」という区別は，名あて人が「不特定多数者」か「特定の者」かに着目したものであり，「抽象的─具体的」という区別は，対象となる事案が，「将来に開かれている」か「完結したもの」であるかに着目したものである。そこで，組み合わせは4通りある。通常の「法律」や「法規命令」は「一般的抽象的」で

---

9)　個別的具体的な外部効果が「一方的」に発生するとしても，常に「権利義務を形成またはその範囲を確定する」ものに該当すると判定されるとは限らない，という問題が残っている。「行為」の「法的効果」には，その「行為」がどのような「法的仕組み」のなかに位置づけられているかによって，強いものから弱いものまでバリエーションがあるからである。近時の判例は「権利義務」をそれほど強いものとは考えず，やや弱いものも含める傾向にあり，「法的地位」と言い換えているともみられる。

10)　高木訴訟論256頁。UNIT 26 ②参照。

あり，典型的な「行政行為」，たとえば，行政手続法第2章が適用される「申請に対する処分」たる営業許可や，第3章が適用される「不利益処分」たる営業停止命令は，「個別的具体的」なものである。

	一般的	個別的
抽象的	法律，法規命令	「措置法律」？
具体的	一般処分？ 対物処分？	典型的な行政処分

「一般的ではあるが具体的」な規律をどのように扱うべきか，これは悩ましい問題である。理論上の「行政行為」に含め，「一般処分」は「行政行為」の一種であり，「処分性」を有する，という選択肢がある[11]。

最判平成14年1月17日民集56巻1号1頁（二項道路事件）〔百選161〕は，建築基準法に基づく二項道路の一括指定について，その告示は処分性を有するとしている。

最判平成14年10月24日民集56巻8号1903頁〔百選140〕は，都市計画法に基づく都市計画事業の認可について，「事業地内の土地につき所有権等を有する者に効力の及ぶ処分である」としつつ，「特定の事業地を対象として行ういわば対物的な処分である」という理由から，特定の個人を名あて人として行わないものとし，告示という方法により画一的に関係権利者等にこれを告知することにしたものと解される，と判示している。

最判昭和61年6月19日判時1206号21頁〔百選148〕は，建築基準法46条に基づく壁面線の指定について，「特定の街区を対象として行ういわば対物的な処分」であり，「特定の個人又は団体を名あて人として行うものではない」から，右指定について不服申立ての教示は不要としている。

4 外部効果と内部効果の区別

ふたたび「国民の権利義務の形成・確定」という第2の要素に着目すると，外部効果と内部効果の区別によって，個別的具体的な法的効果の発生が予定されて

---

[11] 稲葉他65頁（人見剛）。ドイツはこの途を選び，1976年制定の行政手続法（VwVfG）35条で「実定化」している。UNIT 12 4 参照。

いるとしても，それが「内部効果」にとどまるものであるときは，「内部的行為」として除外される。

公務員に対する職務命令などがその典型例である。最判平成24年2月9日民集66巻2号183頁（国歌斉唱義務不存在確認訴訟）〔百選214〕は，校長が教諭に対して国家斉唱やピアノ伴奏を命じる職務命令の処分性を否定している。また，教育長から校長あてに発布された通達の処分性も否定している。

なお，最判昭和43年12月24日民集22巻13号3147頁（墓地埋葬法通達事件）〔百選57〕は，通達の法的性質について，教科書的な説明をしているが，処分性を否定する理由づけの決め手は，内部的効果を有するにとどまることにあるようにみえる。したがって，「行為形式論」に即した処分性の判断という立場をとる場合には，まず「対外的行為と対内的行為」の区別を行う「体系」がより適切であるとも考えられる[12]。

建築確認に関する消防長の同意事件[13]のように「行政機関相互の行為」という説明がなされることもある。

説明が難しいものとして，たとえば，大臣が東京都に対して行う都市計画事業の認可がある。最判平成17年12月7日民集59巻10号2645頁（小田急高架訴訟）〔百選177〕では，原告適格は争われたが，処分性は問題とされなかった。しかし，判例の定式にいう「国民の」という部分が誰を想定しているのかが微妙である。将来，収用の対象となりうる「土地所有者」の「法的地位」に直接影響を与える，ということであろうか。この場合は，当該行為の形式的な「名あて人」と実質的な「相手方」が異なる場合があることを認めることになる[14]。

判例の定式における「国民の」という部分で，通常は，理論上の「私人」に対

---

[12] コンメⅡ37頁（岡村周一）参照。「行為形式論」における分類基準の「体系」は，合目的的な考慮によって決まるものである。「行政行為論」の発展形態であることから，「行政行為」と「非行政行為」の区別の複数の基準，すなわち，「行政行為」の複数の概念要素（メルクマール）を適宜用いるものとなっているため，必ずしも「論理的」なものとはなっていない。

[13] 最判昭和34年1月29日民集13巻1号32頁〔百選24〕。

[14] 東京都が私人と同様の資格で認可の名あて人となっていると解すれば，このような問題は回避できる。なお，土地収用法上の「起業者」には私人も含まれるので，地方公共団体が起業者である場合，私人と同様の資格で事業認定や収用裁決の名あて人となると解することがより自然ともいえようか。塩野宏「地方公共団体の法的地位論覚書」『国と地方公共団体』（有斐閣・1990年）35-36頁（初出・1981年）。

する行為という要素が表現されているとみられ，また，「その行為によって，直接」という部分で「外部効果」が表現されているともいえる。しかし，外部効果を「私人又は他の行政主体」に対する法的効果，と広義に定義する[15]ことも考慮に値する。

なお，補助金適正化法による国の補助金交付決定[16]の相手方は，多くの場合，地方公共団体であるとみられる。

5　合意に基づく行為か一方的行為かの区別

ふたたび「その行為によって，直接」という第1の要素に着目すると，個別的具体的な外部効果の発生が予定されているとしても，契約のように両当事者（私人と行政主体）の合意が要件とされているものは除外される。行政処分は，行政主体の意思決定によって「一方的」に法的効果を発生させるものである。

この「一方性」という要素を，判例の定式のどこで読むかは難問である。「公権力の主体たる国又は公共団体が行う行為」という部分が，「権力的」な行為形式に限定する趣旨であると読めば，ここで，既に「行政指導」も「行政契約」も除外されることになる。しかし，筆者は，「その行為によって」という部分で「一方性」を読むべきであると考えている。

給付行政の分野では契約が多用されている。「行政契約」のうち，行政主体と私人の間の契約は，「私法上の契約」と「公法上の契約」に分けられるが，いずれも「行為形式論」の見地からは，行政処分とは明確に区別される。

給付行政においても，個別法において行政処分の仕組みが用いられることが多い。そこで，ある給付決定に処分性が認められるかどうかは，個別法の趣旨解釈によることになる。

最判平成7年11月7日民集49巻9号2829頁（本村年金訴訟）〔百選70〕は，国民年金法19条1項所定の遺族が，社会保険庁長官に対して未支給年金の支給の請求をすべきであり，長官の応答は行政処分に該当するとしている。

---

15) 稲葉他65頁（人見剛）。また，行政手続法4条や行政不服審査法7条などは，行政処分や行政指導の相手方として地方公共団体等が含まれることを前提としているようにもみえる。UNIT 42 [4]参照。

16) 稲葉他29頁（稲葉馨）参照。宇賀克也『行政法』（有斐閣・2012年）158頁も，行政行為の例としている。橋本他・新行審61頁は，7条2項および8条の説明で，補助金適正化法25条の地方公共団体がする不服の申出の制度に言及している。

補助金交付の法律関係をどのように理解するかは難問であるが，補助金等に係る予算の執行に適正化等に関する法律が適用されるものについては，補助金交付決定が処分性を有することは疑われていない。同法は，根拠規範ではなく規制規範であるとされるが「法律」であるから，判例の定式にいう「法律上認められている」という要素を満たすことは問題ない。

　これに対して，近時微妙な判断をした例として，最判平成15年9月4日判時1841号89頁（労災就学援護費事件）〔百選164〕がある。

UNIT 27 処分性（2）——処分性拡大論

1 事実行為の種別

1 「公権力の行使に当たる事実行為」

　行政事件訴訟法は，処分の取消訴訟の対象について，曖昧な規定の仕方をしている。すなわち，取消訴訟の対象としての「行政処分」は，狭義の「行政処分」のほかに「その他公権力の行使に当たる行為」を含むものであるとしているが，その意味は明らかにされていない。

> **行政事件訴訟法3条2項**
> 　この法律において「処分の取消しの訴え」とは，行政庁の処分その他公権力の行使に当たる行為（次項に規定する裁決，決定その他の行為を除く。以下単に「処分」という。）の取消しを求める訴訟をいう。

　そこで，立法者意思を探るために，まずは，同時期に制定された旧行政不服審査法の規定が参考にされてきたのである。そして，それによれば，「狭義の行政処分」が伝統的理論における「行政行為」に相当し，「その他公権力の行使に当たる行為」の典型例は，「権力的事実行為」であるとされる。

　すなわち，伝統的な行政法理論において，「事実行為」のなかには，「行政行為」に準じるものとして法的な統制を及ぼすべきものがあると考えられてきたのであり，そのような考え方が，日本においては法律に条文の形で「実定化」されていたというわけである。

> **旧行政不服審査法2条1項**
> 　この法律にいう「処分」には，各本条に特別の定めのある場合を除くほか，公権力の行使に当たる事実上の行為で，人の収容，物の留置その他その内容が継続的性質を有するもの（以下「事実行為」という。）が含まれるものとする。

旧行政不服審査法2条1項は，審査請求などの「行政上の不服申立て」の対象となる行為である「処分」には，理論上の「行政行為」と並んで「事実行為」の一部が含まれることを明示的に宣言していた。不服申立ての対象となることを「処分性」と呼ぶとすれば，これは一種の「処分性拡大論」が立法政策として採用されたことを意味する。

　また，行政事件訴訟法は，旧行政不服審査法と同じ1962年に制定されたことから，その3条2項も同様に，「処分の取消しの訴え」の対象となる行為である「処分」には，理論上の「行政行為」と並んで「事実行為」の一部が含まれることを想定しているものと理解される。この点についての藤田教科書の説明1)は以下のとおりである。

　「処分の取消しの訴え」にいう「処分」は，法文上，更に，①「行政庁の処分」（狭義）と，②「その他公権力の行使に当たる行為」，とに分たれている……。
　このうち，①の「行政庁の処分」（狭義）とは，元来，ほぼ，行政行為概念（もとより「裁決」に当たるものは除かれる）に該当するもの，と考えられてきた。（中略）
　次に，②の「その他公権力の行使に当たる行為」とは，要するに，法3条1項でいう「不服の訴訟」の対象となる「行政庁の公権力の行使」であって二項の処分（狭義），三項の裁決及び五項の不作為等に当らないものとを広く指す概念であるから，結局，行政主体が，私人に対し法的に優越した立場に立って行うものであり，しかも，その優越性が行政行為類似の優越性であるもの，ということになるであろう。従来，その代表例とされてきたのは，例えば，人の収容・物の留置のように，継続的な性質を持った事実行為である。現に，行政不服審査法二条一項では，同法にいう処分概念の中にはこの種の事実行為を含めて考える，ということが，明文で定められているが，要するに，これらの事実行為が行政行為の執行行為として行われたが，執行手続自体に瑕疵があったような場合とか，あるいはこれらの行為がそもそも，行政行為に基づくのではなく，即時強制として行われた場合のように，行政行為のみを取消訴訟の対象としたのでは，およそその違法性を取消訴訟手続によって争うことができなくなるような事実行為について，なお，取消訴訟手続に乗せる必要がある，という考え方に基づくものである。ただ，このような意味での事実行為の取消訴訟は，あくまでも，行政庁の公権力行使（すなわち，一方的強制的に私人の法的利益を侵害する行為）に対する不服の訴訟という意味を持つ限りにおいてのみ考えられているのであるから，同じく事実行為と言っても，例えば，民法上の契約に基づく道路工事・建築工事の実施であるとか，あるいはまた，行政指導のように私人の権利義務に何ら直接の法的効果を及ぼさないような行為は，ここでいう取消訴訟の対象となる事実行為には含まれないものとされることは，言うまでもない。

　以上の説明からは，「事実行為」には，「公権力の行使に当たる事実行為」と「公権力の行使に当たらない事実行為」があること，すなわち，同じ「事実行為」

---

1)　藤田総論382-384頁。

といっても,「執行行為」や「即時強制」と,「道路工事・建築工事」や「行政指導」は性質が異なるものと理解されていることがわかる。

2　事実行為の分類

判例や学説において様々な文脈で語られる「事実行為」という概念を包括的に定義する場合には,「事実行為」(広義)とは,「専らそれがもたらす事実状態の変動の故に法の関心の対象となるもの」ということになると思われる。この場合の「事実状態の変動」は主として「情報」という観点から関心の対象となるものと, 専ら物理的な観点から関心の対象となるものに類型的に分けることができる[2]。この点, たとえば, 塩野教科書では, 処分性に関する分析のなかで「精神的表示行為」と「物理的行為」という用語が採用されている[3]。

そして, 沿革的にみると「事実行為」として注目されてきたのは, 主として「物理作用」であり,「精神作用」が特に注目されるためには, 行政指導をめぐる議論を待たなければならなかったことが指摘できる。また,「物理作用」のなかでも, 旧行政不服審査法2条が想定していたのは,「執行行為」や「即時強制」のように, その相手方に「受忍義務」が課せられていると理解することが自然なものに限定されている点に留意が必要である。

このように, 広義の「事実行為」には様々な性質のものが含まれ, 捉えどころのない概念であることは否定できない。事実行為という言葉が制定法上採用されたものの, 裁判例における用語はそれとは必ずしも対応せず, また学説上の扱い, すなわち, 事実行為論ともいうべきものは1980年代まで確立には程遠いものだったからである[4]。また, 現在においてもそれほどの改善はみられない。

ただ, そうはいっても, このような状態であることには理由がないわけではない。「事実行為」という概念は, 積極的マルクマールを持たず, 常に「行政処分」「行政行為」「法律行為」「準法律行為」「法行為」「法的行為」などの概念の補完物として用いられてきた。行政法理論においては,「事実行為」は「行政行為」の影であるということができるのである。そこで「事実行為論」の錯綜の主たる

---

2) 高木光『事実行為と行政訴訟』(有斐閣・1988年) 第1章2-3参照。
3) 塩野II 110頁, 114頁。稲葉他52頁 (人見剛) は,「精神作用的事実行為」「物理作用的事実行為」と呼ぶ。新構想III 163頁 (太田匡彦) は「精神的事実行為」「物理的事実行為」と呼ぶ。
4) 高木・前掲注2) 第1章参照。

原因は，事実行為論と表裏をなすものとしての「行政行為論」の動揺にあると考えられる。「行政行為論」は古典的行政法理論の骨格をなすものであったが，多くの論者がそれに様々な役割を同時に果たすべく期待することによって，その期待が容易にはかなえられないという状態が生じた。これが「行政行為論の負担過重」という現象であるが，その原因の最たるものは，権利救済を与えるべきかどうかを判断するために「行政行為論」を用いようとする発想である。「行政処分なければ権利救済なし」という前提をとると，「権利救済」が必要であるという結論をとる場合には，そこから逆算して，どこかに「行政処分」が存在するはずであるという発想に結びつくことになる。近時の最高裁判所の「仕組み解釈」は，このような「結論先取り」の「論証」を正当化する道具となっている疑いがある。

2 行政処分か事実行為かの二者択一思考

1 精神作用の分類

　行政処分は，行政機関の精神作用の一種である。そこで，行政機関の精神作用は，行政処分と行政処分でないものに分けることができる。

　しかし，行政機関の精神作用のうち，行政処分でないものが，すべて事実行為と性格づけられるわけではない。このことは，多少論理的に考えれば自明のことであると思われるが，裁判例や学説をみるときには，「行政処分か事実行為かの二者択一思考」に陥っているのではないかと感じることがままあるのである。

　近時有力とされている「法的仕組み論」からすると，このような二者択一思考から脱却しなければならないことは明らかであろう。「法的仕組み」が「諸要素の有機的組合せ」であるとすると，そこには「行為」と「手続」という要素が必ず含まれる。そして，ある「法的仕組み」に含まれる複数の「行為」のなかには，判例の定式にいう「その行為によって直接国民の権利義務を形成またはその範囲を確定する」ものではないが，何らかの「法的効果」を持ったものがあると考えるのが自然だからである。

　たとえば，税金の督促や代執行の戒告は，次のステップへ進むための「手続的行為」の典型であるから，後行行為を適法なものとする「法的効果」があると端的に捉えるべきであろう。しかし，その「法的効果」は「手続的」なものに限定されているから，処分性の定式に該当するものとする必要はないと思われる。この意味で，既に指摘したように（UNIT 11 3参照），筆者には，税金の督促や代執行の戒告を「もはや行政指導ではなく，むしろ行政行為である」とする[5]のは

「事実行為か行政行為かの二者択一」という思考様式に災いされていると感じられる[6]。

また，いわゆる「公証行為」についても，単なる「事実行為」ではないと説明すべきであろう。

たとえば，古い判例であるが，家賃台帳作成・登載行為に関して，「公証行為」ではあるが，処分性を有しないとしたものがある[7]。「公証行為」は，伝統的理論では「準法律行為的行政行為」に分類されるものではあるが，実は，美濃部理論においては，「準法律行為的な行政の精神作用」という程度の意味であったので，すべてが，「処分性」を有するとされなくても不思議ではない[8]。

また，近時の最判平成16年4月26日民集58巻4号989頁（食品衛生法違反通知事件）においては，「届出済証」の性質をどう考えるかが重要であると思われる。橋本博之は，「Xが科学的な証明を行い，当該物品が食品衛生法6条に適合することを税関長に確認する余地が，法令の仕組み上完全に塞がっているという文理解釈には無理があるのではなかろうか」と指摘していた[9]。そのような「法的仕組み」と解したときには，「食品等輸入届出済証」は，どのように位置づけられるべきであろうか。実務の扱いによれば，それが輸入申告書の添付書類とされ，検疫所長から交付された場合は，スムーズに輸入許可の「申請」ができるというのであるから，「法的効果」が全くないとするのもためらわれる。そこで，特段の事情のない限り，税関長は検疫所長の専門技術的判断を尊重すべき法的義務があると解して，「公証行為」の一種と説明することが考えられる。

---

5) 藤田Ⅰ264-265頁，326頁注3。藤田総論270-271頁，341頁注5でも，代執行の戒告，滞納国税についての督促を行政行為であるとする見解が維持されている。

6) 高木光「『法的仕組み』と『仕組み解釈』（行政法入門30）」自治実務セミナー46巻12号（2007年）8頁。ただし，原田例解215頁で図解されているように，租税の確定・徴収の仕組みに照らせば，「滞納処分」の前段階たる「納付の請求」として，納税の告知と督促の「機能的同一性」が認められるので，前者の処分性が肯定されるのであれば，最判平成5年10月8日判時1512号20頁が，後者の処分性を肯定したのは当然ということになろう。

7) 最判昭和39年1月24日民集18巻1号113頁。

8) 高木・前掲注2）10-15頁。前掲UNIT 10 ③参照。

9) 橋本博之・判例評論554号（判時1882号）172頁。

2　医療法勧告事件最高裁判決

最判平成17年10月25日判時1920号32頁（土浦徳洲会病院事件）の藤田補足意見は，判例が採用してきた「従来の公式」を機械的にあてはめるとすれば，医療法30条の7の規定による勧告には「行政庁の処分」としての性質を認めることはできないという結論が導かれることになるとしつつ，本件において「従来の公式」を採用するのは適当でないとしていた。そして，興味深いのは，そのような結論を導くための理由として述べられているところが，「行政過程論」からの「三段階構造モデル」に対するかつての批判を想起させることである[10]。

最高裁判所の処分性に関する「従来の公式」は「三段階構造モデル」に適合したものであるが，現代の行政はより複雑な「行政過程」を有している。このような論法は新しいものではない。問題は，そのことに対応して，「従来の公式」を捨てるのかどうかであろう。これを簡単に行うとすれば，「行政過程論にのめり込んだ」という批判は免れないと思われる。

1970年代には「処分性拡大論」が学説上有力に唱えられ，そのバリエーションの1つとして，公定力を有しないが取消訴訟の対象にはなるというカテゴリーを認める「形式的行政処分論」があったところである。しかし，当時の最高裁判所は，「権利救済に冷淡」という批判を甘受しつつも，「従来の公式」を堅持したのであった。それは，「従来の公式」に代わる「新たな公式」を樹立することが困難であるという理由にもよると思われる[11]。

「救済の拡充」は処分性の拡大ではなく「当事者訴訟の活用」によってなされ

---

10)　藤田補足意見は次のように述べる。「そしてその（「従来の公式」の：筆者注）前提としては，行政活動に際しての行政主体と国民との関わりは，基本的に，法律で一般的に定められたところを行政庁が行政行為によって具体化し，こうして定められた国民の具体的な権利義務の実現が強制執行その他の手段によって図られる，という形で進行するとの，比較的単純な行政活動のモデルが想定されているものということができる。しかしいうまでもなく，今日，行政主体と国民との相互関係は，このような単純なものに止まっているわけではなく，一方で，行政指導その他，行政行為としての性質を持たない数多くの行為が，普遍的かつ恒常的に重要な機能を果たしていると共に，重要であるのは，これらの行為が相互に組み合わせられることによって，一つのメカニズム（仕組み）が作り上げられ，このメカニズムの中において，各行為が，その一つ一つを見たのでは把握し切れない，新たな意味と機能を持つようになっている，ということである」。

11)　高木訴訟論105頁以下参照。

るべきであるというのが私たちの立場であったが，近時の最高裁判所は微妙なスタンスをとっているようである。

3 「形式的行政処分論」の採用？

最高裁判所は医療法勧告事件でどのような立場を採用しているのであろうか。最判平成17年7月15日民集59巻6号1661頁（高岡南郷病院事件）〔百選167〕の調査官解説[12]は，先にみた土浦徳洲会病院事件判決の藤田補足意見を引用しつつ，次のように述べている。

「本判決は，このような観点から，構築された仕組みの全体を視野に入れて，本件勧告が取消訴訟の対象となる行為に当たるかどうかの判断に当たって，国民が救済を求めるみちを拡大する方向で柔軟な考え方を採ったものである。」

「この勧告が取消訴訟の対象となると認めることによって，当然にこの勧告に厳密な意味での公定力が認められることになるわけではないという余地もあると考えられる。すなわち，本判決は，前記の仕組みに着目して医療法30条の7の規定に基づく病院開設中止勧告を取消訴訟の対象として争うみちを新たに認めたものであるが，それは，これまで認められてきたところの，保険医療機関指定申請に対する拒否処分を取消訴訟の対象として争うみちを閉ざすものではないと考えられる。」

この調査官の立場は，どちらかといえば「形式的行政処分論」に親和的なものとみられる。というのは，「救済の拡充」という妥当な結論のためには，理論的厳密さが多少失われてもよいというスタンスを表明しているからである。

これに対して，土浦徳洲会病院事件判決の藤田補足意見は，処分性を肯定する以上は，「公定力」ないし「取消訴訟の排他性」という原告にとって不利益な扱いも認めざるを得ないとしているのである。

以上のように，藤田補足意見は「形式的行政処分論」には批判的で，理論的整合性を重視する立場をとっている。「事実と規範」ないし「認識と実践」の区別を重視する「方法二元論的立場」をとる論者としては，かつての論敵であった兼子仁の提唱にかかる「形式的行政処分論」に与することには抵抗が大きかったのであろう[13]。なお，藤田教科書は，高岡南郷病院事件判決について次のように

---

12) 杉原則彦「判解」法曹時報58巻3号（2006年）309-310頁。
13) 藤田宙靖『行政法学の思考形式（増補版）』（木鐸社・2002年）353頁以下，高木

コメントしている[14]）。

「ここにみたように，この判決は，必ずしも，行政機関の行う行為の法的拘束力ではなく，事実上の効果が私人に及ぼす影響を問題としているのであって，少なくともその限りにおいて，先にみた従来の最高裁判所の考え方とは異なるものを有すること，そしてまた，少なくとも結果的には，先に見た『形式的行政処分』の存在を認めることとなるものであることは否定できない。」

以上のように，医療法30条の7による勧告に関する最高裁判所の2つの判決は，様々な立場からの「解釈」が可能なものとなっている。これは，結論だけが示され，理論的立場をうかがわせる理由づけが十分示されていないことを意味する。「従来の公式」を維持するが，例外も柔軟に認めていくというのであれば，最低限，その旨を明言するとともに，どのような場合に例外が認められるのかについての手がかりを示すべきではないだろうか。また，そもそも下級審は長年「従来の公式」に従って判断を積み重ねてきたのであるから，最高裁判所として例外を認めるという「判例政策」をとるのであれば，判例変更を明示的に行うのが筋であると思われる。1980年代以降の最高裁判所は「権利救済に冷淡」であったのであるから，現在の最高裁判所が行政訴訟制度改革の理念に好意的であるとしても，下級審の裁判官に「事例判断」を示すだけでは「機械的な判断」をしてはならないというメッセージとしては不十分だと考える。

4　「仕組み解釈」

最後に，近時の最高裁判所の理論的立場についての，橋本博之によるより一般的な分析を紹介しておく[15]。橋本によれば，改正行政事件訴訟法の成立前後の

光「三段階構造モデル（行政法入門27）」自治実務セミナー46巻9号（2007年）7頁参照。

14) 藤田総論415頁。また，他方で，藤田の入門書には，次のような説明がみられる。藤田宙靖『行政法入門（第6版）』（有斐閣・2013年）201頁。「これらの判決は，必ずしも，『処分』とは何かについての，右にみたような最高裁の『従来の公式』自体を否定するものではなく，ただ，それは原則にとどまるのであって，あらゆる場合に例外を許さない金科玉条としての性質を持つものではない，という考え方をするものであるといってよいと思います（右の②の判決に付けた私の補足意見を読んで下さい。）」

15) 橋本博之『行政判例と仕組み解釈』（弘文堂・2009年）第2章「処分性論のゆくえ」（初出・2006年）。

時期から，係争行為に係る法令の仕組み全体を解釈する方法（仕組み解釈）を用いることにより，柔軟に処分性を肯定する傾向が顕著となっている。つまり，医療法30条の7による勧告についての2つの判決は，最判平成14年1月17日民集56巻1号1頁（二項道路事件）〔百選161〕，最判平成15年9月4日判時1841号89頁（労災就学援護費事件）〔百選164〕，最判平成16年4月26日民集58巻4号989頁（食品衛生法違反通知事件），最判平成17年4月14日民集59巻3号491頁（登録免許税還付通知事件）〔百選168〕という4つの判決に続くものとして理解する必要がある。

そして，橋本は，勧告についての2つの判決における「仕組み解釈」の方法は，処分性拡大による訴え却下の回避のための道具となっており，複数の法制度を縦断的に解釈して「法的効果」を拡大するという従来の手法より一歩進んで，「事実上の不利益」までを正面から視野に入れていると分析している。また，処分性が肯定されると，「取消訴訟の排他性」が付随し，教示が必要となるほか，行政手続法上の処分の事前手続も必要となると考える場合は，処分性を拡大する「仕組み解釈」は，結果的には，法が定めている仕組みの改変をもたらすことになり，もはや「仕組み解釈」という枠を超えることになるのではないかと指摘している[16]。

---

16) 前掲注 15) 75頁。

UNIT 28　原告適格

① 序　説

1　行政事件訴訟法9条1項

　取消訴訟の訴訟要件のうち、最も重要なものは、「処分性」であった。「処分性」は、「取消訴訟の対象」とも呼ばれ、「何を攻撃できるか」という問題であり、行政事件訴訟法3条2項の解釈問題として現れる。

　これがクリアされたときに、次に検討されることになるのが「原告適格」である。誰でもこのような「取消訴訟」の仕組みで「行政処分」を攻撃できるのであろうか。答えは否である。ある条件を満たした者だけが「原告」になれる。そうでない者が提起した訴えは、「行政処分」が違法であるかどうかにかかわらず、「却下」される。

> **行政事件訴訟法9条1項**
> 　処分の取消しの訴え……は、当該処分……の取消しを求めるにつき法律上の利益を有する者（……）に限り、提起することができる。

　この条文は、日本語としては悪文である。ドイツ語の翻訳の匂いがする。誰が（主語）―何を（目的語）―提起する（動詞）という形に変換してみよう。

　ある処分の取消しを求めるにつき「法律上の利益」を有する者だけが、その処分の取消しの訴えを提起することができるという文章になる。

　ここでいう「法律上の利益」というのは、本来は「正当な利益」というニュアンスであった。したがって、この文章はそれ自体としてはいわば無内容である。そこで、誰が「法律上の利益」を有するかを「解釈」によって決めなければならないのである。

2　取消訴訟の3つのパターン

　取消訴訟には大きく分けて3つのパターンがある。**UNIT 11** でみたように行

政処分には様々な分類があるが，行政手続法の採用している「申請に対する処分」と「不利益処分」の区別は，取消訴訟のパターンにとっても重要である。

すなわち，取消訴訟の第1のパターンは，行政庁が「不利益処分」を行い，行政処分の相手方（不利益処分の「名あて人」）が取消しを求めるものである。そして，第2は，行政庁が申請に対して「拒否処分」を行い，行政処分の相手方となった「申請者」が取消しを求めるものである。

この2つは，古典的な「防御型の行政法理論」が想定していたもので，「行政庁―相手方」という2面関係に収まっている。そして，行政処分の相手方は，いずれのパターンにおいても，「自己の権利利益」に対する「侵害」について「救済」を求める者として，当然に「原告適格」を有すると考えられてきた。

3 第三者の原告適格

第3のパターンは，行政庁が相手方の申請を受け入れる形で行った行政処分に対して，相手方以外の第三者が取消しを求めるものである。たとえば，マンションの建築においては，業者が，都市計画法に基づく開発許可と，建築基準法に基づく建築確認を順次得て工事を進めることが多いが，これに対して，近隣住民が開発許可や建築確認の取消訴訟を提起することがある。

このパターンにおいては，そもそも第三者に原告適格が認められる余地があるのか，また，あるとしてどのような第三者に認められるのかが争われることが多い。無条件に認めるか，完全に否定するかどちらかでよいなら話は簡単であるが，そうはいかない。そこで，「第三者の原告適格」と呼ばれる問題について複雑な議論がなされてきたのである。

第三者はいかなる意味で「取消しを求める」ことが「正当」とされるのであろうか。相手方と同じように，第三者も「自己の権利利益」に対する「侵害」について「救済」を求める者といえるからなのであろうか。それとも，「法治行政の原理」ないし「法治国原理」からは，行政処分の違法性はできる限り「取消し」という形で是正されるべきであり，そのきっかけを与えるために適切な資格を有する者だからなのであろうか。1970年代には，原田尚彦[1]に代表される後者の

---

1) 原田尚彦は「紛争の解決」を訴訟の目的とすることで，処分性の拡大，原告適格の拡大を基礎づけようとしている。原田要論394頁（「行為訴訟」としての取消訴訟）参照。なお，取消訴訟に対応するフランスの「越権訴訟」は，理論上は「客観訴訟」であるとされている。また，その対象には，行政処分のような個別的具体的な行為に

立場も有力であった。

2　法律上保護された利益説

1　判例の立場

判例は，一貫して，前者の考え方をとり，さらに，最判昭和53年3月14日民集32巻2号211頁（主婦連ジュース事件）〔百選141〕で，以下に要約したように，第三者が「権利利益」を有するかどうかを，当該処分の根拠となっている行政法規の趣旨目的に照らして判断するという方針を示している。

> 「法律上の利益を有する者」とは，当該処分により自己の権利若しくは法律上保護された利益を侵害され又は必然的に侵害されるおそれのある者をいう。法律上保護された利益とは，当該行政処分の根拠となった法規が，私人等の個人的利益を保護することを目的として行政権の行使に制約を課していることにより保障される利益であって，それは，行政法規が他の目的，特に公益の実現を目的として行政権の行使に制約を課している結果たまたま一定の者が受けることとなる反射的利益とは区別される。

　この判例の判断枠組みは，以下のようなロジックをとっている。第三者の個人的利益が当該行政処分の根拠法規によって保護されている場合には，その利益は「法律上保護された利益」であるから，第三者はそれを「侵害」された者として原告適格を有する。これに対して，当該行政法規が専ら公益を保護している場合は，行政処分が第三者の希望どおりなされたとしても，第三者は「反射的利益」を享受するにとどまり，「法律上保護された利益」を有しない。そこで，行政処分が第三者の希望に反してなされたとしても，第三者は「自己の権利利益の侵害」を被るわけではないので，原告適格は認められない。

　以上のような判例の立場は，「法律上保護された利益説」と呼ばれている。

2　原告適格拡大論

　これに対して，多くの学説は，判例の考え方では原告適格が認められないケースが多くなり，疑問であるとしてきた。そこで，前記の前者の考え方をとるにしても，第三者の「権利利益の侵害」は，行政処分の結果として生じる「現実の被害」として捉えるべきであるという対案が示されたのであった。このような立場

限られず，行政立法のような一般的行為も含まれる。

は「法的保護に値する利益説」[2]あるいは「事実上の利益説」などと呼ばれる[3]。

3 行政事件訴訟法9条2項

　以上のような学説の批判を意識して，ジュース表示事件以後の最高裁判所の判決のなかには，判例の定式は維持するものの，対案のめざすところと同様の結論をめざすものもみられるようになった。最判平成4年9月22日民集46巻6号571頁（もんじゅ訴訟）〔百選171〕は，その代表例である。そして，さらに，行政訴訟制度改革においては，行政事件訴訟法9条に次のような2項が追加され，「原告適格を実質的に拡大すべきである」というメッセージが裁判所に対して発せられた。

行政事件訴訟法9条2項
　裁判所は，処分……の相手方以外の者について前項に規定する法律上の利益の有無を判断するに当たつては，当該処分……の根拠となる法令の規定の文言のみによることなく，当該法令の趣旨及び目的並びに当該処分において考慮されるべき利益の内容及び性質を考慮するものとする。この場合において，当該法令の趣旨及び目的を考慮するに当たつては，当該法令と目的を共通にする関係法令があるときはその趣旨及び目的をも参酌するものとし，当該利益の内容及び性質を考慮するに当たつては，当該処分……がその根拠となる法令に違反してされた場合に害されることとなる利益の内容及び性質並びにこれが害される態様及び程度をも勘案するものとする。

3　設例の分析（その10）

1　PTAの原告適格

　それでは，ここまで学んだことを前提に，「喫茶店対PTA」設例の**許可が与えられた場合，PTAはあきらめるしかないのか（Q7）**を検討してみよう。
　PTAの猛反対にもかかわらず，保健所長Yは，Q市立「土蔵町中学」の正門の真向かいの「Mカフェ」の営業許可をXに対して与えた。その建物は旧市街の雰囲気を乱すものであり，また教育上も良くないと多くのメンバーは考えている。また，あるメンバーが調べたところ，「Mカフェ」の設備には改装工事の不備から県が定めた基準を満たしていないところがあるほか，Xには無許可のラ

---

2)　原田要論392頁。
3)　様々な名称について，宇賀II 191頁参照。

ーメン店を開いて罰金刑を受けた前科があるという疑いが出てきた。PTA ないしそのメンバーは，Y が行った営業許可処分の取消しを求める「法律上の利益」を有するのであろうか。

2 「根拠となる法令の規定」

判例の定式に従って判断する場合，まずは，許可の「根拠となる法令の規定」の趣旨目的をみることになる。

食品衛生法 1 条
　この法律は，食品の安全性の確保のために公衆衛生の見地から必要な規制その他の措置を講じることにより，飲食に起因する衛生上の危害の発生を防止し，もって国民の健康の保護を図ることを目的とする。

51 条
　都道府県は，飲食店営業その他公衆衛生に与える影響が著しい営業（……）であって，政令で定めるものの施設につき，条例で，業種別に，公衆衛生の見地から必要な基準を定めなければならない。

52 条 1 項
　前条に規定する営業を営もうとする者は，厚生労働省令で定めるところにより，都道府県知事の許可を受けなければならない。
　　2 項　前項の場合において，都道府県知事は，その営業の施設が前条の規定による基準に合うと認めるときは，許可をしなければならない。ただし，同条に規定する営業を営もうとする者が次の各号のいずれかに該当するときは，同項の許可を与えないことができる。（以下省略）

　食品衛生法の所管は厚生労働省で，飲食店等の営業許可やその後の監督という事務は「自治事務」として R 県に割り振られている。
　同法 52 条は 1 項で，申請者 X の「営業の自由」を制限する権限を行政機関に与えている。他方，2 項で不許可事由を限定することによって「行政権の行使に制約を課して」いる。

3　食品衛生法の目的

　PTA ないしそのメンバーに原告適格が認められるかどうかを判断するためには，食品衛生法 52 条の「趣旨目的」を「解釈」する必要がある。そして，飲食店の許可制度は，食品衛生法がその目的を達成するための「手段」の 1 つであるから，その制度の趣旨目的は，食品衛生法の目的に照らして説明されることにな

る。

　そこで，食品衛生法1条をみると，そこにいう「公衆衛生」は国民全体のことを考えており，「国民の健康の保護」というのも，個々の国民の保護ではなく，国民全体の保護という趣旨であるといえそうである。そして「危害の発生を防止」というのは，社会全体におけるリスクを低減することを意味するから，食品衛生法の飲食店等の許可制度は，「一般的公益の実現」を図るために営業者の「営業の自由」を制約するという構造を有していると解釈するのが素直ということになりそうである。また，景観や良好な教育環境などの利益を「考慮」する趣旨は読み取れない。

　したがって，飲食店等の許可は，理論上の「警察許可」であり，それをめぐる紛争は，法的には「行政庁―相手方」の二面関係として捉えられる。

　したがって，食品衛生法52条2項が「行政権の行使に制約を課している結果」申請に対して第三者の希望どおり不許可になったとしても，第三者は「反射的利益」を享受するにとどまり，「法律上保護された利益」を有しないというほかない。かくして，PTAないしそのメンバーは，その希望に反して違法に許可がなされたとしても，原告適格を有しないので，その取消しを求めることができないのである。

4　行政事件訴訟法9条2項の限界

1　「事実的侵害」と「規律的侵害」の区別

　行政事件訴訟法9条2項の追加によって，法律上保護された利益説の問題点は解消されたのであろうか。筆者は，そうではないと考えている。というのは，ひとくちに第三者の原告適格といっても，そのなかには性質の異なるいくつかの類型があり，2004年に追加された9条2項はそのうちの1つだけを想定した規定であると思われるからである[4]。

　筆者のみるところ，9条2項は，行政処分の法的効果そのものによって原告の権利利益の「侵害」がもたらされるのではなく，行政処分によって適法に行うことができるようになった名あて人の行為によって原告の権利利益の「侵害」ないし「侵害のおそれ」が生じる場合[5]を想定したものである。すなわち，隣人訴訟

---

[4]　中川丈久「取消訴訟の原告適格について（1）――憲法訴訟論とともに（論点講座公法訴訟第10回）」法学教室379号（2012年）67頁以下は，判例は「法効果テスト」と「保護利益侵害テスト」と使い分けていると指摘する。

ないし環境訴訟と呼ばれる類型における第三者の原告適格は、ドイツ法における分析に倣うと、「事実的侵害」によって基礎づけられている[6]。そして、このような類型においては、そもそも原告適格を有する第三者が存在するのか、という問題に続いて、どの範囲の者に原告適格が認められるべきか、といういわゆる「線引き」の問題が残るのが通例である。この点を、近時注目を集めた鞆の浦景観訴訟第1審判決[7][8]を素材に分析しておこう。

2 「線引き」に関する従来の「判例理論」

鞆の浦景観訴訟のようないわゆる「第三者の原告適格」という類型においては、現行行政事件訴訟法では9条2項によって判断がなされるべきことになる。そし

---

[5] 藤田総論432頁、435頁注8参照。藤田は「リスクの回避を求める権利」の侵害という理論構成を示している。

[6] 高木光『事実行為と行政訴訟』(有斐閣・1988年) 第4章参照。

[7] 広島地判平成21年10月1日判時2060号3頁。鞆の浦景観訴訟は、公有水面埋立法に基づく埋立免許の差止訴訟である。鞆の浦港の整備のための埋立を計画した事業者は、広島県と福山市であり、埋立の可否を判断して免許をする権限を有する行政庁は、港湾管理者としての広島県知事である。そして、港湾を埋め立てて架橋するという計画については地元でも賛否両論があった。原告となったのは、反対派の住民である。第1審判決は、鞆町に居住している者に「鞆の景観による恵沢を日常的に享受している者」であることを理由に原告適格を一律に認め、また、広島県知事が本件埋立免許をすることが「その裁量権の範囲を超える」ものであるとして、原告の請求どおり、埋立免許処分の差止めを命じて注目された。
　福永実「判例速報解説6号」(日本評論社・2010年) 53頁、大久保規子「最新判例演習室」法学セミナー661号 (2010年) 127頁、交告尚史「鞆の浦公有水面埋立免許差止め判決を読む」法学教室354号 (2010年) 7頁など参照。

[8] 同判決の「原告適格論」および「裁量統制論」は、その理由づけにおいて、従来の判例理論との整合性という観点から疑問が残る。第1審判決は、「景観利益」が原告適格を基礎づけるものとするにあたって、最判平成18年3月30日民集60巻3号948頁 (国立マンション事件) 〔自治百選41〕を出発点としている。そして、「全体としての景観」を「鞆の景観」と呼び、「この鞆の景観がこれに近接する地域に住む人々の豊かな生活環境を構成している」としている。しかしながら、「国立平成18年最判」は、「私法上の権利利益」としての景観利益の扱いについての判断を示したものにとどまるから、当然のことながら、原告適格の判断について直接的な手掛かりとなるものではない。本来は、最判昭和60年12月17日判時1179号56頁 (伊達火力事件) の射程が及ぶのかを明らかにしなければならなかったと思われる。高木光「行政処分における考慮事項」法曹時報62巻8号 (2010年) 1頁以下参照。

て，行政訴訟制度改革は，原告適格について，従来の「判例理論」に根本的な変更を加えることはしないが，「実質的にその範囲を拡大する」趣旨であるとされている9)。

さて，「第三者の原告適格」について最高裁判所が採用している基本的枠組みは，筆者の理解によれば，以下のとおりである。

第1に，原告適格を基礎づけるのは，「実体法上の権利利益」である。最判昭和53年3月14日民集32巻2号211頁（主婦連ジュース事件）〔百選141〕は，「当該処分により自己の権利若しくは法律上保護された利益を侵害され又は必然的に侵害されるおそれのある者」と表現しており，これがその後の判例でも踏襲されている。

第2に，原告適格を基礎づけるのは，「行政法規によって保護された権利利益」であることから，理論上は「私法上の権利利益」と対置される「公法上の権利利益」である。この点は，判決文のなかでは必ずしも明示されていないが，「法律上保護された利益」と「反射的利益」との区別は，ドイツの「公権論」から受け継がれたものであり，判例の採用するいわゆる「法律上保護された利益説」がドイツにいう「保護規範説」(Schutznormtheorie) に相当するとされている10)ことから，論理的には動かしがたいところであろう。ちなみに，「法律上保護された利益」は，元来は「法的に保護された利益」と同じドイツ語（rechtlich geschüztes Interesse）の訳語で，広義の「権利」を意味する。

第3に，原告適格を有する者の範囲については何らかの限定が必要である。すなわち，最判昭和57年9月9日民集36巻9号1679頁（長沼ナイキ訴訟）〔百選182〕等が述べるように，当該処分権限の行使について制約を課している「行政法規」が，「一般的公益」のなかに吸収解消されない「個々人の個別的利益」を保護する趣旨を含むかどうかが問題とされるので，誰もが原告適格を有する結果をもたらすような解釈はとれない。

第4に，「処分の相手方」の行う事実的な活動により「侵害」が生じると主張されるいわゆる隣人訴訟ないし環境行政訴訟という類型においては，原告適格を

---

9) 橋本博之『行政判例と仕組み解釈』107頁（弘文堂・2009年）参照。

10) 橋本・前掲注9) 108頁参照。しかし，ドイツの「保護規範説」とわが国の判例理論ないし「法律上保護された利益説」は「侵害」の捉え方において微妙に異なるように感じられる。したがって，わが国の「判例通説」は「共同幻想」ではないかとの疑いを持つべきかもしれない。

有する者の範囲について，地理的な「線引き」が必要であると考えられてきた[11]。

　最判平成元年2月17日民集43巻2号56頁（新潟空港事件）〔百選170〕は，「当該免許に係る路線を航行する航空機の騒音によって社会通念上著しい障害を受けることとなる者」と，最判平成4年9月22日民集46巻6号571頁（もんじゅ訴訟）〔百選171〕は，「原子炉施設周辺に居住し，右事故等がもたらす災害により直接的かつ重大な損害を受けることが想定される範囲の住民」と，最判平成9年1月28日民集51巻1号250頁（川崎市開発許可事件）は，「がけ崩れ等による被害が直接的に及ぶことが想定される開発区域内外の一定範囲の地域の住民」と，最判平成13年3月13日民集55巻2号283頁（山岡町林地開発許可事件）〔百選175〕は，「開発行為によって起こり得る土砂の流出又は崩壊，水害等の災害による直接的な被害を受けることが予想される範囲の地域に居住する者」と，最判平成14年1月22日民集56巻1号46頁（千代田生命総合設計許可事件）〔百選176〕は，「建築物の倒壊，炎上等により直接的な被害を受けることが予想される範囲の地域に存する建築物に居住し又はこれを所有する者」と，最判平成14年3月28日民集56巻3号613頁（桶川市総合設計許可事件）は，「建築物により日照を阻害される周辺の他の建築物の居住者」という表現で，「線引き」を行うことを示していたところである。

　そして，行政訴訟制度改革後の最判平成17年12月7日民集59巻10号2645頁（小田急高架訴訟）〔百選177〕も，「都市計画事業の事業地の周辺に居住する住民のうち，当該事業が実施されることにより騒音，振動等による健康又は生活環境に係る著しい被害を直接的に受けるおそれのある者」という形で限定を加えている。

　なお，最判平成21年10月15日民集63巻8号1711頁（サテライト大阪事件）〔百選178〕は，「生活環境に関する利益は，基本的には公益に属する利益というべきである」としつつも，「当該場外施設の設置，運営に伴い著しい業務上の支障が生ずるおそれがあると位置的に認められる区域に医療施設等を開設する者」については原告適格を肯定している。また，最判平成26年7月29日民集68巻6号620頁は，産業廃棄物処理業の許可[12]の無効確認等において原告適格を有す

---

　11)　原子力訴訟に関して，高木訴訟論299頁以下。
　12)　廃棄物処理法14条に基づく業の許可と15条に基づく施設の許可が必要な場合，後者を取得したのち，前者の申請をすることにつき，北村喜宣『環境法（第3版）』

る近隣住民の範囲を画定するにあたり、「当該最終処分場から有害な物質が排出された場合にこれに起因する大気や土壌の汚染、水質の汚濁、悪臭等による健康又は生活環境に係る著しい被害を直接的に受けるおそれのある者」という形で限定を加えている。

3 競願者・競業者などの原告適格

行政処分の「法的効果」による「侵害」に着目すべき類型として、競願者・競業者などの原告適格に関するものがある。また、法令による「距離制限」[13]や「需給調整」という手法への着目や「処分の名宛人に準ずる者」[14]という概念による分析も有用であろう。

最判昭和37年1月19日民集16巻1号57頁（公衆浴場事件）〔百選19〕は、既存の公衆浴場経営者の原告適格を認めた古典的な事例である。

最判昭和43年12月24日民集22巻13号3254頁（東京12チャンネル事件）〔百選180〕は、競願の関係にある場合には、Xに対する拒否処分とAに対する免許は表裏一体であると述べ、拒否処分を受けた者は、免許処分の取消しを求める原告適格を有するという考え方を示唆していた。

最判平成6年9月27日判時1518号10頁（元町セブン事件）は、風俗営業たるパチスロ店の許可に対して、有床診療所の経営者の原告適格を認めた事例である。

最判平成26年1月28日民集68巻1号49頁（小浜市一般廃棄物処理業許可事件）は、市町村長から一定の区域につき既に廃棄物処理法7条に基づく一般廃棄物処理業の許可またはその更新を受けている者に、当該区域を対象として他の者に対してされた一般廃棄物処理業の許可処分または許可更新処分について取消訴訟の原告適格を肯定している。

最判平成5年12月17日民集47巻10号5530頁は、第一種市街地再開発事業における借地人に対する権利変換処分について、所有者の原告適格を肯定した事例である。また、最判平成25年7月12日判時2203号22頁は、共有にかかる不動産について相続税の滞納が生じ、国税徴収法47条1項に基づき滞納者の持分について差押処分がなされた事例で、他の共有者の原告適格を肯定した事例であ

(弘文堂・2015年) 459頁参照。
- [13] 児童遊園設置認可によるパチンコ店の出店妨害について、高木他・事例演習45頁以下（高木光）参照。
- [14] 中川・前掲注4) 68-71頁は、「準名宛人」という概念を用いている。

る。同判決は、「処分の名宛人以外の者が処分の法的効果による権利の制限を受ける場合には、その者は、処分の名宛人として権利の制限を受ける者と同様に、当該処分により自己の権利を侵害され又は必然的に侵害されるおそれのある者」に該当すると述べている。

5 原告適格論における侵害概念

1 主観訴訟としての取消訴訟

「第三者」はいかなる意味において「処分の取消しを求める」「正当な利益」を有するのであろうか。最判平成4年9月22日民集46巻6号571頁（もんじゅ訴訟）〔百選171〕は、次のように述べて、「相手方」と同じように、第三者も「自己の権利利益」に対する「侵害」について「救済」を求める者といえる場合に原告適格を有する、という考え方をとることを表明している。

> 処分の取り消しを求めるにつき「法律上の利益を有する者」とは、当該処分により自己の権利若しくは法律上保護された利益を侵害され又は必然的に侵害されるおそれのある者をいうのであり、当該処分を定めた行政法規が、不特定多数者の具体的利益を専ら一般的公益の中に吸収解消させるにとどめず、それが帰属する個々人の個別的利益としてもこれを保護すべきものとする趣旨を含むと解される場合には、かかる利益も右にいう法律上保護された利益に当たり、当該処分によりこれを侵害され又は必然的に侵害されるおそれのある者は、当該処分の取消訴訟における原告適格を有するものというべきである。

以上のように、取消訴訟は行政処分による「侵害」に対する「救済」の手段と理解されている。ここでは、取消訴訟は、通常の民事訴訟と同様に、「主観訴訟」、すなわち「自己の権利利益」のための訴訟であるという側面が重視されているのである。

2 戦前の「権利毀損」

上記のような取消訴訟の位置づけは、戦前から引き継がれてきたものであると考えられる。明治憲法下では、大審院を頂点として民事刑事の事件を取り扱う「司法裁判所」とは別に第1審かつ終審の「行政裁判所」が設けられていた。

> **大日本帝国憲法 61 条**
> 行政官庁の違法処分により権利を傷害せられたりとする訴訟にして別に法律を以て定めたる行政裁判所の裁判に属すべきものは司法裁判所に於て受理するの限にあらず

　戦前の取消訴訟は，すべての行政処分についてではなく，特定の限定列挙されたカテゴリーに属する行政処分についてのみ認められた。これは「概括主義」に対して「列記主義」と呼ばれるが，「法律勅令」による列記事項には，「自由と財産権」に対する「侵害」について「救済」を与えようとする政策がうかがえる。明治憲法は「権利傷害」，明治 23 年法律第 106 号は「権利毀損」と表現していたが，これは現代では「権利侵害」という表現になると思われる。そして，このような「権利侵害」を取消訴訟の原告適格の基礎とする考え方は，ドイツの行政裁判制度の伝統であるとされる[15]。確かに現在のドイツでは，1960 年の行政裁判所法のように，このような考え方をうかがわせる条文がみられる。

> **ドイツ行政裁判所法 43 条 1 項**
> 行政行為の取消し（取消訴訟）及び拒否され又は応答されていない行政行為を発布すべき命令（義務付け訴訟）は，訴えによって求めることができる。
> **2 項** 法律に別段の定めのない限り，前項の訴えは，原告が行政行為によって，又は行政行為の拒否若しくは不作為によって，自己の権利を侵害されたと主張する場合に限り許される。

　なお，注意すべきは，ドイツでは，原告適格のハードルを超えるためには，「権利侵害」の「主張」が必要とされるにとどまり，実際に「権利侵害」があるかどうかは，「本案」の段階で審査されることである[16]。

3　「侵害」概念の拡大

　以上の説明は納得のゆくものであろうか。「侵害」概念の多義性については既に触れたところである（UNIT 11 ④参照）。申請に対する「拒否」については，実は，取消訴訟によって「侵害」を排除するというイメージはぴったりこない。確かに，喫茶店営業の場合は，理不尽な不許可処分を受けた申請者は，本来は許可

---

[15]　原田尚彦『訴えの利益』（弘文堂・1973 年）261 頁参照。
[16]　司法研修所編『ドイツにおける行政裁判制度の研究』（法曹会・2000 年）130 頁，136 頁参照。

を得られるはずであったと考えるのが自然である。そこで，許可を得ている状態をベースラインとしてイメージし，不許可は実質的には「営業禁止命令」という「侵害」であると説明することが考えられる。しかし，道路の占用の場合は，同様の説明は難しそうである。

同様に，「第三者」は本当に行政処分によって「自己の権利利益」を「侵害」されたといえるのか，という問題がある。たとえば，原子力訴訟で，被告である国側は長年にわたって周辺住民は原告適格を有しないという主張を維持し，それを次のように理由づけていた。

> 周辺住民は事業者に対して民事の差止訴訟を提起し，その危険性を主張することができる。原子炉設置許可の法的効果は，事業者に，そこで認められた「基本設計」に従って，原子炉の設置・稼働に向けた次のステップに進むことができる「法的地位」を与えるにとどまる。周辺住民が設置許可処分の「公定力」によって，原子炉の稼働から生じる権利利益の侵害を受忍すべき義務を課されるわけではない。仮に，当該原子炉の安全性が不十分であったとしても，周辺住民の権利利益を侵害するのは，事業者の原子炉の稼働という「事実行為」であって，大臣の行う「設置許可処分」ではない。

以上の主張は，原子炉設置許可を喫茶店の営業許可と同様に扱うという「非常識」な結論をもたらすもので，下級審でも全く認められず，先にみた平成4年最高裁判決で決着することになるのであるが，理論的には意味のある指摘である。そして，ドイツでは同様の問題について1960年代からかなり活発な議論がなされ，当初は，以下のように「侵害概念の拡大」によって第三者の原告適格を認める立場が支配的であった。

> 「権利利益」の保護を十分なものとするためには，古典期な「侵害」（Eingriff）に視野を限定してはならないことから「侵害概念の拡大」が要請される。そこで，「規律的侵害」と「事実的侵害」を合わせた「侵害」（Beeinträchtigung）概念が有用である。「規律的侵害」とは，行政行為の「規律」による「侵害」であり，「直接的」な「法的効果」によって「意図的」にもたらされるものである。これに対して，「事実的侵害」とは，「直接的」な「法的効果」という要素を欠くものの総称であり，「後続侵害」「第三者侵害」「事実行為による侵害」の3類型がある。「後続侵害」は，行政行為の名あて人について生じる「付随的」な不利益，「第三者侵害」は，行政行為の名あて人の行為によって第三者に生じる不利益，「事実行為による侵害」は，事実行為としてなされる行政活動による不利益である。どのような「第三者侵害」に対して保護が与えられるべきかは，「規範の保護目的」に照らして画定される。

以上のような「侵害概念の拡大」という立場は，民事の不法行為理論のうち「権利利益の侵害」という結果を重視する立場を参考にしたものであると思われる17)18)。

---

17)　高木光『事実行為と行政訴訟』（有斐閣・1988年）299頁以下参照。

18)　なお，ドイツでは，その後，「侵害概念の拡大」の理論的難点を意識して，「基本権保護義務」という概念による説明を試みる立場が有力になっているようである。山本隆司『行政上の主観法と法関係』（有斐閣・2000年）333頁以下参照。

UNIT 29 | 訴えの利益

1　取消訴訟における訴えの利益

1　狭義の訴えの利益

　取消訴訟の第3の訴訟要件として,「(狭義の) 訴えの利益」がある。これは,当該処分を, どういう状況で攻撃できるかという問題である。

　民事訴訟では, 原告が請求について本案判決を求める必要性, その実効性が訴えの利益の問題として論じられるが, 行政訴訟についても同様の問題があり[1], 取消訴訟については, 特に規定が設けられている。

　すなわち, 行政事件訴訟法は, 9条1項かっこ書で,「処分の取消しを求めるにつき法律上の利益を有する者」には,「処分……の効果が期間の経過その他の理由によりなくなった後においてもなお処分……の取消しによって回復すべき法律上の利益を有する者を含む。」としている。

　これは,「処分の効果がなくなった」状況では, 原則として取消しを求めることはできないが, 例外的になお取消しを求めることができる場合があるという意味である[2]。

2　営業停止に対する救済

　営業許可の取消しに対しては, Xは「自己の権利利益の救済」を求めて取消訴訟を提起できる。そこでは,「処分性」も「原告適格」も当然認められ, また,「(狭義の) 訴えの利益」も問題にならない (UNIT 24 2 参照)。

　しかし, 期間を定めた営業停止の場合はどうであろうか。「処分性」と「原告

---

　1)　塩野Ⅱ143頁。
　2)　なお, ここでいう「取消し」は, 厳密には「法的効果を遡及的に消滅させる」ものではなく, 違法確認の意味となる。取消訴訟は「形成訴訟」であるという命題は部分的に崩れているというべきであろう。そこで, 取消訴訟の「本質」は, 違法確認訴訟であり, 権利保護の利益は「確認の利益」という枠組みで判断すべきであるという考え方が有力となるのである。

適格」は同様に当然認められる。営業停止は，営業をしてはならないという「不作為義務」をXに課すもので「不利益処分」の一種だからである。ただし，その「法的効果」は期間の経過によって自動的に消滅する。

営業停止命令が出される前のXは，許可を受けて適法に営業できるという「法的地位」にあった。営業停止命令は，一時的ではあるが，そのような「法的地位」を奪うものであったといえるが，停止期間が経過すると，Xは再度そのような「法的地位」に戻ることになる。そこで，適法に営業できるという観点からは，もはやXが「自己の権利利益」を「侵害」されているという状況はないというほかない。したがって，行政事件訴訟法9条1項ただし書の前提とする原則からすると，期間が経過した時点でXには「（狭義の）訴えの利益」がなくなり，取消しの訴えは「却下」されることになる。

ただ，営業自粛勧告に関連して指摘したのと同様に，初期の違反については「営業停止」にとどめ，違反の繰返しの場合に「許可の取消し」がなされるというような運用を考えると，「営業停止」の根拠となった違反を本当にしたのかについての見解の相違を問題にする場を用意しなくてよいのか，という点が気になるところである3)。

なお，上述の原則を肯定する場合には，期間を定めた不利益処分に対しては，取消訴訟という「事後」の救済は有効でない場合が多くなるので，仮の救済や「事前手続」による権利利益の保護が一層重要であるということが指摘できる。

3 付随的な法的効果の残存

運転免許の取消し・停止については，いわゆる「点数制」が採用されている。これに関する重要な判例が，最判昭和55年11月25日民集34巻6号781頁〔百選181〕である。運転免許の効力停止処分について，処分期間の経過後，無違反・無処分で1年を経過した場合は，訴えの利益が失われるとされた。これは，処分の「本体」たる法的効果が消滅した後も，処分歴として点数制において不利益に扱われるという「付随的な法的効果」4)が残存している限りで「訴えの利益」

---

3) 「処分基準」が策定されているなど，このような運用が確立している場合には，狭義の訴えの利益はなくならない，と解することが考えられる。

4) 最判平成8年7月12日訟月43巻9号2332頁は，退去強制令書発布処分の取消訴訟の訴えの利益は，令書の執行によって直ちには失われないが，一定年数が経過して，出入国管理法5条1項9号の規定により本邦への上陸を拒否されなくなったときに失

を認めるものといえる。他方，名誉の侵害などの「事実上の不利益」の回復を求める「訴えの利益」は否定している。別途，国家賠償請求訴訟によって救済すれば足りる，というのが判例の考え方であろうが，疑問である[5]。

4　処分後の事情の変化

　取消訴訟の「訴えの利益」が否定されるのは，原告に回復すべき利益がない，すなわち，処分の法的効果によってもたらされた権利利益の侵害が残存していない，という場合（取り消す必要がない場合）のほか，取消判決によっては，もはや原告の権利利益を回復することができない場合がある。「処分後の事情の変化」と説明されるもののなかには，この両方が含まれる[6]。

　第1に，原告が「一身専属的」な利益の回復を求めている場合，原告が死亡すると，「訴えの利益」が否定される。生活保護に関する，最判昭和42年5月24日民集21巻5号1043頁（朝日訴訟）〔百選18〕および都市計画法に基づく開発許可に関する，最判平成9年1月28日民集51巻1号250（川崎市開発許可事件）頁がある。また，競業者訴訟について廃業によって「訴えの利益」が失われるとしたものに，先にUNIT 28 ②でみた最判平成26年1月28日民集68巻1号49頁（小浜市一般廃棄物処理業許可事件）がある。

　これに対して，議員や公務員たる地位には，歳費や俸給請求権という相続の対象となりうる権利利益が含まれているので，原告が死亡しても，訴えの利益は失われない。具体例として最判昭和49年12月10日民集28巻10号1868頁〔百選123〕[7]がある。

　　われるとしている。
5)　塩野Ⅱ145頁。同書は第2版（1994年）までは判例の立場を説明するにとどまっていたが，第3版（2004年）からは明示的に批判している。
6)　〈処分後の事情の変化の諸類型〉

	時間の経過	職権による処分の変更	事実状態の変化	法令等の変更	原告の死亡・立候補・転居等
原告に有利な変化	不利益処分の効果の消滅	不利益処分の職権取消・撤回	代替施設		
原告に不利な変化	拒否処分・時機喪失	*増額再更正	原状回復不可能	*教科書検定	一身専属的な利益

第2に，物理的事情が変わって，原告の不利益状況が消滅してしまったとされることがある。長沼ナイキ訴訟において，最判昭和57年9月9日民集36巻9号1679頁〔百選182〕は，原告適格を肯定したものの，代替施設により洪水等の危険は解消されているとして，訴えの利益を否定した。

　第3に，「原状回復不可能」と判断し，もはや取消判決によっては原告の権利利益を救済できないことを理由に「訴えの利益」を否定する例がある。しかし，これは「権利利益の実効的救済」という理念からは望ましくない事態である。したがって，仮の救済の充実などが必要であるほか，解釈論としても安易に「訴えの利益」を否定しない工夫が要請される。

　「原状回復不可能」という状況を，「事情判決」で考慮すべきであるとし，訴えの利益自体は肯定したものとして，土地改良事業に関する，最判平成4年1月24日民集46巻1号54頁〔百選184〕がある。

　第4に，申請に対する拒否処分のうち，特定の時点で許認可等がなされなければ意味がないようなものについては，時間の経過により，もはや原告の権利利益の救済の余地がなくなり，訴えの利益を否定せざるを得ないと考えられる。メーデーについて，最判昭和28年12月23日民集7巻13号1561頁〔百選68〕がある（⇒仮の義務付けの重要性について，UNIT 34 参照）。不利益処分についても，時間の経過により，もはや原告の権利利益の救済の余地がなくなるものがある。最判平成21年11月26日民集63巻9号2124頁（横浜市保育所廃止条例事件）〔百選211〕〔自治百選37〕は，保育の実施期間の終了により，訴えの利益が失われたとされた例である。

　第5に，申請に対する拒否処分について，法令等の変更がなされることによって，訴えの利益が消滅するとされることがある。最判昭和57年4月8日民集36巻4号594頁は，学習指導要領が改正された場合には，旧要領のもとでなされた改訂検定不合格処分の取消しを求める利益が原則として消滅するとした例である。

　第6に，建築確認に関する，最判昭和59年10月26日民集38巻10号1169頁（仙台市二項道路事件）〔百選183〕，開発許可に関する，最判平成5年9月10日民集47巻7号4955頁（松戸市開発許可事件）および最判平成11年10月26日判時

---

7) 行政事件訴訟特例法時代に，否定した例として，最判昭和35年3月9日民集14巻3号355頁があり，行政事件訴訟法9条かっこ書は，これを肯定する趣旨で立法された。免職処分取消訴訟係属中に公職選挙に立候補したケースにつき，最判昭和40年4月28日民集19巻3号721頁。

1695号63頁は，いずれの「訴えの利益」が消滅するとした例であるが，これらの判例では，工事の完了等によって，処分が処理済となって，その効果が消滅するというような理論構成がとられているようにもみえる。

5　処分による「不利益」

翻って考えると，原告適格（誰が）と区別される狭義の訴えの利益（どのような場合に）という要件は，行政事件訴訟法9条本文の「取消しを求めるにつき法律上の利益を有する者」という文言のなかに組み込まれている[8]。

そして，判例の定式によって書き換えられた「当該処分により自己の権利若しくは法律上保護された利益を侵害され又は必然的に侵害されるおそれのある者」という要件についても同様である[9]。

したがって，当該処分がはじめから原告の「権利利益」を侵害するものでない場合は，狭義の訴えの利益がないという理由で訴えが却下されることになる。

第1に，減額再更正処分は，納税者にとって「利益」をもたらすものであるから，それ自体に対しては取消しを求める利益はない。他方，最判昭和56年4月24日民集35巻3号672頁[10]は，当初の更正処分の取消訴訟の「訴えの利益」は，減額された後も更正処分についての不服が残存している限りで，失われないとしている。

増額再更正処分については，最判昭和55年11月20日判時1001号31頁は，それを取消訴訟で争うべきものとし，当初の更正処分は取り消されて吸収され，取消しの利益が消滅したものと扱っている。

運転免許の更新にあたり，優良運転者の記載のない免許証の交付がなされた事例に関する，最判平成21年2月27日民集63巻2号299頁は，「更新処分において交付される免許証が優良運転者である旨の記載がある免許証であるかそれのないものであるかによって，当該免許証の有効期間等が左右されるものではない。また，上記記載のある免許証を交付して更新処分を行うことは，免許証の更新の内容をなす事項ではない。」としつつも，原告の「訴えの利益」を肯定してい

---

[8]　芝池救済法54頁参照。

[9]　したがって，9条本文が原告適格，かっこ書が（狭義の）訴えの利益という説明は不正確というべきであろう。

[10]　いったん，当初申告額まで減額し，さらに増額した特異な例である「まからずや事件」につき，最判昭和42年9月19日民集21巻7号1828頁〔百選179〕。

る[11]。そこでは，更新処分の本来の「法的効果」たる「適法に自動車等の運転をすることのできる地位」と，道路交通法によって付加されている優良運転者の優遇措置が分けて理解されているが，優良運転者の記載のない免許証の交付によって，「客観的に優良運転者の要件を満たす者であれば優良運転者である旨の記載のある免許証を交付して行う更新処分を受ける法律上の地位」が否定されることになる，という理由づけがされている。仮に更新を拒否する処分であれば，申請者が，原告適格を有することは疑いがなく，狭義の取消しの利益も認められる。更新を認める処分が，「適法に自動車等を運転することができる地位」に関しては，申請に対して全面的に認諾するものであるので，問題が生じているわけである。最高裁判所の説明は難解であり，原審判決[12]のように，一部拒否処分であると理解すれば，その限りで「取消しの利益」があるというわかりやすい説明ができよう。

2 確認の利益

1 原田尚彦の「三位一体」説

本書では，「処分性」「原告適格」「狭義の訴えの利益」を分け，論理的には順に検討すべきものという立場から説明してきた。すなわち，第1の処分性は「抗告訴訟」で「何を攻撃できるか」という問題であり，第2の「原告適格」は，「処分性」が肯定されたことを前提に，「誰が攻撃できるか」という問題であり，第3の「狭義の訴えの利益」は，第1の処分性と第2の原告適格が肯定されたことを前提に，「どういう状況で攻撃できるか」という問題であると考えるのである。

しかし，このような3つの要素は「総合的」に判断して差支えないとする学説も有力である。原田尚彦のいわゆる「三位一体説」は，以下のように，3つの訴訟要件を「権利保護の利益」という観点から個別具体的に「柔軟」に判断すべきであるという発想である。

「『主観訴訟』は，裁判所法3条1項にいう『法律上の争訟』にあたり，憲法32条の保障する『裁判を受ける権利』を具体化するものであるから，裁判所は個別の法律に出訴を認める規定がなくても，『訴えの利益』（最広義）がある限り，

---

11) 稲葉他227頁（村上裕章）は，原告適格の項で説明している。
12) 東京高判平成18年6月28日民集63巻2号351頁。

原告の訴えをとりあげる必要がある。」

　原田説は，処分性拡大論と原告適格拡大論をともに主張し，また狭義の訴えの利益も広く認めるべきであるとする[13]ものである[14]。なお，理論的にみると，三位一体説は，民事訴訟における「確認の利益」論の発想を，そのまま取消訴訟にも応用するものであると思われる[15]。

　筆者は，「処分性拡大論」には批判的な立場であるが，他方，原告適格の拡大および狭義の訴えの利益の拡大が，憲法の理念である「包括的かつ実効的な権利利益の救済」という観点から要請されるところである，という指摘は正当であると考えている。また，取消訴訟における狭義の訴えの利益の拡大は，当事者訴訟としての違法確認訴訟の活用という2004年行政訴訟制度改革のメッセージとも関連づけて肯定されるべきであろう。

2　「紛争の成熟性」

　行政計画の処分性については，判例において「争訟の成熟性」ないし「具体的事件性」という観点が示されていた。この観点は，アメリカの行政訴訟論で最も重視されているものであると思われるが，理論枠組みとしては，上記の「確認の利益」論と類似している面があると感じられる。しかし，「法律上の争訟」の存在と，「処分の存在」は別の問題であると考えるべきであるという本書の立場からは，行政計画に対する「実効的な権利救済」の要請は，「処分性」の肯定では

---

[13]　原田要論401頁は，前掲最判昭和55年11月25日民集34巻6号781頁〔百選181〕に批判的である。

[14]　原田説に対して，小早川光郎は，『訴えの利益』書評において，「処分性」はカテゴリカルな判断によるべきものではないか，と批判していた。小早川光郎『行政訴訟の構造分析』（東京大学出版会・1983年）284-285頁参照。本書は，「処分性」については，小早川説に従うものである。高木訴訟論128頁参照。

[15]　原田尚彦『訴えの利益』（弘文堂・1973年）1頁（初出・1965年）参照。

取消訴訟における訴訟要件の呼称			権利保護請求権説に立脚する民事訴訟理論の用語例	
（最広義の）訴えの利益	処分性		（訴訟の対象）	客観的訴えの利益「権利保護の資格」
	原告適格	（広義の）訴えの利益	「当事者適格」	主観的訴えの利益
	狭義の訴えの利益		（具体的利益ないし必要性）	客観的訴えの利益「権利保護の利益」

なく，解釈論としては当事者訴訟の活用，立法論としては独自の訴訟類型の法定によってなされるべきであるということになる。

UNIT 30 取消訴訟の審理・判決

1 取消訴訟の訴訟物

1 取消訴訟の性質

　訴訟における本案審理の対象を訴訟物（Streitgegenstand）という。取消訴訟の訴訟物については，争いがある。また，何のための議論かが必ずしも明確でないこともあり，さしあたりは深入りしない方が無難であろう。

　多数説は，訴訟物を「係争処分の違法性一般」であるとしている[1]。この考え方によれば，取消訴訟は「主観訴訟」の一種ではあるが，本案においては，争われている処分が「客観的」にみて適法か違法かが審理される，ということになる。

　ところで，取消訴訟は「形成訴訟」である，と説明されることが多い。これは，行政処分がなされることにより，「法的効果」が発生し，その「法的効果」の「遡及的消滅」を求めるのが「取消請求」である，という理解による。すなわち，行政庁の行為に「形成力」があり，裁判所の「取消判決」に，その裏返しの「形成力」がある，という理解である。

　民事訴訟の一般理論によれば，「形成訴訟」の訴訟物は，原告の主張する「実体法上の形成権」ということになるが，取消訴訟においては，原告が，違法な行政処分の取消しを求める「実体法上の形成権」を有する，とは考えられてこなかった。ドイツにおける伝統的な行政法理論では，「上訴類似性説」[2]にみられるように，取消訴訟は，違法な国家行為を是正する「訴訟法上の法的手段（Rechtsmittel）」と捉えられていたと思われる。他方，戦後のドイツでは，行政訴訟と民事訴訟の「同質性」を強調する立場から，行政訴訟の背後に「私人の実体的請求権」を想定する説明が有力になった。そこでは，取消訴訟は，どちらかというと，「給付訴訟」として理解され，取消訴訟は，「形式的」には「形成訴訟」であるが，「実質的」にみると，実体法上の「除去請求権（Beseitigungsanspruch）」を主張す

---

[1] 稲葉他 244 頁（村上裕章）。
[2] 原田要論 384 頁参照。

るものである，とされる。

2 権利利益の侵害と違法性

既に UNIT 28 ①でみたように，判例は，取消訴訟を原告が「自己の権利利益の救済」を求めるものと理解しており，「原告適格」や「狭義の訴えの利益」という訴訟要件のレベルで，取消訴訟が「主観訴訟」であることを確保している。

そこで，原告が訴訟要件をクリアしたのちの「本案審理」では，原告には，当該処分の違法性を基礎づけるあらゆる事由を主張立証することを認めてよいとも考えられる。取消訴訟の「機能」としての「行政の法適合性の担保」を重視すれば，そうなるが，行政事件訴訟法の定めは，必ずしもそのようにはなっていない。また，判例も，取消訴訟の「目的」が「権利利益の救済」にあることを重視するためか，結果的には，客観的な違法性が直ちに「取消事由」になるという立場をとっていない。

3 違法判断の基準時

行政処分がなされてから判決が出るまでには一定の時間を要するので，その間に法律状態や事実状態が変化することがありうる。そこで，違法性の判断をどの時点を基準として行うべきかが問題となる。

この点については，「処分時説」と「判決時説」が対立していると説明されてきた[3]。「処分時説」は，当該処分がなされた時点を基準とすべきとするものである。多数説であるこの説によると，取消判決は，過去のある時点でなされた行政処分が違法であったことを「確認」するとともに，「違法であっても一応有効」として発生していた「法的効果」を遡及的に「無効」にするもの，となる。「判決時説」は，事実審の口頭弁論終結時を基準とするものである。この説は，「取消訴訟」を「行政処分によって作出された（現在の）違法状態の排除を求める」ものと理解するものである[4]。これらの説のほかに，この問題は訴訟法上の問題ではなく，実体法上の問題であるとし，当該処分の根拠法令が，処分後の事情の変化をどのように取り扱うべきものとしているかによって決すべきである，という説がある[5]。

---

3) 櫻井＝橋本 313 頁。
4) 田中上 348 頁。
5) 稲葉他 247 頁（村上裕章）参照。

2 取消事由と処分の違法性

1 自己の法律上の利益に関係のない違法

　行政事件訴訟法は，10条1項で，「取消訴訟においては，自己の法律上の利益に関係のない違法を理由として取消しを求めることができない。」と定めている。

　ここでいう「自己の法律上の利益」とは，原告が取消訴訟によって回復しようとしている「実体法上の権利利益」であると解される。この「実体法上の権利利益」が，原告適格に関する判例法理にいう「法律上保護された利益」と同一であると考えると，原告が「本案」で主張しうる違法事由は，原告の権利利益を保護することを目的として行政権の行使に制約を加えている法令に関する違法性に限られることになる。

　このような「主張制限」が働く場合には，仮に行政処分が客観的に違法であったとしても，取消請求が棄却されることがあることになる。

　新潟空港事件に関する最判平成元年2月17日民集43巻2号56頁〔百選170〕は，空港周辺住民たる原告は，騒音被害と無関係な違法事由（供給過剰である等）を主張することはできない，としている。

2 原処分主義

　行政事件訴訟法は，10条2項で，「処分の取消訴訟」と「その処分についての審査請求を棄却した裁決の取消訴訟」の関係について定めている。裁決の取消訴訟においては，処分の違法性を主張することができず，「裁決固有の違法性」のみを主張しうる，というこの原則を「原処分主義」と呼ぶ（詳細については，UNIT 41参照）。

3 手続的違法

　原告が回復しようとする「実体法上の権利利益」は，「訴訟法上の権利利益」と対置されるものである。そして，行政処分を発布する行政庁が従うべき「予め定められた行為規範」には，どのような要件の場合にどのような行政処分をすることとされているかという「実体法規範」のほかに，どのような手続によるかという「手続法規範」が含まれる。原告が回復しようとする「実体法上の利益」は，この2種類の行為規範によって保護された権利利益をともに含むと解される。そこで，そのような「実体法規範」が原告の権利利益を保護しているかと合わせて，

「手続法規範」が原告の権利利益を保護しているかという検討が必要になる。

　一般には、実体的違法と手続的違法とでは取消事由となるかどうかについて、扱いが異なるのは自然であると考えられている。すなわち、「手続的統制」は「実体的統制」を補完するものと考えるのが、ドイツ行政法理論の伝統であり、わが国の行政法理論もその影響を受けているからである。

　判例の立場は、一般には、以下のとおりであると理解されてきた。

　まず、「手続的違法」は、「結論」に影響がある場合に取消事由となるのが原則である[6]。しかし、例外的に、「理由提示」に関しては、それだけを理由に取消判決が下されることがある[7]。

　「結論」が変わらない場合、すなわち、「実体的違法」がないとされるときに、「手続的違法」が取消事由とならない、ということを、「取消訴訟の訴訟物は係争処分の違法性一般である」という命題と両立させるのは難しいと思われる。「権利保護の利益」がないとでも説明するのであろうか（手続の意義については、UNIT 9 および UNIT 49 参照）。

4　理由の差替え

　理由提示については、なされるべき理由提示が全くなされていない、あるいは一応提示されているものの程度が不十分である、という「形式的」な問題と、理由提示は十分なされたが、それによっては結論を正当化できない、という「内容的」な問題を区別する必要がある（UNIT 9 [5]参照）。

　行政処分がなされた後に、当初の理由を新たな別の理由で正当化しようとすることを「理由の差替え」と呼ぶ。取消訴訟の段階でなされるものについては、その許容性が特に問題となる。

　判例は、情報公開請求に関する最判平成11年11月19日民集53巻8号1862頁〔百選197〕にみられるように、理由の差替えを一般的に許容する立場をとっている。

　これに対して、理由の差替えを制限すべきであるという論者は、いったん行政

---

[6] 個人タクシー事件に関する最判昭和46年10月28日民集25巻7号1037頁〔百選125〕、群馬中央バス事件に関する最判昭和50年5月29日民集29巻5号662頁〔百選126〕。

[7] 旅券発給拒否に関する最判昭和60年1月22日民集39巻1号1頁〔百選129〕など。

処分を取り消して，行政庁に再度の考慮の機会を与えることが，司法権と行政権の機能分担として好ましいと考えている。ただ，この場合は，取消判決によって必ずしも原告が望むような結末で紛争が解決されるわけではないことは否定できない。

理由の差替えを認めたうえで，行政処分の「実体的統制」を行うべきであるという論者は，判例の立場を理解し，「紛争の一回的解決」という理念に価値を認めるものであるといえる。また，行政訴訟制度改革による義務付け訴訟の法定は，その事案でどのような行政処分がなされるべきかを可能な限りで，裁判所が自ら決定すべきであるという発想によるものである。そこで，このような発想を是とする場合は，「手続的統制」の意義が多少薄れることはやむを得ないと考えることになろう（UNIT 48 ①参照）。

5 軽微な瑕疵・瑕疵の治癒

「違法性」は行政作用に関する様々な「行為規範」の違反であるから，そのなかには「軽微な瑕疵」で，不問に付してもよいようなものが含まれることもある。また，処分時の「違法性」が，事後的な事情の変化や行政庁側の何らかの行為によって「治癒」される，とされることもある。いずれも，「取消事由とならない違法性」の存在を認める法理といえる。

③ 取消訴訟の判決

1 判決の種別

通常の民事訴訟と同様に，まず，「訴訟判決」と「本案判決」が区別される。

前者は，訴訟要件を満たしていないときになされる「却下判決」である。「却下判決」は，いわゆる「門前払い」であり，原告の敗訴といえる。

後者は，係争処分の「違法性」についての判断を基礎になされるもので，本案に理由がないとき，すなわち処分が適法であるときには「棄却判決」がなされる。

他方，本案に理由があるとき，すなわち，処分が違法であるときには「認容判決」がなされるのが，原則である。例外をもたらす「手続的違法」などの問題については，既に触れた。さらに，例外的に，行政事件訴訟法31条に基づいて，公益上の支障を理由に処分が違法であるにもかかわらず，「棄却判決」がなされることがある。これを「事情判決」と呼ぶ。

「認容判決」は「処分を取り消す」という内容となるので，「取消判決」とも呼

ばれる。

訴訟判決	（終局判決）	却下		原告敗訴（門前払い）
	（中間判決）	ある訴訟要件について肯定		△
本案判決	（終局判決）	棄却	処分は適法	原告敗訴
	（終局判決または中間判決）	棄却（事情判決）	処分は違法	△
	（終局判決）	認容（取消判決）	処分は違法	原告勝訴

2 判決の諸効力

　取消訴訟の判決が確定すると，その効力として，「既判力」「形成力」「拘束力」が認められるとされる。

　第1の「既判力」とは，判決一般について生じるものである。「訴訟物」についての判断は，両当事者を拘束し，後の別の訴訟において，裁判所はその判断を前提としなければならない。両当事者が同一事項について判決の内容と矛盾する主張を（後の別の訴訟で）行うことを封じることによって，「紛争の終局的解決」という訴訟の制度目的を担保するものである。

　訴訟要件に関する「却下判決」も，その限りで既判力を生じる（最判平成22年7月16日民集64巻5号1450頁〔自治百選106〕参照）。また，本案判決である「棄却判決」の既判力は，処分の適法性について生じる。これに対して，「取消判決」の既判力は，そこで判断された「特定の違法性」，すなわち，当該事案における「特定の取消事由」があることについて生じる，と解される。

　第2の「形成力」は，「形成判決」についてのものであるから，請求を認容する「取消判決」についてのみ付随する。「取消判決」が確定すれば，当該行政処分は，処分時に遡ってその効力を失う。すなわち，「遡及的」に「無効」になる。

　「形成力」は判決の効果であるから，「取消し」の効果は判決から直接生じ，行政庁による「取消し」という行為を必要としない。「形成力」の観念は，行政処分の「公定力」という考え方，取消訴訟の性質を「形成訴訟」とみる考え方を前提としている。

　第3の「拘束力」もまた「取消判決」についてのみ認められる。「拘束力」は行政庁側に向けられたものであり，通常の民事訴訟における判決の効力とは異な

る意味を有する。

3　判決の「第三者効」

　行政事件訴訟法32条1項は、「処分……を取り消す判決は、第三者に対しても効力を有する。」と定めている[8]。これがどのような意味であるのかについては、様々な難解な議論がある。以下、さしあたりの筆者の理解を示す。

　通常の民事訴訟の判決の効力は、当事者間にのみ及ぶのが原則である。これを「相対効」という。民事訴訟法115条1項は、「確定判決は、次に掲げる者に対してその効力を有する」として、第1号で「当事者」を掲げている。

　行政事件訴訟法は、「取消判決」について、このような「相対効」という原則に対する例外を定めているが、その具体的内容および理論的根拠については、争いがある。

　32条1項にいう「第三者」に、原告と利害関係を異にする者が含まれることは争いがない。

　たとえば、土地の収用における「権利取得裁決」の取消訴訟においては、土地所有者が原告、収用委員会の所属する都道府県が被告となり、起業者は「第三者」である。取消判決がなされると、権利取得裁決によって生じた土地所有者の所有権の消滅、起業者の所有権の取得という「法的効果」が遡及的に消滅することになる。このとき、起業者が、取消判決の効力は自分には及ばない、という主張ができ、自己が所有者であることを前提に事業を進めることができるとすれば、原告の権利利益の救済は全く図られないことになる。

　また、建築確認処分の取消訴訟を隣人が提起した場合、建築主事の所属する都道府県または市が被告であり、建築主は「第三者」である。取消判決がなされると、計画どおりの建築を適法になしうるという建築主の法的地位を生じさせる建築確認の「法的効果」は遡及的に消滅することになる。このとき、建築主が、取消しという効果は自分には及ばない、という主張ができ、適法に建築をすることができるとすれば、隣人の取消訴訟は全く意味がないことになる。

---

[8]　また、34条1項は、「処分……を取り消す判決により権利を害された第三者で、自己の責めに帰することができない理由により訴訟に参加することができなかったため判決に影響を及ぼすべき攻撃又は防御の方法を提出することができなかったものは、これを理由として、確定の終局判決に対し、再審の訴えをもって、不服の申立てをすることができる。」と定めている。

「取消判決」によって,「原告と利害関係を異にする第三者との関係でも」行政処分が遡及的に無効となる,という結論をどのように理由づけるべきであろうか。

先にみたように,取消判決には「形成力」があるとされていた。この「法律関係の形成」が,原告と行政主体との「相対効」にとどまるのか,すべての者との関係で生じる「対世効」なのかがまず問題となる[9]。これが「対世効」であるとすれば,行政事件訴訟法32条1項にいう「第三者」には,はじめから限定はないことになる。すなわち,「第三者に対しても効力を有する」というのは,「すべての者に対して効力を有する」というのと同義となる。

そこで,1つの説明は,「形成効」は「相対効」が出発点で,行政事件訴訟法32条1項によって,そこでいう「第三者」に拡張されている,というものであろう。そして,その「第三者」の範囲を「利害関係を異にする者」と限定的に解するか,より広く「利害関係が共通する第三者」も含めて解釈するか,という選択肢が残る。この選択肢で後者を選択すると,「形成効」は「相対効」であるが,32条によってそのことを「すべての者が尊重しなければならない」とされているということになり,「形成力」の「絶対効説」と同様の結果となるようにも思われる[10]。

従来の議論における「絶対効説」は,たとえば,運賃の値上げ認可処分に関して,取消判決の効果を,原告になっていない他の利用者も享受できるか,という形で問題を立て,それを肯定するものであった(近鉄特急事件に関する,大阪地判昭和57年2月19日判時1035号29頁)。しかし,その結論は,直感的には取消訴訟および取消判決の特殊性を強調しすぎではないか,と感じられる。

そこで,筆者は,32条は「相対効」を基本にし,「利害関係を異にする者」にその尊重を求めるものと解する[11]のが穏当ではないか,と考えている。法律の違憲性を確定する憲法訴訟においても,「個別的効力説」が基本とされているのであるから,取消訴訟が「形成訴訟」であること,「公定力」の説明が「絶対効

---

[9] 「形成力の客観的範囲」の問題である,と整理するものとして,条解(第3版補正版)561頁(東亜由美)。

[10] 興津征雄〔百選211〕解説は,取消しの効果の実体的範囲と,取消しの結果の通用力の範囲を区別すべきであるとし,前者は32条とは別の問題で,実体法を考慮して個別的に解すべきものであるが,後者は32条の問題として「対世効」と解すべきであるとする。

[11] 小早川下Ⅱ218-219頁参照。

的」であることから，取消判決についても「絶対効説」を採用するというのは，行政訴訟類型のなかで，取消訴訟だけを独特のものとする結果となり，適切ではないと思われるからである。

　なお，従来の議論で検討すべきとされた論点は，攻撃されている行為に含まれる「規律」が，「可分」なものか「不可分」のものかという区別によって捉え直すことができるかもしれない。たとえば，原子炉の設置許可処分の取消訴訟で原告が勝訴すれば，事業者は，「第三者」ではあるが，判決の効力により，設置ができなくなる。他方，原告とならなかったが設置に反対であった周辺住民は，それによって利益を享受できることになる。しかし，これは，取消判決の効力が「相対効」を出発点とするものであっても，「絶対効」であっても変わりはない。他方，運賃値上げ認可処分の場合は，取消訴訟で勝訴した原告だけが，さしあたりは判決の効力によって利益を享受できると考えることも可能であろう。このような「相対的形成効」を出発点とするのであれば，32条によってすべての者にその尊重が求められると解しても問題はない[12]。

　ただし，土地区画整理事業計画に関する，最判平成20年9月10日民集62巻8号2029頁（浜松市土地区画整理事業計画事件）〔百選159〕における近藤補足意見は，「絶対効説」が至当であるとしており，また，保育所廃止条例に関する，最判平成21年11月26日民集63巻9号2124頁（横浜市保育所廃止条例事件）〔百選211〕〔自治百選37〕も，取消判決に第三者効が認められていることを，処分性を肯定する理由づけの1つとしている[13]。

4　拘束力の内容

　行政事件訴訟法は，33条1項で「処分……を取り消す判決は，その事件について，処分……をした行政庁その他の関係行政庁を拘束する」と定めている。

　ここにいう「拘束する」というのは，行政庁に「判決の趣旨に従って」行動する義務を負わせるという意味である。「義務」には，「……しない」という消極的な義務と，「……する」という積極的な義務が含まれる。具体的にどのような義務が生じるかについては，「既判力」の内容をどのように理解するかとも関連して争いがある。

---

[12]　興津・前掲注10）評釈はこのような考え方であろうか。条解（第4版）655-658頁（興津征雄）参照。

[13]　稲葉他254頁，224頁（村上裕章）参照。

第1に,「反復禁止効」がある。行政庁は,同一事情のもとで,同一理由に基づく同一内容の処分をすることを禁じられる。紛争の蒸し返しを防止するために,これを認めるべきことには争いはない。多数説は,これを「拘束力」で説明する。他方,取り消された処分と後の処分は,形式的には別であるが,当事者間に存在する法関係は同一なので,既判力によって説明できるとする説[14]がある。

第2に,「再審査義務」がある。行政事件訴訟法33条は,1項の一般的規定に加えて,2項で「申請拒否処分」が取り消された場合について,3項で「申請に対する処分」が手続的違法を理由に取り消された場合について,定めを置いている。

第3に,「不整合処分の取消義務」が指摘される。たとえば,課税処分に続いて滞納処分がなされ,後に,課税処分が取り消された場合に,行政庁は滞納処分の取消義務を負うのではないか,という論点である。

第4に,「原状回復義務」が指摘される。たとえば,レジャーボートの移動命令が出され,代執行が完了したのちに,移動命令が取り消された場合に,行政庁は原状回復義務を負うのではないかという論点である。名古屋高判平成8年7月18日判時1595号58頁は,これを肯定している。違反建築物の除却命令については,代執行が完了すると「狭義の訴えの利益」が失われると解されている(最判昭和48年3月6日集民108号387頁)ので,それを前提とすると,このような論点は生じない。なお,ドイツでは,「執行結果除去請求権」が承認されている。

---

[14] 塩野Ⅱ191頁。なお,塩野説の特徴は,多くの事項を既判力で説明し,拘束力の内容を極端に限定するところにある。

［第7部］

その他の抗告訴訟・当事者訴訟

UNIT 31 無効等確認訴訟・争点訴訟

1 行政処分の無効

1 「行政処分の公定力」の例外

　行政活動の「行為形式」のうちで最も特徴的なものは「行政処分」である。最高裁判所の判例は「行政処分」を「公権力の主体たる国または公共団体が行う行為のうちで，その行為により直接国民の権利義務を形成しまたはその範囲を確定するもの」と定式化している。

　「行政処分」には他の「行為形式」にはない特殊な取扱いがなされている。これが「公定力」と呼ばれるもので「仮に違法なものであっても，正当な権限を有する機関によって取り消されるまでは，有効として取り扱われる」と説明される（UNIT 12 参照）。

　これは，「行政庁」の判断を当面は尊重するという仕組みである。「有効」というのは，「名あて人」の具体的権利義務の「発生・変更・消滅」という「法的効果」が発生するということである。そして「取消し」というのは，それを遡ってなかったものとして扱うということを意味する。法の世界では「取り消されてはじめて無効になる」という言い方をする。

　「公定力」がなぜ認められるのかは難しい問題で，結局は「行政権」が円滑に活動を行うことができるように政策的に特権を与えていると理解するほかない。

　以上のような「原則」に対する例外が，「無効の行政行為」というカテゴリーであった。これは，「行政行為」には常に「公定力」が認められるのではなく，例外的な場合には，「行政行為」は「はじめから無効」[1]ということになるというものである。この場合は，「名あて人」の具体的権利義務の「発生・変更・消滅」という「予定された法的効果」は発生しないことになる。

---

1) 「無効」には，いわゆる「形成無効」というものがあり，選挙無効判決のように，将来に向かって効力を失わせるものもある。最判平成 17 年 7 月 19 日民集 59 巻 6 号 1817 頁参照。

2 「取消訴訟の排他的管轄」の例外

　取消訴訟の対象は，基本的には，「行政処分」に限定されている。行政活動は様々な「行為形式」で行われるが，それらのうち「行政処分」という行為形式で行われた場合に限り，「取消訴訟」という形態での裁判所による救済が与えられる，というのが理論的な出発点であった。

　このような限定があるのは，「行政処分には公定力が認められているから」である。つまり「行政処分」には，他の行為形式には認められない「公定力」という特殊な取扱いがあるので，これに対応して「取消訴訟」という特殊な訴訟類型が必要になる，と考えられたのである。ここでは，裁判所が先にみた説明にいう「正当な権限を有する機関」ということになる。

　また，このように「取消訴訟」という訴訟類型を用意している以上，それを利用しないで，裁判所に行政処分の「予定された法的効果」の発生を否定することを求めることはできないとされる。このような「利用強制」を，多くの学説は「取消訴訟の排他的管轄」と呼んでいる。また，行政不服審査や職権取消を含め，「正当な権限を有する機関」による各種の「取消し」という手続によってのみ法的効果の発生が否定されることをまとめて表現する場合には「取消手続の排他性」ということになる[2]。

　さらに，取消訴訟の訴訟要件として「出訴期間」がある。出訴期間が過ぎてから提起された取消しの訴えは「却下」される。たとえ，行政処分が違法であったとしても，裁判所によって是正されることはなくなる。この状態になることを「行政処分の不可争力」と表現することがある。出訴期間は，行政処分によって形成された法律関係を早期に安定させることを目的としたもので，行政目的の円滑な実現という政策に資するものであるが，「法治行政」の理念ないし「法治国原理」からは疑問がないではない。

　そこで，「公定力」が認められない「無効の行政処分」については，「不可争力」も認められないものとされている。その理由づけは，「無効の行政処分」は「取り消すまでもなく無効」であり，その「無効」を前提とした各種の主張は，裁判所に「取消しを求める」ものではないから，「出訴期間内に取消しを求めよ」という制約には服さない，ということになる。このように「無効の行政処分」には「取消訴訟の排他的管轄」は及ばないのである。

---

　2)　小早川上 290-292 頁参照。

3　無効事由

行政処分は,「違法」な場合には,裁判所によって取り消される（この原則に対する例外については,既に UNIT 30 ②で説明した）。また,「行政不服審査」においては,違法な場合だけでなく,「不当」な場合（裁量権の行使が違法とまではいえないが,政策的に不適切である場合）にも,審査にあたる行政機関によって取り消される（UNIT 41 参照）。

これに対して,裁判所によって「無効」とされるのは,行政処分が単に違法であるだけではなく,その違法性が「重大」である場合に限られる。また,最高裁判所の判例は,さらに,その違法性について「明白性」という要件が原則として必要であるとしている[3]。

②　処分の無効確認訴訟

1　抗告訴訟としての「無効確認訴訟」

行政事件訴訟法は,上記のような考え方を前提としつつ,「処分の無効確認訴訟」を「処分の取消訴訟」と同様に,「行政処分」という「公権力の行使」に関する不服の訴訟と位置づけている。

行政事件訴訟法 3 条 1 項
　この法律において「抗告訴訟」とは,行政庁の公権力の行使に関する不服の訴訟をいう。
4 項　この法律において「無効等確認の訴え」とは,処分若しくは裁決の存否又はその効力の有無の確認を求める訴訟をいう。

---

3 条 4 項の「無効等確認の訴え」の「等」は曲者である。「無効」の他に「有効」「不存在」「存在」が含まれることを「等」の 1 字で表現している。また,確認を求める事項の典型は「処分の無効」であるが,「処分」の他に「裁決」がある。したがって,3 条 4 項の訴訟には,2×4＝8 種類の「確認訴訟」が含まれる[4]。

---

[3]　最判昭和 36 年 3 月 7 日民集 15 巻 3 号 381 頁など,例外を認めたものとして最判昭和 48 年 4 月 26 日民集 27 巻 3 号 629 頁〔百選 86〕。

[4]　給油取扱所変更許可処分の存在とその有効の確認を求めた例として,最判昭和 57 年 7 月 15 日民集 36 巻 6 号 1169 頁（高砂市ガソリンスタンド事件）〔百選 169〕,二項道路の一括指定処分の不存在確認を認めたかにみえるものとして,最判平成 14 年 1 月 17 日民集 56 巻 1 号 1 頁（二項道路事件）〔百選 161〕。

「処分の無効確認訴訟」に出訴期間がないことは，「取消訴訟に関する規定の準用」について定めている38条1項から3項を「読み解くと」わかる仕掛けになっている。準用されているのは，11条（被告適格），12条（管轄），23条（行政庁の訴訟参加），25条から29条（執行停止），33条（拘束力）などであり，14条（出訴期間）は除外されていることが確認できる。

このように「処分の無効確認訴訟」が「処分の取消訴訟」に類似したものと位置づけられていることと，出訴期間の制限がないこと等に着目し，「無効確認訴訟は時機に遅れた取消訴訟である」という説明がなされることがある[5]。

2　無効確認訴訟の「補充性」

行政事件訴訟法は，「処分の無効確認訴訟」を，「無効の行政処分」がなされた場合の原則的な訴訟形態とはせず，2重の意味で補充的なものとしている。

第1に，行政処分を直接攻撃する抗告訴訟が出訴期間等の取消訴訟の訴訟要件を満たして提起された場合には，「処分の取消訴訟」として扱うことが予定されている。というのは，先にみたように，「処分の取消訴訟」の方が「処分の無効確認訴訟」よりも原告が勝訴するためのハードルが低いのであるから，原告の「権利利益の保護」のための抗告訴訟において，その行政処分に「取消事由」としての「違法性」があるのか，「無効事由」としての「重大（かつ明白）な違法性」があるのかを詮索する必要はないからである[6]。

第2に，「処分の無効確認訴訟」は「処分の無効を前提とした現在の法律関係に関する訴訟」との関係で補充的なものとされている。

> **行政事件訴訟法36条**
> 無効等確認の訴えは，当該処分又は裁決に続く処分により損害を受けるおそれのある者その他当該処分又は裁決の無効等の確認を求めるにつき法律上の利益を有する者で（要件1），当該処分若しくは裁決の存否又はその効力の有無を前提とする現在の法律関係に関する訴えによって目的を達することができないものに限り（要件2），提起することができる。

この36条は行政事件訴訟法のなかで最もわかりにくい条文であろう。内閣法

---

5) 塩野 II 214頁。
6) 塩野 II 222頁，稲葉他100-101頁（人見剛），コンメ II 51頁（岡村周一）参照。最判昭和33年9月9日民集12巻13号1949頁。

制局の参事官など「法制執務」のプロは「そんなことはない，明解な条文だ」というと思われるが，斎藤浩弁護士は端的に「悪文」であると指摘している[7]。そこで，「等」にかかわる部分を除外し，典型的な「処分の無効確認の訴え」に関する部分だけを抜粋してみよう。

> 処分の無効確認の訴えは，当該処分に続く処分により損害を受けるおそれのある者その他当該処分の無効の確認を求めるにつき法律上の利益を有する者で，当該処分の無効を前提とする現在の法律関係に関する訴えによって目的を達することができないものに限り，提起することができる。

少しはわかりやすくなっただろうか。「処分の取消しの訴え」に関する行政事件訴訟法9条1項本文と並べてさらに簡略化すると，以下のようになる。

> 処分の取消しの訴えは，当該処分の取消しを求めるにつき法律上の利益を有する者に限り，提起することができる。
> 処分の無効確認の訴えは，当該処分の無効の確認を求めるにつき法律上の利益の有する者で，当該処分の無効を前提とする現在の法律関係に関する訴えによって目的を達することができないものに限り，提起することができる。

同じように行政処分がなされた後に提起される訴訟であっても，無効確認訴訟の場合は，「処分の無効を前提とする現在の法律関係に関する訴訟」との関係が問題とされることが確認できるであろう。要件2の「……ものに限り」という表現からは，「処分の無効を前提とする現在の法律関係に関する訴訟」によって原告の権利利益の保護を図るのが「原則」で，「処分の無効確認訴訟」によるのは「例外」であるというニュアンスが感じられる。

これがいわゆる「無効確認訴訟の補充性」という考え方で，行政事件訴訟法が制定された当時の民事訴訟理論で支配的なものであった[8]。行政事件訴訟法の立案（1955年から61年）に関与した民事訴訟法学者は，兼子一と三ケ月章であるが，36条の規定振りは，三ケ月私案にルーツがあると筆者は分析している[9]。

---

[7] 斎藤浩『行政訴訟の実務と理論』（三省堂・2007年）257頁。
[8] 立法の経緯について簡単には，コンメⅡ378-379頁（大田直史）。
[9] 高木光「行政事件訴訟法制定の経過」塩野宏編著『行政事件訴訟法（1）』（信山社・1992年）10-11頁参照。

3　二元説

　ところが，以上のような解釈に対して，1962年の行政事件訴訟法制定直後から，異論を唱える説が有力に主張された。これが「二元説」と呼ばれるもので，「当該処分に続く処分により損害を受けるおそれのある者」（要件1の前半）は，「処分の無効を前提とする現在の法律関係に関する訴訟」との関係（要件2）を問題にすることなく，当然に「無効確認訴訟」を提起できるというのである。このような解釈によると，行政事件訴訟法36条は「予防訴訟」と「補充的訴訟」の2類型を別々に定めたものということになる。

　「二元説」の代表格は，田中二郎と雄川一郎であった。いずれも東京大学法学部の行政法の担当者で，行政事件訴訟法の立案に関与した。また，田中二郎は，1964（昭和39）年1月16日から1973（昭和48）年3月31日まで最高裁判所の裁判官として職務遂行にあたり，判例にも強い影響を及ぼしたとみられる。

　以上のような事情もあり，行政法学界においては「一元説」は少数であり，また，最高裁判所の判例[10]の読み方としても，「判例も二元説を採用している」とするものが多いという状況が続いてきた[11]。

4　文理解釈と目的論的解釈

　この状況を，斎藤浩[12]は，以下のように厳しく批判している。

> 　実務は真剣勝負であり，説明責任を負わなければならない。しかし悪文を恣意的に読んでよいわけでもない。
> 　この悪条文の読み方は，通常の国語能力に従えば，要件1も要件2も充たさなければ無効等確認訴訟は提起できないということであることは明らかである。しかし，反対説が強い。私のように読むことで不都合があれば条文を直すのが筋である。
> 　要件1の前半「当該処分又は裁決に続く処分により損害を受けるおそれのある者」は，後半の「当該処分又は裁決の無効等の確認を求めるにつき法律上の利益を有する者」の最も典型的な例示である。
> 　最大の論争点は，両要件はいるのか，要件1全体に要件2がかぶるかである。
> 　反対説も強いが，文言上はかぶるとしか読めない。これを無理に逆に読んだりしては，法律学が論理学や国語文法から独立した学問といわれそうである。そんなものは学問ではなく，便

---

10)　最判昭和48年4月26日前掲注3)，最判昭和51年4月27日民集30巻3号384頁，最判昭和60年12月17日民集39巻8号1821頁など。
11)　近時の教科書として，宇賀Ⅱ314頁。
12)　斎藤・前掲注7) 257頁。

> 宜主義の思いつきともいえよう。

　法解釈の基本が「文理解釈」であることは，刑事法の権威者である団藤重光も指摘していた[13]。

> 　制定法の規定のよりどころとなるのはいうまでもなくその規定で用いられていることばであるから，国民がその規定をどう受け取るかもそのことばをたよりにするわけで，したがって法の解釈をするについてそのことばからかけ離れた解釈をするということは，しばしば国民の法の規定に対する信頼を裏切ることになる。

　「文理解釈」によれば「一元説」となることは多くの論者が認めているところである。そこで，「二元説」を採用すべき理由づけは，国民の権利利益の救済の見地からより望ましい結果が得られるという「実質的考慮」に求められてきた。たとえば，伝統的に「文理解釈」を重視する「京都学派」に属する芝池義一も次のように述べている[14]。

> 　文言に忠実なのが一元説であることは確かであるが，二元説による方が予防的無効確認訴訟の認められる範囲が広くなるので，権利保護の見地からは二元説の方にメリットがある。

　どのような解釈がとられるべきかが，結局は「実質的考慮」によって決定されること，その意味で，法の解釈が「利益較量」に基づく「実践活動」という要素を含むことは多くの論者が議論の前提とするところである。そこで，「妥当と思われる結論に合わせて」「条文を書き換える」という試みがなされることは自然ともいえる。「目的論的解釈」といわれるものは，多くは「文理解釈」では決着が付かない局面で用いられるのであるが，ときには「文理に反して」も用いられるのである。

　それでは「二元説」は本当に必要だったのであろうか。これは，斉藤も指摘するように疑問である。「利益較量」の結果，36条の解釈を「原告の権利利益のより実効的な救済」という方向で行うべきであるという「実質的考慮」がなされた場合に，その目的を達成するための手段としては，要件1を2つに分断するとい

---

[13] 団藤重光『法学の基礎〔第2版〕』（有斐閣・2007年）346頁。
[14] 芝池救済法120頁。

う手段のほかに，要件2を「緩やかに」解釈するという手段がある。たとえば，後続処分が予測される場合には，「目的を達することができない」という「目的論的解釈」を行えば，「二元説」と同様の「妥当と思われる結論」が得られるのである。

そして，実は，最高裁判所の判例もそのような「一元説」をベースにしたものと読むことが可能であり，理論派の裁判官の執筆にかかる論稿では，「一元説」が支持されてきたこともそれを裏づける[15]。また，かつての「確認訴訟の補充性」というドグマを克服し，紛争の解決として確認訴訟がより適切である場合は確認の利益を認めるという考え方[16]も時代とともに浸透してきていると思われる。

以上のようにみてくると，二元説が通説・判例であるという整理[17]は，安易であるというべきであろう[18]。なお，私は塩野旧説[19]のように「一元説」をとっている[20]。

3 争点訴訟

1 「現在の法律関係に関する訴訟」

行政事件訴訟法36条は，「処分の無効を前提とした現在の法律関係に関する訴訟」として，「公法と私法の相対的二元論」に依拠して，「公法上の法律関係に関する訴訟」と「私法上の法律関係に関する訴訟」の2種類を想定している。

「行政処分」によって「形成」ないし「確認」される法律関係（権利義務ないし

---

[15] 斎藤・前掲注[7] 258頁。村上敬一「無効等確認の訴え」『現代行政法大系4』（有斐閣・1983年）289頁，司法研修所編『行政事件訴訟の一般的問題に関する実務的研究（改訂版）』（法曹会・2000年）133-134頁参照。

[16] 最判昭和62年4月17日民集41巻3号286頁（換地処分事件）〔百選186〕，最判平成4年9月22日民集46巻6号1090頁（もんじゅ訴訟）〔百選187〕参照。「より直截的で適切な争訟形態」であるかどうかという基準である。

[17] 宇賀Ⅱ308頁。

[18] コンメⅡ381頁（大田直史）参照。

[19] 塩野Ⅱ222頁注1参照。

[20] なお，「二元説に立って立案された」という雄川の議論については，立法過程の綿密な分析をすれば反証が可能であること，また，「立案関係者の意思」ではなく，法律の文言に表現された「立法者意思」，すなわち「法律の趣旨目的」が問題とされるべきであることを指摘できるであろう。高木・前掲注[9] 解説参照。結局のところ，「二元説」の説得力は論者の「権威」に由来するものであったと思われる。

法的地位）が「公法上」のものであるときには、「処分の無効を前提とした現在の法律関係に関する訴訟」は、4 条後段の訴訟、「公法上の法律関係に関する訴訟」に該当する。

免職処分の無効を前提とする公務員の身分確認、国立学校における退学処分の無効を前提とする在学関係確認、などが具体例とされる[21]。

他方、後者の、「処分の無効を前提とする私法上の法律関係に関する訴訟」すなわち「処分の無効を前提とした民事訴訟」は「争点訴訟」と呼ばれている。

> 行政事件訴訟法 45 条 1 項
> 私法上の法律関係に関する訴訟において、処分……の効力の有無が争われている場合には、第 23 条第 1 項及び第 2 項並びに第 39 条の規定を準用する。

2　争点訴訟の具体例

争点訴訟の典型として想定されていたのは、旧行政事件訴訟特例法時代に数多く提起された農地買収に係るものである。すなわち、自作農創設特別措置法に基づいて、農地買収処分によって、土地の所有権を不在地主から国に移転し（「承継取得」）、さらに、農地売渡処分によって、国から小作人に移転する、という措置が大量になされた。そこでの「買収処分」および「売渡処分」は「公定力」を備えた「行政処分」であり、その「法的効果」は、当該農地の所有権という「私法上の権利」を「形成」するものと観念される。

そして、旧地主が、国への所有権移転という点について「不服」を有する場合には、その救済については、「買収処分」の取消訴訟を用いるのが本則である。この「公定力」ないし「取消訴訟の排他的管轄」の例外が、「買収処分」の「当然無効」である。

すなわち、仮に、「買収処分」の違法性が重大（かつ明白）で、無効であるとすれば、国への所有権移転という「法的効果」は発生していないことになる。さらに、それを基礎としてなされた「売渡処分」の「法的効果」も発生していないことになりそうである。そうだとすると、旧地主は、民事訴訟の原告となって、旧小作人を被告として、自己に所有権が属することの確認と農地の引渡しを求めることができる[22]。そして、これが、処分の無効を前提とした「現在の私法上の

21）　塩野 II 227 頁。
22）　無効確認請求がなされた例として、最判昭和 45 年 11 月 6 日民集 24 巻 12 号

法律関係に関する訴訟」として「争点訴訟」ということになり，行政庁の訴訟参加，出訴の通知という扱いが準用される。

現行法において，類似の訴訟を想定するとすれば，土地収用法に基づく土地の強制収用に係るものということになる[23]。すなわち，収用委員会が行った「権利取得裁決」が無効であれば，出訴期間を徒過した後でも，地権者は，起業者を被告として，所有権確認および土地の引渡しを求める「争点訴訟」を提起することができることになる。

紛争の原因	訴訟物の選択	違法性を主張	無効事由を主張
行政処分介在	行政処分	取消訴訟	無効確認訴訟
	法律関係（公法上）	（棄却）	当事者訴訟
	（私法上）	（棄却）	争点訴訟
行政処分介在せず	法律関係（公法上）	当事者訴訟	
	（私法上）	民事訴訟	

1721 頁参照。

23) 塩野 II 224 頁，芝池読本 342 頁。

UNIT 32 　不作為の違法確認訴訟・義務付け訴訟

1 　不作為の違法確認訴訟

1 　定義と種別

　行政事件訴訟法3条5項は，「この法律において，『不作為の違法確認の訴え』とは，行政庁が法令に基づく申請に対し，相当の期間内に何らかの処分又は裁決をすべきであるにもかかわらず，これをしないことについての違法の確認を求める訴訟をいう。」と定めている。

　上の定めから，不作為の違法確認訴訟の類型としては，「処分の不作為の違法確認訴訟」と「裁決の不作為の違法確認訴訟」の区別があることになる。

　ここでの「申請」は，許認可等についての「申請」と，「不服申立て」を含む広い概念として用いられている。3条6項などの新設に合わせて「申請又は審査請求」と改正した方がよかったかもしれない。以下では，通常の「申請」を念頭において説明する。

2 　対象たる「行政処分」

　不作為の違法確認訴訟の「対象」もまた，「処分の無効確認訴訟」と同様に，「行政処分」に限られる。したがって，様々な訴訟要件のうち，論理的に第1に検討されるべきは「処分性」ということになる。以下，若干の具体例を挙げる。

　第1に，私法上の行為を求めるものについては，「申請」という用語が用いられていても，不作為の違法確認訴訟を用いることはできない。農地法80条による「農地の売払い」について，最判昭和47年3月17日民集26巻2号231頁がある。

　第2に，拒否決定をした場合にも，相手方の権利利益を侵害しないことから「処分性」が否定されるものについては，応答をしない状態を「不作為」としてその違法を攻撃することはできない。独禁法45条の「報告・措置要求」について，最判昭和47年11月16日民集26巻9号1573頁〔百選130〕がある。

　第3に，行政機関相互間の行為，たとえば，書類の「進達」を求めるものは，

「処分性」を欠く[1]ので，経由機関の「不作為」ではなく，行政庁の「不作為」を捉えて争うべきであろう。

なお，原告が行政庁側に求めている行為が「行政処分」という性質を有するのかという問題は，原告が行政庁側にそのような行為を求める行為が「法令に基づく申請」という性質を有するのか，という問題と表裏一体であると考えられており，いずれも，法令の仕組みに即して判断されることになる。

3　申請権

行政事件訴訟法37条は，「不作為の違法確認の訴えは，処分……についての申請をした者に限り，提起することができる。」と定めている。

これは，条文の表題では「原告適格」を定めたものとされている。しかし，処分の取消訴訟や無効確認訴訟で問題になるような「第三者の原告適格」という難問は，不作為の違法確認訴訟では生じないと思われる。というのは，「申請」という概念によって予め原告になりうる者に限定が加えられているからである。

すなわち，通常問題となるのは，「申請に対する処分—2面関係」および「申請に対する処分—3面関係」である。例外的に，「不利益処分—3面関係」もありうるが，不利益処分の発動は通常は「職権による」ものとされており，第三者に「法令に基づく申請権」が与えられているという仕組みはあまりない。

そこで，「申請をした者」に関する解釈問題としては，「法令に基づく申請」にあたるかどうかが，訴訟要件なのか本案勝訴要件なのか，という理論上のものがある[2]。

4　違法確認の利益

請求認容判決，すなわち，不作為の違法を確認する判決によって，原告の権利利益の救済がなされる可能性があることが要求される。したがって，そのような可能性がない次のような場合には，「違法確認の利益」がないとして，訴えは却下される。

第1に，申請を認容する処分がなされることが意味を持つのが，一定の期日までであるようなケースでは，訴訟提起前，あるいは訴訟係属中にその期日が過ぎ

---

[1]　福岡高那覇支判平成9年11月20日判時1646号54頁。
[2]　訴訟要件説として，塩野Ⅱ231頁。立案関係者は本案勝訴要件説であった。条解（第4版）736頁（内野俊夫）およびコンメⅡ389頁（大田直史）参照。

ているときである。

　第2に，訴訟提起後に，行政庁が申請に対する応答をしたときである。このうち，拒否処分をした場合には，取消訴訟ないし義務付け訴訟によってさらに争う必要が出てくる。

5　本案勝訴要件

　本案勝訴のためには，裁判所によって，「相当の期間」が経過していると判断されることが必要である。

　「申請」に対しては，行政庁は「相当の期間内」に諾否いずれかの応答をする義務を負っている，と解される。行政事件訴訟法3条5項は，そのような「行為規範」の存在を前提にした定めであるが，それが「裁判規範」としても機能することになる。

　このような「不確定概念」の解釈適用はなかなか難しいが，常識的に考えて申請の処理が不合理に遅延しており，「不相当」な期間が経過している，というときに違法とされる，と思われる。裁判例では，行政庁が当該行政行為を行うのに「通常必要とする期間」を経過しているかどうかを基準とする，とされている[3]。やや特殊な例として，水俣病の認定に関する，熊本地判昭和51年12月15日判時835号3頁がある。

　「申請に対する処分」に関して，行政庁側がどのように「申請」を処理すべきかを規律するのは（実質的意味における）「行政手続法」であり，一般法としての行政手続法が1993年に制定された後は，不作為の違法確認訴訟という形で裁判所が乗り出す必要がないことが望ましい，ということができる。

2　義務付け訴訟の定義・種別

1　定義と種別

　行政事件訴訟法3条6項は，「この法律において，『義務付けの訴え』とは，次に掲げる場合において，行政庁がその処分又は裁決をすべき旨を命ずることを求める訴訟をいう。」と定めている。

　上の定めから，第1に，「義務付けの訴え」については，「処分の義務付けの訴え」と「裁決の義務付けの訴え」の区別があることになる。

---

　[3]　東京地判昭和39年11月4日行集15巻11号2168頁。

第2に、「処分の義務付けの訴え」については、「申請」がされた場合か、そうでないかの区別がある。この区別は、行政事件訴訟法3条6項の条文に即して呼ぶと、「2号義務付け訴訟」と「1号義務付け訴訟」の区別ということになる。「裁決の義務付けの訴え」は、「審査請求」がされた場合の「2号義務付け訴訟」に限られる[4]。

　「2号義務付け訴訟」は「申請型義務付け訴訟」と呼ばれ、「1号義務付け訴訟」は「非申請型義務付け訴訟」と呼ばれることが多い[5]。

　「申請型義務付け訴訟」は、さらに、申請に対する「不作為」という類型と申請に対する「拒否処分」という類型の2つに細分される（行政事件訴訟法37条の3第1項参照）。

		処分の義務付け	裁決の義務付け
1号義務付け訴訟（非申請型）		○	×
2号義務付け訴訟（申請型）	不作為型	○	○
	拒否処分型	○	×

2　「処分の義務付けの訴え」の必要性

　2004年の行政訴訟制度改革で、義務付けの訴えが「法定」された。それ以前は、学説上、「無名抗告訴訟」として、「処分の義務付けの訴え」を認めるべきである、という立場が多数であった[6]。他方、判例はそのような学説の提言に対して「冷淡」であった。

　「処分の義務付けの訴え」を認めることが必要である、と意識された主要なケースは、以下のようなものであった。

　第1は、「申請に対する処分」のパターンである。2面関係、3面関係の両方を含むと考えられる[7]。このパターンで、行政庁側の対応として、「申請」に対す

---

4) 芝池救済法140頁。
5) 稲葉他262頁、265頁（村上裕章）。塩野Ⅱ234頁は、2号を「申請満足型」、1号を「直接型」と呼ぶ。
6) 条解（第3版補訂版）98頁以下（人見剛）。人見剛の整理によれば、「全面否定説」「制限的肯定説（補充説）」「一般的肯定説（独立説）」のうち、第2説が通説的考え方であった。
7) しかし、宇賀Ⅱ334頁は、「2極関係」に限るかのような説明をしている。

る諾否いずれかの応答を「留保」ないし「遅延」するものがまず問題となる。また、「拒否処分」がなされた場合に、その取消訴訟で紛争を解決することが、申請者の「権利利益の救済」として「実効的」なのか、という問題があった。

第2は、「不利益処分＝3面関係」のパターンである。このパターンで、第三者が、不利益処分の発動を求めることを認める必要があるのではないか、が問題とされた。

上記の2つの主要類型と、1でみた「申請型」「非申請型」の区別は、完全には一致しない。第1の「申請に対する処分」において利用されるのは、「申請型義務付け訴訟」であるが、第2の「不利益処分＝3面関係」においても、法律が第三者に「申請権」を与えていれば、「申請型義務付け訴訟」が利用できる。また、「非申請型義務付け訴訟」は、第2の「不利益処分＝3面関係」で利用されるが、その他に、2面関係においても、「申請権」がない「職権による利益処分」についてはこちらを利用することになる。

3　裁決の義務付け訴訟

37条の3第7項は、裁決の義務付け訴訟を提起できる場合について定めている。すなわち、裁決の義務付け訴訟は、「処分についての審査請求がされた場合において、当該処分に係る処分の取消しの訴え又は無効等確認の訴えを提起することができない」ときに限り、提起できる。これは、個別法によって「審査請求前置主義」のみならず「裁決主義」が合わせて採用されている特殊な場合（UNIT 41参照）を想定している。「審査請求前置主義」が個別法によって採用されていても、原則としての「原処分主義」が妥当するのであれば、裁決について

	申請に対する処分	職権による利益処分	不利益処分＝2面関係	不利益処分＝3面関係
1号「非申請型」		不利益処分の職権取消し・撤回、納付決定の増額など	△自己に対する不利益処分を求めるケースはあまりない	職権による不利益処分（違反建築についての是正命令など）
2号「申請型」	許認可、建築確認、給付決定など			△個別法で第三者に申請権を与えた場合

の不作為が継続しているときの,原告の権利利益の救済は,原処分の取消訴訟や無効確認訴訟などによって果たされるから,裁決の義務付けを求める「狭義の訴えの利益」はない,と考えられているのである。ただ,一般に「審査請求」においては原処分に「不当」の瑕疵がある場合には「取消変更」の余地があるから,「裁決」の義務付け訴訟に,カテゴリカルに訴えの利益がないと考えるのは疑問である。

③ 申請型と非申請型の区別

1 「申請型義務付け訴訟」の訴訟要件および本案勝訴要件

　行政事件訴訟法37条の3によれば,「申請型義務付け訴訟」の訴訟要件および本案勝訴要件は,「不作為型」「拒否処分型」それぞれについて,以下のとおりである。

　第1の「不作為型」においては,まず,条文上,当該法令に基づく申請に対して相当の期間内に何らの処分がなされないこと(1項1号),原告が当該法令に基づく申請をした者であること(2項),当該処分に係る不作為の違法確認の訴えを併合提起すること(3項1号)が訴訟要件として要求される。さらに,解釈上,狭義の訴えの利益として,原告の求める処分がまだなされていないこと,処分がなされることによって,原告の権利利益の救済がなされる可能性があることが要求される[8]。

　なお,3条6項2号の定義においては「一定の処分」という表現がみられるが,37条の3の定める要件のなかには,現れない。その表現がないのは申請が,通常は「特定の処分」を求めるものであることによるからであろうか。運転免許の更新においては,「優良運転者」と「一般の運転者」の区別があるが,「申請」としては区別されていない。そのように解すると,これが「一定の処分」を求める申請の例ということになる。あるいはまた,条件付きの処分の可能性を申請者が当初から意識しているときは,「一定の処分」を求めているということになろうか。いずれにしても「処分の特定」を訴訟要件の1つと考える場合[9],原告がどの程度求める処分の内容を絞り込む必要があるのかが問題となるのは,主として「非申請型」についてである。改正前の学説・裁判例では,「制限的肯定説」が多

---

[8] 芝池救済法140頁。
[9] 芝池救済法143頁。

数であり，そこでは，義務付けが認められる条件として，①なすべき処分についての一義的明白性，②回復しがたい損害（または重大な損害），③他に法的手段がないこと，が要求されていた。

次に，本案勝訴要件として，5項の条文上は，不作為の違法確認請求に理由があると認められることおよび，行政庁がその処分をすべきことがその処分の根拠となる法令の規定から明らかであると認められるか，または行政庁がその処分をしないことがその裁量権の範囲を超え若しくはその濫用となると認められることが挙げられている。

このように，不作為が違法であることは「本案勝訴要件」であるとみられるが，「拒否処分型」においては，後にみるように，拒否処分の違法性が「訴訟要件」と位置づけられているのではないか，という問題がある。

「その処分の根拠となる法令の規定から明らかであると認められる」という要件と「行政庁がその処分をしないことがその裁量権の範囲を超え若しくはその濫用となると認められる」という要件の区別は，当該行政処分が「羈束処分」である場合と，「裁量処分」である場合をそれぞれ想定しているようである[10]。

第2の「拒否処分型」においては，まず，条文上，37条の3第1項2号で法令に基づく申請を却下しまたは棄却する処分がされたことが挙げられ，3項2号で，この「処分」を争う2つの方法に応じて細分された要件が挙げられている。すなわち，処分の「違法」を主張する場合は，処分の取消訴訟を併合提起すること，処分の「無効」ないし「不存在」を主張する場合は，処分の無効ないし不存在確認の訴えを併合提起すること，が訴訟要件とされている。また，これらの訴訟のいずれかを適法に提起することができなければならないと解されるので[11]，たとえば，出訴期間や不服審査前置というハードルによって取消訴訟の訴訟要件を欠くケースでは，取消訴訟と併合提起された義務付け訴訟も不適法となる[12]。さらに，解釈上，狭義の訴えの利益が要求されることも，「不作為型」の場合と同様であろう。

次に，本案勝訴要件であるが，5項の文言によれば，取消訴訟において処分が違法であると認められること，無効確認訴訟において処分に重大（かつ明白な）違法があると認められること，不存在確認訴訟において，処分に不存在といえる

---

10) 芝池救済法145頁。
11) 櫻井＝橋本353-354頁。
12) 芝池救済法141頁。

ほどの瑕疵があると認められることがまず要求される[13]。

しかし，この要件は，1項2号に既に書き込まれているため，訴訟要件という理解も可能である。立案者は，行政処分の「公定力」という発想に忠実に，取消訴訟で拒否処分が取り消されることが，義務付けをすべきかどうかを判断するための「前提条件」であると考えた節がある。この発想によれば，取消訴訟において，拒否処分が適法であると判断された時点で，義務付けの訴えは，訴訟要件を欠いて，却下されるべきことになる。

2 「非申請型義務付け訴訟」の訴訟要件および本案勝訴要件

行政事件訴訟法37条の2によれば，「非申請型義務付け訴訟」の訴訟要件および本案勝訴要件は，以下のとおりである。

第1に，「処分性」「原告適格」「狭義の訴えの利益」が要求されることは，「申請型義務付け訴訟」の場合と同様であるが，「非申請型義務付け訴訟」の主たる適用領域が3面関係であるため，「原告適格」の判断が難しいケースが生じることが予想される。そこで，37条の2は，3項で「……行政庁が一定の処分をすべき旨を命ずることを求めるにつき法律上の利益を有する者に限り」という表現で，9条1項に対応する規定を置き，4項で，9条2項を準用するものとしている。

第2に，「非申請型義務付け訴訟」においては，「申請型義務付け訴訟」よりも「狭義の訴えの利益」を認めるための要件が加重されている。すなわち，「非申請型義務付け訴訟」は，「一定の処分がされないことにより重大な損害を生ずるおそれがあり，かつ，その損害を避けるため他に適当な方法がないときに限り」提起することができる（1項）。これは，かなり厳格な訴訟要件であるため，改正後，訴訟要件をクリアした裁判例は少ない[14]。

なお，理論的にみると，従来の「制限的肯定説」との関係では，①一義的明白性は，緩和し，②回復しがたい損害は，やや緩和し，③補充性は，受け入れているとみられる[15]。たとえば，工場の煙突から法定基準を超える有害物質が排出されている場合，周辺住民は施設改善命令の義務付け訴訟を提起することができる。その際，原告は改善個所や改善内容まで特定する必要はなく，また，工場の

---

[13] 芝池救済法146頁は，本案勝訴要件というべきであるとする。稲葉他264頁（村上裕章）も同様。

[14] 稲葉他265-266頁（村上裕章）。

[15] 芝池救済法143頁。

設置者を直接被告とする民事の差止訴訟を提起することができるからといって「補充性」の要件に欠けるとはされない16)。

第3に，本案勝訴要件は，5項に，「羈束処分」の場合と「裁量処分」の場合を想定して，「申請型義務付け訴訟」に関する37条の3第5項後段と同様の定めが置かれている。

3 義務付け訴訟の審理・判決

義務付け訴訟は，「抗告訴訟」の一種であるから，38条1項によって，取消訴訟についての多くの規定が準用される。

「申請型義務付け訴訟」においては，先にみたように，「不作為の違法確認訴訟」「取消訴訟」「無効等確認訴訟」のいずれかと併合提起すべきものとされている。そして，37条の3第4項は，これらの訴えおよび併合された義務付けの訴えに係る弁論および裁判は分離しないでしなければならない，と定めている。そして，第6項は，例外的に，裁判所が，義務付けの訴えに係る訴訟手続を中止して，「不作為の違法確認訴訟」「取消訴訟」「無効等確認訴訟」のいずれかについてのみ終局判決をして，「より迅速な争訟の解決」を図ることができるものとしている。

義務付け判決がなされた場合，行政庁は当該処分を行う義務を負うことになるが，これを「既判力」で説明する立場17)と，「拘束力」で説明する立場18)がある。

義務付け訴訟の性質を「給付訴訟」と理解するか，「形成訴訟」と理解するか，あるいは「義務付け訴訟の訴訟物」は，原告の有する実体法上の「行政行為給付請求権」なのかどうかという争いは，それほど実益はないものの，理論上は興味深いものである19)（UNIT 33 ③参照）。

取消判決の第三者効の規定は準用されていない。したがって，行政庁が義務付

---

16) 芝池救済法143-144頁。
17) 塩野Ⅱ244頁。なお，先に指摘したように，塩野説の特徴は，多くの事項を既判力で説明し，拘束力の内容を極端に限定するところにある。
18) 立案関係者の説明として，小林久起『行政事件訴訟法』（商事法務・2004年）179頁以下。福井秀夫＝村田斉志＝越智敏裕『新行政事件訴訟法』（新日本法規・2004年）125頁（村田斉志）。芝池救済法147頁は，どちらかというと拘束力説とみられる。また，稲葉他（村上裕章）は，265頁では既判力説を述べるが，267頁，284頁は拘束力説ともみられる。
19) 新構想Ⅲ47頁以下（高木光）参照。

け判決に従って不利益処分を行った場合，名あて人は，取消訴訟を提起して，当該処分の違法性を争うことができることになる。これを予め封じるためには，第三者の訴訟参加（行政事件訴訟法23条）または訴訟告知（民事訴訟法53条）の活用が必要である[20]。

---

20) 塩野 II 245 頁。

UNIT 33 差止訴訟

1 差止訴訟

1 差止訴訟の法定

　行政訴訟制度改革前には，差止訴訟は，無名抗告訴訟の1種として「予防訴訟」「予防的差止訴訟」などと呼ばれ，それを承認すべきことが論じられていた。義務付け訴訟との対比では，学説においても「全面的否定説」はみられなかった。

　判例上も，抽象的には「肯定説」の1種たる「補充説」が採用されていた[1]。長野勤評事件に関する，最判昭和47年11月30日民集26巻9号1746頁と，横川川事件に関する，最判平成元年7月4日判時1336号86頁である。そこでは，「処分を受けてからこれに関する訴訟のなかで事後的に義務の存否を争ったのでは回復しがたい重大な損害を被るおそれがある等，事前の救済を認めないことを著しく不相当とする特段の事情のある場合」でなければ，狭義の訴えの利益は認められないとされていた。

　ここでは，「処分の取消訴訟」という事後救済が原則であり，「処分の差止訴訟」という事前救済は例外であるという考え方が示されている。また，両判決にはともに「紛争の成熟性」ないし「確認の利益」の有無という観点が示されていることが指摘されている[2]。

　なお，「著しく不相当とする特段の事情のある場合」という表現は，かなり限定的であり，「行政庁の第一次的判断権」という田中理論の影響がなお強く感じられる。

　したがって，差止訴訟の法定の意味は，主として，このような訴訟要件の緩和，すなわち「取消訴訟中心主義」の克服にあるといえる。

---

　1)　人見剛の整理によれば，「制限的肯定説（補充説）」「緩やかな補充説」「独立説（成熟説）」に分かれていた。条解（第3版補訂版）109頁（人見剛）。
　2)　櫻井＝橋本357頁。

2 定義と種別

　行政事件訴訟法3条7項は、差止訴訟を「行政庁が一定の処分又は裁決をすべきでないにかかわらずこれがされようとしている場合において、行政庁がその処分又は裁決をしてはならない旨を命ずることを求める訴訟」と定めている。
　したがって、差止訴訟の類型としては、まず、「処分の差止訴訟」と「裁決の差止訴訟」の区別があることになる。しかし、「裁決の差止訴訟」は従来から、ほとんど論じられておらず、また、行政事件訴訟法も特別の規定を置いていないので、以下では「処分の差止訴訟」について説明する。
　「処分の差止訴訟」については、処分の名あて人が原告になる場合と、第三者が原告になる場合の区別が重要である。前者には、「不利益処分＝2面関係」というパターンと「不利益処分＝3面関係」というパターンがともに含まれ、後者は、「利益処分＝3面関係」というパターンである。

3 差止訴訟の訴訟要件および本案勝訴要件

　差止訴訟は、取消訴訟を時期的に前倒ししたものということができる。そこで、訴訟要件として、論理的には、まず「処分性」が問題となり、次に、「原告適格」「狭義の訴えの利益」を検討すべきことになる。
　すなわち、第1に、差止請求の対象となっている行政側の行為が「処分性」を有するときに限って、法定された「差止訴訟」が利用可能である。その他の行為の差止請求もまた、理論上は、「予防訴訟」「予防的訴訟」の一種と考えることができるが、受け皿となる訴訟類型は、多くは「当事者訴訟」すなわち、「4条後段の訴訟」となる。
　第2に、「原告適格」について、37条の4第3項は、「行政庁が一定の処分をしてはならない旨を命ずることを求めるにつき法律上の利益を有する者」に限る、と定めている。
　これは、9条1項に倣ったものであり、ここでいう「法律上の利益」は、本来は、「正当な利益」というニュアンスの用語である。しかし、9条1項にいう「取消しを求めるにつき法律上の利益を有する者」は、判例によって「当該処分により自己の権利若しくは法律上保護された利益を侵害され又は必然的に侵害されるおそれのある者」と書き換えられていた。そこで、誰が差止訴訟の原告適格を有するか、という判断については、仮に当該処分がなされたとした場合に、誰が取消訴訟の原告適格を有するか、という判断と同一と考えてよいことになろう。

37条の4第4項が，9条2項を準用しているのは，このような趣旨である。

そこで，原告が不利益処分の名あて人となるべき者であるときは，特に問題は生じない。これに対して，微妙な判断が要求されるのは，利益処分の名あて人以外の「第三者」が原告となるパターンである。先にUNIT 28 ④でみた鞆の浦景観訴訟は，広島県知事が，広島県および福山市に対して与えようとしている公有水面埋立免許処分の差止めを，住民らが求めたものであった[3]。

第3に，「狭義の訴えの利益」すなわち，「差止めの利益」が最も重要な訴訟要件である。条文上は，第1に，「一定の処分……がされることにより重大な損害を生ずるおそれがある場合に限り，提起することができる。ただし，その損害を避けるため他に適当な方法があるときは，この限りでない」という限定が定められている（37条の4第1項）。

ここでは「損害の重大性」と「補充性」という2つが組み合わされており，内容的には，「非申請型義務付け訴訟」に関する37条の2第1項と類似しているが，「補充性」がただし書の形をとっているのは，被告側に立証責任を負わせる趣旨であり[4]，その限りで，要件がやや緩やかになっていると理解できる。なお，従来の判例で採用されていた「事前の救済を認めないことを著しく不相当とする特段の事情」という厳しい条件と比較すると，かなり緩やかに「差止めの利益」を認めるものであることはいうまでもない。

国旗国歌訴訟に関する最判平成24年2月9日民集66巻2号183頁（国歌斉唱義務不存在確認訴訟）〔百選214〕は，職務命令違反を理由とする将来の懲戒処分の差止めの訴えについて，「処分がされることにより生ずるおそれのある損害が，処分がされた後に取消訴訟等を提起して執行停止の決定を受けることなどにより容易に救済を受けることができるものではなく，処分がされる前に差止めを命ずる方法によるのでなければ救済を受けることが困難なもの」という基準を示している。そして，東京都の懲戒処分の実務上の扱い[5]に照らして，減給処分と停職処分について，差止めの利益を肯定している。

---

[3] 広島地判平成21年10月1日判時2060号3頁。稲葉他270-271頁（村上裕章）参照。

[4] 稲葉他271頁（村上裕章）。

[5] 教育長から校長あての通達により，年2回の式典の都度校長から職務命令が出され，違反した場合に，1回目は戒告，2・3回目は減給，4回目以降は停職という形で量定が加重されるが，免職処分はされていなかった。

「重大な損害」の要件の判断については，37条の4第2項が置かれ，裁判所に「重大な損害」についての判断基準（考慮要素）を指示している（25条3項，37条の2第2項参照）。

さらに，3条7項の定義規定から，「一定の処分が……されようとしていること」すなわち，処分がされる「蓋然性」が，前提条件となっていることも忘れてはならない[6]。国旗国歌訴訟に関する前掲平成24年最判は，免職処分については，蓋然性を欠くとして差止めの利益を否定し，訴えを却下している。

また，逆に，訴訟提起前に行政処分が行われてしまっている場合は，はじめから差止訴訟は不適法である。また，訴訟係属中に行政処分が行われてしまった場合にも，差止めの利益は失われる。このような事態を避けるための手段として，仮の差止めが用意されている。

本案勝訴要件については，37条の4第5項が，「行政庁がその処分……をすべきでないことがその処分……の根拠となる法令の規定から明らかであると認められ」または「行政庁がその処分……をすることがその裁量権の範囲を超え若しくはその濫用となると認められる」とき，と定めている。この定めも，義務付け訴訟におけると同様に，当該処分の性質が，「羈束処分」であるときと「裁量処分」であるときを想定している，と解される。しかし，公務員に対する懲戒処分のように，「効果裁量」は広く認められるが，「要件裁量」は認められない場合であって，当該事案において，懲戒事由がないと判断されるときには，「処分……をすべきでないことが……明らかであると認められ」るときにあたるという解釈も可能であり[7]，国旗国歌訴訟に関する前掲平成24年最判は，この立場をとっているようである。

4 差止訴訟の審理・判決

差止訴訟も「抗告訴訟」の一種であるから，38条1項によって，取消訴訟に

---

[6] 独立の要件としているものとして，塩野II 249頁。稲葉他271頁（村上裕章）。櫻井＝橋本358頁。芝池救済法153頁。立案関係者の説明として，小林久起『行政事件訴訟法』（商事法務・2004年）187頁。福井秀夫＝村田斉志＝越智敏裕『新行政事件訴訟法』（新日本法規・2004年）26頁，154頁（村田斉志）。

[7] 条解（第3版補訂版）668頁（山崎栄一郎）参照。小早川光郎編『改正行政事件訴訟法研究』（ジュリスト増刊・2005年）131頁（中川丈久）が，義務付けについて示唆した考え方である。

関する多くの規定が準用される。拘束力の規定は準用されているが，第三者効の規定は準用されていない。したがって，差止判決があっても，第三者は，許認可を求める義務付け訴訟を提起して，行政庁が当該処分をすべきことを主張することはできる[8]。

　一定の処分をしてはならない旨の判決が下された場合，行政庁は当該処分をしない義務を負う。これを「拘束力」で説明する[9]か，「既判力」で説明するか，という理論上の問題があるのは，義務付け訴訟と同様である[10]。

2　確認訴訟との機能分担

1　確認訴訟の補充性

　先にみた補充性，すなわち「損害を避けるため他に適当な方法があるとき」は，主として取消訴訟を念頭に置いていた。抗告訴訟のなかでは，取消訴訟が差止訴訟より優先するということであり，取消訴訟との関係での「差止訴訟の補充性」ということができる。

　これに対して，当事者訴訟との関係では，差止訴訟が優先するという考え方が有力である。すなわち，一般に抗告訴訟は当事者訴訟に優先するのであり，抗告訴訟が成り立つ場合には，当事者訴訟による救済は不要であると考えられることが多い。

　国旗国歌訴訟に関する前掲平成24年最判は，将来の懲戒処分の差止訴訟との関係で，公法上の当事者訴訟としての「職務命令に従う義務のないことの確認訴訟」を，「行政処分以外の処遇上の不利益の予防を目的とする」訴えと再構成したうえで，その許容性を検討している。

2　抗告訴訟中心主義の温存

　以上のような状況は，行政訴訟制度改革にもかかわらず，「抗告訴訟中心主義」が温存されていると評価できるかもしれない。

　また，国民に訴訟類型選択のリスクを負わせるような運用は，行政訴訟制度改

---

8)　芝池救済法156頁。
9)　櫻井＝橋本362頁，稲葉他274頁（村上裕章）。
10)　芝池救済法156頁は，どちらかといえば拘束力説か。塩野Ⅱ274頁は，差止訴訟の性質を給付訴訟とし，その訴訟物を原告の「実体法上の差止請求権」であるとし，250頁では，既判力説をとるが如くである。

革の理念に反するものであるから，抗告訴訟と当事者訴訟は相互排他的なものと扱われるべきではない，という批判11)もあるところである。

③ 義務付け訴訟・差止訴訟の性質論

1 給付訴訟説の背景

義務付け訴訟および差止訴訟の性質論における「給付訴訟説」の背景には，行政訴訟を「実体法上の請求権」を実現するものと観念するドイツ的な行政訴訟観があると思われる。

行政過程において，私人は行政主体との関係で様々な法的地位に立つ。行政主体と私人の関係を「法律関係」（＝権利義務の束）と捉える「法学的方法」によれば，「法的地位」とは「権利」と同義あるいは密接な関係を有するものにほかならない。

行政主体と私人の間の法律関係で，行政法的思考にとって重要なのは，「公法上の法律関係」であり，そのなかでとりわけ，私人が行政主体に対してどのような「請求権」を有するかであろう。これは，ドイツで伝統的に「公権論」（Die Lehre von subjektiven öffentlichen Recht）として扱われたテーマであり，わが国の公法学もその影響を受けてきた。そして，今後も「縁を切る」ことは難しいと思われる。そこで，積極的にドイツにおける公権論の展開に学んでいこうとした原田尚彦の試みが改めて注目されることになる。

2 原田尚彦の新しい公権論

原田尚彦の提唱する「行政介入請求権」は，取消訴訟における第三者の原告適格，義務付け訴訟，規制権限の不行使を理由とした国家賠償請求など，行政救済法のトピックにおける提言の理論的基礎となったものである。そして，近代行政から現代行政へという歴史的発展との関係は，次のように説明される12)。

第1に，19世紀的な自由国家において，私人は「侵害排除請求権」を有する。「侵害排除請求権」とは，財産権と自由権を基礎にするもので，行政権の過大な行使を防止することをめざす。「侵害」がなされたときは原状回復（ないし損害賠償）を，「侵害のおそれ」があるときは予防（＝不作為＝事前差止）を求めること

---

11) 櫻井＝橋本361頁。
12) 原田要論94-98頁。

ができる13)。

　第2に，20世紀的な福祉国家において，私人は「給付受給請求権」を有する。社会的弱者の生存を保障するための制度が整えられると，私人は一定の要件を満たした場合には，権利として給付を受けることができるようになる。違法な給付拒否に対しては，義務付け訴訟による救済を求めることができる。

　第3に，現代国家においては，規制権限の行使は，単に公益を実現するためだけのものではなく，私人の権利利益の保護をも目的とするようになる。規制権限の行使が適正になされることによって得られる第三者の利益は，「反射的利益」ではなく，「法的に保護された利益」という性格を有する。二面関係から三面関係への変化に伴い，第三者には，行政権の過小な行使を防止することをめざす「行政介入請求権」が原則的に承認されるべきである。

　取消訴訟は，伝統的には，行政処分によって違法に「自由や財産」を侵害された者が「侵害排除請求権」を貫くためのものと考えられてきた。そこで，原発訴訟のような事業者に対する許認可を第三者が争う場合も，その延長で理解し，「私人の防御的地位」が拡大しているとする説明14)がみられる。しかし，このような第三者訴訟は，機能的にみると，事業の停止命令を求める義務付け訴訟に類似し，規制権限の過小な行使を防止・是正することをめざすものと理解されるべきである。

　以上のように，原田尚彦の説く「侵害排除請求権」「給付受給請求権」「行政介入請求権」は，「新しい公権論」である15)と思われる。そして，これら3種類の

---

13)　前者を「侵害除去請求権」ないし（狭義の）「侵害排除請求権」と呼ぶとすれば，後者は，「侵害予防請求権」と呼ぶべきであろうか。

公法上のAbwehranspruch（防御請求権）	Unterlassungsanspruch	侵害予防請求権
	Beseitigungsanspruch	侵害除去請求権

物権的請求権	actio negatoria §1004 BGB	Unterlassungsanspruch	妨害予防請求権
		Beseitigungsanspruch	妨害排除請求権
	rei vindicatio §985 BGB	Herausgabeanspruch	返還請求権

14)　塩野Ⅰ397頁。

権利を実現するものとして，状況に応じて，取消訴訟，差止訴訟，義務付け訴訟が使い分けられることになる。

　上記の3つは，「実体法上の権利」であるが，ほかに，「瑕疵なき裁量行使請求権」が認められるべきであると説かれている。ドイツにおけるこの請求権をめぐる議論は難解であるが，「裁量権」を法的拘束からの自由ではなく，むしろ，「適正な考慮（衡量）を行う義務」の側面から捉える場合には，それに対応するものとして位置づけることができよう。

---

15)　高木訴訟論220頁以下参照。

UNIT 34　仮の救済

1　本案訴訟と保全訴訟

1　「仮の救済」の必要性

　訴訟が提起されてから終局判決が確定するまで一定の時間を要するが、その間に、原告勝訴となっても、もはや原告の権利利益の救済とはならない、あるいは十分な救済ができない、という状況が生じることがある。たとえば、民事訴訟で被告に金銭の支払いを命じる判決が確定しても、被告に支払い能力がなければ、判決はただの紙切れである。被告に作為を命じる判決が確定しても、原告の権利利益の救済としては、遅きに失するということ、あるいは、被告に不作為を義務づける判決が確定しても、それまでの被告の行為によって生じた原告の権利利益への侵害が甚大である、ということもある。

　そこで、「本案訴訟」とは別に、「仮の救済」の仕組みが必要となる。通常の民事事件においては、「本案訴訟」についての民事訴訟法に対して、「仮の救済」についての民事保全法という「一般法」が存在する。「民事保全法」の用意する「仮の救済」は、大きく分けて「仮差押え」と「仮処分」の2つであり、「仮処分」がさらに「係争物に関する仮処分」と「仮の地位を定める仮処分」に細分される。

種類	対象	要件
仮差押え （民事保全法20条）	金銭の支払を目的とする債権	強制執行の不能または著しい困難のおそれ
係争物に関する仮処分 （民事保全法23条1項）	※特定物の引渡し請求など	現状の変更により、権利の実行の不能または著しい困難のおそれ
仮の地位を定める仮処分 （民事保全法23条2項）	争いのある権利関係 ※従業員たる地位など	著しい損害または急迫の危険

行政事件訴訟法は、「行政事件訴訟」における「仮の救済」についてどのような考え方で立法されたのであろうか。この点については、はっきりしない面もあるが、どちらかというと、「行政事件訴訟」における「仮の救済」は、憲法上の要請ではない、という考え方がとられていたと推測される[1]。すなわち、通常の民事事件においては、「裁判を受ける権利」の内容として、「本案訴訟」による紛争の終局的な解決、原告の権利利益の救済を「実効的」なものとするために、「民事保全」が含まれる。しかし、「行政事件訴訟」においては、裁判所に「決定」という形式で「仮の救済」を与える権限を認めることは、「司法権の限界」を超えるおそれがあると考えられたのである。また、国や地方公共団体が支払い不能となることは考えにくいので、「仮差押え」ははじめから必要性がないといえる。

　行政事件訴訟法7条は、「行政事件訴訟に関し、この法律に定めがない事項については、民事訴訟の例による。」と定めている。この条文は、「行政事件訴訟」を広い意味での「民事訴訟」の一種と理解し、通常の民事訴訟についての定めである「民事訴訟法」の諸規定が、「一般法」として、「行政事件訴訟」の特殊性に反しない限りで、適用ないし準用される、という趣旨である。ここで主に想定されていたのは、「本案訴訟」に関する定めであろうが、趣旨を拡大解釈すれば、「民事執行法」や「民事保全法」の諸規定が適用ないし準用されるか、という問題も、7条の解釈問題ということが不可能ではない。

2　仮処分の排除

　行政事件訴訟法44条は「行政庁の処分その他公権力の行使に当たる行為については、民事保全法（平成元年法律第91号）に規定する仮処分をすることができない。」と定めている。

　この規定は、第5章（補則）に置かれていることから、「本案訴訟」の類型、民事訴訟か行政事件訴訟か、行政事件訴訟のうちどのような訴訟かにかかわらず、適用されるものと解されている。これは、仮処分が比較的容易に認められるものであることから、それを許容すると、行政活動の公益性が害されるおそれがある、という立法政策によるとされている[2]。

---

[1]　争点128頁（村上裕章）。
[2]　櫻井＝橋本377頁。

この規定が「確認的」なものなのか，「創設的」なものなのかは，「仮の救済」を憲法上の要請と考えるか，あるいは「民事訴訟」と「行政事件訴訟」の関係を理論的にどう整理するか，ともかかわる難問である[3]。

2 執行停止

1 執行不停止原則

　行政事件訴訟法は，25条第1項で「処分の取消しの訴えの提起は，処分の効力，処分の執行又は手続の続行を妨げない。」と定めている。これは「執行不停止原則」と呼ばれる。

　取消訴訟の対象は「行政処分」であり，「行政処分」には「公定力」が認められる。すなわち，「行政処分」は「仮に違法であっても，一応有効」なものとして「通用」する。行政庁側は，当該行政処分が適法であると認識しているが，仮に，後に裁判所が「違法であった」と判断することがあるとしても，「有効」なものとして行政活動を続けてよい，という立法政策である。

　このような立法政策は，制度全体としてみれば，一定の合理性を有する。「法治国原理」に基づく各種の「行為規範」を順守した行政活動が行われている割合が高い場合には，私人が「不服」を有したからといって，それが裁判所によって認められる可能性が常に高いとはいえない。そこで，ただちに一律に「違法」として扱う必要はなく，私人からの申立てを待って，個別ケースごとに，原告側の権利利益の救済の必要性と，行政側の「公益実現」の利益を比較衡量するという仕組みが採用されているのである[4]。

　なお，無効確認の訴えに「執行停止」の規定が準用されている。この点からは，逆に，行政庁側は，「無効の行政処分」についても「有効」なものとして扱ってよい，ということになるのか，が気になるところである。これは，「その無効が正当な権限ある機関により確認されるまでは事実上有効なものとして取り扱われている」[5]と説明すべきであろう。行政庁側は，無効事由が存在しないと認識し

---

[3] 争点140頁（高木光）。

[4] 執行停止の原則を採用し，例外的に「確定前執行」が一定の条件のもとで許される，という制度設計も選択肢としてはありうる。ドイツの1960年行政裁判所法は，このような仕組みを採用している。

[5] 最判昭和39年10月29日民集18巻8号1809頁（大田区ごみ焼却場事件）〔百選156〕。

ている限りにおいては,「有効」なものとして取扱うほかない。また,無効事由が存在するという見解である場合に,「正当な権限ある機関」に,裁判所,処分庁,上級庁のほかに,他の行政機関が含まれるのかという問題がある。

処分の取消訴訟	執行停止 25-29条	違法な処分	仮処分排除
処分の無効確認訴訟	執行停止 38条3項による準用	無効の処分	仮処分排除
不作為の違法確認訴訟		処分不存在	?
非申請型義務付け訴訟	仮の義務付け 37条の5第1項	処分不存在	×
申請型義務付け訴訟（不作為型）	仮の義務付け 37条の5第1項	処分不存在	×
申請型義務付け訴訟（拒否処分型）		違法な拒否処分	仮処分排除
差止訴訟	仮の差止め 37条の5第2項	処分の蓋然性	×
4条前段の訴訟		違法な処分	?
4条後段の訴訟			?
		無効の処分	仮処分排除?
争点訴訟		無効の処分	仮処分排除?
民事訴訟		★公共事業・施設	仮処分可能

2 「執行停止」の定義・要件

「執行停止」という用語における「執行」は広い意味であり,通常の「処分の執行」というときの「執行」(Vollstreckung) とは異なる。

すなわち,行政事件訴訟法25条2項は,「処分の効力の停止」「処分の執行の停止」「手続の続行の停止」の3つを合わせて「執行停止」と呼んでいる。したがって,「処分の効力が発生する」こと自体をも「執行」という広い概念でカバーしていることになる。

伝統的な「行政行為論」における「行政行為の執行力」は,「行政行為の公定力」とは区別されていた。2つめの「処分の執行の停止」にいう「執行」が狭義の「執行」(Vollstreckung) に該当すると解される。

執行停止を裁判所に認めてもらうためには，様々な要件をクリアしなければならない。取消訴訟などの「本案訴訟」における「訴訟要件」と「本案勝訴要件」の区別は，「保全訴訟」の場合には，それほどはっきりしない。そもそもどのような条件が備わっていれば「執行停止」という制度を利用できるかということ（「形式的要件」）と，具体的な案件で，「執行停止」が認められるための内容的な条件（「実体的要件」）を区別して[6]説明すると，以下のとおりである。

　第1に，「執行停止」の申立ては，それだけを行うことはできず，「取消訴訟」という本案訴訟の提起が条件とされている（行政事件訴訟法25条2項）。通常の民事事件では，本案訴訟を提起する前に，仮処分の申立てをすることも可能である[7]（宝塚パチンコ店規制条例事件について，UNIT 50 [2]参照）。

　第2に，「重大な損害を避けるため緊急の必要があるとき」に，「申立てにより」裁判所は，執行停止決定をすることができる，とされている。これは，執行停止申立てに理由があるかという点に関する実体的要件である，とされる[8]。

　この要件は，行政事件訴訟法の改正によって，従来の「回復の困難な損害」から「重大な損害」へと要件が緩和されたものである。また，25条3項が付加されて，裁判所に「重大な損害」についての判断基準を指示している。

　第3に，25条2項ただし書は，「処分の効力の停止」は，「処分の執行の停止」または「手続の続行の停止」で「目的を達成することができる」ときはできない，と定めている。「処分の効力の停止」の「補充性」は，「保全の必要性」の欠如として説明できよう。

　第4に，25条4項には，「消極要件」として，「公共の福祉に重大な影響を及ぼすおそれがある」か「本案について理由がないとみえるとき」が定められている。

　なお，執行停止によって申立人が現実に救済を受けられる可能性があることを「申立ての利益」があることと説明するものがある[9]。既に執行が完了し，原状回復の余地が失われたと解されるケースや，申請拒否処分という類型が，例示される。

---

6) 芝池救済法107頁。
7) 櫻井＝橋本332頁。
8) 櫻井＝橋本332頁。
9) 櫻井＝橋本334頁。

3 執行停止決定の効果・限界

執行停止決定は、将来に向かって効力を有するにとどまり、遡及効を有しない[10]。また、「処分の効力の停止」は、処分の効力を（暫定的に）失わせるという「形成的効果」を有するが、「処分の執行の停止」「手続の続行の停止」は、行政庁側に「不作為義務」を課すにとどまる。

執行停止決定には、取消判決についての第三者効の規定が準用されている（行政事件訴訟法32条2項）。また、拘束力の規定が一部準用されている（同33条4項）。

なお、執行停止の申立てによる権利利益の救済は、「防御的」なものであるので、申請拒否処分というような類型については、原則として、そもそも機能しない、という限界がある。申請拒否処分については、執行停止決定をしたとしても、手続のやり直しについて定める行政事件訴訟法33条2項・3項が準用されていないことから、行政庁に申請にかかる審査義務が生じるわけではないので、申立ての利益がない、という裁判例があった[11]。

このような限界を克服するため、改正法では、義務付け訴訟についての「仮の救済」として「仮の義務付け」を用意したのである。

4 内閣総理大臣の異議

仮の救済の性質を「司法」ではなく「行政」であるという考え方によってはじめて正当化される制度であり、「行政訴訟の憲法的基礎論」からみれば、違憲というほかない[12]。

③ 仮の義務付け・仮の差止め

1 改正法による立法的解決

義務付け訴訟および差止訴訟が「法定外抗告訴訟」として論じられていた時代には、仮の救済としてどのような方策が解釈論上認められるかは困難な課題であった。改正法は、これを立法によって解決するために、37条の5という条文を設けた。これは、仮の救済がないという状態と比較すれば大きな前進である。他方、同条の要件が「執行停止」の要件と比較して加重されているかにみえる点は、

---

10) 塩野Ⅱ208頁、芝池救済法113頁。
11) 大阪高決平成3年11月15日行集42巻11=12号1788頁など。
12) 今村＝畠山・入門259頁（今村成和）。原田要論425頁。藤田総論468頁。芝池救済法114頁。塩野Ⅱ213頁。

やや不満が残り，「救済の実効性」という見地から弾力的運用が期待される[13]。

2　仮の義務付けの内容・要件・効果

仮の義務付けは，「申立て」により「決定」をもってなされる。その内容は，行政庁に仮に処分をすべきことを「命ずる」ものである。したがって，裁判所自身が行政庁に代わって仮に処分をするものではない。これは，義務付け判決が，行政庁に処分をすべきことを「命ずる」ものであって，裁判所自身が処分をするものではないのと同様である。

37条の5第1項は，仮の義務付けの要件として，「処分……がされないことにより生じる償うことのできない損害を避けるため緊急の必要がある」こと，「本案について理由があるとみえるとき」の2つを定めている。執行停止の要件と比較すると，「重大な損害」に代えて，「償うことのできない損害」とし，「本案について理由がないとみえるとき」という消極要件に代えて，「本案について理由があるとみえるとき」という積極要件として定めていることから，仮の義務付けは執行停止よりも要件が厳格であるというのが立法趣旨であり，これに従うと，認められにくいことになる。なお，37条の5第3項の「公共の福祉に重大な影響を及ぼすおそれがあるとき」という消極要件は，執行停止に関する25条4項と同様である。

第37条の5第4項において，取消判決の拘束力（行政事件訴訟法33条1項）は準用されているが，第三者効（同32条1項）は準用されていない。したがって，許認可等が仮になされた場合，不服を有する第三者は，取消訴訟で争うことができることになる[14]。

3　決定に従ってなされる処分の性質

仮になされる処分の性質について，通常の処分であるのか，「仮の処分」であるのかという問題がある。当該根拠法令に基づく処分であることに変わりはないと考えると，通常の処分であるということになる。

悩ましいのは，本案訴訟の帰趨との関係である。通常の処分と考える場合にも，この点を考慮して，法定附款付処分と解すべきとの説がある。すなわち，義務付

---

13)　塩野 II 246 頁。
14)　塩野 II 246 頁。

け訴訟で原告が敗訴した場合は，仮になされた処分は当然に効力を失い，また，義務付け訴訟で原告が勝訴した場合には，行政庁は改めて同じ内容の処分をすべき，という[15]。

しかし，37条の5第5項は，仮の義務付け決定が取り消されたときには，行政庁は仮にした処分を取り消さなければならないと，定めている。そこで，仮にした処分も取り消されない限り効力が存続する通常の処分であるとの説（「本来の処分説」）が多数である[16][17]。

他方，決定自体は本案判決の確定によって当然に効力を失うと解すべきとされている[18]。

4　仮の差止めの内容・要件・効果

仮の差止めは，「申立て」により「決定」をもってなされる。その内容は，行政庁にとりあえず処分をしないように「命ずる」ものである。差止訴訟は，訴訟係属中に当該処分がなされてしまうと，「差止めの利益」が失われ，訴えが却下されるから，そのような事態を防止するために「仮の差止め」が必要とされる。

37条の5第2項は，仮の差止めの要件として，「処分……がされることにより生じる償うことのできない損害を避けるため緊急の必要があ」ること，「本案について理由があるとみえるとき」の2つを定めている。執行停止の要件と比較すると，「重大な損害」に代えて，「償うことのできない損害」とし，「本案について理由がないとみえるとき」という消極要件に代えて，「本案について理由があるとみえるとき」という積極要件として定めていることから，仮の差止めは執行停止よりも要件が厳格であるというのが立法趣旨であり，これに従うと，認められにくいことになる。なお，37条の5第3項の「公共の福祉に重大な影響を及ぼすおそれがあるとき」という消極要件は，執行停止に関する25条4項と同様である。

37条の5第4項において，取消判決の拘束力（行政事件訴訟法33条1項）は準用されているが，第三者効（同32条1項）は準用されていない。

---

15)　塩野II 246頁。
16)　条解（第4版）830頁（八木一洋）参照。なお，コンメII 424頁（深澤龍一郎）は，塩野説に依拠し，立案関係者等の「本来の処分説」には触れていない。
17)　大橋II 303頁参照。
18)　阿部II 304頁は，原告敗訴の場合，職権で取り消されることになるとしている。

UNIT 35 当事者訴訟

1 当事者訴訟の種別

1 「形式的当事者訴訟」と「実質的当事者訴訟」

行政事件訴訟法4条は、公法上の当事者訴訟について、2つの類型を規定している。第1の類型は「当事者間の法律関係を確認し又は形成する処分又は裁決に関する訴訟で法令の規定によりその法律関係の当事者の一方を被告とするもの」であり、第2の類型は、「公法上の法律関係に関する確認の訴えその他の公法上の法律関係に関する訴訟」である。

本書では、以下、前者を「4条前段の訴訟」、後者を「4条後段の訴訟」と呼ぶ。多くの概説書では、前者は「形式的当事者訴訟」、後者は「実質的当事者訴訟」と呼ばれている、と説明されている[1]。しかし、この名称は、一定の理論的立場を前提とするもので、評価が分かれるものである。筆者は、批判的な立場であるので、この名称の使用を控え、上記の理論的に「中立的」な名称を使用する。

2 4条前段の訴訟

「形式的当事者訴訟」という呼び方の背景には、4条前段の訴訟は、「行政処分」によって紛争が引き起こされているものであり、行政処分の「権限」の行使についての不服を解消することが求められているから、「実質的」には「抗告訴訟」であり、「当事者訴訟」という「形式」をまとっているだけである、という理解がある[2]。

これは、「抗告訴訟」と「当事者訴訟」の区別を、前者は「支配従属関係」にある当事者間の訴訟、後者を「対等関係」にある当事者間の訴訟、という捉え方で、その「実質」に求める発想によるものである。「公権力の行使に関する不服」の「実質」を有するか、というような問題設定は、伝統的な理論ではよくみられ

---

1) 塩野Ⅱ254頁、芝池救済法22頁など。
2) このような理解ないし説明は適切ではない、とするものとして、小早川下Ⅲ328頁参照。

るところである³⁾。

しかし，無効確認訴訟について既に UNIT 31 ②③でみたように，行政事件訴訟法は，「行政処分」によって引き起こされた紛争であれば原則として「抗告訴訟」で処理する，という考え方を必ずしも採用していない。したがって，「抗告訴訟」と「当事者訴訟」の区別は，「公権力の行使に対する不服」を直接の「審理の対象」とするかどうか，という「形式的」＝「訴訟技術的」な観点からなされているものであり，そして，その振り分けは，法律により自由に制度設計できるものと理解すべきであろう。

「4条前段の訴訟」は，個別の法律によって認められるものである⁴⁾。条文上は「法令の定め」となっているが，「法律」に定めがないのに，「命令」限りでそのような定めを置くことはできない，と解される。

現行法上認められているもののうち，最もポピュラーなものは，土地収用法 133 条によるものである⁵⁾。

すなわち，収用委員会が行う土地の「収用の裁決」は，「行政処分」の一種である。そのうち「権利取得裁決」（土地収用法 47 条の 2 第 2 項，48 条参照）は，「土地所有者」と「起業者」という複数の当事者の「権利義務」を同時に「形成」「確認」するものである⁶⁾。すなわち，土地の所有権に関しては，「権利取得裁決」には，土地所有者の所有権を消滅させる，という「法的効果」と，起業者に所有権を取得させる⁷⁾という「法的効果」がある。また，「補償」に関しては，「権利取得裁決」には，「なされるべき補償の額」がいくらであるかを確認して，土地所有者にその額の「補償金請求権」を発生させ，その反面として起業者にその額の「補償金支払義務」を課すという「法的効果」がある⁸⁾。そして，「権利取得裁決」には「公定力」があることから，このような「法的効果」は，仮に違

---

3) 美濃部につき，塩野 II 253 頁，田中・雄川につき，高木訴訟論 148 頁参照。
4) 塩野 II 255 頁。
5) 稲葉他 211 頁（村上裕章）。
6) 複数の「名あて人」を有する行政処分。「原処分」であるにもかかわらず，「裁決」という名称が用いられているのは，両当事者間の紛争を裁断するというイメージがあるからであろう。
7) 「原始取得」とされている。安木典夫『都市法概説（第 2 版）』（法律文化社，2013 年）192 頁。
8) この部分を「補償裁決」と呼ぶことがある。塩野 II 255 頁，稲葉他 211 頁（村上裕章）。

法であっても一応発生する。

　そして，この「権利取得裁決」について土地所有者が「不服」を有する場合には，仮に土地収用法に特段の定めがなければ，「権利取得裁決」の取消訴訟によって処理することになるはずである。ところが，土地収用法133条2項・3項は，その「不服」が「補償金額」に関するものにとどまるときには，「権利取得裁決」の一部取消しという形ではなく，「土地所有者」―「起業者」間の「当事者訴訟」として処理すべきものとしているのである。そして，逆に「起業者」が「補償金額」について「不服」を有する場合も，「起業者」―「土地所有者」間の「当事者訴訟」として処理すべきものとしている。この場合に，「権利取得裁決」の「公定力」との関係をどのように説明するか，という問題がある[9]。

　なお，土地所有者が，所有権の喪失という部分について「不服」を有している場合は，原則どおり，「権利取得裁決」ないし先行行為である「事業認定」の取消訴訟で処理される（土地収用法の基本構造については，UNIT 39 [3]参照）。

　以下，「4条後段の訴訟」について項を改めて説明する。

2　4条後段の訴訟

1　公法上の法律関係に関する訴訟

　「公法上の法律関係に関する訴訟」とは，「私法上の法律関係に関する訴訟」に対置される概念であり，実体法上の「公法と私法の相対的二元論」を前提としている。

　「公法上の法律関係に関する訴訟」という概念には，それ自体はそれ以上には限定はない。しかし，行政事件訴訟法の訴訟類型の体系において，「当事者訴訟」は「抗告訴訟」と対をなすものとされている。そこで，文字通り「公法上の法律関係に関する訴訟」のすべてが「4条後段の訴訟」というわけではなく，「公法上の法律関係に関する訴訟」から「抗告訴訟」を除いたものが「4条後段の訴訟」として想定されていると理解すべきであろう。

〈実体法〉	〈訴訟類型〉		
公法上の法律関係	行政事件訴訟	抗告訴訟	行政事件訴訟法3条
		当事者訴訟	行政事件訴訟法4条
私法上の法律関係	通常の民事訴訟	民事訴訟法	

2　4条後段の訴訟の類型

上記のように捉えると，4条後段の訴訟には抗告訴訟に近いものから民事訴訟に限りなく近いものまで様々な類型が含まれることになる。

第1に，無効の行政処分によって引き起こされた紛争に関するものがある。たとえば，公務員の免職処分については，取消訴訟で処理されるのが本則であるが，免職処分の無効を前提に「現在の法律関係に関する訴え」として，「公務員たる地位の確認訴訟」や「俸給支払請求訴訟」が理論上は成り立つことになる。また，課税処分についても，取消訴訟で処理されるのが本則であるが，既に納付している場合には，課税処分の無効を前提に，過誤納金返還訴訟が理論上は成り立つことになる。

第2に，公務員の勤務関係や租税関係など「行政処分」による法律関係の「発生・変更・消滅」が生じるのが通例であることから，伝統的な発想によれば全体として「公法上の法律関係」である場面で，例外的に「行政処分」によらないで引き起こされた紛争に関するものがある。

たとえば，公務員が欠格事由に該当することとなったとして「失職」（国家公務員法76条，地方公務員法28条4項参照）した場合，「失職通知」は処分性を欠くため，その取消訴訟は成立しない。そこで，失職という判断の違法無効を前提に，「現在の法律関係に関する訴え」として，「公務員たる地位の確認訴訟」や「俸給支払請求訴訟」が成り立つことになる[10]。

同様に，健康管理手当の支給停止が，支給認定という行政処分の職権取消に基づくものではなく，「被爆者たる地位」は出国によって「失権」したという扱いによるものであるときには，未払の健康管理手当の支払請求によって処理される（最判平成18年6月13日民集60巻5号1910頁）。

また，損失補償に関しては，仮に「直接憲法に基づく損失補償請求権」が発生するケースであるとすれば，「正当な補償」の支払を求める給付訴訟を提起すべきことになる。

なお，国家賠償請求訴訟は，国家賠償法に基づく損害賠償請求権が，「私法上の請求権」であると考えられているため，4条後段の訴訟ではなく，通常の「民事訴訟」ということになる[11]。

---

[9]　形成訴訟説と給付訴訟説の対立につき，塩野II 255頁参照。

[10]　宇賀III 365頁。近時の興味深いものとして，最判平成19年12月13日判時1995号157頁参照。

第3に,「行政処分」による法律関係の「発生・変更・消滅」が通例ではないが,全体として「公法上の法律関係」である場面で,紛争の解決が必要であると意識される場合がある。在外国民の選挙権の行使に関する最判平成17年9月14日民集59巻7号2087頁（在外邦人選挙権訴訟）〔百選215〕〔憲法百選152〕の事例はその典型である。

3　確認訴訟の「活用」

　2004年の改正において,4条後段の訴訟についての定義規定が改められ,「公法上の法律関係に関する確認の訴え」という文言が追加挿入された。この規定は,「創設的」なものではなく,「確認的」なものである[12]。

　民事訴訟法における「給付の訴え」「確認の訴え」「形成の訴え」の3区分は,行政事件訴訟においても妥当すると考えられている（行政事件訴訟法7条参照）。

　「給付の訴え」は,原告に「請求権」が存する（と主張する）限りで一般的に,また,「確認の訴え」は,原告が「確認の利益」を有する限りで一般的に認められる。これに対して,「形成の訴え」は,法律に特別の定めがある限りで認められる。

　そこで,4条後段の訴訟には,改正前から,当然に「給付の訴え」と「確認の訴え」が含まれていたことになる。現に,2でみたうち,公務員の俸給請求,過誤納金の返還請求,未払の健康管理手当の支払請求,直接憲法に基づく損失補償請求は「給付の訴え」であり,「公務員たる地位の確認」は「確認の訴え」である。ほかに,薬局の営業できる地位の確認につき,最判昭和41年7月20日民集20巻6号1217頁,国籍の確認につき,最判平成9年10月17日民集51巻9号3925頁があったところである。

　改正法があえて確認的規定を置いたのは,その「活用」を促すものであるとされる[13]。近時の裁判例は,確かに従来と比較して,より緩やかに「確認の利益」を認めるようになってきている。在外国民の選挙権に関する平成17年最判のほ

---

11) 国家賠償請求と損失補償請求の「併合」につき,最判平成5年7月20日民集47巻7号4627頁〔百選217〕。

12) 塩野Ⅱ260頁。

13) 新構想Ⅲ29頁以下（芝池義一）は,「行為訴訟」と「法律関係訴訟」という対比を用いて,4条後段の当事者訴訟の守備範囲に関する所説を分類している（民事訴訟のうち,解雇や遺言の無効確認訴訟は,「行為訴訟」とされる）。

か，混合診療に関する最判平成23年10月25日民集65巻7号2923頁，および国歌斉唱義務不存在確認訴訟に関する最判平成24年2月9日民集66巻2号183頁〔百選214〕が注目される。

これは，裁判所の「公法訴訟」の分野における積極的な姿勢への転換のきざしとみられるが，民事訴訟における「確認の利益」に関する判例の進展と，行政訴訟における原告側弁護士の法律構成上の工夫にもよるものであろう。

3 公共事業の差止め

1 大阪空港訴訟

最判昭和56年12月16日民集35巻10号1369頁〔百選157〕〔百選249〕は，国営空港の離着陸のための供用は，運輸大臣が総合的判断に基づいてその有する航空行政権と空港管理権という2種の権限を不可分一体的に行使した結果であるから，民事上の請求として，その差止めを求める訴えは不適法であるとした。

この大阪空港判決は，空港騒音被害に対する救済としては，抗告訴訟によるべきとの示唆をしたものとも理解されている。最判平成元年2月17日民集43巻2号56頁（新潟空港事件）〔百選170〕は，空港の周辺住民が，定期航空運送事業免許を取消訴訟で争う原告適格を肯定し，最判平成5年2月25日民集47巻2号643頁（厚木基地訴訟）〔百選158〕は，自衛隊機の運航の差止めを求めた民事上の請求を不適法であるとしている。

筆者は，上記の判例は，「抗告訴訟か民事訴訟かの二者択一思考」に陥ってい

	抗告訴訟			行為訴訟
法律関係訴訟		当事者訴訟	法関係訴訟	
		民事訴訟		

当事者訴訟の定義についての諸説

法関係訴訟説		処分性拡大論 当事者訴訟は行為訴訟を含まない	原田，芝池
控除説	無限定控除説	抗告訴訟を広く捉える	小早川
	限定控除説	抗告訴訟を限定 当事者訴訟に行為訴訟を含める	髙木，中川，黒川

るものであり，大阪空港型の空港騒音訴訟の受皿としては，解釈論上は，公法上の当事者訴訟が適切であると考えてきた14)。

2　事業損失

最判平成7年7月7日民集49巻7号1870頁・2599頁（国道43号訴訟）は，道路からの騒音，振動，大気汚染の差止めを求める民事上の請求を棄却した原審判決につき，上告棄却という判断を示している。また，国家賠償法2条に基づく損害賠償請求を一部認容した原審判決についても，上告棄却という判断を示している。

国家賠償法2条に関する「機能的瑕疵」という考え方は，前述の大阪空港判決〔百選249〕が採用したものであるが，そこには「損失補償的発想」があることが指摘されている。

事業損失については，「公共事業の施行に起因して起業地（および残地）以外の土地に発生する騒音，日照被害，排気ガス，地下水位低下，水質汚濁，電波障害等の損害ないし損失および高低差等の物理的影響」であるとする15)など，様々なニュアンスの説明がなされ，具体的にどのようなものが含まれるのか，またそれらについての金銭給付の法的性質が損害賠償なのか損失補償なのかは争いがある16)。比較法的にみると，事業損失については，損失補償的な構成が広くみられるところであり，それらに学ぶとすれば，立法論的には，ドイツの「計画確定手続」が有力であり，解釈論的には，公法上の当事者訴訟が選択肢となると筆者は考えている。

---

14)　高木訴訟論317頁以下参照。
15)　小高剛「いわゆる『みぞかき補償』について――事業損失の一側面」名城法学36巻別冊（長尾久衛教授還暦記念論文集・1986年）27-28頁。
16)　高木訴訟論346頁参照。

第8部

国家補償

UNIT 36 公権力責任（2）——職務義務違反説

1 広義説の理論的意味

1 国家賠償法上の「公務員」概念

　国家賠償法1条の責任の要件の第1は、「公権力の行使に当る公務員」であった。この条文を素直に読むときは、「公務員」の概念が出発点となるはずである。

　しかし、判例においては、行為者の身分ではなく、行為の性質が決め手とされてきた。すなわち、国家公務員法や地方公務員法上の公務員の身分を持つ者の職務遂行が不法行為にあたる場合、すべてが国家賠償法1条の適用を受けるわけではなく、民法による場合がある。そして、それを区別する基準が「公権力の行使」であるか否かであった。

　また、行為の性質が「公権力の行使」とされる場合には、行為者が公務員の身分を持たないときにも国家賠償法1条が適用されることがある。たとえば、独立行政法人の職員のうち「非公務員型」の場合がそうである。

2 「広義説」と「公法私法二元論」

　国家賠償法1条にいう「公権力の行使」は、判例によって「公の職務の遂行」ないし「公行政の遂行」と広義に解されてきた。このことの理論的意味に留意することが必要であると思われる。国家賠償法1条の適用対象は「行政作用」には限られず、「立法作用」「司法作用」にも及ぶが、以下では、主として「行政作用」を念頭におく。

　行政作用は、「権力的活動」「非権力的活動」「私経済的活動」に分けられるのが通例である。これは、「公法私法相対的二元論」のうち、「権力説」を基本に「利益説」を加味する立場、すなわち、田中二郎の「三分説」に親和的である。田中二郎自身は「狭義説」の立場であったとされるが、「三分説」が広義説への道を開いたともみることができる[1)2)]。

　国家賠償法1条は、制定された当時は、このうち、法令に基づいて国民に命令したり強制したりする「権力的活動」について適用されることが予定されてい

た[3]。

　明治憲法下では，公務員の不法行為によって被害を受けた者の救済を阻むものがいくつかあり，日本国憲法17条はそれらを除去するための規定である。

　救済の妨げの第1は，「主権無答責の原則」であったとされる。これは，主権と責任は矛盾するという法思想上の考え方である。これは，現在の眼からみれば

---

1) 田中上205頁参照。藤田総論530頁以下によれば，「狭義説」（田中二郎）は，「一方的に命令し強制し或いは法律関係・事実関係等を形成し変更する行政作用」，すなわち，伝統的行政法学にいう「権力的行政作用」のみを指すとする。「広義説」（雄川一郎）は，国家作用のなか，私経済作用を除くすべての公行政作用を含み，したがって，いわゆる「非権力的行政作用」であっても，それが「公行政作用」としての性質を持つものである限りは，ここでいう「公権力の行使」に含まれるという考え方である。また，雄川の「広義説」の背景には，フランス行政法の法思想の影響があると指摘されている。

〈田中二郎の三分説と狭義説・広義説の関係〉

公法関係	支配関係（権力関係）公権力の主体としての国家または公共団体	私法規定の適用を排除	国家賠償法1条（狭義説）	国家賠償法1条（広義説）
	管理関係 国または公共団体がその財産を管理したり事業を経営	原則として私法規定を適用	民法709条＋民法715条	
（純粋な）私法関係	私法関係 国または公共団体が私人と全く同様の立場に立つ	私法規定のみ適用		民法709条＋民法715条

2) 多くの概説書では，「広義説」は「私経済作用及び国家賠償法2条の対象となるものを除くすべて」という説明がなされている。塩野Ⅱ306頁，宇賀Ⅱ416頁，櫻井＝橋本384頁，原田要論289頁，稲葉他296頁（前田雅子），中原基本391頁，原田例解142頁など。しかし，雄川説にはそのような限定はなかったようであり，また1条と2条の競合を認めても支障はないと考えられる。本書は，限定をしない藤田に従う。北村他・基本219頁（北村和生）も限定していない。なお，芝池救済法231-232頁は，限定をせず「非権力的公行政作用」を含むと説明しつつ，塩野Ⅱ等を引用している。なお，大橋Ⅱ389頁は，省令制定行為が広義説によって国家賠償法1条の適用範囲に入ると解しているが，「権力的公行政」にあたり，狭義説によっても入ると思われる。

3) したがって，立案に関与した田中二郎は「狭義説」をとっていたと理解されている。

イデオロギーに過ぎない。しかし，その克服は先進国でもかなり遅く，フランス，ドイツでは20世紀初頭，イギリス，アメリカでは1940年代ともいわれる[4]。わが国においても，行政裁判法と旧民法が公布された1890年の時点で，少なくとも「権力的活動」については民法の規定に基づく国の責任を否定するという基本的政策がとられたと一般に理解されてきた[5]。そこで，「権力行政無答責の原則」は，第二次大戦での敗戦を受けた日本国憲法の制定によって克服されたことになる。

　救済の妨げの第2は，行政裁判所と司法裁判所の2元的構成のもとで，行政裁判法16条によって，行政裁判所は損害賠償の訴えを受理しないものとされたことであった[6]。そして，司法裁判所は「私法上の法律関係」についてのみ権限を有すると一般に理解されたので，国家賠償請求は，民法上の不法行為の法理が妥当する場合に限り認められた。

　そこで，救済を認めようとする学説は，行政作用を区分して，公法関係の範囲を狭く，民法に服する私法関係の範囲を広く解する努力をし，大審院を頂点とする司法裁判所の裁判例もある程度これに従った。既にUNIT 21で紹介したように，公法と私法の区別の基準として，ドイツでは「(旧)主体説」「権力説」「利益説」「帰属説＝特有法説」「修正帰属説」などがあり，わが国にもこれらに示唆を受けた説があるが，上記の学説は「権力説」を基本とする立場に親和的であるといえる。

	戦前の状況	戦後改革		判例の立場	
権力的公行政	無答責	憲法17条	「狭義説」	「広義説」	「最広義説」
非権力的公行政	?	民法による救済			
私経済的行政	民法による救済			民法による救済	

[4]　克服の時期に関して，イギリス国家賠償制度の「名誉回復」が必要とも考えられることにつき，高木光「国家無答責の法理の克服」自治研究90巻7号（2014年）3頁。UNIT 22 ②参照。

[5]　歴史研究に基づき，「1890年確立テーゼ」に対して異論を提示するものとして，岡田正則『国の不法行為責任と公権力の概念史』（弘文堂・2013年）62頁以下参照。

[6]　フランスでは，行政裁判所が国家賠償訴訟についても権限を有する。ドイツでは，国家賠償訴訟は，通常裁判所の権限とされた。わが国はこのドイツ方式を継受したことになる。

このような歴史的沿革からすると，国家賠償法1条は，従来，民法の適用が認められなかった領域について適用されることが予定され，民法の適用が認められた領域については，従来どおり，民法によると解する「狭義説」が素直であったと思われる。

　しかし，判例は，文理に反して，「権力的活動」だけではなく，「非権力的活動」についても国家賠償法1条を適用するようになってきた。「権力的活動」に限定する「狭義説」ではなく，「広義説」が採用されたのである。

　他方，「私経済的活動」も含め，すべての行政作用に適用すべきであるとする「最広義説」は採用されなかった。たとえば，東京高判昭和56年11月13日判時1028号45頁は，「『公権力の行使』とは，国又は公共団体の作用のうち純粋な私経済作用と同〔国家賠償法〕2条によって救済される営造物の設置又は管理作用を除くすべての作用を意味する」としている。そこで，医療行為など[7]私人と同様の立場でなされているとみられる一定の行政作用は，その主体が国や公共団体であり，行為者が公務員の身分を持っている場合であっても，民法によって処理されることになる。

　他方で，最判平成18年10月26日判時1953号122頁（指名回避措置事件）〔百選99〕〔自治百選52〕のように，公共工事の発注に際しての指名回避について，国家賠償法1条を適用している判例がある。指名回避は，私法上の契約の準備過程の行為と捉えるのが一般的である[8]が，「裁量」という概念によってその許容性が判断されている[9]。このように，いわゆる「私経済行政」についても国家賠償法1条の適用が認められる余地がある[10]点にも留意が必要であろう。

　以上をまとめると，「公権力の行使」という文言は，判例によって，ドイツの国家賠償に関する規定と同様に，「公の職務の遂行」（＝「公行政の遂行」）と書き換えられていることになる[11]。

---

[7]　最判昭和36年2月16日民集15巻2号244頁（梅毒感染の起因となった国立病院における輸血）。最判昭和57年4月1日民集36巻4号519頁（税務署健康診断事件）〔百選237〕。

[8]　曽和俊文『行政法総論を学ぶ』（有斐閣・2014年）229頁。

[9]　山本探究282頁。大橋 I 252頁は「規制規範に基づく裁量」と説明している。

[10]　私法形式の行為についての公法的拘束を観念する，ドイツの「行政私法」論と同様の思考をみることができようか。UNIT 21 ③参照。

[11]　法律の留保論においてみた「公行政」と「私行政」の区別に照らせば，「広義説」は，国家賠償法1条の適用範囲を「公行政」（＝公法上の行為のすべて）に及ぼすも

このような判例の立場に対しては，学説上なお批判もある。しかし，日本国憲法のもとでは，国家賠償法と民法のいずれが適用されるかは，救済の有無という相異はもたらさないので，それほど深刻な問題ではないと考えられる。

　なお，国家賠償請求は，裁判実務上の事件の分類においては「民事訴訟」の一種とされている。これは，国家賠償法1条や2条に基づく損害賠償請求権が「私法上の請求権」＝「私権」であるという理解，そして，「民事訴訟」と「行政訴訟」の区別は，「訴訟物」を基準としてなされる，という考え方によるものであろう。これに対して，損失補償請求は，同様に金銭給付を求めるものであっても，「行政事件」であるとされるが，これは「損失補償請求権」が「公法上の請求権」＝「公権」であるという理解に基づくものである。

　しかし，公法と私法の区別を「規範」の性質についてのものであると考える立場[12]からは，国家賠償法1条の責任の成否は，「公務員の職務上の義務」という「公法上の義務」が順守されたかに依存するという点が重視されるべきであろう。

　この点，ドイツにおいても沿革的な理由から，「職務責任」は「損失補償」と同様に，行政裁判所ではなく，通常裁判所（民事裁判所）の管轄とされているが，理論上は「公法」の領域であると考えられている[13]。日本でも同様の理解をする場合には，日独の国家賠償法の構造は，「利益説」ないし「修正帰属説」によって「公法関係」をある程度広く解しつつ，「私法関係」の余地を認めている点で共通しているといえよう。

3　責任を負う主体

　国および地方公共団体が，国家賠償法1条の責任を負う主体の典型であり，実際上のケースの大半はそうである。また，国家公務員または地方公務員の身分を

のとみることができる。

[12]　兼子・行政法学200頁は，国家賠償法1条，2条は公法規範であり，国家賠償請求権は損失補償請求権と同様に一種の「公法上の権利」であるとしている。また，国家賠償請求訴訟は，論理上は公法上の当事者訴訟にあたるはずであると指摘している。なお，滝沢正「各国の国家補償法の歴史的展開と動向——フランス」西村宏一他編『国家補償法大系1　国家補償法の理論』（日本評論社・1987年）49-50頁によれば，フランスでは，収用手続一般については行政裁判所が管轄するが，収用による損失の補償については司法裁判所が管轄する。

[13]　Friedhelm Hufen, Verwaltungsprozessrecht, 9. Aufl.（C. H. Beck 2013），§11 Rn58

持った者が，行為者の典型であり，実際上のケースの大半はそうである。

しかし，国家賠償法1条は責任を負う主体を「国又は公共団体」としている。そこで，「公共団体」に何が含まれるかが難問となる。すなわち，文理解釈によれば，「公共団体」には，「地方公共団体」と「その他の公共団体」が含まれ，「地方公共団体」の範囲は明確であるが，「その他の公共団体」に何が含まれるのかははっきりしないからである。

国家賠償法が制定された当時は，「行政主体」としての性質を持つ「公法人」が想定されていたと思われる。しかし，その後，「行政主体」の概念が揺らいでいるほか，1で説明したように，行為者の身分や行為主体の性質よりも，むしろ行為の性質によって国家賠償法1条によるか民法によるかが区別されている。

国および地方公共団体が処理する「行政事務」を担当するために設立されている法人を「行政主体」と考えると，これには「独立行政法人」「公共組合」「地方三公社」が含まれ，さらに，「特殊法人」の大部分と「認可法人」の一部も含まれる。なお，「独立行政法人」の一種であるが，特殊なものとして「国立大学法人」がある。

また，「指定法人」は私法上の法人であり，「行政主体」としての性質を持たないが，「行政事務の代行」を行うものであるから，行為の性質から国家賠償法が適用され，その限りで，結果的に国家賠償法1条にいう「公共団体」に該当することになるのが筋であろう[14]。

2 民法の不法行為理論との関係

1　職務義務違反説

> **民法709条**
> 故意又は過失によって他人の権利又は法律上保護される利益を侵害した者は，これによって生じた損害を賠償する責任を負う。

国家賠償法1条は，立法当時の民法の通説的見解に従って，「違法性と過失の二元論」を前提として立法された。そこで，民法709条（当時）の「権利侵害」

---

[14]　ただし，最決平成7年6月24日判時1904号69頁〔百選6〕は，指定確認検査機関による建築確認に関して，当初の取消訴訟を，市を被告とした国家賠償訴訟に変更することを認めている。

という言葉に代えて「違法性」という言葉が用いられ，「違法性」と「過失」の2つが不法行為成立の要件であるとされたのである。このような沿革からみれば，国家賠償法1条と民法709条とは異なる構造を有するものではないはずである。

しかし，判例の大勢は，国家賠償法1条にいう「違法性」を「職務義務違反」と読み替え，その要件に独自の意義を認めている。すなわち，先に UNIT 25 ②でみたように，最判昭和60年11月21日民集39巻7号1512頁（在宅投票事件）〔百選233〕の「職務義務違反説」[15]がその後の判例において一般論としての機能を果たすようになっているからである。なお，このような判例の立場全体を「職務行為基準説」と呼ぶことが多いが，沿革的には「職務行為時を基準として」違法性を判断するというのが「職務行為基準説」の原義[16]である。したがって，「職務上の義務に即して」違法性を判断するという立場全体を表現するには，端的に「職務義務違反説」と呼ぶ[17]のが適切であろう[18][19]。

なお，このような，損害賠償請求権の成否を画する要件のうち「違法性」に重要な意味を与えるとともに，「違法性」を「職務上の義務違反」と読み替えるという国家賠償法1条の解釈適用は，芝池義一が示唆している[20]ように，ドイツの「職務責任」（Amtshaftung）に関する法理を「転用」しているものといえそうである[21][22]。

---

15) 多くの概説書では，判例の立場は「職務行為基準説」であると説明されている。塩野Ⅱ314頁，櫻井＝橋本389頁，宇賀Ⅱ432頁，稲葉他300頁（前田雅子）など。

16) 塩野Ⅱ318頁によれば，「職務行為基準説」という名称は，原田教授の命名に始まるものである。そこでの「職務行為基準説」は「結果違法説」と対立するものと位置づけられていた。

17) 藤田総論541頁，543頁参照。

18) 芝池救済法244頁は「義務違反的構成」という対案を示している。

19) 筆者は，かつて「職務義務違反論」と呼んだことがある。高木光「国家賠償における『行為規範』と『行為不法論』——パトカー追跡事件再考」『損害賠償法の課題と展望（石田喜久夫・西原道雄・高木多喜男還暦・中）』（日本評論社・1990年）157頁。

20) 芝池救済法244頁。

21) なお，判例の立場に批判的な学説は「違法性同一説」と一括されることがあるが，論者の発想は多様である。その限りで，宇賀Ⅱ437頁注9の「今日においても，行政処分については，職務行為基準説ではなく，公権力発動要件欠如説が通説である」という説明には疑問がある。高木光「公定力と国家賠償請求」『行政と国民の権利（水野武夫古稀）』（法律文化社・2011年）1頁以下参照。

22) 民事法の立場から詳細に検討するものとして，潮見佳男『不法行為法Ⅱ（第2

また，「職務義務」の内容は，領域によっても行為の性質によっても異なるので，「類型化」という視点も重要である。検察官[23]や裁判官[24]の行為については，通常の行政機関とは異なる面があり，また，国会議員の立法活動[25]についても特別の「行為規範」を想定することがありうる。
　さらに，行政作用も「行為形式」を異にする場合には，「職務義務」の現れ方が異なると考えるべきであろう[26]。
　最判昭和61年2月27日民集40巻1号124頁（パトカー追跡事件）〔百選224〕は，「警察官がかかる目的のために交通法規等に違反して車両で逃走する者をパ

版）』（信山社・2011年）97頁以下参照。同102頁は「職務義務違反説」に共感を覚えるとしている。

[23] 最判昭和53年10月20日民集32巻7号1367頁（芦別国家賠償事件）〔百選235〕は「刑事事件において無罪の判決が確定したというだけで直ちに起訴前の逮捕・勾留，公訴の提起・追行，起訴後の勾留が違法となるということはない。けだし，逮捕・勾留はその時点において犯罪の嫌疑について相当な理由があり，かつ，必要性が認められるかぎりでは適法であり，公訴の提起は，検察官が裁判所に対して犯罪の成否，刑罰権の存否につき審判を求める意思表示にほかならないのであるから，起訴時あるいは公訴追行時における検察官の心証は，その性質上，判決時における裁判官の心証とは異なり，起訴時あるいは公訴追行時における各種の証拠資料を総合勘案して合理的な判断過程により有罪と認められる嫌疑があれば足りる」と述べる。

[24] 最判昭和57年3月12日民集36巻3号329頁（商事留置権事件）〔百選234〕は「裁判官がした争訟の裁判に上訴等の訴訟法上の救済方法によって是正されるべき瑕疵が存在したとしても，これによって当然に国家賠償法1条1項の規定にいう違法な行為があったものとして国の損害賠償責任の問題が生ずるわけのものではなく，右責任が肯定されるためには，当該裁判官が違法又は不当な目的をもって裁判をしたなど，裁判官がその付与された権限の趣旨に明らかに背いてこれを行使したものと認めうるような特別の事情があることを必要とする」と述べる。

[25] 最判昭和60年11月21日民集39巻7号1512頁（在宅投票事件）〔百選233〕は「国会議員は，立法に関しては，原則として，国民全体に対する関係で政治的責任を負うにとどまり，個別の国民の権利に対応した関係での法的義務を負うものではないというべきであって，国会議員の立法行為は，立法の内容が憲法の一義的な文言に違反しているにもかかわらず国会があえて当該立法を行うというごとき，容易に想定し難いような例外的な場合でない限り，国家賠償法1条1項の規定の適用上，違法の評価を受けない」と述べる。

[26] 高木光「省令による規制権限の『性質論』——泉南アスベスト国賠訴訟を素材として」NBL984号（2012年）36頁および，同「省令制定権者の職務上の義務——泉南アスベスト国賠訴訟を素材として」自治研究90巻8号（2014年）3頁参照。

トカーで追跡する職務の執行中に，逃走車両の走行により第三者が損害を被った場合において，右追跡行為が違法であるというためには，右追跡が当該職務目的を遂行する上で不必要であるか，又は逃走車両の逃走の態様及び道路交通状況等から予測される被害発生の具体的危険性の有無及び内容に照らし，追跡の開始・継続若しくは追跡の方法が不相当であることを要する」と述べている。

また，最判平成 5 年 3 月 11 日民集 47 巻 4 号 2863 頁（奈良過大更正事件）〔百選 227〕は「税務署長のする所得税の更正は，所得金額を過大に認定していたとしても，そのことから直ちに国家賠償法 1 条 1 項にいう違法があったとの評価を受けるものではなく，税務署長が資料を収集し，これに基づき課税要件事実を認定，判断する上において，職務上尽くすべき注意義務を尽くすことなく漫然と更正をしたと認め得るような事情がある場合に限り，右の評価を受ける」と述べている。

2　違法性一元論的傾向

さて，多くの判例は，「違法性」すなわち「職務義務違反」の要件のもとで民法 709 条の「過失」にあたる判断を合わせて行っており，職務義務違反が認定される場合は，改めて過失の有無が問題とされることはあまりないとみられる。そこで，「職務義務違反説」は「違法性」と「過失」の関係については「違法性一元論」[27]的傾向を有するといえよう。

この点は，行政法の分野で多くの有力説が，国家賠償法においても違法性要件に特別の意味があるとしているのとは趣を異にする。というのは，これらの学説は法治主義の担保という観点から抗告訴訟における違法性と国家賠償法 1 条にいう違法性を同一に解すべきであるという立場をとり，国家賠償法 1 条においては「違法性と過失の二元論」[28]が妥当であるとしているからである。この立場は，判例の採用している「違法性相対説」に対抗するものであり，「違法性同一説」[29]と呼ぶのが適切であろう[30]。

---

[27]　宇賀 II 448 頁は，「違法性一元的審査」と表現している。

[28]　宇賀 II 447 頁は，「違法性と過失の二元的審査」と表現している。

[29]　阿部 II 497 頁以下参照。1980 年代後半の阿部泰隆の「違法性同一説」と遠藤博也の「違法性相対説」の対立は，抗告訴訟判決の既判力が国家賠償訴訟にどのような影響を及ぼすか，という論点に関するものであった。

[30]　北村和生「判批」百選 227 は，「違法一元説」と呼んでいるが，判例の立場の方を「違法性一元説」と呼ぶ塩野や大橋の用語法と逆の印象を与えるので紛らわしい。

なお，判例のなかには，学校事故の事例[31]のように，違法性を特に判断せず，過失のみを判断しているものがある。これらは，「過失一元論」的傾向を有するものであり，「職務義務違反説」とは用語は異なるものの，類似した判断枠組みである。

さらに，接見の制限に関する事例[32]や，国民健康保険の被保険者資格に関する事例[33]のように，違法性と過失を分けて判断しているかにみえるものがある。これらは，「公権力発動要件欠如説」からは，自説に従うものであるとして評価されている。しかし，仔細に分析すれば，「職務義務違反説」＋「違法性相対説」と異質の発想を示しているとはいえないものであると筆者は考えている。

3 不作為の違法性

不作為が違法となるためには，作為義務が先行する必要がある。そこで，不作為による不法行為を考える場合には，違法性一元論的な傾向が不可避である[34]。塩野宏は「違法性同一説」の立場であるが，上記の傾向を認め，不作為という類型では，違法性と過失の融合に特に異論を唱えてはいない[35]。「違法性同一説」の射程を限定するもので，「類型化思考」に依拠する立場であるといえる。他方，宇賀克也は，同様に上記の傾向を認識しつつも，「公権力の不発動要件の欠如」という表現で，「公権力発動要件欠如説」（＝「違法性同一説」）の射程を広くとる立場を表明している[36]。「汎用理論思考」の強い立場であるといえる。しかし，

不法行為の要件		国賠法違法	取消違法との関係	塩野・大橋の用語
違法性と過失の二元論		「法治国原理違反説」	違法性同一説（違法一元説）	違法性二元説（公権力発動要件欠如説）
違法性と過失の融合	違法性一元論	「職務義務違反説」	違法性相対説（違法二元説）	違法性一元説（職務行為基準説）
	過失一元論			

31) 最判昭和58年2月18日民集37巻1号101頁。最判昭和62年2月6日判時1232号100頁〔百選223〕。
32) 最判平成3年7月9日民集45巻6号1049頁（幼児接見不許可事件）〔百選52〕。
33) 最判平成16年1月15日民集58巻1号226頁〔自治百選11〕。
34) 絶対権侵害をモデルにした「結果不法論」の発想による法律構成は，作為についてある程度機能するにとどまるからである。
35) 塩野Ⅱ315頁。

汎用性をめざす場合には，「公権力」や「発動」という言葉を用いるのは不適切である[37]。これに対して，判例の用いる「職務義務違反説」は様々な「義務」を包括しうる枠組みであるから無理なく「汎用性」を有すると思われる。

　規制権限の不行使に関する国家賠償責任については，「反射的利益論」「裁量権収縮論」「裁量権消極的濫用論」などの議論がある。前2者はドイツ由来の理論であり，その性格を理解しようとすると，義務付け訴訟や「警察介入請求権」，さらには「基本権保護義務」など難解な領域に入り込むことになる。

---

36) 宇賀Ⅱ454頁。
37) 宇賀の「公権力発動要件欠如説」は，「法治国原理違反説」と名乗るべき内容であり，「隠れた自己責任説」であると筆者は考えている。高木光「法律の執行——行政概念の一断面」『行政法学の未来に向けて（阿部古稀）』（有斐閣・2012年）21頁以下参照。なお，山本探究544頁は宇賀説を支持している。

UNIT 37 営造物責任

1 国家賠償法2条の位置づけ

1 無過失責任

国家賠償法1条が民法709条,715条に対応するものであるのに対し,国家賠償法2条は,民法717条に対応するものである。

国家賠償法2条の責任は「無過失責任」であり,国家賠償法1条の「過失責任」と比較して,被害者救済の観点からは優れているものと考えられてきた。そこで,その適用範囲を拡大する解釈論が学説上は有力で,判例も一部それに沿った展開をとげている。

国家賠償法2条1項
道路,河川その他の公の営造物の設置又は管理に瑕疵があったために他人に損害を生じたときは,国又は公共団体は,これを賠償する責に任ずる。
2項 前項の場合において,他に損害の原因について責に任ずべき者があるときは,国又は公共団体は,これに対して求償権を有する。

---

2 公の営造物と公物

ここでいう「公の営造物」は,理論上の「公の営造物」ではなく,「公物」を意味する。

国家賠償法2条にいう「公の営造物」は,道路と河川が例示されているように,主として物的手段に着目した概念である。ただし,責任を認めるべきか否かを判断する際には,その「設置又は管理」という部分で人的側面も考慮される。

理論上の「公の営造物」は,「国又は公共団体[1]により公の目的に供用される

---

1)「公共団体」にあたるとされたものとして旧国鉄がある。最判昭和61年3月25日民集40巻2号472頁(点字ブロック事件)〔百選247〕参照。
「点字ブロック等のように,新たに開発された視力障害者用の安全設備を駅のホームに設置しなかったことをもって当該駅のホームが通常有すべき安全性を欠くか否かを判断するに当たっては,その安全設備が,視力障害者の事故防止に有効なものとし

人的物的手段の総合体」と定義され，「公物」は「国又は公共団体により直接に公の目的に供用されている個々の有体物」と定義される。

「公物」は「個々の有体物」であるから，不動産のみならず，動産も含まれる。ただ「個々の」といっても，常にばらばらに分解してそれぞれの設置管理を問題にするわけではなく，事案に応じて，社会通念上一定のまとまりを持ったものを一個の「物」として扱うことになる。

理論上の「公物」は，供用目的によって「公共用物」と「公用物」に分けられる。「公共用物」とは，一般国民・住民の利用を想定するもので，道路と河川はその典型である。「公用物」とは，庁舎や消防車など，主として公務の遂行に用いられるものである。

また，理論上の「公共用物」は，そのような性質を持つに至る過程で「公用開始」（Widmung）という意思的な行為が必要かどうかによって「人工公物」と「自然公物」に分けられる。道路は人工公物の，河川は自然公物の典型とされる。

「公物」に該当するかどうかは，それが公の目的に供用されているかどうかにより判断されるので，その所有権を国または公共団体が有するかとは無関係である。

「公物」は，その所有権の主体によって「国有公物」「公有公物」「私有公物」に分類される。また，公物の管理主体と所有権の帰属が一致しているものを「自有公物」と，一致していないものを「他有公物」という。なお，その所有権が国または公共団体に属していても，公の目的に供されていないものは「公物」ではなく，理論上は「私物」と呼ばれる。国家賠償法２条が適用されるのは，理論上の「公物」に限定され，「私物」については民法の適用によることになる。特に注意すべきは，民法717条との関係である。

> **民法717条1項**
> 土地の工作物の設置又は保存に瑕疵があることによって他人に損害を生じたときは，その工作物の占有者は，被害者に対してその損害を賠償する責任を負う。ただし，占有者が損害の発生を防止するのに必要な注意をしたときは，所有者がその損害を賠償しなければならない。

て，その素材，形状及び敷設方法等において相当程度標準化されて全国的ないし当該地域における道路及び駅のホーム等に普及しているかどうか，当該駅のホームにおける構造又は視力障害者の利用度との関係から予測される視力障害者の事故の発生の危険性の程度，右事故を未然に防止するため右安全設備を設置する必要性の程度及び右安全設備の設置の困難性の有無等の諸般の事情を総合考慮することを要する」。

3　徳島遊動円棒事件

先に指摘したように，明治憲法下では，公務員の不法行為によって被害を受けた者の救済を阻むものがいくつかあり，救済を認めようとする学説は，行政作用を区分して，公法関係を狭く，民法に服する私法関係の範囲を広く解する努力をし，大審院を頂点とする司法裁判所の裁判例もある程度これに従った。そして，国または公共団体の「非権力的活動」については民法が適用されるという解釈を，公物の設置管理作用について採用したのが，学校事故に民法717条を（類推）適用することによって救済を認めた1916年の徳島遊動円棒事件判決[2]であった。

	権力的活動	無答責		憲法17条	国家賠償法1条	
	非権力的活動	?	民法717条類推?	?		国家賠償法2条
	私経済的活動	民法715条	民法717条	民法による救済	民法715条	民法717条
	〈戦前の状況〉			〈戦後改革〉	〈判例の立場〉	

　第二次大戦後，国家賠償法を制定するに際して，2条が1条とは別に設けられたのは，「公権力の行使とは考ええない公の管理作用に基づく損害について国又は公共団体の責任を明確にし，その疑義を一掃」するためであった[3]。
　塩野宏は，2条が民法717条の特則であることには異論がない，としている[4]。しかし，筆者は，公物の設置管理作用は，本来は公法の領域であり（「利益説」ないし「修正帰属説」的理解），今後は，民法717条を便宜的に適用するのではなく，国家賠償法2条によることにしようとする趣旨であったと理解すべきではないかと考える。
　いずれにしても，現行法のもとでは，公物の設置管理作用については国家賠償法2条が適用され，「私物」の設置管理作用については，その「私物」が「土地の工作物」にあたる場合には民法717条が，その他の場合には民法709条，715条が適用されることになる。
　なお，国家賠償法1条にいう「公権力の行使」は広義に理解されるようになっ

---

[2]　大判大正5年6月1日民録22輯1088頁。
[3]　田中二郎の説明。塩野II 332頁参照。
[4]　塩野II 297頁。

ているので，公物の設置管理作用も理論上はそれに含まれる。ただ，1条より2条の方が「無過失責任」を認める点で被害者にとって有利であると考えられている。1条における広義説のなかに，「公権力の行使」の定義において「営造物の設置又は管理作用を除く」ものがみられるのはそのためであろう。

2　設置管理の瑕疵

1　通常有すべき安全性を欠くこと

　国家賠償法2条の責任の要件として最も重要なのは「設置又は管理の瑕疵」である。このうち「設置又は管理」は，民法717条にいう「設置又は保存」と同義で，「設置」とは「公物」を成立させるまでの設計施工等の行為を，「管理」とはその後の維持修理等の行為をいう。

　「管理」主体は，公物管理権を有する者であるのが通例であるが，「事実上の管理」でも足りるとする裁判例[5]もある。

　なお，「設置」と「管理」の区別は，人工公物については一応可能である。他方，自然公物については，その全体について「設置」をイメージすることは困難である。ただ，求償関係を除いて効果には違いがないので，区別の実益はあまりない。

　民法717条にいう「瑕疵」とは，その物が本来備えているべき性質や設備を欠いていることをいい，国家賠償法2条にいう「瑕疵」も同様に考えられてきた。最判昭和45年8月20日民集24巻9号1268頁（高知落石事件）〔百選243〕は，「営造物の設置または管理の瑕疵とは，営造物が通常有すべき安全性を欠いていることをいう」と定式化し，最判昭和53年7月4日民集32巻5号809頁（ガードレール幼児転落事件）は，「営造物の設置又は管理に瑕疵があったとみられるかどうかは，当該営造物の構造，用法，場所的環境及び利用状況等諸般の事情を総合考慮して具体的個別的に判断すべきものである」としている。

　民法717条は，民法709条が「過失責任の原則」を定めているのに対して，

---

[5]　最判昭和59年11月29日民集38巻11号1260頁（河川法の適用または準用のないいわゆる普通河川への幼児の転落溺死事故につき，溝渠の改修工事を行った京都市の責任を認めた事例）「国家賠償法2条にいう公の営造物の管理者は，必ずしも当該営造物について法律上の管理権ないしは所有権，賃借権等の権原を有している者に限られるものではなく，事実上の管理をしているにすぎない国又は公共団体も同条にいう管理者に含まれる」。

「無過失責任」を認めるものとみるのが一般的な理解である。同様に，国家賠償法2条も，国家賠償法1条が「過失責任の原則」を定めているのに対して，「無過失責任」を認めるものとみるのが一般的な理解である。前掲最判昭和45年8月20日（高知落石事件）は，「これに基づく国および公共団体の賠償責任については，その過失の存在を必要としない」と明言し，さらに，財政的制約があることを理由に責任を免れることはできないとしている[6]。

「瑕疵」は，このように当初は物理的な安全性という基準で出発したのであるが，昭和50年代以降の判例においては管理者の行為態様という人的な要素もあわせ考慮されている。このような傾向を決定的にしたのは，最判昭和50年6月26日民集29巻6号851頁（赤色灯標柱事件）[7]と最判昭50年7月25日民集29巻6号1136頁（87時間事件）〔百選244〕[8]であると思われる。

また，「通常の用法に即しない行動」[9]や「設置管理者の通常予測し得ない異常な方法」[10]という表現で，被害者側の事情も考慮して，管理の瑕疵の有無が判断されている。

そこで，1条の「職務義務違反」の判断との違いは相対的なものとなっており，民法学者のなかには，この点を重視し，国家賠償法2条の「瑕疵」について「義務違反説」ないし「義務違反的構成」を提唱する立場もみられる[11]。

---

[6] 「本件道路における防護柵を設置するとした場合，その費用の額が相当の多額にのぼり，上告人県としてその予算措置に困却するであろうことは推察できるが，それにより直ちに道路の管理の瑕疵によって生じた損害に対する賠償責任を免れうるものと考えることはできない」。

[7] 工事現場で工事標識板，バリケード，赤色灯標柱等が他車によって倒された直後に通りかかった車が事故にあった事例について瑕疵を否定した例。

[8] 故障した大型貨物自動車が国道上に87時間にわたって放置され，道路の安全性が著しく欠如する状態であったにもかかわらず，道路の安全性を保持するために必要とされる措置を全く講じていなかった事例について瑕疵を肯定した例。

[9] 最判昭和53年7月4日民集32巻5号809頁（ガードレール幼児転落事件）。なお最判昭和58年10月18日判時1099号48頁（大阪城ザリガニ事件）は「無軌道な行動」と表現している。

[10] 最判平成5年3月30日民集47巻4号3226頁（テニス審判台事件）〔百選248〕。

[11] 植木哲および國井和郎について，潮見佳男『不法行為法Ⅱ（第2版）』（信山社・2011年）249頁以下，284頁以下参照。

2 損失補償的要素

被害者として想定されていたのは，本来は「公物」の利用者であるが，判例（最判昭和56年12月16日民集35巻10号1369頁（大阪空港事件）〔百選157〕〔百選249〕）は次のように「第三者」も含まれるとしている。

> そこにいう安全性の欠如……とは，ひとり当該営造物を構成する物的施設自体に存する物理的，外形的な欠陥ないし不備によって一般的に右のような危害を生ぜしめる危険性がある場合のみならず，その営造物が供用目的に沿って利用されることとの関連において危害を生ぜしめる危険性がある場合をも含み，また，その危害は，営造物の利用者に対してのみならず，利用者以外の第三者に対するそれをも含む。

上記の考え方は，最判平成7年7月7日民集49巻7号1870頁（国道43号訴訟）でも踏襲されたが，このように「通常有すべき安全性」を利用者との関係のみならず，第三者との関係でも問題にすることによって，損失補償的考慮が取り込まれていることが指摘されている。

3 河川の特殊性

また，判例は，道路に代表される人工公物と河川に代表される自然公物とで，瑕疵の判断基準を実質的にみて異なるものとしている。

すなわち，大東水害訴訟についての最判昭和59年1月26日民集38巻2号53頁〔百選245〕は，

> 河川は……，通常は当初から安全性を備えたものとして設置され管理者の公用開始行為によって公共の用に供される道路その他の営造物とは性質を異にし，もともと洪水等の自然的原因による災害をもたらす危険性を内包している……。したがって……安全性の確保は……治水事業を行うことによって達成されることが当初から予定されている

としており，このような違いに対応して，財政的制約の意味が異なることを指摘している。

> 道路の管理者において災害等の防止施設の設置のための予算措置に困却するからといってそのことにより直ちに道路の管理の瑕疵によって生じた損害の賠償責任を免れうるものと解すべ

きでないとする当裁判所の判例（昭和42年（オ）第921号同45年8月20日第一小法廷判決・民集24巻9号1268頁）も，河川管理の瑕疵については当然には妥当しない。

なお，一般的基準としては，以下のような「総合考慮」によるべきであるとされた。

> 河川の管理についての瑕疵の有無は，過去に発生した水害の規模，発生の頻度，発生原因，被害の性質，降雨状況，流域の地形その他の自然的条件，土地の利用状況その他の社会的条件，改修を要する緊急性の有無及びその程度等諸般の事情を総合的に考慮し，前記諸制約のもとでの同種・同規模の河川の管理の一般水準及び社会通念に照らして是認しうる安全性を備えていると認められるかどうかを基準として判断すべきである

その後の水害訴訟では，同様に，結論においても管理の瑕疵の存在が否定されたものが多い[12]。

なお，改修計画との関係で「改修中の河川」と「改修済の河川」の区別が重視されているようである。すなわち，大東水害訴訟は，「改修中の河川」に関するもので，いわゆる「改修途上論」が考慮要素とされた。

> 既に改修計画が定められ，これに基づいて現に改修中である河川については，右計画が全体として右の見地からみて格別不合理なものと認められないときは，その後の事情の変動により当該河川の未改修部分につき水害発生の危険性が特に顕著となり，当初の計画の時期を繰り上げ，又は工事の順序を変更するなどして早期の改修工事を施行しなければならないと認めるべき特段の事由が生じない限り，右部分につき改修がいまだ行われていないとの一事をもって河川管理に瑕疵があるとすることはできない。

これに対して，最判平成2年12月13日民集44巻9号1186頁（多摩川水害訴訟）〔百選246〕では，「改修済河川」であることが重要な要素となって，管理に瑕疵ありという結論となったとみられる。

---

12) 最判昭和60年3月28日民集39巻2号333頁（加治川），最判平成8年7月12日民集50巻7号1477頁（平作川）など。

UNIT 38　費用負担者・民法との関係

1　費用負担者

1　序　説

　国家賠償法3条は，国家賠償法1条および2条に基づく損害賠償責任が成立する場合に，本来の賠償責任者と並んで，それ以外の者にも賠償責任を負わせる規定である。被害者が被告とすべき者を誤ることによって十分な救済が得られないということがないようにという配慮から置かれた規定であるが，現在ではその意義は薄れている。

> **国家賠償法3条1項**
> 　前2条の規定によって国又は公共団体が損害を賠償する責に任ずる場合において，公務員の選任若しくは監督又は公の営造物の設置若しくは管理に当る者と公務員の俸給，給与その他の費用又は公の営造物の設置若しくは管理の費用を負担する者とが異なるときは，費用を負担する者もまた，その損害を賠償する責に任ずる。

　3条1項の文言は複雑であるので，以下のように，1条の責任に関する部分と，2条の責任に関する部分に分解して「読み解く」必要があろう。

2　公務員の選任・監督者

　「公務員の選任若しくは監督に当る者」という概念は，国家賠償法1条の責任を負う者を想定している。1条で説明したように，国家賠償法1条の責任は，公務員の身分ではなく，その遂行する職務を基準にして成立すると考えられている。そこで，「公務員の選任若しくは監督に当る者」とは，「監督」の部分に重点を置いて，行為者が遂行する職務が国の事務であれば国，都道府県の事務であれば都道府県と解釈される。

3　1条の責任に関する「費用負担者」

「公務員の俸給，給与その他の費用を負担する者」が，1条の責任に関する「費用負担者」である。ここでいう「負担」とは，実質的に財源の手当てをすることを意味する。したがって，俸給等の「支払い」を直接行っていない主体も「費用負担者」に該当することがある。

国家賠償法3条は，「費用負担者」が，国家賠償法1条により責任を負う者と並んで責任を負うことを定めている。

国家賠償法1条においては，行為者の遂行する職務がどの行政主体の事務であるかが問題とされたのに対して，「費用負担者」については，行為者がどの行政主体に属するのかがまず問題とされる。国家公務員の俸給は国が負担し，地方公務員の給与は，都道府県の職員の場合は都道府県が，市町村の職員の場合は市町村が負担するのが原則であるからである。

しかし，例外的に，国，都道府県および市町村が複雑な関係に立つこともある。たとえば，公立の小中学校の教員は「県費負担教職員」とも呼ばれ，任免は市町村教育委員会の内申を待って，都道府県教育委員会が行い，服務の監督は市町村教育委員会が行う（地方教育行政の組織及び運営に関する法律37条，38条，43条）が，給与は全額が都道府県の負担とされ，さらに，国がその実支出額の3分の1を負担するものとされている[1]（市町村立学校職員給与負担法1条，義務教育費国庫負担法2条）。そして，実務上は，給与の支払いは都道府県から直接行われているようである。したがって，たとえば，市立の中学校で教諭の監督上のミスが問題とされた場合，国家賠償法1条の責任を負うのは市であるが，都道府県と国が「費用負担者」にあたることになる。

4　公の営造物の設置・管理者

「公の営造物の設置若しくは管理に当る者」という概念は，国家賠償法2条の責任を負う者を想定している。国家賠償法2条の責任も，設置・管理者の身分ではなく，設置・管理行為の性質を基準にして成立すると考えられている。そこで，設置・管理行為が国の事務である場合には国が，都道府県の事務である場合には都道府県が，市町村の事務である場合には市町村が「公の営造物の設置若しくは

---

[1]　小泉政権におけるいわゆる「三位一体改革」のなかで，廃止が検討され，2006年に従来の2分の1から3分の1に減額することで決着した。

管理に当る者」と解される。

5　2条の責任に関する「費用負担者」

「公の営造物の設置若しくは管理の費用を負担する者」が，2条の責任に関する「費用負担者」である。

「公物」の設置管理については，現場等で設置管理行為に携わる公務員の俸給等よりは，むしろ用地費，建築等が大きなウエイトを占める。そして，これらの費用に関しては，支払いをする主体以外の「費用負担者」が存在することが多い。

すなわち，地方公共団体に対して，国は様々な財政的支出援助をしている。地方財政法上の「負担金」（地方財政法10条，10条の2，10条の3），「委託金」（同10条の4），「補助金」（同16条）のうち，「負担金」と「委託金」は，義務的な支出であるから，国は，ここでいう「費用負担者」に該当する[2]。これに対して，「補助金」の支出は任意であるから，場合によってはここでいう「費用負担者」に該当することがあるにとどまる[3]。

②　国家賠償法3条の適用例

1　機関委任事務の場合

国家賠償法3条は「救済の便宜」のために設けられた規定である。すなわち，その事務がどの主体に帰属するのか，費用がどのように負担されているのかなどがはっきりしないことが原因で被害者が被告の選択を誤り，時効等によって不利益を受けないように，責任を負う主体を複数にするのが狙いである。

「異なるとき」に該当する事例の典型は，地方分権改革がなされる前は「機関委任事務」の場合であった。

たとえば，都道府県知事が国の機関として機関委任事務を処理した場合には，

---

2) 阿部 II 547 頁。
3) 最判昭和50年11月28日民集29巻10号1754頁（鬼が城事件）〔百選250〕は「公の営造物の設置者に対してその費用を単に贈与したに過ぎない者は同項所定の設置費用の負担者に含まれるものではないが，法律の規定上当該営造物の設置をなしうることが認められている国が，自らこれを設置するにかえて，特定の地方公共団体に対しその設置を認めたうえ，右営造物の設置費用につき当該地方公共団体の負担額と同等もしくはこれに近い経済的な補助を供与する反面，右地方公共団体に対し法律上当該営造物につき危険防止の措置を請求しうる立場にあるときには，国は，同項所定の設置費用の負担者に含まれる」と述べる。

知事の職務の遂行について主務大臣の指揮監督権があった（地方自治法旧148条）ことから，1条の責任は国が負い，都道府県は3条により責任を負うと解されていた。

　また，一般国道の管理は，政令で指定する区間（「指定区間」）については建設大臣が行うが，その他の区間については国の機関としての知事が行うものとされていた。他方，一級河川の管理は，建設大臣が行うのが原則ではあるが，建設大臣が指定する区間（「指定区間」）については国の機関としての知事に行わせることができるものとされていた。このような場合，知事が管理しているときにも，2条の責任は国が負い，都道府県は3条により責任を負うことになる。

　既に UNIT 4 ②で説明したように，地方分権改革によって「機関委任事務」は全廃され，現在では，地方公共団体の事務は「自治事務」と「法定受託事務」に分類されている。「法定受託事務」については，国の関与がある程度強く認められるが，事務の性質としては，あくまでも当該地方公共団体の事務と理解される。そこで，たとえば，都道府県知事が法定受託事務を処理した場合には，知事の職務の遂行についての1条の責任は都道府県が負うことになる。また，法定受託事務としての道路，河川等の管理を行ったときの2条の責任も同様である。そこで，これらの場合は，従来のような形では「異なるとき」には該当しないことになっている。

2　現在の適用例

　そこで，現在では，「異なるとき」に該当するのは，事務の帰属は明確であるが，別途，実質的な財源の手当てがなされている場合が大半ということになり，その意味で，3条の存在意義は薄れたといえよう。

　なお，特殊なものとして，先にみた教育法の領域のほか，警察法の領域がある。すなわち，現行警察法は「都道府県警察の原則」をとりつつ，都道府県警察の職員のうち，警視正以上の階級にある警察官（「地方警務官」）については，身分を国家公務員とし（警察法56条1項），その俸給は国庫から支弁するものとしている（同37条1項）。したがって，地方警務官が行為者である場合，遂行する事務の性質を基準とする1条の責任を負うのは都道府県であるが，国は「費用負担者」に該当する。なお，地方警務官の任免権は，警視総監，警察本部長等と同様に国家公安委員会が有している（同49条，50条，55条3項）が，都道府県警察は，都道府県公安委員会の管理に服する（同38条3項）ので，国は「監督に当る者」には

該当しないと解されている[4]）。

3 本来の責任主体・求償

「費用を負担する者もまた」という文言は，「選任・監督者」ないし「設置・管理者」が本来の責任主体であり，「費用負担者」は付加的に責任主体とされているように響く。しかし，そのような立法上の意図は存在しないとされている[5]）。したがって，本来の責任主体がどちらかは，個別の制度の趣旨によって決するほかはない。

国家賠償法3条2項は「前項の場合において，損害を賠償した者は，内部関係でその損害を賠償する責任ある者に対して求償権を有する」と定めている。

最判平成21年10月23日民集63巻8号1849頁〔百選251〕は，学校事故に関して，損害賠償のための費用は，法令上，当該中学校を設置する市町村が全額を負担すべきものとされているとし，県から市に対する求償を認めた。

③ 国家賠償法4条・5条

1 民法との関係

先にみたように，国家賠償法4条は，国家賠償法と民法との関係について2つの性質の異なる事項を定めている。1つは，国家賠償法が適用される場合に，民法の規定が補充的に適用されることである。もう1つは，国家賠償法が適用されない場合に，国または公共団体の損害賠償責任が，民法上の責任として検討されることである。

まず，最判昭和50年2月25日民集29巻2号143頁〔百選30〕は，自衛隊職員に関して，安全配慮義務違反に基づく損害賠償責任を認め，消滅時効の期間を10年であるとした。

また，4条にいう「民法」には，「民法」という名称の法律（「民法典」）のみならず，「失火の責任に関する法律」という「民法付属法規」も含まれるとするのが判例の立場である[6]）。

国家賠償法5条は，一般法としての国家賠償法ないし民法と「特別法」との関

---

4) 最判昭和54年7月10日民集33巻5号481頁〔百選238〕。
5) 塩野II 350頁，宇賀II 486頁。
6) 最判昭和53年7月17日民集32巻5号1000頁〔百選252〕。同旨，最判平成元年3月28日判時1311号66頁。

係についての規定である。公務員の不法行為について無過失責任を定める特別の規定があれば、それは国家賠償法1条との関係で「特別法」ということになる。また、損害賠償の範囲について法定する特別の規定があれば、それは、民法416条との関係で「特別法」ということになる。

国家賠償法5条は、4条と合わせてみると、国または公共団体の損害賠償責任について、国家賠償法およびここでいう「他の法律」に特別の定めがない限り、民法が適用されるという趣旨であるとされる。ここでいう「他の法律」とは何かについては争いがある。

これを、理論的に「特別法は一般法を破る」という法理によるものであると理解する場合[7]には、「民法」が一般法であり、「国家賠償法」は「民法」に対する意味で「特別法」にあたり、また、「他の法律」とは、「民法」との関係で「特別法」であるのみならず、「国家賠償法」との関係でも「特別法」であるものを意味することになろう。

他方、「国家賠償法」は「公法」の領域に属するとの理論的立場[8]をとるときには、「国家賠償法」自体は「民法」との関係では「特別法」にはあたらないが、国家賠償法は4条によって「民法」の補充的適用を「創設的」に定めつつ、国家

---

7) 〈国家賠償法を基本的に私法規範＝民法の特別法とみる立場〉

憲法17条	国家賠償法1条・2条	5条にいう「他の法律」国・公共団体にのみ適用
	民法＋民法付属法規の補充的適用　4条による確認	
私人間の不法行為＋「私経済行政」	私法の一般法としての民法	民法付属法規	5条にいう「他の法律」国・公共団体につき修正

「民法付属法規」が、一般私人に適用されるルールであるとすれば、5条にいう「他の法律」として想定されているのは、前者の立場からは、国や公共団体が一般私人とは異なる立場で活動する場合および国や公共団体が一般私人と一応同じ立場で活動するが、政策的に特別扱いが必要とされる場合に適用されるものということになろう。

8) 〈国家賠償の根拠を「公法規範」であるとみる立場〉

Staatshaftung 憲法17条	国家賠償法1条・2条	5条にいう「他の法律」	公法規範
	民法の補充的適用　4条による創設		
私人間の不法行為＋「私経済行政」	私法の一般法としての民法	民法付属法規	5条にいう「他の法律」	私法規範 4条による確認

賠償法が適用されない私法上の活動について，国または公共団体が「私法」によって損害賠償責任を負うことを「確認的」に定めていることになる。そこで，5条にいう「他の法律」とは，本来ならば国家賠償法の適用があるものについては，「公法」の領域における「特別法」を意味し，国家賠償法が適用されないものについては，商法など民法との関係で「特別法」にあたるものを意味すると理解することになる。

先にみたように，判例は，4条にいう「民法」を民法典に限定せず，「民法付属法規」を含むものと解釈している。したがって，5条にいう「他の法律」には，「民法付属法規」は含まれない。この解釈は，上記の理論的立場のうち後者に親和的であるようにも感じられる。

なお，失火責任法を4条にいう「民法」に含める判例には批判的な立場が多い[9]。なお，学説のなかには，自賠法は5条にいう「他の法律」に該当すると解する立場[10]もある。

2 特　則

5条にいう「別段の定」とは，国または公共団体の損害賠償責任の成立要件または効果についての特則を意味する。成立要件を緩やかにするもの（「加重された責任」），成立要件を限定するもの（「軽減された責任」），賠償額を増額するもの，賠償額を限定するものなど様々なパターンが考えられる。

第1に，消防法6条3項，国税徴収法112条2項などは，国家賠償法1条の「過失責任の原則」を修正し，無過失責任を認めるものである。

第2に，郵便法旧68条，旧73条は，責任を軽減ないし定型化するものである。郵便法は旧68条で，郵便物につき，書留郵便物の全部または一部を亡失し，またはき損したときなどに限り，一定の範囲内で損害を賠償する（定型化）と規定し，旧73条で，損害賠償請求権者を当該郵便物の差出人またはその承諾を得た受取人に限定していた。しかし，これらの規定について，最判平成14年9月11日民集56巻7号1439頁〔百選253〕は，書留郵便物に関しては，故意または重過失によって損害が生じた場合に責任を免除し，または制限している部分，特別送達郵便物に関しては，郵便業務事業者の軽過失によって損害が生じた場合に責

---

[9] 宇賀II491頁。阿部II550頁。
[10] 阿部II553頁。これに対して，宇賀II490頁は，判例のいう「民法付属法規」には，自賠法も含まれるとする。

任を免除し，または制限している部分を，違憲無効とした。この判決を受けて，郵便法は改正され，書留郵便物に関しては，軽過失によって損害を生じた場合に限って，責任を免除し，または制限し，特別送達郵便物については，責任の免除，軽減をしないものとされた（50条3項，4項）。

UNIT 39 損失補償

1 憲法29条

1 損失補償法の存在形式

損失補償法とは，国または公共団体の適法な行為の結果，私人に生じた損失に対して行う金銭の支払い等による補塡に関する法規範の総体をいう[1]。金銭の支払い等をする主体は，国または公共団体である場合が大半であるが，例外的にそうでない場合もある。

「損失補償」の領域には一般法は存在しない。そこで，まずは，憲法29条の規定を具体化している判例および土地の収用に関する一般法である「土地収用法」の基本構造を理解することが重要ということになる。以下，まず憲法29条を分解して考察する。

2 財産権とその制約

> **憲法29条1項**
> 財産権はこれを侵してはならない。
> **2項** 財産権の内容は，公共の福祉に適合するやうに，法律でこれを定める。
> **3項** 私有財産は，正当な補償の下に，これを公共のために用ひることができる。

ここでいう「財産権」とは，一切の財産的価値を有する権利利益（広義の権利）を意味する。民法上の所有権その他の物権，債権や，著作権，特許権，商標権，意匠権などの知的財産権のほか，鉱業権，漁業権，水利権，河川利用権など「公法」の領域を含む個別法によって認められた権利も財産的価値を有する限り，これに含まれる[2]。また，公物や公の営造物の利用を許可等に基づいて認められて

---

[1] ただし，芝池救済法203頁注1は，原因行為の適法性は損失補償の要件ではないとしている。

[2] 野中他・憲法I482頁（高見勝利）。

いる場合，「○○権」と呼ばれないものであっても，そのような法的地位[3]がこれに含まれる余地がある。

憲法学の多数説によると，憲法29条1項は，各人が財産権の享有主体となりうる能力の客観的な保障，個人の財産を制度として保障する意味があるとされる（「制度的保障説」）。「侵してはならない」というのは，私有財産制を根本的に否定することが許されないという意味である。そこで，各個人の財産権は，そのような前提のもとで基本的人権として保障されるが，2項に定めるように，その「内容」は法律によって限定され，3項に定めるように，一定の条件のもとで剝奪される可能性がある。

財産権の「内容を定める」というのは，財産権を「制約」することを意味する。法律が定めたものがその財産権の「内容」であると文字通り解すると，そのような法律の合憲性・合理性を問題にすることが難しくなる。そこで，憲法29条2項は，財産権が「公共の福祉」による「制約」ないし「規制」に服することを定めていると説明するのが通例である。そして，そのような「制約」はさらに「内在的制約」と「外在的制約」（ないし「政策的制約」）に分類され，あるいは「規制」は「消極的規制」と「積極的規制」に分類される。

「公共の福祉」には，自由国家的公共の福祉と社会国家的公共の福祉の双方は含まれる。前者に基づく制約は「内在的制約」，後者に基づく制約は「政策的制約」とされる。また，前者は「消極目的」の規制，後者は「積極目的の規制」の根拠とされる[4]。

3 制約の根拠

制約の根拠には，国会の定める形式としての「法律」のみならず，地方議会が議決という形で関与する「条例」も含まれる。

憲法29条2項が「定める」と表現しているのは，法律または条例によって財産権の制約が適法に課されることを意味する。私人はそのような制約を受忍する義務を負うことになるが，それは，ただちに損失補償が不要であることを意味し

---

[3] 最判昭和49年2月5日民集28巻1号1頁（行政財産である土地につき建物所有を目的として期間の定めなくなされた使用許可の撤回について，当該行政財産本来の用途または目的上の必要に基づく場合は，特別の事情がない限り，使用権者は，右撤回による土地使用権喪失についての補償を請求できないとした事例）〔百選94〕。

[4] 野中他・憲法Ⅰ486頁（高見勝利）参照。

ない。場合によっては，そのような制約は，3項にいう「公共のために用ひる」に該当すると解釈され，損失補償が憲法上必要とされることになる。また，憲法上は損失補償をすることが不要な場合にも，政策的な見地から，法律（または条例）によって損失補償についての定めを置くことは妨げられない。

2 内在的制約と特別の犠牲

1 「公共のために用ひる」の意味

憲法29条3項にいう「私有財産」は，私人の「財産権」を意味する。そして，それを「公共のために用ひる」というのは，「公益の増進」のために，「収用し，使用し，または制限する」ことを意味する。

第1に，「公共のため」という要件は，直接に国または公共団体に役立つ場合のほか，私人の公益的な活動に役立つ場合を含む。さらに，直接的には私人に役立つにとどまるが，それが公益を増進するものとみられる場合を含むことがある。第二次大戦後に占領軍の政策として行われた農地改革などがそうである。

第2に，「用ひる」というのは，文言上は，何らかの利益が権利者以外の特定の者に帰属することを意味する。最も典型的なものは，所有権等が権利者から剥奪され，他の特定の者に帰属する場合であり，これを「収用」と呼ぶ。次に，所有権等はそのままであるが，一定の利用権が設定され，権利者は利用を受忍する義務を負い，権利者以外の特定の者が利用する場合であり，これを「使用」と呼ぶ。

さらに，文言からは多少離れるが，「収用」と「使用」以外に，所有権等に対して，公益的な見地から「制約」が課される場合があり，これを「制限」と呼ぶ。このような「制限」が，「財産権の内在的制約」を超えて，権利者に「特別の犠牲」を課すものである場合は，（先にみた第2項・第3項結合説に従うと）これも3項にいう「用ひる」に含まれることになる。

2 特別の犠牲

どのような場合に「特別の犠牲」が課されたことになるのかは，損失補償の理念である「財産権の保障」（憲法29条）と「公の負担の前の平等」（憲法14条）に照らして，以下のような複数の基準を適宜用いて，個々具体的に総合判断によって決せられる[5]。

第1の基準は，侵害ないし制約の対象が一般的か特別的かという「形式的基

準」である。一般に，国民一般に課せられるものについては，補償は不要とされ，特定の者にのみ課せられるものについては，「特別の犠牲」にあたり補償が必要であるとされる。

　第2の基準は，侵害ないし制約の程度が，財産権の本質を侵害するほど強度のものか否かという「実質的基準」である。一般に，侵害ないし制約の度合いが小さいときは「社会通念上受忍すべき」ものとされ，財産権の剥奪または当該財産権の「本来の効用」の発揮を妨げるようなものであるときは「特別の犠牲」にあたるとされる。

　第3の基準は，侵害ないし制約の原因が財産権者の側にあるのか否かという「目的基準」である。一般に，財産権者の側，とりわけ財産権の対象物の側に原因がある場合には，「内在的制約」として補償は不要とされ，そうでない場合は，「外在的制約」であるから，全体の負担で調整するのが公平であるとして補償が

---

5) これらの基準を併用する説，あるいはいずれかを重視する説は，ドイツの判例学説を参考にしたものであるとみられる。第1基準は，ライヒ裁判所の「個別行為説」ないしそれを受け継いだ初期の連邦通常裁判所の「特別犠牲説」に，第2基準は，連邦行政裁判所の「重大説」に対応する。また，連邦通常裁判所は「特別犠牲説」を維持しつつ「状況拘束性」の理論によって「重大説」の発想を取り込んでいるとされる。Maurer, §27 Rn16-19

　関連するドイツの憲法の規定は以下のとおりである。高田敏＝初宿正典編訳『ドイツ憲法集（第6版）』（信山社・2010年）参照。

> **ワイマール憲法153条1項**
> 　所有権は，憲法によって保障される。その内容及び限界は，法律に基づいてこれを明らかにする。
> 　2項　公用収用は，公共の利益のために，かつ，法律の根拠に基づいてのみ，これを行うことができる。公用収用は，ライヒ法律に別段の定めのない限り，相当な補償のもとに，これを行う。補償の額について争いのあるときは，ライヒ法律に別段の定めのない限り，通常裁判所への途が開かれているものとする。（第4文略）
> 　3項　所有権は義務を伴う。その行使は，同時に公共の福祉に役立つものでなければならない。
>
> **ボン基本法14条1項**
> 　所有権及び相続権は，これを保障する。その内容及び限界は，法律でこれを定める。
> 　2項　所有権には義務が伴う。その行使は，同時に公共の福祉に役立つものでなけれなならない。
> 　3項　公用収用は，公共の福祉のためにのみ許される。公用収用は，補償の方法及び程度を規律する法律により又は法律の根拠に基づいてのみ，これを行うことができる。その補償は，公共の利益及び関係者の利益を正当に衡量して，これを定めるものとする。補償の額について争いのあるときは，通常裁判所で争う途が開かれている。

必要とされる。規制の目的が，公共の安全・秩序の維持という「消極目的」なのか，公共の福祉の増進という「積極目的」なのかによって「警察制限」か「公用制限」かに分類する考え方もこれに属する。

判例の立場は，必ずしも明確ではなく，妥当と思われる結論に合わせて，上記の3つの基準を適宜使い分けているようにもみえる。すなわち，「財産権の内在的制約」か「特別の犠牲」かは，様々な要素を「総合考慮」した結果である，「補償なく受忍すべきもの」か「補償がなされるべきもの」かを言い換えたものにほかならない。

初期の判例として有名なのは，最判昭和38年6月26日刑集17巻5号521頁（奈良県ため池条例事件）〔百選259〕〔自治百選27〕[6]と，最判昭和43年11月27日刑集22巻12号1402頁（名取川事件）〔百選260〕[7]である。

前者では，侵害の度合いが強いにもかかわらず「財産権の内在的制約」とされ，後者では，制約の原因が事業者の側にあるにもかかわらず「特別の犠牲」にあたる可能性が示唆された。ただし，後者におけるその部分は傍論ともいえるもので，「補償がなされるべきもの」であるにもかかわらず，法律に補償の規定が置かれていない場合も，それを理由に法律が無効になるわけではない，という判断に重点がある。注意すべき点は，この2つの判決は刑事事件に関するもので，無罪を主張する被告人の憲法論を排斥するための「論証」がなされていることであろう。

その後の判例のなかで，上記の第3の基準を決め手としたようにみえるものとして，最判昭和57年2月5日民集36巻2号127頁[8]〔街づくり百選105〕と，最判昭和58年2月18日民集37巻1号59頁（モービル石油ガソリンスタンド事件）

---

[6] 奈良県の「ため池の保全に関する条例」は，「ため池の堤とうを使用する財産上の権利を有する者に対しては，その使用を殆ど全面的に禁止することとなり，財産上の権利に著しい制限を加えるものである」が，「結局それは，災害を防止し公共の福祉を保持する上に社会生活上やむを得ないものであり，そのような制約は，ため池の堤とうを使用し得る財産権を有する者が当然受忍しなければならない責務というべきものであって，憲法29条3項の損失補償はこれを必要としない」と判示した。

[7] 「河川附近地制限令により，知事の許可を受けることなくしては砂利を採取することができなくなり，従来，賃借料を支払い，労務者を雇い入れ，相当の資本を投入して営んできた事業が営み得なくなるために相当の損失を被るという財産上の犠牲」は，「公共のために必要な制限によるものとはいえ，単に一般的に当然受忍すべきものとされる制限の範囲をこえ，特別の犠牲を課したものとみる余地が全くないわけではな」いと判示した。

〔百選255〕9)がある。

　しかし，後者は，道路法70条1項の解釈で決着がつくケースであるから，理論上の「警察」の概念を用いる必要があったかどうかは疑問である。

　また，第3の基準自体も「財産権の観念」が変化してきていることから修正が必要であるかもしれない。たとえば，自然公園法による規制は，伝統的な発想によれば「警察規制」ではないが，下級審の裁判例は，様々な「論証」によって，具体のケースでは補償が不要という結論を導いている10)。全体としてみると，

---

8) 「鉱業法64条の定める制限は，鉄道，河川，公園，学校，病院，図書館等の公共施設及び建物の管理運営上支障ある事態の発生を未然に防止するため，これらの近傍において鉱物を掘採する場合には管理庁又は管理者の承諾を得ることが必要であることを定めたものにすぎず，この種の制限は，公共の福祉のためにする一般的な最小限度の制限であり，何人もこれをやむを得ないものとして当然受忍しなければならないものであって，特定の人に対し特別の財産上の犠牲を強いるものとはいえないから，同条の規定によって損失を被ったとしても，憲法29条3項を根拠にして補償請求することができないものと解するのが相当である」と判示した。〔街づくり百選105〕

9) 「警察法規が一定の危険物の保管場所等につき保安物件との間に一定の離隔距離を保持すべきことなどを内容とする技術上の基準を定めている場合において，道路工事の施行の結果，警察違反の状態を生じ，危険物保有者が右技術上の基準に適合するように工作物の移転等を余儀なくされ，これによって損失を被ったとしても，それは道路工事の施行によって警察規制に基づく損失がたまたま現実化するに至ったものにすぎず，このような損失は，道路法70条1項の定める補償の対象には属しない」と判示した。

10) 東京地判昭和57年5月31日行集33巻5号1138頁は「土地の利用制限に対する損失補償は，土地の利用価値の低下が土地所有者にいかなる損失を及ぼしたかを客観的に評価し，補償すべきものであるが，土地の利用価値の低下は，結局利用制限によって生じた地価の低下に反映されるから，公園法の不許可補償は，当該不許可決定に伴う土地の利用制限が地価の低下をもたらしたか否かを客観的に算定し，それを補償の基準とするほかはない」と判示した。

　東京地判昭和61年3月17日行集37巻3号294頁は自然公園法35条1項の「通常生ずべき損失」とは，「例えば，自然公園として指定される以前の当該土地の用途と連続性を有しあるいはその従前の用途からみて予測することが可能であるような当該土地の利用行為を制限されたことによって生ずる損失，当該利用行為に基づく現状の変更が，その土地が自然公園として指定されている趣旨と調和させることが技術的に可能な程度にとどまるものであるにもかかわらず，その利用行為を制限されたことによって生ずる損失，その他離作料，物件移転費等予期し得ない出費を現実に余儀なくされた場合におけるその積極的かつ現実的な出費による損失等を指す」と判示した。

「制限」については，結論において「財産権の内在的制約」＝「補償不要」とされることが多いように感じられる。長期にわたる都市計画制限について，近時の重要な判例として，最判平成17年11月1日判時1928号25頁〔百選261〕がある。

なお，国民が等しく受忍しなければならないものとされる特殊な類型として，「戦争損害」があるとされる。

3 「正当な補償」

憲法29条は，「公共のために用ひる」ことが許容される条件として，損失補償をすることを要求している。

そこで，論理的には，損失補償をすることとセットになってはじめて「収用」「使用」および「制限」が適法と評価され，損失補償をせずになされた「収用」「使用」および「制限」は違法ということになるという立場（「違憲無効説」）[11]もありうる。

しかし，そこまで厳格には考えないのが判例の立場であり（最判昭和43年11月27日＝前掲名取川事件），「正当な補償」は法律に定めが置かれる必要はなく，法律に損失補償の定めのない場合であっても，「公共のために用ひる」という要件が満たされたときは，次のように，権利者のために，損失補償請求権が憲法を直接の根拠として発生する（「請求権直接発生説」）としている。

> 同（河川附近地制限）令4条2号による制限について同条に損失補償に関する規定がないからといって，同条があらゆる場合について一切の損失補償を全く否定する趣旨とまでは解されず，本件被告人も，その損失を具体的に主張立証して，別途，直接憲法29条3項を根拠にして，補償請求する余地が全くないわけではない。

また，補償金の支払は必ずしも先行ないし同時でなければならないわけではないと解されている[12]。

---

11) 場合によっては違憲無効説が妥当とするものとして，毛利他・憲法Ⅱ287頁（松本哲治）参照。ドイツのボン基本法は，34条第3項第2文で，収用を認める法律に補償の定めが置かれることを要求している。そこで，補償が必要な収用に該当するにもかかわらず補償の定めを置いていない財産権の制限は違憲となる。

12) 最判昭和24年7月13日刑集3巻8号1286頁〔百選257〕，最判平成15年12月4日判時1848号66頁。

「正当な補償」がどのような内容のものかについては、「完全補償説」と「相当補償説」の対立があるとされる。しかし、財産権の保障の理念からすれば、収用等の前後において財産的価値に増減がないことをもって「正当な補償」と考えるべきであるから、その意味で「完全補償説」[13]が基本とされるべきである。

　そこで、それよりも低額で足りるとするという趣旨での「相当補償説」が妥当するのは、農地改革や産業の社会化などの特別の場合に限られることになろう。

　ただし、最判平成14年6月11日民集56巻5号958頁は、土地収用法71条の価格固定制を合憲であるとするに際して、昭和28年最判[14]を引用している。これが、同判決が「相当補償説」を正当とする趣旨であるかどうかは見解が分かれるところである[15]。

3　土地収用法の基本構造

1　序　説

　財産権のなかで最も重要なものの1つが土地所有権であり、公共事業用地の取得は、公益と私益の調整が問題となる典型的な場面である。この領域についての一般法が「土地収用法」という名称の法律である。以下、同法の基本構造を、主要条文に即してみていこう。

---

13)　最判昭和48年10月18日民集27巻9号1210頁〔百選258〕は「土地収用法における損失の補償は、特定の公益上必要な事業のために土地が収用される場合、その収用によって当該土地の所有者等が被る特別な犠牲の回復をはかることを目的とするものであるから、完全な補償、すなわち、収用の前後を通じて被収用者の財産価値を等しくならしめるような補償をなすべきであり、金銭をもって補償する場合には、被収用者が近傍において被収用地と同等の代替地等を取得することをうるに足りる金額の補償を要する」と判示した。

14)　最判昭和28年12月23日民集7巻13号1523頁〔百選256〕は「憲法29条3項にいうところの財産権を公共の用に供する場合の正当な補償とは、その当時の経済状態において成立することを考えられる価格に基き、合理的に算出された相当な額をいうのであって、必ずしも常にかかる価格と完全に一致することを要するものでない」と判示した。

15)　平成14年判決の調査官解説である青野洋士・法曹時報57巻1号（2005年）177頁は、昭和48年最判の「完全補償説」に批判的である。

2 収用適格事業・起業者

> **土地収用法1条**
> この法律は、公共の利益となる事業に必要な土地等の収用又は使用に関し、その要件、手続及び効果並びにこれに伴う損失の補償等について規定し、公共の利益の増進と私有財産との調整を図り、もつて国土の適正且つ合理的な利用に寄与することを目的とする。
> **2条**
> 公共の利益となる事業の用に供するため土地を必要とする場合において、その土地を当該事業の用に供することが土地の利用上適正且つ合理的であるときは、この法律の定めるところにより、これを収用し、又は使用することができる。

「公共の利益となる事業」とは、公益事業ないし不特定多数の国民の役に立つ事業をいう。国または公共団体が固有の地位に基づいて行う事業のみならず、国または公共団体が一般私人と同様の立場において行う事業および私人が行う事業も含まれる。ただし、本法によって「公用収用特権」を与えられる事業は、第3条で「限定列挙」されているので、この概念は帰納的に理解されるべきである。

損失補償の原型は、「土地収用」、すなわち、公益事業のための土地所有権の剥奪の際になされるその対価の付与であった[16]。先にみたように、憲法29条3項にいう「私有財産」を「公共のために用ひる」という概念は、これよりも広く解されるようになっている。ドイツではワイマール憲法時代に同様の現象が「古典的収用概念の崩壊」と呼ばれた[17]。

3条各号に列挙されている「収用適格事業」は、道路、河川（ダムなどの河川施設を含む）、鉄道、郵便、放送、電気、水道、学校、火葬場などである。これらのなかには、電気事業のように、主として私企業が経営しているものもある。この場合には、損失補償を行う主体は国または公共団体ではないが、事業認定や収用裁決などの国または公共団体の行う適法行為の結果生じる損失について補償がなされることから、「国家補償」の体系に含められることになる。

> **土地収用法8条1項**
> この法律において「起業者」とは、土地、第5条に掲げる権利若しくは第6条に掲げる立木、

---

[16] 塩野II 358頁。
[17] Maurer, §27 Rn9

> 建物その他土地に定着する物件を収用し，若しくは使用……することを必要とする第3条各号の一に規定する事業を行う者をいう。
>
> **16条**
> 起業者は，当該事業……のために土地を収用し，又は使用しようとするときは，この節の定めるところに従い，事業の認定を受けなければならない。
>
> **17条1項**
> 事業が次の各号の一に掲げるものであるときは，国土交通大臣が事業の認定に関する処分を行う。（各号省略）
>
> **39条1項**
> 起業者は，第26条第1項の規定による事業の認定の告示があつた日から1年以内に限り，収用し，又は使用する土地が所在する都道府県の収用委員会に収用又は使用の裁決を申請することができる。

　収用適格事業の主体を「起業者」と呼ぶ。

　古典的収用においては，剥奪した所有権の帰属主体であり，対価の支払い義務を負う主体でもある。ドイツの古典的収用理論のなかには，起業者の地位は，実質的にみると売買契約における買主の地位に相当すると説明するものがあった（「強制売買説」[18]）。

　起業者は，事業に必要な土地を取得するために，まずは，民法上の売買契約を用いる。これを「任意買収」と呼ぶ。このような努力にもかかわらず，必要な土地が取得できない場合に，行政機関の力を借りることができる，という仕組みが設けられている。このような「起業者」の特権を「強制収用特権」と呼ぶことがある。しかし，「公権力の行使」をしているのは，「事業認定」を行う大臣，「収用裁決」を行う収用委員会であるから，「起業者」の行為自体が「公権力性」を帯びているわけではない，という説明も可能であろう。

3　事業認定・収用の裁決

　事業認定は，行政処分の一種であると考えられている。したがって，取消訴訟の対象となるが，多くの場合，収用裁決の取消訴訟と併合提起される。また，収用裁決の取消訴訟のみを提起し，そのなかで事業認定の違法を主張できるかについては見解が分かれている。「違法性の承継」を認め，主張できるとする裁判例が多い。

　なお，都市計画事業については，土地収用法20条に基づく事業の認定は行わ

---

[18]　Maurer, § 27 Rn8

ず，都市計画法59条の規定による事業の「認可」または「承認」をもってこれに代えるものとされている（都市計画法70条）。処分性の定式に照らすと疑問が生じても不思議ではないにもかかわらず，都市計画事業の認可が「処分性」を有することについては特に争われず，専ら原告適格が問題とされたのは，事業認定に処分性が認められることによるものと推測される。

> **土地収用法47条の2第1項**
>   収用委員会は，前条の規定によつて申請を却下する場合を除くの外，収用又は使用の裁決をしなければならない。
>   2項　収用又は使用の裁決は，権利取得裁決及び明渡裁決とする。
> **68条**
>   土地を収用し，又は使用することに因つて土地所有者及び関係人が受ける損失は，起業者が補償しなければならない。
> **95条1項**
>   起業者は，権利取得裁決において定められた権利取得の時期までに，権利取得裁決に係る補償金……の払渡，替地の譲渡及び引渡……をしなければならない。

収用裁決は，土地所有者の有する所有権を剥奪し，起業者に帰属させると同時に，土地所有者に損失補償請求権を与える法的効果を有する行政処分である。「裁決」という名称は，職権行使の独立性を有する都道府県収用委員会が行うことから，裁判判決にある程度類似した性質を有するものとみて付けられているのであろう。しかし，争訟との関係では，「原処分」であり，審査請求に対する応答としての「裁決」とは区別されなければならない（UNIT 41 参照）。

収用委員会の裁決に不服がある者は，国土交通大臣に対して審査請求をすることができる（土地収用法129条）が，この場合，損失の補償についての不服を理由とすることはできない（同132条2項）。損失の補償に関する不服は，土地所有者または関係人と起業者の間の「当事者訴訟」の形で直接に裁判所の判断を仰ぐこととされている（同133条2項）。これに対して，所有権の剥奪そのものを不服とする場合には，最終的には，権利取得裁決の取消訴訟を提起することになる（同133条1項，UNIT 35 参照）。

4　損失補償

憲法上の損失補償は「経済的価値の補償」と解されることから，金銭による補償が原則とされている（土地収用法70条）[19]。

土地収用法の基本的考え方は、「財産的価値の補償」である。損失補償の額を決定する際には、収用される土地の市場価格が出発点とされる（土地収用法71条)[20]。

　なお、先に述べたように、公共事業のための用地確保は、ほとんどの場合、民法上の売買契約という形式でなされる。これを「任意買収」という。しかし、その交渉においては、背後に「公用収用特権」が控えている。したがって、実務上は、強制収用の場合と任意買収の場合のバランスをとることが重要であると考えられ、閣議決定である「公共用地の取得に伴う損失補償基準要綱」は、収用裁決の場合と同様に任意買収においても基準となるものとされている。

　法71条の定める土地所有権の剥奪という本体に関する損失のほか、それに付随して生じる様々な損失のうち、74条の定める「残地補償」、75条の定める「みぞかき補償」、77条の定める「移転補償」などでカバーされないものを包括的に定めるのが88条の趣旨である。これに対する補償を「通損補償」と呼ぶ。「通常受ける」ものであるから、標準的なものに限定され、特別の事情は考慮されない。文化財的価値は考慮されないとされた例[21]が有名である。

4　国家賠償との関係

　国家賠償と損失補償は、それぞれ別個の制度として展開してきたが、理論的にみると、いずれかに割り切ることの困難な境界領域が存在している。そして、そのような領域で「救済」を認めるべきではないかという問題意識から「国家補償の谷間」という指摘がなされている（UNIT 40参照）。

　また、国家賠償請求も損失補償請求も金銭給付を求める点では同じであること

---

19)　岐阜地判昭和55年2月25日行集31巻2号184頁（徳山ダム事件）は「水源地域対策特別措置法8条所定の『生活再建措置のあっせん』は、憲法29条3項にいう正当な補償には含まれない」と判示した。

20)　最判昭和48年10月18日民集27巻9号1210頁〔百選258〕は「土地収用法72条によって補償すべき相当な価格とは、被収用地が、右のような建築制限を受けていないとすれば、裁決時において有するであろうと認められる価格をいう」と判示した。
　　最判平成9年1月28日民集51巻1号147頁は「被収用者は、正当な補償額と裁決に定められていた補償額との差額のみならず、右差額に対する権利取得の時期からその支払済みに至るまで民法所定の年5分の法定利率に相当する金員を請求することができる」と判示した。

21)　最判昭和63年1月21日判時1270号67頁（福原輪中堤事件）。

から，同一の事件において後者の法律構成が予備的・追加的になされることがある。その場合，国家賠償請求は，実務上は通常の「民事訴訟」であるとされてきたのに対し，損失補償請求は「行政事件訴訟」であるとされている。そこで，この相異をどの程度重視するかという問題が生じるが，最判平成5年7月20日民集47巻7号4627頁〔百選217〕は，次のように，ある程度柔軟な扱いを示している。

> 国家賠償法1条1項に基づく損害賠償請求と，憲法29条3項に基づく損失補償請求が，「相互に密接な関連性を有するものであるから，請求の基礎を同一にするものとして民訴法232条〔現143条〕の規定による訴えの追加的変更に準じて右損害賠償請求に損失補償請求を追加することができるものと解するのが相当ある。もっとも，損失補償請求が公法上の請求として行政訴訟手続によって審理されるべきものであることなどを考慮すれば，相手方の審級の利益に配慮する必要があるから，控訴審における右訴えの変更には相手方の同意を要する」。

UNIT 40 結果責任

1 国家賠償と損失補償の谷間？

1 統一的補償理論

「国家補償」という上位概念を用いる「統一的補償理論」の功績は，国家賠償と損失補償の谷間という問題意識によって，「救済の拡充」という「妥当な結論」をめざすところにあると思われる。そして，そのような理論は，解釈論上の提言として機能する場合と，立法論上の提言として機能する場合がある[1]。

これまでみてきたように，「国家賠償制度」と「損失補償制度」は，元来は性質の異なるものであり，金銭給付という法律効果においては共通であっても，その要件はそれぞれ独自のものとして検討されなければならない。そこで，ある事例において，私人が金銭給付という形での「救済」を求めるが，国家賠償制度によっても，損失補償制度によっても，「救済」が与えられない場合が存在する。

そして，その場合にも，「救済」を与えるという結論をとりうる第3の類型が存在すべきか，そしてそれはどの程度一般的な「制度」として存在すべきのかが問題となる。これは価値判断の問題であり，憲法上の要請を重視する立場からは，より一般的な制度を志向することになると思われる。

以下では，まず，これまでに「谷間」に位置するのではないかが意識された例において，どのような議論がなされたかを説明する[2]。

2 消防法

国家賠償法1条による「救済」の限界として，公権力の行使が違法無過失であった場合が指摘される。これは，「違法性と過失の二元論」が妥当する場合にはわかりやすい例である。

---

1) 「問題発見的機能」を指摘するものとして，塩野Ⅱ287頁参照。
2) 塩野Ⅱ380頁は，①公務員の行為が違法無過失である場合，②営造物の設置管理に瑕疵のない場合，③予防接種などの強制的国家活動，④公務災害，戦争被害など，という4つのカテゴリーを挙げている。

違法行為	過失あり	国家賠償法1条	損害賠償
	過失なし	〈谷間〉	
適法行為	「特別の犠牲」	憲法29条	損失補償

　消防法は，古典的な「警察法」に属するものであり，その目的から，緊急の措置を認める必要性が高いことを考慮し，結果的に違法な措置がなされることを「容認」(in Kauf nehmen) しつつ，金銭的な給付によって私益の保護との調整を図る規定を設けている。

　その1つが，無過失損害賠償責任を規定する6条である。すなわち，消防法は，5条で，防火対象物の改修，移転，除去，工事の停止または中止その他の必要な措置をなすべきことを命じる権限を消防長または消防署長に認めるとともに，6条2項で，命令の取消訴訟で取消判決があった場合に，「当該命令によって生じた損失に対しては，時価によりこれを補償するものとする」としている。そしてこれは，当該命令が違法であったとされた場合に適用される規定であるから，無過失損害賠償制度を定めたものと理解されている。この規定は，「谷間」を埋めるために立法的解決がなされている典型例といえよう[3]。

　ただ，先にみたように，判例の採用する「職務義務違反説」による場合は，「違法性と過失の一元論」的な傾向が認められるため，そのような説明がしにくい面がある。

　もう1つが，いわゆる「破壊消防」などに関し，損失補償的な色彩を示す29条である。すなわち，消防法29条は，第2項で「延焼の虞れがある消火対象物及びこれらのものの在る土地を使用し，処分し又はその使用を制限する」権限を消防長，消防署長等に与え，第3項では「前2項に規定する消防対象物及び土地以外の消防対象物及び土地を使用し，処分し又はその使用を制限する」権限を消防長，消防署長等に与えるとともに，「そのために　損害を受けた者からその損失の補償の要求があるときは，時価により，その損失を補償するものとする」としている。

　この29条3項で想定されているのは，本来は「即時強制」としての適法な権限の行使であるから，この規定の文字通りの「損失補償」に関するものであろう。そして，2項は適法な権限の行使の場合には「損失補償」が不要であること，逆

---

[3] ほかに，利益状況は異なるが，国政徴収法112条がある。塩野Ⅱ381頁参照。

にいえば、「財産権の内在的制約ないし社会的制約」であると考えられていることを示している[4]。しかし、このような「即時強制」の権限が違法に行使された場合はどのように処理されるのであろうか。これが難問とされている。

　最判昭和47年5月30日民集26巻4号851頁〔百選254〕は、破壊消防について、消防団長が、「延焼のおそれがある」と判断し、2項に基づく権限を行使したと主張したにもかかわらず、客観的にはそのおそれがなかったケースで、裁判所が消防法29条3項を適用した事例である。2項に基づく権限の行使であることを重視すると、この事案における措置は、客観的には違法であったということになり、その救済は、国家賠償法1条によることになるが、そこで「過失」の要件をどう考えるかという問題が生じる。そこで、3項を行為の適法・違法を問題にしない「結果責任」を定めるものと理解する立場[5]もある。

3　刑事補償

　国家賠償法1条についてみたように、判例の採用する「職務義務違反説」（＝いわゆる「職務行為基準説」）によれば、刑事手続においては、結果的に無罪となっても、それに先立つ逮捕や起訴を違法と評価することができない。そこで、立法的解決として、刑事補償法が制定されている。

　そして、判例は、刑事補償法を政策的な立法であると解し、その要件を満たさない少年法に基づく不処分決定のケースでは補償がなされなくてもやむを得ないとしている[6]。

　刑事補償の性質をどのように理解すべきかも、興味深い論点である。というのは、「行為不法論」的にみると適法ではあるが、「結果不法論」的にみると違法であるというべきものの1つという点では、次にみる予防接種事故やパトカー追跡

---

[4]　塩野 II 362頁参照。

[5]　原田尚彦・時の法令502号（1964年）43頁。

[6]　最決平成3年3月29日刑集45巻3号158頁は「刑事補償法1条1項にいう『無罪の裁判』とは、同項及び関係の諸規定から明らかなとおり、刑訴法上の手続における無罪の確定裁判をいうところ、不処分決定は、刑訴法上の手続とは性質を異にする少年審判の手続における決定である上、右決定を経た事件について、刑事訴追をし、又は家庭裁判所の審判に付することを妨げる効力を有しないから、非行事実が認められないことを理由とするものであっても、刑事補償法1条1項にいう『無罪の裁判』には当たらないと解すべきであり、このように解しても憲法40条及び14条に違反しない」と判示した。

事故と共通点があるともいえるからである。「結果」を放置することが「正義感に反する」場合に、「原因行為の適法・違法を問わない」で、「結果責任」というカテゴリーを設けて「救済」を図る試みはどのような意味を持つのであろうかが検討課題である。

2 判例による法創造

1 予防接種禍

予防接種による事故については、昭和45年の閣議決定による「行政救済措置」を経て、昭和51年の予防接種法の改正によって、過失の有無を問わず、一定の給付をする制度が整えられている。しかし、重篤な後遺症の場合など、給付額が低すぎないか等の問題があり、その救済を国家賠償請求あるいは損失補償請求として求められないか[7]が検討された。

判例は、国家賠償法1条の適用によって救済を与えるという途を選択した。その基礎を形成したのは、まず、禁忌者を区別するための予診を丁寧に行うべきであるとして、担当医師に高度の注意義務を課した、最判昭和51年9月30日民集30巻8号816頁（インフルエンザ予防接種事件）であるが、最判平成3年4月19日民集45巻4号367頁（小樽種痘予防接種事件）〔百選225〕は、後遺障害が発生した場合には、禁忌者であったことの推定が働くとした。

この平成3年判決は、担当医師の過失を認めることによる救済を示唆したものであるが、これを受けて、東京高判平成4年12月18日判時1445号3頁（東京予防接種禍事件）は、厚生大臣の過失を問題にし、禁忌該当者に予防接種を実施させないために十分な措置をとることを怠ったとして、国家賠償法1条の適用による救済を行ったのである[8]。

筆者は、この高裁判決は、「妥当な結論」を導くために、やや無理な解釈論をしているものと評価している。というのは、国家賠償法1条の責任を認めるためには、その原因行為が「違法」であることが必須の要件であり、多くの裁判例では、公務の遂行について「違法」という評価をするには慎重であるべきとの前提がとられていたはずだからである。予防接種事故においては、重大な「結果」が

[7) 小幡純子〔百選225〕解説によれば、①損害賠償説、②損失補償説、③結果責任説、④公法上の危険責任説等がある。

8) 福岡高判平成5年8月10日判時1471号31頁、大阪高判平成6年3月16日判時1500号15頁も同様である。

発生している以上,「違法性」が肯定され,後は「過失」の有無の問題である,と考えられているのであろうか。そうだとすると,ここでは,学校事故と同様に「結果不法論」的な発想が妥当していることになるが,「行為不法論」的な発想で処理されたパトカー追跡事故との「理論的整合性」が気になるところである。

「過失の客観化」を前提として「高度の注意義務」を課す場合は,実質的には,「無過失責任」を認めるに等しいことがある。

しかし,真に原因不明で,いかに予診を尽くしても予見しえない不可避的な被害もあること,また,ある時期には,社会防衛の観点から,不十分な体制で,確率的には被害者が出ることを容認して組織的に集団接種を行わざるを得なかったというような事情を考えると,行為自体は適法であるとしつつ,被害者を救済する理論を採用する方がよいのではないか,と考えられる。現に,ドイツにおいては,立法による対応に先行して,損失補償的構成による裁判所による救済がなされたのであり,わが国においてもそれを参考にした提言がなされたところである9)。

〈原因行為〉		〈結果＝被侵害利益への影響の度合い〉		
		財産権	生命身体健康	その他
違法	過失	「損害」⇒国家賠償法1条		
	無過失	※	〈高度の注意義務〉	
適法		「特別の犠牲」＝「収用」⇒損失補償	「特別の犠牲」⇒損失補償？	

下級審で,上記のような提言を受け入れたものとして,東京地判昭和59年5月18日判時1118号28頁（東京集団訴訟第1審）の「憲法29条3項の類推適用説」があった10)。

---

9) 塩野宏「予防接種事故と国家補償——西ドイツ判例との比較における」（1986年）『行政過程とその統制』（有斐閣・1989年）417頁以下に所収。西埜章『予防接種と法』（一粒社・1995年）149頁以下参照。

10) また,大阪地判昭和62年9月30日判時1255号45頁,福岡地判平成元年4月18日判時1313号17頁の「29条3項の勿論解釈説」も同様の発想である。なお,名古屋地判昭和60年10月31日判時1175号3頁は,憲法25条説をとり,結論的には

> 憲法13条後段，25条1項の規定の趣旨に照らせば，財産上特別の犠牲が課せられた場合と生命，身体に対し特別の犠牲が課せられた場合とで，後者の方を不利に扱うことが許されるとする合理的理由は全くない。従って，生命，身体に対して特別の犠牲が課せられた場合においても，右憲法29条3項を類推適用し，かかる犠牲を強いられた者は，直接憲法29条3項に基づき，被告国に対し正当な補償を請求することができる。

しかし，その控訴審である，前掲東京高判平成4年判決（東京予防接種禍事件）は，次のように述べて，「損失補償的構成」を否定したのである。

> 「生命身体に特別の犠牲を課すとすれば，それは違憲違法な行為であって，許されないものであるというべきであり，生命身体はいかに補償を伴ってもこれを公共のために用いることはできないものであるから，許すべからざる生命身体に対する侵害が生じたことによる補償は，本来，憲法29条3項とは全く無関係なものであるといわなければならない。したがって，このように全く無関係のものについて，生命身体は財産以上に貴重なものであるといった論理により類推解釈ないしもちろん解釈をすることは当を得ない」。「なお，憲法13条，14条1項，25条等から，生命・健康に対する特別の犠牲に対しては補償請求権が実体法上の権利として生ずるとする考え方もあるが，この考え方も採用することができない。」

東京高裁の上記のような考え方は，「判例による法創造」に消極的なものというべきであろう。この点に関連して，ドイツの裁判所がどのようなスタンスをとってきたかを瞥見しておく。

2 ドイツの犠牲補償請求権

ドイツの「犠牲補償」の考え方は，公益の私益に対する優越，その代償としての補償という Aufopferungsanspruch （犠牲補償請求権）が伝統的に存在し，そこから，財産権についての「損失補償」が分化した，という沿革[11]と合わせて理解する必要がある。

「法律実証主義」が強い時期には，法律によって「実定化」された限りで，財産権についての損失補償だけが認められ，かつての「犠牲補償請求権」は，「自然法的な」ものとして斥けられるのであるが，その後，「判例による法創造」（richterliche Rechtsfortbildung）が認められるようになると様相が変わってくる（ワ

否定した。
11) Maurer, § 27 Rn3-7

イマール期)。

　そして，第二次大戦後に「基本権」思想が定着したことは，見方を変えれば「自然法論のルネサンス」を意味する。「収用類似の侵害」(違法な行為による特別の犠牲) や「収用的侵害」(道路建設の際の事業損失など) の法理など判例法によって，財産権についての「特別の犠牲」に補償が与えられるのであれば，なおさら (erst recht) 生命，身体に対する基本権についての「特別の犠牲」にも補償が与えられなければならない，という考え方は，戦後のドイツでは自然なものであったといえよう。

　なお，「収用類似の侵害」の法理は，当初は，財産権への「違法無過失」の侵害についての救済を認めるためのものであり，「谷間」を埋める機能を果たしたものであるが，その後，その適用範囲は，「違法有過失」の侵害についても拡大され，その限りでは，「職務責任」の領域と重なるものとなり，そこでは「代位責任」を克服する機能を果たしたことが指摘されている[12]。

〈原因行為〉	〈結果＝被侵害利益への影響の度合い〉		
	財産権	生命身体健康	その他
「職務義務違反」あり	「損害」⇒民法839条＋ボン基本法34条		
「職務義務違反」なし 適法	「特別の犠牲」⇒損失補償	「特別の犠牲」⇒犠牲補償	

---

[12] このような「広義の収用」概念に歯止めをかけようとしたのが，1981年の連邦憲法裁判所の判決であった (Maurer, §27 Rn26)。これに対して，連邦通常裁判所 (BGH) は，「収用類似の侵害」および「収用的侵害」の法理を維持し，ただ，その根拠づけを「財産権」(基本法14条) から，「一般的な犠牲補償の観念」に代えるという対応を示した。これは，ある意味では，ワイマール時代にライヒ裁判所 (RG) がとった立場に戻ったものといえる。

　また，連邦憲法裁判所は，1999年に，「金銭的な調整義務を伴う (財産権の) 内容画定」(ausgleichspflichtige Inhaltsbestimmung) というカテゴリーを判例法理で作出している。BVerfGE 100, 226　この判決も，「収用概念の純化」(＝古典的収用概念への回帰) を志向するものという面があるが，これによって，「収用的侵害」の法理がどのような影響を受けるかは微妙であるとされている。Grzeszick, in: Ehlers, §45 Rn43, 99

3　パトカー追跡

最判昭和61年2月27日民集40巻1号124頁（パトカー追跡事件）〔百選224〕は，パトカーによる追跡行為それ自体は警察官の職務遂行として認められるとしていた。被害者の救済を国家賠償法1条の枠内で行うことに無理があるとすれば，「犠牲補償請求権」の発想で補う必要がある。

すなわち，公益のためにリスクを含む職務執行が許容されているが，そのリスクが顕在化した場合には，被害者は「特別の犠牲」を被ったものとみることができないか，検討に値する。判例は立法によって解決すべきものと考えている節があるが，解釈論的な努力も必要であろう。

③　問題発見的概念

1　国家補償の概念

「行政救済」の概念，あるいはその下位概念である「国家補償」の概念はどのような機能を果たすと考えるべきであろうか。

「説明概念」とは，様々な制度・法理を統一的に説明し，また，それに含まれる個々の制度・法理の相互関係を明確に説明するために有用な概念を意味する。そのような意味で，「行政救済」という概念は有用であるがゆえに，多くの教科書で採用されていると思われる。そして，それに含まれる4つの領域，すなわち，「行政不服審査」「行政訴訟」「国家賠償」「損失補償」は，ある程度「体系的に」位置づけられているといえよう。

また，これらの制度を個別的にのみ考慮するのではなく，総合的に把握することによって，どのような制度が「合理的」か，という見地が得られることも指摘されている[13]。すなわち，「統一的補償理論」と呼ばれるものがそれで，「国家賠償」と「損失補償」を併せて「国家補償」として統一的に把握することで，「谷間」の問題が意識されるようになるのであり，その意味で，「国家補償」の概念は，単なる「説明概念」ではなく，「問題発見的概念」(heuristischer Begriff) である，とされるのである[14]。

また，「危険責任」という概念についても同様の問題がある。「危険責任」の概

---

[13]　塩野II 3頁参照。

[14]　塩野II 287頁。また，遠藤博也『国家補償法（上）』（青林書院新社・1981年）15頁は，「類型としての結果責任の存在はみとめられないとしても，理念としての結果責任の存在はみとめざるをえないであろう」と指摘していた。

念もまた多義的であり，論者によってその性質，基礎づけ，妥当範囲も様々である。

2　法治国的国家責任論

多くの教科書においては，「行政不服審査」と「行政訴訟」を合わせて「行政争訟」と呼び，「国家賠償」と「損失補償」を合わせて「国家補償」と呼ぶ「行政救済法の体系」が採用されているが，宇賀克也は，このような「行政救済法の体系」について疑問を提示し，違法行為を是正するための法治国原理担保手段という面から，行政訴訟制度と国家賠償制度を同一の機能を営むものとして捉えるべきであると指摘している。この指摘は，「国家賠償」と「損失補償」を総合的に把握する「統一的補償理論」の長所を認めつつも，問題点もあるとするものである[15]。

「国家賠償」の要件としての「違法性」を重視し，「行政訴訟」と「国家賠償」の有機的関連を強調するこのような見解は，原田尚彦や藤田宙靖と同様に，ドイツ理論の影響を受けているとみられる[16]。この「法治国的国家責任論」[17]と呼ば

---

15) 宇賀 II 411-412 頁は次のように述べる。「国家賠償制度は，被害者救済機能，損害分散機能と制裁機能・違法行為抑止機能・違法状態排除機能（適法状態復元機能）の両面を有するのであるから，統一的補償理論的思考と法治国的国家責任論的思考は，二者択一の関係にあるわけではなく，両者を視野に入れることによって，損失補償や行政争訟との間隙の看過されがちな問題に光をあて，その解決のための解釈論的，立法論的努力を触発し，行政救済法の多角的な発展をはかっていくことが可能となると思われる。」また，同 411 頁は「旧西ドイツでは，国家賠償を行政争訟と同様に法治国原理担保手段として構成する法治国的国家責任論の発想があったからこそ，行政争訟と金銭による国家賠償の谷間の結果除去請求という原状回復請求の問題が注目を集め，判例・学説により認知されることにつながったといえよう」と述べる。

16) 宇賀 II 4-5 頁は，藤田 I の体系に着目したことを指摘している。

17) 宇賀 II 5 頁は，ドイツの状況を次のようにまとめている。「ドイツでは，違法行為を是正するための法治国原理担保手段という面から，行政争訟制度と国家賠償制度を同一の機能を営むものとしてとらえる見方が広くみられる。すなわち，国家賠償制度を単に，すでに生じた損害の金銭的塡補のための法としてのみ把握するのではなく，行政作用が違法であることを宣言し，行政主体に違法行為に起因する損害の賠償を義務づけることにより，間接的にではあるが，違法状態を排除し，将来の違法行為を抑止する機能を重視して，法治国原理を担保するための究極の手段として位置づけるのである。このような観点から，ドイツでは，行政争訟制度を法治国原理を担保するための第一次的救済手段，国家賠償制度を法治国原理を担保するための第二次的救済手

れる考え方が，いかなる意味で行政救済法の「発展」のために有用か，という点は今後の検討課題である。

筆者は，宇賀説は，国家賠償法1条の「負担過重」をもたらすものであると考えている。すなわち，違法性と過失の「二段階審査」を説く宇賀説の実践的意図は，「法治国原理の担保」として，国家賠償訴訟を利用しようとするものと理解できる。しかし，違法な行政活動の是正，さらには違法な行政活動の防止にふさわしい訴訟は，損害の塡補を「目的」とする国家賠償訴訟ではなく，行政訴訟であろう。

そして，とりわけ，行政訴訟制度改革でその活用が期待された「当事者訴訟としての確認訴訟」は，そのような「機能」を果たすために適した訴訟形態であると考えられる。

また，行政処分が介在する行政過程にあっては，抗告訴訟の「活用」により，そのような「機能」を追求するのが自然であろう。たとえば，処分の効力が期間の経過により消滅した場合にも，狭義の訴えの利益は消滅しないという解釈論，あるいは出訴期間が過ぎたために取消訴訟が提起できない場合に，職権取消の義務付け訴訟を可能とする解釈論などが検討されるべきであろう。

行政救済	行政争訟	行政不服審査	法治国的国家責任論
		行政訴訟	
	国家補償 （統一的補償理論）	国家賠償	
		損失補償	

3　ドイツから学ぶべきこと

公務員の「個人責任」の国または公共団体による「肩代わり」という特殊な「代位責任」という構成を国家賠償法の立法者が採用し，また判例がそれに従っているのはなぜか。

おそらく民法学者からみると「奇妙な」このような仕組みが，ある種の専門家の間では当然のものとして理解されてきたのは，ドイツにそのような仕組みがあるからである。

段として位置づける見解が有力である」。

国家賠償法1条のモデルとなったドイツの職務責任（Amtshaftung）は，1900年施行の民法典の839条によって成立する公務員の個人責任を国または公共団体が肩代わりするものである。肩代わりの根拠は，当初は1909年のプロイセンなど各州の法律であったが，その後，1919年のワイマール憲法131条を経て，現在では1949年のボン基本法（＝連邦憲法）の34条となっている。

> 民法839条1項第1文
> 官吏が，故意又は過失によって第三者に対して負っている職務義務（Amtspflicht）に違反した場合には，当該官吏は当該第三者に，それによって生じた損害を賠償しなければならない。
> ワイマール憲法131条
> 公権力の行使に当たる官吏が，その職務を行うについて，第三者に対して負っている職務義務に違反した場合には，その責任は，原則として，その官吏がその職務を担当する国又は公共団体が負う。官吏に対する求償権は留保される。通常裁判所への出訴を排除することはできない。詳細については，法律の定めるところによる。
> ボン基本法34条
> 公の職務の担当者が，その職務を行うについて，第三者に対して負っている職務義務に違反した場合には，その責任は，原則として，その者がその職務を担当する国又は公共団体が負う。故意又は重過失の場合には，担当者に対する求償権が留保される。損害賠償請求及び求償請求については，通常裁判所への出訴を排除することができない。

　このように歴史的に形成された「職務責任」の法理は，戦後のドイツにおいては，理論面のみならず，実際面でも批判の対象となってきた。そして，救済の不十分さを補うために，「収用類似の侵害」（違法行為によって財産権に特別の犠牲を被った場合には，金銭給付を求めることができる）や「結果除去請求権」（違法行為によって財産権や自由権を侵害された場合は原状回復を求めることができる）などの法理が判例によって創造されてきた。また，1981年には統一的な国家責任法（Staatshaftungsgesetz）の制定による立法的解決の試みもなされたところである[18]。

　このように，ドイツの「国家責任法制」（Staatshaftungsrecht）は様々な制度の複合体であるので，「代位責任」という構成を採用する「職務責任」制度はその一部に過ぎず，「収用類似の侵害」など「自己責任」という構成を採用する制度の比重が高まっていると理解すべきである。そこで，わが国の国家賠償法1条の解釈適用においては，ドイツの「職務責任」の法理を参考にするだけでは，「木

---

[18]　残念ながら連邦制のなかでの権限問題から違憲とされ失敗に終わった。宇賀II 411頁参照。

を見て森を見ない」ことになり,「国民の権利利益の実効的な救済」という観点からは極めて不十分な状態を生じさせることがありうることに留意が必要であろう[19]。

また,「結果除去請求権」は,原状回復や侵害の予防などを求めることを可能とするための法律構成であるから,その受け皿は行政訴訟となるのが筋である。

---

[19] 高木光＝常岡孝好＝橋本博之＝櫻井敬子『行政救済法（第2版）』（弘文堂・2015年）34頁（高木光）。

[第 9 部]

行政不服審査・客観訴訟

UNIT 41 行政不服審査

1 行政不服審査法の基本構造

1 目　的

　行政救済の4つの領域は、「行政争訟」と「国家補償」に大別され、前者は「行政不服審査」と「行政訴訟」に、後者は「国家賠償」と「損失補償」に分類される。

　以下では、まず、「行政不服審査」制度についての一般法である行政不服審査法の基本構造について説明する。同法は、2014年に全面改正され[1]、2016年4月1日から施行される予定であるので、新法の説明に重点を置き、旧法については新法の理解に必要と思われる限りで適宜触れるにとどめることにしたい。

　旧行政不服審査法は、行政事件訴訟法と同じく1962年に制定された。行政事件訴訟法は、1948年に制定された「行政事件訴訟特例法」を廃止したものである。他方、旧行政不服審査法は、1890（明治23）年に制定され、戦後改革によっても廃止されていなかった「訴願法」を廃止したものである。「訴願法」は、戦前の「行政裁判法」と同時期に制定されたものであり、「行政行為」に対する不服を処理するための「法的手段」ではあるが、どちらかというと「自己統制」、すなわち、行政の「内部的監督」手段としての意味が強い制度を設けていた。

　旧行政不服審査法は、第1条で「簡易迅速な国民の権利利益の救済を図る」とともに「行政の適正な運営を確保する」ことを「目的」とする、と定めていた。

　素直な文理解釈によれば、旧行政不服審査法の定める「不服申立て」は、行政訴訟とはやや異なり、「権利利益の救済」と「行政統制」をともに「目的」としていることになるはずである。

　しかし、主婦連ジュース事件に関する、最判昭和53年3月14日民集32巻2

---

[1]　行政不服審査法の全面改正案は、2014年1月からの通常国会に提出されたが、その内容は、2008年4月に提出された法案と基本的には同じである。塩野II 39-42頁参照。新法の詳細については、橋本他・新行審が参照に便宜である。

号211頁〔百選141〕は，景表法における「不服申立ての利益」を消費者は有しない，という結論を導くために，「不服申立て」という仕組みの目的は専ら「権利利益の救済」であり，「行政の適正な運営の確保」は間接的な効果に過ぎないと述べている。これが「判例理論」であるとすれば，判例は，立案者が，「訴願法」と「行政不服審査法」の性格の違いを強調していたことを重視している，ということになる。

新行政不服審査法は，第1条で「簡易迅速かつ公正な手続の下で」「国民の権利利益の救済を図る」とともに「行政の適正な運営を確保する」ことを「目的」とする，と定めている。新法は旧法よりさらに「権利利益の救済」という目的を重視しているとみることができよう。

そこで，以下では，行政不服審査法の定める「不服申立て」を「行政処分に関する不服の訴え」すなわち「抗告訴訟」に類似したものとして，説明する。

2　不服申立ての種類

行政不服審査法は，「審査請求」，「再調査の請求」（5条），「再審査請求」（6条）という3種類の不服申立てについて規定を置いている[2]。そして「審査請求」には，「処分についての審査請求」（2条）と「不作為についての審査請求」（3条）がある。

新法の重点は「審査請求」であり，制度改革のキャッチフレーズは「審査請求への一元化」であった。すなわち，旧法は，審査請求のほかに，「異議申立て」と「再審査請求」を認めており，この2つを廃止することがめざされた。しかし，最終的には，一定の分野では「異議申立て」が「再調査の請求」と名称を変えて存続し，また，「再審査請求」も全廃には至らなかったのである。

---

[2]　橋本他・新行審8頁。旧法は3条で不服申立ての種類について定めていた。第1の分類は，「処分についての不服申立て」と「不作為についての不服申立て」である（3条1項，4条から6条，7条参照）。第2の分類は，「審査請求」と「異議申立て」である。「審査請求」とは，「処分庁」ないし「不作為庁」以外の行政庁が，「審査庁」となって不服申立てを処理するものである。これに対して，「異議申立て」とは，「処分庁」ないし「不作為庁」自身が不服申立てを処理するものである。処理した結果は，それ自体また1つの「行政処分」という形式で示される。旧法は，「審査請求」に対する応答を「裁決」（40条，51条）と呼び，「異議申立て」に対する応答を「決定」（47条）と呼んでいた。

3 不服申立ての対象

「処分」の定義は置かれていない[3]。1条2項で、「行政庁の処分その他公権力の行使に当たる行為（以下単に「処分」という。）」と定めるにとどめている。これは、行政手続法2条2号と同様の規定であり、従来の「処分」概念に従う趣旨であろう。「不作為」は、「法令に基づく申請に対して何らの処分をもしないこと」と定義されている（3条）。

これらは、「行政行為論」を前提とするもので、「処分についての不服申立て」は、行政処分がなされた場合を、「不作為についての不服申立て」は申請にもかかわらず行政処分がなされない場合を主として想定している。そこで、前者は、処分の取消しの訴え、後者は不作為の違法確認の訴え（ないし義務付けの訴え）に対応するものと理解すべきであろう。

当該処分（「原処分」ともいう。）をなす権限を有している行政庁を、「処分をした」場合は「処分庁」といい、「不作為」の場合は「不作為庁」といい、両者を合わせて「処分庁等」という（4条1号）。

4 「一般概括主義」と適用除外

旧行政不服審査法は、1条1項で「広く行政庁に対する不服申立てのみちを開く」ことをめざしたことを示していた。これは、訴願法の時代には、不服申立てができる場合が限られていたことを意識したものである。すなわち、当時の一般法である「訴願法」自体がいわゆる「列記主義」を採用しており、個別法による類似の仕組みも様々な名称で散在していたにとどまる。

旧行政不服審査法は、一定の適用除外はあるものの、「一般法」としての性格を強め、すべての「行政処分」に対して不服申立てができることを原則とした。これを「一般概括主義」と呼ぶ。新法1条も同様の立法政策を採用している。

行政不服審査制度は、憲法上の要請ではなく、どのような制度設計をするかは、立法政策に委ねられると考えられている。そこで、「一般概括主義」という原則に対する例外を定めることにより、当該行為は「行政処分」ではあるが、「審査

---

3) 旧法では、「処分」の定義は2条1項、「不作為」の定義は2条2項でなされていた。また、2条1項では、「事実行為」の定義がなされていたが、新法では削除された。新法は、46条・47条、48条で「事実上の行為」という概念を用いているが、その内容を明らかにするためには旧法の規定が参考となると思われる。橋本他・新行審12頁（橋本博之）、159頁（橋本博之・植山克郎）参照。

請求」も「再調査の請求」も認められない、という結論となる制度設計も許される。「特別法は一般法を破る」という考え方は、1条2項に確認的に示されている。7条1項各号は、行政不服審査法自体による「適用除外」であるが、これに個別法による「適用除外」が加わる余地があるのである。

2 審査請求への一元化

1 新審査請求

旧行政不服審査法は、「権利利益の救済」という目的を達成するためには、「審査請求」の方が「異議申立て」よりも優れている、という価値判断をしていたとみられる。上級行政庁その他が審査する方が、より公正な判断が期待できるからである[4]。なお、「審査請求」についての「簡易迅速な手続」は「訴訟と比較して」という意味ということになる。「審査請求」と比較すると「異議申立て」はより「簡易迅速な手続」であるが、不服申立人に対する手続保障が不十分であると消極的に評価されていた。

新法は、「審査請求」における手続保障のレベルを高めることをめざし、「審理員」制度と「行政不服審査会」等への諮問制度の2つを設けた。そこで、新法の「審査請求」における「簡易迅速かつ公平な手続」は、「訴訟と比較して」「簡易迅速」である点は変わらないものの、旧法のもとでの「審査請求」と比較すると、「簡易迅速」の程度はやや犠牲にされ、その代わりに「公正」の程度が高められたものということになる。

2 再調査の請求

新法における「再調査の請求」は、処分庁に対して行うものであり、旧法における「異議申立て」に相当するものであるが、「審査請求」との関係では、補充的なものと位置づけられている[5]。

---

4) 櫻井＝橋本245頁。
5) 旧法6条は、4条の「処分についての不服申立て」については、どちらか1つはできるという原則を受けて、「審査請求」ができるときは「異議申立て」はできない、という原則を定めていた。このような「審査請求の優先」原則が「審査請求中心主義」と呼ばれていた。これに対して、「不作為についての不服申立て」については、7条で「審査請求」をするか「異議申立て」をするかを私人の選択に委ねるものとしていた。これが「自由選択主義」と呼ばれていた。

第1に,「再調査の請求」ができるのは,法律にその旨の定めのある場合に限られる。すなわち,「審査請求」については「一般概括主義」が採用されているのに対して,「再調査の請求」については「列記主義」が採用されている。これを「再調査の請求法定主義」ということもできよう。また,そのような個別法の定めを設けることができるのは,処分庁以外の行政庁に対して審査請求をすることができる場合に限られる（5条1項参照）。

第2に,「再調査の請求」をするかどうかは任意であり,それをしないで「審査請求」をすることも可能である。「再調査の請求」については「自由選択主義」が妥当するといえる。ただし,「再調査の請求」をした場合には,原則として,それについての「決定」を経た後でなければ,審査請求をすることができないものとされている（5条2項）。

3　再審査請求法定主義

行政不服審査法は,6条で,「再審査請求」ができるのは,個別の法律にその旨の定めがある場合であるとしている。こちらも「列記主義」であるが,これを「再審査請求法定主義」ということもできる。

4　裁決・決定の種類

審査請求に対する応答は「裁決」,再調査の請求に対する応答は「決定」である。再審査請求に対する応答は「裁決」である。

「裁決」および「決定」は,取消訴訟における判決に倣って,不服申立てが「適法であるか不適法であるか」という「入口」の問題に対するものと,申立てに「理由があるかないか」という「内容」についてのものに区別されている。また,狭義の処分と「事実上の行為」による区別がされているほか,審査庁が処分庁の上級行政庁または処分庁である場合の特別の定めがある。さらに,拒否処分については,取消しに加えて,義務付けないし処分の発布という定めが新設された（46条2項参照）。これは,紛争の一回的解決の観点から2004年の行政訴訟制度改革で導入された「（拒否処分型の）申請型義務付け訴訟」を参考にしたものである[6]。

「裁決」と「判決」の相違点として,「裁決」については,「取消し」のほかに「変更」という形態があることが指摘できる。ただし,「権利利益の救済」を重視

---

6) 橋本他・新行審161頁（橋本博之・植山克郎）。

するという観点から，「不利益変更」は禁止されている（48条）。この「不利益変更の禁止」は，「決定」についても定められている（59条3項）。

〈処分についての審査請求に対する裁決の種類〉

要件についての判断	却下			45条1項
本案についての判断	棄却		処分（広義）は適法かつ妥当	45条2項
	棄却（事情裁決）		処分（広義）は違法または不当ではある	45条3項
	認容	処分（狭義）の取消し	処分は違法または不当	46条1項
		拒否処分の取消し＋義務付け		上級庁 46条2項1号
		拒否処分の取消し＋処分の発布		処分庁 46条2項2号
		処分（狭義）の変更		上級庁または処分庁のとき 46条1項
		事実行為の撤廃命令		処分庁以外 47条1号
		事実行為の撤廃		処分庁 47条2号
		事実行為の変更命令		上級庁のとき 47条1号
		事実行為の変更		処分庁 47条2号

不作為についての審査請求についても，裁決には，却下，棄却，認容の区別がある（49条）。そして，認容の場合は，当該不作為が「違法又は不当である旨を宣言」するほか，審査庁が上級庁の場合は，義務付けを，不作為庁の場合は，処分の発布をすることとされている（49条3項1号，2号）。これも，申請に対する不作為に係る紛争につき一回的解決を図るという観点からの制度設計である[7]。

---

7) 橋本他・新行審13頁（橋本博之），44頁，171頁（橋本博之・植山克郎）。「（不作為型の）申請型義務付け訴訟」に対応する。

③ 不服審査における手続保障 ───────────

1 審査庁の第三者性

旧法のもとでも,「審査請求」と「異議申立て」を比較すると,「審査請求」は,訴訟に類似した「三極関係」が一応存在することに特徴があった。すなわち,通常の民事訴訟においては,原告―被告という対立する両当事者間の「紛争」を,第三者たる「裁判所」が「裁断」する,という構造を有している。また,刑事訴訟も,現行法においては,検察官―被告人という対立する両当事者間の「紛争」を,第三者たる「裁判所」が「裁断」する,という構造を有しているとされる[8]。

そして,「審査請求」においては,「申立人―原処分庁」という対立する両当事者間の「紛争」を「審査庁」が「裁断」するという構造が一応みられた。そして,これは,取消訴訟ないし不作為の違法確認訴訟の構造と類似している。行政訴訟制度改革の前は,取消訴訟の被告は「処分庁」とされていた。そこでは,「原告―原処分庁」という対立する両当事者間の「紛争」を第三者たる裁判所が「裁断」するという構造がみえる。なお,この構造は,見方によれば,刑事訴訟により近い。

ただ,裁決に対して,その内容が原処分を取り消すなど,原処分庁にとって「不服」をもたらすものであっても,原処分庁が取消訴訟を提起することは予定されていない[9]。取消訴訟において,敗訴した行政側が上訴でき,あるいは刑事訴訟において検察官の上訴が予定されているのとは異なるのである。

いずれにしても,旧法のもとでの「審査請求」における「審査庁」の第三者性,すなわち中立性は,訴訟における裁判所と比較すれば,かなり弱いものといわざるを得なかった。というのは,「審査庁」は「行政機関」であり,また,「原処分庁」と行政組織のなかで密接な関係を有していることが多いからである。

2 「最上級行政庁」「審理員」

新法は,審査請求の処理が,従来よりも「より中立的」な職員によってなされるための工夫をいくつか加えている。

---

[8] 「糾問主義」ではなく「弾劾主義」。「職権審理主義」から「当事者追行主義」への戦後改革。

[9] 大阪高判昭和46年11月11日行集22巻11＝12号1806頁。宇賀Ⅱ77-78頁は,行政不服審査法43条1項の「拘束力」によって説明している。

第1に，新法は，審査庁を当該処分庁等の「最上級行政庁」[10]とすることを原則としている（4条3号）。そこで，国の場合は各省大臣，都道府県の場合は知事，市町村の場合は市町村長が審査庁になる。これは，審査請求の事務処理を大臣等が個人として行うという趣旨ではなく，実際には大臣等の指揮命令に服する多くの職員や役割分担し，組織として行うことが想定されている。

　第2に，上記の役割分担のかなめとして「審理員」制度が導入された。「審理員」は，「審査庁に所属する職員」のなかから指名される（9条柱書）。そして，この「審理員」は，「中立的な」個人として，「公正な」審理手続の進行の責任者となり，審理手続の終結後に「審理員意見書」を作成する（42条）。審査請求手続における「審理員」の役割は，行政手続法の定める「聴聞」手続における「聴聞主宰者」と類似した役割とみることができる。

3　書面審理の原則

　旧行政不服審査法は，審理手続について，書面審理を原則としていた。これは，民事訴訟においては，「口頭弁論を経て」判決がなされるのと対照的である。「簡易迅速な」紛争処理への要請や，行政の内部監督手段としての要素に由来するといわれていた[11]。ただし，旧行政不服審査法は，25条1項で，審査請求人が求めるときは，口頭で意見を述べる機会を与えなければならないものとしていた。

　新法には，書面審理の原則についての明文の規定は置かれていないが，審査請求人または参加人の申立てがあった場合には，口頭で意見を述べる機会を与えなければならないという規定（31条1項）は，この原則自体が維持されていることを前提としていると解される。また，「口頭意見陳述」については，旧法より詳しい規定，たとえば，期日および場所を指定し，全ての審理関係人を招集してさせる旨の規定（31条2項）が置かれている。

　審理員は，処分庁から提出された「弁明書」（29条），審査請求人から提出された「反論書」，両者から提出された「証拠書類等」（32条1項・2項）を検討するほか，職権で書類その他の物件，参考人の陳述および鑑定，検証などを行うことができる（33条，34条，35条参照）。

　旧法のもとでは，処分庁から提出された「書類その他の物件」については，審

---

　[10]　旧法は，「上級行政庁」を原則としていたが，そこにいう「上級行政庁」は，「直近上級行政庁」を意味していた。

　[11]　櫻井＝橋本248頁。

査請求人に「閲覧請求権」が保障されていた（33条）が，審査庁が職権で収集した書類等に，この保障が及ぶかどうかは見解が分かれていた[12]。新法は，審査請求人等の手続保障を強化する観点から，「閲覧請求権」の及ぶ範囲を拡大し，「閲覧」に加え，「写し」等の交付を認めている（38条）[13]。

4 行政不服審査会等への諮問

　審理員意見書が，審査請求は棄却されるべき，という結論になった場合でも，審査庁は，その意見に従って直ちに「棄却裁決」をすることができるわけではない。新法は，審査請求人に，自己に不利な結論が出される前に，「第三者機関」によって，より「中立的」な判断を受ける機会を保障するという政策を採用した。これが，行政不服審査会等への諮問（43条）という手続である。

　この第三者機関は，国については，総務省に「行政不服審査会」が置かれる（67条）。行政不服審査会は，両議院の同意を得て総務大臣が任命する委員9人で構成される（68条，69条）。調査審議は，3人で構成される合議体で行う（72条）[14]。

　地方については，地方分権の尊重という理念に従い，新法は，審査庁が地方公共団体の長である場合に，原則として諮問を経るべきことを定め（43条柱書参照），「第三者機関」の具体的形態については，原則として「執行機関の附属機関」として常設すべきこと（81条1項），例外的に「事件ごとに」置くことも許容されることを定めるにとどめている（同2項）。

④ 特別の不服審査制度

1 行政不服審査法の適用範囲

　一般法である行政不服審査法がそのまま適用される不服審査の範囲は，必ずしも広いとはいえない。というのは，個別法によって，適用除外を定めることや特則を置くことが可能であり，租税，社会保障，公務員，情報公開・個人情報保護など様々な領域でそのような特別の不服審査制度が設けられているからである。そこで，国レベルの案件全体のなかで，新設される「行政不服審査会」で処理す

---

[12] 櫻井＝橋本249-250頁参照。
[13] 橋本他・新行審21頁（橋本博之）。
[14] モデルとなったのは，内閣府に設置されている情報公開・個人情報保護審査会である。同審査会は，15名，5部会制度を採用している。

る案件数はそれほど多くないと予測されている[15]。また，地方レベルでは，新たに「第三者機関」を設置する必要性が低いところも多いと思われる。以下では，従来から設けられ，一定の実績を上げてきた第三者機関をいくつか紹介しておく（情報公開・個人情報保護については，UNIT 20 [4][5]参照）。

2　国税不服審判所・固定資産評価審査委員会

　国税の領域においては，課税処分に対する不服は，税務署長に対する異議申立てを経て，審査請求をするものとされてきた。「国税不服審判所」については，国税通則法に定めがある。制度改正後は，税務署長に対する「再調査の請求」と審査請求は自由選択となった[16]。

　地方税のうち，固定資産税は，独特の不服審査制度を設けている。すなわち，地方税法423条は，固定資産課税台帳に登録された価格に関する不服を審査決定するために，市町村に，固定資産評価審査委員会を設置するものとし，同432条1項は，納税者の登録された価格についての不服申立ては「審査の申出」として行うこと，同3項は，固定資産税の賦課についての不服申立てにおいては，登録された価格についての不服を理由とすることができないものとしている。審査委員会での口頭審理のあり方が争点となったものとして，最判平成2年1月18日民集44巻1号253頁〔百選144〕がある。

3　社会保険審査会・労働保険審査会・国民健康保険審査会

　社会保険や労災保険などについては，独特の二段階の不服審査制度が設けられてきた。そして，国レベルで置かれ，「再審査請求」を処理するものとされてきたのが，社会保険審査会と労働保険審査会である。なお，一段階目は，社会保険審査官，労働保険審査官という「独任制」の機関が審査請求を処理する点が特徴

---

15) 総務省の推計によれば，国に対する不服申立て（処理件数）は，全体で約23,000件。このうち，他の第三者機関等が関与するものが，約15,000件，改正後は再調査の請求または再審査請求となるものが約5,200件。行政不服審査会に諮問されるものは，約200件。なお，第三者機関が関与するもののうち，平成22から24年度の平均で，件数の多いものは，国税不服審判所が約3,140件，社会保険審査会が約1,850件，情報公開・個人情報保護審査会が約890件，労働保険審査会が約680件である。総務省WEBページ（行政管理局が所管する行政手続・行政不服申立てに関する法律等）行政不服審査法）行政不服審査法関連三法の概要）参照。

16) 詳細については，橋本他・新行審の第3部（青木丈）参照。

である。この独特の制度は，改革後も維持されたが，二重前置の廃止という方針により，再審査請求と訴訟は自由選択となった。

「裁定的関与」の例とされるものとして，国民健康保険法92条に基づき都道府県に設置される国民健康保険審査会がある。最判昭和49年5月30日民集28巻4号594頁〔百選1〕〔自治百選119〕は，保険者である市町村が行った保険給付に関する処分を取り消す旨の裁決がなされた場合に，市町村は，裁決の取消訴訟を提起することはできないとしている。

4 人事院・人事委員会・公平委員会

国家公務員法90条は，国家公務員の分限処分や懲戒処分についての不服申立ては，人事院に対してのみできるものとしている。

地方公務員法49条の2は，地方公務員の分限処分や懲戒処分についての不服申立ては，人事委員会または公平委員会に対してのみできるものとしている。

また，公務員関係の不服申立前置は維持された。

5 建築審査会・開発審査会

建築基準法78条は，建築確認や措置命令に関する不服は建築審査会で，都市計画法78条は，開発許可や措置命令に関する不服は開発審査会で処理するものとしている。制度改正により，審査請求の前置は廃止された。

5 行政審判

1 行政審判の概念

行政審判とは，行政委員会その他の職権行使の独立性を有する合議制の行政機関が，一定の決定を行うにあたってとる，裁判手続に準じる手続をいう[17]。裁判手続に準じる手続とは，いわゆる「事実審型聴聞」ないし「完全な聴聞」を意味する。「準司法手続」ともいう。

行政審判はこのように手続に着目した概念であり，特別の不服審査制度に該当するのはその一部であるが，便宜上ここで簡単に説明する。

[17) 芝池総論298頁。芝池救済法93頁では，「合議制の行政機関が準司法的手続により決定を下す作用」としている。

2　行政審判の類型

「一定の決定」には，行政処分のほか，行政立法などが含まれる。行政処分には，さらに，「原処分」である場合と，不服申立てに対する応答である場合がある。そこで，行政審判には，事前手続としてのそれと，事後手続としてのそれに分けられる。前者を「始審的」，後者を「覆審的」と呼ぶことがある[18]。また，「行政上の紛争の解決」という要素を含む後者を「実質的行政争訟」と呼び，事前手続としての行政審判を，「形式的行政争訟」と呼ぶことがある[19]（これらの区別の問題点については，UNIT 45 [4]参照）。

制度の由来という観点からは，アメリカ法の影響のもとに第二次大戦後導入されたものと，少なくともその原型が戦前から存在し，ヨーロッパ大陸法系にも存在したものがある[20]。後者の例として，特許法に基づく特許審判，海難審判法に基づく海難審判がある。

3　特別の不服審査制度としての行政審判

電波法に基づく免許拒否処分ないし免許処分についての異議申立てに対して，大臣は，「電波監理審議会」の議決に基づいて決定をなすべきものとされている。電波法は，戦後アメリカ法の影響のもとで制定された法律で，「電波監理審議会」は，現在は「参与機関」であるが，当初は行政委員会であった。最判昭和43年12月24日民集22巻13号3254頁（東京12チャンネル事件）〔百選180〕参照。

6　行政訴訟との関係

1　審査請求前置主義

行政事件訴訟法8条は，本文で，「処分の取消しの訴えは，当該処分につき法令の規定により審査請求をすることができる場合においても，直ちに提起することを妨げない。」と定めている。これを「自由選択主義」と呼び，ただし書で認める「審査請求前置主義」と対置する。

ここでいう「審査請求」は，広義であり，行政不服審査法にいう「審査請求」だけではなく，行政不服審査法にいう「再調査の請求」「再審査請求」，さらには，個別法に定められている「審査の申出」「異議の申出」「裁決の申請」等を含めた

---

18)　藤田総論143頁，515頁。
19)　芝池救済法9頁。
20)　藤田総論514頁。

「行政上の不服申立て」一般を意味する。

　したがって，行政事件訴訟法8条は，取消訴訟の訴訟要件との関係では，「原則として」「行政上の不服申立の前置」は訴訟要件ではないこと，他方，個別法令の定めによって，「例外的に」行政上の不服申立ての前置が訴訟要件の1つとなることがあることを定めていることになる。

　2014年の制度改革においては，整備法によって，個別法を一括改正することにより，大幅に不服申立前置が廃止・縮小された[21]（整備法も2016年4月1日から施行される予定である）。

2　裁決の取消訴訟

　行政事件訴訟法は，3条3項で「裁決の取消訴訟」についての定めを置き，3条2項の「処分の取消訴訟」と区別している。3条2項にいう「行政庁の処分その公権力の行使に当たる行為」には，3条3項にいう「裁決，決定その他の行為」が含まれる。すなわち，3条2項にいう「行政庁の処分」は理論上の「行政行為」に相当するが，「行政上の不服申立て」に対する応答である「裁決，決定その他の行為」＝広義の「裁決」は，理論上の「行政行為」に該当する。3条2項のかっこ書は「処分の取消訴訟」の対象から，広義の「裁決」を除外し，「原処分」に限定する趣旨である。

3　原処分主義

　処分の取消訴訟と審査請求を棄却した裁決の取消訴訟の両方を提起できる場合には，それぞれの訴訟で原告のどのような「不服」を受け止めるか，すなわち，裁判所がどのような「違法性」を審理するかについての交通整理が必要となる。行政事件訴訟特例法には，これについての定めがなく争いが生じた。行政事件訴訟法は，10条2項で，裁決の取消訴訟においては，「裁決固有の違法性」のみを審理することを原則とした。したがって，裁決の取消訴訟では「原処分の違法性」を主張しても，「裁決固有の違法性」が認められない以上，取消請求は「棄

---

[21]　橋本他・新行審32-34頁（橋本博之）参照。前置を規定していた96法律のうち，47の法律で不服申立前置を全部廃止，21の法律で一部廃止（一部存置），全部存置は28法律。二重前置は21の法律で定められていたが，5つの法律で全廃し，16の法律で前置を一重化したため，二重前置は全廃された。不服申立前置が残ったのは，一部存置と全部存置を合わせた49の法律ということになる。

却」されることになる。

　このように，広義の「審査請求」をして「棄却裁決」を受けて，なお「不服」を有する者は，「原処分」の取消訴訟でその違法性を主張すべきであるとする方式を「原処分主義」と呼ぶ。この原処分主義は，「自由選択主義」が妥当する場合と「審査請求前置主義」が妥当する場合の両方に適用される原則である。

4　裁決主義

　広義の「審査請求」を経た後には，「原処分」の取消訴訟を提起できないものとする制度設計もありうる。個別法によって，このような制度設計がなされている場合，すなわち，「原処分」についての不服を，「裁決」の取消訴訟によって受け止めるという方式を「裁決主義」と呼ぶ。この方式が採用されているときには，10条2項にいう「処分の取消しの訴え……を提起することができる場合」に該当しないから，「裁決の取消訴訟」において，原処分の違法を理由として取消しを求めることができることになる。

> 電波法96条の2
> 　この法律又はこの法律に基づく命令の規定による総務大臣の処分に不服がある者は，当該処分についての異議申立てに対する決定に対してのみ，取消しの訴えを提起することができる。

　「裁決主義」という制度設計は，「不服申立前置主義」の採用が前提となる。旧行政不服審査法の時代において，「不服申立前置主義」は，かなり広範に採用されていたが，行政不服審査制度の改革において，「不服申立前置の見直し」がなされた。すなわち，改正前は，全体で96法律にのぼっていたが，68法律で廃止・縮小がなされ，全部存置は28法律に減少した。また，電波法のように「裁決主義」が採用されている例はもともと少ない。

5　審級の省略

　行政審判は，「準司法手続」と呼ばれることもあるように，第1審の判決手続に相当すると位置づけられることがある[22]。すなわち，行政審判の結果としてなされた行政処分の取消訴訟を，通常の場合のような地方裁判所ではなく，高等

---

22) 　藤田総論516頁。

裁判所の管轄とすることがある。たとえば，先にみた電波法の例のほか，公害等調整委員会の「裁定」，特許審判，海難審判についてそのような扱いがされている。他方，都道府県労働委員会および中央労働委員会の救済命令等については，そのような扱いはされていない（労働組合法27条の19）。

UNIT 42 機関訴訟

1 機関訴訟の概念

1 行政事件訴訟法 6 条の定義

行政事件訴訟法 6 条は，機関訴訟を「国又は公共団体の機関相互間における権限の存否又はその行使に関する紛争についての訴訟」と定義している。

文理解釈によれば，機関訴訟における「権限の存否に関する紛争」または「権限の行使に関する紛争」は，「国の機関相互間」「地方公共団体の機関相互間」「その他の公共団体の機関相互間」で生じたものと，限定的に捉えられる[1]。

そして，そこでの理由づけとしては，このような「同一法人」内部の「紛争」は，「権利義務に関する紛争」ではない（①），「機関」は「法人」の一部であり，「権限」を有するが，「権利」ないし「請求権」は有しない（②），というものが考えられる。また，同一法人内の「機関相互間」の紛争は，組織内部で，「行政組織法」の基本原理に従って，すなわち，通常は，「上級行政機関」の有する

---

[1] 「限定説」によれば，機関訴訟となるのは，下図の●印および▲印に限られる。

原告 \ 被告	国の機関	地方公共団体の機関	その他の公共団体の機関	国	地方公共団体	その他の公共団体
国の機関	●	○	○	▲	△	△
地方公共団体の機関	○	●	○	△	▲（同一）□	△
その他の公共団体の機関	○	○	●	△	△	▲（同一）△
国	▲	△	△	?	□	□
地方公共団体	△	▲（同一）△	△	□	▲（同一）□	□
その他の公共団体	△	△	▲（同一）△	□	□	▲（同一）□

「権限争議裁定権」によって解決することができる（③），という説明が自然に感じられる。

国と国の機関の間の紛争，地方公共団体とその機関の間の紛争，その他の公共団体とその機関の間の紛争も，「同一法人」内の紛争という点で，上記の3つに準じるものといえよう。

以上のような「限定説」における狭義の「機関訴訟」は，「法律上の争訟」に該当しないことから，憲法上の「裁判を受ける権利」の保障は及ばない。したがって，そのような「紛争」を裁判所が「訴訟」という形式で受け止めるかどうかは，立法政策の問題となる。他方，広義の機関訴訟概念をとる場合には，そのなかには「裁判を受ける権利」の保障が及ぶものもあるのではないかという難問が生じるのである。

そこで，限定説による説明が，理論的には比較的すっきりしたものであると思われる。しかし，従来の議論においては「機関訴訟」の概念はより広いものとして用いられてきた。

2　広義の機関訴訟

すなわち，行政事件訴訟法6条にいう「機関相互間における紛争」には，同一法人の機関相互だけではなく，別法人の機関相互，さらに別法人相互の紛争も含まれる，という解釈がある[2]。

この広義の機関訴訟概念のポイントは，私人と「国又は公共団体」との対比にある[3]。そして，機関訴訟の対象となる「権限に関する紛争」にいう「権限」とは，行政不服審査法57条4項，行政手続法4条1項，地方自治法245条にいう「固有の資格」とほぼ同義と考えられる[4]。

機関訴訟を広義に解するときには，次のような類型が含まれることになる[5]。

第1は，「国の機関と地方公共団体の機関」「国の機関とその他の公共団体の機関」「地方公共団体の機関とその他の公共団体の機関」である。

第2は，「国と地方公共団体の機関」「国とその他の公共団体の機関」「地方公共団体と国の機関」「地方公共団体と別の地方公共団体の機関」「地方公共団体と

---

[2]　条解（第4版）201頁（山本隆司）参照。
[3]　条解（第4版）201頁（山本隆司）。
[4]　条解（第4版）203頁（山本隆司）。
[5]　それぞれ，図の○印，△印，□印。

その他の公共団体の機関」「その他の公共団体と国の機関」「その他の公共団体と地方公共団体の機関」「その他の公共団体と別のその他の公共団体の機関」である。

第3は，「国と地方公共団体」「国とその他の公共団体」「地方公共団体相互」「地方公共団体とその他の公共団体」「その他の公共団体相互」である。

上記のような「広義の機関訴訟」概念による場合に，問題となるのが，行政事件訴訟法42条との「連動」である。すなわち，「同一法人」内部の紛争ではないが，性質上「機関訴訟」に該当する紛争について，すべて，個別の法律が認めていない以上，訴えは却下されてもやむを得ないと割り切ってよいのか，である。

これについて考え方は分かれている。判例は，どちらかというと上記の割り切りに傾いているようであるが，学説では批判説も多く，そのなかには，行政事件訴訟法42条における「機関訴訟」は狭義に解すべしとするものがある[6]。この説は，「主観訴訟的民衆訴訟」「主観訴訟的機関訴訟」というカテゴリーの存在を認めるものということになる。

2 機関訴訟の典型例

1 現行法上の「機関訴訟」の典型例

現行法上の「機関訴訟」の代表例は，地方自治法176条7項の訴訟である[7]。ここでは，長と議会という，同一の地方公共団体の2つの機関が，議会の議決または選挙という「権限の行使」について，それが違法であるかどうかについて見解を異にしている，という状況が想定されている。地方公共団体内部の紛争は，訴訟によらずに解決するのが原則であるが，長と議会の関係は「二元代表制」のもとで「対等」とされているため，中立的な第三者に「裁断」を求めることが適切であると考えられたのである。そこで，地方自治法176条は，まず，市町村における紛争については，知事に，都道府県における紛争については，総務大臣に「審査の申立」をして「裁定」を受けるべきものとし（5項），「裁定」に不服がある側（長または議会）が，裁判所に出訴できるものとしている。

---

[6] 条解（第4版）877頁（山本隆司）。
[7] 宇賀 II 129 頁。

2 過去に存在した「機関訴訟」の典型例

現在は廃止されているが，「機関委任事務」に関する「職務執行命令訴訟」は，機関訴訟の典型例であった[8]。

地方分権改革によって機関委任事務が廃止され，現行法においては，「法定受託事務」について，訴訟を通じて「代執行」を行う仕組みが置かれている（地方自治法245条の8）。この訴訟の性質について「機関訴訟」として理解する説[9]と，「主観訴訟」と理解すべきものとする説[10]がある。

3 地方公共団体に対する関与に関する訴訟

1 関与の法定主義

地方分権改革の理念は，国と地方公共団体の関係を「上下主従の関係から対等協力の関係へ」変えることであった。また，都道府県と市町村の関係も，「対等協力の関係」という性質を強めることがめざされた。

そこで，国または都道府県の「関与」については，いわゆる「法定主義」が採用され（地方自治法245条の2），また，国や都道府県の関与に対して普通地方公共団体が「不服」を有した場合には，中立的な第三者の「裁断」を求めることが適切であると考えられた。

すなわち，地方自治法250条の13は，国地方係争処理委員会への「審査の申出」を，251条の3は，総務大臣（自治紛争処理委員）への「審査の申出」を定め，その後，国の関与については，251条の5，都道府県の関与については，251条の6によって訴訟を提起できるものとしている。

この訴訟の性質について，立案者は「機関訴訟」と理解しており[11]，条文にもその趣旨が表現されている（251条の5第8項など）が，「主観訴訟」たる「抗告訴訟」であると理解すべきであるとの説[12]がある。

2 関与行為の法的性質

「審査の申出」の対象となる行為は，関与のうち，「是正の要求，許可の拒否そ

---

[8] 宇賀II 402頁。
[9] 立法者意思，藤田総論408頁など。
[10] 芝池救済法26頁。
[11] 宇賀III 85頁。
[12] 塩野III 252頁。

の他の処分その他公権力の行使に当たるもの」とされている。そこで，地方自治法は，地方公共団体が「固有の資格」において名あて人となる「行政処分」が存在する[13]ことを前提としているとも考えられる。既に UNIT 11 [1]，UNIT 26 [2] で検討したように，「行政処分」は，通常は，私人が名あて人となるものが想定され，国や地方地方公共団体が私人と同様の立場で名あて人となることもある，と整理されている。しかし，「外部効果」を「私人又は他の行政主体」に対する法的効果と広義に捉えることも検討に値するのであり，関与の法的性格論は，このような捉え方に親和的な面がある。ただ関与のなかで通常の「行政処分」と同様の性質を有するものがあるのであれば，それに対する不服は，抗告訴訟ということになるはずである。そこで，地方自治法は，関与のなかに「行政処分に準じるもの」があるという立場をとっていると理解すべきであろう。

〈関与の基本原則地方自治法245条の3〉

関与の類型 地方自治法245条		自治事務	法定受託事務	審査の申出＋訴訟	不作為に関する訴訟
1号イ	助言・勧告	○（地方自治法245条の3）	○（地方自治法245条の3）	×	
ロ	資料提出の要求	○（地方自治法245条の3）	○（地方自治法245条の3）	×	
ハ	是正の要求	○（地方自治法245条の5）		◎	◎
ニ	同意	△	○	◎	
ホ	許可・認可・承認	△	○	◎	
ヘ	指示	△	○（是正の指示：地方自治法245条の7）	◎	◎
ト	代執行	×	○（地方自治法245条の8）	勧告・指示を経て訴訟提起	
2号	協議	△	△		
3号	その他の関与	×	×		

---

13) 塩野 III 240 頁。

3 関与の実効性確保のための訴訟

平成24年の地方自治法改正により、「普通地方公共団体の不作為に関する国の訴えの提起」および「市町村の不作為に関する都道府県の訴えの提起」の制度が創設された[14]。

4 判例上の機関訴訟？

1 行政権の主体としての国・地方公共団体

判例は、「行政権の主体としての国や地方公共団体が提起する訴訟は、主観訴訟ではなく、むしろ機関訴訟に該当する」という考え方を採用しているようにもみえる。

成田新幹線事件に関する最判昭和53年12月8日民集32巻9号1617頁〔百選2〕は、国の機関である大臣と特殊法人との関係を「上級行政機関と下級行政機関」の関係とみている。

また、那覇市長が情報公開条例に基づいて海上自衛隊の施設の工事計画に関する公文書の開示決定を行ったことに不服を有した国が提起した取消訴訟において、訴えはいずれの審級でも不適法とされた。最判平成13年7月13日判例地方自治223号22頁は、原告適格を否定することによって原審の結論を維持した。しかし、国が建物の所有者として有する固有の利益が害されることをも主張していることに着目して、「法律上の争訟」には該当するとし、第1審判決のように「機関訴訟」であるから不適法という割り切りはしなかった。

宝塚市パチンコ店規制条例事件に関する、最判平成14年7月9日民集56巻6号1134頁〔百選115〕〔自治百選46〕は、「財産権の主体として自己の権利利益の保護救済を求める訴訟」と「専ら行政権の主体として国民に対して行政上の義務の履行を求める訴訟」を区別し、後者は「法律上の争訟」にあたらないとした。

杉並区と東京都と間で争われた住基ネット訴訟では、第1審・控訴審ともに、受信義務の確認を求める訴えを不適法とするにあたり、「機関訴訟」に該当する、という理由づけが用いられた[15]。

なお、国民健康保険事業の事業主体としての市町村および国民健康保険組合が、

---

14) 塩野Ⅲ251頁参照。
15) 東京地判平成18年3月24日判例時報1938号37頁〔自治百選4〕。東京高判平成19年11月29日判例地方自治299号41頁。最決平成20年7月8日判例集未登載で上告棄却、上告不受理。批判するものとして、阿部Ⅱ86頁, 329頁参照。

都道府県の国民健康保険審査会のした「裁決」の取消しの訴えを提起できるか，という問題について，最判昭和49年5月30日民集28巻4号594頁〔百選1〕〔自治百選119〕は，「国の事務である国民健康保険事業の実施という行政作用を担当する行政主体としての地位」を語り，保険者のした保険給付等に関する処分の審査に関する限りで，審査会と保険者とは，「一般的な上級行政庁とその指揮監督に服する下級行政庁の場合と同様の関係」に立つとしていた。

2　行政手続法4条

行政手続法4条は，適用除外の規定であり，同法が適用される「通常の」行政処分，行政指導および届出とは異なるものが存在することを想定している（かのような）条文である。そこで，先にみた「広義の機関訴訟概念」の妥当性を検証するための手がかりとなる。

第1項は，「国の機関」「地方公共団体の機関」「地方公共団体」が，「その固有の資格において」行政処分の名あて人となることを想定している。第2項は，「特殊法人」「独立行政法人」「認可法人」に対して，「当該法人の監督に関する法律の特別の規定に基づいて」行政処分がなされることを想定している。第3項は，「指定機関」に対して，「当該法律に基づいて当該事務に関し監督上される処分」に関する規定である。

3　行政不服審査法7条2項

行政不服審査法は，7条2項で，「地方公共団体その他の公共団体」に対する処分で，「これらの団体がその固有の資格において」処分の相手方となるものについては適用しない，と定めている。これも，「地方公共団体」が「その固有の資格において」行政処分の名あて人となることを想定している（かのような）条文である。そして，それは論理的には，行政処分の定義に，「私人に対する」「外部効果」を含めると狭きに失するということを意味する。というのは，判例の定式で「国民の権利義務を形成し，またはその範囲を確定する」という場合の「国民」は，通常の「私人」を想定しているが，そのままでは，行政手続法4条1項および行政不服審査法7条2項の想定する「行政処分」は，これに該当しないことになるからである[16]。

---

16)　橋本他・新行審61頁（橋本博之・植山克郎）は，補助金等に係る予算の執行に

適正化に関する法律による地方公共団体に対する各省各庁の長の処分を行政不服審査法7条2項の例として挙げている。UNIT 26 [2] 3 参照。

UNIT 43 住民訴訟（1）——位置づけ・対象・種別

1 住民訴訟の位置づけ

1 客観訴訟

　行政事件訴訟法2条は，「行政事件訴訟」を「抗告訴訟」「当事者訴訟」「民衆訴訟」「機関訴訟」という4類型に整理している。このうち，「民衆訴訟」と「機関訴訟」の2つは，理論上は「客観訴訟」に分類される，というのが通常の理解である。

　すなわち，「客観訴訟」は，行政作用の適法性を担保することを目的とするものであり，裁判所法3条1項にいう「法律上の争訟」にあたらないものであるが，個別の法律によって裁判所が解決すべきものとされたと理解されてきた。そこで，「客観訴訟」についての裁判所の権限は，憲法上の要請に基づくものではなく，具体的にどのような範囲とするかは立法政策の問題であり，法律で自由に決められることになる。

> **行政事件訴訟法 42 条**
> 　民衆訴訟及び機関訴訟は，法律に定める場合において，法律に定める者に限り，提起することができる。

　以下では，「民衆訴訟」のうち，多用され，実務的にも重要な「住民訴訟」について説明する。「住民訴訟」は，「地方自治法」という法律によって1948年以来認められているものである。

2 「住民」という「資格」

　住民訴訟は，「住民」という「資格」を有する者であれば誰でも提起できる点が特徴である。この点は，取消訴訟においては「原告適格」を有する者の範囲が限定されがちであるという問題点が指摘されてきた（UNIT 28参照）のと対照的である。そこで，多数の住民訴訟が提起され，実務上も重要な意味を持ってき

た[1]）。

> **行政事件訴訟法5条**
> この法律において「民衆訴訟」とは，国又は公共団体の機関の法規に適合しない行為の是正を求める訴訟で，選挙人たる資格その他自己の法律上の利益にかかわらない資格で提起するものをいう。

　地方自治法は，1963年の改正以来，242条で「住民」という「資格」を有する者であれば誰でも「住民監査請求」をすることができるものとし，242条の2で，それに引き続いて「住民訴訟」を提起することを認めている。この「住民」という「資格」は，「選挙人」たる資格と同様に「自己の法律上の利益にかかわらない資格」であるから，「住民訴訟」は「民衆訴訟」の一種ということになる。なお，まずは監査委員に是正する機会を与え，いきなり訴訟を提起することはできないというこの方式は「監査請求前置主義」と呼ばれる。

3　住民訴訟の性質

　最判昭和53年3月30日民集32巻2号485頁〔百選222〕〔自治百選95〕は，住民訴訟の性質について「住民訴訟の訴権は，地方公共団体の構成員たる住民全体の利益を保障するために法律で特別に認められた参政権の一種であり，その原告は，自己の利益や地方公共団体そのものの利益ではなく，専ら住民全体の利益のために，いわば公益の代表者として地方財務行政の適正化を主張するものである。」と述べている。
　地方自治法は，「地方公共団体の組織及び運営に関する事項の大綱を定め」ることにより「地方公共団体における民主的にして能率的な行政の確保を図る」こ

1）　統計的にみても，久しく，住民訴訟がその大半を占めると推測される「民衆訴訟」の割合は，「抗告訴訟」に次いで第2位であった。宇賀Ⅱ118頁，129-130頁参照。毎年1回『法曹時報』という雑誌の9月号に掲載される「○○年度行政事件の概況」で，第1審の新受件数等に関するデータをみると，行政事件が全体として「活性化」していること，その内訳に変化がみられることがわかる。たとえば，平成23年度に至って，はじめて「当事者訴訟」が第2位となっているが，これは，行政訴訟制度改革の「確認訴訟の活用」というメッセージが原告側弁護士および裁判所に受け止められた成果であろう。最高裁判所事務総局「平成23年度行政事件の概況」曹時64巻9号（2012年）72頁。

とを目的としている（同法1条）が，そのために「直接民主制」的な要素を有するいくつかの仕組みを設けている。「住民監査請求」＋「住民訴訟」という仕組みは，条例の制定改廃を求める請求（同74条），事務の監査の請求（同75条）や議会の解散請求（同76条），議員・長の解職請求（同80条，81条）などの仕組みと共通の性質を持つものということになる。ただ，74条以下の「直接請求」は一定数以上の住民がまとまってはじめてなしうるものであるのに対して，「住民監査請求」＋「住民訴訟」は一人でもできる点が異なる[2]。

なお，住民訴訟の原告となりうる「住民」には，自然人のほかに法人が含まれると解される。地方自治法10条にいう「市町村の区域内に住所を有する者」は，同法11条にいう「日本国民たる普通地方公共団体の住民」より広い概念であるからである。これが，「参政権の一種」という説明と整合的であるか，やや気になるところである[3]。

2 住民訴訟の対象・種別

1 財務会計事項

「住民監査請求」ないし「住民訴訟」の対象は「財務会計事項」に限定されている。

これは，「事務監査請求」の対象に限定がないことと対照的であるが，一人でもできることの関係でバランスをとろうとしたものと思われる。地方自治法242条1項の条文はわかりにくい（スペースの関係で掲載していないが，各自六法等で確認すること）が，「住民監査請求」の対象となるのは，「行為」と「怠る事実」に大別される。このうち「行為」は，積極的に何かがなされること，「怠る事実」はなされるべきことがなされないことを意味する。理論上は「作為」と「不作

---

[2] 昭和53年最判は，旧4号請求における「訴額」に関して，「財産権上の請求」ではあるが，「算定不能」として扱われ，また，複数の住民が共同で出訴した場合でも，「各自の訴えをもって主張する利益」は同一であると認められるので，（合算するのではなく）一括して計算される，としていた。2002年改正後は，4号請求は「代位訴訟」ではなく，「義務付け」請求と構成されているので，「非財産的請求」と扱われると思われる。

他方，複数の原告が提起した林地開発許可の取消訴訟について，最判平成12年10月13日判時1731号3頁〔百選221〕は，「財産権上の請求」ではあり，「算定不能」と扱われるものの，利益は各原告がそれぞれ有するとし，合算すべきものとしている。

[3] 塩野Ⅲ 215頁。宇賀自治法327頁参照。

為」と呼ばれる。

行為	公金の支出
	財産の取得，管理，処分
	契約の締結，履行
	債務の負担，その他の義務の負担
怠る事実	公金の賦課，徴収
	財産の管理

　「行為」は，「公金の支出」「財産の取得，財産の管理，財産の処分」「契約の締結，契約の履行」「債務の負担，その他の義務の負担」に分類される。実務上最も頻繁に問題となるのは，最初に出てくる「公金の支出」である。「怠る事実」は，「公金の賦課，公金の徴収」に関するものと「財産の管理」に関するものに分類される。

　これらの「行為」と「怠る事実」は，地方公共団体の財務状態を悪化させるものであり，その結果，増税という形で住民にさらに負担を求めたり，あるいはサービスや補助金の削減を行ったりすることが危惧されるものといえる。住民訴訟の原型は，アメリカで判例法上認められていた「主観訴訟」としての「納税者訴訟」であるとされ，1963年の改正までは「納税者」が出訴権者とされていた[4]。そこには，会社法の認める「株主代表訴訟」と同様に，出資者は法人の運営について任せきりにするのではなく，一定のコントロールを裁判所の助けを借りて及ぼすべきであるという発想がみられるようである。

2　住民訴訟の4類型

　地方自治法242条の2は，住民が裁判所に求めることができる「請求」を4類型に整理している。

　第1は，「執行機関」（これには，長，委員会，委員が含まれる。）または「職員」が「公金の支出」などの「行為」をしようとしているときにする「差止めの請求」である。これを「1号請求」と呼ぶ。

　第2は，「行為」のうち「行政処分」の性質を有するものがなされたときにす

---

　4)　塩野III 214頁，宇賀自治法334頁。

る「取消し又は無効確認の請求」である。これを「2号請求」と呼ぶ。

第3は,「執行機関」または「職員」に「怠る事実」があるときにする「違法確認の請求」である。これを「3号請求」と呼ぶ。

第4は,「行為」または「怠る事実」の結果,地方公共団体が「当該職員」に対して損害賠償請求権または不当利得返還請求権を有し,あるいは地方公共団体が「行為」または「怠る事実」の「相手方」に対して損害賠償請求権または不当利得返還請求権を有するときに,そのような請求権を行使するように「執行機関」または「職員」に求め,あるいは地方自治法243条の2の「賠償命令」をするよう求める「請求」である。これを「4号請求」と呼ぶ。

実務上最も頻繁に問題となるのは4号請求であり,とりわけ,地方公共団体が長に対して損害賠償請求権を有するとされるケースである。

③ 4号請求の問題点

1 長の地方公共団体に対する賠償責任の根拠

4号請求は,長や職員の「個人責任」を追及するという構造を有している。そして,判例[5]によれば,個人としての長の地方公共団体に対する損害賠償責任は,民法709条に基づくものである。これに対して,財務会計行為にかかわるその他の職員の地方公共団体に対する損害賠償責任は,地方自治法243条の2に基づくものとされる(賠償責任に関する民法の規定を適用しないと定める同条第14項参照)。つまり,地方自治法242条の2第1項第4号にいう「当該職員」には長が含まれるが,243条の2第1項にいう「職員」には長は含まれない,と解されているのである[6]。

このような解釈の結果,長は「過失」があれば発生した損害全体について個人責任を負うことになる。他の職員の場合は,原則として「過失」にとどまるときは免責され,「故意又は重過失」ありとされた場合も,「職分に応じ」「損害の発生の原因となった程度に応じて」分割して責任を追うにとどまる(地方自治法243条の2第1項,第2項参照)。

長の責任はそれと比較してかなり重いものである。そして,長は,責任が重い

---

5) 最判昭和61年2月27日民集40巻1号88頁(市川市接待行政事件)〔自治百選108〕。

6) 宇賀Ⅱ399頁は,上記最判は,「4号請求における職員の賠償責任は民法上のものであると判示している」と述べているが,「職員」は「長」の誤植であろう。

だけではなく，個人として被告とされていたことから，自らの費用で弁護士を雇わなければならないなど，4号請求の構造には問題があるという指摘があった。

2　4号請求に関する地方自治法の改正

そこで，まず，1994年に地方自治法が改正され，被告が勝訴した場合，弁護士報酬相当額を議会の議決により公費で負担できることとされ，さらに2002年の改正で，4号請求の被告は，「執行機関又は職員」とされた。

ここにいう「職員」は個人としての職員ではなく，職務を遂行する者を意味する。従来は，住民が個人責任を追及すべき地方公共団体に代わって個人責任を直接追及する「代位訴訟」の構成をとっていたのであるが，改正後は，個人責任を追及するように求める「義務付け訴訟」に再構成されたわけである[7]。

4号請求で原告の勝訴判決が確定した場合は，「本文の規定による訴訟」においては，長は，当該請求にかかる損害賠償・不当利得返還の請求をしなければならず（地方自治法242条の3第1項），また，任意に支払いがなされない場合には，地方公共団体は，訴訟を提起しなければならない（同条第2項）。これに対して，「ただし書の規定による訴訟」においては，長は，賠償命令を発布しなければならず（地方自治法243条の2第4項），さらに，任意に支払いがなされない場合には，地方公共団体は，訴訟を提起しなければならない（同条5項）。

この第2段階の訴訟が必要になるケースはあまり多くないと思われる。それは，第1段階の訴訟において，「訴訟告知」がなされ（地方自治法242条の2第7項），個人責任を追及される長，職員および相手方にも，判決の効力が及ぶ（民事訴訟法53条4項「参加的効力」）こととされているからである。

ただ，責任の内容はそのままであるので，その限定は今後の課題といえる。

3　監督責任

地方自治法242条の2第1項第4号にいう「当該職員」について，最判昭和62年4月10日民集41巻3号239頁〔自治百選83〕（都議会議長交際費事件）は次のように述べている。

[7) 宇賀自治法336-337頁。

> 当該訴訟においてその適否が問題とされている財務会計上の行為を行う権限を法令上本来的に有するとされている者及びこれらの者から権限の委任を受けるなどして右権限を有するに至った者を広く意味し、その反面およそ右のような権限を有する地位ないし職にあると認められない者はこれに該当しないと解するのが相当である。

このような考え方によると、議会の議長は「当該職員」には該当しないことになる。予算の執行権は長に専属し（地方自治法149条2号）、現金の出納保管等の会計事務は出納長または収入役の権限とされている（170条1項、2項）からである。

地方自治法242条の2第1項第4号にいう「当該職員」には、「財務会計上の行為を行う権限を法令上本来的に行うとされている者」の他に、「これらの者から権限の委任を受けるなどして右権限を有するに至った者」が含まれる。そして、後者には、財務会計上の行為を「専決処理」する権限を有する職員も含まれる[8]。

「専決」とは、補助機関が内部的委任を受けて事務処理を行うものであり、外部に対しては、本来の権限を行使する行政庁の名において権限が行使される。「内部委任」ともいう。

このように、誰が当該地方公共団体に損害を加えたかを、「実質的に権限を行使した者」を中心に考えるべきである、という発想は地方公共団体における事務処理の実態に即した判断を可能にするという面がある。

ただ、自己の権限を補助機関に専決処理させた者も、当該専決により処理された財務会計上の行為の適否が問題とされている4号請求において、依然として、「当該職員」に該当する。そこで、長は、依然として「財務会計上の行為を行う権限を法令上本来的に有するとされている者」として、「公金の支出」を伴うあらゆる行為について4号請求を心配しなければならない立場に立たされる。しかし、地方公共団体における事務処理は組織としての分業によって行われるのであるから、すべての誤りについて長が個人として責任を負わされるのは不合理である。そこで、2つの点で限定がなされている。

第1は、本来の権限を有する者の責任は、当該補助職員が「財務会計上の違法行為」をすることを阻止すべき「指揮監督上の義務」に違反し、故意または過失

---

[8] 最判平成3年12月20日民集45巻9号1503頁（大阪府水道部事件②）〔百選26②〕。

により当該補助職員が財務会計上の違法行為をすることを阻止しなかったときに限られるとするものである[9]。

4　先行行為との関係

第2に，長の権限に属さない「先行行為」を受けて，長が財務会計行為をなすというケースについて，要件を限定する立場を示したものとして，最判平成4年12月15日民集46巻9号2753頁（一日校長事件）〔自治百選105〕[10]がある。これについては，UNIT 44で扱う。

---

[9] 最判平成3年12月20日民集45巻9号1455頁（大阪府水道部事件①）〔百選26①〕〔自治百選77〕。地方公営企業の管理者の権限を有する水道部長および総務課長による専決の事例。最判平成5年2月16日民集47巻3号1687頁（箕面忠魂碑訴訟）は，「長は，右吏員が財務会計上の違法行為をすることを阻止すべき指揮監督上の義務に違反し，故意又は過失により右吏員が財務会計上の違法行為をすることを阻止しなかったときに限り，自らも財務会計上の違法行為を行ったものとして，普通地方公共団体に対し，右違法行為により当該普通地方公共団体が被った損害につき賠償責任を負うものと解するのが相当である。」としている。

[10] 教育委員会が人事に関する権限を行使し，それを受けて長が退職金の決定をした事例。

UNIT 44 住民訴訟（2）——違法性・監査請求前置

1 非財務事項の間接統制

1 住民訴訟における違法性

　住民訴訟の対象となる事項は，財務会計行為に限られるとされる。

　最判平成2年4月12日民集44巻3号431頁は，「住民訴訟は，地方財務行政の適正な運営を確保することを目的とし，その対象とされる事項は法242条1項に定める事項，すなわち，公金の支出，財産の取得・管理・処分，契約の締結・履行，債務その他の義務の負担，公金の賦課・徴収を怠る事実，財産の管理を怠る事実に限られる。」としている。この事案では，保安林における道路建設は財務会計行為に該当しないとされた。

　何が財務会計行為かは，必ずしも明確ではない。アメリカの納税者訴訟におけるfiscal matterの概念からすると，財政的支出につながる行為であれば対象としてよいとも考えられる。しかし，わが国では，行為自体を「非財務会計行為」と「財務会計行為」に分け，「財務会計行為」だけが住民訴訟の対象となるとし，「非財務会計行為」は，「先行行為」として，その「違法性」がどのような場合に，「後続行為」である「財務会計行為」の「違法性」をもたらすか，という形で問題を立ててきた。

　そこで，住民訴訟による「適法性の統制」を重視する立場からは，「先行行為」の「違法性」を是正するという機能を発揮させるために，そのような場合を広く認めるべきことになる。これが，「非財務事項の間接的統制」を是とする立場[1]である。

　判例は，先に触れた平成4年の判決に至るまでは，このような立場を是認するかのような判断をときおり示していた[2]。

　すなわち，最判昭和60年9月12日判時1171号62頁（川崎市分限免職事件）は，

---

1) 原田要論443頁。
2) 高木光「4号請求」園部逸夫編『住民訴訟』（ぎょうせい・1989年）175頁以下参照。

「財務会計上の行為が違法となるのは，単にそれ自体が直接法令に違反する場合だけではなく，その原因となる行為が法令に違反して許されない場合を含む」とした。

この事件で問題とされたのは，収賄した職員を懲戒免職にすべきであったのに分限免職にしたために退職金が支払われたことが違法であるかどうかである。分限免職処分自体は財務会計行為ではない。そこで，その違法性が，退職金の支給決定という「財務会計行為」の違法性をもたらすのか，という問題が生じた。

判決は，それを肯定するかのような判断を示したわけであるが，当該事案では，分限免職処分が適法であるとされたため，どのような「先行行為」であってもその違法が常に財務会計行為の違法をもたらすのか，という問題についての判例法理が示されたとはいえない。なお，同判決で，引用されていたのは，津地鎮祭に関する，最判昭和52年7月13日民集31巻4号533頁〔憲法百選47〕である3)。

その後，森林組合への職員派遣に関する，最判昭和58年7月15日民集37巻6号849頁や，商工会議所への職員派遣に関する，最判平成10年4月24日判時1640号115頁〔百選4〕がある。また，環境訴訟として有名なものとして，田子の浦ヘドロ除去に関する，最判昭和57年7月13日民集36巻6号970頁，織田が浜の埋立免許に関する，最判平成5年9月7日民集47巻7号4755頁〔自治百選A23〕があった。

他方，「間接的統制」を否定したものとして，最判昭和59年11月6日判時1139号30頁における道路用地の先行取得の「先行行為」としての道路の路線認定・区域の決定や，先にみた，最判平成2年4月12日民集44巻3号431頁における保安林における道路建設があった。

昭和58年判決の事例では，給与の支払いという財務行為をもたらした職員の違法な派遣という「先行行為」は非財務行為ではあるが，両者がいわば一体として捉えられるようなものであったことが判断の決め手であるとみられる。判例の立場は，「公金の支出」と「直接の関係ないし結びつき」のある行為に限定して，その違法が公金の支出を違法とする趣旨であったと理解すべきであろう4)。

---

3) 「憲法訴訟」として利用されたものとして，その後，最判平成9年4月2日民集51巻4号1673頁（愛媛玉串料訴訟）〔憲法百選48〕，最判平成14年7月11日民集56巻6号1204頁（大嘗祭参列訴訟）〔憲法百選50〕，最判平成22年1月20日民集64巻1号1頁（砂川空知太神社事件）〔自治百選102〕〔憲法百選52〕，最判平成22年7月22日判時2087号26頁（白山ひめ神社事件）〔自治百選110〕等がある。

2 一日校長事件平成4年判決

以上のような状況のなかで，以下のように述べて，非財務事項の間接的統制に歯止めをかけるかのような判決が平成4年に下されたのである。

> 法242条の2第1項第4号の規定に基づく代位請求に係る当該職員に対する損害賠償請求訴訟は，……財務会計上の行為を行う権限を有する当該職員に対し，職務上の義務に違反する財務会計上の行為による当該職員の個人としての損害賠償義務の履行を求めるものにほかならない。したがって，当該職員の財務会計上の行為をとらえて右の規定に基づく損害賠償責任を問うことができるのは，たといこれに先行する原因行為に違法事由が存する場合であっても，右原因行為を前提としてされた当該職員の行為自体が財務会計上の義務に違反する違法なものであるときに限られると解するのが相当である。

3 財務会計上の「職務義務違反」

4号請求においては，長や職員の「個人としての損害賠償責任」が想定されるため，国家賠償法1条におけると同様に，「違法性と過失」の関係をどう整理するか，という難問が生じる。

地方自治法243条の2は，会計職員等の賠償責任について，故意・重過失の場合に限定し，軽過失については免責している。他方，長の責任は，判例によれば，民法によるため，民法709条の「過失責任の原則」が妥当する。

以上のような区別を前提とすると，「違法性と過失の二元論」によって整理がなされた方がすっきりすると考えられる。確かに，地方自治法の立法当時の民法学の不法行為理論はそうであった。しかし，その後，民法学においては，「違法性と過失の融合」という現象が生じており，判例もその影響を受けている[5]。

---

4) 高木・前掲注2) 185頁。その後の状況については，人見剛「住民訴訟制度の諸問題（地方自治法の基本問題6)」法学教室372号53頁（2011年）参照。

近時の重要判例として，最判平成15年1月17日民集57巻1号1頁（徳島県議員野球大会事件）〔自治百選70〕，最判平成16年1月15日民集58巻1号156頁（チボリ公園事件）〔自治百選63〕，最判平成17年3月10日判時1894号3頁（大分県議員野球大会職員派遣事件），最判平成16年7月13日民集58巻5号1368頁（デザイン博覧会事件）〔百選5〕〔自治百選62〕，最判平成20年1月18日民集62巻1号1頁（土地開発公社との委託契約の履行義務）〔百選100〕〔自治百選50〕などがある。

5) 興味深い事例として，最判平成3年3月8日民集45巻3号164頁（浦安ヨット係留施設撤去事件）〔百選106〕〔自治百選45〕があり，宇賀Ⅱ398頁は，長の責任の根拠が民法であるということは，侵害行為の態様，被侵害利益の性質，侵害の程度等の

そこで,「財務会計上の職務上の義務違反」を「違法性」と表現する判例法理には,「違法性一元論」的な傾向が認められるのではないか,と筆者は考える。

なお,「財務会計法規」は,伝統的な理論によれば,行政組織の「内部法」として理解されてきたものであるが,住民訴訟により「外部法化」している,という指摘がある[6]。たとえば,ある契約を随意契約でするか入札によるべきか,という問題がある[7]。

2 住民監査請求の前置

1 住民監査請求の意義

住民訴訟を提起するためには,住民監査請求を前置しなければならない。前置の要件を欠く場合には,訴えは却下されることになる。

住民監査請求は,当該地方公共団体の「監査委員」に対して行う。「監査委員」は,地方自治法の定めによれば,広義の「執行機関」の一種である。行政組織法理論における「行政機関」の分類においては,「行政庁」や「補助機関」とは区別して「監査機関」とされることがある。

監査委員の行為は,当該地方公共団体内部の行為と性格づけられる。したがって,住民監査請求を受けて「通知」がなされる「監査の結果」や「勧告」は,それ自体としては住民に対する外部効果を有しない。行政不服審査において,「裁決」や「決定」が,1つの行政処分として「裁決の取消訴訟」の対象となるのとは趣を異にするのである[8]。

住民監査請求を前置する趣旨目的は,当該地方公共団体における「内部的統制」の機会を与えることと,「違法」の他に「不当」の是正が可能であることから,住民に住民訴訟によるよりも「有利」な結果をもたらす可能性を与えることにある。ただ,後者は,「自由選択主義」によっても可能であるので,「財務会

諸般の事情が斟酌されることを意味する,とコメントしている。

6) 塩野 II 273頁。
7) 最判昭和62年3月20日民集41巻2号189頁〔自治百選51〕。最判昭62年5月19日民集41巻4号687頁(随意契約の制限に関する法令に違反して締結された契約であっても,私法上当然に無効となるものではないとされ,1号請求が棄却された例)。
8)「行政争訟」の概念要素として,「拘束力ある決定」による「紛争の裁断」を要求するかどうかという問題がある。UNIT 45 ③参照。

計」という専門的な事項について，「争点整理」という機能を果たさせ，裁判所の負担を軽減する，ということを指摘すべきかもしれない．

〈地方自治法242条の2第1項〉

監査委員の対応	議会・長その他の執行機関又は職員の対応		住民訴訟の提起
1：「結果」（請求に理由なし）の「通知」「勧告」の「通知」	2：勧告を踏まえた「措置」	4：「措置」を講じない	1・2に「不服」3・4
3：60日以内に監査を行わない，勧告を行わない			

　最判昭和62年2月20日民集41巻1号122頁〔百選138〕〔自治百選94〕は，同一住民が同一の監査対象について住民監査請求を反復することは許されない，としている．

2　期間制限と徒過の「正当な理由」

　住民監査請求は，「行為」を問題にする場合には期間制限がある．すなわち，地方自治法242条2項本文が，「当該行為のあった日又は終わった日から1年を経過したとき」は，これをすることができない，と定めている．ただし，「正当な理由があるとき」は，この期間制限は働かない．

　地方公共団体において「財務会計行為」が適正に行われているかどうかを住民が知ることは簡単ではない．また，監査請求の段階において，漠然とした疑惑を述べるだけでは不十分であるとされる．最判平成2年6月5日民集44巻4号719頁（大阪府水道部会議接待費事件）によれば，問題となる「当該行為等を他の事項から区別して特定認識できるように個別的，具体的に摘示することを要」するとされ，最判平成16年11月25日民集58巻8号2297頁（佐賀県複写機リース事件）によれば，「住民監査請求の対象が特定の当該行為等であることを監査委員が認識することができる程度」に摘示されていれば足りるとされる．そこで，新聞報道などによって「不祥事」を知る，あるいは内部通報によるほかに，情報公開請求が重要な意味を持ってくる．

　最判平成14年9月12日民集56巻7号1481頁〔自治百選92〕は，「正当の理

由」の有無は，特段の事情がない限り，住民が相当の注意力を持って調査したときに客観的にみて当該行為を知ることができたかどうか，また，当該行為を知ることができたと解された時から相当な期間内に監査請求をしたかどうかによって判断すべきであり，当該行為が秘密裏にされた場合に限られず，住民が相当の注意力をもって調査を尽くしても客観的にみて監査請求をするに足りる程度に当該行為の存在または内容を知ることができなかった場合にも同様である，としている。

最判平成20年3月17日判時2004号59頁（県警総務課職員出張旅費事件）〔自治百選93〕は，情報公開請求に対する第二次開示による部分開示の1か月後に監査請求がなされた事例において「正当の理由」ありとした。

住民監査請求が「怠る事実」を問題にする場合には，この期間制限は適用されない（最判昭和53年6月23日判時897号54頁）。たとえば，談合によって地方公共団体が損害を被った場合には，地方公共団体は事業者に対して損害賠償請求権を有することになるが，それを行使しないことを「怠る事実」として住民監査請求をする場合は，期間制限の適用はない（最判平成14年7月2日民集56巻6号1049頁〔自治百選79〕）。

なお，上記判決におけるような「真正怠る事実」（特定の財務会計行為の違法・無効を前提としない場合）と「不真正怠る事実」（たとえば，損害賠償請求権の行使を怠る事実として法律構成しているが，実質的には財務会計行為の違法是正を求める趣旨であるもの）の区別については，最判平成14年10月3日民集56巻8号1611頁参照[9]。

近時の大きなトピックとして，損害賠償請求権の議決による放棄の可否があり，最判平成24年4月20日民集66巻6号2583頁（神戸市外郭団体職員派遣事件）〔自治百選113〕等が，地方公共団体の議会の裁量をある程度尊重する判断を下している。

3 主観訴訟的民衆訴訟・機関訴訟

現行法上認められている「民衆訴訟」のなかには，公職選挙にかかる訴訟，直接請求に係る訴訟，住民訴訟，憲法95条に基づく住民投票に関する訴訟，最高

---

[9] リーディングケースとして，前掲最判昭和62年2月20日〔百選138〕〔自治百選94〕，石川善則調査官解説参照。

裁裁判官の国民審査に関する訴訟がある[10]。

　公職選挙法に定める選挙訴訟のすべてが，性質上当然に「民衆訴訟」であるわけではない。たとえば，当選訴訟における落選候補者の提起する訴訟，選挙人名簿に関する訴訟（25条）で，自己の登録について不服がある者の提起するものは，いずれも自己の参政権の侵害を理由とするものであると構成することができる。現行法上は，これらの主観的訴訟も公職選挙法の定めるところによるものとされているので，これと別個の訴訟が提起できるわけではない[11]。

　他方，公職選挙法上の選挙の効力の訴訟，当選の効力の訴訟とは別に，自己の参政権を主張して主観的訴訟を提起することができるものとしたのが，当事者訴訟のうちの「確認訴訟」を認めた，最判平成17年9月14日民集59巻7号2087頁（在外邦人選挙権訴訟）〔百選215〕〔憲法百選152〕である。

　先にみたように，現行法上認められている「機関訴訟」には，地方公共団体の議会の議決または選挙に関する議会と長の間の訴訟，国の関与に関する地方公共団体の訴訟がある。

　このほか，課税権の帰属に関する地方公共団体の長の間の訴訟（地方税法8条），市町村の境界に関する訴訟（地方自治法9条）がある。これらは，性質上は主観的訴訟に属するものであるが，制定法上特に規定されたものとみることができるとされる[12]。

---

[10] 塩野II 270頁。
[11] 塩野II 271頁。
[12] 塩野II 277頁。

UNIT 45　権利保護と行政統制

1　「包括的な権利保護」

1　行政訴訟制度改革の理念

UNIT 26 では，「処分性」に関する近時の最高裁判所の判例を紹介するとともに，それらを批判的に分析した。以下では，このような分析・評価の背景となる「国民の権利利益のより実効的な救済」という理念と，行政訴訟事項の定め方に関する「概括主義」との関係について考察する。

理論的にみると，行政訴訟制度改革の「国民の権利利益のより実効的な救済」という指導理念は，阿部泰隆が，わが国の先駆的な学説を踏まえつつ，戦後のドイツの判例学説の展開に学んで精力的に説いてきた「包括的かつ実効的な権利保護」と同趣旨であると考えられる[1]。

2　ボン基本法 19 条 4 項

1949 年に制定されたボン基本法（ドイツの連邦憲法）は，第 1 章が人権規定となっており，第 1 条第 1 項の「人間の尊厳」，第 2 条第 1 項の「人格権」など特徴的な規定を有しているが[2]，その最後の第 19 条は 4 項で次のように定めている[3]。

> **19 条 4 項**
> 公権力により権利を侵害されるあらゆる者に，出訴の途が開かれる。他の管轄が根拠づけられていない限り，通常裁判所への出訴が認められる。10 条 2 項 2 文の適用を妨げない。

---

1) 髙木訴訟論の著者解題 iv 頁参照。
2) 髙田敏＝初宿正典編訳『ドイツ憲法集（第 6 版）』（信山社・2010 年）212 頁以下参照。
3) 山本隆司「行政訴訟に関する外国法制調査——ドイツ（上）」ジュリスト 1238 号（2003 年）86 頁。

この19条4項は,「公権力による権利侵害」に関して「裁判を受ける権利」を保障したものであるが,判例学説においては「包括的かつ実効的な権利保護」を保障するものと理解されている。このうち,「包括的」(umfassend)」というのは,どのような形態の「侵害」に対しても「漏れなく」対応することを意味し,「実効的」(effektiv)というのは,適時に「仮の救済」を与えることを含む。「権利保護」(Rechtsschutz)は,ここでは,裁判所による保護(Gerichtsschutz)を意味する。なお,「権利救済」と「権利保護」という用語は互換的であるが,「権利救済」というと,侵害された後の回復というイメージが強いのに対して,「権利保護」というと,侵害の予防をも含むという違いがある。

3　行政裁判所法40条1項

ドイツにおいては,このように「包括的な権利保護」を与えることが憲法上の要請であることから,行政訴訟においては「概括主義」(Generalklausel)が採用されるようになっている。1960年に制定された行政裁判所法は,一般の行政訴訟について次のように定めている[4]。

> **行政裁判所法40条1項**
> 行政裁判所の管轄は,争訟が連邦法律によって他の裁判所に明示に割り当てられていない限り,非憲法的性質のあらゆる公法上の争訟について認められる。州法の領域における公法上の争訟は,州法律によって他の裁判所に割り当てることもできる。

この規定の特徴は,行政裁判所が救済を与えるべき事件の範囲を「公法上の争訟」という一般条項(Generalklausel)[5]で画定している点にある。すなわち,「公法上の争訟」であれば「包括的に」「漏れなく」扱うという原則を表明しており,これが,伝統的な「列記主義」(Enumerationsprinzip)とは対照的であるとされるのである[6]。

「列記主義」というのは,行政裁判所が救済を与えるべき事件の範囲を「限定列挙」されたものとする立法政策で,列挙されていない事件については「漏れ」

---

[4]　山本・前掲注3)100頁参照。
[5]　このように,同じドイツ語が日本語では異なったものとなることがある。
[6]　なお,憲法上の争訟は憲法裁判所が別途扱うので除外されており,また,特別の行政裁判所として租税裁判所と社会裁判所が設置されている。

が生じ、「包括的」な救済は認められないことになる。

2 抗告訴訟における概括主義

1 「行政処分なければ救済なし」？

「概括主義」と「列記主義」を対比する際に注意が必要なのは、伝統的な議論においては、行政訴訟（ないし行政上の不服申立て）の対象としては、専ら行政処分、すなわち理論上の行政行為が念頭に置かれていたことである。

すなわち、伝統的な議論における「概括主義」というのは、行政処分によって自己の権利利益を侵害された者には「漏れなく」救済を与えるという立法政策を意味し、「列記主義」というのは、行政処分によって自己の権利利益を侵害された者であっても、その行政処分が「限定列挙」されていないものである場合には救済を与えないという立法政策を意味したのである。

この場合の「概括主義」は、「列記主義」と比較してより「包括的な」権利救済をめざすものであることは確かである。しかし、行政処分以外の行為形式で「権利侵害」が生じた場合には出訴が認められないとすると、そのような「概括主義」には、「行政処分なければ救済なし」という限界があることになる。そこで、先にみた「権利救済における概括主義」と比較すると、行政処分の存在を条件としている点で「漏れ」が生じることは否定できないといえそうである。

2 「概括的列記主義」

わが国の戦前の行政訴訟制度は、ドイツ（プロイセン）のそれに倣い、「列記主義」を採用していた。まず、1889年の旧憲法は、大陸型の「司法」と「行政」の区別を採用し、「司法裁判所」は民事刑事の事件のみを扱うものとしていた。第24条で保障された「裁判を受ける権利」は行政訴訟には及ばないので、行政訴訟における「概括主義」は憲法上の要請ではない。そこで、行政裁判所の設置およびその権限の範囲を立法政策によって決することを想定した次のような条文が置かれたのである。

> **大日本帝国憲法61条**
> 行政官庁の違法処分に由り権利を傷害せられたるとするの訴訟にして別に法律を以て定めたる行政裁判所の裁判に属すへきものは司法裁判所に於て受理するの限に在らす

この条文は,「文理解釈」によれば,ボン基本法19条4項と同様に解釈することも不可能ではないとされることがある[7]。しかし,上記の「司法と行政の区別」および「公法と私法の区別」を前提とした「体系的解釈」によれば,大審院を頂点とした司法裁判所は,「私法上の争訟」と「刑事事件」は「漏れなく」扱うが,「公法上の争訟」は管轄外であるということになる。そして,行政裁判所の設置およびその権限について,1890年の行政裁判法は,次のように定めた。

行政裁判法1条
行政裁判所は之を東京に置く
15条
行政裁判所は法律勅令に依り行政裁判所に出訴を許したる事件を審判す

司法裁判所が大審院を頂点とする三審制であったのに対し,行政裁判所は東京に1つ置かれ,第1審かつ終審であった。そして,出訴を許す事項については,同年の法律第106号が次のような定めを置いた。

法律勅令に別段の規程あるものを除く外左に掲ぐる事件に付き行政庁の違法処分に由り権利を毀損せられたりとする者は行政裁判所に出訴することを得
1号　海関税を除く外租税及手数料の賦課に関する事件
2号　租税滞納処分に関する事件
3号　営業免許の拒否又は取消に関する事件
4号　水利及土木に関する事件
5号　土地の官民有区分の査定に関する事件

この法律第106号は「一般法」としての性質を有するが,5つのカテゴリーに属する事件については「包括的」に出訴を認めるものとしており,その限りで「概括主義」的な要素を含んでいる。そこで,このような定め方を「概括的列記主義」あるいは「列挙的概括主義」と呼ぶことがある。これに対して,特定の個別行政法規に基づく処分についてはすべて出訴を認める場合は「個別的概括主

---

[7] 阿部泰隆『行政訴訟要件論』(弘文堂・2003年) 239頁注(7)参照。また,岡田正則『国の不法行為責任と公権力の概念史』(弘文堂・2013年) 37頁が指摘するように,明治憲法61条にいう「処分」は,広義のそれであるとすれば,行政処分に対する訴訟だけを視野にいれた議論は再考の余地がある。

義」，個別行政法規において特定の行政処分について出訴を認める規定を置く場合，あるいは出訴が認められる行政処分を訴訟法において個別に（その根拠となる個別行政法規を示しつつ）列挙する場合は，「個別的列記主義」と呼ばれることになる。なお，およそ行政処分であれば出訴（ないし不服申立て）を認めるという意味での「概括主義」を，「列挙的概括主義」と区別して「一般概括主義」と呼ぶことがある8)。

3　戦後改革の限界？

1946年制定の日本国憲法は，大陸型の「司法と行政の区別」を否定し，裁判所は最高裁判所を頂点とする一元的な機関となり，それが「司法権」を担うことになった。行政裁判法と法律106号は失効し，行政裁判所は廃止された。

他方，憲法32条の保障する「裁判を受ける権利」は，伝統的な民事刑事の事件だけではなく行政事件にも及ぶことになり，1947年の裁判所法は，その権限を次のように「概括主義」で定めることになった。

> **裁判所法3条1項**
> 　裁判所は，日本国憲法に特別の定めがある場合を除いて一切の法律上の争訟を裁判し，その他法律において特に定める権限を有する。
> **2項**　前項の規定は，行政機関が前審として裁判することを妨げない。
> **3項**　この法律の規定は，刑事について，別に法律で陪審の制度を設けることを妨げない。

このように「一切の法律上の争訟」について出訴が認められるということは，「私法上の争訟」と「刑事事件」だけではなく「公法上の争訟」も最高裁判所を頂点とした「司法権」が「漏れなく」扱うということを意味するはずであった。

裁判を受ける権利	法律上の争訟	公法上の争訟	主観訴訟としての行政訴訟	抗告訴訟
				当事者訴訟
		私法上の争訟	（主観訴訟）	民事訴訟
		刑事事件		刑事訴訟

---

8)　行政不服審査法4条，コンメⅠ349頁（渡名喜庸安）参照。

しかし、このような「権利救済における概括主義」が憲法上の要請であるということは、当時はあまり意識されず、「列記主義」から「概括主義」への変化は、行政処分であれば「漏れなく」出訴が認められるという「抗告訴訟における概括主義」の実現を意味するものと理解されたようである。そして、1890年に制定された訴願法は廃止されずに残り、後に「権利救済を阻害する」ものとして批判の対象となる「不服申立前置主義」（当時の用語では「訴願前置主義」）も、1948年に制定された行政事件訴訟特例法では従来どおり維持された。ここにはわが国における戦後改革の限界が現れているというべきかもしれない。

4　処分性拡大論の意義──取消訴訟中心主義

1962年に制定された行政事件訴訟法は、2条で「行政事件訴訟」を「抗告訴訟」「当事者訴訟」「民衆訴訟」「機関訴訟」という4類型に整理した。この4類型は、「行政事件訴訟」をまず「主観訴訟」と「客観訴訟」の2つに大別し、「主観訴訟」を「抗告訴訟」と「当事者訴訟」の2つに、「客観訴訟」を「民衆訴訟」と「機関訴訟」の2つに分けることによってできあがっている。そして、「主観訴訟」と「客観訴訟」の区別の基準は、国民の個人的な権利利益の保護を目的とするものか、行政作用の適法性を担保することを目的とするものかであり、「抗告訴訟」と「当事者訴訟」の区別の基準は、「公権力の行使」に関する不服を含むかどうかである。

「主観訴訟」は、裁判所法3条1項にいう「法律上の争訟」にあたり、憲法32条の保障する「裁判を受ける権利」を具体化するものであるから、裁判所は個別の法律に出訴を認める規定がなくても、「訴えの利益」（最広義）がある限り、原告の訴えを取り上げる必要がある。したがって、「概括主義」は、「公法上の争訟」＝「抗告訴訟」＋「当事者訴訟」という図式で理解されるべきものであった。

しかし、当初は、先に指摘したように「抗告訴訟における概括主義」が意識されたにとどまった。「取消訴訟中心主義」ないし「抗告訴訟中心主義」という発想がその背景である。そこで、違法な行政作用の是正を求める訴えが裁判所によって広く取り上げられるかどうかという視点からみたとき、行政事件訴訟法の定める「訴訟類型」は次のような意味を持ってくることになったのである。

まず、「抗告訴訟」として成り立つかどうかが勝負であり、違法だと問題にされている行政作用が、「抗告訴訟の対象」としての「行政処分」にあたらない場合は、救済は難しいと考えられる。次に、「行政処分」を争うことが認められる

のは，原則として行政処分を行う権限が発動された後であり，それ以外の場合は，「救済の必要性」が特に高いときに限られると考えられる。

このような，事実上「行政処分なければ救済なし」という発想，さらには「事後審査の原則」を所与のものとする発想によると，国民の権利利益の救済という観点から「漏れ」が生じることが意識される。

そして，この「漏れ」をできるだけ少なくするための「目的論的解釈」が，「処分性拡大論」であったということになる。すなわち，行政権による権利侵害に対して包括的な権利救済を認める「概括主義」が憲法上の要請であるとすると，「行政処分」が存在しないから訴え却下という「結論」は妥当ではない。そこで，出訴の途を認めるべきであるという妥当な結論に合わせて，訴訟要件の方を「緩やかに扱う」ことが要請される。したがって，権利侵害をもたらすような行政活動は，「行政処分」にあたると解すべきことになる。このような「効果から逆算して要件を定める」という思考様式は民事法ではよくみられるものである。

5　当事者訴訟との関係

食品衛生法違反通知事件に関する最判平成16年4月26日民集58巻4号989頁，医療法勧告に関する最判平成17年7月15日民集59巻6号1661頁（高岡南郷病院事件）〔百選167〕および最判平成17年10月25日判時1920号32頁（土浦徳洲会病院事件）などに疑問が残ることは，UNIT 26で，既に指摘したところである。これらの判例は，行政訴訟制度改革の理念である「国民の権利利益のより実効的な救済」に沿うように，「処分性」という訴訟要件を従来の「公式」と比較すると「緩やかに扱う」という姿勢を示しているものとみられる。そこで，その思考様式は「処分性拡大論」に親和的なものである。

しかし，理論的見地からみると「行政処分なければ救済なし」という発想は適切ではないと筆者は考えている。

すなわち，行政事件訴訟法が用いている基礎概念のなかには，「拡大解釈」を施すと弊害の大きい「固い」概念と，「拡大解釈」を許容する「柔らかな」概念がある。そして，「公権力の行使」という概念が「固い」概念であるのに対して，「公法上の法律関係」という「柔らかな」概念でその範囲が画定されている「当事者訴訟」の活用が，「概括主義」という憲法上の要請を満たすための「目的論的解釈」としては優れていると思われるからである[9]。

3 行政争訟と行政統制

1 行政争訟の概念

　概括主義は，裁判所による包括的な権利救済に適合的なものであるが，それは，同時に，裁判所による行政の「法的統制」を強化するという機能を果たすものである。そして，第二次大戦後のドイツは，一方で私人の権利利益の侵害を要件としない「訴訟類型」を立法によって導入し，他方で，解釈論によって「実体法上の権利」および「手続法上の権利」を作り出すことによって「法律上の争訟」の概念を拡大し，その両者によって，裁判所による行政の「法的統制」を強化するという途を選んできたと思われる。

　わが国がそれに倣う努力をすべきなのか，それとも別の途が適切なのかは今後の検討課題である。この点について，現在の数多くの概説書の著者がどのように考えているかは必ずしも明確ではないが，以下では，まず，「行政争訟」の概念についての記述を分析し，続いて「事前手続と事後手続」という観点からの常岡孝好の指摘を紹介しておきたい。

　「行政争訟」の概念は，実は，多義的かつ曖昧である。

　概念の用法については，①言葉をどのように用いるかに関する約束事＝狭義の「定義」(Definition)」の問題と，②言葉がどのように用いられてきたか，言葉が現在どのように用いられているかという問題と，③ある言葉で表現されているものがどのような性質を持つか，という問題を区別して論じる必要がある[10]。①は「理論上の概念」であれば，論者の自由であり，それ自体としての優劣はない。②は事実の問題であり，データに基づいた検証が可能なものである。しかし，遠い過去からすべての用例を調べることにどれほど意味があるのかという別の問題がある。③は，「概念」の有用性を判断するにあたって１つの重要な視点となる。ある程度の「共通の性質」が認められることが望ましいことは確かである。そして，③の分析を踏まえて，①の定義がなされることが望ましいと考えられる。また，実定化された「定義」（法律上の定義，あるいは確立した判例の定義など）がある

---

9) 「残余概念としての当事者訴訟」説は，先にみた「実質概念としての当事者訴訟」説，すなわち，「4条後段の訴訟」＝「対等当事者間の訴訟」という理解と比べると，その守備範囲を広くとるものといえる。

10) 碧海純一『新版法哲学概論（全訂第2版補正版）』（弘文堂・2000年）46-47頁参照。

概念については，それと別の「定義」をして論じる際には，その旨と意図を明らかにする必要があると思われる。

UNIT 22 ①での説明のように，「行政争訟」が「行政救済」の一部として位置づけられる場合には，「行政救済」が，「行政作用に対する私人の不服の解消」と定義されることから，（実質的意義の）「行政争訟」には「私人間の紛争を行政機関が裁断する」というようなものは含まれないことになる。

また，「私人の不服の解消」として，主として想定されているのは「私人」に「自己の権利利益」の「救済」が与えられるものである。

そのような「主観争訟」とは異なる「客観争訟」というものがあるとされる。そして，「客観争訟」には，「民衆争訟」と「機関争訟」が含まれる。「客観争訟」のうち「民衆争訟」は，「自己の法律上の利益にかかわらない資格」で私人が提起するものであるが，広い意味では「私人の不服の解消」のための制度と理解される。その意味で，「私人の不服の解消」は「私人の権利利益の救済」よりも広い概念となっている。

かくして，たとえば，「行政救済法」を「私人の権利利益の救済に関する（特有の）法規範」と定義する場合には，「客観争訟」は，「行政救済」には含まれないことになる[11]。また，「客観争訟」のうち「機関相互間における権限の存否又はその行使に関する紛争」の解決のための「機関争訟」は，いずれの定義においても「行政救済」には含まれないことになる。

そこで「行政救済法」をより広義に捉え，「行政の組織および作用の統制に関する法的規範」と定義することも考えられる。その場合には，そこには，「機関争訟」に関する法規範も含まれることになる。

田中二郎の「行政の組織及び作用並びにその統制に関する国内公法」という定義は，「救済法」に変えて「統制法」という言葉を用いる可能性を示唆していた。確かに，「裁判所による法的統制」を重視する場合には，「救済」にこだわる必要はないと考えられる。

---

[11] 芝池読本 275 頁。

(広義の)行政争訟	主観争訟	抗告争訟	私人の権利利益の救済	行政救済（広義）＝私人の不服の解消
		当事者争訟		
	客観争訟	民衆争訟	私人が提起	
		機関争訟	機関相互間	

なお，「行政争訟」と「国家補償」の区別として，「救済の態様」が「行為自体の是正」であるのか「金銭等による塡補」であるのかという基準を用いる際の「行政争訟」は，主として「抗告争訟」が想定されている。

2 「拘束力ある決定による紛争の裁断」

「行政争訟」の概念要素として，「拘束力ある決定」による「紛争の裁断」を要求するかどうかという問題がある。苦情処理は「行政争訟」に含まれないとするために，このような立場をとるものがある[12]。

他方，「拘束力ある決定」までは要求せず，「行政活動によって私人が何らかの不利益を受けた場合」に提起され，「応答する法的な義務」と「その結果に不服があるときは私人が訴訟を提起できる」ことをもって「正式の争訟」の定義とするものがある[13]。この立場によれば，住民監査請求も，住民訴訟の前置手続であることから「行政争訟」に含まれうる。

4 事前手続と事後手続

1 「行政争訟」と「行政手続」

「行政争訟」の概念については，近時，別の観点からも問題が指摘されている。すなわち，確かに，「行政不服審査」と「行政訴訟」を総合的に把握することの有用性は，それぞれの制度の内容が，行政処分に対する私人の不服の処理に限られている場合は，疑いなく認められる。本書が，取消訴訟の基本構造を説明したのちに，その「前置手続」(Vorverfahren) として，行政不服審査法の基本構造を説明するという手法を採用したのは，そのような観点を重視したためでもある。

行政処分がなされたことによる私人の不服を処理する手続として，行政不服審

---

[12] 宇賀Ⅱ13頁。
[13] 稲葉他194頁（村上裕章）。

査法の定める処分についての「審査請求」ないし「再調査の請求」と,行政事件訴訟法の定める「処分の取消訴訟」を想定する場合,この両者は,「事後手続」という点で共通の性質を有し,その処分がなされるまでの手続とは区別されることになる。

これらに対して,処分がなされるまでの手続は「事前手続」であり,これを規律するのは,一般法としては行政手続法である。そして,事前手続は,「行政争訟」の概念には含まれない。

しかし,このような「事前手続」と「事後手続」の峻別は,「行政手続」の理解を不十分にするのではないかと思われる。また,「行為形式論」において,「行政行為中心主義」の克服がめざされていたことも,「行政救済法」における「取消訴訟中心主義」の克服の必要性を示唆していると考えられる。

この点を次のように明言するのが,常岡孝好である[14]。

> 行政争訟概念は,まさに行政不服審査と行政事件訴訟との密接な関係性を前提とする。そこから,必然的に,行政の事前手続と行政不服審査制度ないし行政過程における事後救済手続との関係を切断するか等閑視する傾向が生まれる。しかしながら,両者は共通の性質を持っている。……。このように密接な関係にありしかも共通の目的を持つ行政手続と行政不服審査手続との切断する機能を果たす「行政争訟」概念は,有害であり,忌避すべきである。

常岡孝好が,行政手続法と行政不服審査法の双方を連続的に捉えるという観点を指摘したものとして,引用している文献は,大江裕幸のそれである[15]。大江は,オーストリアの行政不服審査制度の研究を出発点とした若手研究者であり,オーストリアの行政手続法は,行政行為の発布に至る手続と,その行政行為の見直しに関する手続の双方を規律していることで知られている。なお,若い頃にオーストリア法の研究をした山田洋の近時の論考[16]も,ドイツ法研究だけでは得られない視点を示しており,興味深い。

ちなみに,阿部泰隆は,近時の概説書[17]では,(事前)行政手続を「行政救済

---

14) 常岡孝好「行政手続法改正法案の検討」ジュリスト1371号（2009年）39頁。
15) 大江裕幸「行政不服審査制度改革の動向」季刊行政管理研究116号（2006年）76頁。
16) 新構想Ⅱ219頁以下（山田洋）参照。
17) 阿部Ⅱ2頁参照。

法」に含めて説明している。また，宇賀克也[18]および阿部泰隆[19]は，「民法」に基づく損害賠償，民事訴訟による差止め・原状回復を含めて「広義の行政救済法」を説明している。

2 「準司法手続」の概念

次に，近時の独占禁止法の改正など，制度改革との関係で，再考の必要性が意識されているのが「準司法手続」の概念である[20]。

「行政審判」の概念は，「行政不服審査」のなかで，一定のレベル以上の手続的保障があるものだけを「準司法手続」とみる考え方を背景としていると思われる。

憲法 76 条 2 項
　特別裁判所は，これを設置することができない。行政機関は，終審として裁判を行うことができない。
裁判所法 3 条 1 項
　裁判所は，日本国憲法に特別の定めのある場合を除いて一切の法律上の争訟を裁判し，その他法律において特に認める権限を有する。
　2 項　前項の規定は，行政機関が前審として審判することを妨げない。

憲法 76 条 2 項からは，行政機関は「前審」としては「裁判」を行うことができることが帰結され，それをうけて裁判所法 3 条 2 項は「前審として審判」と表現しているとみられる。

そこで，裁判所法 3 条 2 項にいう「審判」とは，「行政不服審査制度」一般を想定しているのかという解釈問題が生じる。旧行政不服審査法に定めがあった「審査請求」と「異議申立て」は，その「簡易迅速」な手続からみて，「準司法手続」ではないことは確かである。

他方，「実質的意義の行政」概念との関係で，「組織としての行政」が行う作用のなかに，「司法作用」があり，「行政不服審査制度」における「裁決」や「決

---

18) 宇賀Ⅱ3頁。
19) 阿部Ⅱ2頁。
20) 常岡孝好「独禁法の排除措置命令・課徴金納付命令と審判手続の在り方（上）（下）」ジュリスト 1342 号 56 頁，1344 号（2007 年）26 頁参照。さらに，特集「準司法手続等の今日的意義——特例的行政手続の再検討」ジュリスト 1352 号（2008 年）2 頁以下。

定」がそれに該当するとの説明が散見される[21]。

3 「形式的行政争訟」

関連する概念として「形式的行政争訟」がある。

たとえば,「従前は,公正取引委員会の審判手続が,形式的行政争訟の典型例とされていたが,同手続は,平成17年の改正により,実質的行政争訟である行政不服審査手続に改められた。」という説明がみられる[22]。

「形式的行政争訟」とは,通常の意味での紛争は存在しないけれども,国家機関が一定の行為をするときに,争訟手続をとって決定するものとされる。

「争訟手続」の要素は,①当事者の発意によってのみ開始されること,②提起した者とは別の国家機関による裁断,③適式の提起に対する裁断機関の決定義務,④審理への当事者・利害関係人の参加,⑤裁断行為についての確定力等の付与とされる。

「実質的行政争訟」と「形式的行政争訟」の区別は,行政上の紛争の存在・不存在によるものであるが,「行政上の紛争」は「民事上の紛争」と区別されるのが通例である[23]。

「行政争訟」を「行政救済法」の一部として位置づける場合には,「行政救済」が,「行政作用に対する私人の不服の解消」と定義されることから,「行政争訟」には「私人間の紛争を行政機関が裁断する」というようなものは含まれないことになる[24]。

- 21) 阿部Ⅰ20頁。田中上13頁。また,田中上124頁には,「準法律行為的行政行為」のなかの「確認」に,実定法上の「裁決」「決定」「裁定」などがあるとの説明がみられる。「実質的確定力」=「不可変更力」を生じるものが想定されているようである。同134頁参照。なお,224-225頁には,「行政争訟」=「略式の争訟」との説明がある。
- 22) 塩野Ⅱ6-7頁注2。
- 23) 塩野Ⅱの説明における「行政上の争訟」と「民事上の争訟」の区別は,結局のところ「公法上の争訟」と「私法上の争訟」の区別を言い換えているのではないか,と思われる。

  また,芝池救済法2頁は,「行政の分野に固有の法的救済」を「行政救済」と呼び,民事訴訟法や民法によるものを除外しており,8頁における「行政上の紛争」は「民事上の紛争」および「刑事上の紛争」を含まないものとしている。
- 24) 塩野Ⅱは,57頁では,土地収用法における収用委員会の収用裁決を,「当事者争訟」の一例として説明するが,255頁には,4条前段の訴訟に関して,収用委員会の

	行政上の紛争の存在	紛争の不存在	民事上の紛争の存在
争訟手続の諸要素を具備（手続レベルは様々）	実質的行政争訟 　抗告争訟＋ 　当事者争訟＋ 　機関争訟＋ 　民衆争訟？	形式的行政争訟	＊公害等調整委員会の責任裁定（広義の行政争訟に含められることあり）
争訟手続とはいえない	＊住民監査請求？		

　そこで、このようなものに着目して、行政作用に関する私人の不服という要素を含むものを「実質的意味の行政争訟」と呼び、私人間の紛争の行政機関による裁断を「形式的意味の行政争訟」と呼ぶ用語法[25]がある。

4　体系的美しさ

　「行政救済法」とは何か、という問題は、「行政法とは何か」という問題の一部をなすのであるから、法的プロセスのどの部分に「行政」というラベルを張るのか、という問題と合わせて解答を与えることが望ましいといえる。しかし、「行政過程論」をめぐる議論からも示唆されているように、わが国の行政法学は「体系的に美しい」状態からは程遠いものとなっている。その原因の1つは、「公法私法一元論」へのこだわりと、それにもかかわらず維持されたドイツ理論への依拠ではないか、と筆者は考えている。すなわち、「公法上」のという言葉に代えて、「行政上」のという説明をすることが、概念を曖昧にし、議論を錯綜させることが多かったのではないかと思われる[26]。

　　裁決をめぐり、またはそれを契機として紛争が生じている、という説明がみられる。なお、「抗告争訟」と「当事者争訟」の区別は、「覆審的争訟」と「始審的争訟」の区別と説明されることがある。
[25]　宇賀Ⅱ7頁。責任裁定、収用裁決などを例としている。宇賀Ⅱの用語法は、このように塩野Ⅱとは異なる。また、宇賀は、収用裁決を「私人間の紛争についての裁断」と理解しているが、塩野は「当事者争訟」と理解している。小早川下19頁は「当事者争訟」の例として挙げ、かつ、「行政上の争いを始審的に審理・裁決するという裁決の申請」と説明している。
[26]　ちなみに、塩野Ⅰ101頁は、「行政法学は今後多様な形で発展してゆくことが予測されるが本書は最終到達点でもなければ、単なる通過点でもないというのが本書の自己認識である。」と述べている。他方、芝池総論は、初版（1992年）はしがきにおいて、「本書の1つの特徴は、例えば行政の概念のような比較的実益の乏しい問題につ

いては説明を差し控えるともに，重要と思われる点については，かなり突っ込んだ説明を行っていることである。」と述べていた。そして，第4版補訂版（2006年）でも，27頁で，「近年においては，公法・私法の区別を不要とする見解が定着している。」という説明を維持していた。

[第10部]

行政法理論の課題

UNIT 46 行政の概念

1 行政概念の多義性

1 「組織」としての行政と「作用」としての行政

　筆者は，講義では，「行政」の概念について，厳密な定義をせずに説明を進める方針をとっている。

　「行政」の概念が，「行政法」の前提となり，「行政法」の概念が「行政法学」の前提となるとすれば，「行政」の定義が曖昧なままでは，学問として未熟ということになる，という考え方[1]も有力である。

　しかし，筆者は，現代社会において，「行政」の概念はファジーなものとならざるを得ないという認識から，「行政」の概念も「行政法」の概念も，「行政法的思考」の確認・発展のための「目的概念」であるという立場をとっている。

　厳密な論証はできないが，「行政とは何か」という問題設定は，多彩な法的過程（多数の自然人の活動の集積・相互作用を法的に捉えたもの）のどの部分に「行政」という名前を付けるのが適切か，ということに帰着するのではないか，というのが筆者の確信に近い直感である。したがって，筆者の立場からすれば，「行政」の概念は，これまで「行政法的思考」が対象としてきた現象を「近似的」に捉えるものであれば十分ということになる。

　そこで，本書では，現在のドイツ行政法学でみられる「組織としての行政」と「作用としての行政」という区分に依拠しつつ，「組織としての行政」のすべての活動（＝「形式的意義の行政」）をどのように統制すべきかを考察するものとして，「行政法的思考」を位置づけている。

　たとえば，先の UNIT 2 1 における説明において，行政立法，行政処分，行政指導について言及したが，このうち行政立法は，組織としての「行政」が行う「実質的意義の立法」である。また，筆者は「行政契約」[2]について，「行政主体」

---

1) 田中二郎『行政法総論』（有斐閣・1957 年）16 頁。
2) 高木光「行政契約（行政法入門 18）」自治実務セミナー 45 巻 9 号（2006 年）4 頁。

が一方当事者である契約と定義し,「行政契約」の大部分は,基本的には民法上の契約であるが,一部,それとは性質の異なるものがあり,「公法上の契約」と説明するのがふさわしいものがある,と説明してきた。

	作用としての立法	作用としての行政	作用としての司法	私法上の行為	
組織としての立法（議会）	**法律**,条例	予算？	弾劾裁判	私経済的活動	
組織としての行政（内閣,知事・市長部局,委員会）	法規命令（狭義の行政立法）	**行政処分**,行政強制,行政契約,行政指導,行政計画	裁決・決定？司法警察？起訴？行刑？	私経済的行政行政契約	〈形式説〉行政組織の活動すべて
組織としての司法（裁判所）	裁判所規則	強制執行？非訟事件？	**判決**	私経済的活動	
私人		私人による行政		**民法上の契約**私的自治	
		〈実質説〉控除説 vs 積極説	主として民事法・刑事法の守備範囲？（「司法法」）		

そして,市役所が執務のための鉛筆を購入する行為は,通常の理解では民法上の契約である。これは,上記の定義上は「行政契約」であり,組織としての「行政」が行うものであるから「形式的意義の行政」に含まれる。しかし,このような「私経済的行政」を「法律の執行」と説明する必要があるかどうかは疑わしいという問題がある[3]。

2 「行政に固有の法」

他方,教科書のなかには,行政法学を「行政に固有の法」を対象とした学問と規定し,その前提として「行政」の概念を機能面から定義しようとしているようにみえるものもある[4]。

---

[3] 高木光「法律の執行――行政概念の一断面」高木光他編『行政法学の未来に向けて（阿部古稀）』（有斐閣・2012年）21頁以下参照。

[4] このような「実質説」をとることを明言するものとして,小早川上15頁。その他

つまり、ある固有の性質をもった作用があり、そのような作用に適用されるのが「行政法」というルールであるという発想である。この場合には、どのような組織が活動するかということより、活動自体の性質が重視されることになる。そこで、たとえば、国が民法上の売買契約によって土地を購入する行為は、このような理論に忠実に従って説明すると、そもそも「行政作用」ではないということになりかねない（UNIT 18 参照）。

いずれにしても、このような「実質的意義の行政」をどう定義するかについて、その特徴を明らかにしようとする「積極説」と、それを断念する「控除説」があり、「行政とは国家作用から立法作用と司法作用を控除した残余である」とする後者が支配的であったことは確かである。この点は、日本だけではなく、理論のルーツであるドイツでも同様である。しかし、「控除説」自体にも実は、いくつかの疑問が残る。この点を明らかにするためには、「警察」の概念をみるのが便宜であろう。

2 警察の概念

1 「司法警察」と「行政警察」

最判昭和54年7月10日民集33巻5号481頁〔百選238〕は、交通事故の原因についての警察側の報道機関への誤った発表に関する国家賠償請求事件であるが、その調査官解説5)には、次のような説明がみられる。

> 司法警察を中心とする普通警察機関の所掌事務すなわち警察法2条にいう警察の責務を国と地方公共団体とのいずれの事務とするかは、もっぱら国と地方公共団体との間の事務の配分に関する立法政策の問題である。
> 戦後、警察は、国家警察と市町村警察に分離され、弱小町村区域には国家地方警察が置かれたが、昭和29年の警察法の全面改正により、警察行政の広域的性格にかんがみ、また経費の節減も考えて、市町村警察を都道府県警察に統合するとともに、国家警察を廃止し、国の機関である国家公安委員会と警察庁とに都道府県警察の事務につき若干の調整機能をもたせた。

ここでは、「司法警察」は、「警察の責務」のすべてではないが、その中核的部分であると理解されている。

警察の責務は、条文上は次のように表現されている。

の説について、大橋 I 8-9頁参照。
5) 平田浩「判解」最高裁判所事務総局編（法曹会・1983年）255頁。

> **警察法2条1項**
> 警察は，個人の生命，身体及び財産の保護に任じ，犯罪の予防，鎮圧及び捜査，被疑者の逮捕，交通の取締その他公共の安全と秩序の維持に当ることをもつてその責務とする。

ここに掲げられている「警察の責務」のうち，「犯罪の捜査」および「被疑者の逮捕」は「司法警察」であると説明されるのが通例である。しかし，現行法において「司法警察」とは何かは，実はそれほど明確ではない。「司法警察」という言葉は，刑事訴訟法189条1項に「司法警察職員」という形で出てくるだけだからである。

「犯罪の捜査」および「被疑者の逮捕」にあたる警察官が「司法警察職員」と呼ばれるのはなぜであろうか。これは，フランスに「司法権」と「行政権」の区別に対応して，「司法警察」と「行政警察（広義）」を区別する考え方があり[6]，これが継受されていることに由来する。

2 「司法権」と「行政権」

そこで，注意すべきは，わが国で説かれる「司法警察」と「行政警察」の区別の背景にある「司法権」と「行政権」の観念は，戦前の明治憲法におけるそれであることであろう。

「警察」という言葉がわが国の法令に用いられたのは，明治7年の「司法警察規則」および明治8年の「行政警察規則」である[7]。これらの定めは「太政官

---

[6] 有斐閣『新法律学辞典（第3版）』（1990年）の「司法警察」の項目には，フランス語の police judiciare が付記されている。「警察の活動のうち，犯罪の捜査及び被疑者の逮捕，その他司法作用に関して警察の責務とされる事項についての作用をいう（警察法2条1項）。行政警察が，事前に国民の生命・身体・財産の保護その他公共の安全と秩序の維持の作用を及ぼすことを目的とするものであるのに対し，司法警察は，それらが侵害されたとき，犯罪の訴追を目指して行われる活動である。その任務は司法警察職員及び検察官並びにその指揮を受ける検察事務官に負わされ，刑事訴訟法の手続によって遂行される。」他方，「行政警察」は，次のように説明されている。
「広義では司法警察に対し，行政上の警察作用を意味し，前者が刑事司法権に付随する作用として刑事訴訟法規に従うのに対し，行政警察は行政権本来の作用として各行政法規によって規律される。狭義においては，行政上の警察作用のうち，他の行政とは一応関連なく行われる保安警察に対し，衛生・交通・産業等の行政各部門に関連して行われる警察作用（衛生警察・交通警察・営業警察等）を意味する。」

[7] 田中下29頁。

達」という形式であり，行政機関の内部での職務上の心得を示したものであった。明治19年にこの法形式が廃止された後も，それ以後の法令に反しないものは，引き続き効力を認められた[8]ので，形を変えて旧刑事訴訟法にとりこまれた「司法警察規則」とは異なり，「行政警察規則」は第二次大戦直後までその効力が残っていたとされる。

そして，田上穣治は，戦後の概説書[9]においても，伝統的な考え方を維持した説明を加えている。

> 行政警察（police administrative, Verwaltungspolizei）と司法警察（police judiciare, Justizpolizei, gerichtliche Polizei）の区別は，フランスから伝わったものである。行政警察が上述した実質的意義の警察を意味するのに対し，司法警察は，本来行政機関の地位にある者が犯罪を捜査する職務を担当する場合に，この職務として行われる作用を意味する。それは，特定の犯罪に対する刑罰権の作用であって，刑事訴訟法の適用を受けるから，実質的意義の警察ではなく，ただ原則として警察官の職務に属することで，形式的意義の警察といえるのに過ぎない。旧行政警察規則4条は，「行政警察予防ノ力及バズシテ，法律ニ背ク者アルトキ，其犯人ヲ探索捜査スルハ，司法警察ノ職務トス」と定めていた。

なお，「実質的意義の警察」というのは，「行政作用」のうち，「公安の維持のために統治権によって法に基づき命令し強制する行政作用」を広く意味する[10]。そこで，「警察官」の本来の職務は「犯罪の予防」に限定されず，広く「公共の安全及び秩序」を維持し，危害の発生を予防し排除することに及ぶことになりそうである。行政警察規則1条「行政警察ノ趣意タル人民ノ凶害ヲ予防シ安寧ヲ保全スルニアリ」は，当時のフランスおよびドイツのそのような考え方によるものといえる。

3 「作用としての警察」と「組織としての警察」

ここでの「実質的意義の〇〇」「形式的意義の〇〇」という区別は，ドイツ理論に依拠しているとみられる。ドイツ理論では，前者にあたる im materiellen Sinne は，「内容的には」というニュアンス，後者にあたる im formellen Sinne は，「外形的には」というニュアンスである。

---

8) 前掲注6)『新法律学辞典』。
9) 田上穣治『警察法（新版）』（有斐閣・1983年）43頁。
10) 田上・前掲注9) 18頁。

したがって,「実質的意義の警察」というのは,「作用としての警察」であり,「警察」という内容・性質を持った作用（活動）を意味する。他方,「形式的意義の警察」というのは,「組織としての警察」,即ち,「警察」という名称を持った組織が行う作用（活動）のすべてを意味する。

この区別によると,理論上は,「作用としての警察」は,「組織としての警察」が行う場合もあれば,そうでない場合もありうることになる。また,「組織としての警察」が行う作用のなかには,「作用としての警察」に該当するもののほか,該当しないものも含まれる。組織と作用のズレがあるため,図式化すれば,以下のように2×2のマトリックスが描けるのである。

	組織としての「警察」	それ以外の行政機関
作用としての「警察」	行政警察（広義）	行政警察（広義）
それ以外の作用	司法警察	

先にみた田上の説明は,①「犯罪の捜査」という職務は,その内容・性質からは「司法作用」であり,②警察官は行政機関に属しているから,本来は,その内容・性質が「行政作用」に該当する職務を行うべきであるが,便宜的に「司法作用」に該当する職務を行うこととされているというようにも読める。

4 明治憲法時代の三権分立

確かに,明治憲法時代には現在とは異なる「三権分立」の理解が有力であった。すなわち,美濃部達吉[11]は以下のように説明していたのである。

「『立法作用』は『法規』を制定する行為であり,『行政作用』と『司法作用』はともに『法規』の下に行われる国家作用である。『司法作用』は『民事作用』と『刑事作用』に分けられ,『刑事作用』には『司法警察』『刑事訴訟』『行刑』が含まれる。他方,『行政作用』は,『法規』の下に行われる国家作用から『司法作用』を除いたものすべてを意味し,『組織』『外交』『軍政』『財政』『警察』『保護及び統制』『公企業及び公物』『公用負担』などに分類される。」

このように「作用としての警察」が「作用としての行政」の一部であり,「作

---

11) 美濃部達吉『日本行政法（上）』（有斐閣・1936年）18-26頁。

			〈法の定立と法の執行の区別〉
立法作用			法規を定立する行為
行政作用	組織		法規の下に行われる国家作用
	外交		
	軍政		
	財政		
	警察	＝行政警察（広義）	
	保護・統制		
	公企業・公物		
	公用負担		
司法作用	民事作用		法規の下に行われる国家作用
	刑事作用	**司法警察** 刑事訴訟 行刑	

用としての司法警察」は「作用としての司法」の一部であると考えると，警察官の行う「犯罪の捜査」および「被疑者の逮捕」は，「形式的意義の警察」ではあるが，「実質的意義の警察」ではなく，そもそも「実質的意義の行政」でもないことになる。

③ 「控除説」の問題点

1 「司法」の観念の変化

以上の考察から，「控除説」にはいくつかの問題点があることが指摘できると思われる。

第1に，控除説自体の構造は，戦前と戦後で変わっていないのであるが，その意味が変わっているのではないかという疑問がある。

というのは，日本国憲法のもとにおける「三権分立」の理解においては，「司法作用」は「具体的な争訟事件において法を適用してそれを解決する作用」として捉えられているからである。そこでは「裁判」がイメージされており，裁判官が訴訟手続を経て行うという意味での限定がある一方，争訟として扱う範囲は「民事事件」「刑事事件」に限定されず，「行政事件」を含む点で，明治憲法時代よりは広くなっている[12]。

そして「控除説」は，「行政作用＝国家作用ー立法作用ー司法作用」という構

造であるから、「司法」の概念が狭くなるとその分だけ、論理必然的に「行政」の概念が広くなる。たとえば、警察官が行う犯罪捜査は、戦前の理解では、「行政作用」ではなく「司法作用」に属していたが、戦後の理解では、「司法作用」ではないとすると、「行政作用」に属することになるというわけである。検察官の起訴も同様である。

このような構造を前提にすると、純粋の分類学としては実害がないとしても、「行政法学の対象は実質的意義の行政に関する特有の法である」という立場を採用する際には、これらの法規範のなかには専ら刑事法学者が関心を持っている刑事訴訟法の規定が含まれることになってしまい、実際の行政法学者の関心とのズレが大きくなる。そこで、現時点では、実質説をとる場合には、通常の「控除説」より限定をする必要がある[13]と思われる。

このような事情もあって、多くの教科書は、「組織的意義の行政」を手がかりとし、「形式的意義の行政」を対象とするという立場をとっていると思われる。また、「実質的意義の行政」を対象とするという立場をとる教科書においても、「行政立法」など「実質的意義の行政」ではないものについて章が設けられ考察が加えられていることが指摘されている[14]。

2 循環論法？

ただ、「形式的意義の行政」は「組織的意義の行政」を前提としているので、その範囲をどう確定するかという難問は残る。ある公的な機能を果たしている組織を「行政機関」と呼ぶかどうかが、恒常的に主として「実質的意義の行政」を行うものと予定されているかどうかによって決まるとすれば、そこにはある種の「循環論法」ないし「結論先取り」が潜んでいることになるからである。たとえば、稲葉馨[15]は、「組織としての行政」を「作用としての行政」＝「実質的意味の行政」を「本務とする」行政組織（機関）と捉え、それが行う作用（＝「形式的

---

12) 野中他・憲法 II 229 頁（野中俊彦）。
13) ほかに、伝統的な「控除説」においては、前提となる権力分立が図式化され過ぎていないかという疑問もある。たとえば、憲法の統治機構のなかでの地方分権が視野の外におかれるおそれがある。また、国家レベルに限定しても、権力が 3 種類しかないと言い切るべきかという問題がある。
14) 大橋 I 9 頁。
15) 稲葉他 20 頁（稲葉馨）。

意味の作用」）を分析の対象とすると説明している。

　また，ドイツ由来の「私人による行政」[16]という概念は，行為の主体は「私人」であるから，「作用としての行政」＝「実質的意義の行政」を前提とした概念である。そこで，厳密には，「実質的意義の行政」をどう定義するか，という問題を避けることはできないことになる。そして，筆者のみるところ，この難題は，多くの論者が，「行政処分」を典型的な「作用としての行政」とイメージすることによって回避されている。

---

16) 稲葉他14頁（稲葉馨）参照。

UNIT 47 行政裁量（2）——純粋法学の視点

1 序　説

　行政裁量の論点は多岐にわたるが，以下では，芝池義一の指摘する「立法権との関係における行政裁量」と「司法権との関係における行政裁量」の区別という論点と，「判断過程の統制」という論点の2つについて，UNIT 47 と UNIT 48 で補足することにしたい。

　第1の論点は，行政裁量の新たな捉え方が，法の定立と法の適用の二区分という伝統的な説明の限界を示唆していることをどう考えるかである。これは，ドイツにおける，純粋法学の視点の再評価[1]とも関連すると思われる。

　UNIT 8 1, UNIT 11 1で説明したように，行政裁量の暫定的定義は，「行政権が外部法の枠内で有する判断・行動の余地」であった。これは，阿部泰隆が「法の枠内において行政が判断・行動できる余地」としている[2]のに従ったものである。というのは，そこでいう「法」とは，私人との関係で直接の拘束力を有し，裁判規範となる「外部法」を意味すると思われるからである。

　行政裁量の問題は，「立法権との関係」「司法権との関係」「行政権内部の関係」について多面的に捉える必要があると思われる。また，三権の相互関係は，憲法の「統治機構論」の問題でもあるから，憲法規範を視野に入れた分析，そしてそれを考慮に入れた「定義」が要請される。そこで，以下では，なお試論にとどまるが[3]，これまでの筆者の考察の結果を示しておく。

2 法律の規律密度

1　2つの行政裁量？

　まず，「立法権との関係における行政裁量」を通常の説明に従って，「行政権が

---

[1]　Thomas Elsner, Das Ermessen im Lichte der Reinen Rechtslehre, 2011
[2]　阿部 I 362 頁。
[3]　高木光「法規命令による裁量拘束」法学論叢172巻4＝5＝6号（2013年）80頁以下参照。

法律（及び条例）の枠内で有する判断・行動の余地」を意味するものとする場合にも、「司法権との関係における行政裁量」は、「司法審査の対象たる行為を担当する行政機関が、外部法の枠内で有する判断・行動の余地」を意味する、という形で区別すべきであろう。このように、立法権との関係と司法権との関係で「行政裁量」の定義にずれが生じることを認める立場は、芝池義一[4]等の説明に示唆を受けたものである。塩野宏は、両者が一致するとの立場のようにも見受けられる[5]が、そのように割り切れるか疑問が残る。

「法律による行政の原理」についてみたように、「行政作用の法的統制」という観点から重要なのは、第1に、「立法権による外部的統制」の程度である。そして、「行政裁量」という視角でこれをみるときには、とりわけ「法律の規律密度」および「条例の規律密度」が分析の出発点となる[6]。

「行政作用がいかになされるべきか」について、法律（や条例）が「要件」と「効果」を詳細かつ一義的に定め、行政権がそれを単に「機械的に執行」することだけを任務とする場合には、行政裁量はないことになる。これが、伝統的理論で「羈束行為」と呼ばれたものにあたる。しかし、このような「行為」は行政活動のなかではむしろ例外である。比喩的に表現すれば、法律（や条例）の「規律

---

4) 芝池は総論69頁で、立法との関係で考えられる行政裁量を「法律からの自由という意味での裁量」と呼び、小早川下Ⅰ21頁、下Ⅱ190頁の参照を指示しているが、68頁では、「行政裁量とは、行政活動が法令によって一義的に拘束されないことの反面として行政に認められる判断の余地を意味する。」と説明している。「法律」に代えて「法令」としているところが示唆的であり、筆者は「法規命令による裁量拘束」という現象を視野に入れた考察の必要性を認識した。

なお、小早川下Ⅰ21頁は、「行政機関が、案件の処理にあたり、立法による基準の欠如している部分について案件ごとに必要な基準を補充しつつその判断を形成していくということが、一般に『裁量』(Ermessen, discretion) ないし『裁量権の行使』と呼ばれるものにほかならない。それは、概念としては、立法上の要件効果規定による羈束と対置されるものである。」と説明している。

櫻井＝橋本は、109頁で、「行政裁量」の定義においては、「法律」に限定しているが、110頁では、「羈束行為」は、「法令により一義的に定める」もの、「裁量行為」は「法令が行政庁の判断にゆだねる部分を認める」ものと説明している。

宇賀Ⅰ317頁は、「行政裁量とは、立法者が法律の枠内で行政機関に認めた判断の余地のことである。」としている。

5) 塩野Ⅰ139頁注1参照。櫻井＝橋本109頁も両者は一致するという趣旨であろうか。

6) 予算による統制をどのように位置づけるかは未解明である。「行政活動」をすべて「法律（＋条例）執行モデル」で説明することが適切かも疑問が残る。

密度」が100％であれば,「行政裁量」は0となるが,多くの場合,法律（や条例）の「規律密度」は,1％から99％まで様々である。このように考えると,「立法権との関係における行政裁量」は,「行政権が法律（及び条例）の枠内で有する判断・行動の余地」を意味することになる。

伝統的な行政法理論における「行政行為論」は,行政行為の分類において「羈束か裁量か」という問題設定をしていた。そして,「羈束」は法律による拘束を,「裁量」は,法律による拘束が及ばないこと,すなわち法の拘束からの自由,を意味すると考えられていた。

2　用語法のズレ

理解が困難なのは,戦前の美濃部達吉（＝田中二郎のいう「従来の通説」）や佐々木惣一の時代の用語法と,戦後の「通説」とされた田中二郎の用語法にズレがあることである[7]。また,筆者のみるところ,田中二郎によって「克服」されたはずの一時代前の用語法のなごりが,田中二郎の弟子にあたる原田尚彦の教科書では一部維持されている。また,田中二郎によって「克服」されたはずの一時代前の考え方が,実はその後も多くの論者の思考に影響を与え続けているのである。

筆者の理解によれば,美濃部のいう「法規裁量」（Ermessen der Rechtsmässigkeit）は,「法適合性の判断」,「便宜裁量」（Ermessen der Zweckmässigkeit）は,「合目的性の判断」と訳すべきものであった。すなわち,広義の裁量行為は,判断が機械的ではないという意味では共通の性質を有するが,これは,Merklのいう「法理論上の裁量」[8]であって,行政法学の関心の対象である「技術的意味の

---

7)　田中二郎『行政法総論』（有斐閣・1957年）281-285頁参照。

田中二郎の用語法		美濃部達吉の用語法 （田中のいう「従来の通説」）	
（広義の）羈束行為	（狭義の）羈束行為		羈束行為
	羈束裁量行為	羈束裁量行為 ＝法規裁量行為	（広義の） 裁量行為
（狭義の）裁量行為	自由裁量行為 ＝便宜裁量行為	便宜裁量行為＝ 目的（公益）裁量 行為＝（狭義の） 自由裁量行為	

8)　Antoniolli/Koja, Allgemeines Verwaltungsrecht, 3. Aufl. (1996), S. 252　純粋法学

裁量」ではない。塩野宏[9]は，「認識論としてはともかく，法道具概念として，羈束裁量（法規裁量）の観念を立てる意義はないと思われ，また用語方としても必ずしも適切でない」としている。つまり，少なくとも「司法権との関係」で考察するときには，「羈束裁量は裁量ではない」のである[10]。

3 裁判所の審査密度

1 様々な審査密度

「行政作用の法的統制」という観点から同様に重要なのは，第2の「司法権による外部的統制」の程度である。ここでは，裁判所の「審査密度」（Kontrolldichte）が分析視角となる[11]。

「司法権との関係における行政裁量」は，「司法審査の対象たる行為を担当する行政機関が，外部法の枠内で有する判断・行動の余地」を意味する。

裁判所の「審査密度」が100％というのは，「実体的判断代置方式」の審査がなされる場合である。取消訴訟においては，「行政庁」によってなされた「行政処分」が適法であったか違法であったかは，裁判所が当該事案において「唯一の正しい結果」が何であったかを判断して，その結論に合致するかどうかによって決まる。このような状況は，「立法権との関係での裁量」が存する場合にも生じる。伝統的理論で「羈束裁量」と呼ばれたものは，このような場合にあたる。

裁判所の「審査密度」が0％という極端な場合は少ない。かつての「裁量不審

　　　　によれば，すべての法適用行為は他律的な要素と自律的な要素を含む。今村＝畠山・入門90頁〔今村成和〕は，「法の論理的性格に基づく裁量」と表現している。
  9) 塩野 I 152-153 頁注4。
 10) 石川敏行他『はじめての行政法（第3版補訂版）』（有斐閣・2015年）81頁（下井康史）は，「行政庁に選択の幅がなく，客観的事実から機械的に決まる処分のことを『羈束処分』という。」「処分をするかしないかを決定するプロセス……の各局面において，行政庁自身の判断が介在し，選択の幅が一定程度まで認められることは少なくない。このような場合，行政法学では，法律や条例によって，行政庁に『裁量』が認められていると表現する。」としている。この説明では，狭義の「羈束行為」と，実体的判断代置方式の審査がなされる「羈束裁量行為」との関係がややわかりにくい。
 11) 曽和俊文＝山田洋＝亘理格『現代行政法入門（第3版）』（有斐閣・2015年）152-153頁（亘理格）は，第9章「実体法的コントロール」のなかで「法の規律による縛り」と対比して「行政機関の自由な判断」という説明をしている。裁判所による適法性審査という局面に着目した説明であり，「平等原則や比例原則等の法令以外のさまざまな法的制約」という表現がみられる。

法律による一義的規律 （規律密度100％？）			羈束行為（狭義）	羈束処分	実体的判断代置 100％
法律による規律	法律以外の法による規律		羈束裁量行為？		
法律による規律	法律以外の法による規律	行政権の自由	自由裁量行為	裁量処分	逸脱濫用
行政権の自由（規律密度0％？）			自由裁量行為（狭義？）		99～1％
Regelungsdichte			学説上の用語	行訴法30条の用語	裁判所の審査方式 Kontrolldichte

理の原則」は，このようなカテゴリーを認めるものであった。伝統的理論で「自由裁量」と呼ばれたものがそれにあたる。

「羈束裁量と自由裁量の相対化」がなされて久しい現在では，比喩的に表現すれば，裁判所の「審査密度」も，1％から99％まで様々である。

2　不確定概念の使用

　ドイツにおける理論の説明は，以下のようなものである。すなわち，「不確定概念」の使用は，「裁量」を意味するかが問題とされ，「裁量」を無条件で認めないために，「不確定概念」のなかに，裁判所の完全な審査に服する「不確定法概念」があると考えられた。すなわち，「不確定概念」は，法律による規律密度が100％に及んでいないという意味で，「立法権との関係における行政裁量」を認めているようにみえるが，ほかに不文法による規律が及んでいるのであり，さらに「不確定法概念」と性格づけられるものについては，不文法による規律を合わせると規律が100％に及ぶと考えられるのである。裁判所による完全な審査は，「司法権との関係における裁量の否定」を意味する。1960年代に，多数説は，「要件裁量」を基本的に否定し，要件部分の「不確定概念」は，すべて「不確定法概念」と性格づけられるとした。

　しかし，少数説が指摘するように，法律による規律の際の「不確定概念」の使用は，「法適用機関への（隠れた）委任」を意味する。そして，法律の規律密度をたとえば60％と考えると，残りの40％は，行政権または司法権が具体化することになる。そして，「不確定法概念」は，その部分についての「最終決定権限」

(Letzte Entscheidungsbefugnis) が裁判所にある場合を意味する。

「規範的授権理論」（Normative Ermächtigungslehre）は，法律が「行政権への授権」をなすことによって，「効果裁量」が認められると説明するものである。

4 行政権内部における行政裁量の配分

1 基準設定の機能

「行政作用の法的統制」という観点から見逃してはならないのは，第3に，「行政権内部における行政裁量の配分」であろう。これは，「行政処分」についての裁量のみに関心を集中するのではなく，他の「行為形式」あるいは「行為類型」も視野に入れるべきことを意味する。

現実の行政活動は複雑な過程でなされており，「行政作用」は様々な「行為形式」「手続」「仕組み」という概念を用いて分析される。そのなかで，「基準設定」の機能が特に重要であると思われる。

2 法規命令による裁量拘束

たとえば，行政処分の「要件」「効果」等について，「法規命令」で定めが置かれる場合は，次のような状況といえる。

まず，この「法規命令」の内容をどのようなものとするかについては，「一定の判断の余地（自由）」が認められる。「立法の委任」がなされるということは，「法律の規律密度」をある程度低くすると同時に，その反面として与えられた「立法権との関係における行政裁量」の相当部分を「法規命令」という形式で行使すべきことを指令していることを意味する。

そこで，「司法権との関係における行政裁量」は，その「法規命令」が司法審査の対象となる場合は，「委任の趣旨目的」に照らしてその広狭が定まることになる。この局面では，「外部法」として機能するのは，憲法典および法律ならびに不文法ということになる。

他方で，「行政処分」が司法審査の対象となる場合は，「法律」と「法規命令」による「規律密度」がどの程度であるかによってその有無・広狭が基本的に定まることになる。すなわち，行政権自らが「行政裁量」の行使として定立した「法規命令」が，この局面では，「外部法」として行政権を拘束するのである。つまり，司法権との関係における行政裁量は，その反面として縮減し，「外部法」として憲法典，法律および法規命令ならびに不文法が機能するという局面が出現す

〈図1〉

法律の規律 20%	
法規命令の規律 60%	行政権の裁量 全体で80%
行政処分の裁量 20%	

〈図2〉

法律の規律 20%		
法規命令の規律 30%		行政権の裁量 全体で80%
行政処分の裁量 50%	行政規則による自己拘束等	
	処分庁の裁量 20%	

る。

　比喩的に表現すると，法律の「規律密度」が20%である場合には，「立法権との関係における行政裁量」は全体で80%である。そして，たとえば，「法規命令」の「規律密度」が60%である場合には，「司法権との関係における行政裁量」のうち，行政処分を担当した「行政庁」に認められる裁量は，最大で20%となる（図1）。

　また。「法規命令」の「規律密度」が30%にとどめられた場合は，「司法権との関係における行政裁量」のうち，行政処分を担当する「行政庁」に認められる裁量は，最大で50%となる（図2左欄）。

　この「法規命令」の要素を，「立法権との関係における行政裁量」の定義においてどのように扱うかは，難問である。

　「行政権が総体として有する裁量」を表現する場合には，「行政権が，行政立法を除く外部法の枠内で有する判断・行動の余地」とすべきであろう[12]。

12）　UNIT 6 ④でみたように，「外部法」には，法律，法規命令などの「成文法」のみならず，「不文法」も含まれる。「平等原則」「比例原則」「信頼保護原則」「権限濫用禁止の原則」などの性格をどう説明するかは難問であるが，「外部法」に含まれることは確かである。
　「憲法」も，日本国憲法という「憲法典」の条文に現われている「成文法」のみならず，解釈によって認められる「法治行政の原理」ないし「法治国原理」「法の支配」をはじめとする「不文法」も含めて考える必要がある。
　このような「不文法」を「立法権との関係における行政裁量」の定義に盛り込むべきかという問題がある。これを肯定する場合には，「行政権が，憲法，法律及び条例の枠内で有する判断・行動の余地」となる。
　なお，「立法裁量」とは，「立法権（議会）が，憲法の枠内で有する法律の制定改廃

仮に「行政権」を「命令制定権」と「法令執行権」に分けることができるとすれば、「命令制定裁量」とは、「命令制定権者が、法律の枠内で有する判断・行動の余地」であり、「法令執行裁量」とは、「法令を執行する行政機関が、法令の枠内で有する判断・行動の余地」である、と整理することができよう。

3 行政規則による裁量拘束

なお、行政処分の「要件」「効果」等について、「行政規則」で定めが置かれる場合は、次のような状況となる[13]。

行政処分について「裁量」の存否・広狭は、「法令の定め」の「規律密度」によって定まる。比喩的に表現して、法律が20％、法規命令が30％であるとすれば、残りは最大で50％となる（図2左欄）。この50％の裁量が個別の事案ごとに行使されるとは限らない。

たとえば、行政庁の「上級行政庁」が「通達」という形式で法令の「解釈基準」を定め、あるいは行為の選択についての目安などを「裁量基準」として定めることがある。この場合、「処分庁」は、通達に従って個別の案件を処理する義務を負う。その「規律密度」が30％であるとし、かつ、「行政の自己拘束」等の法理により、「行政規則の外部効果」が認められるとすれば、裁判所の「審査密度」は50％＋30％に及び、処分庁に残された「裁量」は20％ということになる。

また、たとえば、処分庁が、予め自らその裁量行使の基準を定めることもある。この場合にも、「審査基準」「処分基準」などに「外部効果」が認められるとすれば、その限りで、裁判所の「審査密度」は増すことになる。

　　　及びその内容に関して有する判断・行動の余地」をいうことになろう。
　　13)　山下竜一「裁量基準の裁量性と裁量規律性」法律時報85巻2号（2013年）22頁参照。

UNIT 48 行政裁量（3）——判断過程の統制

1 「手続的統制」と「実体的統制」

1 実体重視思考

　第2の論点は，近時の最高裁判所が裁量統制の手法として多用している「判断過程の統制」が，「手続的統制」と「実体的統制」の区別との関係でどのように位置づけられるかである。

　また，行政裁量を「病理現象」（＝「法律による行政の原理の例外」）ではなく，「生理現象」であるという発想からは，行政裁量は行政権に「最適な考慮」を義務づけるものであるという視点が重要となる。

　そして，ドイツにおける理由提示をめぐる議論および「計画裁量」の統制をめぐる議論は，このような論点・視点にとって示唆するところが多いと思われる。

　ドイツの行政手続法制について一般に指摘されているのは，いわゆる「実体重視思考」である（UNIT 9 1 参照）。これは，行政訴訟における基本的思考の反映でもあり，「私人」の有する「実体法上の権利利益」の保護が，行政手続および行政訴訟の共通の目的であると理解されている。

　1976年の行政手続法（VwVfG）は，行政行為に関する「事前手続」および「実体法的効果」に関する様々な規定を置き，1960年の行政裁判所法（VwGO）は，行政行為に対する「事後的救済」としての「異議審査請求」と「取消訴訟」ないし「義務付け訴訟」に関する規定を置いている。これらを全体としてみると，上記の「実体重視思考」が確認できるのであるが，そのような傾向は，1990年代の法律改正によってさらに強化されている。以下，まず，主要な規定について紹介する[1]。

---

　1)　全体を俯瞰するものとして，司法研修所編『ドイツにおける行政裁判制度の研究』（法曹会・2000年）21-52頁，60-80頁，123-154頁，409-414頁が参照に便宜である。

2　行政行為の「形式」および「手続」

先に UNIT 11 ④, UNIT 12 ④ で紹介したように，ドイツにおける行政行為に関する「事前手続」の中核は，「聴聞」ないし「意見陳述の機会の付与」である。1976年の行政手続法は，わが国でいえば「不利益処分」にあたる「侵害的行政行為」について，「名あて人となるべき者」等に書面で意見を陳述する機会を与えるという仕組みを標準的なものとしている。

また，ドイツの行政手続法は，「理由付記」を行政行為の「形式」として位置づけつつ，以下のように規定している。

> **ドイツ行政手続法 39 条（行政行為の理由付記）1 項**
> 書面により……発布された行政行為及び書面により……確認された行政行為には，理由を付記しなければならない。理由づけにおいては，行政庁がその決定をするにあたって考慮した重要な事実上及び法律上の根拠を示さなければならない。裁量決定の理由づけにおいては更に，行政庁がその裁量の行使にあたって基礎とした視点をも明らかにするものとする。（第 2 項略）

そこで，以上のような「手続」または「形式」に関する規定に違反して行政行為が発布された場合，すなわち，たとえば，事前に意見を述べる機会を与えずに「侵害的行政行為」が発布され，あるいは全く理由を付さず，あるいは不十分な理由しか付記せずに「侵害的行政行為」がなされた場合に，そのような「手続的違法」を取消訴訟でどのように取り扱うべきかが問題となる。

3　手続の瑕疵の効果の制限

ドイツの行政手続法は 45 条と 46 条で，「手続的違法」があっても，それだけでは行政行為が取り消されるとは限らないという考え方を明示している[2]。

> **ドイツ行政手続法 45 条（手続又は形式の瑕疵の治癒）1 項**
> 手続又は形式に関する規定の違反のうち，44 条により行政行為の無効をもたらさないものは，次の各号に掲げる場合には，顧慮されない。（1 号略）
> 　2 号　必要とされる理由づけが事後になされたとき
> 　3 号　必要とされる関係人への意見陳述の機会の付与が追完されたとき（4 号・5 号略）
> 2 項　前項に定める行為の追完は，<u>行政裁判所における最終事実審の終結までに</u>，なすことができる。
> 3 項　略

---

[2]　高木光『技術基準と行政手続』（弘文堂・1995 年）149 頁以下。

> **46条（手続及び形式の瑕疵の効果）**
> 44条により無効とされない行政行為については，手続，形式又は土地管轄に関する規定に違反したということのみを理由とした取消は，その違反が決定の実体的内容に影響しなかったことが明らかである場合には，求めることができない。

　以上によれば，行政庁側は，「手続的違法」による行政行為の取消しを免れるために，2段構えで防御できることになる。すなわち，まず，45条で認められている「追完」という行為を行うことで取消しを免れることができる。たとえば，当初は理由付記が全く欠け，あるいは不十分であった場合でも，不服申立てに対応する際や訴訟が係属した段階で39条の要求する十分な理由を示せばよいことになる。また，事前に意見を述べる機会を与えなかった場合でも，不服申立てに対応する際や訴訟が係属した段階で，侵害的行政行為の名あて人の言い分を十分に聞けばよいことになる。

　さらに，46条によれば，「羈束的行政行為」においては，「実体的違法」があるかどうかが決め手となるので，行政庁側の「実体的違法」がないという主張が認められれば，たとえ「手続的違法」が残っているとしても取消請求は棄却されることになる。また，「裁量的行政行為」においては，行政側の「実体的違法」はないという主張が認められ，かつ，仮に「手続的違法」がなかったとしても，異なる結論になったという「具体的可能性」がないという主張が認められれば，取消請求は棄却されることになる[3]。

4　理由の差替え

　45条による「理由の追完」と区別されるべきものとして，「理由の差替え」がある。「理由の追完」は，形式的瑕疵の治癒にかかわるもので，記載された理由が結論を支えるものとして是認できるかどうかとは無関係である。これに対して，「理由の差替え」とは，裁判所での審査の段階になって，行政庁側が，行政行為が発布された当時から存在していたものの，当初は依拠しなかった事実上または

---

[3]　なお，45条2項の追完の時期についての定めは，1996年および2002年の改正によって現在の形になったもので，それまでは，異議審査請求手続の終結までまたはそれが行われないときには行政訴訟の提起までに限定されていた。また，46条の定めも，1996年の改正前は下線部が，「実体において異なる決定がなされえなかったであろう場合には」となっており，「羈束的行政行為」についてのみ直接適用されるような言い回しであった。高木・前掲注2）150頁，160頁。

法律上の理由を主張して，その行政行為の結論を支えようとするものである。

ドイツの判例学説は，「理由の差替え」は原則として許容されるとしてきた。そして行政裁判所法は1996年の改正で，114条に2文を追加し，裁量行為について明文の規定を置くに至っている。

> **ドイツ行政裁判所法 79 条 1 項**
> 取消訴訟の対象となるのは次の各号の行為とする。
> 　1 号　異議審査裁決によって確認ないし変容された形における原行政行為（2号，2項略）
> **113 条 1 項**
> 行政行為が違法であり，それによって原告が自己の権利を侵害されている限りにおいて，裁判所は行政行為及び異議審査裁決を取り消す。（2文以下，第2項から第5項略）
> **114 条**
> 行政庁が裁量によって行為するように授権されている場合には，裁判所は，裁量に関する法律上の限界を超えたこと又は授権の目的に適合しない態様で裁量が行使されたことを理由に，行政行為の発布又は行政行為の拒否若しくは不作為が違法とならないかをも審査する。行政庁は，行政行為に関する裁量上の考慮を，行政裁判所における手続においてもなお，追加することができる。

以上のような条文は，「羈束的行政行為」の場合には，理由の差替えが許されることを当然の前提としている。「羈束的行政行為」の場合には，裁判所による「実体的判断代置方式」の審査がなされ，結論が正しいかどうかが決め手となるからである。これに対して，「裁量的行政行為」の場合は，裁判所は，裁量権の逸脱濫用があるかどうかを審査することができるものの，行政庁に代わって自ら裁量上の考慮を行うことは許されていない。このため，「裁量的行政行為」については，裁判所は行政庁の主張した理由に即して審査を行うことになる[4]。

そこで，裁量統制を強化するためには，「結果の統制」だけではなく「過程の統制」という手法を併用する必要があるといえるのである。そして，「裁量的行政行為」においても理由の差替えを許容することを明文で認めた改正後の114条2文は，裁量統制において「過程の統制」をやや控えめとすることを意味すると思われる。

5　裁量の逸脱濫用の3類型

さて，行政行為における裁量についてのドイツの行政手続法の規定は以下のと

---

[4] 司法研修所編・前掲注 1) 253 頁。

おりである。

> **ドイツ行政手続法 40 条**
> 行政庁が裁量によって行為するように授権されている場合には，その裁量を授権の目的に適合するように行使し，かつ裁量の法律上の限界を遵守しなければならない。

　裁量の限界は，①裁量の不行使，②裁量の濫用，すなわち，授権の目的に適合しない態様での行使，③裁量権の逸脱，すなわち，法律上の限界を超えた行使[5]の 3 つに類型化されるのが通例である。そして，第 2 の類型である「裁量の濫用」には，調査の不十分さ等に起因する「考慮不尽」と「他事考慮」が，第 3 の類型である「裁量権の逸脱」には，比例原則違反および平等原則違反が含まれる[6]。そこで，以上のような類型化において，第 1 および第 2 の類型は「判断過程の統制」とみることができると思われる。

　なお，この行政手続法 40 条は，直接には「効果裁量」が認められている行政行為についてのみ適用されるものである。しかし，その背後には「一般的な法的思考」が存在することから，「判断余地」が認められる行政行為や「計画裁量」を伴う行為についても「類推適用」されるとの説明[7]がみられる。

　以下では，「計画裁量」の統制原理について考察するが，「計画裁量論」は，第二次大戦後のドイツ特有の「裁量論」を背景にしているので，それを先に紹介する。

2　ドイツの計画裁量論の背景

1　ドイツ裁量論の特徴

　戦後のドイツ裁量論の特徴は，判例学説の展開のなかで，次第に「裁量」（Ermessen）という言葉を，「法効果」の側面に限定して用いる立場が確立した点にある。そして，「要件」の側面においては，「不確定法概念」（unbestimmter Rechtsbegriff）の解釈適用については，原則として裁判所の全面的な審査が及ぶとする立場がとられた。ただ，特定の限られた領域においては，「判断余地説」や「代替可能性説」により，要件の認定に関する行政庁の判断が裁判所によって

---

5) 司法研修所編・前掲注 1) 62 頁。
6) Kopp/Ramsauer, §40 Rn85-93
7) Kopp/Ramsauer, §40 Rn6

ある程度尊重されるべきものとされた。

　以上のような状況は，わが国の状況と比較すると，第1に，用語法の面からみると，「要件裁量」が否定されていることに特徴がある。「裁量」の概念は，基本的には「効果裁量」を意味し，それが，行為をするかしないかの裁量である「決定裁量」と，行為内容の選択についての裁量である「選択裁量」の2つに区別される。また，第2に，機能面からみると，「要件裁量」に相当する現象を認めないわけではないものの，限定的であることに特徴がある。そこで，全体としては，ドイツにおいては日本におけるよりは「実体的判断代置方式」による審査がなされることが多いということになる。

2　戦後のドイツ裁量論の推移

　次に，高橋滋の研究[8]によれば，戦後ドイツにおける裁量論の展開は直線的なものではなく，行政裁量に対する裁判的統制が強化され，行政裁量ないしそれに準じる行政固有の判断権が否定・制限されていく時期の後，そのような傾向に対する批判が強くなり，行政固有の判断権の存在領域が拡大されていく時期が訪れたとされる。そして，そのような転換は，1970年前後の計画法領域を中心とする転換と，1970年代末以降の大規模科学技術施設の許可をめぐる紛争の領域を中心とする転換という，時期と領域を異にした2つによってもたらされたと分析されている[9]。

3　「計画法」の特殊性？

　さて，前者においては，「計画法」の構造という特有の議論が絡む。すなわち，従来の行政裁量論は，専ら「行政行為」についての法的拘束を念頭に置いて展開してきた。そして，「行政行為」は，「裁判判決」と同様に，「一般的抽象的な規範」を個別的具体的事案に適用する行為として把握される。そこでは，前提とな

---

[8]　高橋滋『現代型訴訟と行政裁量』（弘文堂・1990年）2頁，79頁。
[9]　後者においては，連邦インミッション防止法6条にいう「有害な環境影響をもたらすおそれのないこと」という要件に関する1978年の連邦行政裁判所判決（フェルデ事件），原子力法7条にいう「科学技術水準に従った事前の配慮（Vorsorge）がなされていること」という要件に関する1985年の連邦行政裁判所判決（ウィール事件）の2つが上記の転換の節目に位置づけられると思われる。高木・前掲注[2] 49頁，79頁。

る規範は,「○○の場合は,△△しなければならない」とか「○○の場合は,△△することができる」という構造を有していると捉えられている(UNIT 8 ②参照)。このような構造を有する規範は,「要件―法効果」の組み合わせを有し,法効果の発生が要件の充足を条件としていることから,「条件プログラム」とも呼ばれる。

これに対して,現代行政の特徴の1つとして挙げられる「行政計画」は,「行政行為」などの「行為形式」とは次元を異にするものである。また,「行政計画」についての法的拘束をみるときに,そこで問題となる規範は,「条件プログラム」とは異なった構造を有しているという見解が提示されたのである。そのような見解によれば,「行政計画」の特殊性は,目的の設定と手段の総合性にあり,「行政計画」の法的統制においては,目的を指示することと計画策定の手続を定めることに重点が置かれ,計画の内容そのもの,すなわち,どのような手段をどのように組み合わせるかについては行政機関の自由な判断に委ねるのが適切であるということになる。そして,そのような特徴を持った規範は,「目的プログラム」とも呼ばれた[10][11]。

③ 計画裁量の裁判統制

1 市町村の都市計画決定

「行政計画」の法的な検討に際して,ドイツで素材となってきた主要な領域は,市町村の都市計画決定と交通施設等に関する「計画確定決定」の2つである。これは,これらの行政決定が,行政裁判所による直接的な事後審査に服するものであることにもよると思われる。

第1の市町村の都市計画決定の位置づけは以下のとおりである。1960年の連邦建設法は,わが国での都市計画法と建築基準法を合わせたような機能を果たしていた。建築の自由はかなり制限され,「計画なければ建築なし」という標語があるように,建築主が建築許可を得るためには,「建築的利用の態様と程度」について定めた「建築詳細計画(いわゆるBプラン)」に合致している必要がある。そして,このBプランは,市町村が条例(Satzung)の形式で定めるものとされ

---

[10] 遠藤博也『計画行政法』(学陽書房・1976年)32頁参照。
[11] ただ,このような「計画法」の特殊性は必ずしも絶対的なものではないとの批判もみられるところである。芝池義一「行政計画」雄川一郎他編『現代行政法大系2』(有斐閣・1984年)347頁参照。

ている。Bプランとその準備的上位計画として市町村全域について定められる「土地利用計画（いわゆるFプラン）」は，合わせて「建設管理計画」と呼ばれ，監督官庁の認可が必要とされてはいるものの，それらの策定権限は市町村固有のものと考えられている。

わが国においては，用途地域の決定は，判例上「処分性」が否定されてきたため，その裁判所による統制の法理は未発達である。これに対してドイツでは，Bプランは，1960年の行政裁判所法によって，ラントごとに「規範審査訴訟」の対象とすることが認められ，さらに，1976年の改正によって連邦全域で「規範審査訴訟」の対象とされたため，多くの裁判例が集積することになった。なお，建築許可等を争う際に，その前提問題としてBプランの違法性が審査されることもある[12]。

連邦行政裁判所は，Bプランの法的統制において，1969年の判決（認可拒否事件）と1974年の判決（板ガラス事件）で「衡量要請（Abwägungsgebot）」と呼ばれる法理を形成したが，それと密接な関係を有するのが「計画裁量」の概念である[13][14]。

2 「衡量要請」の法理

「衡量要請」の法理は，連邦建設法が「建設管理計画」の策定について定めている様々な要件のうち，1条4項2文（1976年改正前）の「公益及び私益をそれぞれにかつ相互に適正に衡量しなければならない」という部分についてのもので，裁判所が違法性ありといえるのは，①適切な衡量が全く行われていない場合，②衡量されるべき利益が衡量されていない場合，③衡量の対象である利益に対する重みづけが誤っている場合，④諸利益間の衡量において客観的価値と比例しない態様で衡量がなされた場合に限定される。

そして，諸利益を調整することによって計画を策定する際には，ある利益を優

---

[12] 藤原静雄「西ドイツ行政裁判所法上の規範審査訴訟制度の展開」成田頼明他編『行政法の諸問題（中）（雄川献呈）』（有斐閣・1990年）452頁，大橋洋一『都市空間制御の法理論』（有斐閣・2008年）第4章「都市計画訴訟の法構造」（初出・2006年）参照。

[13] 芝池義一「計画裁量概念の一考察」広岡隆他編『現代行政と法の支配（杉村還暦）』（有斐閣・1978年）195頁参照。

[14] 芝池義一「西ドイツ裁判例における計画裁量の規制原理」法学論叢105巻5号（1979年）4頁，18頁，16頁参照。

先し，他の利益を劣後させるということ自体は不可避であり，その意味で，計画の内容については「形成の自由」が認められ，裁判所は市町村の判断を尊重すべきであるとの考えが前提になっている。

このような「形成の自由なき計画は自己矛盾である」という考え方をとると，「行政計画」には，事柄の性質上，裁判所の「実体的判断代置方式」の審査が及ばない部分が承認されることになる。そして，連邦行政裁判所は，「計画裁量（Planungsermessen）」という概念を用いたのであるが，伝統的な裁量論における「要件裁量」「効果裁量」とはやや性質の異なるものといえそうである。

また，留意を要するのは，「計画裁量」の理論は，「行政計画」について無条件に「広範な裁量」を認めるものではないことであろう。先にみた戦後ドイツの裁量論の推移という文脈に照らすと，「衡量要請」の法理も，「不確定法概念」についての裁判所の完全な審査という原則に対する例外を認めたものと位置づけられると思われる。そして，連邦建設法が「建設管理計画」の策定について定めている様々な要件の多くは，「形成の自由」に対する法的拘束という性格を有するものと理解された[15]。

3　計画確定手続

第2の道路，鉄道，空港などの交通施設の整備事業については，利害関係人の参加を伴う「計画確定手続」がとられるというのが，ドイツのもう1つの伝統である。「計画確定制度」自体は，19世紀以来用いられてきたもので，わが国における事業認定や都市計画事業の認可に類似した機能を果たすものといえそうであるが，その現代的な姿は，行政手続に関する一般法である1976年の連邦行政手続法において一応の完成をみた。

「計画確定手続」の結果としてなされる「計画確定決定」は「行政行為」の一種とされ，事業者に事業を遂行する法的地位を与えるとともに，「附款」とりわけ「負担」によって事業者に義務を課し，多様な利益との調整を図るものとされている[16]。「計画確定決定」は「行政行為」の一種とされるので，それに対する

---

[15]　なお，連邦建設法は，1986年に他の法律と統合されて建設法典（Baugesetzbuch）に取り込まれ，現在では「衡量要請」は1条7項に定められている。その後の推移については，湊二郎「建設管理計画の衡量統制に関する一考察——衡量過程の統制を中心に」近大法学57巻1号（2009年）93頁参照。

[16]　山田洋『大規模施設設置手続の法構造』（信山社・1995年）参照。

裁判所の審査は，取消訴訟または義務付け訴訟の枠内でなされる。「計画確定決定」の全体を攻撃する場合は取消訴訟となるが，多くは，追加的な「負担」（＝計画の変更）を求める義務付け訴訟となっている。

4　計画確定決定の裁判統制

　さて，連邦行政裁判所は，1975年の判決（B42事件）や1978年の判決（フランクフルト空港事件）など一連の判決で，「衡量要請」をはじめとする計画裁量の実体的な規制原理が，「計画確定決定」の領域にも妥当するものとした。その理由は，「衡量要請」は，「法律に明文化されているかどうかにかかわらず，法治国的な計画化の本質から導かれ，したがって，一般的に妥当する。」と説明されている。

　このように，「計画確定決定」を行う行政庁は，一定の「内容形成の自由」を有するとともに，「計画の必要性」や「計画化指針」と呼ばれる法令による法的拘束に服しているとされた。さらに，その後の判例法理においては，計画化に際して顧慮されるべき規制のなかには，強い拘束をもたらすもの（用語法「計画化指針」に代えて「強行的規定」）のほかに，諸利益の衡量の際に，その利益のできる限りの尊重を要請するという，やや弱い拘束をもたらすにとどまる「最適化要請」と呼ばれるカテゴリーが形成されている。

5　手続の瑕疵と「取消制限法理」

　さて，「計画確定決定」のように複雑な法制・手続を前提とする行政決定は，その発布の際に法的な瑕疵が生じやすいものであると同時に，複雑な手続を経て行われた決定を，軽微な瑕疵を理由に取り消してもう一度決定をやり直すことは，生産的でないという問題がある。このような「手続経済」という発想から，ドイツでは，手続的瑕疵および実体的瑕疵の双方について，瑕疵の法的効果を限定し，あるいは「瑕疵の治癒」を認めることが次第に広く認められるようになっている。

　まず，手続的な瑕疵については，先に紹介したように，「計画確定決定」などに限らず，より一般的に「行政行為」の効力に関する連邦行政手続法の規定（45条，46条）が1996年に改正されている。

　また，実体的な「衡量の瑕疵」については，「計画確定手続」に関する連邦行政手続法75条に，1996年の改正で，次のような1a項が挿入されている。

> 事業に関連する公益及び私益の衡量の際の瑕疵は，それが明白であり，かつ，衡量結果に影響した場合にのみ意義を有する（erheblich）ものとする。衡量の際の意義を有する瑕疵又は手続規定若しくは形式規定の違反は，計画の補充又は補充的手続によって除去されえない場合にのみ，計画確定決定の取消しを招く。

　この規定の第1文は，連邦建設法の1979年改正[17]およびそれを引き継いだ建設法典214条3項2文にならったものであるが，第2文にいう「計画の補充」は連邦行政裁判所の判例法理（前述のフランクフルト空港事件など）を前提としたものである。以上のように，ドイツにおける「衡量要請」ないし「計画裁量」の法理は，2つの主要領域における判例・学説と立法の相互作用によって発展してきているのである[18]。

④ 判断過程の統制の位置づけ

1 「衡量過程の統制」と「判断過程の統制」

　以上のように，ドイツでは，「衡量の瑕疵」は「手続的瑕疵」ではなく「実体的瑕疵」の一種として整理されているようである。「計画裁量」は様々な利益の衡量を行う際に認められるもので，「衡量過程の統制」は，「衡量結果の統制」と区別され，「衡量結果の統制」を支えるものと位置づけられるようである。他方で，「手続的統制」と「実体的統制」のように切り離して評価することが難しいという問題が残ると思われる。

　さて，通常の行政行為における裁量統制においても，「判断過程の統制」という手法がみられたが，この「判断過程の統制」と計画裁量の統制の手法としての「衡量過程の統制」とはどのような関係にあるのであろうか。

　Ramsauerは，「衡量要請」の法理は，行政手続法40条に規定されている「裁

---

[17]
> ドイツ連邦建設法155b条2項2文
> 衡量過程の瑕疵は，それが明白であり，かつ，衡量結果に影響した場合にのみ意義を有するものとする。

　この改正は判例法理に一定の限定を加えたものであるとされる。

[18] 1990年代の様々な法改正について，山田洋『ドイツ環境行政法と欧州』（信山社・1998年）191頁以下参照。その後の動向を含めた詳細な検討として，石塚武志「ドイツにおける交通事業計画手続促進立法の検討（1）（2）（3・完）」法学論叢167巻6号（2010年）28頁, 168巻2号（2010年）1頁, 4号（2011年）27頁。

量権の限界」の法理を，計画法の領域において明らかにしたものにほかならないと指摘している[19]。また，連邦行政手続法 75 条 1a 項は，先にみたように，「計画裁量」の統制に関する判例法理における「衡量過程」と「衡量結果」の区別を前提としたものであるが，46 条の「法的思考」の実体法的側面を「計画法」の領域において明らかにしたものにほかならないとしている[20]。

2 「判断結果の統制」

日本における裁量統制はどのような方向をめざしているのであろうか[21]。橋本博之は，「近時の判例・裁判例は，行政決定に係る意思形成過程の適否に着目した判断過程統制手法を急速に発展させ，一定の場合に行政裁量に係る審査密度を高めるという傾向を示している。」と指摘している[22]。

しかし，筆者のみるところ，最判平成 18 年 11 月 2 日民集 60 巻 9 号 3249 頁（小田急高架訴訟）〔百選 79〕の提示する裁量統制の手法は，「判断結果の統制」＝「社会観念審査」に帰着し，「判断過程の統制」を示すような部分はどちらかといえばレトリックにとどまっている[23]。というのは，同判決で示された法理は，取消訴訟の対象となった「都市計画事業認可」ではなく，その前提となった「都市計画決定」における「計画裁量」の限界に関するものであると感じられるからである。

また，「実体重視思考」を基本としつつ「判断過程の統制」と「判断結果の統制」を併用するという手法には，性質上バランスのとり方が難しいという難点がある。「判断結果の統制」を強化すると「判断過程の統制」は不要になりかねず，「隠れた実体的判断代置方式」に陥るおそれがある一方で，「判断結果の統制」を緩めたままで「判断過程の統制」を強化すると「実体法上の権利利益の保護」と

---

19) Kopp/Ramsauer, §40 Rn6
20) Kopp/Ramsauer, §75 Rn25
21) 近時の注目すべきものとして，最判平成 8 年 3 月 8 日民集 50 巻 3 号 469 頁（剣道実技拒否事件）〔百選 84〕，最判平成 18 年 2 月 7 日民集 60 巻 2 号 401 頁（学校施設目的外使用許可事件）〔百選 77〕〔自治百選 59〕，最判平成 18 年 9 月 4 日判時 1948 号 26 頁（林試の森事件），最判平成 18 年 10 月 26 日判時 1953 号 122 頁（指名回避措置事件）〔百選 99〕〔自治百選 52〕，最判平成 19 年 12 月 7 日民集 61 巻 9 号 3290 頁（一般公共海岸区域占用許可事件）〔自治百選 55〕などがある。
22) 橋本博之『行政判例と仕組み解釈』（弘文堂・2009 年）145 頁。
23) 高木光「行政処分における考慮事項」法曹時報 62 巻 8 号（2010 年）22 頁。

いう理念にそぐわないとされる可能性があるからである。

第10部　行政法理論の課題　UNIT 48　行政裁量（3）——判断過程の統制

UNIT 49 適正手続（2）——参加と協働

1 命令等制定手続の追加

1 2005年行政手続法改正

1993年に制定された行政手続法は，主要な行為形式のうち「行政処分」と「行政指導」について規律をするにとどめ，「行政立法」「行政計画」「行政契約」についての規律は今後の課題としていた。その後，「行政立法」については，1999年から閣議決定に基づいて「パブリックコメント」の手続が実施された。そして，その実績を踏まえて，2005年に行政手続法が改正され「命令等制定手続」が付け加えられたのである[1]。

2 「適正手続の原理」と「説明責任原則」

「適正手続の原理」というのは，「行政活動は適正なプロセスを経てなされなければならない」というものであるが，行政活動は様々な行為形式で行われるので，どのような手続が適正かも行為形式ごとに区別して論じる必要がある。

先にUNIT 9 1で，「行政処分」を行う際の事前手続について説明し，19世紀後半にヨーロッパで成立した「古典的」行政法理論においては，行政権の行使の結果が「内容的に正しい」ことに着目する「実体的統制」が重視されたこと，英米法系では，行政権の行使の「プロセスが適正である」ことに着目する「手続的統制」が重視されてきたこと，日本の行政法理論は，前者を基本として成立したため，「手続的統制」は「実体的統制」を補うものとして位置づけられていることを指摘した。

1990年代以降，多くの改革立法がなされたが，これらのうち，1999年の行政機関情報公開法と2001年の政策評価法は，「説明責任原則」を定めるものであるとされる。伝統的な「防御型の行政法理論」が専ら「自由主義」の要素に重点を置いていたのに対して，この「説明責任原則」は，「民主主義」の要素に着目す

---

[1] 常岡孝好「行政立法手続の法制化」ジュリスト1304号（2006年）47頁。

るものであることから「現代型の一般原則」に属すると説明されることがある[2]。

「命令等制定手続」も、以下にみるように「民主主義」の要素を含むもので、その原型はアメリカにみられるのであるが、これは日本社会の成熟と変容を示唆しているようにも思われる。

3 一般原則

改正法の特色の1つは、命令等についての「実体的要件」を一般原則という形で定めたことである。

行政手続法 38 条 1 項
 命令等を定める機関（閣議の決定により命令等が定められる場合にあっては、当該命令等の立案をする各大臣。以下「命令等制定機関」という。）は、命令等を定めるに当たっては、当該命令等がこれを定める根拠となる法令の趣旨に適合するものとなるようにしなければならない。
 2項 命令等制定機関は、命令等を定めた後においても、当該命令等の規定の実施状況、社会経済情勢の変化等を勘案し、必要に応じ、当該命令等の内容について検討を加え、その適正を確保するよう努めなければならない。

第1の「根拠法令の趣旨との適合性」は、「法律の優位」の原則あるいは「委任立法の法理」から導かれるものである。第2の「見直し義務」は、判例によって違法とされたいくつかの事例を想起させるものである[3]。

② 意見公募手続

1 意見公募手続の趣旨

行政手続法の改正によって採用された「命令等制定手続」の中心は「意見公募手続」と呼ばれる。

行政手続法 39 条 1 項
 命令等制定機関は、命令等を定めようとする場合には、当該命令等の案（命令等で定めようとする内容を示すものをいう。以下同じ。）及びこれに関連する資料をあらかじめ公示し、意

---

[2] 大橋Ⅰ56-57頁。宇賀Ⅰ61頁。
[3] 監獄法施行規則の幼児接見不許可事件についての、最判平成3年7月9日民集45巻6号1049頁〔百選52〕、筑豊じん肺訴訟についての最判平成16年4月27日民集58巻4号1032頁〔百選231〕。

見（情報を含む。以下同じ。）の提出先及び意見の提出のための期間（以下「意見提出期間」という。）を定めて広く一般の意見を求めなければならない。
　2項　前項の規定により公示する命令等の案は，具体的かつ明確な内容のものであって，かつ，当該命令等の題名及び当該命令等を定める根拠となる法令の条項が明示されたものでなければならない。
　3項　第1項の規定により定める意見提出期間は，同項の公示の日から起算して30日以上でなければならない。

　意見公募手続の意義は，以下の3つであると説明されている[4]。第1は，利害関係人との関係で，行政運営における公正の確保と透明性の向上に資すること。第2は，命令等制定機関による情報収集を容易にし，その判断の適正を確保すること。第3は，意思形成過程への国民の参加を確保すること。
　この説明では，「参加」や「民主主義」という要素は副次的なものと位置づけられているのであるが，これは導入された制度の設計コンセプトと関連している。

2　意見公募手続の適用範囲

　「意見公募手続」を行うべきものとされる「命令等」の範囲は，広い意味の「行政立法」のすべてではない。

行政手続法2条
　この法律において，次の各号の掲げる用語の意義は，当該各号に定めるところによる。
　　8号　命令等　内閣又は行政機関が定める次に掲げるものをいう。
　　　イ　法律に基づく命令（処分の要件を定める告示を含む。次条第2項において単に「命令」という。）又は規則
　　　ロ　審査基準（申請により求められた許認可等をするかどうかをその法令の定めに従って判断するために必要とされる基準をいう。以下同じ。）
　　　ハ　処分基準（不利益処分をするかどうか又はどのような不利益処分とするかについてその法令の定めに従って判断するために必要とされる基準をいう。以下同じ。）
　　　ニ　行政指導指針（同一の行政目的を実現するため一定の条件に該当する複数の者に対し行政指導をしようとするときにこれらの行政指導に共通してその内容となるべき事項をいう。以下同じ。）

　このように「命令等」は，「命令」とそれ以外の「等」を合わせたものとされている。そして，「法律に基づく命令」は，国レベルでは政令，内閣府令，省令，

---

[4] 宇賀 I 439-440頁。

国家公安委員会規則などであるから，理論上の「法規命令」を意味する。他方，「等」の中身は，「審査基準」「処分基準」「行政指導指針」の3つに限られている。

このような限定は，行政手続法の究極的な目的が「国民の権利利益の保護」にあることと平仄が合っていると理解されている。つまり，1993年の時点で規律の対象を「処分」と「行政指導」に限定したのは，国民の権利義務に直接かかわる分野について優先的に手続の整備を図るという趣旨であった。そして，2005年の改正においても，このような基本的な発想は維持され，基本的には「外部効果」を有するものに限定し，「行政規則」のなかからは，「申請に対する処分」「不利益処分」「行政指導」の基準として機能するものだけを拾い上げることとされたのである。民主主義の要素はそれほど重視されなかったわけで，1条の目的規定も従来どおりとされている5)。

3　「行政機関」の範囲の拡張

行政手続法の規律に服する「行政機関」の範囲は，2005年の改正によって拡張されている。これは政令を立案する権限を有する機関や行政指導を行い，あるいは審査基準等を設定する機関を広く包括するためである。

改正後の2条5号の定義規定のパターンは，以下のように，情報公開法のそれと類似のものとなっている。①「法律の規定に基づき内閣に置かれる機関」＋「内閣の所轄の下に置かれる機関」②「宮内庁」③「内閣府設置法第49条第1項又は第2項に規定する機関」④「国家行政組織法第3条第2項に規定する機関」⑤「会計検査院」⑥「①から⑤に置かれる機関」⑦「①から⑥の機関の職員であって法律上独立に権限を行使することを認められた職員」

国の行政において「事務配分」の基本的な単位は「省」であった。そこで，「法律に基づく命令」の典型は「省令」ということになる。なお，内閣が定める「政令」については，形式的には制定主体は内閣そのものであるが，その立案をする各大臣を「命令等制定機関」とすることとされている（行政手続法38条1項参照）。

4　提出意見の考慮と結果の公示

行政手続法39条1項は，命令等制定機関に，命令等の案について広く一般の

---

5)　常岡・前掲注1) 59頁参照。

意見を求める手続を義務づけている。しかし、このような手続を実施しただけで、提出された一般の意見が不当に取り扱われたのでは意味がない。そこで、次のように提出された意見すべてを十分に考慮すべき義務を課し、さらに、結果の公示を義務づけることによって、そのような義務を果たしたかどうかを検証する材料を国民が得ることができるようにしている。

> **行政手続法 42 条**
> 　命令等制定機関は、意見公募手続を実施して命令等を定める場合には、意見提出期間内に当該命令等制定機関に対し提出された当該命令等の案についての意見（以下「提出意見」という。）を十分に考慮しなければならない。
> **43 条 1 項**
> 　命令等制定機関は、意見公募手続を実施して命令等を定めた場合には、当該命令等の公布（公布をしないものにあっては、公にする行為。第 5 項において同じ。）と同時期に、次に掲げる事項を公示しなければならない。
> 　1 号　命令等の題名
> 　2 号　命令等の公示の日
> 　3 号　提出意見（提出意見がなかった場合においては、その旨）
> 　4 号　提出意見を考慮した結果（意見公募手続を実施した命令等の案と定めた命令等との差異を含む。）及びその理由

　意見提出期間は、原則として 30 日以上とされている（39 条 3 項）。命令等の案は「具体的かつ明確な内容」のものであることが要求されている（39 条 2 項）ので、意見公募手続が実施されるのは、行政機関内部における議論が相当進んだ段階になる。

　そこで、意見公募手続の趣旨は、案についての賛否を問うというものではなく、命令等制定機関が合理的かつ慎重な判断をするための資料を補充的に得るということになりそうである。総務省関係者の解説では、「十分に考慮」というのは、提出意見の多寡に着目するものではなく、まして意見による多数決を導入するものではない、ということが強調されている[6]。確かに、命令等をどのような内容のものとするかは、権限を有する「命令等制定機関」が自己の責任において決定すべきものであろう。

---

[6]　行政管理研究センター編『逐条解説行政手続法（27 年改訂版）』（ぎょうせい・2015 年）327 頁。

5　地方公共団体の適用除外

　行政手続法2条5号ロは，同法にいう「行政機関」に地方公共団体の機関を含めている。また，2条8号の「命令等」には2条1号にいう「地方公共団体の執行機関の規則（規程を含む。）」が含まれている。そこで，地方公共団体の長や委員会が規則を定める場合には，長や委員会は「命令等制定機関」に該当する。

　しかし，行政手続法は3条3項で，地方公共団体の機関が命令等を定める行為については，行政手続法の第6章の規定は適用しないものとし，46条で地方公共団体が条例等で対応することを想定している。これは，地方自治の尊重という観点から，どのような手続をとるかは，国が法律で一律に決めるべきではなく，それぞれの地方公共団体が自主的に定めるべきであるという考え方によるものである。そこで，多くの地方公共団体では，行政手続条例を改正して意見公募手続に関する定めを置くのではなく，要綱等でパブリックコメントを行うという方式を採用しているようである。

3　計画策定手続における参加

1　計画策定手続の法制化

　民主的な参加という観点は，行政計画についても重要である。以下では，計画策定手続についてごく簡単に補足する。

　わが国の行政法理論において，現代行政の重要な要素として「行政計画」が注目されるようになったのは1970年代以降であるほか，UNIT 19で説明したように，そもそも「行為形式」の1つといえるのかにも疑問が残るなど，理論的解明は十分とはいえない。ただ，まちづくりや環境保護との関係で，計画の内容の合理性を担保し，深刻な紛争の発生を予防するためには，事前手続を整備する必要があるということについては広く合意が得られている。そこで，計画策定手続の法制化が次の課題として意識されている。その際，UNIT 19 4で既に紹介したように，一般法である行政手続法に定めを置くのか，都市計画法などの個別法の改正という形をとるのかなどが検討課題となっている[7]。

　先にみたように，命令等制定手続では，提出意見を考慮した結果およびその理由が公示される（行政手続法43条1項）。また，都市計画法17条1項は，都市計画の案の縦覧の際に理由提示を義務づけている。

---

[7]　交告尚史「計画策定手続」ジュリスト1304号（2006年）65頁。

このように，理由の提示が望ましいのは，行政処分を行う際に限られない。さらに，「説明責任原則」の行政訴訟における表れとして，行政庁は処分の理由を明らかにする資料を裁判所に提出しなければならないという考え方も示されている[8]。そこで，このような考え方は行政計画にも適用可能であろう。ただ，説明責任原則と理由提示の理論的関係の解明は今後の課題である。

2　参加権

第二次大戦後の行政法は，行政過程における手続を重視し，私人が行政機関の意思決定に参与する各種の「手続上の地位」を認めている。

「参加権」には，自己の権利利益の保護を目的とする「法治国的参加権」と，主権者として行政機関の意思形成に影響を与えることを目的とする「民主主義的参加権」[9]とがあるとされる。

「民主主義的参加権」は，憲法上の「参政権」の具体化である。2005年の行政手続法改正によって導入された「意見公募手続」は，アメリカの「略式規則制定手続」をモデルとしたものであるから，その限りで「民主主義的参加権」の要素を含んでいると解される。

④　国家と社会の融合

1　認可法人・指定法人

行政主体概念の外延は不明確である。そこで，「私人」概念も不明確なものとなる。ドイツ由来の「私人による行政」という概念によって説明されることが多いものとして，「認可法人」「指定法人」「指定機関」「指定管理者」などの活動がある。

認可法人とは，「特別の法律により設立され，かつ，その設立に関して行政庁の認可を要する法人」をいう（行政手続法4条2項2号参照）。民間人が発起人となる自主的に設立するものであるという建前がとられているが，行政主導で設立され，「その行う業務が国又は地方公共団体の行政運営と密接な関連を有する」も

---

[8]　小早川光郎「調査・処分・証明」成田頼明他編『行政法の諸問題（中）（雄川献呈）』（有斐閣・1990年）267頁，深澤龍一郎「行政訴訟の審理のあり方」ジュリスト1263号（2004年）61頁および大橋I57頁参照。

[9]　原田要論102-107頁は，「参政型の参加手続」を「権利主張型の参加」と対置している。

のも多い。

指定機関とは，「法律の規定に基づく試験，検査，検定，登録その他の行政上の事務について当該法律に基づきその全部又は一部を行わせる者」として行政庁の指定を受けた者（行政手続法4条3項参照）をいう。指定を受けた者が法人であるときは「指定法人」という。建築基準法は，1998年の改正によって建築確認を「指定確認検査機関」が行うことを認めた。

指定管理者とは，公の施設の管理について行政庁の権限を代行する者をいう（地方自治法244条の2第3項以下参照）。地方自治法2004年の改正で導入された。

2 公共組合

国および地方公共団体以外の「行政主体」としては，「公共組合」「特殊法人」「独立行政法人」「国立大学法人」などがあるとされる。

行政主体と私人の境界が不明瞭になっているのは，「国家と社会の融合」という現象の帰結とも考えられる。

他方，伝統的な理論で「公法人」の一種とされた「公共組合」も，その性格は必ずしも明確ではない。

公共組合とは，「特別の法律に基づいて，公共的な事業を行うために一定の組合員によって組織される法人」[10]であるとされる。公共組合には，組合への強制加入，組合に対する国の監督，組合の業務遂行への公権力性の付与，組合費の強制徴収などの特徴が認められる。

地域的な土木事業を行うものとして，土地改良区や土地区画整理組合が，社会保険事業を行うものとして，健康保険組合や地方公務員共済組合などがある。

公共組合概念の外延も不明確である。上記の諸要素は，公共組合とされるものだけにみられるものではないからである[11]。

医師会，薬剤師会などは，戦前は公共組合として説明されていたが，戦後の改革によってそうでなくなったとされている。他方，弁護士会は，強制加入と措置の公権力性という要素を有しているため，公共組合的性格を有しているものの，行政主体たる地位を有しないとされる。

---

10) 櫻井＝橋本40頁。
11) 塩野III 113頁。

3　社会福祉法人

最判平成19年1月25日民集61巻1号1頁（積善会事件）〔百選239〕〔自治百選66〕は，児童福祉法27条1項3号に基づいて県が行った入所措置により，社会福祉法人が設置運営する児童養護施設に入所した児童との関係で，施設の長は本来都道府県が有する公的な権限を委譲されてこれを都道府県のために行使するものと解される，としている。

社会福祉法人は，施設の長や職員との関係では，民法上の「使用者」であるが，施設の長や職員は，国家賠償法1条にいう「公務員」に該当するとされた。

この判決は，「公私協働」における責任問題について考察する格好の素材であるとされている[12]。

---

[12] 大橋Ⅱ 421-422頁参照。

UNIT 50 法執行システム

1 序　説

　筆者は，比較法研究の対象としてドイツ法を選択し，本書の記述もドイツ理論を参照することによって，より「深い」考察の手がかりが与えられるはずであるという前提によっている。しかし，筆者の検討した限りでも，ドイツ理論自体が伝統的なそれとは異なる要素を含むものとなっており，また，全体としてみれば，日本国憲法のもとにおけるわが国の制度や法理論が次第にアメリカ法の影響を強く受けるようになっていることは確かである。そこで，最後に，「法執行システム」という発想を取り上げることにしたい。素材として選択されるのは，第1に，宝塚市パチンコ店規制条例事件，第2に課徴金の強化をめぐる議論である。

2 宝塚市パチンコ店規制条例事件

1　行政強制論から義務履行確保論へ

　宝塚市パチンコ店規制条例事件は，「法執行システム」という捉え方について考察するための格好の素材である[1]。この事件には，宝塚市が攻める側，パチンコ業者が守る側であった第1ラウンドと，パチンコ業者が原告となって国家賠償請求をした第2ラウンドがある。

　「法執行システム」というのは，曽和俊文の定義によると「私人による（行政）法違反を是正し，（行政）法目的に適合した状態を実現するための法的仕組み」であり，このような捉え方は，アメリカ法にいうエンフォースメント（Law Enforcement）という捉え方に近いものとされている[2]。

　第1ラウンドに関する，最判平成14年7月9日民集56巻6号1134頁〔百選115〕〔自治百選46〕は，学界においては極めて評判の悪いものである。多くの

---

1) 髙木光「法執行システム（行政法入門47）」自治実務セミナー48巻11号（2009年）4頁。
2) 曽和俊文「法執行システム論の変遷と行政法理論」公法研究65号（2003年）216頁。

行政強制	行政上の即時強制			実力行使などによる直接的実現	義務履行確保制度
	行政上の強制執行	強制徴収 直接強制 代執行			
		執行罰		金銭的負担による間接的実現	
司法的執行 (裁判所の力を借りた強制)		直接強制 代替執行	広義の司法的執行	実力行使などによる直接的実現	
		間接強制		金銭的負担による間接的実現	
行政制裁	行政罰	行政刑罰 (懲役・禁固) (罰金・科料)		身体の拘束	
				金銭的負担	
		行政上の秩序罰（過料）			
	新たな制裁？	課徴金		金銭的負担	
		公表		情報	
		給水拒否など			
		行政処分の撤回			

学説は、「義務である以上、その不履行に対してなんらかの措置が可能でなければならない」という発想をとり、裁判所の関与は、「義務履行確保」と「人権保障」の両立を図るために望ましいと判断してきたからである。

このような発想は、アメリカ法に造詣の深い研究者にとっては当然のものであると思われる[3]。この点を示すものとして、曽和俊文の説明[4]を紹介しておこう。

> 1970年代に入って、立法上あるいは実務上、行政上の義務履行を確保するためのさまざまな手段が登場してきた。たとえば、課徴金、公表、給付拒否などである。〔中略〕1970年代に入ってのこれらの動きの背景には、一口にいえば、国民の生命・健康、生活を守るために公権力を活用すべきとの法意識の生成がみられる、といってよいであろう。
> 以上の新しい強制手段の登場を受けて、従来の行政強制論も再構成を求められた。伝統的な

---

[3] ただし、反対の立場を表明する近時の文献として、中川丈久「国・地方公共団体が提起する訴訟——宝塚市パチンコ条例事件最高裁判決の行政法論と憲法論」法学教室375号（2011年）92頁がある。

[4] 曽和・前掲注2) 217-218頁。

> 行政法体系においては，行政機関による直接の実力行使をメルクマールに「行政強制」の概念が観念され，その中に行政上の強制執行と即時強制が含められ，行政強制とは別に行政罰が位置付けられていた。しかし，最近の教科書，たとえば塩野宏『行政法Ⅰ（第3版）』では，「行政上の義務履行確保」の枠組みで，従来の行政上の強制執行制度と行政罰が並列され，さらにその他の義務履行確保の制度として，給付拒否，違反事実の公表，課徴金，加算税が検討されている。行政強制論から義務履行確保論への変化は今日ではおおむね承認されていると思われる。

曽和は，「法執行システム論」は，従来の行政上の義務履行確保制度を中心的な内容とするが，法違反の是正システムのあり方という機能的把握で問題を分析しようとするもので，法違反事実の収集や法違反是正の行政指導なども含み，従来の行政上の義務履行確保論よりも広い守備範囲を持つ，としている。

2 「司法的執行」

行政上の義務の履行確保の方法としては，義務を命じた行政庁が自ら強制手段をとることができるという行政強制（自力執行）のシステムと，行政上の義務の履行確保についても行政に特権を認めず，私人のそれを同様に，まずは行政が出訴して裁判所の確認を得てはじめて行うという司法的執行（裁判所による執行＝judicial enforcement）のシステムに大別される。

「行政強制（自力執行）」のシステムはドイツ流，「司法的執行」のシステムは英米流とされる。また，フランス法は，大陸法としてドイツ法と同視されることも多いのであるが，実は，ドイツのような包括的な行政強制制度を置かず，ドイツ法と英米法の中間で，行政上の義務違反については刑事制裁を置くのを原則として，例外として，職権執行が，それを認める個別規定がある場合や緊急の場合のほか，一定の場合に判例法により認められているとされる[5]。

以上のような比較法的なシステム論に照らすと，日本の現状は，戦前のドイツ流の制度をかなり放棄したものの，英米流の制度を一般的に採用したわけでもないために，「義務履行確保」という観点からは不十分なものであるということになる。とりわけ，宝塚市パチンコ店規制条例に関する最高裁判所平成14年判決は，「司法的執行」という発想を排斥したものという意味を持ち，さしあたりは，義務の不履行に対しては，「制裁」で対処するという選択肢を指示していることになると思われる。

---

[5] 阿部Ⅰ557頁。

3　法の「機能的」考察

「エンフォースメント」という捉え方においては、法ないしルールの「機能」に着目した分析が不可欠である。そして、法ないしルールの「機能」として、「秩序維持」あるいは「秩序形成」を重視する場合には、あるべき状態が「目標」として設定され、その「目標」をどのように実現するかという形での分析がなされることになる。そこでは、「目標」を実現するための様々な「手段」がどの程度「実効性」を有するかという視点が重要となる。また、あるべき状態としての「秩序」あるいはそれを実現するためのルールに関しては、それらに反する行動や、秩序の形成やルールの順守にとって阻害要因となる行動の存在が不可避であるから、それらの行動の「抑止」やそれらの行動の結果の「是正」のための手段が用意されなければならない。

そして、そのような手段の中核は、公的機関が行使する「強制」および「制裁」であるが、これらについても、それらがどの程度「実効性」を有するかという視点が重要となる。その意味で、独占禁止法の課徴金の性格づけをめぐる議論は、「法執行システム」における「制裁」の位置づけについて考察のための格好の素材であると思われる。

③　課　徴　金

1　課徴金制度の導入と強化

独占禁止法の 2005 年の改正で、同法の「実効性」を高めるために課徴金が強化された。この改正に先立って 2002 年から独占禁止法研究会のなかの「措置体系見直し部会」において行われた議論において、課徴金の性格をめぐって「利益剥奪か制裁か」という問題設定がなされた[6]。

この問題設定は新しいものではなく、課徴金が 1977 年に導入された際にも、1991 年に強化された際にも、課徴金は「利益剥奪」であり「制裁」ではない、という「正当化」のロジックが用いられたことが伏線となっている。このロジックは、課徴金の創設時から示されてきた、刑罰との併科は、憲法 39 条が禁止する二重処罰にあたるのではないかという疑義に応えるものであった。そこで、

---

[6] 証券取引法の 2004（平成 16）年改正による課徴金の導入と併せて解説するものとして、櫻井敬子「課徴金」自治実務セミナー 44 巻 11 号（2005 年）12 頁参照。高木光「法執行システム（2）（行政法入門 48）」自治実務セミナー 49 巻 2 号（2010 年）4 頁。

2005年の改正においても,「制裁」としての性格を有することになる場合は,刑事罰との関係を整理しなければならないという主張が再び強硬になされたのである。

しかし,その論拠として持ち出された「制裁としての課徴金と刑事罰の併科は憲法39条の二重処罰の禁止に抵触する」という命題には,理論的に見過ごせない重大な誤りが含まれていたと思われる[7]。

2　二重処罰の禁止論

> 憲法39条
> 何人も,実行の時に適法であつた行為又は既に無罪とされた行為については,刑事上の責任を問はれない。又,同一の犯罪について,重ねて刑事上の責任を問はれない。

憲法39条の後段から,制裁としての課徴金と刑罰の併科は許されないという命題を導くのは相当無理がある。すなわち,カルテルをした事業者に課徴金を課すことも「刑事上の責任」を問うことを意味するというのは,かなりの「拡大解釈」だからである。

佐伯仁志によれば,憲法39条は,二重起訴の禁止という手続上の保障に限定して解すべきであり,刑罰権の実体面での制約原理は,憲法13条に含まれる「罪刑均衡の原則」に求められるべきである。また,行政制裁と刑事罰の併科についても,その制約は同様に「罪刑均衡の原則」ないし「比例原則」からなされるべきであるという。

以上のような佐伯説によれば,制裁としての課徴金と刑事罰の併科は憲法39条に反するという主張は,全く根拠のないものということになる。そして,上記の主張の背景には制裁的機能は刑事法が専管するものであるという誤った観念がみられることが指摘できる。

なお,判例上は,非刑事的制裁と刑事罰の併科が許されることは,従来から特に問題なく認められてきている[8]。そして,独占禁止法の課徴金についても,シ

---

[7]　佐伯仁志『制裁論』(有斐閣・2009年) 第2章第1節 (初出・1994年) 第2節 (初出・2003年) 参照。高木光「独占禁止法上の課徴金の根拠づけ」NBL774号 20-26頁 (2003年)。その後の状況を含めて概観を示すものとして,白石忠志『独占禁止法 (第2版)』(有斐閣・2009年) 496頁以下参照。

ール談合事件の審決取消訴訟に関する最判平成 10 年 10 月 13 日判時 1662 号 83 頁〔百選 120〕が，傍論ではあるが次のように述べていた。

> 本件カルテル行為について，……罰金刑が確定し，かつ，国から上告人に対し不当利得の返還を求める民事訴訟が提起されている場合において，本件カルテル行為を理由に上告人に対し同法 7 条の 2 第 1 項の規定に基づき課徴金の納付を命ずることが，憲法 39 条，29 条，31 条に違反しないことは，最高裁……昭和 33 年 4 月 30 日大法廷判決・民集 12 巻 6 号 938 頁の趣旨に徴して明らかである。

また，最判平成 17 年 9 月 13 日民集 59 巻 7 号 1950 頁（機械保険カルテル事件）は，次のように判示している。

> 独禁法の定める課徴金の制度は，昭和 52 年法律第 63 号による独禁法改正において，カルテルの摘発に伴う不利益を増大させてその経済的誘因を小さくし，カルテルの予防効果を強化することを目的として，既存の刑事罰の定め（独禁法 89 条）やカルテルによる損害を回復するための損害賠償制度（独禁法 25 条）に加えて設けられたものであり，カルテル禁止の実効性確保のための行政上の措置として機動的に発動できるようにしたものである。また，〔中略〕課徴金の額はカルテルによって実際に得られた不当な利得の額と一致しなければならないものではないというべきである。

以上のように，判例においても，もはや「不当利得構成」がとられないことがはっきりした。現在では，「制裁」ではなく「利益剥奪」であるという「正当化」をする必要がないことが確認されているとみることができる。

3 行政制裁の概念

行政法の仕組みによって課される「制裁」と刑事法の仕組みによって科される「制裁」の役割分担をどのように考えるべきか，これは，避けて通れない問題である。

その前提として，「制裁」について，行政法理論ではどのように整理されてき

---

8) たとえば，租税の領域では，追徴税と刑罰の併科に関する最判昭和 33 年 4 月 30 日民集 12 巻 6 号 938 頁〔百選 119〕と，重加算税と刑罰の併科に関する最判昭和 45 年 9 月 11 日刑集 24 巻 10 号 1333 頁があった。また，刑事裁判における証人の証言拒否に関する過料と刑罰の併科に関しては，最判昭和 39 年 6 月 5 日刑集 18 巻 5 号 189 頁があった。

たか。この点は，先に UNIT 17 で紹介したように，実は十分なものではない。そこで，この点について考察を深めることが今後の課題となるが，さしあたりは，以下のように要約される宇賀克也の説明から出発するのが便宜であると思われる[9]。

> 「行政制裁」には，広い意味と狭い意味の2つがある。広義の「行政制裁」とは，「過去の行政上の義務違反に対して課される刑罰以外の制裁で，その威嚇的効果により間接的に義務の履行を強制するもの」である。また，狭義の「行政制裁」とは，広義のそれのうち「違法行為前よりも不利益な状態に置くもの」である。

以上のような分析に従う場合には，次の2点に留意が必要であろう。
まず，第1に，課徴金の性格をめぐる議論のなかでみられた「利益剥奪と制裁の二者択一論」は，狭義の「行政制裁」に着目するものであったことである。すなわち，そこでは，「利益剥奪」にとどまっている限りでは「二重処罰」の問題は生じないが，「利益剥奪」を超えると「制裁」としての性格を持つことになり「二重処罰」の問題が生じる，とされていた。このような立論においては，「制裁」という概念が「罰」という概念とほぼ重なるものとイメージされ，かつ，「罰」という概念と「刑事罰」という概念の区別も全くなされていないということが指摘できる。おそらく，ここでの「制裁」という概念は，アメリカ法でいうペナルティ（penalty）という捉え方に近いのであろうが，ペナルティーには刑事罰だけではなく，非刑事的な（civil）のそれ，すなわち制裁金が含まれ，アメリカでは，税法，環境保護法，証券取引法，虚偽請求法など多くの分野で用いられている[10]ことを見落としてはならない。

4 「性格づけ」と「機能」の区別

第2に，広義の「行政制裁」という捉え方は，「機能」に着目したものであると思わる。すなわち，このような広義の概念は，「制裁的機能」を有するものを広く包括することをめざすものとみられる。しかし，その反面，「間接的に」「強制する」という言葉の意味次第で，その範囲が曖昧なものとなる可能性があることに留意が必要となる。

---

[9] 宇賀克也「行政制裁」ジュリスト1228号（2002年）50頁。
[10] 佐伯・前掲注[7] 77頁参照。

というのは，たとえば，広義の「行政制裁」に含まれるものとして，伝統的な行政法理論における「行政罰」から「行政刑罰」を除いた「行政上の秩序罰」があるからである。しかしながら，現行法上の「行政上の秩序罰」は，比較的低額の「過料」を課すもので，「威嚇力により」「強制する」という機能を果たすことが予定されているかどうかには疑問が残る[11]。

　また，同じ「過料」という名称で，「行政上の強制執行」の一種としての「執行罰」というカテゴリーに分類されるものがある。この「過料」は，戦後改革によって現行法上はほとんどみられないものであるが，理論上は「間接強制」とされ，「間接的に義務の履行を強制する」という機能を果たすことが予定されているというべきである。ただ，これはおそらく，宇賀のいう広義の「行政制裁」には含まれない。その理由は，「過去の義務違反に対して課される」のではなく，「将来の義務履行を強制するために課される」からである。

　しかしながら，義務の履行をめざすもの（「強制」）なのか，義務の履行をあきらめて「懲らしめる」もの（「制裁」）なのかは，その手段がどのように機能するかに依存しているから，制度上の位置づけだけでは判断できないというべきかもしれない。すなわち，ある措置の「（法的）性格づけ」と「機能」は重なる場合もあれば異なる場合もあるのである[12]。

5　「サンクション」

　最後に，「制裁」と「サンクション」の関係について補足しておく。行政法学においては，「実効性確保」のための手段を分類する手がかりとして，「強制」と「制裁」のほかに「サンクション」という概念が提唱されたことがある。たとえば，畠山武道は，「制裁」と同様に「機能」に着目しつつ，「制裁」よりも広い概念として「サンクション」という概念を用いた[13]。すなわち，そこでいう「サンクション」は相手方にとって不利益に機能する「ネガティブなサンクション」と，相手方にとって利益に機能する「ポジティブなサンクション」の両方を含み得るとされたのである。そして，この新たなアイデアが英語の概念を基礎として

---

[11] 櫻井敬子「行政制裁」自治実務セミナー46巻1号（2007年）16頁参照。
[12] 高木光「法執行システム論と行政法の理論体系」民商法雑誌143巻2号（2010年）1頁。
[13] 畠山武道「サンクションの現代的形態」芦部信喜他編『紛争・岩波講座基本法学8』（岩波書店・1983年）365頁。

いたこと，また，環境法などの領域で用いられる「経済的インセンティブ」などが例示されていたことから，経済学的な考察が背景にあったことは容易に推測できる。税と補助金は，法的な「性格づけ」は全く異なるものの，経済学的には「機能的等価物」である場合もあるからである。

　このように，多くの仕組みをその機能面によって整理していく，同じような機能を持つものを比較してその相互関係を意識するという発想が，制度設計という観点からは重要であることがうかがえる。「サンクション」や「インセンティブ」という捉え方は，このような意味で，「制裁」という捉え方よりさらに視野を広げるという意義を有すると思われる。

判例索引

●最高裁判所

大判大正 5・6・1 民録 22 輯 1088 頁 ……373
最判昭和 24・7・13 刑集 3 巻 8 号 1286 頁〔百選 257〕……392
最判昭和 27・1・25 民集 6 巻 1 号 33 頁……264
最判昭和 27・3・6 民集 6 巻 3 号 313 頁……264
最判昭和 28・11・17 行集 4 巻 11 号 2760 頁……237
最判昭和 28・12・23 民集 7 巻 13 号 1523 頁〔百選 256〕……393
最判昭和 28・12・23 民集 7 巻 13 号 1561 頁〔百選 68〕……300
最判昭和 29・2・11 民集 8 巻 2 号 419 頁……237
最判昭和 30・2・24 民集 9 巻 2 号 217 頁……264
最判昭和 30・4・19 民集 9 巻 5 号 534 頁〔百選 242〕……254
最判昭和 30・12・26 民集 9 巻 14 号 2070 頁〔百選 71〕……132
最判昭和 31・7・18 民集 10 巻 7 号 890 頁(ガントレット氏事件)……132
最判昭和 31・11・30 民集 10 巻 11 号 1502 頁〔百選 236〕(大森交番事件)……254
最判昭和 33・3・28 民集 12 巻 4 号 624 頁〔百選 56〕(パチンコ通達課税事件)……104
最判昭和 33・4・30 民集 12 巻 6 号 938 頁〔百選 119〕……186, 510
最判昭和 33・5・1 刑集 12 巻 7 号 1272 頁〔憲法百選 212〕……102
最判昭和 33・9・9 民集 12 巻 13 号 1949 頁……319
最判昭和 34・1・29 民集 13 巻 1 号 32 頁〔百選 24〕(消防長の同意事件)……264, 271
最判昭和 34・9・22 民集 13 巻 11 号 1426 頁〔百選 85〕……132
最判昭和 35・3・9 民集 14 巻 3 号 355 頁……299
最判昭和 35・7・12 民集 14 巻 9 号 1744 頁〔百選 154〕……266
最判昭和 36・2・16 民集 15 巻 2 号 244 頁……363
最判昭和 36・3・7 民集 15 巻 3 号 381 頁……318
最判昭和 36・4・21 民集 15 巻 4 号 850 頁〔百選 240〕……130
最判昭和 37・1・19 民集 16 巻 1 号 57 頁〔百選 19〕(公衆浴場事件)……292
最判昭和 37・5・30 刑集 16 巻 5 号 577 頁〔百選 116〕〔自治百選 28〕(大阪市売春防止条例事件)……107
最判昭和 37・7・5 民集 16 巻 7 号 1437 頁……132
最判昭和 38・5・31 民集 17 巻 4 号 617 頁〔百選 127〕……94, 95
最判昭和 38・6・26 刑集 17 巻 5 号 521 頁〔百選 259〕〔自治百選 27〕(奈良県ため池条例事件)……107, 390
最判昭和 39・1・24 民集 18 巻 1 号 113 頁……278
最判昭和 39・6・5 刑集 18 巻 5 号 189 頁……510
最判昭和 39・10・29 民集 18 巻 8 号 1809 頁〔百選 156〕(大田区ごみ消却場事件)……110, 125, 248, 264, 346
最判昭和 40・4・28 民集 19 巻 3 号 721 頁……300
最判昭和 41・2・8 民集 20 巻 2 号 196 頁〔百選 151〕(技術士国家試験事件)……237
最判昭和 41・2・23 民集 20 巻 2 号 271 頁(高円寺土地区画整理事業計画事件)……269

最判昭和 41・7・20 民集 20 巻 6 号 1217 頁 ……………………………………356
最判昭和 42・5・24 民集 21 巻 5 号 1043 頁〔百選 18〕（朝日訴訟）………299
最判昭和 42・9・19 民集 21 巻 7 号 1828 頁〔百選 179〕（まからずや事件）………301
最判昭和 43・11・27 刑集 22 巻 12 号 1402 頁〔百選 260〕（名取川事件）………390
最判昭和 43・12・24 民集 22 巻 13 号 3147 頁〔百選 57〕（墓地埋葬法通達事件）………271
最判昭和 43・12・24 民集 22 巻 13 号 3254 頁〔百選 180〕（東京 12 チャンネル事件）
  ………………………………………………………………………………292, 423
最判昭和 45・7・15 民集 24 巻 7 号 771 頁〔百選 155〕………………………267
最判昭和 45・8・20 民集 24 巻 9 号 1268 頁〔百選 243〕（高知落石事件）………374, 375
最判昭和 45・9・11 刑集 24 巻 10 号 1333 頁………………………………………510
最判昭和 45・11・6 民集 24 巻 12 号 1721 頁………………………………………324
最判昭和 45・12・24 民集 24 巻 13 号 2243 頁〔百選 64〕……………………117
最判昭和 46・1・20 民集 25 巻 1 号 1 頁〔百選 51〕……………………102, 266
最判昭和 46・10・28 民集 25 巻 7 号 1037 頁〔百選 125〕（個人タクシー事件）………308
最判昭和 47・3・17 民集 26 巻 2 号 231 頁…………………………………………326
最判昭和 47・4・20 民集 26 巻 3 号 507 頁…………………………………………186
最判昭和 47・5・30 民集 26 巻 4 号 851 頁〔百選 254〕………………………401
最判昭和 47・11・16 民集 26 巻 9 号 1573 頁〔百選 130〕……………………326
最判昭和 47・11・22 刑集 26 巻 9 号 554 頁〔百選 109〕（川崎民商事件）………213
最判昭和 47・11・30 民集 26 巻 9 号 1746 頁（長野勤評事件）…………243, 336
最判昭和 48・3・6 集民 108 号 387 頁………………………………………………314
最判昭和 48・4・26 民集 27 巻 3 号 629 頁〔百選 86〕…………132, 318, 321
最判昭和 48・6・7 民集 27 巻 6 号 681 頁…………………………………………258
最判昭和 48・7・10 刑集 27 巻 7 号 1205 頁〔百選 110〕（荒川民商事件）………213
最判昭和 48・10・18 民集 27 巻 9 号 1210 頁〔百選 258〕………………393, 397
最判昭和 48・12・20 民集 27 巻 11 号 1594 頁〔百選 3〕………………………192
最判昭和 49・2・5 民集 28 巻 1 号 1 頁〔百選 94〕………………………………387
最判昭和 49・5・30 民集 28 巻 4 号 594 頁〔百選 1〕〔自治百選 119〕………422, 433
最判昭和 49・7・19 民集 28 巻 5 号 790 頁（昭和女子大事件）………………54
最判昭和 49・7・19 民集 28 巻 5 号 897 頁〔百選 7〕…………………………50
最判昭和 49・12・10 民集 28 巻 10 号 1868 頁〔百選 123〕……………………299
最判昭和 50・2・25 民集 29 巻 2 号 143 頁〔百選 30〕…………………………382
最判昭和 50・5・29 民集 29 巻 5 号 662 頁〔百選 126〕（群馬中央バス事件）………308
最判昭和 50・6・26 民集 29 巻 6 号 851 頁（赤色灯標柱事件）…………………375
最判昭和 50・7・25 民集 29 巻 6 号 1136 頁〔百選 244〕（87 時間事件）………375
最判昭和 50・9・10 刑集 29 巻 8 号 489 頁〔自治百選 31〕（徳島公安条例事件）………108
最判昭和 50・11・28 民集 29 巻 10 号 1754 頁〔百選 250〕（鬼が城事件）………380
最判昭和 51・4・27 民集 30 巻 3 号 384 頁…………………………………………321
最判昭和 51・9・30 民集 30 巻 8 号 816 頁（インフルエンザ予防接種事件）………402
最判昭和 52・3・15 民集 31 巻 2 号 234 頁〔百選 153〕（富山大学事件）………54
最判昭和 52・7・13 民集 31 巻 4 号 533 頁〔憲法百選 47〕……………………444
最判昭和 52・12・20 民集 31 巻 7 号 1101 頁〔百選 83〕（神戸税関事件）………81
最判昭和 53・3・14 民集 32 巻 2 号 211 頁〔百選 141〕（主婦連ジュース事件）
  ………………………………………………………………………285, 290, 412

最判昭和 53・3・30 民集 32 巻 2 号 485 頁〔百選 222〕〔自治百選 95〕……………436
最判昭和 53・5・26 民集 32 巻 3 号 689 頁〔百選 33〕(個室付浴場事件) ……………82
最判昭和 53・6・16 刑集 32 巻 4 号 605 頁〔百選 72〕(個室付浴場事件) ……………130
最判昭和 53・6・23 判時 897 号 54 頁…………………………………………………………448
最判昭和 53・7・4 民集 32 巻 5 号 809 頁 (ガードレール幼児転落事件)…………374, 375
最判昭和 53・7・17 民集 32 巻 5 号 1000 頁〔百選 252〕…………………………………382
最判昭和 53・9・7 刑集 32 巻 6 号 1672 頁〔百選 112〕…………………………………213
最判昭和 53・10・4 民集 32 巻 7 号 1223 頁〔百選 80〕(マクリーン事件) ……………81
最判昭和 53・10・20 民集 32 巻 7 号 1367 頁〔百選 235〕(芦別国家賠償事件)……254, 367
最判昭和 53・12・8 民集 32 巻 9 号 1617 頁〔百選 2〕(成田新幹線事件)…………31, 432
最判昭和 53・12・21 民集 32 巻 9 号 1723 頁〔自治百選 33〕(高知市普通河川管理条
　例事件)…………………………………………………………………………………………108
最判昭和 54・7・10 民集 33 巻 5 号 481 頁〔百選 238〕………………………………382, 468
最判昭和 54・12・25 民集 33 巻 7 号 753 頁…………………………………………117, 268
最判昭和 55・9・22 刑集 34 巻 5 号 272 頁〔百選 113〕…………………………………213
最判昭和 55・11・20 判時 1001 号 31 頁……………………………………………………301
最判昭和 55・11・25 民集 34 巻 6 号 781 頁〔百選 181〕………………………………298, 303
最判昭和 56・1・27 民集 35 巻 1 号 35 頁〔百選 29〕〔自治百選 47〕…………………66, 205
最判昭和 56・4・7 民集 35 巻 3 号 443 頁 (板まんだら事件)…………………………237
最判昭和 56・4・14 民集 35 巻 3 号 620 頁〔百選 48〕…………………………………256
最判昭和 56・4・24 民集 35 巻 3 号 672 頁…………………………………………………301
最判昭和 56・7・16 民集 35 巻 5 号 930 頁 (豊中市マンション事件) ………………154, 196
最判昭和 56・12・16 民集 35 巻 10 号 1369 頁〔百選 157〕〔百選 249〕……………357, 376
最判昭和 57・1・19 民集 36 巻 1 号 19 頁 (ナイフ取り上げ事件) ……………………257
最判昭和 57・2・5 民集 36 巻 2 号 127 頁〔街づくり百選 105〕………………………390
最判昭和 57・3・12 民集 36 巻 3 号 329 頁〔百選 234〕(商事留置権事件)…………367
最判昭和 57・4・1 民集 36 巻 4 号 519 頁〔百選 237〕(税務署健康診断事件) ……255, 363
最判昭和 57・4・8 民集 36 巻 4 号 594 頁……………………………………………………300
最判昭和 57・4・22 民集 36 巻 4 号 705 頁〔百選 160〕(盛岡広域都市用途地域指定事件)
　…………………………………………………………………………………………………209, 269
最判昭和 57・4・23 民集 36 巻 4 号 727 頁〔百選 131〕(中野区特殊車両通行認定事件)
　……………………………………………………………………………………………………80, 163
最判昭和 57・7・13 民集 36 巻 6 号 970 頁…………………………………………………444
最判昭和 57・7・15 民集 36 巻 6 号 1169 頁〔百選 169〕……………………186, 268, 318
最判昭和 57・9・9 民集 36 巻 9 号 1679 頁〔百選 182〕(長沼ナイキ訴訟)…………290, 300
最判昭和 58・2・18 民集 37 巻 1 号 59 頁〔百選 255〕(モービル石油ガソリンスタン
　ド事件)…………………………………………………………………………………………390
最判昭和 58・2・18 民集 37 巻 1 号 101 頁……………………………………………256, 369
最判昭和 58・7・15 民集 37 巻 6 号 849 頁…………………………………………………444
最判昭和 58・10・18 判時 1099 号 48 頁 (大阪城ザリガニ事件) ………………………375
最判昭和 58・10・27 民集 37 巻 8 号 1196 頁〔百選 145〕………………………………185
最判昭和 59・1・26 民集 38 巻 2 号 53 頁〔百選 245〕(大東水害訴訟) ……………204, 376
最判昭和 59・2・24 刑集 38 巻 4 号 1287 頁〔百選 101〕(石油カルテル事件) ………150
最判昭和 59・3・23 民集 38 巻 5 号 475 頁 (新島漂着砲弾事件) ………………………257

最判昭和 59・10・26 民集 38 巻 10 号 1169 頁〔百選 183〕(仙台市二項道路事件) ……300
最判昭和 59・11・6 判時 1139 号 30 頁 ………………………………………………444
最判昭和 59・11・29 民集 38 巻 11 号 1260 頁 ………………………………………374
最判昭和 59・12・12 民集 38 巻 12 号 1308 頁〔百選 166〕…………………117, 268
最判昭和 60・1・22 民集 39 巻 1 号 1 頁〔百選 129〕…………………… 94, 95, 308
最判昭和 60・3・28 民集 39 巻 2 号 333 頁 …………………………………………377
最判昭和 60・7・16 民集 39 巻 5 号 989 頁〔百選 132〕〔自治百選 40〕(品川区マンション事件) ………………………………………………………………150, 152, 158
最判昭和 60・9・12 判時 1171 号 62 頁 (川崎市分限免職事件)…………………443
最判昭和 60・11・21 民集 39 巻 7 号 1512 頁〔百選 233〕(在宅投票事件)……256, 366, 367
最判昭和 60・12・17 判時 1179 号 56 頁 (伊達火力事件) ………………………289
最判昭和 60・12・17 民集 39 巻 8 号 1821 頁 ………………………………269, 321
最判昭和 61・2・13 民集 40 巻 1 号 1 頁………………………………………………269
最判昭和 61・2・27 民集 40 巻 1 号 88 頁〔自治百選 108〕(市川市接待行政事件) ……439
最判昭和 61・2・27 民集 40 巻 1 号 124 頁〔百選 224〕(パトカー追跡事件)……367, 406
最判昭和 61・3・25 民集 40 巻 2 号 472 頁〔百選 247〕(点字ブロック事件) ……371
最判昭和 61・6・19 判時 1206 号 21 頁〔百選 148〕…………………………………270
最判昭和 62・2・6 判時 1232 号 100 頁〔百選 223〕……………………………256, 369
最判昭和 62・2・20 民集 41 巻 1 号 122 頁〔百選 138〕〔自治百選 94〕…………447, 448
最判昭和 62・3・20 民集 41 巻 2 号 189 頁〔自治百選 51〕………………………446
最判昭和 62・4・10 民集 41 巻 3 号 239 頁〔自治百選 83〕(都議会議長交際費事件) …440
最判昭和 62・4・17 民集 41 巻 3 号 286 頁〔百選 186〕(換地処分事件) ………323
最判昭和 62・5・19 民集 41 巻 4 号 687 頁 …………………………………………446
最判昭和 62・10・30 判時 1262 号 91 頁〔百選 28〕…………………………………66
最判昭和 63・1・21 判時 1270 号 67 頁 (福原輪中堤事件) ………………………397
最判昭和 63・6・17 判時 1289 号 39 頁〔百選 93〕(菊田医師事件) ……………140
最判平成元・2・17 民集 43 巻 2 号 56 頁〔百選 170〕(新潟空港事件)………291, 307, 357
最判平成元・3・28 判時 1311 号 66 頁 ………………………………………………382
最判平成元・7・4 判時 1336 号 86 頁 (横川川事件) ………………………243, 336
最決平成元・11・8 判時 1328 号 16 頁〔百選 97〕(武蔵野市マンション事件)
………………………………………………………………………………154, 158, 196
最判平成元・11・24 民集 43 巻 10 号 1169 頁〔百選 229〕(京都宅建業事件)………257
最判平成 2・1・18 民集 44 巻 1 号 1 頁〔百選 54〕…………………………………102
最判平成 2・1・18 民集 44 巻 1 号 253 頁〔百選 144〕……………………………421
最判平成 2・2・1 民集 44 巻 2 号 369 頁 (サーベル登録拒否事件) ……………102
最判平成 2・4・12 民集 44 巻 3 号 431 頁 ……………………………………443, 444
最判平成 2・6・5 民集 44 巻 4 号 719 頁 (大阪府水道部会議接待費事件)……447
最判平成 2・12・13 民集 44 巻 9 号 1186 頁〔百選 246〕(多摩川水害訴訟) ……377
最判平成 3・3・8 民集 45 巻 3 号 164 頁〔百選 106〕〔自治百選 45〕(浦安ヨット係留施設撤去事件) ……………………………………………………………………445
最判平成 3・4・19 民集 45 巻 4 号 367 頁〔百選 225〕(小樽種痘予防接種事件) ……402
最判平成 3・4・26 民集 45 巻 4 号 653 頁〔百選 226〕(水俣病認定遅延訴訟) …………257
最判平成 3・7・9 民集 45 巻 6 号 1049 頁〔百選 52〕(幼児接見不許可事件)…103, 369, 497
最判平成 3・12・20 民集 45 巻 9 号 1455 頁〔百選 26①〕〔自治百選 77〕(大阪府水道

部事件①）……………………………………………………………46, 442
最判平成3・12・20民集45巻9号1503頁〔百選26②〕（大阪府水道部事件②)………441
最判平成4・1・24民集46巻1号54頁〔百選184〕………………………………………300
最判平成4・9・22民集46巻6号571頁〔百選171〕（もんじゅ訴訟）………286, 291, 293
最判平成4・9・22民集46巻6号1090頁〔百選187〕（もんじゅ訴訟）……………………323
最判平成4・10・29民集46巻7号1174頁〔百選81〕（伊方原発訴訟）…………………81
最判平成4・11・26民集46巻8号2658頁………………………………………………269
最判平成4・12・10判時1453号116頁……………………………………………………95
最判平成4・12・15民集46巻9号2753頁〔自治百選105〕（一日校長事件）…………442
最判平成5・2・16民集47巻3号1687頁（箕面忠魂碑訴訟）…………………………442
最判平成5・2・18民集47巻2号574頁〔百選103〕〔自治百選39〕……………………256
最判平成5・2・25民集47巻2号643頁〔百選158〕（厚木基地訴訟）…………………357
最判平成5・3・11民集47巻4号2863頁〔百選227〕（奈良過大更正事件）………259, 368
最判平成5・3・16民集47巻5号3483頁〔百選82①〕〔憲法百選93〕…………………102
最判平成5・3・30民集47巻4号3226頁〔百選248〕（テニス審判台事件）……………375
最判平成5・7・20民集47巻7号4627頁〔百選217〕…………………………………356, 398
最判平成5・9・7民集47巻7号4755頁〔自治百選A23〕………………………………444
最判平成5・9・10民集47巻7号4955頁（松戸市開発許可事件）………………………300
最判平成5・10・8判時1512号20頁………………………………………………………118, 278
最判平成5・12・17民集47巻10号5530頁…………………………………………………292
最判平成6・2・8民集48巻2号255頁……………………………………………………46
最判平成6・4・19判時1513号94頁………………………………………………………267
最判平成6・9・27判時1518号10頁（元町セブン事件）………………………………292
最判平成7・3・23民集49巻3号1006頁〔百選163〕（盛岡市同意拒否事件）…………208
最判平成7・6・23民集49巻6号1600頁〔百選230〕（クロロキン事件）…………140, 257
最決平成7・6・24判時1904号69頁〔百選6〕……………………………………………365
最判平成7・7・7民集49巻7号1870頁・2599頁（国道43号訴訟）……………………358
最判平成7・7・7民集49巻7号1870頁（国道43号訴訟）………………………………376
最判平成7・11・7民集49巻9号2829頁〔百選70〕（本村年金訴訟）……………119, 272
最判平成8・3・8民集50巻3号469頁〔百選84〕（剣道実技拒否事件）……………54, 494
最判平成8・7・12民集50巻7号1477頁…………………………………………………377
最判平成8・7・12訴月43巻9号2332頁…………………………………………………298
最判平成9・1・28民集51巻1号147頁…………………………………………………397
最判平成9・1・28民集51巻1号250頁（川崎市開発許可事件）………………………291, 299
最判平成9・4・2民集51巻4号1673頁〔憲法百選48〕（愛媛玉串料訴訟）……………444
最判平成9・10・17民集51巻9号3925頁…………………………………………………356
最判平成9・11・11判時1624号74頁……………………………………………………132
最判平成10・4・24判時1640号115頁〔百選4〕…………………………………………444
最判平成10・10・13判時1662号83頁〔百選120〕………………………………………510
最判平成11・1・21民集53巻1号13頁〔自治百選43〕（志免町給水拒否事件）…196, 204
最判平成11・1・21民集53巻1675号48頁…………………………………………………256
最判平成11・10・26判時1695号63頁……………………………………………………300
最判平成11・11・19民集53巻8号1862頁〔百選197〕…………………………………308
最判平成11・11・25判時1698号66頁〔百選58〕（環状6号事件）……………………245

最判平成 12・10・13 判時 1731 号 3 頁〔百選 221〕……………………………437
最判平成 13・3・13 民集 55 巻 2 号 283 頁〔百選 175〕(山岡町林地開発許可事件)……291
最判平成 13・7・13 判自 223 号 22 頁……………………………432
最判平成 13・12・18 民集 55 巻 7 号 1603 頁〔百選 44〕(レセプト開示請求事件)……220
最判平成 14・1・17 民集 56 巻 1 号 1 頁〔百選 161〕(二項道路事件)……100, 270, 282, 318
最判平成 14・1・22 民集 56 巻 1 号 46 頁〔百選 176〕(千代田生命総合設計許可事件)
　　　　　　　　　　　　　　　　　　　　　　　　　　　　　　　　　　……291
最判平成 14・1・31 民集 56 巻 1 号 246 頁〔憲法百選 213〕(児童扶養手当打切事件)…103
最判平成 14・3・28 民集 56 巻 3 号 613 頁 (桶川市総合設計許可事件)……………291
最判平成 14・6・11 民集 56 巻 5 号 958 頁……………………………………393
最判平成 14・7・2 民集 56 巻 6 号 1049 頁〔自治百選 79〕……………………448
最判平成 14・7・9 民集 56 巻 6 号 1134 頁〔百選 115〕〔自治百選 46〕(宝塚市パチン
　コ店規制条例事件)…………………………………………110, 237, 432, 505
最判平成 14・7・11 民集 56 巻 6 号 1204 頁〔憲法百選 50〕(大嘗祭参列訴訟)……444
最判平成 14・9・11 民集 56 巻 7 号 1439 頁〔百選 253〕……………………384
最判平成 14・9・12 民集 56 巻 7 号 1481 頁〔自治百選 92〕……………………447
最判平成 14・10・3 民集 56 巻 8 号 1611 頁……………………………………448
最判平成 14・10・24 民集 56 巻 8 号 1903 頁〔百選 140〕……………………270
最判平成 15・1・17 民集 57 巻 1 号 1 頁〔自治百選 70〕(徳島県議員野球大会事件)…445
最判平成 15・9・4 判時 1841 号 89 頁〔百選 164〕(労災就学援護費事件)……273, 282
最判平成 15・12・4 判時 1848 号 66 頁……………………………………392
最判平成 16・1・15 民集 58 巻 1 号 156 頁〔自治百選 63〕(チボリ公園事件)……445
最判平成 16・1・15 民集 58 巻 1 号 226 頁〔自治百選 11〕……………………369
最判平成 16・1・15 判時 1849 号 30 頁 (松任市廃棄物処理業不許可事件)……204
最判平成 16・4・26 民集 58 巻 4 号 989 頁 (食品衛生法違反通知事件)
　　　　　　　　　　　　　　　　　　　　　　……118, 168, 268, 278, 282, 456
最判平成 16・4・27 民集 58 巻 4 号 1032 頁〔百選 231〕(筑豊じん肺訴訟)……257, 497
最判平成 16・7・13 民集 58 巻 5 号 1368 頁〔百選 5〕〔自治百選 62〕(デザイン博覧会
　事件)…………………………………………………………………445
最判平成 16・7・13 判時 1874 号 58 頁 (ネズミ講事件)……………………132
最判平成 16・10・15 民集 58 巻 7 号 1802 頁〔百選 232〕(関西水俣病訴訟)………64, 257
最判平成 16・11・25 民集 58 巻 8 号 2297 頁 (佐賀県複写機リース事件)……447
最判平成 16・12・24 民集 58 巻 9 号 2536 頁〔百選 32〕〔自治百選 36〕(紀伊長島町水
　道水源条例事件)………………………………………………………108
最判平成 17・3・10 判時 1894 号 3 頁 (大分県議員野球大会職員派遣事件)………445
最判平成 17・4・14 民集 59 巻 3 号 491 頁〔百選 168〕(登録免許税還付通知事件)……282
最判平成 17・7・15 民集 59 巻 6 号 1661 頁〔百選 167〕(高岡南郷病院事件)
　　　　　　　　　　　　　　　　　　　　　　……160, 204, 245, 280, 456
最判平成 17・7・19 民集 59 巻 6 号 1817 頁……………………………………316
最判平成 17・9・13 民集 59 巻 7 号 1950 頁 (機械保険カルテル事件)……………510
最判平成 17・9・14 民集 59 巻 7 号 2087 頁〔百選 215〕〔憲法百選 152〕(在外邦人選
　挙権訴訟)………………………………………………245, 356, 449
最判平成 17・10・25 判時 1920 号 32 頁 (土浦徳洲会病院事件)………160, 245, 279, 456
最判平成 17・11・1 判時 1928 号 25 頁〔百選 261〕………………………392

最判平成17・12・7民集59巻10号2645頁〔百選177〕（小田急高架訴訟）
....209, 245, 271, 291
最判平成18・2・7民集60巻2号401頁〔百選77〕〔自治百選59〕（学校施設目的外使用許可事件）..494
最判平成18・3・30民集60巻3号948頁〔自治百選41〕（国立マンション事件）......289
最判平成18・6・13民集60巻5号1910頁..355
最判平成18・7・14民集60巻6号2369頁〔百選162〕〔自治百選16〕（高根町簡易水道事業給水条例事件）..199, 267
最判平成18・9・4判時1948号26頁（林試の森事件）........................169, 494
最判平成18・10・26判時1953号122頁〔百選99〕〔自治百選52〕（指名回避措置事件）
....363, 494
最判平成18・11・2民集60巻9号3249頁〔百選79〕（小田急高架訴訟）......169, 209, 494
最判平成19・1・25民集61巻1号1頁〔百選239〕〔自治百選66〕（積善会事件）
....254, 504
最判平成19・12・7民集61巻9号3290頁〔自治百選55〕（一般公共海岸区域占用許可事件）..494
最判平成19・12・13判時1995号157頁..355
最判平成20・1・18民集62巻1号1頁〔百選100〕〔自治百選50〕...................445
最判平成20・3・17判時2004号59頁〔自治百選93〕（県警総務課職員出張旅費事件）
....448
最決平成20・7・8判例集未登載（住基ネット訴訟）..............................432
最判平成20・9・10民集62巻8号2029頁〔百選159〕（浜松市土地区画整理事業計画事件）..269, 313
最判平成21・2・27民集63巻2号299頁..301
最判平成21・7・10判時2058号53頁〔百選98〕〔自治百選42〕.....................193
最判平成21・10・15民集63巻8号1711頁〔百選178〕（サテライト大阪事件）.........291
最判平成21・10・23民集63巻8号1849頁〔百選251〕.................................382
最判平成21・11・26民集63巻9号2124頁〔百選211〕〔自治百選37〕（横浜市保育所廃止条例事件）..268, 300, 313
最判平成21・12・17民集63巻10号2631頁〔百選87〕（新宿タヌキの森事件）.........131
最判平成22・1・20民集64巻1号1頁〔自治百選102〕〔憲法百選52〕（砂川空知太神社事件）..444
最判平成22・6・3民集64巻4号1010頁〔百選241〕（冷凍倉庫事件）..............130
最判平成22・7・16民集64巻5号1450頁〔自治百選106〕.............................310
最判平成22・7・22判時2087号26頁〔自治百選110〕（白山ひめ神社事件）.........444
最判平成23・6・7民集65巻4号2081頁〔百選128〕（建築士免許取消事件）........96
最判平成23・10・25民集65巻7号2923頁..357
最判平成24・1・16判時2147号127頁〔自治百選78〕（東京都教職員国旗国歌訴訟）...54
最判平成24・2・9民集66巻2号183頁〔百選214〕（国歌斉唱義務不存在確認訴訟）
....51, 243, 271, 338, 357
最判平成24・2・28民集66巻3号1240頁（老齢加算廃止東京訴訟）...............100
最判平成24・4・2民集66巻6号2367頁（老齢加算廃止福岡訴訟）...............100
最判平成24・4・20民集66巻6号2583頁〔自治百選113〕（神戸市外郭団体職員派遣事件）..448

最判平成 25・1・11 民集 67 巻 1 号 1 頁（医薬品ネット販売事件）·················103
最判平成 25・3・21 民集 67 巻 3 号 438 頁〔自治百選 32〕（神奈川県臨時特例企業税事件）·················108
最判平成 25・7・12 判時 2203 号 22 頁·················292
最判平成 26・1・28 民集 68 巻 1 号 49 頁（小浜市一般廃棄物処理業許可事件）·················292, 299
最判平成 26・7・29 民集 68 巻 6 号 620 頁·················291
最判平成 26・10・9 民集 68 巻 8 号 799 頁（泉南アスベスト訴訟）·················257

● 高等裁判所

大阪高判昭和 46・11・11 行集 22 巻 11＝12 号 1806 頁·················418
東京高判昭和 56・11・13 判時 1028 号 45 頁·················363
東京高判平成 4・12・18 判時 1445 号 3 頁（東京予防接種禍事件）·················255, 402, 404
福岡高判平成 5・8・10 判時 1471 号 31 頁·················402
大阪高判平成 6・3・16 判時 1500 号 15 頁·················402
名古屋高判平成 8・7・18 判時 1595 号 58 頁·················314
東京高判平成 13・6・14 判時 1757 号 51 頁（医師国家試験受験資格事件）·················96
東京高判平成 14・10・22 判時 1806 号 3 頁·················267
東京高判平成 18・6・28 民集 63 巻 2 号 351 頁·················302
東京高判平成 19・11・29 判自 299 号 41 頁（住基ネット訴訟）·················432

● 地方裁判所

東京地判昭和 39・11・4 行集 15 巻 11 号 2168 頁·················328
東京地決昭和 40・4・22 行集 16 巻 4 号 708 頁·················100
熊本地判昭和 51・12・15 判時 835 号 3 頁·················328
岐阜地判昭和 55・2・25 行集 31 巻 2 号 184 頁（徳山ダム事件）·················397
大阪地判昭和 57・2・19 判時 1035 号 29 頁（近鉄特急事件）·················312
東京地判昭和 57・5・31 行集 33 巻 5 号 1138 頁·················391
東京地判昭和 59・5・18 判時 1118 号 28 頁（東京集団訴訟第 1 審）·················403
名古屋地判昭和 60・10・31 判時 1175 号 3 頁·················403
東京地判昭和 61・3・17 行集 37 巻 3 号 294 頁·················391
大阪地判昭和 62・9・30 判時 1255 号 45 頁·················403
福岡地判平成元・4・18 判時 1313 号 17 頁·················403
福岡高那覇支判平成 9・11・20 判時 1646 号 54 頁·················327
甲府地判平成 13・11・27 判時 1768 号 38 頁·················267
東京地判平成 18・3・24 判時 1938 号 37 頁〔自治百選 4〕（住基ネット訴訟）·················432
富山地判平成 19・8・29 判タ 1279 号 146 頁·················160
水戸地判平成 19・10・24 裁判所ウェブサイト·················160
名古屋高金沢支判平成 20・7・23 判タ 1281 号 181 頁·················160
広島地判平成 21・10・1 判時 2060 号 3 頁·················289, 338

事項索引

●あ　行

安全配慮義務 …………………………382
異議申立て …………………………413
意見公募手続 …………………………497
意見の聴取 ……………………………91
一元説 ………………………………321
一般概括主義 …………………………414
一般競争入札 …………………………195
一般権力関係 …………………………53
一般職の公務員 ………………………50
委任立法 ………………………………69
違法性
　──一元論的傾向 …………………368
　──相対説 …………………259, 368
　──同一説 …………………366, 368
　──と過失の二元論 ………………365
　──の承継 …………131, 169, 395
違法の抗弁 ……………………………52
違法判断の基準時 ……………………306
営業の自由 …………………………71, 250
営造物責任 …………………………253, 371
エンフォースメント …………………505
大阪府水道部 ………………………46, 197
公の営造物 ……………………………371
公の施設 ………………………………200
オットー・マイヤー …19, 128, 180, 236, 265

●か　行

概括主義 ………………………………450
外形標準理論 …………………………254
開示請求権 ……………………………217
解釈基準 ………………………………104
改修途上論 ……………………………377
開発許可 ……………………………207, 284
開発審査会 ……………………………422
外部効果 ………………………………272
外部法 …………………………………67
加害行為者・加害行為の特定 ………255
確認訴訟の活用 ……………………243, 356

課徴金 ………………………………187, 508
仮処分の排除 …………………………345
仮の義務付け …………………………350
仮の救済 ………………………………344
仮の差止め ……………………………351
仮の処分 ………………………………350
過　料 …………………………………512
監査委員 ……………………………44, 446
監査機関 …………………………27, 44, 446
監査請求前置主義 ……………………436
完全補償説 ……………………………393
関与の法定主義 ………………………430
機関委任事務 ………………38, 380, 430
機関訴訟 ………………………………427
起業者 ………………………353, 354, 395
議決機関 ……………………………27, 38
規制規範 ………………………………67
規制行政 ………………………………9
規制的行政指導 ………………………148
羈束裁量 ………………………………478
羈束処分 ………111, 145, 250, 332, 334, 339
機能的瑕疵 ……………………………358
規範的授権理論 ………………………480
既判力 …………………………………310
義務付け訴訟 …………………………328
　──・差止訴訟の法定 ……………243
義務履行確保 ………………………173, 505
客観訴訟 ……………………………239, 435
給水拒否 ………………………………151
給付基準 ………………………………105
給付行政 …………………9, 46, 195, 197
狭義説 …………………………………360
狭義の訴えの利益 ……………………297
行政介入請求権 ………………………341
行政過程論 …………………………168, 279
行政機関 ……………………………25, 499
行政機関個人情報保護法 ……………219
行政機関情報公開法 …………………217
行政基準 ………………………………98
行政規則 ……………………………482, 499

523

――の外部効果 ………84, 99, 105, 482	国の関与……………………………40
行政救済法 ………………………232	計画裁量 ………………………205, 489
行政強制 ………………………173, 505	計画の変更 ………………………205
強制金 ……………………………177	警察許可 ………………………114, 288
行政計画 …………………………203	警察権の限界論 …………………224
行政警察 …………………………468	警察の概念 ………………………468
行政刑罰 …………………………182	形式的意義の行政 ………………466
行政契約 ………………………191, 231	形式的行政処分論 ………………280
行政権の濫用 …………………82, 130	形式的当事者訴訟 ………………352
行政行為	形式的法治主義 ……………………7
――の定義 ………………110	刑事補償 …………………………401
――論の負担過重 …………277	形成力 ……………………………309
行政裁判所 ……225, 235, 293, 362, 453	契約自由の原則 ………………113, 195
行政裁量 ………………57, 78, 475	結果不法論 ……………………369, 403
行政事件訴訟特例法 ……………412	決定裁量 …………………………113
行政執行法 ………………………170	権限なき行政 …………………149, 153
行政指導 ……………147, 252, 255, 268	権限の委任 ………………………41
――指針 …………………499	原告適格 …………………………283
行政私法 …………………………230	検　査 ……………………………215
行政事務 …………………………39	原処分 ……………………………414
行政主体 ………………24, 226, 258	原処分主義 ……………………307, 424
行政上の強制執行 ………………166	現代型の一般原則 ………………497
行政上の秩序罰 …………………182	建築確認 ……………207, 271, 284, 311
行政処分 …………………………240	建築審査会 ………………………422
――か事実行為かの二者択一 …277	県費負担教職員 …………………379
――の定義 ………………110	憲法を具体化する法 ………6, 60, 71
行政審判 ………………………238, 422	権力説 …………………192, 228, 362
行政制裁 ………………………181, 510	権力的事実行為 ………………175, 274
行政訴訟制度改革 ………………242	権力留保説 ………………………76
行政代執行法 …………………172, 188	行為規範 …………………………232
行政庁 ……………………………26	行為形式 …………………………198
強制調査 …………………………212	――論 …………58, 231, 248, 265
行政調査 …………………………212	行為不法論 ………………………403
強制徴収 …………………………171	公開による聴聞 …………………90
行政庁の第一次的判断権の理論 …242	効果裁量 ………………80, 113, 480
行政手続条例 …………………159, 501	広義説 ……………………………360
行政の危険防止責任 ……………256	公共組合 …………………………503
行政罰 ……………………………181	公共事業の差止め ………………357
行政不服審査会 …………………420	公共施設管理者 …………………208
行政法各論 ……………………18, 224	公共事務 …………………………39
行政立法 …………………………97	公共政策学 …………………………3
規律的侵害 ………………………288	公行政留保説 ……………………75
規律力 ……………………………126	公共用物 ………………………123, 372
勤務条件法定主義 ………………50	公権力責任 ………………………253

公権力発動要件欠如説	369
公権論	290, 341
抗告訴訟中心主義	241, 340, 455
公証行為	117, 118, 278
控除説	468
拘束的計画	204, 268
拘束力	310
公定力	57, 124, 240, 247, 316
——と刑事罰	184
公表	187
公物	371
公平委員会	422
公法	
——私法二元論	191, 192, 201
——上の法律関係に関する訴訟	354
——と私法の区別	3, 225
——の復権	58
公務員	48
公用開始	372
公用物	372
告示	99
国税不服審判所	421
国民健康保険審査会	421
個人情報保護	219
——条例	220
国家公務員	49, 364, 379
国家と社会の二元論	226
固定資産評価審査委員会	421
個別行政法規	15, 28, 62
固有の資格	428, 431, 433
根拠規範	67
コンセイユ・デタ	236

● さ 行

罪刑法定主義	72, 216
裁決主義	330, 425
裁決の義務付け訴訟	330
最広義説	363
財産権	386
——の内在的制約	388
再審査請求	413
再調査の請求	413
裁判規範	232
裁判所の審査密度	478

裁判を受ける権利	237, 454
財務会計行為	443
財務会計事項	437
裁量基準	104
裁量処分	82, 111, 145, 332, 334, 339
差止訴訟	336
作用としての行政	466
サンクション	512
3条機関	33
参照領域理論	19
参政権	437
三段階構造モデル	59, 79, 166, 179, 279
参与機関	27, 423
市街化区域	207
市街化調整区域	207
指揮監督権	31
事業損失	358
事業認定	395
私経済行政	75
私経済的行政	9, 467
自己責任	254
事実行為	218, 252, 267
——か行政行為かの二者択一	117
事実審型聴聞	422
事実的侵害	288
事情判決	300, 309
私人	25, 226, 271
——による行政	474, 502
事前協議	160
自然公物	372
自治事務	39, 106, 287, 381
執行機関	27, 38
——の多元主義	43
執行停止	346
執行罰	171, 512
執行不停止原則	346
執行力	347
実質的意義の行政	468
実質的当事者訴訟	352
失職通知	355
実体的統制	86, 308, 483
実体的判断代置方式	112
実体法と訴訟法(手続法)の区別	3
実定法科目	2

指定法人	365, 502
司法警察	468
司法的執行	507
諮問機関	27
社会観念審査	494
社会福祉法人	504
社会保険審査会	421
収　去	215
修正侵害留保説	76, 120, 150
自由選択主義	423
重大な損害	338, 348
重大明白説	132
自由と財産権	69
住民監査請求	446
住民自治	36
住民訴訟	53, 195, 241, 435
収用裁決	395
重要事項留保説	76, 209
主観訴訟	239
主権無答責の原則	361
首長主義	37
出訴期間	248
受　理	157
準司法手続	238, 422, 461
純粋法学	76
──の視点	475
準法律行為的行政行為	116, 157
使用者責任	254
上訴類似性説	305
情報公開	216
──条例	44, 216
──審査会	219
消滅時効	258, 382
条　例	268
条例制定権	105
職務義務違反説	255, 360, 365
職務行為基準説	255, 366
職務命令	51, 271
助成的行政指導	148
職権取消	136
処分基準	85, 499
処分性	247, 264
処分性拡大論	180, 199, 275, 455
処分の無効確認訴訟	318

侵害概念	76, 119, 293
侵害留保説	69, 105, 119
審級の省略	425
人権尊重の原理	56
人工公物	372
審査基準	92, 499
審査請求	413
──前置主義	423
人事委員会	422
人事院	422
新審査請求	415
申請型義務付け訴訟	329
申請に対する処分	92, 111, 217, 219, 284
信頼保護原則	66, 139
審理員制度	419
水道事業	46, 195
制　裁	507
積極説	468
絶対効説	129
説明責任	217, 496, 502
専　決	42, 441
全部留保説	74
争点訴訟	324
相当補償説	393
訴願法	412
即時強制	173, 179, 189, 212
組織過失	255
組織規範	67
組織としての行政	466
訴訟要件	246
租税行政	9, 25

●た　行

代位責任	253, 408
第三者の原告適格	284
代執行	171
代替的作為義務	171
田中二郎の三分説	227
団体委任事務	39
団体自治	36
地方警察官	49, 381
地方公営企業	45
地方公務員	49, 364, 379
地方分権改革	38, 381, 430

懲戒処分	52
調整的行政指導	148, 152, 163
聴　聞	88, 214
直接強制	171
通常有すべき安全性	374
通　達	271, 482
償うことのできない損害	350, 351
適正手続の原理	56, 86, 496
撤　回	137
手続的統制	86, 308, 483
電波監理審議会	423
統一的補償理論	399, 406
徳島遊動円棒事件	373
特殊法人	31
特別権力関係	50, 53
特別職の公務員	50
特別地方公共団体	36
特別の犠牲	388
独立行政法人	360, 365
都市計画事業の認可	208, 270, 396
都市計画法	501
土地収用法	393
取消訴訟	
——中心主義	241, 336, 455
——の訴訟物	305
——の排他的管轄	125, 248, 317
取消手続の排他性	127, 317
取消判決の形成力	250

●な　行

内閣総理大臣の異議	349
内閣府	33
内部法	67
二元説	321
二元的代表制	37
2号請求	439
二重処罰の禁止論	509
任意性の原則	151
任意調査	212
任意買収	397
認可法人	502
納税者訴訟	438

●は　行

破壊消防	400
8条機関	33
パブリックコメント	496
反射的利益	285, 290
反則金の通告	186, 268
判断過程の統制	483, 487, 493
判断余地説	487
判例による法創造	245, 402, 404
非拘束的計画	204
非財務事項の間接統制	443
非申請型義務付け訴訟	329
費用負担者	379
比例原則	66, 72, 509
不確定法概念	479, 487
不可争力	249
附　款	143
不作為の違法確認訴訟	326
普通地方公共団体	36
不服申立前置主義	218, 455
不文法	62, 65
不利益処分	87, 111, 213, 284
不利益変更	417
分限処分	52
紛争回避文化	163
紛争の一回的解決	416
紛争の成熟性	303, 336
壁面線の指定	270
便宜裁量	477
弁明の機会の付与	88, 213
法学的方法	19
法規裁量	477
法規命令	69, 97, 268, 499
法源論	62
報　告	215
法執行システム	505
法治国原理	60, 233
法治国的国家責任論	407
法定行政指導	154
法定受託事務	39, 106, 381
法的仕組み	168, 198
——論	118, 277
法的保護に値する利益説	286

法の一般原則 …………………62, 65, 194
法　律
　　──先占論 ……………………107
　　──による行政の原理………………56
　　──の規律密度 …………………475
　　──の執行………29, 40, 75, 79, 112,
　　　　　　　　　　166, 370, 467
　　──の法規創造力 ………56, 73, 101
　　──の優位………………………56
　　──の留保 …………………56, 69
法律行為的行政行為 ………………116
法律上の争訟 ………………237, 454
法律上保護された利益説 …………285
法　令 …………………………64
保護規範説 ……………………290
補助機関…………………………27
本質性理論 ……………………76

●ま　行

マイナンバー法 ………………221
美濃部達吉………………19, 265, 471
民事保全法 ……………………344
民法付属法規 …………………382
無過失責任 ……………………375
無　効
　　──確認訴訟の補充性 ………320
　　──事由 ………………132, 318
　　──の行政処分 ……249, 317, 346, 355

明確性の原則 …………………151
明白性補充要件説 ……………132
命令等制定手続 ………………496
問題発見的概念 ………………406

●や　行

要件裁量………………………80, 479
要綱行政 ………………149, 153
用途地域 ………………207, 269
４つの行政 ………………8, 193
予防接種禍 ……………………402
読替規定…………………………42
４号請求 ………………53, 439
４条後段の訴訟 ………………354
４条前段の訴訟 ………………352

●ら　行

利益説 ……………192, 228, 362
略式規則制定手続 ……………502
理　由
　　──の差替え …………308, 485
　　──の提示 ……………93, 502
理論上の警察 …………………391
臨　検 ………………………215
令状主義 ……………………216
列記主義 ………………294, 414
労働保険審査会 ………………421

〈著者紹介〉

髙木　光（たかぎ　ひかる）

1954年　生まれ
現　職　京都大学大学院法学研究科教授

行政法
Administrative Law

2015年11月20日　初版第1刷発行

著　者　髙　木　　　光
発行者　江　草　貞　治
〒101-0051　東京都千代田区神田神保町2-17
発行所　株式会社　有　斐　閣
電話　(03)3264-1314〔編集〕
　　　(03)3265-6811〔営業〕
http://www.yuhikaku.co.jp/

印刷・株式会社精興社／製本・牧製本印刷株式会社
© 2015, Hikaru Takagi. Printed in Japan
落丁・乱丁本はお取替えいたします。
★定価はカバーに表示してあります。

ISBN 978-4-641-13181-1

JCOPY　本書の無断複写（コピー）は、著作権法上での例外を除き、禁じられています。複写される場合は、そのつど事前に、(社)出版者著作権管理機構（電話03-3513-6969, FAX03-3513-6979, e-mail:info@jcopy.or.jp）の許諾を得てください。